中国政法大学
优秀博士学位论文丛书

陈文祥 / 著

两岸票据制度一体化协议研究

（附一体化协议建议稿及说明）

AGREEMENT OF THE NEGOTIABLE INSTRUMENT SYSTEM
IN TEGRATION BETWEEN CHINESE MAINLAND AND TAIWAN

中国政法大学出版社

2017·北京

图书在版编目（ＣＩＰ）数据

两岸票据制度一体化协议研究/陈文祥著. —北京:中国政法大学出版社,2017.8

ISBN 978-7-5620-7613-1

Ⅰ.①两… Ⅱ.①陈… Ⅲ.①票据法－研究－中国 Ⅳ.①D922.287.4

中国版本图书馆CIP数据核字(2017)第169948号

出 版 者　中国政法大学出版社

地　　址　北京市海淀区西土城路 25 号

邮寄地址　北京 100088 信箱 8034 分箱　邮编 100088

网　　址　http://www.cuplpress.com（网络实名：中国政法大学出版社）

电　　话　010-58908586(编辑部) 58908334(邮购部)

编辑邮箱　zhengfadch@126.com

承　　印　固安华明印业有限公司

开　　本　880mm×1230mm　1/32

印　　张　23.375

字　　数　695 千字

版　　次　2017 年 8 月第 1 版

印　　次　2017 年 8 月第 1 次印刷

定　　价　119.00 元

总　序

　　博士研究生教育是我国国民教育的顶端，肩负着培养高层次人才的重要使命，在国民教育体系中具有非常重要的地位。相应地，博士学位是我国学位制度中的最高学位。根据《中华人民共和国学位条例》，在我国，要获得博士学位需要完成相应学科博士研究生教育阶段的各项学习任务和培养环节，特别是要完成一篇高水平的博士学位论文并通过博士学位论文答辩。

　　博士学位论文是高层次人才培养质量的集中体现。要写出好的博士论文，需要作者高端定位，富有思想；需要作者畅游书海，博览群书；需要作者术业专攻，精深阅读；需要作者缜密思考，敏于创新。一位优秀的博士生应该在具备宽广的学术视野和扎实的本学科知识的基础上，聚焦选题，开阔眼界，深耕细作，孜孜以求，提出自己独到、深刻、创新的系统见解。

　　为提高法大博士学位论文的整体质量，鼓励广大博士研究生锐意创新，多出成果，法大研究生院设立校级优秀博士学位论文奖，每年通过严格的审评程序，从当年授予的 200 多篇博士学位论文中择优评选出 10 篇博士论文作为学校优秀博士学位论文，并对论文作者和其指导教师予以表彰。

　　优秀博士学位论文凝聚着作者多年研究思考的智慧和指导教师的思想，是学校博士研究生教育质量的主要载体，是衡量一所大学学术研究和创新能力的重要指标。好的哲学社会科学博士论文，选题上要聚焦国内外学术前沿问题，聚焦国家经济社会发展基础命题和重大问题，形式上要符合学术规范，内容上要富有创新，敢于提出新的思想观点，言而有物，论而有据，文字流畅。法大评出的优秀博士学位论文都体现了这些特点。将法大优秀博士学位论文结集，冠名"中国政法大学优秀博士学位论文丛书"连续出版，是展示法大博士学术风采，累积法学原创成果，促进我国法学学术交流和繁荣法学研究的重要举措。

青年学子最具创造热情和学术活力。从法大优秀博士学位论文丛书上可以看到法大博士理性睿智，沉着坚定，矢志精进的理想追求；可以看到法大博士关注前沿，锐意进取，不断创新的学术勇气；可以看到法大博士心系家国，热血担当，拼搏奋进的壮志豪情。

愿法大优秀博士学位论文丛书成为法学英才脱颖而出的培育平台，成为繁荣法学学术的厚重沃土，成为全面推进依法治国的一块思想园地。

李曙光

中国政法大学研究生院院长、教授、博士生导师

序　一

　　票据是当代社会存款货币的重要支付工具，最初它只是主体之间法定货币的支付承诺，同银行券具有共同的性质。随着银行券成为不可兑换的法定货币后，它们之间也就有了本质的区别，分别依据不同的法律调整其性质和行为，法定货币受"货币法"的调整、票据受"票据法"的调整。当代网络技术的发展又使票据向电子化的方向转化，目前许多国家的多数票据都已经逐步实现了电子化运行，这就使票据的相关内容进一步产生了标准化和统一化的需求。票据标准化和统一化是与法律的严格地域性存在矛盾的，特别是对于经济往来比较密切的货币区域之间而言，这种矛盾会非常突出。我国大陆与台湾地区的政治关系在不断改善、经济往来也越来越密切，但两岸票据法内容之间存在诸多不同，为了协助两岸企业得以通过票据创造有力经营条件，提升竞争力，非常有必要在两岸之间架起一座共同的桥梁，实现两岸票据制度相关内容的一体化。

　　陈文祥先生从事金融实务工作已经有 10 余年，先后任职于远东国际商业银行、国泰智慧财产权事务所及合作金库商业银行等，曾担任合作金库银行员工训练中心讲师；2010 年在苏州协助合作金库银行筹备大陆首家苏州分行，并担任信贷部门副主管，2014 年又筹备完成了天津分行，对银行业务非常熟悉；在工作期间先后发表了多篇有关金融法的文章，对金融法律制度有较深入的研究。2013 年录取为中国政法大学的全日制博士研究生后，随我研读经济法及金融法等专业课程，并主要研究两岸金融法律制度，曾连续 3 年获一等奖学金，学习和研究成绩非常优异。鉴于陈文祥先生的业务和研究专长，结合海峡两岸经济贸易往来和票据使用的实践，在博士论文的写作过程中我指定他专门研究两岸票据制度的一体化问题，并要求最终设计出"两岸票据制度一体化协议"建议稿。

经过近两年时间的认真研究和多次修改，终于完成了这部近50万字的博士论文，并通过论文答辩，被评为中国政法大学优秀博士论文。论文以"两岸票据制度一体化协议"的内容作为研究目标，通过具体比较和分析两岸票据制度的差异，并予以协调融合成为一套完整的"两岸票据制度一体化协议"规范体系，为企业货币流通与融通、担保提供依据和法理支撑。"一体化协议"是法律一体化的成果体现，它已超越了现行域内法的范畴，形成了新型的、既不同于国内法也不同于传统国际法的另一类法律体系，为学术研究和法律实践提供另一个新视角，对学术研究具有重要的贡献与研究价值。此范例如果能够试点成功，将可以作为一国四法域（大陆地区、台湾地区、香港地区及澳门地区）在金融法一体化上的理论借鉴，同时也可以作为其他法律一体化的借鉴。两岸票据制度一体化并不是实体法的统一，而是通过共同签署"一体化协议"作为统一票据市场的依据，并据以保障各方票据当事人的权益。它有助于节约交易费用，提高金融与经济效益，促进两岸经济稳定发展。

该论文创新之处主要在于：第一，创新性制度安排。提出以"两岸票据制度一体化协议"作为票据市场一体化运行的共同遵循与适用的依据，既解决了实体法的冲突问题，也解决了票据冲突法中准据法适用问题，是一种折衷的第三条道路。第二，以建立"一个共同票据市场，一个共同票据制度"为理念，建立两岸共同的票据市场。第三，综合运用区域经济一体化理论、法律一体化理论、交易费用理论及欧盟法效力理论等作为"两岸票据制度一体化协议"研究的理论基础。第四，提出完整的"两岸票据制度一体化协议"建议稿，这也是论文研究的最终成果。第五，该"一体化协议"还进一步解决了两岸现行票据法的完善问题，如电子票据规范、票据融资与担保等，这也是法律完善的另一种思路。

陈文祥先生的"两岸票据一体化问题研究"，对于解决我国特殊的法律问题是一种有益的尝试，它目前虽然还停留在理论研究阶段，相信随着两岸政治关系的不断协调与发展，以及经济往来的进一步密切，这一设想必然会提上议事日程。当然，作为初次尝试也许该"协议建议稿"中还有没有考虑周全的问题，希望读者能够提出宝贵的建议，也希望陈文祥先生能够对其研究不断地深入的完善，争取早日能够成为现实！

2017 年 6 月 27 日

于中国政法大学研究生院

序 二

票据本身承载许多功能，其作为信用与价值的载体，是经济社会活动重要的信用与支付工具，在金融体系中扮演着重要的角色。尤其，在经济发展过程中，其在功能上不仅可以替代货币，也可以补充货币，甚至可以使将来的货币转为现在的货币使用，因此，促进票据流通不仅有助于降低实体货币流通成本，而且还可以解决中小微企业信用与融资问题，使得商品快速流转，推动经济成长与繁荣。

金融法是规范金融业经营活动的法律体系，而金融活动的核心在于货币融通。由于票据既具有货币载体的功能，也具有信用、融资与支付的功能，可以达到货币融通的目的，是金融体系中不可或缺的金融工具之一。票据法是金融法领域的重要核心法之一，是规范票据行为，促进票据流通，保障票据活动合法权益的法律体系。因此，票据制度的良窳，攸关票据发展与社会经济发展。

票据之所以能够得到流转必然是因为其经济价值获得认同，而票据流通领域的扩大即意味着票据的经济价值在更大范围领域获得认同。由于票据本身的流通特性，从票据制度的规范而言，既具有国际法兼国内法、私法兼公法、强行法兼技术法的特点，原不受限于一国法域，但因各国所制定的票据制度不同而导致票据规范不同，影响票据权利人的票据权益，从而阻碍票据流通，不利企业在境外通过票据取得优势的规模发展，同时也阻碍商品流转，影响社会经济发展。特别是2016年中国票据市场乌云密布，例如，农行北京分行发生39亿票据风险事件、中信银行爆发9.69亿票据风险事件，仅2016年上半年就累计风险金额约108.7亿之票据事件，引发各界对票据市场监管之重视。

本书是以"两岸票据市场一体化"作为研究背景，从保障两岸票据当事人的票据权益及节约交易费用的视角为出发点，对"两岸票据制度一体化协议"进行研究，主要目的在于解决两岸企业直接使用票据融资与担保问题，从而节约交易费用。通过票据制度一体化，实现两岸票据市场一体化，而发展两岸票据既在协助两岸企业通过票据取得优势的竞争条件，同时也推动两岸社会经济共同发展，既是创造两岸双赢的良好方案，也是一种制度创新。在本书中，作者不仅充分运用区域经济一体化理论、法律一体化理论、交易费用理论、欧盟法效力法理论及票据法理论，还兼具实例说明及引用司法实务观点，可谓理论与实务并用的佳作。最后，本书的作者还提出"两岸票据制度一体化协议（建议稿）"作为具体的解决方案，可谓既具有理论性与实务性，还有实践性。目前两岸法律制度尚无如此完整性、具体性的一体化协议研究，因此，本书的出版，对于从事两岸金融法研究或法律一体化研究之学者、实务者、研究生等具有重大实益；而对于从事票据法研究者，则可提供一本具有参考价值的专业比较法著作。

对于本书的出版，为从事金融法研究添入一份巨大活力，是一本值得肯定与推荐的专业书，也是金融法领域不可多得的一本重要学术著作。

中正大学法学院教授　王志诚
2017 年 8 月 23 日

摘　要

　　大陆地区与台湾地区（简称"两岸"）从以往的间接经贸往来，到现在的直接贸易往来，经贸往来密度并未因为政治因素的干扰而锐减，反而因为大陆地区的改革开放，越来越多的台资企业赴大陆地区投资设厂，使得两岸经贸往来更加密切。而台湾地区渐渐接受大陆地区发展现况，也开放企业可以直接往来与直接投资，更增进两岸经贸的紧密关系，再辅以近年来两岸签署了许多协议、备忘录，为两岸区域经济一体化铺设通道。随着经济全球化及区域经济一体化的发展趋势，在世界国际组织的不断努力中，通过制定国际公约、国际惯例，也使得各国家或地区的法律开始逐渐协调、趋同、统一。如国际统一私法协会（International Institute for the Unification of Private Law）制定《国际商事合同通则》（Principles of International Commercial Contracts），是世界上一部非常具有经典性与代表性的国际商事合同总则部分的统一法，使得各国家或地区的商事合同法律制度更进一步地朝法律一体化趋势发展。而欧盟在更大的程度上，从欧洲经济共同体、欧洲共同体逐步发展，迄今不仅实现了内部统一的大市场，也逐渐实现成员国间的法律一体化，是当今世界上一体化的最佳典范。在非洲地区也有以欧盟为典范，成立所谓的"非洲商法协调组织"（the Organization for the Harmonization of Business Law in Africa），且制定了多部统一商法，实现成员国间的法律制度一体化，增进商业交易的透明度、确定性及可预测性，促进非洲内部间与地区间的贸易往来以及吸引外国的直接投资，推动成员国的经济发展。

　　票据是非常重要的非现金支付工具，不仅具有汇兑、支付、结算等功能，更重要的是还具有信用、融资、担保及节约货币等功能。如果两岸票据能够相互流通，将在未来两岸经济互动中，扮演不可或缺的金融工具之一，不仅可以提供企业所需的信用及资金，协助企业发展与转型，也可以提高金融体系的流动性与安全性；在宏观层面，还可以健全中央银行发挥宏观调控的机制，促进两岸的经济稳定发展。因此，本书以实现两岸票据市场一体化为背景，对于"两岸票据制度一体化协议"进行研究。首先，提出两岸票据市场有关"顺汇形式票据"相互流通的相关问题，并分析两岸票据制度一体化的必要性与可行性。由于两岸票据实体法律制度的差异性，说明两岸票据制度如果未能一体化，即便两岸票据市场一体化，票据开始相互流通之后，仍会产生法律适用问题，造成适用不同法域而产生不同的审判结果，有违公平、平等原则。且由于两岸票据法律制度设计理念不同，造成票据功能的彰显有所不同，如果未能将两岸票据法律制度一体化，也会造成票据可使用与可发挥的功能受限，不利于企业通过票据作为交易的支付条件，发挥票据信用、融资及担保的功能，将阻碍两岸票据流通与使用，不利于两岸票据市场一体化的发展与顺畅运作。其次，援引世界各国家票据制度一体化历程以及欧洲一体化等的成功典范作为参考论据，将区域经济一体化理论、法律一体化理论、交易费用理论作为建构两岸票据制度一体化协议的基础理论，并借鉴欧盟法中条例的效力理论，认为如果两岸共同签署"两岸票据制度一体化协议"，应赋予该协议具有直接适用效力及优先地位；同时，为确保制度一体化的持续性、有效性及适用的一体性，对于制度所产生的问题，通过两岸司法交流，达成共识，由法院作出统一解释；对于疑难案件也由法院通过会议决议作出统一适用标准，实现司法保护制度一体性。再者，为实现两岸票据制度一体化，通过票据理论与实务运作，具体比较分析两岸票据法律制度、两岸票据融资与担保制度的差异性。最后，为使两岸票据市场一体化能够顺畅运作，认为有必要建立一套共同的票据制度作为遵循的运行机制。为此，本书更进一步从保障两岸票据当事人的票据权益及节约交易费用的视角为出发，提出解决之道：即草拟一份"两岸票据制度一体化协议（建议稿）"作为两岸票据市场一体化的基础依据，也可作为两岸协商的范本。两岸签署"两岸票据制度一体化协议"的主要目的：在于解决两岸企业直接使用票据融资与担保的问题，并节约交易费用。此主要目的与其精神始终贯穿于本书之中。

"两岸票据制度一体化协议"是两岸在对等、平等、公平与互惠原则基础上的一种制度创新的选择与制度性的安排。此种制度性安排的目的，即在于作为两岸票据市场一体化运行的共同遵循依据，既解决两岸票据实体法冲突问题，也解决两岸票据冲突法中准据法适用的问题，是一种折衷的第三条道路，打开两岸票据相互流通之路，期望达到制度性安排的最佳边际效益，解决企业融资难的问题，节约交易费用。而在两岸共同签署"两岸票据制度一体化协议"并通过各自内部程序接受该协议后，赋予该协议具有直接效力与优先地位，使得两岸票据当事人的票据权益能够获得充分保障，确保两岸票据市场一体化能有序运行，充分发挥两岸票据的效益，推动两岸经济共同发展。

目录

CONTENTS

表目录

INTRODUCTION
导 论

一、研究背景

20 世纪 50 年代最初的欧洲三大共同体（欧洲煤钢共同体、欧洲经济共同体及欧洲原子能共同体）的建立。随着经济发展，欧共体的市场逐渐一体化，欧共体成员国在 1986 年 2 月 7 日通过《单一欧洲法令》（Single European Act），[1]1992 年 2 月 7 日欧共体各成员国代表签署《欧洲联盟条约》（Treaty on European Union）。[2]1993 年，欧共体形成统一大市场，成员国间的"经济边界"消除，降低了企业与国家间的交易成本。此不仅标志欧盟的建立，也为欧元的产生创造了条件，而欧盟法为共同市场及单一市场提供统一的准则。[3]目前欧洲正在构筑以欧洲私法统一化为核心的法律体系，如欧盟委员会于 2011 年 5 月

---

〔1〕《单一欧洲法令》（Single European Act）于 1987 年 7 月 1 日生效，是对《罗马条约》的重要修订，具体内容可分为三部分：第一，是在 1992 年 12 月 31 日前，逐步建立欧共体无内部边界的内部市场；第二，是将共同体的政策与活动领域，扩大至经济与货币政策、社会政策、经济与社会联结政策、共同研究与技术发展、环境政策等领域；第三，是改革欧共体机构。请参阅张彤主编：《欧盟法概论》，中国人民大学出版社 2011 年版，第 9 页。

〔2〕《欧洲联盟条约》（Treaty on European Union）是在荷兰的马斯特里赫特签署，又称《马斯特里赫特条约》（Maastricht Treaty）。

〔3〕 1993 年仍是欧共体，但已见欧盟的雏形。欧元于 1999 年启动，至 2002 年，欧元正式取代各成员国货币，成为欧盟内唯一流通货币。2009 年《里斯本条约》正式生效，欧盟取代欧共体获得独立的法律主体资格，成为唯一实体。请参阅张彤主编：《欧盟法概论》，中国人民大学出版社 2011 年版，第 7～15 页；程卫东：《欧洲市场一体化：市场自由与法律》，社会科学文献出版社 2009 年版，第 30 页。

3 日发布《欧洲合同法》专家草案，2011 年 10 月 11 日发布《欧洲共同买卖法》（Common European Sales Law）的建议等等，[1]揭示欧洲在超国家层面进行私法法典统一化，并且有从区域化朝向全球化的趋势，使得欧洲私法法典统一化成为其他地区或国家的参考范例。此正如赵怀普（2004 年）、张彤（2011 年）等学者指出，区域一体化是现今重要的发展趋势，而欧盟的发展是世界上有目共睹最为成功的一个范例。[2]"欧盟法学已经成为一门独立的法律学科，具有其独立的研究对象和独特的发展规律。欧盟法是伴随着欧洲一体化的发展，即 20 世纪 50 年代欧洲三大共同体的建立到 90 年代欧盟的建立和发展，形成的一种新型的、既不同于国内法，也不同于传统国际法的'自成一类'的法律体系。……引领着国际法律秩序的变革，深刻影响着欧洲各国以及世界其他国家的立法、司法和法学研究。"[3]在非洲地区，14 个中西部非洲国家[4]于 1993 年依据条约成立非洲商法协调组织（L'Organisation

---

〔1〕 张彤：《欧洲私法的统一化研究》，中国政法大学出版社 2012 年版，第 3~4 页。有关《欧洲共同买卖法》（Common European Sales Law）的建议，请参阅 Proposal for a Regulation of the European Parliament and of the Council on a Common European Sales Law，COM/2011/0635 final-2011/0284（COD），载欧盟官方网（Official website of the European Union）欧盟法检索系统，如 http://eur-lex.europa.eu/legal-content/EN/TXT/? qid = 1437052187385&uri=CELEX：52011PC0635，最后访问日期：2015 年 7 月 16 日。

〔2〕 请参阅赵怀普："欧洲一体化经验及时代精神"，载《外交学院学报》2004 年第 77 期，第 52 页；张彤主编：《欧盟法概论》，中国人民大学出版社 2011 年版，编写说明第 1 页。

〔3〕 引自张彤主编：《欧盟法概论》，中国人民大学出版社 2011 年版，编写说明第 1 页。

〔4〕 14 个中西部非洲国家是指：贝宁（Benin）、布基纳法索（Burkina Faso）、喀麦隆（Cameroon）、中非共和国（Central African Republic）、乍得（Chad）、科摩罗（Comoros）、刚果（Congo）、科特迪瓦（Côte d'Ivoire）、加蓬（Gabon）、马里（Mali）、尼日尔（Niger）、塞内加尔（Senegal）、多哥（Togo）、赤道几内亚（Equatorial Guinea）。请参阅［美］克莱尔·穆尔·迪克森编，［喀麦隆］马莎·西姆·图蒙德、［尼日利亚］穆罕默德·巴巴·伊德里斯等：《非洲统一商法：普通法视角中的 OHADA》，朱伟东译，中国政法大学出版社 2014 年版，第 1 页。为精简化，本书以下引用此文献为：［美］克莱尔·莫尔·迪克森编：《非洲统一商法：普通法视角中的 OHADA》，朱伟东译，中国政法大学出版社 2014 年版。

pour l'Harmonisation en Afrique du Droit des Affairs，法语缩写为"OHA-DA"），[1]现有 17 个中部和西部非洲成员国，[2]该组织的主要目的是为成员国创设现代的超国界的统一商法制度，迄 2010 年底止，部长委员会已通过 9 部统一商法，[3]并设置五个超国家机构，其中司法与仲裁共同法院（Common Court of Justice and Arbitration，缩写"CCJA"）是对所有涉及 OHADA 法律问题具有最终上诉权的超国家法院，确保统一商法在 OHADA 地区的实施及统一解释，以提高法律制度的透明度、统一性及可预见性；OHADA 地区统一商法的实施，同时也节省了跨境交易的时间与成本，更有利于吸引发达国家的投资者，以促进该地区的商业发展能力。OHADA 所建立的统一商法，是 17 个中部和西部非洲国家的统一商法体系，能够促进该地区的经济繁荣发展与提升该地区的经济效益。[4]即使像美国这样的联邦制度国家也存在法律适用问题。美国法律体系是由联邦及 50 个州所构成整体的美国法律体系，有

---

〔1〕　"OHADA"为法语"L'Organisation pour l'Harmonisation en Afrique du Droit des Affairs"全称的缩写，英语为"the Organization for the Harmonization of Business Law in Africa"，其设立目的旨在建立跨越非洲中部和西部成员国的统一商法体系，性质上属于"非洲统一商法组织"，但就文义翻译而言，采用"非洲商法协调组织"较贴近文义。相关资料，载非洲统一商法组织网，如 http://www.ohada.com/traite.html，最后访问日期：2015 年 7 月 14 日。

〔2〕　17 个中部和西部非洲成员国分别为：贝宁（Benin）、布基纳法索（Burkina Faso）、喀麦隆（Cameroon）、中非共和国（Central African Republic）、乍得（Chad）、科摩罗（Comoros）、刚果（Congo）、刚果民主共和国（RD Congo）、赤道几内亚（Equatorial Guinea）、加蓬（Gabon）、几内亚（Guinea）、几内亚比绍（Guinea-Bissau）、科特迪瓦（Ivory Coast）或科特迪瓦（Côte d'Ivoire）、马里（Mali）、尼日尔（Niger）、塞内加尔（Senegal）、多哥（Togo）等。上述资料来源，载非洲统一商法组织网，如 http://www.ohada.com/etats-membres.html，最后访问日期：2015 年 7 月 14 日。

〔3〕　截至 2010 年底，部长委员会（立法机关）通过 9 部统一商法分别为：《一般商法统一法》《商业公司和经济利益集团统一法》《担保法统一法》《债务追偿简易程序和执行措施统一法》《债务清偿集体程序统一法》《仲裁统一法》《会计法统一法》《公路货物运输合同统一法》《合作社统一法》等，请参阅［美］克莱尔·穆尔·迪克森编：《非洲统一商法：普通法视角中的 OHADA》，朱伟东译，中国政法大学出版社 2014 年版，第 41~42 页。

〔4〕　［美］克莱尔·穆尔·迪克森编：《非洲统一商法：普通法视角中的 OHADA》，朱伟东译，中国政法大学出版社 2014 年版，中文版序第 1~7 页、正文第 1~3 页。

自己独立的法律体系，存在一国数法域情形，形成不同的法域，亦即联邦有联邦法，各州有各州的州法，同一法律制度的名称可能相同，但具体规定的内容则可能不完全相同。纵然有冲突法（conflict of law）试图解决法律适用的问题，但可能因连系因素不同，适用不同的准据地法，而产生不同的审判结果。此一结果往往令当事人感到十分错愕。例如居住在甲州居民 A 对于甲州州法规定熟悉，但跨州案件纠纷，不必然适用 A 所熟知甲州州法，而可能适用不熟悉的其他州法（如乙州）规定。因当事人未能适时预测法院适用法律、裁判内容或判断过程，往往对当事人造成突袭性的裁判结果，同时也造成当事人相当大的损失，使得当事人无预测可能性，不利于州际的贸易往来，形成州际贸易的屏障。为了解决此种不利于州际贸易情形，于是掀起制定统一商法的运动，并在 1952 年完成《统一商法典》草案，于 1968 年除路易斯安那州外，美国各州均采纳统一商法典，因此，商法领域形成统一局势，便利于州际贸易往来，并有利于整体经济的发展。目前仍持续依据社会发展情形，不断完善《统一商法典》内容，以符合实际需求。

在中国，虽然香港地区与澳门地区已回归大陆地区，[1]但由于分别被英国及葡萄牙统治多年，两地区居民早已习惯统治时期的法律制度，为维持地区的稳定繁荣，大陆地区对香港地区与澳门地区实施"一个国家，两种制度"（一国两制）的方针，并分别在《香港特别行政区基本法》第 5 条及《澳门特别行政区基本法》第 5 条规定，香港地区及澳门地区"不实行社会主义的制度和政策，保持原有的资本主义制度和生活方式，五十年不变"。因此，大陆地区与香港地区及澳门地区的法律制度不同，形成一个国家具有三个法域存在。至于台湾地区因历史因素，造成大陆地区与台湾地区（简称"两岸"）自 1949年以后处于分治状态，迄今未统一，因此，加上台湾地区的法律制度，就形成一国之中存在四个独立的经济体、四个法域。由于四个地区长

---

〔1〕 在本书中所提到中国大陆、香港特别行政区、澳门特别行政区、台湾，分别使用"大陆地区""香港地区""澳门地区"及"台湾地区"表述，代表一个中国存在四个不同经济体，且各自拥有不同的法域，具体表现为四个不同法域，但本质上为三个法系，即一个社会主义法系、一个英美法系、两个大陆法系。

期以来实施不同的法律制度，各自的法域早已深入各该地区的居民生活，倘若突然转变共同适用统一法律制度，必造成居民的不适应，且所付出的成本将难以估计。因此，法域的统一必须采取渐进的方式。四个地区各自存在不同法域虽有助于维持地区稳定，但是对于商贸往来及投资者的进入，则不仅具有非常大的不便利性，而且因法域规定不同、司法解释不一，造成制度缺乏透明度、确定性、稳定性，形成法律风险无法预测，从而导致交易费用被提高，不仅不利于企业与投资者的进入，且阻碍推动经济的成长。因此，不论是超国界的法律一体化，还是一国内的数法域的法律制度一体化，对于两岸通过协议方式逐步实施制度一体化仍有相当的借鉴与参考价值。有学者也指出："在许多领域，内地、澳门、台湾及香港之间都可以就同类法律作可能的调整，以避免不必要的区域法律冲突。如在婚姻、继承、时效、商业票据、证券及公司法律方面，均有不少内容可以考虑作出调整。"[1]

目前随着区域经济一体化而推动全球经济一体化，国际经济一体化的事实已然存在，各国经贸相互依赖程度紧密，各国法律规范之间的相互作用与融合的需求强度增加，国内法与国际法规范在某种程度亦难以分开，因此，通过比较各国法律制度的差异性，寻求一种法律制度的趋同性，已然显得迫切需要，一种超国界的法律协调与统一化的趋势逐渐形成中，即是所谓的全球法律趋同化、统一化或法律全球化。[2]

如众所周知，随着大陆地区采取中国特色社会主义理论，坚持改革开放后，近年来大陆地区的经济飞速发展，成效斐然，一跃成为世界强大的经济体，为其他国家及地区的人始料未及，也引发大量的外资纷纷投入这个大市场中，其中不乏世界知名企业，目的是期望从中获取丰硕的投资利润。此种景象，连各经济学者与专家亦无法想象。反观两岸情势，由于两岸具有特殊关系及历史渊源，曾因两岸政治局

---

〔1〕 米也天：《澳门法制与大陆法系》，中国政法大学出版社1996年版，第144页。

〔2〕 冯玉军：《全球化中的东亚法治：理论与实践》，中国人民大学出版社2013年版，第43页。

势变化，造成两岸经贸政策一度处于冰冻时期，但随着两岸关系的和缓，经贸政策逐渐开放，使得两岸经贸发展程度尤为紧密，不亚于国际经贸往来，此可从两岸经贸统计资料（如表1至表5）得知两岸紧密程度。更有学者唐永红（2010年）分别从台湾地区经济对大陆地区贸易与大陆地区经济对台湾地区贸易，进行统计两岸经济体的贸易依存度，如台湾地区经济对大陆地区贸易的"出口"依存度，从1990年1.99%，至2007年已经达到27.33%，"进口"依存度1990年0.46%，至2007年已经达到6.35%；而大陆地区经济对台湾地区贸易的"出口"依存度，从1990年0.20%，至2007年上升到0.72%，"进口"依存度1990年0.84%，至2007年上升到3.12%。[1]显见，两岸经济体的经贸依存度逐年增强，密不可分；而两岸有关经贸法律制度的差异性，使得两岸企业间缺乏共同适用的制度，增加两岸企业交易成本，不仅不利于两岸企业发展，且阻碍两岸经贸共同发展，因此，逐步推动两岸法律制度一体化，显然很有必要性，且此将有助于两岸融合与企业发展，降低两岸企业交易成本，解决两岸企业融资问题，提升两岸企业竞争力与转型，推动两岸经济共同成长。

表1　两岸经贸统计表

年月别	台湾对大陆"出口"（1）		台湾由大陆"进口"（2）		核准赴大陆投资（3）	
	金额（亿美元）	增减（%）	金额（亿美元）	增减（%）	件数	金额（亿美元）
2010	1147.4	37.1	375.8	46.6	518（396）	122.3（23.9）
2011	1240.5	8.1	452.8	20.5	575（312）	131（12.8）
2012	1186.7	-4.3	435.7	-3.8	454（182）	109.2（18.7）

---

　　[1]　台湾地区对大陆地区的依存度是指台湾地区对大陆地区"出口"、自大陆地区"进口"等占台湾地区的GDP的比例；反之，大陆地区对台湾地区的依存度是指大陆地区对台湾地区"出口"、自台湾地区"进口"等占大陆地区的GDP的比例。请参阅唐永红：《两岸经济制度性合作与一体化发展研究》，九州出版社2010年版，第142~143页。

续表

年月别	台湾对大陆"出口"（1）		台湾由大陆"进口"（2）		核准赴大陆投资（3）	
	金额（亿美元）	增减（%）	金额（亿美元）	增减（%）	件数	金额（亿美元）
2013	1212.3	2.2	442.5	1.6	440（114）	86.8（5.1）
2014	1246.9	2.9	497.3	12.4	388（109）	98.3（4.5）
2015（1~5月）	466.7	-6.9	187.3	-2.1	127（45）	34.8（2.7）

资料来源：引自财团法人海峡交流基金会：《两岸经贸》2015年第283期，第61页。[1]

表2　台湾地区经贸统计表

年月别	"出口"（1）		"进口"（2）		台湾对大陆贸易占台湾外贸比（3）	
	金额（亿美元）	增减（%）	金额（亿美元）	增减（%）	台湾对大陆"出口"/台湾"出口"（%）	台湾由大陆"进口"/台湾"进口"（%）
2010	2746.1	34.8	2513.7	44.2	41.8	15
2011	3082.5	12.3	2814.3	12.0	40.2	16.1
2012	3011.8	-2.3	2704.7	-3.9	39.4	16.1
2013	3054.4	1.4	2698.9	-0.2	39.7	16.4

---

〔1〕引用该资料表是为表示两岸经贸紧密程度。该资料表中，（1）（2）为台湾地区经济部《国内外情势分析》，其统计来源为台湾地区财政部进出口海关，增减%是指与上年度比较；（3）为台湾地区经济部投审会统计，其中括号（）内的数字分别表示补办案件件数及金额。另外，原统计表中系自2006年起，本书仅引用自2010年至2015年5月作为参考数；核准赴大陆投资的金额，原系以美金千元为单位统计，本书为一致表示，改为亿美元，且亿元以下金额采取四舍五入计算，故而统计金额与原表中金额略有差异。请参阅"经贸统计"，载财团法人海峡交流基金会：《两岸经贸》2015年第283期，第61页。

续表

年月别	"出口"（1）		"进口"（2）		台湾对大陆贸易占台湾外贸比（3）	
	金额（亿美元）	增减（%）	金额（亿美元）	增减（%）	台湾对大陆"出口"/台湾"出口"（%）	台湾由大陆"进口"/台湾"进口"（%）
2014	3137.5	2.7	2742.1	1.6	39.7	18.1
2015（1~5月）	1193.6	-5.7	957.8	-14.7	39.1	19.5

资料来源：引自财团法人海峡交流基金会：《两岸经贸》2015年第283期，第60页。[1]

表3　大陆地区经贸统计表

年月别	大陆出口（1）		大陆进口（2）		大陆对台湾贸易占大陆外贸比（3）	
	金额（亿美元）	增减（%）	金额（亿美元）	增减（%）	台湾由大陆"进口"/大陆"出口"（%）	台湾对大陆"出口"/大陆"进口"（%）
2010	15 779.3	31.3	13 948.3	38.7	2.4	8.2
2011	18 986.0	20.3	17 434.6	24.9	2.4	7.1
2012	20 489.3	7.9	18 178.3	4.3	2.1	6.5
2013	22 100.4	7.9	19 502.9	7.3	2.0	6.2
2014	23 427.5	6.1	19 602.9	0.4	2.2	6.3

---

〔1〕该资料表中，（1）、（2）为台湾地区经济部统计；（3）为本书这依据表1、表2中的数据分别计算台湾地区由大陆地区进口与对大陆地区出口，占台湾地区整体的进口与出口的比例，显示两岸经贸关系紧密程度。请参阅《经贸统计》，载财团法人海峡交流基金会《两岸经贸》2015年第283期，第60页。

年月别	大陆出口（1）		大陆进口（2）		大陆对台湾贸易占大陆外贸比（3）	
	金额（亿美元）	增减（%）	金额（亿美元）	增减（%）	台湾由大陆"进口"/大陆"出口"（%）	台湾对大陆"出口"/大陆"进口"（%）
2015（1~5月）	8808.7	0.7	6636.1	-17.3	2.1	7.0

资料来源：引自财团法人海峡交流基金会《两岸经贸》2015 年第 283 期，第 61 页。[1]

表4　台湾地区两岸贸易总额占台湾地区对外贸易总额比

年月别	台湾对外经贸总额（"出口"+"进口"）（1）	台湾两岸贸易总额（对大陆"出口"+由大陆"进口"）（2）	两岸贸易总额占台湾对外贸易总额比
	金额（亿美元）	金额（亿美元）	（%）
2010	5259.8	1523.2	29.0
2011	5896.9	1693.3	28.7
2012	5716.5	1622.4	28.4
2013	5753.3	1654.8	28.8
2014	5879.7	1744.2	29.7

---

〔1〕 引用该资料表是为表示两岸经贸紧密程度。该资料表中，（1）（2）为大陆地区商务部统计，增减%是指与上年度同期比较的变化百分比，并按小数点第二位数字以四舍五入方式表示，仅显示至小数点第一位数；（3）为本书依据表1、表3中的数据分别计算台湾地区由大陆地区"进口"与对大陆地区"出口"，在大陆地区整体的出口与进口中所占百分比例，显示两岸经贸关系紧密程度。请参阅《经贸统计》，载财团法人海峡交流基金会《两岸经贸》2015 年第 283 期，第 61 页。

续表

年月别	台湾对外经贸总额（"出口"+"进口"）（1）	台湾两岸贸易总额（对大陆"出口"+由大陆"进口"）（2）	两岸贸易总额占台湾对外贸易总额比
	金额（亿美元）	金额（亿美元）	（%）
2015（1~5月）	2，151.4	654.0	30.4

资料来源：依据相关文献制表。〔1〕

表5　台湾地区两岸贸易总额占大陆地区对外贸易总额比

年月别	大陆对外经贸总额（"出口"+"进口"）（1）	台湾两岸贸易总额（对大陆"出口"+由大陆"进口"）（2）	两岸贸易总额占大陆对外贸易总额比
	金额（亿美元）	金额（亿美元）	（%）
2010	29，727.6	1，523.2	5.1
2011	36，420.6	1，693.3	4.6
2012	38，667.6	1，622.4	4.2
2013	41，603.3	1，654.8	4.0
2014	43，030.4	1，744.2	4.1
2015（1~5月）	15，444.8	654.0	4.2

资料来源：依据相关文献制表。〔2〕

〔1〕 本表系作者参考"经贸统计"，载财团法人海峡交流基金会：《两岸经贸》2015年第283期，第60~61页中数据所制作。本表中数据全部按小数点第二位数字以四舍五入方式表示。

〔2〕 本表中，（1）数据为大陆地区商务部统计；（2）数据为台湾地区"经济部""国外情势分析"，其统计来源为台湾地区"财政部""进出口"海关。作者参考财团法人海峡交流基金会：《两岸经贸》2015年第283期，第60~61页中数据所制作。表中数据全部按小数点第二位数字以四舍五入方式表示，仅显示至小数点第一位数。

自 2008 年以后，两岸关系更趋和缓，并加强经贸合作，2009 年 4 月 26 日由大陆地区海峡两岸关系协会（简称"海协会"）与台湾地区财团法人海峡交流基金会（简称"海基会"）在南京签署《海峡两岸金融合作协议》，建立两岸金融合作的基本框架为起点；2009 年 11 月 16 日两岸共同签署《海峡两岸银行业监督管理合作谅解备忘录》《海峡两岸证券及期货监督管理合作谅解备忘录》《海峡两岸保险业监督管理合作谅解备忘录》，建立了两岸银行业、证券、期货及保险等监督管理合作关系。[1]于 2010 年 6 月 29 日签署《海峡两岸经济合作框架协议》（英文简称 ECFA），更进一步推动两岸金融领域合作与经贸往来，并于签署《海峡两岸经济合作框架协议》的同一年度，陆续落实两岸相互批准银行业在其地区设立营运的分支机构，开启两岸银行业互设据点的里程碑。[2]随后，基于两岸经贸往来频繁，投资紧密度高，为保障海峡两岸投资人权益，创造公平投资环境，于 2012 年 8 月 9 日签署《海峡两岸投资保障和促进协议》。随后，为增进两岸金融业务合作，于 2012 年 8 月 31 日双方签署《海峡两岸货币清算合作备忘录》，建立两岸货币清算机制。此一合作备忘录象征着两岸合作的新里程碑，因为相互承认货币的合法性。2013 年 4 月 1 日再签署《关于大陆商业银行从事代客境外理财业务监督管理合作谅解备忘录》，揭示从事代客境外理财业务时，可以投资于批准或认可的固定收益类产品、法规允许的集合投资计划或公募基金及台湾地区公开上市公司的有价

---

〔1〕　关于两岸所签协议用语："了解备忘录"与"谅解备忘录"问题。台湾地区官方使用"了解备忘录"，如《海峡两岸银行业监督管理合作了解备忘录》；大陆地区官方使用"谅解备忘录"，如《海峡两岸银行业监督管理合作谅解备忘录》。本书统一使用"谅解备忘录"。关于《海峡两岸银行业监督管理合作了解备忘录》，载台湾地区"法规数据库"网，如 http://law. moj. gov. tw/Law/LawSearchResult. aspx？p＝D&k1＝%e5%85%a9%e5%b2%b8&t＝D1&TPage＝1，最后访问日期：2015 年 7 月 28 日。

〔2〕　2010 年大陆地区批准 5 家台资银行：第一银行上海分行、国泰世华银行上海分行、彰化银行昆山分行、合作金库商业银行苏州分行、土地银行上海分行等；台湾地区批准中国银行台北代表处、交通银行台北代表处、招商银行台北代表处、中国建设银行台北代表处等，其后陆续升格为中国银行台北分行、交通银行台北分行、中国建设银行台北分行。

证券等，象征两岸经贸业务深度往来。此种现象，随着两岸经贸与金融往来的愈频繁，作为汇兑、支付、信用、投融资及担保功能的票据，将更凸显其在金融地位的重要性。

关于票据的起源，中外票据各有不同。在中国，一般认为汇票滥觞于唐代的飞钱，而国外以12世纪意大利商人之间流行的兑换证书作为兑换票据的起源。最初票据的功能主要是为避免携带大量货币产生的许多风险，从而产生代替货币流通的货币证券而创设出各种票据，因此，票据可说是经验下的一种产物。随着商品经济的发展，票据也从原先在一定范围内取代货币的支付功能，逐渐发展为具有流通、信用、结算、投融资及节约货币发行等功能，而使票据的原有使用目的发生改变，从原本的减少携带大量现金的风险，进而更扩大至票据信用与融资用途。现代票据不仅提供货币流通的周转，促进一国或地区的经济快速发展，在更大程度上，也促进了国际商品经济的繁荣。尽管目前有发展票据电子化趋势，可能限缩实体票据使用，但实体票据特有的信用与融资仍需要通过票据不断流转方得以实现其价值，因此，电子票据的发展至少在目前尚无法完全取代实体票据的存在，故而实体票据仍为现代经济社会生活中不可或缺的重要金融工具。

"票据是经验主义而非理性主义的产物，是一种精巧的设计物，它既属于法律上的制度，同时也是经济贸易上的制度。"[1]主要缘由在于票据系源于早期商人间交易使用的支付工具。经过不断发展，票据已成为现代人们社会生活的基本金融工具之一，不仅在货币流通过程中扮演非常重要的角色，而且也具有信用、投融资及补充货币的作用。[2]更确切地说，票据在功能上，除了替代货币外，还可以补充货币，甚至还可使将来的货币作为现在的货币使用。[3]而票据法律制度建立的规范目的，在于促进票据流通及维护交易安全，使其充分发挥经济的边际效用。

---

〔1〕吴京辉：《票据行为论》，中国财政经济出版社2006年版，第1页。

〔2〕刘少军、王一轲：《货币财产（权）论》，中国政法大学出版社2009年版，第250页。

〔3〕邢海宝编：《票据法》，中国人民大学出版社2004年版，第21页。

　　在全球化与区域经济一体化的趋势推动下，私法的一体化已经成为一种新的发展趋势。[1]此种趋势，不论在国家与国家间，或者区域与区域间，甚至在一国数法域之间，制定彼此相互协调与统一的法律制度具有重大的意义。[2]因此，本书乃以两岸票据市场一体化作为两岸票据制度一体化协议研究的背景，运用区域经济一体化理论、法律一体化理论，援引各国家法律制度一体化历程作为论证，并运用交易费用理论及欧盟法效力理论，从保障两岸票据当事人的票据权益及节约交易费用视角出发，解决两岸票据法律制度的差异所产生的不透明性、不确定性、不稳定性及不可预测性等因素，更进一步以实现两岸票据实体法及冲突法一体化为目标，而探寻两岸共同签署"两岸票据制度一体化协议"的必要性与可行性，作为"两岸票据市场一体化"的共同遵循与适用依据，推动两岸票据相互流通、建立票据信用制度，使得两岸票据一体化市场能有序运作，协助企业通过票据取得融资及担保，促进两岸经济稳定发展，成为两岸金融制度一体化的典范，为两岸未来的金融服务一体化奠定良好运作机制。实现两岸票据实体法律制度一体化并非仅是崇高的理想，其更具有实践的可能性，正如著名学者施米托夫教授所指出："不论他们之间在政治上的分歧和所处地区间的差别。此项发展将使已经展示的历史经验得到确认：一旦统一的条件成熟，流通票据法是能够实现此项统一的第一个法律部门。"[3]

　　本书所提出"两岸票据制度一体化协议"是指两岸在对等、平等、公平与互惠原则基础上所达成的共识，并通过共同签署协议作为一种创新票据制度性的安排。此种制度性安排的目的，即在于作为两

---

　　〔1〕　张彤："欧洲一体化背景下的欧洲私法趋同"，载米健主编：《欧洲法在欧洲一体化进程中的作用》，法律出版社2009年版，第169页；张彤："欧洲一体化进程中的欧洲民法趋同和法典化研究"，载《比较法研究》2008年第1期，第11页。

　　〔2〕　请参阅张彤：《欧洲私法的统一化研究》，中国政法大学出版社2012年版，第45页。

　　〔3〕　施米托夫教授也译为"施密托夫"。［英］施米托夫：《国际贸易法文选》，赵秀文选译，中国大百科全书出版社1993年版，第79页。

岸票据市场—体化运行的共同依据，既解决两岸票据实体法冲突问题，也解决两岸票据冲突法中准据法适用的问题，是一种折衷的第三条道路。并经由制度妥善安排，期望两岸票据在金融市场能充分发挥经济效益，解决企业融资难的问题，节约交易费用，提升两岸整体金融利益，增进两岸整体经济繁荣，促进两岸经贸与金融的稳定和谐发展。

二、问题提出

大陆地区的票据制度缘于计划经济时代，当初票据法律制度的设计主要是着眼于对现金管理角度，控制资金环境，故而在票据立法例与票据种类的设计上，虽与各国票据法的形式架构类似，但实质规定内容却与现代票据法理的精神貌合而神离，背离现代票据所具有的最重要票据信用与融资功能，而限缩票据的使用范畴，仅余支付与汇兑功能；台湾地区的票据制度，因实行资本主义，票据法律制度的建立初期即已参考日本票据法、德国票据法及英美票据法等各国票据法律制度所制定而成。而且因较早提倡自由开放的经济政策，经济发展较为成熟，同时为与国际接轨，很大程度上参考借鉴国际票据公约及基本票据法理，从而着眼于促进票据流通与维护票据交易安全的原则，鼓励票据的发展与使用，以提升经济发展。故不论在形式上或实质上均较优于大陆地区目前的票据法律制度，且符合学理上的票据法理论与实务运用。两岸票据法实质内容的设计存在差别，同时也反映两岸票据法在立法宗旨与价值取向的不同。

两岸各自存在不同的票据法律制度，尽管形式上同样参考国际票据公约及各国票据法律制度所制定，就票据种类的立法体例而言，形式上相同，但具体规范内容，则各有其特色，存在极大差别，形成两个不同的票据法域。主要缘由不外乎与两岸各自的社会发展、政经历程、文化等的不同。而此票据法律制度的差别性，以往并无足轻重，但随着两岸经贸往来频繁以及两岸金融业务合作，则体现其存在冲突性问题，并阻碍两岸票据流通。因为，如果发展两岸票据没有共同的票据制度作为共同遵循与适用依据，如两岸票据签发、背书、提示方法、提示期限、时效等等，其制度的差异性必然使两岸票据市场一体化无法立足于平等、公平与互惠互利的环境顺畅运作，无法永续发展两岸票据，促进两岸票据相互流通，企业也无法通过两岸票据取得融资，创造有利的交易条件，提升竞争力。因此，两岸票据法律制度的差异性正凸显两岸票据在两岸金融合作中存在的问题，阻碍两岸金融服务一体化的推进，也影响两岸经贸的增长。

学者王凤瀛于 1942 年指出，"票据为商业中枢，商业无国界，票据亦无国界，学者称票据为游行家（Cosmopolite），……近世商业勃兴，海外贸易日臻发达，益感票据统一之必要，否则各自为制，动多扞格，票据不能流通，即商业难期发展，影响所及，关系匪浅。"[1]由此可见，学者对于票据的发展及使用，早有先见之明。目前两岸贸易往来所使用的票据，属于国际贸易跟单项下的票据，对于纠纷的处理适用国际惯例，此并非单纯地使用顺汇形式票据作为支付条件的工具。主要原因在于，两岸尚未建立票据相互流通的渠道及票据共同市场，而且票据相关制度不同，故而，如果交易中使用票据作为交易条件中的支付工具，不仅会使取得的票据无法提示付款，也无法经由背书流转，更无须论及票据融资与担保问题。举例而言：例如中国政法大学 A 教授应邀赴台湾地区参加台湾大学举办 2015 年 7 月 1 日至 2015 年 7 月 5 日为期五天的法学研讨会，在研讨会结束后，台湾大学工作人员将一张票面金额为新台币 15（壹拾伍）万元整，出票日期为 2015 年 7 月 30 日，付款人为台湾地区合作金库商业银行台北分行的支票交付予 A 教授。但 A 教授在台湾地区期间因参与各项会议繁忙，而未能赴银行办理支票取款。其后返回大陆地区，始发现该支票尚未提示付款。由于两岸金融机构尚未建立票据委托取款通道，因此，A 教授无法通过大陆地区银行（如中国工商银行）委托取款，更遑论票据融资与担保问题。此外，由于该支票的出票日是 2015 年 7 月 30 日，而 A 教授是于 2015 年 7 月 5 日取得该支票的，票载的出票日晚于实际出票日，按台湾地区"票据法"规定该支票属于有效支票；但是大陆地区

---

〔1〕　王凤瀛："起草票据法之管见"，载何勤华主编：《民国法学论文精萃·民商法律篇》（第 3 卷），法律出版社 2004 年版，第 488 页。

《票据法》对此无明文规定，该支票是否有效即成为问题。所以，依照此例，如果该支票的签发与付款地均在大陆地区时，而持票人在台湾地区，类似的支票将因适用不同票据法，可能造成不同的审判结果。此种票据法律风险，由票据权利人承担将不利于促进两岸票据流通。

目前两岸所使用的票据属于跨境贸易交易使用的支付工具，通常依附于国际贸易中的单据项下，最常使用的是信用证项下的跟单汇票，出口企业以该跟单项下的汇票向银行办理出口押汇，以取得融资，如有产生纠纷，通常是依据《跟单信用证统一惯例》（Uniform Customs and Practice for Documentary Credits，简称"UCP"）解决，而非票据法律制度，且此种票据的签发属于逆汇形式，不同于国内一般票据签发方式。至此，可发现票据在两岸金融市场中，实际上并无法承担汇兑、支付、信用、融资与担保等功能，换言之，两岸票据仍无法作为两岸企业交易的支付工具。主要原因在于两岸仍处于合作阶段，尚未建立相关的票据通道，实现两岸票据市场一体化，更无共同票据制度作为共同遵循与适用的依据，也无法使两岸票据市场有序运行。为此，如何实现两岸票据市场一体化而使其有序地、持续地运行成为首要问题。唯有两岸实现票据市场一体化，设立票据信用与票据提示、交换等渠道，并解决两岸票据法律制度差异性问题，才能使两岸票据相互流通与使用，发挥票据的汇兑、支付、信用、融资与担保等功能，真正实现两岸票据市场一体化，并使其有序运作，而两岸企业可以真正使用两岸票据作为交易的支付工具，解决信用、融资与担保问题，为企业创造有利的经营条件，推动两岸经济成长。因此，本书以两岸票据市场一体化为背景，研究和分析"两岸票据制度一体化协议"的正当性，通过具体比较分析两岸票据法律制度、两岸票据融资制度与两岸票据担保制度等等主要差异性，就其制度差异性之间经由趋同、协调与融合，得出"两岸票据制度一体化协议（建议稿）"作为解决两岸票据法律制度差异性的方法，同时也是两岸票据市场一体化共同适用与遵循的依据，使票据不再依附于国际贸易信用证项下，也不再仅限于国际贸易中使用，更不限于银行间使用，企业可直接使用票据作为交易的支付工具，也可以以交易所取得的票据向金融机构申请融资与担保，解决企业融资难的问题，同时还可以节约交易费用。

三、文献综述

本书以"两岸票据制度一体化协议"作为研究对象，涉及的相关文献可分为"一体化"与"两岸票据法律制度"两部分。其中的主要重点在于，解决两岸票据法律制度差异性，并对其间的差异性进行趋同、协调、融合，进而予以一体化，以克服两岸现行票据法律制度差异性问题，使得两岸票据市场一体化有共同制度作为遵循依据，建立票据信用、融资与担保，推动两岸票据相互流通，故而"一体化协议"是本书的研究重点。因此，首先对于一体化的文献进行综述与评价；其次，再对两岸票据法律有关的文献进行综述与评价。

（一）与一体化有关的文献综述与评价

1. 与一体化有关的文献综述

自 20 世纪 50 年代成立欧洲煤钢共同体、欧洲原子能共同体及欧洲经济共同体等三大共同体，建立欧洲共同市场以来，其并不同于其他的欧洲组织（如欧洲委员会、欧洲自由贸易联盟、比荷卢联盟等国家间合作），而是"一种凌驾于成员国之上的超国家主权，并且树立了以'扩大和深化共同体'作为目标"，[1] 从单纯的欧洲经济共同体、欧洲共同市场逐渐形成欧洲共同体并推动经济、货币、政治一体化，实现统一欧洲大市场的局势，建立欧洲联盟（简称欧盟）。此一发展趋势，不仅促进欧盟整体的经济发展，也强化欧盟对外的竞争力，更在此发展过程中形成自成一类的法律体系，即欧盟法体系，[2] 其兼具融合大陆法系及英美法系的混合法系。正如学者指出，欧盟的一体化可以说是透过法律一体化达成市场一体化，相较于其他地区的一体化有所不同。[3] 结合欧洲全面一体化的实践成功经验，近十几年来，有

---

〔1〕　[德] 贝娅特·科勒-科赫等：《欧洲一体化与欧盟治理》，顾俊礼等译，中国社会科学出版社 2004 年版，第 3 页。

〔2〕　张彤主编：《欧盟法概论》，中国人民大学出版社 2011 年版，第 82 页。

〔3〕　程卫东：《欧洲市场一体化：市场自由与法律》，社会科学文献出版社 2009 年版，第 30 页。

越来越多的学者陆续投入到两个主要领域进行研究：一是经济、金融方面的领域，如欧洲一体化、区域经济一体化、东盟区域一体化、东亚区域一体化、国际金融一体化、国际区域经济一体化、国家区域一体化行为等问题的研究；二是法学方面的领域，如欧盟合同法一体化、欧盟保险法统一、欧盟公司法的统一、欧洲法律一体化、法律趋同、法律全球化、共同法、全球电子商务法统一化、国际贸易法统一等问题的研究，也有针对特定区域法律一体化进行研究，如非洲法律的区域化、非洲国际商法统一化与协调化等。这方面的文献资料非常丰富。

由于"一体化"涉及的文献资料丰富，本书将文献资料区分为以下五部分，并对相关"一体化"的部分文献进行简要综述：

（1）欧洲一体化、区域一体化、全球化方面的文献资料

欧盟在历经七次扩大，构建单一内部市场后，是目前世界上最大的单一市场，也是最成功的区域一体化典范。欧盟从 1993 年的 12 个成员国，至 2013 年底，已经扩大至 28 个成员国，约 5.07 亿人口。由于贸易及总体经济活动的扩大，创造了数百万个新的就业机会，按当期价格（at current prices）计算该经济体的生产总值（GDP）已达到 13.1 兆欧元，从 2003 年到 2013 年，人均 GDP 从 20 600 欧元成长到 25 700 欧元，相当于增加了 25%，创造了巨大的财富，成为世界主要的经济体之一。[1]故而，欧盟的成功已成为众所瞩目的焦点，也因此对于欧洲一体化的相关文献非常多。如贝娅特·科勒-科赫等学者的著作《欧洲一体化与欧盟治理》（2001 年），论述欧洲一体化发展历史、经济一体化的动力，以及分析统一大市场的特点、一体化的制度保障及欧共体系统的运作与治理等等问题。[2]与此相关的类似文献还有：马

---

〔1〕 相关经济数据来源，载欧盟统计局网，如 http://ec. europa. eu/eurostat/statistics-explained/index. php/Enlargement_ countries_ -_ economic_ developments；人口统计数据来源，载欧盟统计局网，如，http://ec. europa. eu/eurostat/statistics-explained/index. php/Enlargement_ countries_ -_ population_ statistics，最后访问日期：2015 年 7 月 22 日。

〔2〕 ［德］贝娅特·科勒-科赫等：《欧洲一体化与欧盟治理》，顾俊礼等译，中国社会科学出版社 2004 年版。

迪亚斯·赫蒂根的著作《欧洲法》（2003 年）；[1]翁贝尔托·特留尔齐《从共同市场到单一货币》（2008 年）；[2]张彤主编《欧盟法概论》（2011 年）。[3]曾令良《欧洲联盟法总论——以〈欧盟宪法条约〉为新视角》（2007 年）一书，从欧盟及其法律体系概念为核心，论述欧盟的宗旨、原则、权能、法律体系、法律渊源及其与成员国法的关系、治理结构等基本法律问题，并对欧盟法律体系的本质特征进行论述，其反对"超国家说"与"国家间说或政府间说"，从而提出"诸多超国家因素说"的学说，并指出，国家间的区域经济一体化可以是多层次的法律形式，如自由贸易区、关税同盟、共同市场与经济及货币联盟等，分别象征着区域经济一体化由低到高的不同程度。其不仅阐释欧盟一体化，也论及欧盟及其自成一类的法律体系，并认为欧盟法正引领国际法律秩序的变革，而且欧盟的立法由过去的"国家意志取向"正转变为"国家意志与民众意志共同取向"。[4]张彬等《国际区域经济一体化比较研究》（2010 年）一书，主要立足于国际区域经济一体化的比较，从区域经济一体化理论、制度、模式、组织的福利效应等进行比较分析，着重探讨贸易效应与经济增长效应，从而寻找出适合大陆地区参与区域经济一体化的模式、机制与途径。[5]张永安主编《区域经济一体化理论与实践》（2010 年）一书，从经济全球化与区域经济一体化为出发，介绍区域经济一体化的兴起与发展趋势，开展区域经济合作对于各国家的经济效应，并介绍世界上主要区域经济一体化的组织，也对中国的自由贸易区战略做了必要的论述。[6]入江昭在《全球共同体》（2004 年）一书，认为所谓的全球共同体是指

　　〔1〕　[德] 马迪亚斯·赫蒂根：《欧洲法》，张恩民译，法律出版社 2003 年版。
　　〔2〕　[意] 翁贝尔托·特留尔齐：《从共同市场到单一货币》，张宓等译，对外经济贸易大学出版社 2008 年版。
　　〔3〕　张彤主编：《欧盟法概论》，中国人民大学出版社 2011 年版。
　　〔4〕　曾令良：《欧洲联盟法总论——以〈欧盟宪法条约〉为新视角》，武汉大学出版社 2007 年版。
　　〔5〕　张彬等：《国际区域经济一体化比较研究》，人民出版社 2010 年版。
　　〔6〕　张永安主编：《区域经济一体化理论与实践》，格致出版社 2010 年版。

"一个基于全球意识的跨国网络"。而国际组织是全球共同体的"制度形式",从非国家行为体(即国际组织)在一个全球化的世界中扮演的角色,论述国际组织在解决全球问题、参与全球治理等方面已发挥日益重要的作用。该书是以国际组织的发展作为"全球化"现象的历史背景。[1]陈秀珍在《香港与内地经济一体化研究》(2011年)一书,以香港地区与大陆地区经济一体化作为研究对象,运用相关理论系统分析香港地区与大陆地区经济一体化的客观基础,并设计香港地区与大陆地区经济一体化指数,以实证分析香港地区与大陆地区经济一体化的水平及其演变,并在区域一体化理论、经济增长理论等理论基础上,建立计量分析模型,实证研究香港地区与大陆地区经济一体化对两地经济增长的贡献,进而探索如何发挥两地经济一体化的正效应。[2]王珏、陈雯(2013年)等,对区域一体化的相关概念进行辨析,并对区域一体化的代表性理论进行总结。[3]

(2)金融一体化方面的文献资料

齐绍洲《欧盟证券市场一体化》(2002年)一书,以经济一体化作为欧盟证券市场一体化的经济基础,并以欧盟成员国的证券交易所及其中介机构为研究对象,对欧盟证券市场一体化进行研究分析。[4]另外,在其主编的《欧盟金融市场一体化及其相关法律的演进》一书,分别从微观经济动力理论及宏观经济动力理论详细研究了欧盟金融市场一体化的动力、欧盟金融市场一体化与欧元的产生、货币政策传导与金融稳定关系、欧盟金融市场一体化的程度(包括欧盟货币市场一体化、欧盟债券市场一体化、欧盟股票市场一体化、欧盟零售银行一体化、欧盟金融市场基础设施一体化)、欧盟金融市场一体化的监

---

〔1〕 〔美〕入江昭:《全球共同体:国际组织在当代世界形成中的角色》,刘青等译,社会科学文献出版社2009年版,第10、13、117、161~165、193~196、199页。

〔2〕 陈秀珍:《香港与内地经济一体化研究》,中国经济出版社2011年版,第11~14页。

〔3〕 王珏、陈雯:"全球化视角的区域主义与区域一体化理论阐释",载《地理科学进展》2013年第7期,第1082~1091页。

〔4〕 齐绍洲:《欧盟证券市场一体化》,武汉大学出版社2002年版 。

管法规与政策、美国次贷危机对欧盟金融市场一体化的影响等重大问题。[1]杨培雷（2003 年）指出："国际金融一体化是指……世界范围内金融制度的趋同……乃至货币一体化等诸方面的一体状态和过程。……表现为金融领域中的疆界打破、地域界限的终结。"[2]朱航的博士学位论文《海峡两岸金融一体化研究》（2013 年），从理论上对金融一体化进行规范研究，确立研究框架和理论基础；其次，再对两岸金融一体化的背景和驱动力进行分析，并对两岸金融一体化的内在演化规律等进行研究，认为大陆地区与台湾地区的金融一体化实际上是台、港、沪这三大金融中心的融合，台湾地区作为上海与香港两大金融核心共同的金融腹地，将两岸金融一体化定位为"最终形成'上海-台北-香港'金融链，将使整个大中华经济区的经济形成一个整体"。[3]刘轶在《金融服务市场一体化的法律方法：欧盟的理论和实践》（2015 年）一书，以围绕欧盟金融服务市场一体化法律方法的形成、功能、作用及其内在联系进行了系统梳理和深入分析，指出了欧盟金融服务市场一体化法律方法的多层次性，挖掘了欧盟金融服务市场一体化法律方法的精髓，强调欧盟金融服务法既是一种金融服务贸易自由化体制，也是一种跨境金融监管权力协调体制。[4]

（3）法律一体化方面的文献资料

周永坤（1999 年）、周琳（2007 年）等指出，法律全球化是全球分散法律体系整合为一个法律体系的过程。但是，并不意味着全球适用完全同一的法律，而是在基本的共同法律原则的基础上，将全球法律统合为一个规范等级体系。[5]郭玉军（2001 年）指出："法律协调

〔1〕　齐绍洲主编：《欧盟金融市场一体化及其相关法律的演进》，人民出版社 2012 年版。

〔2〕　杨培雷："国际金融一体化的含义、结构及其内容探析"，载《韶关学院学报（社会科学版）》2003 年第 4 期，第 1～9 页。

〔3〕　朱航："海峡两岸金融一体化研究"，南开大学 2013 年博士学位论文。

〔4〕　刘轶：《金融服务市场一体化的法律方法：欧盟的理论和实践》，法律出版社 2015 年版，第 4～11 页。

〔5〕　周永坤："全球化与法学思维方式的革命"，载《法学》1999 年第 11 期，第 9～14 页；周琳："WTO 时代全球化浪潮中的法律全球化"，载《时代经贸》2007 年 3 月第 60 期，第 39 页。

化和统一化既是经济全球化的必然要求，又是推动经济全球化的有力工具。"[1]徐孟洲、葛敏（2002 年）指出："法律全球化是……由于经济发展的需要而产生的国内法的国际化和国际法的国内化的一个长期借鉴、移植、渗透、融合的演化过程。"并提出法律全球化的建构基础及可能产生的影响，从而寻求制定合理的应对策略与措施。[2]冯玉军（2002、2013 年）对法律与全球化一般理论进行评述，并指出："统一性与多样性的并存是全球化的基本特征。人们更希望迎接一个多元而不是一元法律文明的前景，……保留和维护本土法律文化传统的某些特质与内核。……通过对一系列国际矛盾和文化冲突的协调和消解才能实现，进而发展一种'异而趋同，同而存异'的法治文明格局……"[3]

肖永平主编《欧盟统一国际私法研究》（2002 年）一书，探究欧盟统一国际私法的历史发展、主要渊源、基本内容及显著特征等问题，并分析欧盟统一国际私法的主要制度，还论述欧盟统一国际私法制度在成员国的实施等。[4]

范志明（2006、2008 年）分析研究欧盟一体化和合同法一体化以及被主权国家接受的可能性，揭示在全球化时代人类合同法的发展方向。其指出："当经济一体化水平达到一定程度时，合同法一体化的形式理性必然带动不同国家合同法的社会理性的逐渐融合，最终实现一体化合同法的正当、普适的社会理性。"[5]

---

〔1〕 郭玉军："经济全球化与法律协调化、统一化"，载《武汉大学学报（社会科学版）》2001 年第 2 期，第 155~161 页。

〔2〕 徐孟洲、葛敏："法律全球化理论评析及对策研究"，载《贵州警官职业学院学报》2003 年第 2 期，第 5~11 页。

〔3〕 冯玉军："法律与全球化一般理论述评"，载《中国法学》2002 年第 4 期，第 179~182 页；冯玉军：《全球化中的东亚法治：理论与实践》，中国人民大学出版社 2013 年版，第 67~75 页。

〔4〕 肖永平主编：《欧盟统一国际私法研究》，武汉大学出版社 2002 年版，第 1~16 页。

〔5〕 范志明："欧盟合同法一体化研究"，山东大学 2006 年博士学位论文，第 185 页；范志明：《欧盟合同法一体化研究》，法律出版社 2008 年版，第 268 页。

张彤（2007、2008、2009、2012年）在其相关文献中，以欧洲私法统一为背景，研究及分析欧洲私法统一化的理念、路径、方法及其基本内容架构，并评述目前欧洲私法统一化的特点、存在问题以及未来前景。[1]

邹国勇（2007年）指出："自《阿姆斯特丹条约》生效以来，欧洲共同体直接在联盟层面上进行国际私法的统一立法，并将以前未能生效的国际私法公约转化成欧共体立法，……使欧盟统一国际私法……有逐步朝'超国家法'方向发展的趋势。"[2]

德尼·西蒙在《欧盟法律体系》（2007年）一书中，从欧洲一体化的发展出发，分别研究共同体宪政体系、共同体规范体系（包括共同体法的渊源、共同体法的效力）以及共同体的诉讼机制等，解析欧洲联盟法律体系的结构特点，充分详实论述欧盟实体法及对欧盟法律体系独特而复杂的内部逻辑进行了阐释，同时也对欧共体法律一体化进程中的动力进行了分析。[3]

方小敏在《竞争法视野中的欧洲法律统一》（2010年）一书中，以欧洲一体化及欧洲法律统一为背景，对欧洲竞争法进行剖析，并认为"采取法律协调（approximation of law）的措施，促进竞争法律统一（Harmonization）的趋势，有利于消除贸易障碍、降低交易成本和提高经济效率，是值得提倡的。"[4]

其他有关欧洲一体化进程中的法律趋同文献，如张彤"欧洲一体

---

〔1〕　张彤："欧洲私法趋同背景下的欧洲民法法典化研究"，中国政法大学2007年博士学位论文；张彤："欧洲一体化进程中的欧洲民法趋同和法典化研究"，载《比较法研究》2008年第1期，第11~24页；张彤："欧洲一体化背景下的欧洲私法趋同"，载米健主编：《欧洲法在欧洲一体化进程中的作用》，法律出版社2009年版，第168~182页；张彤：《欧洲私法的统一化研究》，中国政法大学出版社2012年版，第25~61页。

〔2〕　邹国勇："论欧洲联盟国际私法的统一化"，载《法学评论》2007年第1期，第90页。

〔3〕　[法]德尼·西蒙：《欧盟法律体系》，王玉芳等译，北京大学出版社2007年版，第1~35页。

〔4〕　方小敏：《竞争法视野中的欧洲法律统一》，中国大百科全书出版社2010年版，第287页。

化背景下的欧洲私法趋同";费安玲"欧洲一体化进程中欧洲债法趋同之罗马法基础";章颖"欧洲合同法的最新发展观察";毕经纬"欧洲侵权法的统一化—进程、争论与展望";赵晓钧"欧洲一体化进程中动产物权研究";陶干"欧盟知识产权法的趋同化与一体化";万妮娅"欧洲一体化进程中公司制度的法律趋同";娄宇"欧盟行政法法典化初探"等文献,均收录于米健主编《欧洲法在欧洲一体化进程中的作用》(2009)一书中,以欧洲一体化为背景,分别从各种角度研究法律趋同问题。[1]

在非洲法律一体化方面,如朱伟东(2003、2008、2009、2013年)指出:"非洲法律的多样性影响非洲各国之间、非洲国家与其他大陆国家之间贸易的发展,……应在经济合作的主要领域实现实体法和程序法的统一与协调。"[2]并指出:"法律的一体化有两种途径,即法律的统一化(Unification)和协调化(Harmonization)。……有助于增强法律的稳定性和可预见性,减少法律风险,降低交易的成本。"[3]此外,朱伟东翻译的《非洲统一商法:普通法视角中的OHA-DA》(2014年)一书,指出非洲商法协调组织(OHADA)所制定的一套法律制度适用于17个中部及西部非洲国家,且目前已经通过9部统一商法。[4]

夏新华、彭妍艳(2010年)指出,非洲法律多样性对其区域一体化发展有很大阻碍。其认为,通过法律区域化可以整合非洲法律的多

---

〔1〕 米健主编:《欧洲法在欧洲一体化进程中的作用》,法律出版社2009年版。

〔2〕 该学者认为:非洲商法协调组织在非洲国际商法的区域性统一与协调方面成果最显著。请参阅朱伟东:"非洲国际商法统一化与协调化",载《西亚非洲》2003年第3期,第66、70页。

〔3〕 朱伟东:"非洲国际商法统一化与协调化",载《西亚非洲》2003年第3期,第66~72页;朱伟东:"非洲商法统一组织述评",载《外国法制史研究》2008年第0期,第424~434页;朱伟东:"非洲商法协调组织述评",载《西亚非洲》2009年第1期,第49~53页;朱伟东:"非洲地区一体化进程中的法律一体化",载《西亚非洲》2013年第1期,第102~115页。

〔4〕 [美]克莱尔·莫尔·迪克森编:《非洲统一商法:普通法视角中的OHADA》,朱伟东译,中国政法大学出版社2014年版,第1~6、40~58页。

样性，并朝法律全球化之路迈进。[1]

在两岸私法统一文献方面，如顾倚龙（1989 年）提出，在一国两制的原则下，要解决法律冲突，不外乎两种途径：其一是统一实体法规范；另一是统一冲突法规范。其认为可以"制定统一的冲突法来解决区际法律冲突问题"或者"通过尽可能适用域外法律的途径解决区际法律冲突"。[2]并且认为实行"一国两制"后，通过区际协议实现统一实体法与冲突法是不可能的；但是，用来解决司法协助问题是可能的，且十分必要。[3]

韩德培、黄进（1989 年）提出，要解决中国区际法律冲突问题，可以通过各地区充分协商与协调而制定统一的区际冲突法，是一种最佳的方式。并认为，按现状不可能立即实现实体法的统一，因为"实现全国法制的最终统一，从根本上消除区际法律冲突，则是特别行政区成立 50 年以后才应考虑的事情"。[4]

柳经纬（2010 年）提出"'两岸四地'私法的统一"的论点，并认为"当各地区之间存在着差异的私法构成了社会经济发展与交往之障碍时，谋求私法的统一，消除这种法律的障碍，则成为'两岸四地'社会经济发展的共同要求。"[5]

（4）国际统一私法方面的文献资料

卢峻、方之寅（1986 年）认为，海牙国际私法会议、美洲国家组

---

〔1〕夏新华、彭妍艳："论非洲法律的区域化"，载《西亚非洲》2010 年第 1 期，第 56~61 页。

〔2〕顾倚龙："'一国两制'下的区际法律冲突问题"，载《东岳论丛》1989 年第 2 期，第 30 页。

〔3〕顾倚龙："'一国两制'下的区际法律冲突问题"，载《东岳论丛》1989 年第 2 期，第 30 页。此文的观点与本书的观点略有不同，因为本书认为两岸可以通过签署协议方式达到另一种法律一体化，实现实体法与冲突法一体化，让两岸的共同市场在制度一体化的规范模式下运作。

〔4〕韩德培、黄进："中国区际法律冲突问题研究"，载《中国社会科学》1989 年第 1 期，第 117~132 页。

〔5〕柳经纬："'一国两制'原则下'两岸四地'的私法统一问题"，载《比较法研究》2010 年第 1 期，第 16~22 页。

织与欧洲共同体等三个国际机构，在国际私法统一化运动中发挥着重要的作用，是全球范围内统一化运动的一个缩影；并指出，国际私法统一化运动三个发展趋向：第一，由区域性向全球性发展。第二，从一般的民事方面转向国际经济贸易领域。第三，统一立法的方式多样化。[1]

李双元（1993年）提出"国际私法趋同化"的概念并探讨当代国际私法趋同化倾向，并界定国际私法趋同的概念、含义和途径，对于当代国际私法发展的趋同化问题进行论述。[2]徐国建（1995年）、李双元（1998、1999年）除提出"法律趋同化理论"外，还指出，国际私法可分为两大类，即国内实体法及国内冲突法，并认为国内冲突法唯一目的在于解决不同国家国内实体法的冲突。但是，其也进一步认为，冲突法不可能从根本上解决法律冲突；只要不同的国家存在不同的实体私法规定，法律的冲突是不可避免的。根本的解决之道在于，实现实体私法的国际统一。[3]徐国建（1993年）提出"国际统一私法"或"国际私法的统一"的实质含义。其认为"国际统一私法"，是指冲突法的国际统一与实体私法的国际统一。[4]又指出："法律全球化并非学者理解的'世界法'或'共同法'，而是当今世界各国的法律正在走向国际化和趋同化的一种趋势。它表现在，一方面，

---

[1] 卢峻、方之寅："国际私法统一化运动的发展和趋向"，载《政治与法律》1986年第1期，第37~42页。

[2] 李双元主编：《中国与国际私法统一化进程》，武汉大学出版社1993年版，前言第5页、正文第149页。

[3] 徐国建："论国际统一私法的方法"，载《比较法研究》1995年第3期，第272页；李双元主编：《中国与国际私法统一化进程》，武汉大学出版社1998年版，第321页；李双元：《走向21世纪的国际私法：国际私法与法律趋同化》，法律出版社1999年版，第413~647页，其中主要重点在第413~420、448~611页。

[4] 学者间对"国际统一私法"或"国际私法的统一"不同的理解，主要者包括几种：第一，传统的国际私法的统一，如英美法系的冲突法在国际范围内的统一。第二，实体法的民法、商法等的统一，但不包括冲突法。第三，既包括传统的国际私法（冲突法）的国际统一，也包括对民法、商法等国际统一。徐国建认为"国际统一私法"是指前述第三种的统一国际私法，并将"国际统一私法""统一国际私法"与"私法的国际统一"等，作为同义词交叉使用，并试图建立独立的国际统一私法。请参阅徐国建："国际统一私法法源研究"，载《比较法研究》1993年第4期，第337~378页。

各国法律在更多的领域相互借鉴和吸收，日益走向一致；另一方面，各国普遍参与制度和接受各种国际公约和协议，法律的统一化大大加强。前者可以称为法律的趋同化，后者可以称为法律的一体化。"并分别阐述"法律的趋同化"及"法律一体化"的含义，也具体比较国际统一实体私法与国际统一冲突法的两大模式优、缺点，并认为实现所有国家的国内实体私法统一，是国际私法统一运动的最终目标。[1]

熊大胜（1993年）指出，美洲国际私法统一化运动在全球统一化运动中起步最早，也颇具影响力。美洲统一国际私法的立法模式和统一化所采用的方法上，经历了综合性法典（如《布斯塔曼特法典》）到制定专门统一公约（如《1979年美洲国际私法一般规则的公约》）的转变；统一立法的方法也从一元的冲突法方法或实体法方法转变到多元的冲突法方法、实体法方法和二者结合的混合法方法并存，是统一化运动的经验积累。[2]

黄进（1995年）指出，法律的统一化、国际化或趋同化，一方面在削弱法律的民族性或国家性；但另一方面，也不断地创造其法律的民族特色，甚至将国际法问题国内化。并认为，不仅国内法可以国际化，国际法也可以国内化。[3]

段东辉、左军（1998年）指出，英联邦国际私法司法实践的统一化。其所论述的内容仅止于"冲突法"的统一，而不包括实体私法的统一。[4]

---

〔1〕 徐国建的国际统一私法观点，与学者李双元的观点相同。请参阅徐国建：《国际统一私法总论》，法律出版社2011年版，第9、229~238页；徐国建："论国际统一私法的方法"，载《比较法研究》1995年第3期，第272页；李双元主编：《中国与国际私法统一化进程》，武汉大学出版社1998年版，第321~328页。

〔2〕 熊大胜："美洲国际私法统一化的历史发展与欧洲的有关法律对它的影响"，载《武汉大学学报（社会科学版）》1993年第3期，第24~28页。

〔3〕 黄进："法律的统一化和民族性并行不悖"，载《政治与法律》1995年第4期，第1页。

〔4〕 段东辉、左军："论英联邦国际私法司法实践统一化"，载《武汉大学学报（哲学社会科学版）》1998年第5期，第68~72页。

车丕照（2001 年）指出，经济全球化造成不同国家间商人的交易风险增加。因此，为了降低交易风险，需要对跨国交易设立规则，例如推动商法规则的统一。其并认为经济全球化推动了国际商法统一快速发展，主要表现为：第一，商人机构创设了大量的统一商法规则；第二，国家间制定相一致的商法规则；第三，国家以国际公约的方式制定统一商法规则。[1]

张玉卿主编《国际统一私法协会国际商事合同通则 2010》一书，在该书的 2004 年中文版前言中指出，国际商事合同通则"是当今世界上一部极具现代性、广泛代表性与权威性的国际商事合同统一法。"[2]

（5）与两岸共同市场合作等相关文献资料

邓利娟（2001 年）在评论台湾地区人士萧万长所提"两岸共同市场"构想时，指出两岸四地区域经济合作是独立经济体间的一体化，属于一种国家型经济一体化；其与国际型经济一体化有所不同。并认为两岸"基于经济利益，加强两岸区域经济合作，进而迈向经济一体化，是较容易形成共识，应积极推动'中国人经济共同体'"。[3]

李非（2005 年）、孙少岩（2005 年）等认为，"两岸共同市场"在性质上属于中国主体与台湾地区单独关税区之间的经济合作关系，可采取"政经分离、经贸优先"的灵活方式，推动各种形式的经贸合

---

〔1〕 车丕照："经济全球化趋势下的国际经济法"，载《清华大学学报（哲学社会科学版）》2001 年第 1 期，第 45 页。

〔2〕 张玉卿主编：《国际统一私法协会国际商事合同通则 2010》，中国商务出版社2012 年版，2004 年中文版前言第 1 页。

〔3〕 该文认为，国际型经济一体化是指国家之间的经济一体化。请参阅邓利娟："评萧万长的'两岸共同市场'构想"，载《台湾研究集刊》2001 年第 3 期，第 40~47页。有关"两岸共同市场"理念最早由台湾地区的萧万长于 2000 年底提出，2001 年 3月 26 日"财团法人两岸共同市场基金会"在其主导下成立。同年 5 月 8 日，萧万长率基金会代表团访问大陆地区并宣传该理念。2005 年，萧万长又出版了《一加一大于二：迈向两岸共同市场之路》一书，以宏观的国际视野系统阐述了两岸共同市场理念的提出背景、实现步骤、关注议题等重要问题。请参阅张植荣、王俊峰："两岸共同市场：理论与实践分析"，载《国际政治研究》2012 年第 2 期，第 10~27 页。

作。[1]

席钰（2013 年）提出，"深化两岸货币合作"，促进贸易投资便利化。[2]

刘玉人（2013 年）提出："两岸应该在建立货币清算机制基础，组建统一的机构用于协商和讨论金融监控问题……；在中长期……达成两岸货币一体化。"[3]

2. 与一体化有关的文献评价

从欧洲一体化、区域一体化、全球化、金融一体化、法律一体化、国际统一私法到与两岸共同市场、合作等相关研究文献，其内容着实丰富，取样多元化。上述文献综述仅为其中的一部分，实质上，相关文献所涵盖的领域及范围广泛，其共同特点是对于一体化等问题做了较为深入的研究与分析。现有一体化的研究成果对于本书研究的许多基本问题，在一定程度提供有力的理论基础，但也存在不足之处。主要可归纳为下列几点：

第一，论述法律一体化理论基础体系不完整。相关研究文献往往忽略两岸法律一体化问题，并且认为两岸不可能在近期内实现实体法的统一，故而仅能从区际冲突法的统一解决两岸法律冲突问题。但本书认为冲突法的统一仍无法实际解决两岸实体法冲突的实质问题，更无法克服因法律冲突所形成的法律风险、交易成本增加等等问题。

第二，研究范围与内容的局限性。相关研究文献基本上未涉及两岸签署私法制度一体化协议的正当性问题。换言之，法律冲突问题实际上可通过双方共同签署协议方式达到制度一体化，而许多文献均认为统一两岸实体法不现实。但是，本书认为在不修改两岸实体法的前提下，仍可通过协商达成共识而拟制一套完整体系的私法制度作为一

[1] 李非："建立'两岸共同市场'问题研究"，载《台湾研究》2005 年第 3 期，第 1~5 页；孙少岩："两岸共同市场研究"，载《经济与管理研究》2005 年第 12 期，第 53~56 页。

[2] 席钰："深化两岸货币合作"，载《中国金融》2013 年第 18 期，第 43~44 页。

[3] 请参阅刘玉人："海峡两岸货币合作研究"，南开大学 2013 年博士学位论文，第 103~104 页。

种制度创新安排，替代直接统一两岸法律制度的方案。目前相关的研究文献仍仅限于研究合作模式作为处理两岸现阶段的经贸关系，从而未能具体解决两岸私法制度不同的实体问题。在本研究中，认为如果两岸票据法律制度不同，不仅无法使两岸票据市场一体化有序运作，也无法以两岸票据作为交易的支付工具，并进而以其作为融资与担保；即便两岸票据通过区域经济一体化实现两岸票据市场一体化，在未能克服两岸票据实体法冲突前，仍会产生同一票据纠纷因适用不同法域的票据法而产生不同审判结果的不公平现象，同时也会造成交易成本增加等问题。因此，本书以两岸票据市场一体化为背景，研究两岸票据制度一体化协议，是从保障两岸票据当事人的票据权益与节约交易费用的视角为出发点，建构符合平等、公平、正义与互惠互利的两岸票据一体化市场环境，协助企业通过两岸票据作为交易的支付工具，保障其票据权益，解决融资问题，并节约交易费用。

（二）与两岸票据法律有关的文献综述与评价

票据在金属货币流通时代，最初是替代金属货币流通的一种货币证券，主要目的在于解决商人异地交易携带大额货币所存在的风险，为避免此种风险发生，商人与银钱业者便创设各种类型的票据，以此作为设定、清偿及移转金融债务，实现货币流通。随着经济活动的需要与发展，在信用货币流通时代来临，票据成为兼具有信用工具的功能，可以凭借此出票人或承兑人的信用而不断流通，因此，票据不仅是存款货币流通的重要工具，而且还可以通过票据交易使票据交易主体取得价格差额收益，甚至更可使票据持有人以票据作为融资工具，以将来取得的货币作为现在货币提前使用，活络资金时间价值的使用，有利于其投入资金以生产、购料等，扩大企业营运规模。[1]因此，票据作为存款货币流通的一种工具，相较于其他有价证券则具有其本身特有的经济效用及法律上特有的性质。[2]

从商品经济发展过程而言，不可讳言，现代的票据不仅使商品的

---

[1] 刘少军：《金融法学》，中国政法大学出版社2008年版，第152～153页。
[2] 梁宇贤：《票据法新论》，自版1997年版，第20～23、25～26页。

转让与货币的支付从形式上分离，还将商业信用融入商品的交换之中，使票据成为一种流通的债权证券，加速了资金的周转与循环使用，因此，票据可以说是一种集支付、结算、流通、汇兑、信用、投融资及节约货币等功能于一体的有价证券。在节约货币情形下，更为企业从事贸易活动提供交易工具的便利性，也带来了诸多的优势，使企业具有扩大了再生产的条件，更为金融服务业务带来了金融产品的多样化及可选择金融工具的多元化，活络金融交易市场。由于票据在经济活动中发挥了诸多重要功能与作用，使票据成为商品经济活动中的重要金融工具，为经济商品的重要支柱之一。[1]

　　自 1949 年后，两岸处于分治状态，依据查询有关文献资料分析，在大陆地区涉及两岸文献资料，在 1979 年之前几乎是没有研究两岸议题的文献资料。随着两岸经济活动紧密发展及台湾地区当局于 1987 年10 月决定开放居民赴大陆地区探亲等因素，越来越多学者及专家研究有关两岸的相关议题，所涉及的领域广泛，文献资料逐年递增，迄今仍处于高峰时期。其中，涉及研究两岸法律制度比较及其他有关两岸制度等议题文献资料丰富，且成果亦颇为丰硕。

　　有关近代中国票据制度的发展，自清末民初时代开始，可分为三个层次：第一，是指清朝末年。于清朝光绪三十三年七月（1907 年）聘请日本法学家志田钾太郎起草第一部票据法草案，但未被采用。第二，是指国民政府成立后。于 1929 年立法院订立票据立法原则 19 条，经中央政治会议通过，由立法院商法委员会依据该立法原则，参考以往票据法草案及德、日、美英等各国的票据法，起草新的票据法。于1929 年 9 月 28 日经立法院第 51 次会议通过，并由国民政府于 1929 年10 月 30 日公布施行，为中国第一部正式《票据法》，并在大陆地区实施至 1949 年。于 1949 年国民政府撤退台湾地区后，仅适用于台湾地区。期间分别于 1954 年、1960 年、1973 年、1977 年、1986 年、1987年历经六次修正，现行"票据法"共五章，分别为通则、汇票、本

---

〔1〕　刘少军、王一轲：《货币财产（权）论》，中国政法大学出版社 2009 年版，第 253页；刘家琛主编：《票据法原理与法律适用》，人民法院出版社 1996 年版，第 12~16 页。

票、支票、附则，共 144 条。[1]第三，是指 1949 年新中国成立后，于 1995 年《票据法》经第八届全国人大常委会第 13 次会议通过并公布，于 1996 年 1 月 1 日施行。期间除 2004 年删除原第 75 条外，内容迄今均未修订。该票据法共七章，110 条。[2]

1949 年对两岸而言，是个分水岭，即两岸开始处于分治状态，而从上述票据立法过程可知，两岸票据法律制度制定之先后与发展概况。由于两岸票据法律制度实施的先后不同，同时也由于两岸在社会、政治、经济、文化等发展各异，受到票据法理论影响的程度也不同，此也反映两岸在票据法律制度的立法宗旨与价值取向的不同。换言之，大陆地区票据制度主要是从现金管理角度出发而制定票据法，目的在于控制资金环境，因此，主要着眼于票据的支付结算功能，很大程度上限制了现代票据最重要票据信用与融资功能，与现代票据法的核心理论不同；台湾地区由于开放市场经济较早，实施资本主义，而且鼓励票据的使用，协助企业发展，带动经济成长，因此，主要着重于促进票据流通，与现代票据法理论接近，票据实务发展也较为丰富。两岸票据法律制度因设计理念不同，核心价值不同，所体现的票据使用优劣自然有所不同。

随着两岸票据法学者交流与不断地深入研究票据法理论，并借鉴国外票据法理论与实务发展，提出许多非常具有参考价值的票据法文献。这些研究文献覆盖了票据的各个方面，如票据的法律关系、票据当事人、票据行为理论、票据权利、票据抗辩、票据瑕疵及票据救济等。但涉及两岸票据法律制度比较研究的文献较少，而对于两岸票据制度一体化研究者，更乏人问津；至于其他法律制度的文献，则不在少数。

在两岸票据法律制度以外的比较分析文献，较多集中在冲突法领

---

[1] 条号至 146 条，但实际上票据法共 144 条，其中第 141、142 条已删除。请参阅郑玉波：《票据法》，三民书局 2008 年版，第 17~19 页；施文森：《票据法论——兼析联合国国际票据公约》，三民书局 2005 年版，第 2~7 页。

[2] 七章分别为：总则、汇票、本票、支票、涉外票据的法律适用、法律责任、附则等。请参阅王小能编：《票据法教程》，北京大学出版社 2001 年版，第 5~8 页；刘家琛主编：《票据法原理与法律适用》，人民法院出版社 1996 年版，第 31~35 页。

域，如韩德培、黄进（1989 年）指出，基于"一国两制"的构想，认为由于特殊的历史条件使中国区际法律冲突发生在单一制国家内、两种社会制度下、三大法系间及四个差异很大的独立法域之中，加上各地区所享有的高度自治权，从而提出中国区际法律冲突的途径及设计方案。[1]顾倚龙（1989 年）提出，在一国两制的原则下，解决区际法律冲突的途径。[2]王志文（1993 年）对海峡两岸法律冲突规范的发展进行分析比较。[3]许俊强、吴海燕（2003 年）等认为，"由于国际法律冲突与区际法律冲突在性质上的差别和大陆地区国际私法规则的不完备性，……可借鉴韩德培、黄进教授起草的《大陆地区与台湾、香港、澳门地区民事法律适用示范条例》……"解决两岸区际法律冲突问题。[4]于飞（2007 年）针对两岸民商事法律冲突法及其问题进行比较研究，探寻其法律规定优与劣、同与异后，为解决两岸民商事法律冲突中寻找新的理论基础。[5]

其他法律领域，如吴智（2010 年）分析了构建两岸直接投资法律框架的必要性与可行性，并探讨了构建两岸直接投资法律框架的形式与路径，同时针对全球化背景下构建双边层面的两岸直接投资法律框

---

[1]　学者认为，要解决中国国际法律冲突的路径：不外乎制定统一的区际冲突法途径和统一实体法途径；请参阅韩德培、黄进："中国区际法律冲突问题研究"，载《中国社会科学》1989 年第 1 期，第 117～132 页。前述文献观点与本书观点不同，主要在于：实体法统一化仍有其他的替代方案可以选择，如果只是对冲突法的统一化，并无法保证适用实体法的平等与公正。因此，本书提出两岸签署"两岸票据制度一体化协议"，并赋予该协议具有直接效力及优先地位，一体性的适用于两岸票据，既解决两岸票据实体法规范不同问题，也解决冲突法的选法适用所造成适用不同法域而可能产生不同裁判结果的问题。这是一种折衷的第三条道路。

[2]　顾倚龙："'一国两制'下的区际法律冲突问题"，载《东岳论丛》1989 年第 2 期，第 25～30 页。

[3]　王志文："海峡两岸法律冲突规范之发展与比较"，载《法学家》1993 年第 Z1 期，第 94～108 页。

[4]　许俊强、吴海燕："海峡两岸民事法律适用问题研究"，载《大连海事大学学报（社会科学版）》2003 年第 3 期，第 20～24 页。

[5]　于飞：《海峡两岸民商事法律冲突问题研究》，商务印书馆 2007 年版，第 1～6 页。

架的实体问题进行深入的论证，提出合理化的建议。[1]

1. 两岸票据法律制度文献综述

有关两岸票据法律制度比较研究的相关文献，目前资料相对地有限。主要可分为以下两部分：

（1）两岸票据实体法律制度比较文献

赵许明（1995、1997 年）对两岸票据法律制度进行比较分析，论述两岸票据法的发展历程，通过比较两岸票据种类、票据要式、票据行为及票据补救等内容的差异性，得出由于两岸的票据立法宗旨与价值取向的不同，所以在票据制度的设计上表现出不同的票据功能取向。[2]

赵许明与程聪（1999 年）指出，台湾地区与大陆地区票据立法的差异，根本原因在于两岸经济基础、市场发达程度等不同，票据法的价值取向也自然不同，并认为两岸差异性主要表现于四点：第一，任意性与强制性的规范不同。第二，市场经济的发展不同。第三，注重票据流通与交易安全性的不同。第四，干预性不同。此文透过比较研究两岸票据种类、票据要式性、票据承兑与付款制度以及权利本位主义与义务本位主义的论述，得出上述结论。[3]

李志学（1996 年）在"海峡两岸票据法异同之比较"一文中，对两岸票据法异同进行比较，指出相同部分在票据种类、票据含义及三大票据的性质方面；在不同之处指出票据应记载事项、票据改写、票据期限及票据金额等。[4]此文比较两岸票据法的范围较窄，并非全面性、深入性的比较研究。

吴美红（1996 年）在"海峡两岸票据法之比较"一文中，主要着

---

[1] 吴智：《全球化背景下两岸直接投资法律制度研究》，中国检察出版社 2012 年版，第 1~8 页。

[2] 赵许明："海峡两岸票据立法体例及票据种类比较"，载《法学论坛》1995 年第 4 期，第 6~9 页；赵许明："海峡两岸票据制度比较研究"，载《法学评论》1997 年第 2 期，第 83~87 页。

[3] 请参阅赵许明、程聪："浅析海峡两岸票据立法的不同价值取向"，载《金融理论与实践》1999 年第 4 期，第 48~50 页。

[4] 李志学："海峡两岸票据法异同之比较"，载《管理与效益》1996 年第 2 期，第 15~16 页。

重于两岸票据种类、票据记载事项（如票据金额、票据改写等两项）、票据时效、提示付款期限、票据挂失止付、票据刑责等几个方面进行概略论述，并无对两岸票据法律制度进行更深入的分析研究。[1]

　　王小能、肖爱华（2000 年）对大陆地区、台湾地区及香港地区票据法及相关法律对丧失票据的补救措施进行比较研究，认为具体程序存在很大差异性，但也有其共同处，就是既维护失票人利益，也保护其他法律主体的合法权益与交易安全。[2]

　　邹海龙（2001 年）在"海峡两岸票据背书制度比较"一文中，有针对性就两岸票据的背书进行简要比较说明。[3]

　　邱国侠、张红生（2003 年）在"海峡两岸票据抗辩限制原则除外制度研究"一文中，"以'债权承受说'为理论依据……具体探讨了抗辩限制除外的两种情形：恶意抗辩和对价抗辩。"[4]

　　王中一（2004 年）在"论两岸票据法——票据之抗辩"一文中，从人的抗辩与物的抗辩角度分析两岸票据抗辩之差异，辅以国际公约及其他国家的立法例为参考，通过详细的比较分析，论述有关两岸票据抗辩的问题。[5]

　　梁宇贤、柯芳枝、方嘉麟等在《两岸票据法比较导读》（2004 年）一书中，对于两岸票据法的条文进行比较及简要说明，虽可谓具有全面性，但仍属于导读，在性质定位上，属于一般群众阅读，为两岸票据法的入门著作，且参与写作者达六位学者，是集众学者之力而成书，

---

〔1〕　吴美红："海峡两岸票据法之比较"，载《月旦法学杂志》1996 年第 18 期，第 64~67 页。

〔2〕　王小能、肖爱华："中国内地与台湾地区、香港特区票据丧失补救制度比较研究"，载《法制与社会发展》2000 年第 6 期，第 20~28 页。

〔3〕　邹海龙："海峡两岸票据背书制度比较"，载《金融会计》2001 年第 7 期，第 39 页。

〔4〕　邱国侠、张红生："海峡两岸票据抗辩限制原则除外制度研究"，载《华东经济管理》2003 年第 3 期，第 132~134 页。

〔5〕　王中一："论两岸票据法——票据之抗辩"，载《东吴大学法律学报》2003 年第 2 期，第 309~358 页。

并非一人之作。[1]

张群、张松（2004 年）指出，民国时期（1929 年）的票据法是被公认为一部具有前瞻性与可行性的成功立法；大陆地区于 1995 年的票据立法，由于对票据的指导思想上的偏差，出现原则性问题，对审判工作造成困扰，并认为应该吸取历史的经验和教训。[2]

李伟群（2005 年）在"票据信用交易制度比较研究——以中国大陆、台湾地区及日本的票据法为考察对象"一文中，主要是着眼于"拒付处分制度"作为比较研究的对象。[3]

刘智慧（2012 年）在"两岸票据保证立法比较启示录"一文中，详细论述两岸票据保证制度方面的异同，并指出大陆地区与台湾地区有关"票据保证"的立法基本相同，但与日内瓦票据法体系国家的规定相异，并提出相应的完善理论基础。[4]

两岸票据法专家学者的著作中，属经典之作者，于台湾地区有：梁宇贤的《票据法新论》（1997 年）一书，详实论述台湾地区"票据法"；梁宇贤的《票据法实例解说》（1995 年）一书，以理论辅以实务案例结合方式，详实论述台湾地区票据法理论与司法实务发展与具体运用；郑玉波的《票据法》（2008 重印版）一书，言简意赅解析台湾地区"票据法"；郑洋一的《票据法之理论与实务》（2001 年）一书，着重于理论与实务结合，详实的论述票据法理；施文森《票据法论——兼析联合国国际票据公约》（2005 年）一书，详实解析台湾地区票据法理论，同时也引述《联合国国际汇票及国际本票公约》作为相关论据；曾世雄、曾陈明汝、曾宛如等共同著述的《票据法论》

---

〔1〕 梁宇贤等：《两岸票据法比较导读》，瑞兴图书股份有限公司 2004 年版，序言。

〔2〕 张群、张松："民国时期票据立法活动初探——兼与 1995 年票据立法比较"，载《私法》2004 年第 3 期，第 308~327 页。

〔3〕 李伟群："票据信用交易制度比较研究——以中国大陆、台湾地区及日本的票据法为考察对象"，载《比较法研究》2005 年第 3 期，第 59~65 页。

〔4〕 刘智慧："两岸票据保证立法比较启示录"，载《清华法律评论》2012 年第 1 期，第 22~39 页。

（2005年）一书，论述台湾地区票据法理，具有独特风格；王志诚《票据法》（2012年）一书，结合票据法理及台湾地区司法实务见解论述台湾地区票据法律制度，内容引证充实，将票据理论与具体司法实务相结合。其余经典著作仍很多，不及备载。于大陆地区有：姜建初的《票据原理与票据法比较》（1994年）、刘家琛主编的《票据法原理与法律适用》（1996年）、郑孟状的《票据法研究》（1999年）、王小能编的《票据法教程》（2001年）、孙应征主编的《票据法理论与实证解析》（2004年）、吴宝庆编的《票据诉讼原理与判例》（2005年）等，对大陆地区票据法解析及相关问题的研究均颇为详实。新近著作中，如郑孟状、郭站红、姜煜洌等的《中国票据法专家建议稿及说明》（2014年）一书，运用比较法学进行分析大陆地区现行票据法所存在的问题，并提出大陆地区《票据法》修正建议稿。[1]在此相关的研究著作中，涉及了票据的无因性等问题，进而论及票据的流通与融资功能受限的问题。此外，尚有许多经典之作，未及一一备载。此等经典票据著作均为本书的参考文献资料。

（2）两岸票据冲突法律制度比较文献

王芸（2003年）提出："由于各国票据法律制度的差异而产生的票据法律冲突，给票据的国际流通造成了许多障碍……国际社会……制定了几个国际统一票据法公约……但是，未能从根本上消除票据的法律冲突。"该文献内容包括票据法律冲突的成因、票据法律冲突的主要表现、票据的法律适用，并分析了票据法律冲突的诸多现象。[2]

盖威（2004年）对票据法律冲突领域中票据行为能力、票据实质问题、票据背书伪造风险分担制度以及票据时效等等方面进行分析，试图为解决票据法律冲突问题提供参考的思路。[3]

---

〔1〕　郑孟状等：《中国票据法专家建议稿及说明》，法律出版社2014年版，第174页。

〔2〕　王芸："票据法律冲突研究"，西南政法大学2003年硕士学位论文，内容摘要、第2、6、12、25页。

〔3〕　盖威："论票据法律冲突及其解决"，吉林大学2004年硕士学位论文，第3、16、25、38、48页。

张欣（2005 年）从冲突法角度，就大陆地区与香港、澳门、台湾地区有关票据行为能力、票据记载、票据时效等三个问题进行了论述，阐明其中的差异性，并论述发生冲突时，应如何寻找法律依据。[1]

2. 对两岸票据法律制度文献评价

综上所述，可以窥见涉及两岸票据法律制度的文献中，除了《两岸票据法比较导读》一书，对两岸的票据法条进行对照比较及概要说明较为全面外，在论文方面，着重于特定议题的比较研究；在专著方面，两岸学者的著作均以各自法域中的票据法作为主要研究对象，附带运用比较法学方法就部分议题进行比较分析，但尚未对两岸票据法律制度进行全面且系统比较研究，故而具体深入分析两岸票据法律制度的相关研究文献尚属有限。新近郑孟状、郭站红、姜煜洌等的《中国票据法专家建议稿及说明》一书，对于大陆地区现行票据法律制度中不合理、不符合票据法理及实务需求等，提出有创见性的分析，为本书草拟"两岸票据制度一体化协议"建议稿提供了参考基础。

综观世界各国票据发展历程，其制定内部统一的票据法年代各不相同，如法国源于 1673 年《商法条例》，德国源于 1847 年《普通票据条例》，瑞士源于 1881 年瑞士民法《债务法典》，日本源于 1882 年《汇票及本票条例》，英国源于 1882 年《Bills of Exchange Act 1882》（一般称为《票据法》），[2]美国源于 1896 年《统一流通票据法》。原世界各国票据法，在日内瓦统一票据法制定前，主要票据法系，可分为法国法系、德国法系及英美法系等三大法系，各有不同的票据法理论。此三大法系，英美法系与德国法系虽理论基础不同，本质上区别不大，主要着眼于票据的流通与信用功能，强调票据关系与票据基

---

[1] 张欣："中国大陆与港澳台票据法律冲突问题研究"，吉林大学 2005 年硕士学位论文，第 4、18、33 页。

[2] 英国 1882 年《票据法》，法律英文名称为"Bills of Exchange Act 1882"，虽可翻译为《汇票法》，但其中规范汇票、本票及支票。至于 1957 年《支票法》（Cheques Act 1957）是对于 1882 年《票据法》的补充规定，并不是独立的一部《支票法》。

础关系分离，但票据形式上则差异较大，德国法系采严格形式主义，而英美法系则采取较缓和的形式主义；法国法系则比较着重于票据的汇兑与支付功能，强调票据关系与基础关系的联系，采票据行为有因主义。然而，随着各国经贸不断发展，使用票据日益频频，但由于各国票据法律制度的不一致，对于国际贸易中使用票据造成诸多不便利性，于是有世界票据统一法运动，如 1930 年日内瓦《汇票及本票法统一公约》共 78 条、1931 年日内瓦《支票法统一公约》共 57 条，1988 年《联合国国际汇票及国际本票公约》等。在 1930 年日内瓦《汇票及本票法统一公约》及 1931 年日内瓦《支票法统一公约》批准通过后，由于法国法系与德国法系纷纷采用日内瓦票据法公约体系，而修改其本国票据法律制度，从而使得法国法系票据制度与德国法系票据制度的区别不存在。现今主要存在日内瓦票据法系与英美票据法系为主的二大票据法系。英国于 1882 年颁布施行《票据法》，当时大部分英联邦成员国如美国、加拿大、印度等英美法系国家的《票据法》是以英国《票据法》为蓝本参照制定其本国的《票据法》；大部分的大陆法系国家以日内瓦《汇票及本票法统一公约》《支票法统一公约》为依据制定或修改其本国的《票据法》。[1]

目前国外研究票据法律制度主要着重于票据案例具体分析研究及不同国家票据法比较研究；针对两岸票据法律制度进行比较研究的议题，在查阅相关文献资料中，尚未发现有完整且详实的论述。两岸尚未实现统一，而香港地区及澳门地区已分别回归中国，在一国的原则下，形成一国、两主义、三法系、四制度、四经济体等特殊型态，票据制度也形成四种不同的法域。尽管台湾地区与澳门地区同属于大陆法系，但因澳门地区曾受葡萄牙统治，其票据法律制度属于日内瓦票据法系，并将票据制度规定于《商法典》，其中第 1134 条至第 1211 条规定汇票及本票，第 1212 条至第 1268 条规定支票，形成其票据法律

---

[1]　前者是英国的国内法，后者则是一个国际公约。请参阅方士华："《英国票据法》与《日内瓦统一法》之比较研究"，载《国际商务研究》1999 年第 2 期，第 26 页。

制度；[1]而台湾地区并未加入日内瓦票据法公约，故未采该公约的立法例，其《票据法》是采取包括主义的立法形式，将汇票、本票及支票等统一规定于一部《票据法》内，故而两者票据立法例有所不同。香港地区由于受英国殖民统治，其法律制度沿袭英国法。关于票据制度是依据英国 1882 年《票据法》，于 1885 年制定《香港票据条例》（Bill of Exchange Ordinance），经过多次修订仍沿用至今，其后，增补英国 1957 年《支票法》的部分内容。在香港地区，汇票主要使用于国际贸易，在香港境内业务通常不使用汇票而使用支票。[2]

随着两岸经贸发展与金融业务往来的密切，就两岸金融产品的需求性而言，企业对于资金的需求性越来越强，融资手段需要创新，金融业务发展也需要多元化。其中，如"票据池"业务是普遍的一种融资方式，从票据当事人的角度而言，票据既可融资，也可担保；从金融机构的角度而言，票据可作为一种金融服务产品，也是一种金融收益工具；从投资人的角度而言，票据池通过设计可以成为理财商品，使得有多余资金者可以投资购买。故而票据作为一种两岸金融工具，不仅有助于扶持中小微企业茁壮发展，也有利于金融机构通过票据拓展客源，改善资产质量，掌握客户偿还来源，还可以作为投资收益，更可推动经济成长。因此，票据是推动经济成长不可或缺的金融工具，发展两岸票据，有助于两岸企业的共同发展。

本书根据上述文献资料，立足于前人研究成果的基础上，再辅以两岸票据实务案例、国外票据的立法例及理论基础，并援引国外发达国家的票据发展经验，着眼于当前两岸自身的特殊经济发展现况，运

---

〔1〕 澳门地区因前受葡萄牙统治而继受葡萄牙的法律制度，属于大陆法系；而且，葡萄牙为日内瓦《汇票及本票法统一公约》《支票法统一公约》……公约的缔约国之一，属于日内瓦票据法系，故而澳门地区的票据法律制度也是属日内瓦票据法系，但是澳门地区将票据法律制度规定于《商法典》第二编"特别债权证券"，第 1134 条至第 1268 条，分别规范汇票、本票及支票。澳门地区的票据立法属于"商票合一主义"，与德国、日本的票据单独立法例不同。请参阅赵秉志总编：《澳门商法典》，中国人民大学出版社1999 年版，第 321~354 页。

〔2〕 See Anne Carver, Hong Kong Business Law, Longman Hong Kong Education, Sixth edition, 2004, p. 612.

用各种有关理论，研究与分析两岸票据制度一体化。通过一体化协议推动两岸票据发展，实现两岸企业通过票据解决对资金的需求，为两岸企业创造有利的经营条件，提升两岸金融整体利益。

四、研究方法

本书以"两岸票据市场一体化"为背景，对"两岸票据制度一体化协议"进行研究，所使用的研究方法并不是单方面的、片面的，而是按照两岸实践中企业对于票据的实际需求，并以国际票据公约及各国票据法律制度规定作为衡量，所建构起来的两岸票据市场一体化依据。通过发展两岸票据，推动两岸票据相互流通，建立两岸票据信用制度，使得两岸票据得以作为两岸企业交易的支付工具，为两岸企业创造有利的竞争条件，并通过票据取得融资，从而解决中小微企业融资与担保的问题，使票据的使用更具有便利性，其经济价值能获得更大领域的认同，发挥票据的经济效益。为达到此目的，本书认为两岸有必要建构一套共同的票据制度作为运行机制。为此，本书采取一种整体性、全面性及系统性的方法进行论述。首先，从两岸票据制度一体化的正当性，提出两岸票据现行存在的问题，进而论述两岸票据制度一体化的必要性；其次，在两岸已签署多项协议、备忘录的基础上，提出两岸票据制度一体化的可行性，其中包括基础依据、票据一体化的经济效益，并援引各国私法与票据法一体化范例作为论证实现两岸票据制度一体化的可行性；再者，通过理论借鉴，应用区域经济一体化理论、法律一体化理论、交易费用理论、欧盟法效力理论等作为研究两岸票据制度一体化协议的理论基础；最后，运用比较分析法与历史分析法作为本书研究的核心方法，而再辅以案例分析、社会实践考察等的方法，通过比较和分析两岸票据法律制度的差异性以及两岸票据实务发展，评述两岸票据制度的特点、存在问题以及未来远景，从保障两岸票据当事人的票据权益及节约交易费用的视角为出发，提出一套完整"两岸票据制度一体化协议（建议稿）"（简称"协议建议稿"）框架及具体内容作为解决两岸票据法冲突的方案，同时也作为两岸票据市场一体化的共同遵循与适用依据。此协议建议稿将可作为两岸协商的范本。

"两岸票据制度一体化协议"是两岸在对等、平等、公平与互惠原则基础上所达成的共识。两岸通过共同签署协议，并经由各自内部程序接受该协议，而赋予该协议直接效力与优先地位，作为两岸票据市场一体化的基础依据，确保两岸票据市场一体化的有序运行，使得两岸票据当事人的票据权益能够获得充分保障，解决两岸票据流通、信用、融资与担保问题，以充分发挥两岸票据的效益，推动两岸经济共同发展，促进两岸整体经济稳定增长，同时也为区域票据制度的一体化提供良好的范例，有利于其他经济主体（如澳门地区、香港地区等）以"两岸票据制度一体化协议"作为范例，进而共同推动大区域票据市场与制度的一体化，实现区域内各经济体的实体票据法一体化，提升区域经济一体化的实际效益。

本书对于"两岸票据制度一体化协议"研究，所运用的研究方法包含以下几种：

（一）历史分析法

票据是经由商人间实践经验得出，是一种经验主义下的产物，对于商人而言，其具有跨越时间与空间的功能，避免商人携带现金的风险及不便利性。随着时代演进，票据在经贸往来始终扮演着举足轻重的角色。因此，通过对票据发展的经验史及票据制度的产生与演变，以及世界票据制度统一运动的发展过程与背景分析，探讨两岸票据制度一体化的必要性与可行性对于两岸经贸发展具有重要性。同时援引各国票据制度一体化历程的经验以及欧洲各国从建立共同体到欧盟，形成一个大内部市场，并以超国界的法律制度作为依托，形成另一种统一化的法律制度，进而影响各国法律朝趋同化路线前进，推动法律一体化发展。因此，本书运用历史分析法对两岸票据法律制度的发展进行分析与评述。经由历史分析方法为实现两岸票据制度一体化提供有力的论据。

在现今经济全球化及区域一体化的发展趋势下，两岸经贸紧密的往来，如果未能善加利用票据的功能，使其成为协助两岸企业发展的有效金融工具，十分可惜。毕竟，资金对于企业而言，犹如人之于血液，而企业融资难的问题，已是不争的事实，如果企业无法取得资金营运，必然阻碍其发展与转型，不利于经济发展。反之，如果发展两岸票据可以使企业通过运用票据，创造有利经营条件，并通过票据取得融资与担保，为企业解决融资问题，将为其创造有利的竞争条件，有助于其发展与转型，同时也可推动两岸经济稳定发展。因此，发展两岸票据，通过历史分析方法，援引各国票据法一体化历程，证明实现两岸票据一体化所创造的经济效益是非常明显的。

（二）比较分析法

比较分析法既可以是以法律为其对象，也可以是以比较为其内容的一种思维活动。此种比较分析，可以是超国家的法律秩序间的相互比较，也可以是在同一个国家内的数法域间进行比较分析。[1]因此，本书拟运用比较法的理论以识别不同票据法律制度的差异及由此产生的影响。

香港地区与澳门地区虽然已回归中国，但仍分别保留原英国及葡萄牙统治时期的法律制度，形成香港地区的英美法系、澳门地区的大陆法系；而两岸由于历史因素所形成的特殊关系，各自实施不同的法律制度，因此，在一国的中心构想中，存在四个不同法域（三个法系），即大陆地区的社会主义法系，台湾地区与澳门地区的大陆法系，以及香港地区的英美普通法系。此不同的法域产生法律冲突，如何将不同法律制度一体化，以实现"一个共同体、一个共同法"的理念，是重要的议题。此即需借由比较分析法探寻其间的差异性。因此，本书拟运用比较分析法对两岸票据法律制度进行具体分析，探寻其间的差异性，并根据归纳分析所形成的差异、存在的问题以及两岸现行票据法不完善等情形，借由趋同、协调、融合等一体化的动态评价过程，最终提出一套相应完善的"两岸票据制度一体化协议"建议稿，作为两岸票据市场一体化的共同遵循与适用依据，解决两岸票据实体法冲突问题，并成为两岸法律制度一体化的范例。

---

[1]　[德] K. 茨威格特、H. 克茨：《比较法总论》，潘汉典等译，法律出版社 2003 年版，第 1 页。

（三）案例分析法

案例是社会生活现状的反映，也是法律适用的具体过程。[1]对案例进行研究，可以了解法律具体的运用与司法的最新观点，而且从具体案例中，也可以发觉法律未规范或者规范不明确之处，此时，司法实务见解可以起到填补现行票据法规范不足或不明确的作用。因此，本书拟对有关票据司法实务典型案例进行分析，通过票据在实务发展过程中所形成的问题，以及司法实务见解对票据个案所产生的间接规范，转化为普遍的、明确的规范，纳入协议建议稿中，以填补现行票据法律制度的不足。因此，本书运用案例分析法，通过经典个案研究分析，使所提出的"两岸票据制度一体化协议（建议稿）"能更完善，更明确规范两岸票据可能产生的问题，使制度一体化更加符合票据实务运作。

（四）社会实践法

本书拟运用社会实践法，通过金融实务经验的累积，对实务问题进行深入分析从而确定其适用范围以及存在的问题，以建构具体可行方案，使两岸票据市场一体化建构于合乎平等、公平、正义与互惠互利的环境中运行，保障两岸票据当事人的票据权益，不会因为两岸票据实体法冲突而造成不公平现象。

（五）理论借鉴法

本书拟通过借鉴中外票据法理论与两岸票据实务发展现况，将票据法理论与票据实务相结合，对两岸票据法律制度进行探讨。为两岸票据制度一体化提供更完备的建议方案，使得两岸票据制度一体化更具有可行性，同时还运用区域经济一体化理论、法律一体化理论、交易费用理论等，作为"两岸票据制度一体化协议"的理论基础，并在两岸共同签署"两岸票据制度一体化协议"，经由各自内部程序接受协议后，运用欧盟法效力理论，赋予协议具有直接效力与优先地位，使协议具有普遍适用性，直接规范票据当事人、金融机构及法院。换言之，协议不仅可以作为请求依据、处理依据，还可以作为

---

[1] 刘国涛等编：《法学论文写作指南》，中国法制出版社2009年版，第117页。

法院审判依据，使协议具有相当于法律规范的效力。因此，理论借鉴将使得本书研究两岸票据制度一体化协议成为具体可行的有利论证基础。

（六）规范分析法与实证分析法

本书拟通过规范分析法对两岸票据制度一体化正当性进行研究。首先，提出现行两岸的票据问题，并对两岸票据法律制度进行评价；其次，论述两岸票据制度一体化的必要性，并援引中外票据制度一体化历程及国际票据法统一运动等，作为实现两岸票据制度一体化可行性的范例。通过规范分析法，认为有实现两岸票据制度一体化的正当性。此外，本书还引用两岸经贸统计数据与票据业务统计数据，以实证揭露两岸企业对票据的需求性，认为有发展两岸票据的必要性，而且必须建立共同的票据制度作为遵循与适用的依据。并且，重视个案实证的分析，通过票据实务个案的分析，通盘了解两岸票据发展的差异性与适用票据法所存在的疑义。经由规范分析与实证分析将两岸票据制度的差异性融合，成为两岸票据制度一体化协议建议稿，建构两岸可接受的一体化票据制度，推动两岸票据流通，解决企业融资与担保问题，促进产业升级，提升两岸整体金融利益，并推动两岸整体经济利益的增长。

（七）综合分析法

两岸票据流通、融资与担保涉及的不仅是制度层面问题，还涉及经济、金融与政治，因此，必须全方位衡量制度的建立与完善方案。为此，本书还综合运用法学、金融学、新制度经济学等学科的研究方法，从多角度进行分析，进而评估可能的价值取舍，探寻可行的方案，为实现两岸票据制度一体化铺垫道路。

五、研究思路

本书是依托于区域经济一体化理论，以两岸票据市场一体化作为"两岸票据制度一体化协议"的研究背景，研究和分析"两岸票据制度一体化协议"作为两岸票据市场一体化共同遵循与适用的依据。首先，提出两岸票据现行存在的问题，并论述两岸票据制度一体化的必要性；并且，借鉴欧盟法律一体化及私法国际一体化的发展趋势，同时援引国外票据法一体化历程及国际票据法统一运动，论证两岸票据制度一体化的可行性，并提出实现两岸票据制度一体化的方法；而此方法是在《海峡两岸金融合作协议》《海峡两岸银行业监督管理合作谅解备忘录》《海峡两岸经济合作框架协议》及《海峡两岸货币清算合作备忘录》等两岸合作基础依据下，运用法律一体化理论、交易费用理论，通过梳理两岸票据法律制度的差异性与具体存在问题，立足于相互借鉴两岸票据的实务发展经验，结合票据理论与实务需要及票据发展现况，进而融合两岸票据制度的不同，最终提出相应的"两岸票据制度一体化协议"建议稿。经由制度妥适的安排，节约交易费用；通过两岸共同签署协议，以及各自内部程序接受后，运用欧盟法效力理论，赋予协议具有直接效力与优先地位，作为两岸票据市场一体化的制度性保障，推动两岸票据相互流通，协助企业通过票据创造有利的经营条件，同时也为两岸未来的金融服务一体化奠定良好运作机制，建立两岸金融制度一体化典范，促进两岸经贸与金融的稳定和谐发展，使其成为具有划时代的使命上意义。

两岸票据制度一体化协议范例的试点成功，有利于推动香港地区、澳门地区，甚至其他国家加入共同的票据市场，实现票据制度区域一体化，建构真正的区域票据共同市场，使票据充分发挥经济效益，推动各经济体共同发展。

学者刘少军（2007、2015 年）指出，法的本质是其价值的追求，其包括道义价值的追求（自然法）、功利价值的追求（功利法）和实证价值的追求（实证法）的融合，在社会不同的条件下达到最优化。法的具体内容应该是这三种法基本价值的最佳边际均衡点。在具体个案的司法实践中，应以法律为基础框架，以法的道义价值、功利价值和实证价值为边际均衡倾向，在个案中由法官进行评价，以填补框架的空隙，借由法官的努力，寻找个案中的最佳边际均衡点。因此，在法的均衡方法论上，司法实践中应通过立法边际均衡、补法边际均衡、弃法边际均衡和修法边际均衡，找到个案裁判的具体最佳边际均衡点。[1]因此，本书本着法边际均衡论的精神，从保障两岸票据当事人的票据权益及节约交易费用的视角为出发，建构两岸票据制度一体化协议，促进两岸票据流通与维护交易安全，建立具有效率而且合乎平等、公平、正义与互惠互利的两岸票据一体化市场环境，达到节约交易费用的经济效益。

本书对"两岸票据制度一体化协议"的研究，在研究思路上运用法学、金融学、新制度经济学等研究两岸票据制度一体化正当性，包括提出两岸票据现行存在的问题、论证一体化必要性及一体化可行性；在构思的方法上，应用区域经济一体化理论、法律一体化理论、交易费用理论及欧盟法效力理论作为两岸票据制度一体化协议的理论基础；通过具体比较分析两岸票据法律制度差异性、两岸票据融资制度差异性、两岸票据担保制度差异性，并将两岸票据制度的差异性融合，最终形成"两岸票据制度一体化协议"建议稿的研究思路。同时，为确保两岸票据制度一体化协议实施的持续性与一体性适用，从司法制度保障一体性的视角出发，通过司法统一解释、法院"疑难案件"统一适用标准、判例法对两岸票据制度一体化协议的适用作成统一解释与适用标准，以保障个案票据当事人的票据权益，确保两岸票据制度一体化永续性、透明性、确定性、稳定性及可预测性，使得票据当事人乐于接受两岸票据作为交易支付条件的工具，促进两岸经济发展。

六、研究意义

本书的选题不仅具有重要的理论与现实意义，更具有划时代的使命意义。

（一）理论意义

票据发展到制度的形成，票据从来就不是法律的产物，而是商人经验主义下的产物。既是商人间发展而出，作为支付工具之一的票据，

---

〔1〕　刘少军：《法边际均衡论——经济法哲学》，中国政法大学出版社 2007 年版，前言第 3 页；刘少军、王一鹤：《经济法学总论》，中国政法大学出版社 2015 年版，第 13~16 页。

即本应无国界及区域的限制，但在各国票据法律制度形成后，法律冲突不仅造成票据流通障碍，而且国际票据或区际票据纠纷往往须依据冲突法确定适用的准据法，其显而易见的问题在于，查明不同法域的成本高，甚至困难，且因域外法的信息不对称，造成票据当事人接受票据的法律风险升高，从而降低使用票据作为交易的支付工具。此外，更因法域规范不同，造成票据处理效率低等缺点。因此，私法统一运动的目的即在化解不同法域间的法律风险，降低交易成本，提高法律制度的透明度、确定性、稳定性及可预测性。

在经济全球化及区域经济一体化与法律一体化的发展趋势中，两岸更应在共同签署的各种协议、备忘录，如《海峡两岸金融合作协议》《海峡两岸银行业监督管理合作谅解备忘录》《海峡两岸经济合作框架协议》及《海峡两岸货币清算合作备忘录》等基本框架下，建构两岸票据制度一体化，推动两岸票据市场一体化，发展票据成为两岸共同金融工具，促进两岸经济稳定增长。因此，本书的理论意义在于，以"两岸票据市场一体化"作为"两岸票据制度一体化协议"的研究背景，通过具体比较和分析两岸票据法律制度的差异性，将两岸票据制度的差异性予以协调融合成为一套新的、完整的"两岸票据制度一体化协议"规范体系，并为企业货币流通、资金融通与担保提供依据及法理上的支撑。"两岸票据制度一体化协议"的研究，是"法律一体化理论"的重要成果体现，已超逾了现行域内法的范畴，将形成新型的、既不同于国内法，也不同于传统国际法的另一类的法律体系，为学术研究和法律实践提供另一个视角，对学术研究具有重要的贡献与研究价值。

进一步而言，本书对于推动两岸四地"法律制度一体化"具有重要的参考价值，为未来实现四个不同经济体（大陆地区、台湾地区、香港地区及澳门地区）的经济一体化、市场一体化与法律一体化开启了先河。此范例的试点成功，将可作为一国四法域（大陆地区、台湾地区、香港地区及澳门地区）在金融法律制度一体化的理论借鉴。

（二）现实意义

票据法是一套技术性非常强的法律制度，是经由商人间长期使用

过程中所形成的有关票据规则与习惯的法律化，[1]是为符合现实需要
所制定的制度，目的是为避免因商人习惯的不确定与模棱两可，造成
不公平、不公正的现象所建立的一套法律制度，以确保法律的透明度、
稳定性及可预测性，但其同时也因为各经济主体的文化及习惯不同，
以致于所形成的票据法律制度不同。尽管各法域的票据法律制度有所
不同，但仍有些票据特征、票据法理是各法域所共通的。例如，从票
据性质上而言，其具有信用工具、货币现钞等特征；从功能与作用上
而言，具有支付、流通、投融资、信用、汇兑、结算、节约货币、担
保等功能。换言之，票据是集信用工具、货币现钞、支付结算工具及
投融资工具等于一身，本身是作为货币资金的载体，既是债权债务的
产物，也是一种财产权。[2]

　　票据作为信用及价值的载体，随着商品经济发展，在经济社会运
行中不仅具有替代法定货币的功能，同时也具有信用功能，并通过背
书制度得以在各主体间流转，形成票据的流通，促进商品经济的繁荣。
票据之所以能够得到流转必然是因为其经济价值获得认可，而票据流
通范围的扩大即意味着，票据经济价值在更大范围内获得认同。由于
票据本身的流通特性，从票据法律制度的规范而言，具有国际法兼国
内法、私法兼公法、强行法兼技术性法等特点。[3]因此，本书认为要
推动两岸票据流通及维护交易安全，最理想的方法是建构一套新的共
同票据制度作为依据而予以一体性适用，解决票据实体法冲突及适用
域外规范难以查明等不利因素，排除两岸票据流通障碍。

---

〔1〕 刘家琛主编：《票据法原理与法律适用》，人民法院出版社 1996 年版，第 16
页。

〔2〕 刘少军、王一轲：《货币财产（权）论》，中国政法大学出版社 2009 年版，
第 253、300 页；刘家琛主编：《票据法原理与法律适用》，人民法院出版社 1996 年版，
第 12~16 页。在英美法中，将票据界定为具双重法律性质，既是一种合同，也是一种财
产权，请参阅 ［美］Richard E. Speidel, Steve H. Nickles：《票据法》，查松、金蕾注，汤
树梅校，中国人民大学出版社 2003 年版，第 27~31、169 页。

〔3〕 刘少军、王一轲：《货币财产（权）论》，中国政法大学出版社 2009 年版，
第 263~264 页；刘家琛主编：《票据法原理与法律适用》，人民法院出版社 1996 年版，
第 18~20 页。

票据本身承载许多功能，在金融体系中往往扮演着重要的角色，而发展两岸票据，不仅有利于促进"两岸整体金融利益"的提高，推动经济发展，还具有提升企业发展的需求功能，更可为金融业带来多元化的金融商品及丰厚的收益性。因此，发展两岸票据市场具有正当性。正如学者刘少军（2008 年）指出："凡是维护和促进整体金融利益的行为，金融法都认为它是应当被鼓励和肯定的合法行为。"[1]在两岸经贸密切往来的同时，金融合作固然可以加强两岸良好的互动关系，但如果能够将两岸票据法律制度的差异性予以一体化，发展两岸票据共同市场，将有利于提升两岸的整体金融利益。况且，两岸票据制度一体化，并不是两岸票据实体法上的统一，而是通过两岸共同签署"两岸票据制度一体化协议"的方式作为两岸票据市场一体化共同遵循与适用的依据，保障两岸票据当事人的票据权益。就操作方法而言，具有实现的可能性。

此外，在两岸签署"两岸票据制度一体化协议"后，会形成该协议与域内票据法律制度同时并存的二元制度，有可能发生适用冲突与解释冲突情形。因此，本书认为应赋予协议具有直接适用效力，即可以作为请求依据、处理依据及审判依据；而且在适用与解释发生冲突时，协议具有高于两岸各自票据法的效力，换言之，协议具有优先适用的效力，以解决两岸票据发生纠纷的问题。两岸实现票据制度一体化，将为两岸金融制度一体化开启新的纪元，并朝向更宏观的经济角度，共同致力于发展"一个共同体，一个共同法"的中心思想。它更深层次所表达的现实意义在于：第一，为企业的货币流通、资金融通与担保提供依据及法理上的支持；第二，节约企业交易费用；第三，实现两岸金融服务一体化；第四，增进两岸贸易福利效应；第五，提升两岸货币效益。发展两岸票据市场有助于推动两岸货币双向流动，提升两岸货币效益。第六，促进两岸经济稳定发展。尤其，现今两岸经济朝一体化趋势发展，两岸通过共同签署"两岸票据制度一体化协议"，使两岸票据充分发挥效益，解决企业融资难的问题，节约交易费

---

〔1〕 刘少军：《金融法学》，中国政法大学出版社 2008 年版，第 7~8 页。

用，可促进"两岸整体金融利益"的提高，推动两岸经济稳定增长，应该是两岸人民共同乐于见到的景象。

本书研究所提出的具体解决方案，可以说是兼具克服冲突法无法解决准据法选择时，因适用不同实体法域，而可能造成同一案件获得不同审判结果的不公平现象，也同时解决两岸统一实体私法的难度。故而两岸共同签署"两岸票据制度一体化协议"，既解决两岸票据实体法冲突问题，也解决两岸票据冲突法中准据法适用的问题，是一种折衷的第三条道路。

本书基于上述研究意义，拟对两岸票据法律制度进行比较和分析研究，就两岸票据法律制度的差异性予以融合，实现两岸票据制度一体化，并提出"两岸票据制度一体化协议"建议稿作为参考依据，推动两岸票据市场一体化的有序运作，以利于发展两岸票据成为两岸共同的金融工具，促进两岸经济稳定发展，可谓同时具有理论、现实与划时代的使命意义。

七、创新之处

随着20世纪50年代欧洲所建立的欧洲经济共同体开始到欧洲共同体，再到1993年欧洲共同体实现统一大市场，2009年欧洲联盟取代欧洲共同体，成为唯一实体。此看似经济上的整合，实际上背后有法律、政治的支撑，其中法律最主要就是实现法律一体化，自成一类的欧盟法律体系，尤其是欧洲私法统一化。目前所倡议制定《欧洲民法典》，将使欧洲迈向共同法的时代。2009年12月1日《里斯本条约》生效，更使欧洲一体化进入另一个新时代，不仅改变整个欧洲地区，也使欧盟在世界上产生巨大的影响力，推动全球各地区致力于实施区域经济一体化，此趋势已蔚为风潮，也使得法律一体化、法律全球化趋势成为热门的研究议题。此一趋势，不容小觑，毕竟全球化、区域一体化的整合，其背后需要有共同法作为前进的支撑动能。诚然，如国际统一私法协会制定《国际商事合同通则》，正足以窥见国际商事合同法统一化的趋势所在，逐渐形成法律全球化，成为各国私法的共同法依据。在私法领域的统一运动，仍持续进行中，其所带来的效益包括节约交易费用、为跨国企业创造有利条件、提高经济效益及提升国家整体竞争力，也包括吸引外国投资、创造就业机会、推动经济成长等，这些实质性的效益是不言而喻的，此即为欧盟积极推动欧洲一体化的动力所在，也是试图建立共同法的缘由所在。学者戴维·格伯尔（David J. Gerber）也指出，"法律使得竞争成为可能，也促进和塑造竞争。……制度使得竞争成为可能，并塑造了其形式和强度。法律可以使市场更有效地运行，增进其价值……"[1]换言之，市场一体化顺畅运行的前提，必然需要有一套完善的一体化制度作为规范依据，才能促进市场在公平、公正、平等的原则下有效运行，达到提升竞争力的效应，增进其价值。

本书在前人的成果基础上，从新的视角分析和研究两岸票据制度一体化协议，并将区域经济一体化理论、法律一体化理论、交易费用理论、欧盟法效力理论作为"两岸票据制度一体化协议"的理论基础，目的在于确保两岸票据市场一体化在两岸票据制度一体化协议的规范下，能够有效、有序运行。经由发展两岸票据，解决两岸企业直接使用票据作为交易的支付工具，也解决企业融资问题，从而达到节约交易费用，提升企业竞争力效果。因此，本书的研究具有以下几点创新性：

第一，创新性的制度安排。以往学者认为，中国区际法律冲突的解决不外乎是制定区际冲突法和统一实体法两种模式。但是，本书提出"两岸票据制度一体化协议"作为两岸票据市场一体化运行的共同遵循依据，既解决两岸票据实体法冲突问题，也解决两岸票据冲突法中准据法适用问题，是一种折衷的第三条道路；并且认为，现阶段实现两岸票据制度一体化具有可操作性，并赋予"两岸票据制度一体化协议"具有直接效力与优先地位，有助于确保两岸票据市场一体化的有序运行，保障两岸票据当事人的票据权益，使得发展两岸票据为企业创造有利的经营条件，推动两岸经济共同增长。

---

[1] 〔美〕戴维·格伯尔：《全球竞争：法律、市场和全球化》，陈若鸿译，中国法制出版社 2012 年版，第 3 页。

第二，以建立"一个共同票据市场，一个共同票据制度"为理念。首先，提出以"两岸票据制度一体化协议"作为两岸票据市场一体化共同遵循与适用的依据，确保两岸票据市场的有序运行，促进两岸票据流通；其次，赋予"两岸票据制度一体化协议"直接效力与优先地位。其目的在于保障协议直接适用性；倘若协议与域内票据法解释发生冲突，协议具有优先适用地位，保障两岸票据当事人的票据权益。建立两岸一个共同票据市场，适用一个共同票据制度，主要目的在于强化两岸经济关系，为两岸企业创造有利的经营条件，解决两岸企业的货币流通，资金融通与担保问题。借由两岸票据市场与制度的一体化成功范例，逐步整合不同经济体的票据市场，朝区域一体化方向迈进。两岸票据市场一体化的试点成功，将有助于推动香港地区及澳门地区共同加入"票据制度一体化协议"，实现四个不同经济体的票据制度一体化，建立区域票据共同市场，推动区域经济及法律一体化，促进区域整体经济利益的增长，强化区域经济体的整体竞争力。

第三，综合运用区域经济一体化理论、法律一体化理论、交易费用理论及欧盟法效力理论作为"两岸票据制度一体化协议"研究的理论基础。本书运用区域经济一体化理论与实践经验，并依托于法律一体化理论，再以交易费用理论作为理论依据，并援引相关范例作为论证依据，表明实践的可行性；同时，为使协议具有制度性的保障机制，确保协议适用的一体性、永续性，运用欧盟法效力理论，赋予协议具有直接效力与优先地位。因此，本书在研究方法上综合运用了各种不同理论，有别于其他研究文献，可谓具有创新性。

第四，提出完整"两岸票据制度一体化协议"建议稿文本作为本研究的具体解决方案。此协议建议稿是立足于比较分析两岸票据法律制度、结合票据法理论与两岸票据实务案例以及参考国际票据公约与各国票据法等基础上所逐步形成的。"两岸票据制度一体化协议"建议稿可以作为两岸未来协商的参考文本，经由两岸在对等、平等、公平与互惠原则基础上达成共识，而成为一种创新制度的选择与制度性的安排，作为两岸票据市场一体化共同遵循与适用的依据。

第五，建立两岸票据的信用、融资与担保功能一体化。发展两岸票据，必须建立两岸票据信用制度。因此，本书拟在"两岸票据制度一体化协议"建议稿中，明文规定两岸应建立两岸票据信用系统，健全两岸票据信用市场，促进两岸票据流通及维护交易安全，提高票据使用的透明度，使得两岸票据获得认同。此外，近年来随着电子支付的功能扩大，原先票据的支付与汇兑功能相对弱化，故而增强票据的信用、融资与担保功能，使票据发挥应有的经济功能，为两岸企业创造有利的交易条件。其中，传统票据法理论认为，支票仅为支付工具而不具有信用功能，但是，在本书研究的规划中，赋予支票新的生命力，而不再仅仅是支付工具，更具有信用功能。换言之，出票人可以签发远期支票作为支付工具，为中小微企业提供更多元化的信用及融资工具，解决两岸小中微企业的货币流通、资金融通与担保问题。

第六，填补两岸现行票据法律制度规范不足的问题。随着经济发展，科学技术不断提升，票据实务发展衍生出许多票据问题，例如电子票据规范、票据融资与担保等问题，通过两岸共同签署"两岸票据制度一体化协议"可以填补现行票据法的不足。例如在"两岸票据制度一体化协议"建议稿中明文规定电子票据，以弥补现行《票据法》的缺漏，扩大票据的使用；又如两岸票据法对于票据融资与担保问题，并无明文规定，协议建议稿中明文规定票据融资与担保，使两岸企业通过票据取得融资或担保而有共同制度可资遵循，建立平等、互惠互利的两岸票据市场。

"两岸票据制度一体化协议"的宗旨，是通过扩大票据的流通领域，使票据的价值获得认同，为企业创造更有利的经营条件，节约交易费用及缓解企业融资困难的问题，协助企业发展与转型，促进两岸经济稳定发展，以及共同推动两岸经济增长，提升竞争力，是符合经济发展的实际需求。而且，两岸通过签署协议方式也可以达到填补两岸现行票据法规范不足的问题。

第七，节约交易费用。发展两岸票据，就是发展多元化的金融工具。通过两岸票据可为两岸经贸与金融业务往来带来多样化的金融产品及提供更多元化的金融服务，促进两岸金融更深层次的合作，并为两岸将来的金融一体化与发展，奠定良好的机制。与此同时，因为制

度一体化，增进制度的透明度，为两岸企业节约交易费用，促进两岸
经济增长。此外，发展两岸票据，还可使两岸企业通过使用两岸票据
作为支付工具，创造有利的销售条件，并改善两岸企业融资与担保不
易的问题，节约交易费用。

第八，开创两岸法律一体化的范例。"两岸票据制度一体化协议"
是一种制度性一体化的创新安排，它可以使两岸在不通过修改各自法
律的条件下，达到制度一体化，而有共同遵循的依据，提高对法律的
确定性、稳定性及预测可能性，降低交易的法律风险。因此，两岸通
过共同签署"两岸票据制度一体化协议"，可以成为将来两岸法律制
度一体化的范例。

八、不足之处

票据法是一种技术性规范特别强的制度，同时也是社会实践最需
要的。本书对两岸票据制度一体化协议的研究，是对两岸票据客观存
在的具体问题提出充分的反映，也是现实经济发展过程中迫切的实际
需求。因此，本书除了提出理论上的必要性、可行性以及构思方法外，
更具体提出一套完整的"两岸票据制度一体化协议（建议稿）"文本
作为解决方案。该协议建议稿最终仍需要通过两岸协商确定并达成共
识，通过共同签署协议并经各自内部确认程序后，赋予其直接效力与
优先地位。但是，此协议还必须经过社会实践，才能实际彰显其效益。
也唯有如此，本书研究的目的才能在实践中获得验证并得到实证活动
的结果。因此，本书现阶段仅止于理论上研究的一种尝试。两岸票据
制度一体化协议的建构，除了尚缺乏两岸票据社会活动的实证外，在
理论体系的建构上，或仍有不足之余，还需要持续不断深入研究予以
提炼，以达到制度一体化的最佳边际均衡点。

在本书研究中，并未对于两岸票据涉及纠纷时，是否需要建立快
速的、简易的"两岸票据诉讼制度一体化"问题进行整体性的研究，
而仅在协议建议稿中个别条款安排解决（如申请本票裁定强制执行、
票据诉讼的适用程序法及简易程序等）。此一问题涉及票据当事人因票
据诉讼而产生的劳力、时间及费用等与票据当事人追求的实体正义与

程序正义之间的平衡。简言之，是效率与公平问题的探讨。此外，本书也仅止于从保障两岸票据当事人的票据权益及节约交易费用的视角为出发，促进两岸票据流通及维护交易安全，并试图建立具有效率、符合平等、公平与正义的两岸票据一体化的市场环境，并从司法制度保障一体性原则出发，确保"两岸票据制度一体化协议"在票据个案中的一体性适用。但是并没有对于签署协议的经济主体违反协议等问题进行研究。

第一章
两岸票据制度一体化正当性

　　欧盟从原先的欧洲各国分割市场到建立共同市场，再到 1993 年形成单一的内部市场，实现统一大市场；1999 年 1 月引入欧元，建立经济货币联盟，也实现货币一体化；2009 年欧盟也成为唯一的实体，使得成员国在平等的互惠互利基础上，建立区域经济与政治联盟，是一体化的最成功范例。欧洲一体化不仅扩大商品与服务市场的领域，而且为成员国的企业创造新的契机、新的竞争力，还更为成员国的人民提供新的就业机会，提高人民的福祉，同时也促进欧盟整体经济发展。因此，从欧共体的共同市场向内部市场发展过程中，很明显看到欧洲市场一体化的演进与法律间的相互促进关系，法律制度是欧洲市场一体化的重要基础，欧洲市场一体化的发展也推动欧盟法律体系的建立与完善。[1]两岸随着关系的改善，经贸开放的步伐加快，经贸发展程度尤为紧密，不亚于国际经贸往来，此可从两岸经贸统计资料（如表 1 至表 3）得知两岸经贸紧密程度，更显示两岸无法在区域经济一体化的发展趋势中，置身事外，各自独善其身。所以，两岸区域经济一体化也需要建立在两岸法律制度一体化的基础上，才能促进两岸经济稳定增长，提高两岸人民的福祉。票据不论作为交易的一种支付工具或者融资的一种金融工具，对于企业而言，在商业往来中都是非常重要的一种金融工具，正如资金之于企业犹如血液之于人一般的同等重要。

----

　　〔1〕　程卫东：《欧洲市场一体化：市场自由与法律》，社会科学文献出版社 2009 年版，第 70 页。

因此，本书认为两岸共同建构票据市场一体化，并依托于两岸共同票据制度的基础框架，发展两岸票据，将有助于企业发展与提升竞争力，也有利于共同推动两岸经济稳定增长。就此而言，使得两岸共同推动两岸票据制度一体化具有正当性。实现两岸票据制度一体化的正当性包括必要性、可行性及构思的框架，因此，本章将就两岸票据制度一体化的必要性、可行性及构思的框架，进行论述。

第一节　两岸票据制度一体化的必要性

有学者针对两岸经济关系的发展演变进行研究，并指出，两岸经济关系从 1979 年到今日，在经济全球化的趋势推动下，克服两岸政治关系因素的障碍后，两岸经济关系先后经历恢复、兴起、扩张、紧缩及深化等五个发展阶段；更进一步指出，"当前正向着交流正常化与功能一体化的方向深化发展"。[1]尽管两岸经济自 1979 年开始恢复往来，但在往来模式上从最初的间接（必须通过第三地）、单向、民间等不平衡格局的发展，到目前已经从间接发展到允许直接发展，从单向也正朝向双向模式过渡中，而且也从转口贸易到直接贸易往来，更开放金融设立分支机构、航运，人员也始终保持持续往来互动的发展中，两岸更在 2009 年签署《海峡两岸金融合作协议》《海峡两岸银行业监督管理合作谅解备忘录》《海峡两岸证券及期货监督管理合作谅解备忘录》《海峡两岸保险业监督管理合作谅解备忘录》，建立两岸金融合作及监督管理的基本框架，2010 年更签署《海峡两岸经济合作框架协议》，推动两岸金融领域合作与经贸往来，并于 2010 年起陆续落实两岸相互批准银行业在其地区设立营运的分支机构，开启两岸银行业互设据点的里程碑。随后，为保障海峡两岸投资人权益，创造公平投资环境，于 2012 年签署《海峡两岸货币清算合作备忘录》，建立两岸货币清算机制。两岸货币清算合作备忘录象征两岸金融合作深化的

---

〔1〕　有关"两岸经济关系的发展演变"，请参阅唐永红：《两岸经济制度性合作与一体化发展研究》，九州出版社 2010 年版，第 104~123 页。

新里程碑。

　　两岸经贸关系历年来始终保持高度的相互依存度，主要原因在于两岸经济具有很强的互补性，使得双方都可获得相当的经济利益，也促进两岸经济的快速发展。以往，两岸经济发展过程中，虽然无形式上的区域经济一体化的文本，但却有实质上的区域经济一体化现象；现今，正从所谓功能性经济一体化形成所谓的制度性经济一体化作为保障机制，使得功能性经济一体化与制度性经济一体化之间建立了彼此的相互关联，相互补充，相互促进。陈秀珍（2011年）指出："功能性经济一体化是制度性经济一体化的客观基础。制度性经济一体化是功能性经济一体化的保障与深化，制度性一体化以政策、协议、条约、共同机构的方式，扫除了功能性经济一体化发展道路的制度障碍，促进了功能性经济一体化的持续发展。"〔1〕又如知名金融法学者朱大旗教授（2015年）指出："现代经济发展的趋势是全球一体化，任何国家的经济发展都不可能脱离国际经济的协作和国际经济环境的影响。各国间的经济、技术、贸易、文化交往越密切，作为国际支付工具和信用工具的票据应用也就越广泛。这就从客观上要求各国票据立法应遵循统一的票据规范，国际票据应广泛协调和趋同。"〔2〕因此，本书更有理由相信，两岸有推动票据市场一体化的必要性，并实现两岸票据制度一体化作为两岸票据市场一体化共同遵循与适用的依据。

　　本书以两岸票据市场一体化作为"两岸票据制度一体化协议"的研究背景，研究和分析两岸票据制度一体化协议，试图将两岸票据跨境市场实现一体化，形成一个共同票据市场，并通过两岸共同签署"两岸票据制度一体化协议"作为两岸票据市场一体化运行的共同遵循与适用的依据。为实现两岸票据制度一体化的宗旨，则有必要先了解两岸票据现行所存在的问题。

---

〔1〕　引自陈秀珍：《香港与内地经济一体化研究》，中国经济出版社2011年版，第19页。

〔2〕　引自朱大旗：《金融法》，中国人民大学出版社2015年版，第317页。

一、两岸票据现行存在问题

在现行的国际贸易或区际贸易中通常会采取不同的支付方法作为当事人间债权与债务的结算方式，在基础合同中约定的结算方式称为支付条件。按照国际使用支付结算方式的不同，主要可归纳分为以下六种结算方式：第一，汇兑。汇兑依据支付时间可以分为预付、现付及延付等三种。其中所谓现付属于现金结算，即通常所称的现金交货方式，如货到付款，此种方式在国际贸易或跨境贸易中，甚少使用，而且现金结算的货币必须是国际上可自由兑换的货币。汇兑的方式，通常有信汇（Mail Transfer，简称 M/T）、电汇（Telegraphic Transfer，简称 T/T）、票汇（Demand Draft，简称 D/D）等三种。但是，随着科技技术的进步，银行实务操作中，已经不使用信汇，主要是采电汇与票汇。银行实务上的票汇，通常是指银行应申请人的申请，同时申请人将票款交付给银行，由银行作为出票人，代申请人签发以国外银行为付款人的一种境外票据，此种票据通常是银行即期汇票。[1]第二，信用证。信用证依据支付时间可以分为预付、即付及延付等三种，再具体划分，可分为：预支信用证、即期信用证、远期信用证、假远期信用证、延期付款信用证等。[2]在国际贸易或区际贸易实务中，出口

---

[1] 票汇（Demand Draft，简称 D/D），是指汇款行应汇款人的申请，代汇款人签发以国外解款行（代理行）为付款行的汇票，交由汇款申请人径寄国外收款人，同时拍发 MT110（Advice of Cheques）给付款行，请该行待持票人提示票据时，凭票付款。此种票汇通常是银行即期汇票（Banker's Demand Draft），从签发银行的角度而言，出票人是汇款行（Remitting Bank），付款人是汇入行（或解款行、解付行，Paying Bank），是汇出汇款（Outward Remittance）之票汇；从付款行的角度而言，持票人（收款人，Payee）向汇入行（或解款行、解付行，Paying Bank）提示银行即期汇票要求付款，经解款行核对汇款行之签样及 MT110 电文相符，凭票解付汇款给收款人，是汇入汇款（Inward Remittance）之票汇。汇款业务中使用的票据是顺汇形式。请参阅台湾金融研训院编辑委员会：《国外汇兑及法规》，财团法人台湾金融研训院 2014 年版，第 19～20、48～51 页；苏宗祥、徐捷：《国际结算》，中国金融出版社 2010 年版，第 6、109、134～135 页。

[2] 预支信用证（Anticipatory Credit），是指在信用证中列入特别条款，授权议付行或保兑行在交单前预先垫款给受益人的一种信用证。待受益人交单后，从货款金额中

商与进口商之间为了维护交易安全，在交易条件中所约定使用的信用证，通常是不可撤销、跟单、保兑、无追索、即期的一种信用证。此种信用证必须具备三个要素：（1）信用证必须是开证银行出具的确定承诺文件；（2）开证银行的承付承诺必须是不可撤销；（3）开证银行承付的前提条件必须是单证表面相符。[1]第三，银行保函（Letter of Guarantee）。银行保函依索偿条件，可分为独立银行保函与从属的银行保函。银行保函的种类繁多，其中见索即付保函通常适用《见索即付保函统一规则》（Uniform Rule for Demand Guarantee，国际商会出版物第458号、第758号，分别简称URDG458、URDG758）。[2]第四，备用信用证。依据1999年1月1日生效的《国际备用信用证惯例》（International Standby Practices，即ISP98）规定，备用信用证无须另作声明，即具有不可撤销性、独立性、单据性及强制性等性质。[3]第五，票据。

（接上页）扣除已预支的款项及利息。请参阅苏宗祥、徐捷：《国际结算》，中国金融出版社2010年版，第351~356页。即期信用证（Sight Letter of Credit），是指受益人按信用证规定的条款开立即期汇票并提交所需的单据，议付行或开证行立即付款，又称见票即付。远期信用证（Usance Letter of Credit），是指进口商向出口商提供银行保证。受益人开立远期汇票并提交装运单据后，在一定期限（30天、60天、90天、120天、180天）内，银行应付款的信用证。假远期信用证（Usance Letter of Credit Payment on Sight），是指汇票为远期，但在信用证条款中载明付款行同意即期付款，贴现费用由开证申请人（即买方、进口商）负担。延期付款信用证（Deferred Letter of Credit），是指出口商（卖方）给予进口商（买方）融资优惠期，一般信用期限在180天以上，具体做法是出口商在交付单据时，进口商暂不付款，而待一定期间后，再由开证行付款。此种信用证通常无须开立汇票。请参阅宋毅英编：《国际贸易支付方式：信用证》，中国金融出版社2007年版，第6页。

〔1〕　请参阅苏宗祥、徐捷：《国际结算》，中国金融出版社2010年版，第203页。

〔2〕　《见索即付保函统一规则》（Uniform Rule for Demand Guarantee，国际商会出版物第458号，简称URDG458），是1992年制定及公布；《见索即付保函统一规则》（Uniform Rule for Demand Guarantee，国际商会出版物第758号，简称URDG758），是2010年7月1日生效。URDG758生效并不存在URDG458废止的问题，因此，在实务中，银行保函中需要明确表明究竟是适用URDG758还是适用URDG458。请参阅苏宗祥、徐捷：《国际结算》，中国金融出版社2010年版，第694页。

〔3〕　关于备用信用证的种类、备用信用证与跟单信用证、银行保函等之间的关系，请参阅苏宗祥、徐捷：《国际结算》，中国金融出版社2010年版，第658~663、670页。

使用票据结算可分为逆汇形式与顺汇形式。在国际贸易或区际贸易中所使用的票据结算通常是一种逆汇形式，使用的票据以汇票为主，少量使用本票。以跟单汇票为例，如甲国的 A（卖方、出口商）与乙国的 B（买方、进口商）双方就 X 商品进行交易，合同约定贸易的支付条件为跟单信用证，则跟单信用证项下的汇票出票人即是受益人 A（卖方、出口商、债权人），付款人为开证行（指定付款行），收款人是受益人 A（或其代理人即交单行）。此时受益人 A 交付符合的单据开出汇票，要求开证行凭票支付金额给受益人 A 自己。由于汇票流通方向与票款资金的流动方式相反，故称为逆汇。跟单票据托收是属于逆汇形式，贸易中使用的光票托收，也是逆汇形式。[1]如果采用托收方式办理，是依据《托收统一规则》（Uniform Rules for Collections，国际商会出版物第 522 号，简称 URC522）。在一国内所使用的票据结算方式通常是顺汇形式，如甲国的 C（卖方）与甲国的 D（买方）双方就 Y 商品进行交易，合同约定支付条件为支票，则该支票是由买方的 D 签发以 E 银行为付款人，记载一定金额的支票交付给收款人（即卖方）C 作为支付 Y 商品的货款。由于支票流通方向与票款的流动方向一致，故称为顺汇。[2]此与国际贸易中所使用的票据不同。第六，电子化支付。其中包括在纸质单据信用证的基础上使用 SWIFT 开证，即电子化开证并实现电子交单，所依据的是《跟单信用证电子交单统一

---

〔1〕 所谓跟单信用证，是指开证行凭跟单汇票或仅凭商业单据付款的信用证。所谓跟单托收，是指出口商（委托人）出具委托申请书，连同金融单据及商业单据委托出口地托收银行代其收取出口货款（出口托收）。托收银行接受委托，转委进口代收银行按照托收指示，将商业单据提示给进口商，当收妥货款后（进口代收），汇交托收银行转交出口商，完成出口托收业务。这里的跟单托收包括"出口托收"及"进口代收"两部分。所谓光票，是指不带任何商业单据的金融票据。贸易中的跟单票据托收或光票托收，汇票的出票人是出口商（卖方、债权人），付款人是进口商（买方、债务人），收款人是出口商（或托收行、代收行）。因此，此种汇票是索款凭证，是逆汇形式。如果是光票托收，其货运单据由出口商（卖方）直接寄交进口商（买方），汇票则委托银行托收。请参阅苏宗祥、徐捷：《国际结算》，中国金融出版社 2010 年版，第 6、142、147 页；宋蔚、张文苑："论跟单托收结算方式中出口商风险防范"，载《现代经济信息》2012 年第 19 期，第 86 页。

〔2〕 请参阅苏宗祥、徐捷：《国际结算》，中国金融出版社 2010 年版，第 6 页。

惯例》〔the Uniform Customs and Practice for Documentary Credits for Electronic Presentation，简称"eUCP"附则（补篇）〕，以及国际保理（又称国际应收账款）所采用的电子数据交换（Electronic Data Interchange，简称 EDI）传递文件、索款、偿付及结算等。[1]

　　上述众多支付结算方式，在现今国际贸易频繁且交易金额大，商品及资金跨国、跨地区快速移动，通常不会约定以现金作为支付方式，以缓解资金需求的负担，而是通过银行使用票据作为支付工具。在结算方式的使用上，如采用汇兑方式，是一种顺汇法；如采信用证项下票据作为支付方式，则是一种逆汇法。[2]虽然均可通过银行办理收款，但银行所承担的责任不同，信用程度亦有所不同。以汇兑作为支付方式，银行只是作为代理人代为办理汇款，因此，汇兑属于商业信用；而信用证则是银行保证付款的一种方式，由银行承担付款义务，属于银行信用。[3]虽然信用度高，但是要求条件较多。

　　至于光票，可能采取顺汇法，主要用于跨境资金移动、非贸易的债权债务结算，或者一般交易中以票据作为支付条件等；但也可能采取逆汇法。如果作为国际贸易支付工具，是属于国际票据，即此种票据的当事人往往涉及两个国家或地区的自然人或法人。持票人一般是通过银行办理光票托收或光票买入的方式处理。[4]但是如果遇到票据

---

　　〔1〕　关于 eUCP，请参阅苏宗祥、徐捷：《国际结算》，中国金融出版社 2010 年版，第 412~416 页。

　　〔2〕　顺汇法，是指支付工具的传送方向与资金的流动方向相同；逆汇法，是指支付工具的传送方向与资金的流动方向相反。

　　〔3〕　左海聪主编：《国际商法》，法律出版社 2013 年版，第 244 页。

　　〔4〕　所谓光票（Clean Bill），是指不附有任何单据的境外票据。常见的光票有银行汇票（Bank's Draft）、银行支票（Bank's Check）、本行支票（Cashier Check）、旅行支票（Traveller's Check）、商业支票（Commercial Check）等。其不同于出口押汇附有单据的汇票，也不同于汇入汇款中的票汇。光票与汇入汇款的票汇之间的主要区别在于：第一，票汇是接受国外往来银行委托解付的银行即期汇票，而光票并无此项委托；第二，票汇可以核对签样及 MT110 电文且汇款行已预先将款项拨入解款行的账户，而光票无法核对签样且必须将票据寄送境外托收才能收到票款；第三，票汇是使用银行的信用（银行汇票），而光票不一定使用银行的信用；第四，票汇是一种即期票据（银行即期汇票），而光票有即期票据与远期票据之分。银行实务上，客户向银行提示外币票据（Clean Bill）

纠纷，则可能适用该票据签发所在地法或者该票据付款地所在地法，所在地法可能适用该国（或地区）的票据实体法，也可能适用该国（或地区）涉外票据的冲突法（即国际私法）。由于这些国家（或地区）的票据实体法规定不同，则可能遇到法律冲突的问题。一旦产生诉讼，尽管依据冲突法规定予以确定应适用的准据法，但可能因指向的另一国（或地区）的票据实体法规定不同而产生不同的裁判结果，如涉及票据行为的效力问题，通常是依据票据行为地法为准据法。此种选法规则，由于票据当事人不熟悉所指向国家（或地区）的票据实体法，往往令票据当事人遭受突袭性裁判的结果，因此需承担较大的法律风险，降低交易对手直接收受国外票据的意愿，阻碍票据的流通，

（接上页）取得票款的方式有两种：一是光票买入（Clean Bill of Purchase）；二是光票托收（Clean Bill of Collection）。所谓光票买入，是指在银行核准客户买入外币票据授信额度内，于客户提示票据并经银行审核后，先行垫付并收取利息，待票款收妥后，凭以核销已垫付的外币金额，属于一种融资业务；所谓光票托收，是指客户委托银行将其持有的外币票据向付款行提示，待款项收妥后，再拨付给客户。至于银行托收业务的责任、义务及费用等，是依据《托收统一规则》。银行对于受理后的票据，无论是光票买入或光票托收，均应加盖银行担保背书章（All Prior Endorsements Guaranteed），并制作面函（Cover Letter），连同光票寄往代收行请求票款。这里所谓的面函（Cover Letter），是指托收指示书（Collection Instruction）。代收行收到托收委托书会发 MT410（Acknowlegement）给托收行确认收到托收指示书。该电报文除非另有表述，否则即表示代收行将依照托收指示书承办该业务。托收指示书可以分为两种：Cash Letter 与 Collection Letter。所谓 Cash Letter，是有条件全额托收入账，即托收银行委由代收银行以一般票据的交换清算方式收款，清算后将票款拨入托收银行账户内，但保留退票及扣款的权利。因此，此种方式并非最终入账，仍有被退票的可能性存在；其优点在于入账速度快，且是全额入账。银行实务上，代收银行通常会发 MT450（Cash Letter Credit Advice）给托收银行告知入账。所谓 Collection Letter，是单纯托收入账，即托收银行委由代收银行将光票寄往付款行，请其支付票款，付款行付款后即为最终入账。因此，除非有票据伪造情形外，否则不得再以一般理由退票。其优点在于属于最终入账，但缺点是入账时间较长且无法全额入账。银行实务上，代收银行通常会发 MT400（Advice of Payment）通知托收银行，托收银行收到款项后再通知客户并入客户的账户。以上说明除银行实务操作外，还同时参阅台湾金融研训院编辑委员会：《国外汇兑及法规》，财团法人台湾金融研训院 2014 年版，第 79~85 页；苏宗祥、徐捷：《国际结算》，中国金融出版社 2010 年版，第 142、147、156~164、174~175、203 页；宋蔚、张文苑："论跟单托收结算方式中出口商风险防范"，载《现代经济信息》2012 年第 19 期，第 86 页。

故而有倡议统一冲突法论者。

本书认为即使解决冲突法统一的问题，只要各国票据实体法规定不同，法律的冲突依然存在，必然会产生适用不同国家票据实体法而可能产生不同的裁判结果的问题，影响票据当事人的权益，而且还有可能基于保护主义发生不公平的裁判结果。例如，当准据法指向适用A国票据法，认为票据有效；当准据法指向适用B国票据法，则可能认为票据无效。因此，为解决此种问题，国际发起所谓票据统一法运动，如1930年《汇票及本票法统一公约》、1931年《支票法统一公约》、1988年《联合国国际汇票及国际本票公约》，其目的在于致力使各国票据法律制度一体化，避免因票据法律规定不同而影响贸易中使用票据作为支付工具，从而影响票据当事人的票据权益。[1]

两岸贸易往来所使用的票据，目前仍属于国际贸易或区际贸易的模式，取得的票据不论是否附有单据，在使用与处理方式视同境外票据，与国内票据在使用上有很大的差异性，而且国内票据没有票据法冲突的问题，但是跨境使用票据就会发生票据法冲突问题。因此，本书将就两岸现行所存在的票据问题进行论述。

（一）两岸票据流通问题

按目前两岸经贸往来所使用的交易支付条件，主要有跟单信用证、光票（Clean Bill）、跨境应收账款、跨境汇款等，[2]其中除了跨境应收账款、跨境汇款外，跟单信用证项下票据是通过银行办理出口押汇

---

〔1〕　关于票据公约名称使用说明：在本书中，日内瓦《汇票及本票法统一公约》，本书简称"日内瓦票据法公约"；日内瓦《支票法统一公约》，本书简称"日内瓦支票法公约"；1988年《联合国国际汇票及国际本票公约》（本书简称"联合国票据法公约"）。此三个公约，本书简称为"国际票据公约"。

〔2〕　跨境应收账款与跨境汇款之间的主要区别在于：卖方给予买方的融资期长短不同。一般跨境汇款通常是指预收部分货款，其余待收到货物后或收到货物后一定期间（通常10天、30天），再汇付余款，卖方给予买方的收款期短，较无融资期或者融资期很短，通常是卖方与买方间初期交易使用；而跨境应收账款则是卖方给予买方较长的融资期，通常是由于买方比较强势，或者卖方为推广产品销售，特别给予买方较长的收款期，也可以说是属于一种卖方给予买方的融资期。此种跨境应收账款可能涉及买方所在地是否有外债管制而须办理外债登记的问题，因此，也有一定程度的法律风险存在。

或者托收方式处理；如果是光票，持票人仅能通过银行用光票买入或者光票托收方式处理，而银行基于风险考虑，通常采用光票托收方式处理，如非往来客户通常会不受理。此种跨境贸易的票据结算具有几个特点：第一，适用国际惯例；第二，不论是跟单票据或光票，都是属于境外票据，且都是外文票据、外币票据；第三，只能透过银行间处理；第四，境外票据不同于一般国内票据的使用与处理方式，发生票据纠纷适用的票据法规定不同。[1]

两岸票据未能相互流通问题，主要原因在于以下几点：[2]

---

〔1〕 对于境外票据（国外票据）与国内票据（不含涉外票据）究竟有何不同？本书认为有必要予以补充说明。两者的主要区别在于：第一，适用规则不同。境外票据的处理程序通常是委托银行处理，受国际惯例（如《托收统一规则》）的约束。但是如果境外票据本身涉讼时，因为具有涉外因素，则可能因指向不同国家（或地区）的规定，而适用不同的票据法；而国内票据本身涉讼时，是适用该国（或该地区）的票据实体法规定。第二，处理方式不同。境外票据的处理通常是委由银行托收处理；而国内票据有通过银行处理，如支票、银行本票、银行承兑汇票等，也有不通过银行处理，如一般本票、商业承兑汇票。第三，使用文字与币别不同。境外票据的填写内容通常使用外文，且金额为外币；国内票据的填写通常是使用当地文字，且金额的币别通常也是当地币别。第四，融资方式不同。境外票据的融资，通常只能由持票人向银行申请额度，在额度内申请光票买入的方式，且金额通常也比较小；国内票据的融资比较多元化，有贴现、转贴现、再贴现、票据设质融资、垫付票款等等。第五，诉讼程序不同。境外票据诉讼具有不便利性，通常适用境外法，且可能须至境外提起诉讼，当事人不熟悉境外诉讼程序，故而须委托境外律师处理；国内票据诉讼通常在该国（或该地区）的当地法院处理，比较便利，且适用国内法，为票据当事人所熟悉，不一定需要委托律师处理。第六，收费不同。境外票据处理由于通过托收银行、代收银行等，故而收取费用较高；国内票据处理可能通过银行，也可能由持票人与票据债务人间直接处理，故费用支出相较于境外票据的费用低。第六，使用方式不同。境外票据除了光票（Clean Draft 或 Clean Bill）外，如果是跟单票据，则票据即必须附有商业单据，如跨境贸易使用的跟单汇票（Documentary Draft 或 Documentary Bill）；国内票据不需要附任何单据，即可单独使用。

〔2〕 关于两岸的域内票据（国内票据）与本书提出的"两岸票据"究竟有何不同？为使读者更明确地了解本议题，本书于此特别说明两者的区别。两者不同之处在于：第一，适用规范不同。大陆地区票据适用大陆地区《票据法》；台湾地区票据适用台湾地区"票据法"。两岸票据适用签署的"两岸票据制度一体化协议"，且不再适用冲突法处理涉外票据问题。第二，票据效力不同。大陆地区票据的效力适用大陆地区"票据法"；台湾地区票据的效力适用台湾地区"票据法"。如果是涉外票据，则须依据冲突法所指向的地区法，适用该地区的票据法。如此，可能造成同一票据纠纷因适用不同法

1. 缺乏两岸票据市场一体化依据

两岸票据是指在现有票据市场的基础上发展，通过制度的安排，形成一个共同的票据市场，推动两岸票据可以自由相互流通，使其成为可以作为两岸企业交易的支付工具，为企业创造有利的经营条件，提升企业的竞争力。但是，由于两岸尚未建立两岸票据市场一体化的相关协议，没有推动两岸票据市场一体化的基础框架，没有共同遵循与适用的依据，使得两岸票据无法相互流通，两岸企业交易也无法以票据作为支付条件。

2. 两岸票据法律制度差异性问题

如众所周知，票据最初是为避免携带大量货币产生的许多风险，而产生代替货币的货币证券；其后，商品经济快速发展，票据成为一种信用工具。由于票据作为信用与价值的载体产生流通的特性；[1]而票据的流通性，则依赖于票据独具特色的出票与背书制度。[2]出票与背书均为票据行为之一，票据通过票据行为而不断流转，发挥票据功能，于是票据行为成为票据法的核心，贯穿于整个票据法律制度中。在市场经济下，票据具有流通、信用、投融资、担保、支付、汇兑、结

（接上页）域而获得不同的裁判结果，使得同一票据纠纷的裁判结果具有不确定性。两岸票据的效力适用"两岸票据制度一体化协议"，使得票据的效力具有明确性、稳定性、透明性及可预测性。第三，流通领域不同。大陆地区票据通常仅在大陆地区流通；台湾地区票据仅在台湾地区流通。两岸票据将大陆地区与台湾地区视为一个共同的票据市场，在两个地区可以自由相互流通使用。第四，请求依据不同。大陆地区票据涉讼，请求依据适用大陆地区《票据法》；台湾地区票据涉讼，请求依据适用台湾地区"票据法"。两岸票据涉讼时，请求依据直接适用"两岸票据制度一体化协议"。第五，法院裁判依据不同：大陆地区票据涉讼时，审理的法院适用大陆地区《票据法》作为裁判依据，台湾地区票据涉讼时，审理的法院适用台湾地区"票据法"作为裁判依据；两岸票据涉讼时，不论是大陆地区法院或台湾地区法院，审理法院直接适用"两岸票据制度一体化协议"作为裁判依据。

〔1〕刘少军：《金融法学》，中国政法大学出版社 2008 年版，第 152 页；刘少军、王一轲：《货币财产（权）论》，中国政法大学出版社 2009 版，第 255、263～266 页。

〔2〕于永芹："票据隐存保证背书研究"，载《烟台大学学报（哲学社会科学版）》2005 年第 3 期，第 299 页。

算及节约货币等功能，促进商品流通与资金的周转，已成为社会经济
生活中的重要工具。

尽管两岸的票据法在立法体例上具有类似性，但实质上因两岸的
立法价值取向不同，造成规定内容有很大的差异性，这也是两岸票据
法的最大区别。关于两岸票据法内容设计的差别，主要反映在下列几
点：第一，价值取向不同。大陆地区由于改革开放较晚，最初设计的
票据制度主要是从现金管理与控制资金环境的视角设计票据法，故而
在某种程度上限制票据原本所具有的信用与融资功能，而着重于支付
与汇兑的功能；台湾地区的票据制度，由于起草当时参考了德、日、
美英等各国的票据法律制度，遵循国际票据惯例，并兼顾工商社会的
需要，鼓励票据的使用，以发展经济，故而着重于促进票据流通与维
护交易安全，带动工商业的发展，因此，票据法律制度体现票据所具
有的支付、汇兑、信用、流通、融资、担保与节约货币等经济功能。
票据法律制度历经多次修改，使得企业能更好地运用票据协助发展，
同时推动台湾地区长期以来的经济增长，可谓功不可没。第二，票据
种类不同。就两岸票据种类的规定而言，票据的种类同样规定汇票、
本票及支票等三种票据种类，但具体条文的内容规范，则有所不同，
如大陆地区票据种类仅限于银行即期汇票、商业汇票（包括银行承兑
汇票及商业承兑汇票）、即期银行本票及即期支票等四类；台湾地区票
据种类，原则上除了银行本票限制发行外，其余并无特别限，甚至实
务上存在所谓的"远期支票"。[1]第三，票据行为规定不同。大陆地
区的票据行为包含出票、背书、承兑、保证、付款等，其中本票及支
票均不适用承兑规定，支票不适用保证规定。台湾地区的票据行为包
括出票、背书、承兑、参加承兑、保证、付款及参加付款等，其中本
票及支票均不适用承兑及参加承兑规定，支票不适用保证及参加付款
规定。两岸的票据行为除了大陆地区无参加承兑、参加付款制度的差
异外，台湾地区实务上还存在所谓的"票据隐存保证行为"。第四，

---

〔1〕 这里所谓的远期支票并非票据制度中真正的远期支票，而是指以尚未到来的
日期作为支票的出票日。此种支票在商业习惯上称为"远期支票"。

电子票据规范不同。晚近由于电子科技发展快速，电子票据业务兴起，但是两岸票据法中对于电子票据均无明文规定。大陆地区电子票据的依据，除了《票据法》《票据管理实施办法》《支付结算办法》等外，另分别制定《电子签名法》《电子商业汇票业务管理办法》《电子商业汇票系统管理办法》《电子商业汇票系统运行管理办法》等有关制度。[1]台湾地区的电子票据依据，除"票据法"及"电子签章法"外，并无制定特别的法律制度，而是台湾地区票据交换所依据"电子签章法""中央银行法""票据交换及银行间划拨结算业务管理办法"等规定，[2]制定的《金融业者参加电子票据交换规约》《电子票据往来约定书》范本，在性质上属于合同规范。目前台湾地区的电子票据业务由于使用量过于小，于 2011 年 12 月 30 日已"暂时停办"。[3]第五，票据犯罪规范不同。大陆地区《票据法》第 102 条仍保留票据犯罪的刑事责任，如伪造、变造票据、故意使用伪造、变造票据及签发空头支票等；[4]台湾地区就签发空头支票已经除罪化，至于伪造、变造票

---

〔1〕　大陆地区《电子签名法》是为规范电子签名行为，确立电子签名的法律效力，维护有关各方的合法权益，而所称电子签名，是指数据电文中以电子形式所含、所附用于识别签名人身份并表明签名人认可其中内容的数据。《电子商业汇票业务管理办法》是为规范电子商业汇票业务，保障电子商业汇票活动中当事人的合法权益。《电子商业汇票系统管理办法》是为保障电子商业汇票系统安全、稳定、高效运行所作的规范。《电子商业汇票系统运行管理办法》是为规范电子商业汇票系统的运行管理，确保电子商业汇票系统的安全、稳定、高效运行所作的规范。

〔2〕　请参阅台湾地区"电子签章法"第 4 条第 2 项、第 9 条第 1 项、中央银行《票据交换及银行间划拨结算业务管理办法》第 19 条等。

〔3〕　台湾地区电子票据业务于 2011 年 1 月 25 日经台湾票据交换所第 3 届第 10 次董事会决议"暂时停办"，并报奉中央银行 2011 年 2 月 18 日台央业字第 1000012896 号函同意备查在案。请参阅台湾票据交换所"电子票据业务'暂时停办'后续事项处理方式"，载台湾票据交换所网，如 http://www.twnch.tw/echeck/news/news5.html，最后访问日期：2015 年 9 月 16 日。

〔4〕　大陆地区《票据法》第 102 条规定，有下列票据欺诈行为之一的，依法追究刑事责任：（一）伪造、变造票据的；（二）故意使用伪造、变造的票据的；（三）签发空头支票或者故意签发与其预留的本名签名式样或者印鉴不符的支票，骗取财物的；（四）签发无可靠资金来源的汇票、本票，骗取资金的；（五）汇票、本票的出票人在出票时作虚假记载，骗取财物的；（六）冒用他人的票据，或者故意使用过期或者作废的

据及使用伪造、变造票据等犯罪行为，则适用"刑法"有关规定，《票据法》中已不规范有关票据犯罪行为。第六，空白票据规定不同。大陆地区仅有空白支票；台湾地区对于是否承认空白票据（空白汇票、空白本票及空白支票）有争议。第七，票据瑕疵规定不同。票据瑕疵包括票据伪造、票据变造、票据更改、票据涂销及票据毁损。其中，大陆地区票据更改仅限于票据金额、日期及收款人等以外的事项；台湾地区除票据金额不得更改外，其余皆可更改。第八，票据融资规定不同。台湾地区远期支票可以向银行办理垫付票款的融资，但大陆地区支票并无法向银行办理融资。第九，票据担保规定不同。大陆地区《票据法》有票据设质；台湾地区"票据法"并无票据设质规定。第十，票据金额文字与数字不一致，票据效力不同。大陆地区《票据法》规定，票据金额中文大写与数码同时记载时，如二者不一致，票据无效。台湾地区"票据法"规定，票据金额文字与号码不一致时，以文字为准。第十一，支票的提示付款期间不同。大陆地区支票的持票人应当自出票日起 10 日内提示付款。因此，支票的提示付款期限，自出票日起 10 日内必须为之。台湾地区"票据法"第 130 条规定了支票的提示付款期间，是按出票地与付款地是否相同而区分为三种情形：①出票地与付款地在同一省（市）区内者，出票日后 7 日内；②出票地与付款地不在同一省（市）区内者，出票日后 15 日内；③出票地在国外，付款地在国内者，出票日后 2 个月内。

3. 缺乏共同票据制度

两岸企业交易如果以票据作为交易的支付条件，由于两岸并未建立共同票据制度作为共同遵循与适用依据，必然无法对票据信用进行查询，亦无法就所取得的票据进行提示承兑、提示见票、提示付款、委托付款及行使或保全票据行为等，也无法保障两岸票据当事人所取得的票据权益，因而阻碍两岸票据相互流通，因此，推动两岸票据市

（接上页）票据，骗取财物的；（七）付款人同出票人、持票人恶意串通，实施前六项所列行为之一的。另依据同法第 103 条规定，有前条所列行为之一，情节轻微，不构成犯罪的，依照国家有关规定给予行政处罚。

场一体化必须建立于两岸共同的票据制度作为运行与保障机制，才能使得两岸票据有所遵循的依据，而能够有序、顺畅地运行。

（二）两岸票据功能不同问题

票据是现代商品经济活动中重要的金融工具，有加强商业信用，促进商品流通与资金周转的重大作用。在国外，票据的使用范围广泛，有学者将票据比喻为"商品交易的血管中流动的血液""商事之需要票据，如船之需要水"。[1]就票据的功能而言，是票据法理论体系中最重要的部分。各学者对于票据功能的解读各有不同，如大陆地区学者刘少军、王一轲（2009年）将票据功能概括为支付、汇兑、信用、结算、流通及融投资等6种功能；台湾地区学者王文宇、林育廷（2008年）、王志诚（2012年）将票据功能概括为支付、汇兑、信用、保证、节约通货及资金流向证明等6种功能。[2]尽管学理上对于票据

---

〔1〕 刘家琛主编：《票据法原理与法律适用》，人民出版社1996年版，第1~2页。

〔2〕 关于票据功能的解读，各学者的观点不一，本书择要说明如下：

1. 大陆地区主要学者：

（1）姜建初（1994年）认为票据功能可以概括为支付、汇兑、信用、结算、融资及节约货币等6种功能；刘家琛（1996年）将票据功能概括为支付（包括汇兑）、信用、结算、流通、融资及节约货币等实质上7种功能（作用）。请参阅姜建初：《票据原理与票据法比较》，法律出版社1994年版，第6~10页；刘家琛主编：《票据法原理与法律适用》，人民法院出版社1996年版，第12~16页。

（2）姜建初（1998年）、王小能（2001年）、谢怀栻（2006年）、吕来明（2011年）将票据功能概括为支付、汇兑、信用、结算及融资等5种功能；汪世虎（2003年）、于莹（2008年）将票据功能概括为支付、汇兑、信用、流通及融资等5种功能。请参阅姜建初主编：《票据法》，北京大学出版社1998年版，第13~14页；王小能编：《票据法教程》，北京大学出版社2001年版，第19~21页；学者谢怀栻将票据功能概括为支付（包含汇兑）、信用、结算及融资等实质上五种经济作用，与王小能观点相同。请参阅谢怀栻：《票据法概论》（增订版），法律出版社2006年版，第23~26页；吕来明：《票据法学》，北京大学出版社2011年版，第16~18页；汪世虎：《票据法律制度比较研究》，法律出版社2003年版，第7~9页；于莹：《票据法》，高等教育出版社2008年版，第19~22页。

（3）强力（2004年）、谢石松（2009年）、朱大旗（2015年）将票据功能概括为支付、汇兑、信用、结算、流通及融资等6种经济功能。请参阅强力：《金融法》，法律出版社2004年版，第338~339页；谢石松：《票据法学》，中国人民大学出版社2009年版，第10~12页；朱大旗：《金融法》，中国人民大学出版社2015年版，第316~317页。

功能的具体概括内容理解略有不同，但是，本书在综合相关文献后，并从票据实务运作观点出发，认为现代票据的功能至少应具有支付、汇兑、信用、结算、流通、投资、融资、担保及节约货币等 9 项功能；并且，认为票据的某些功能（尤其支付、汇兑功能）随着电子支付迅速的发展，有逐渐萎缩倾向，呈现出功能强弱之分，而为因应经济全球化时代的需要，提供票据当事人更宽广使用票据的空间与时间，则

（接上页）（4）刘少军、王一轲（2009 年）将票据功能概括为支付、汇兑、信用、结算、流通及融投资等 6 种功能；刘心稳（2010 年）将票据功能概括为支付、汇兑、信用、抵销债务、融通资金、减少货币使用量等 6 种用途。请参阅刘少军、王一轲：《货币财产（权）论》，中国政法大学出版社 2009 年版，第 253~266 页；刘心稳：《票据法》，中国政法大学出版社 2010 年版，第 7~8 页。

2. 台湾地区主要学者：

（1）梁宇贤（1997 年）将票据功能概括为节约通货、汇兑、信用、抵销债务等 4 种经济效用；郑洋一（2001 年）将票据功能概括为支付、汇兑、信用及节约通货等 4 种经济效用。请参阅梁宇贤：《票据法新论》，自版 1997 年版，第 25~26 页；郑洋一：《票据法之理论与实务》，自版 2001 年版，第 3~4 页。

（2）曾世雄、曾陈明汝、曾宛如（2005 年）将票据功能概括为支付、汇兑、信用、保证、证明资金流向及补充货币发行不足等 6 种功能；王文宇、林育廷（2008 年）、王志诚（2012 年）将票据功能概括为支付、汇兑、信用、保证、节约通货及资金流向证明等 6 种功能。请参阅曾世雄、曾陈明汝、曾宛如：《票据法论》，元照出版有限公司 2005 年版，第 20~23 页；王文宇、林育廷：《票据法与支付工具规范》，元照出版有限公司 2008 年版，第 68~70 页；王志诚：《票据法》，元照出版有限公司 2012 年版，第 61~71 页。

3. 国外学者：

（1）日本知名学者方面：有将票据功能概括为支付、信用及汇兑等 3 种经济性功能。请参阅 ［日］龙田节编：《商法略说》，甘肃人民出版社 1985 年版，第 173~174 页；［日］铃木竹雄著、［日］前田庸修订：《票据法·支票法》，法律出版社 2014 年版，第 39~45 页。

（2）美国肯尼斯·W. 克拉克森（Kenneth W. Clarkson）、罗杰·勒鲁瓦·米勒（Roger LeRoy Miller）、盖勒德·A. 詹提兹（Gaylord A. Jentz）等（2009）认为票据功能概括为替代现金与信用等 2 种功能。See Kenneth W. Clarkson, Roger LeRoy Miller, Gaylord A. Jentz（et al.）, Business Law Text and Cases: Legal, Ethical, Global, and E-Commerce Environment, South-Western Cengage Learning , 11th edition, 2009, p. 486.

（3）美国奇斯曼（Henry R. Cheeseman, 2012 年）将票据功能概括为替代现金、信用及记录等 3 种功能。See Henry R. Cheeseman, Contemporary Business and Online Commerce Law, Prentice Hall, 7th Edition, 2012, p. 397.

其部分功能（如信用、流通、投资、融资及担保等功能）亦应有所转变且应加以提升，使票据得以充分发挥其经济效用，以符合企业需求，推动经济发展。

两岸对于票据功能的最大差异性在于，票据信用、融资及担保功能的不同。简言之，大陆地区使用票据着重于现金管理角度，票据的主要功能在于支付、汇兑，与台湾地区票据使用着重于票据信用、融资等功能有所不同。

大陆地区的汇票限于记名汇票，不承认无记名汇票。[1]商业汇票可以签发即期汇票，也可以远期汇票。不过，银行汇票仅限于见票即付，不允许签发远期银行汇票。大陆地区的本票限于银行本票，且为见票即付、记名本票，不承认一般本票及商业本票，也没有远期本票。大陆地区的支票分为现金支票、转账支票及普通支票，均为即期支票。由此可知，大陆地区仅商业汇票具有信用及融资功能，换言之，仅能就商业汇票进行融资、担保。其余票据仅具有支付及汇兑功能，极大的限制票据所应有的经济功能，不利于发挥票据所应有的经济职能。

台湾地区的汇票、本票及支票，在类型方面并无特别限制，可以是即期票据，也可以是远期票据，可以是记名式，也可以是无记名式。尽管支票在类型方面，未明文规定远期支票，但在实际使用上可以签发尚未到来的日期作为出票日，属于商业习惯上所称的"远期支票"。由此可知，台湾地区并不限制票据所应具有的支付、汇兑、信用、融资与担保等功能，从而可极大地发挥票据所应有的经济功能，有助于中小企业利用票据作为支付工具与取得融资，扩大企业经营规模，协助企业发展，推动台湾地区整体经济增长。在金融实务中，票据的融资方式包含票据贴现、转贴现、再贴现、客票融资（包括垫付国内票款、保持票等）、发行融资性商业票据、透支等，[2]这是台湾地区使用票据所体现的票据功能，与大陆地区所使用的票据存在很大的差异性。

---

〔1〕　大陆地区《票据法》第22条第1款第5项。

〔2〕　王志诚：《票据法》，元照出版有限公司2012年版，第62~69页；王文宇、林育廷：《票据法与支付工具规范》，元照出版有限公司2008年版，第45~48页。

（三）两岸票据冲突法差异问题

两岸经贸往来频繁，使用票据作为支付结算、汇兑、担保、融资等工具，已然成为不可避免，再辅以两岸金融合作，未来两岸银行提供两岸金融业务服务亦成为趋势，而两岸票据是两岸金融服务项目中极佳的业务，不仅提供银行多元化的金融产品与业务服务，同时也扩大银行的服务范围，更可以通过两岸票据业务吸揽客户，并提供客户所需的资金需求。因此，发展两岸票据业务，不仅可为银行创造丰厚的收益，提升资产质量，掌握企业资金偿还来源，降低授信风险，还同时解决企业资金问题，对银行与企业而言，是非常好的金融服务产品。但是，目前两岸并无共同票据制度作为发展两岸票据的遵循与适用依据，也无统一的冲突法。因此，对于涉及两岸票据问题，仅能按涉外票据处理，对于票据当事人而言，存在极大的法律风险。因为对于涉外票据的处理方式，大陆地区主要是依据《票据法》第五章"涉外票据的法律适用"及《涉外民事关系法律适用法》规定处理；台湾地区主要是依据"涉外民事法律适用法""台湾地区与大陆地区人民关系条例"第三章规范民事事件，如涉及两岸民事事件，应优先适用"台湾地区与大陆地区人民关系条例"的规定。[1]

目前两岸涉外票据纠纷的选法规则，是有所不同的。此种准据法的适用会因为指向适用的实体法域不同，而造成对同一票据纠纷可能产生不同的审判结果，严重影响票据当事人的票据权益。两岸对于涉外票据的准据法规定，主要有以下几点不同：第一，涉外票据定义的不同。大陆地区涉外票据，是指票据行为中，既有发生在大陆地区境内又有发生在大陆地区境外的票据。[2]一般所谓涉外因素可能含有纠纷主体（当事人）、争议标的、争议内容或者行为等，只要涉及其中一个涉外因素，即可能构成涉外民事关系纠纷；至于其他涉外因素，大陆地区票据法并不考虑。简言之，大陆地区的涉外票据的认定仅限

---

〔1〕 请参阅台湾地区"涉外民事法律适用法"第9条、第10条、第16条、第21条、"台湾地区与大陆地区人民关系条例"第41条至第47条。

〔2〕 请参阅大陆地区《票据法》第94条第2款规定。

于票据行为是否具有涉外性，并不包括其他涉外因素，与台湾地区的涉外票据规范不同。此外，这里所指境外，包括台湾地区、香港地区及澳门地区，所以，只要票据行为地同时涉及大陆地区与境外地区，均属涉外票据，按涉外票据有关规定处理。第二，民事行为能力准据法不同。依据大陆地区规定，票据债务人的民事行为能力，原则上适用其本国法律，例外适用行为地法律。即如依照其本国法律为无民事行为能力或者为限制民事行为能力而依照行为地法律为完全民事行为能力的，适用行为地法律。台湾地区有关人的行为能力，是依其当地法确定。但是，在涉及大陆地区人民时，依据"台湾地区与大陆地区人民关系条例"第 46 条规定，就大陆地区人民的行为能力，依大陆地区的规定。而未成年人已结婚者，就其在台湾地区的法律行为，视为有行为能力。大陆地区的法人、团体或其他机构，其权利能力及行为能力，依大陆地区规定确定。如果法律行为发生票据上权利者，即涉及票据成立（包括实质要件及形式要件），则依据台湾地区规定，原则上依当事人意思定其应适用法律；如果无明示的意思，依行为地法；行为地法不明，依付款地法。[1]第三，票据行为时的记载事项。大陆

---

[1]　请参阅大陆地区《票据法》第 96 条规定；台湾地区"涉外民事法律适用法"第 21 条第 1、2 项规定。单纯从法条规定较难区别其间的差异性，举例而言：如果票据上有无民事行为能力人或者限制民事行为能力人签章，依据大陆地区"票据法"第 6 条规定，其签章无效，但是不影响其他签章的效力；而台湾地区"票据法"第 8 条规定，同样不影响其他签名之效力。亦即，无行为能力人所为票据行为无效，固然无问题。但是，对于限制行为能力人在票据上签名的效力，则因两岸法律规定，而有不同的效力。例如，台湾地区"民法"第 12 条规定，年满 20 岁为成年，即具有完全行为能力。依据大陆地区《民法总则》第 17 条（原《民法通则》第 11 条第 1 款）规定："十八周岁以上的自然人为成年人。不满十八周岁的自然人为未成年人。"同法第 18 条第 1 款（原《民法通则》第 11 条第 1 款）规定："成年人为完全民事行为能力人，可以独立实施民事法律行为。"如果一位 18 周岁的台湾人在大陆地区签发一张票据，就其行为能力而言，如果依据台湾地区法律规定，应该是限制行为能力人所为的票据行为，该票据行为无效；但是，如果依据行为地（即大陆地区）法律规定，其已经满 18 岁具有完全行为能力，因此，其所为的票据行为有效。由此，可以很明确地发现，两岸法律制度的差异可能造成适用的法域不同，产生不同的结果，是非常显而易见的。大陆地区《民法总则》已取代原《民法通则》，并自 2017 年 10 月 1 日起施行。依据全国人民代表大会关

地区规定，汇票、本票出票时的记载事项，适用出票地法。支票出票时的记载事项，原则上适用出票地法；但有协议约定，可适用付款地法。关于票据的背书、承兑、付款及保证行为，适用行为地法。而台湾地区规定，采取"当事人意思自主原则"为主，"行为地法"为辅，与国际上就涉外票据不采"当事人意思自主原则"的立法例不同。所以，对照两岸就涉外票据有关票据行为所发生的票据权利，在成立与效力方面的选法规则是不同的。[1]第四，追索权的行使期限。依据大陆地区规定，票据追索权的行使期限，适用出票地法。而台湾地区规定，"行使或保全票据上权利之法律行为"，包括提示票据、请求付款、作成拒绝证书、行使追索权的期限等，适用行为地法；至于"行使或保全票据上权利以外的票据行为"，如出票、背书、承兑等各种票据行为，应适用"当事人意思自主原则"为主，"行为地法"为辅的规定。[2]第五，保全票据权利。依据大陆地区规定，票据的提示期限、拒绝证明的方式、出具拒绝证明的期限，适用付款地法。此项台湾地区的规定并无明确细分类，而是归属于"行使或保全票据上权利之法律行为"，应适用行为地法。[3]第六，票据丧失。有关票据丧失的情形，可能有遗失、被盗、毁损等原因而丧失票据的占有，但票据的丧失不代表票据权利也丧失。大陆地区对于票据丧失时的救济程序所应适用的准据法是依据失票人请求保全票据权利的程序，而适用付款地法律。台湾地区对此并无规定，学理上认为按国际公约的规范，采

（接上页）于《中华人民共和国民法总则（草案）》的说明："民法总则草案通过后暂不废止民法通则。民法总则与民法通则的规定不一致的，根据新法优于旧法的原则，适用民法总则的规定。"资料来源，载全国人民代表大会网，如 http://www.npc.gov.cn/npc/xinwen/2017-03/09/content_2013899.htm，最后访问日期：2017年4月22日。

〔1〕请参阅大陆地区《票据法》第97条、第98条；台湾地区"涉外民事法律适用法"第21条第1、2项规定。

〔2〕即应适用台湾地区"涉外民事法律适用法"第21条第1、2项规定。请参阅黄裕凯：《国际私法》，五南图书出版股份有限公司2013年版，第271页。

〔3〕请参阅台湾地区"涉外民事法律适用法"第21条第3项规定。

"付款地法"。[1]

（四）票据纠纷处理依据问题

票据最终目的是要获得票款，就付款的角度而言，对于票据是否要求附单据，可分为跟单票据及非跟单的票据（通称"光票"）。在两岸现行跨境贸易中使用票据，如果引起票据纠纷，主要的解决路径可分为两种情形：

1. 跟单项下票据问题的解决路径

跟单项下票据中使用的票据通常是"汇票"，本票比较少使用。这里所谓跟单汇票，是指汇票必须附有与商业贸易交易活动有关的一切约定单据，一般包括提单、仓单、保险单、商业发票、包装单、重要证明单、原产地证明书、商品检验证书、卫生证明文件及信用证等。而跟单汇票一般又分为信用证跟单汇票、承兑交单汇票及付款交单汇票等，此类汇票通常使用于国际贸易的进出口商业交易活动，除了表彰当事人的信用外，也兼及物品的保证功用。"在流通转让中，汇票后所附单据要同汇票一同转让，跟单汇票的流通转让与资金融通效果，很大程度上要取决于货运单据所代表的物资的价值。"[2]

跟单票据问题所引起的纠纷，目前是按《托收统一规则》《跟单信用证统一惯例》[3]《审核跟单信用证项下单据的国际标准银行实务》《银行间偿付统一规则》等国际惯例处理。所以，基本上很少适用票据法处理纠纷。

2. 非跟单票据问题的解决路径

非跟单票据，是指使用票据不须要附有任何商业单据，付款人即可对汇票承兑及付款；如果是本票，可以见票付款。在国际贸易中通常称为"光票"。不过，此种光票一般为外币票据。就光票的使用方

---

[1] 黄裕凯：《国际私法》，五南图书出版股份有限公司2013年版，第271页。各国（或地区）对于票据丧失通常设有救济程序，如日内瓦《解决汇票及本票法律冲突公约》第9条规定，汇票、本票遗失或被盗，其采取的方式，依票据付款地国法。日内瓦《解决支票法律冲突公约》第7条规定，支票失窃采取的方式，由支票付款地国法。

[2] 王小能编：《票据法教程》，北京大学出版社2001年版，第149页。

[3] 目前最新版本是国际商会第600号出版物公布，简称"UCP600"。

式而言，可分为顺汇法与逆汇法。所谓顺汇法，是指票据流动的方向与票款资金流动的方向相同；如果票据流动的方向与票款资金流动的方向相反，则称为逆汇法。在跟单票据及国际贸易（或区际贸易）中使用的光票，是一种索款凭证，通常采用逆汇法。[1]此种逆汇的光票通常是通过往来银行办理票据托收方式处理，适用《托收统一规则》等国际惯例处理。[2]如果涉及票据本身的纠纷，也会涉及票据法的适用；并且，由于具有涉外因素，而各国（或地区）票据法律规定不同，会产生法律的冲突。至于顺汇法的票据，如果没有建立相关的制度，通常交易对方不会接受境外票据。主要原因在于：可能无法提示付款，且不熟悉出票地的票据法律规定，也不知晓该票据是否有效等问题，因而接受境外票据的意愿不高，从而阻碍票据流通，无法发挥票据的功能。况且，发生票据纠纷时，还需适用冲突法规定，以确定适用涉外票据纠纷事件的准据法。[3]

据上所述，涉及两岸票据纠纷，按目前规定属于涉外票据纠纷，其所适用的法律可能依据大陆地区规定，也可能依据台湾地区规定，而两岸的票据实体法上规定又不相同，其适用的结果可能产生不同的法律效果，形成票据实体法冲突与法院实体判决的冲突。举例而言：例如，大陆地区自然人 A 签发一张远期本票交付给在台湾地区的自然人 B。此例除了涉及签发远期本票是否有效的问题外，还涉及票据上记载金额的文字与数码（号码）不一致时，如依据大陆地区"票据法"第 8 条规定，该票据无效；反之，如依据台湾地区"票据法"第 7 条规定，该票据有效，以文字金额为准。再者，依据台湾地区规定，涉及两岸民事事件，原则上应适用台湾地区的法律，但有特别规定时

---

〔1〕 苏宗祥、徐捷：《国际结算》，中国金融出版社 2010 年版，第 6 页。

〔2〕 客户向银行提示光票（Clean Bill）取得票款的方式有两种：一是光票买入（Clean Bill of Purchase）；二是光票托收（Clean Bill of Collection）。但是光票买入是属于授信业务，银行须承担较大的风险，除非是优良客户，不然银行对于持票人所提示的光票通常是采用光票托收方式处理。

〔3〕 这里的冲突法即是指国际私法。大陆地区制定的是《涉外民事关系法律适用法》；台湾地区的是"涉外民事法律适用法"，另外，台湾地区针对两岸特殊情形，还制定特别法，即"台湾地区与大陆地区人民关系条例"，其中也有准据法的适用规定。

适用大陆地区规定。如果适用大陆地区规定时，而大陆地区规定有违背台湾地区的公共秩序或善良风俗者，依据规定则仍应适用台湾地区的法律。[1]因此，涉外票据适用准据法情形非常复杂，而且由于两岸票据实体法律制度的差异性，当两岸票据相互流通，一旦涉及票据纠纷，将面临票据当事人的请求依据、金融机构的处理依据及法院的审判依据等，究竟应如何适用法律，即成为非常重要的问题。简言之，如何避免因适用法律而产生不公平的现象，是亟待解决的问题。因为同一票据纠纷案件可能因适用不同法域而产生不同的裁判结果，即有违平等、公平原则，且无法保障两岸票据当事人的票据权益，将造成两岸票据市场混乱现象。

（五）两岸经济效益问题

两岸票据如不能实现一体化，不利于两岸企业通过票据作为交易的支付工具，为其创造有利的交易条件，使得两岸企业发展与转型受到极大的限制，而且交易费用高，两岸货币无法双向流动，货币效益也无法发挥作用，使得两岸经济效益无法充分体现，进而也影响两岸经济增长。因此，本书认为，从以下几点分析，如两岸票据不能实现一体化，将影响两岸经济效益的体现，不利于两岸经济稳定增长。第一，交易费用高。资金是企业的命脉犹如人的血液，没有资金运作，企业基本上是无法持续运营的。票据具有的信用、融资与担保等功能，有助于解决中小企业融资难的问题，故而发展两岸票据市场，使得两岸票据市场一体化，协助企业通过两岸票据的使用，创造有利的交易条件。随着两岸票据市场的逐步发展，有利于提高直接融资比例，或者透过票据信用，降低企业对银行信贷的过度依赖，不仅有利于缓解中小企业融资难的问题，且可提升中小企业的竞争力，更有助于维持金融系统的稳定性。但是，如两岸票据不能实现一体化市场，将阻碍两岸企业通过票据作为交易的支付条件，甚至无法通过票据获得信用、融资与担保，节约交易费用。如此，两岸企业不仅无法取得所需资金，而且也无法创造有利的销售条件，企业缺乏资金的情境下，业务发展

---

[1]　请参阅"台湾地区与大陆地区人民关系条例"第41条、第44条规定。

受到严重限制；而两岸的贸易壁垒，法令不透明性、不稳定性、不确定性及不可预测性，也使得两岸企业的交易费用在无形中不断地被提高，形成不利于企业竞争与转型发展的环境。第二，不利于推动两岸经济增长。区域经济一体化的形成，是经济国际化发展达到一定水平所生产跨越国界或跨越区界发展的结果，形成不同国家间或不同经济体间的合作。随世界经济不断发展，各国家或地区原为保护自身经济利益，采取许多贸易保护措施与制度，以维护自身利益，但却相对地阻碍自身的国际或区际的贸易发展，即便通过多边贸易谈判效果亦属有限，形成贸易壁垒分明，不利与各国家或地区间的贸易往来。因此，各国或地区间纷纷通过签署区域自由贸易协议的方式，依托于区域经济一体化的效益，以获取贸易与经济增长的效益。[1]但是，两岸不仅没有实现区域经济一体化，即便在技术性较强的票据市场，也未实现两岸票据市场一体化，形成两岸贸易间的许多障碍，更无法通过两岸票据协助企业发展，创造更有利的经营环境，使得两岸经济增长也受到很大的限制。第三，不利于体现两岸货币效益。尽管两岸已签署《海峡两岸货币清算合作备忘录》，但实际上两岸货币双向流通不足，两岸货币效益无从体现，特别需要有金融工具作为桥梁推动两岸货币双向流动，创造货币效益。目前两岸并无适当的金融工具可以体现两岸货币效益，更无双向流动机制。而票据作为信用与权利的载体，具有替代货币的功能，同时具有使资金快速移转的效益，是推动两岸货币双向流动的绝佳金融工具。但是，由于目前两岸票据尚未能实现相互流通，也使得两岸货币效益无法充分被体现。

二、两岸票据制度一体化的理由

目前两岸票据市场处于分割状态下，在贸易交易的支付条件中，除了贸易项下跟单票据，通过银行依据国际惯例处理外，无法以顺汇形式票据作为支付条件。主要原因在于：一方面因为两岸尚未建构票据共同市场；另一方面也因为两岸没有共同的票据制度作为发展两岸

---

[1] 张彬等：《国际区域经济一体化比较研究》，人民出版社 2010 年版，第 1 页。

票据的共同遵循与适用的依据，无法保障两岸票据当事人的票据权益。其主要的理由在于，因两岸票据法律制度不同而产生的法律风险，可能影响两岸票据当事人的票据权益，使得交易双方不愿意接受境外票据作为支付工具，以避免承担过高的法律风险，进而使两岸票据流通受到限制。如此，不仅使得交易双方的交易费用提高，企业资金短缺而无法取得融资，也不利于企业提升竞争力与转型发展，更无法增进两岸经济效益。因此，发展两岸票据是基于两岸经济发展现况的实际需求，目的在于解决企业融资与担保问题，并协助企业发展与转型，是共同推动两岸经济增长的最佳方案，从而有实现两岸票据制度一体化的必要性存在。

本书认为推动两岸票据制度一体化的必要性理由，主要是基于以下几点：

（一）区域经济一体化发展趋势要求

经济在全球化发展的趋势中，并在国际分工基础上发展，随着各经济体逐渐开放，相继加入区域经济合作或一体化组织，使得各经济体间的各种壁垒逐渐消除，相互间的渗透度、依存度及相互影响力持续加深，也为两岸区域经济一体化提供有利的契机。两岸区域经济实现一体化，有助于推动两岸经济增长，节约交易费用，为企业创造更为有利的经营条件与环境，开拓更宽广的发展及转型空间，同时也提升其在国际的竞争力。其中，欧盟是最典型的区域一体化成功典范，不仅在经济上一体化、货币上一体化，更朝向政治上一体化的道路迈进中。其在市场方面，从共同市场发展到商品、人员、服务及资本能够不受限制地自由流通，形成一个内部市场，具有划时代的意义，值得作为参考范例。再者，也为欧洲区域金融一体化奠定良好基础，使得"欧洲区域性金融服务市场一体化法律制度与欧洲一体化及金融全球化进程相伴而生、共同发展。"[1]如此情势，催生了欧盟金融服务市场一体化，并建构相关的欧盟金融服务法作为依据。

---

[1] 刘轶：《金融服务市场一体化的法律方法：欧盟的理论和实践》，法律出版社2015年版，第1页。

在目前全球经济面临快速整合的趋势阶段，以经济体利益及企业利润最大化为目标，各经济体无不在此潮流中通过国际分工的细化、国际贸易、国际金融、国际投资与国际要素流动等方式，采取单边开放、双边合作、区域合作或者加入一体化组织，使得国际朝区域经济合作或一体化组织发展的趋势，蔚为风潮。此不仅影响国家与国家间、跨地区与跨地区之间，甚至其影响更及于一国之内的各区域一体化。其主要目的在于追求各经济体或区域的经济利益最大化及效益最大化，并通过与各经济主体的市场相融合，为企业跨国或跨地区创造有利条件，协助企业实现利润最大化。此正如台湾地区"行政院"大陆委员会林祖嘉副主任委员（2014年）指出，仅在世界贸易组织（WTO）下签署完成的自由贸易协议（FTAs）即有500多个，正式生效有300多个，其中还有双边或多边的FTAs在协商中。[1]就此可以预见将来，不论是两岸政府部门、企业及人民都将面临对外贸易竞争的压力，所以，加强两岸区域经济合作，提升一体化的层次，将会有助于化解面临的一些冲击。而在区域经济一体化发展趋势的要求下，也必然要求法律制度一体化，作为区域经济一体化的基础依据，两者是相互促进的作用。建立相关的保障机制，才能增进商业交易的透明度、稳定性及可预测性，节约交易费用，产生更大的经济效益，才能使得区域经济一体化成为可持续发展。

两岸在相互依存度非常高的情形下，应该有理由相信通过两岸的区域经济一体化，可为两岸各自经济体中的企业创造更好的经营环境与更宽广的发展空间，增进两岸的经济利益。在这些条件下，也必然要求两岸金融服务市场伴随共同发展。因为，金融服务足以使企业摆脱时间与空间的制约与负担，进而茁壮发展，并带动区域经济整体的发展。[2]申言之，金融服务在国际贸易往来间，即扮演着资金结算与融通的重要角色，发展两岸票据可以使时间与空间产生推迟的作用，

---

〔1〕 林祖嘉："从全球经济整合看两岸经济协议的急迫性"，载财团法人海峡交流基金会《两岸经贸》2014年第274期，第6页。

〔2〕 [法] 雅克·阿达：《经济全球化》，何竟、周晓幸等译，中央编译出版社2003年版，第111页。

不仅为金融业提供获取利润的契机，也为企业发展与资金运用提供有效的金融工具，是一种双赢的制度性安排。

根据学者对于欧盟、北美自由贸易区及中国-东盟自由贸易区等的经济效应进行分析，均认为各个区域经济一体化组织在发展过程中表现出比较明显的"贸易创造效应"，尽管也存在贸易移转所引起的经济损失，但总体而言，贸易创造效应大于贸易移转效应，其中尤以欧洲经济一体化程度最深，而且建立内部统一市场，在法律政策方面还实现了一体化。此亦表明，随着区域经济一体化的程度深入，产生的贸易创造效应会更显著。[1]由此可见，两岸区域经济一体化将有助于促进两岸贸易创造效应，推动两岸商品、资本、人力及服务等自由流动，消除两岸关税壁垒及其他的人为壁垒，提供良好的投资环境，扩大市场规模及经济规模，提高投资率，促进两岸经济增长；而发展两岸票据，通过票据相互流通，有助于解决资本流通、货币流通与企业融资等问题，充分发挥票据的经济功能，故而，从区域经济一体化所发挥的贸易创造效应，再通过发展两岸票据，将可为两岸的经济发展创造更大的经济效益。因此，在区域经济一体化发展效应下，发展两岸票据已成为必然走向。为使两岸票据流通发挥最佳经济边际效益与作用，推行两岸票据制度一体化即具有必要性。两岸通过协商对两岸票据制度一体化达成共识，经由共同签署协议作为发展两岸票据市场一体化的共同适用与遵循依据，将可使两岸票据有序运作，充分发挥其经济功能，解决企业融资问题；在制度性安排，使得适用依据具有透明性、稳定性及可预测性，则可节约交易费用，推动两岸经济更进一步地增长。因此，两岸不论实现区域经济一体化或者优先实现两岸票据市场一体化，均有助于提升企业竞争力，为企业创造更好的经营条件，促进两岸经济发展。

（二）法律一体化趋势与影响

经济全球化的发展，更好地促使国际贸易往来，所涉及的问题便

---

〔1〕 张永安主编：《区域经济一体化理论与实践》，格致出版社 2010 年版，第 97~98 页。

是国际民商事问题，如果各国（或地区）的法律制度差异甚大，交易对手为回避不可预测的法律风险，往往不轻易与该国（或地区）人民从事交易，影响贸易往来，甚至阻碍经贸发展，不利于国家（或地区）的经济发展，因此，各种国际组织致力于推动世界统一法运动便是基于有利于各国从事民商事交易活动的强烈需求。因此，区域一体化必然要求参与国家（或地区）在法律方面也要趋同或统一，如此才能使跨国或跨地区交易合乎公平与正义。

由于当前各国间的国际贸易往来频繁，跨国企业的发展迅速，也使得法律一体化的呼声高涨，目的即在于减少贸易障碍与法律风险，节约交易费用。因此，法律一体化的发展趋势与影响始终持续进行中，并可从以下列举情形得到论证：

1. 当前世界法律一体化的发展趋势

"当今世界各国的法律正走向国际化和趋同化的一种趋势。"[1]这种法律趋同化的发展主要体现在私法领域，如1980年《国际货物销售合同公约》（英文缩写"CISG"）得到世界大多数国家（或地区）的接受；如具有意思自治性质的现代商人法，即国际商会制定的《国际贸易术语解释通则》（英文缩写"INCOTERMS"）、《跟单信用证统一惯例》（英文缩写"UCP"）、《托收统一规则》（英文缩写"URC"）等；又如国际统一私法协会制定的《国际商事合同通则》，更"是当今世界上一部极具现代性、广泛代表性与权威性的国际商事合同统一法"，对商业实践与纠纷处理起到指导作用。[2]在欧洲地区，有《欧

---

〔1〕 有学者将法律国际化和趋同化分为法律的趋同化与法律的一体化两个不同概念，并认为所谓法律的趋同化，是指各国法律在更多的领域相互借鉴和吸收，日益走向一致，换言之，是调整相同类型社会关系的法律制度与法律规范趋向一致，既包括不同国家的国内法的趋向一致，也包括国内法与国际法的趋向一致；而所谓法律的一体化，是指各国普遍参与制定和接受各种国际公约和协议，法律的统一化大大加强，换言之，是全球范围内法律规范的逐步趋于一致，并最终实现统一的过程。请参阅徐国建：《国际统一私法总论》，法律出版社2011年版，第9页。在本书中，不论是法律趋同化、统一化、协调化等，均使用"法律一体化"或"制度一体化"作为其上位概念。

〔2〕 张玉卿主编：《国际统一私法协会国际商事合同通则2010》，中国商务出版社2012年版，2004年中文版前言第1页、2010年中文版前言第6页。

洲合同法原则》《欧洲私法原则、定义与示范规则》等，也是极具有影响力的区域性统一法；在非洲地区，有非洲商法协调组织（OHADA）制定而通过的多部统一商法，是 17 个中部与西部非洲国家的统一商法体系。[1]

2. 国际票据制度一体化发展与影响

由于票据既具有国内性，同时又兼具有国际性，如果各国的票据法律制度不一体化，则将严重阻碍票据的流通。鉴于当时各国及地区均陆续制定票据法律制度，而所规定的票据法律制度不同，无法顺利通过票据发展国际贸易，为此，各国学者纷纷开始倡议统一票据法运动，目的在于使票据能充分发挥其应有的功能，促进国际贸易的发展，活络全球的商品交易市场及资金的流动。

在票据法律制度建立前，由于商人习惯法可能因时、因地区的不同而有不同的解释或理解，往往造成不同的裁判结果，导致许多不公平、不合理的结果，基于现实考虑及实际要求，为明确规范票据的使用，各国纷纷制定票据法律制度，通过不断完善票据法律制度，促进票据流通及维护交易安全，进而活络经济发展，使票据充分发挥其所具有的经济功能与效益。与此同时，由于商品交易往往具有跨国或跨地域性，以票据作为交易的支付条件，因各国票据法律制度不同，对于使用票据，一旦发生票据纠纷，将形成诸多的不便利性及不可预测的法律风险，而阻碍票据流通，影响经济发展。于是各国及地区逐渐重视票据法律制度一体化，认为有统一票据制度的必要性，也逐渐开始推动国际票据制度一体化运动。

（1）国际票据制度一体化发展历程。推动世界票据法一体化运动，迄今至少历经四个阶段：

第一阶段，于 1869 年在意大利的商业会议上，学者首先倡议统一票据法运动开始；其次，于 1872 年在德意志的一个法律学会，决议编纂欧洲的统一票据法；其后，于 1876 年国际法律修正会拟了柏里门

---

〔1〕〔美〕克莱尔·穆尔·迪克森编：《非洲统一商法：普通法视角中的 OHADA》，朱伟东译，中国政法大学出版社 2014 年版，中文版序第 6 页。

（Bremen）票据规则，后修改为布达佩斯（Budapest）规则。1885 年由比利时政府召集的第一次国际商法会议，决议票据法案共 57 条，至1888 年再决议票据法案 68 条。[1]由于上述学者的倡议、规则与决议的法案，为日后的世界票据法统一公约的制定奠定了基础，使票据制度迈向统一各国票据法律制度之路。

第二阶段，1910 年由德国、意大利提议，由荷兰政府于海牙召开第一次国际票据法统一会议，该会议共有 31 个国家参与，拟定统一票据法草案共 88 条及其有关条约草案共 26 条。1912 年，于海牙召开第二次国际票据法统一会议，该会议共有 37 个国家参与，制定《统一票据规则》共 80 条，并草拟《票据统一公约》共 31 条及《国际支票统一规则》草案共 34 条。与会各国，除英国、美国声明保留，日本未签字外，其余国家均签字承认这些规则。但是，未经各国完成程序批准，旋即爆发第一次世界大战，票据法统一运动遂告中止。此次统一票据法运动虽然因第一次世界大战而中止，但也影响 1924 年波兰《票据法》、1925 年意大利《商法草案》、1927 年捷克《票据法》，开创世界票据法统一运动的新纪元。[2]

第三阶段，1920 年由国际联盟在布鲁塞尔召开的国际财政会议重新提及统一票据法的问题。于 1927 年国际联盟设置票据法专家委员会，负责草拟统一票据法及公约草案。至 1930 年，国际联盟理事会在日内瓦召开第一次国际票据法统一会议，约有 30 多个国家参加。该会议议定统一票据法并决议三个公约，即《汇票及本票法统一公约》（Convention providing a Uniform Law for Bills of Exchange and Promissory

---

〔1〕 梁宇贤：《票据法新论》，自版 1997 年版，第 15 页；王小能编：《票据法教程》，北京大学出版社 2001 年版，第 8 页；贾和平："涉外票据法律适用"，西南政法大学 2005 年博士学位论文，第 26 页。

〔2〕 请参阅梁宇贤：《票据法新论》，自版 1997 年版，第 16 页；王小能编：《票据法教程》，北京大学出版社 2001 年版，第 8~9 页；贾和平："涉外票据法律适用"，西南政法大学 2005 年博士学位论文，第 26~27 页。

Notes)〔1〕、《解决汇票及本票法律冲突公约》（Convention for the Set-tlement of Certain Conflicts of Laws in connection with Bills of Exchange and Promissory Notes)〔2〕、《汇票及本票印花税法公约》（Convention on the

---

　　〔1〕《汇票及本票法统一公约》，迄今共有 25 个签字并批准的国家：德国（Germany，1933）、奥地利（Austria，1932）、比利时（Belgium，1932）、巴西（Brazil，1942）、丹麦（Denmark，1932）、芬兰（Finland，1932）、法国（France，1936）、希腊（Greece，1931）、匈牙利（Hungary，1964）、意大利（Italy，1932）、日本（Japan，1932）、挪威（Norway，1932）、荷兰（Netherlands，1932）、波兰（Poland，包括之前签约的但泽自由市，1936）、葡萄牙（Portugal，1934）、瑞典（Sweden，1932）、瑞士（Switzerland，1932）、摩纳哥（Monaco，1934）、白俄罗斯（Belarus，1998 年承继苏联Union of Soviet Socialist Republics，1936）、卢森堡（Luxembourg，1963）、阿塞拜疆（Azerbaijan，2000）、哈萨克斯坦（Kazakhstan，1995）、吉尔吉斯斯坦（Kyrgyzstan，2003）、立陶宛（Lithuania，1997）、乌克兰（Ukraine，1999），年份代表批准日；仅签字但未批准的有 7 个国家：哥伦比亚（Colombia）、厄瓜多尔（Ecuador）、西班牙（Spain）、秘鲁（Peru）、捷克斯洛伐克（Czechoslovakia）、土耳其（Turkey）、南斯拉夫（Yugoslavia）。国家后的数字，代表签字批准年份（以下同）。关于《汇票及本票法统一公约》签字并批准国家情况，载联合国条约汇集网（UNITED NATIONS TREATY COLLECTION），如 https：// treaties. un. org/pages/LONViewDetails. aspx？ src = LON&id = 549&chapter = 30&lang = en，最后访问日期：2015 年 7 月 28 日。本书简称为 "日内瓦票据法公约"。
　　〔2〕《解决汇票及本票法律冲突公约》，迄今共有 23 个签字并批准的国家：奥地利（Austria，1932）、比利时（Belgium，1932）巴西（Brazil，1942）、丹麦（Denmark，1932）、芬兰（Finland，1932）、法国（France，1936）、德国（Germany，1933）、希腊（Greece，1931）、意大利（Italy，1932）、日本（Japan，1932）、摩纳哥（Monaco，1934）、荷兰（Netherlands，1932）、挪威（Norway，1932）、波兰（Poland，包括之前签约的但泽自由市，1936）、葡萄牙（Portugal，1934）、瑞典（Sweden，1932）、瑞士（Switzerland，1932）、白俄罗斯（Belarus，1998 年承继苏联 Union of Soviet Socialist Re-publics，1936）、匈牙利（Hungary，1964）、哈萨克斯坦（Kazakhstan，1995）、立陶宛（Lithuania，2000）、卢森堡（Luxembourg，1963）、乌克兰（Ukraine，1999），年份代表批准日；仅签字但未批准的有 7 个国家：哥伦比亚（Colombia）、厄瓜多尔（Ecuador）、西班牙（Spain）、秘鲁（Peru）、捷克斯洛伐克（Czechoslovakia）、土耳其（Turkey）、南斯拉夫（Yugoslavia）。关于《解决汇票及本票法律冲突公约》签字及批准国家情况，载联合国条约汇集网（UNITED NATIONS TREATY COLLECTION），如 https://trea-ties. un. org/pages/LONViewDetails. aspx？ src = LON&id = 547&chapter = 30&lang = en，最后访问日期：2015 年 7 月 28 日。

Stamp Laws in connection with Bills of Exchange and Promissory Notes) [1]；
1931 年，再度于日内瓦召开第二次国际票据法统一会议，主要讨论支票
法统一问题，该会议议定支票法统一公约，并通过三个公约，即《支票
法统一公约》(Convention providing a Uniform Law for Cheques) [2]、《解

---

〔1〕《汇票及本票印花税法公约》，迄今共有 33 个签字并批准的国家：奥地利
(Austria, 1932)、比利时 (Belgium, 1932)、巴西 (Brazil, 1942)、大不列颠和北爱尔
兰 (Great Britain and Northern Ireland, 1934)、澳大利亚 (Australia, 1939)、爱尔兰
(Ireland, 1936)、丹麦 (Denmark, 1932)、芬兰 (Finland, 1932)、法国 (France,
1936)、德国 (Germany, 1933)、希腊 (Greece, 1931)、意大利 (Italy, 1932)、日本
(Japan, 1932)、摩纳哥 (Monaco, 1934)、荷兰 (Netherlands, 1932)、挪威 (Norway,
1932)、波兰 (Poland, 包括之前签约的但泽自由市, 1936)、葡萄牙 (Portugal, 1934)、
瑞典 (Sweden, 1932)、瑞士 (Switzerland, 1932)、白俄罗斯 (Belarus, 1998 年承继苏
联 Union of Soviet Socialist Republics, 1936)、巴哈马群岛 (Bahamas, 1976)、塞浦路斯
(Cyprus, 1968)、斐济 (Fiji, 1971)、匈牙利 (Hungary, 1964)、哈萨克斯坦 (Kazakh-
stan, 1995)、卢森堡 (Luxembourg, 1963)、马来西亚 (Malaysia, 1960)、马耳他
(Malta, 1966)、巴布亚新几内亚 (Papua New Guinea, 1981)、东加 (Tonga, 1972)、乌
干达 (Uganda, 1965)、乌克兰 (Ukraine, 1999), 年份代表批准日；仅签字但未批准的
有 7 个国家：哥伦比亚 (Colombia)、厄瓜多尔 (Ecuador)、西班牙 (Spain)、秘鲁
(Peru)、捷克斯洛伐克 (Czechoslovakia)、土耳其 (Turkey)、南斯拉夫 (Yugoslavia)。
关于《汇票及本票印花税法公约》签字并批准国家情况，载联合国条约汇集网 (UNITED
NATIONS TREATY COLLECTION)，如 https://treaties. un. org/pages/LONViewDetails. aspx?
src = LON&id = 551&chapter = 30&lang = en，最后访问日期：2015 年 7 月 28 日。
〔2〕《支票法统一公约》，迄今共有 25 个签字并批准的国家：德国 (Germany, 1933)、
奥地利 (Austria, 1958)、比利时 (Belgium, 1961)、巴西 (Brazil, 1942)、丹麦 (Denmark,
1932)、芬兰 (Finland, 1932)、法国 (France, 1936)、希腊 (Greece, 1934)、匈牙利 (Hun-
gary, 1964)、意大利 (Italy, 1933)、日本 (Japan, 1933)、挪威 (Norway, 1932)、荷兰
(Netherlands, 1934)、波兰 (Poland, 包括之前签约的但泽自由市, 1936)、葡萄牙 (Portugal,
1934)、瑞典 (Sweden, 1932)、瑞士 (Switzerland, 1932)、摩纳哥 (Monaco, 1933)、印度尼
西亚 (Indonesia, 1959)、利比里亚 (Liberia, 2005)、立陶宛 (Lithuania, 1997)、卢森堡
(Luxembourg, 1968)、马拉维 (Malawi, 1965)、阿塞拜疆 (Azerbaijan, 2000)、尼加拉瓜
(Nicaragua, 1932)，年份代表批准日；仅签字但未批准的有 7 个国家：捷克斯洛伐克 (Czech-
oslovakia)、厄瓜多尔 (Ecuador)、墨西哥 (Mexico)、罗马尼亚 (Romania)、西班牙 (Spain)、
土耳其 (Turkey)、南斯拉夫 (Yugoslavia)。关于《支票法统一公约》签字并批准国家情况，
载联合国条约汇集网 (UNITED NATIONS TREATY COLLECTION)，如 https://treaties. un. org/
pages/LONViewDetails. aspx? src = LON&id = 550&chapter = 30&lang = en，最后访问日期：2015 年
7 月 28 日。本书简称《日内瓦支票法公约》。

决支票法律冲突公约》（Convention for the Settlement of Certain Conflicts of Laws in connection with Cheques）〔1〕、《支票印花税法公约》（Convention on the Stamp Laws in connection with Cheques）〔2〕。〔3〕

---

〔1〕《解决支票法律冲突公约》，迄今共有23个签字并批准的国家：巴西（Brazil, 1942）、丹麦（Denmark, 1932）、芬兰（Finland, 1932）、法国（France, 1936）、德国（Germany, 1933）、希腊（Greece, 1934）、意大利（Italy, 1933）、日本（Japan, 1933）、摩纳哥（Monaco, 1933）、荷兰（Netherlands, 1934）、尼加拉瓜（Nicaragua, 1932）、挪威（Norway, 1932）、波兰（Poland, 包括之前签约的但泽自由市, 1936）、葡萄牙（Portugal, 1934）、瑞典（Sweden, 1932）、瑞士（Switzerland, 1932）、奥地利（Austria, 1958）、比利时（Belgium, 1961）、匈牙利（Hungary, 1964）、印度尼西亚（Indonesia, 1959）、立陶宛（Lithuania, 2000）、利比里亚（Liberia, 2005）、卢森堡（Luxembourg, 1968），年份代表批准日；仅签字但未批准的有7个国家：墨西哥（Mexico）、厄瓜多尔（Ecuador）、西班牙（Spain）、罗马尼亚（Romania）、捷克斯洛伐克（Czechoslovakia）、土耳其（Turkey）、南斯拉夫（Yugoslavia）。关于《解决支票法律冲突公约》签字并批准国家情况，载联合国条约汇集网（UNITED NATIONS TREATY COLLECTION），如 https://treaties. un. org/pages/LONViewDetails. aspx? src = LON&id = 548&chapter = 30&lang=en，最后访问日期：2015年7月28日。

〔2〕《支票印花税法公约》，迄今共有33个签字并批准的国家：巴西（Brazil, 1942）、大不列颠和北爱尔兰（Great Britain and Northern Ireland, 1932）、澳大利亚（Australia, 1938）、爱尔兰（Ireland, 1936）、丹麦（Denmark, 1932）、芬兰（Finland, 1932）、法国（France, 1936）、德国（Germany, 1933）、希腊（Greece, 1934）、意大利（Italy, 1933）、日本（Japan, 1933）、摩纳哥（Monaco, 1933）、荷兰（Netherlands, 1934）、新赫布里底群岛（New Hebrides, 1939）、尼加拉瓜（Nicaragua, 1932）、挪威（Norway, 1932）、波兰（Poland, 包括之前签约的但泽自由市, 1936）、葡萄牙（Portugal, 1934）、瑞典（Sweden, 1932）、瑞士（Switzerland, 1932）、奥地利（Austria, 1958）、巴哈马群岛（Bahamas, 1976）、比利时（Belgium, 1961）、塞浦路斯（Cyprus, 1968）、斐济（Fiji, 1971）、匈牙利（Hungary, 1964）、印度尼西亚（Indonesia, 1959）、利比里亚（Liberia, 2005）、卢森堡（Luxembourg, 1968）、马来西亚（Malaysia, 1960）、马耳他（Malta, 1966）、巴布亚新几内亚（Papua New Guinea, 1981）、东加（Tonga, 1972），年份代表批准日；仅签字但未批准的有7个国家：墨西哥（Mexico）、厄瓜多尔（Ecuador）、西班牙（Spain）、罗马尼亚（Romania）、捷克斯洛伐克（Czechoslovakia）、土耳其（Turkey）、南斯拉夫（Yugoslavia）。关于《支票印花税法公约》签字并批准国家情况，载联合国条约汇集网（UNITED NATIONS TREATY COLLECTION），如 https:// treaties. un. org/pages/LONViewDetails. aspx? src = LON&id = 552&chapter = 30&lang = en，最后访问日期：2015年7月28日。

〔3〕请参阅〔日〕铃木竹雄著，〔日〕前田庸修订：《票据法·支票法》，赵新华

在第三阶段时期的票据统一运动后，举凡参与签字并批准的国家，除各国声明保留事项外，其余均依日内瓦票据法公约及支票法公约进行其本国票据法及支票法的修法工作。其结果是大陆法系的各国票据法律制度（汇票及本票法）、支票法律制度，基本上实现了票据制度一体化，形成日内瓦票据法体系。该公约不仅解决向来存在的法国、德国两大票据法系的冲突，同时也统一票据冲突法及票据实体法。英美国家虽派员参加会议，但英国除对于印花税法公约部分事后加入外，其余公约均未签字；而美国仅以国际联盟外的国家资格列席，故而亦未签字，因此，英美票据法系仍存在，以致于日内瓦票据法公约及支票法公约的统一运动仍未形成世界统一票据法。英国、美国等英美法系国家主要未签约加入的理由在于，认为日内瓦票据法公约的规定与英美法系国家的票据传统与实践存在矛盾，而拒绝加入。因此，在国际上形成日内瓦票据法系及英美票据法系等为代表的两大票据法系共存的情形。

第四阶段，是发生在第二次世界大战结束后，联合国倡议国际票据统一，因此，统一国际票据法的工作持续进行中。特别是从二战之后，冷战结束以来，由于全球经济一体化趋势，国际贸易繁荣与国际交往频繁的发展，带动了国际票据的流通，而国际票据的流通又推动了国际贸易及其他国际民商事流转关系的发展。由于各国票据法之间，特别是两大票据法体系之间仍然存在显著差异，在相当程度上阻碍国际票据的流通，进而对国际贸易的扩展造成负面的影响。[1]与此同时，由于国际贸易兴盛，各国票据相互流通，也引发不少票据争议与纠纷，为此，国际商会理事会为解决银行与客户间的银行术语差异及银行实务的纷争等所面临的困难，于1956年草拟《商业票据托收统一规则》（Uniform Rules for the Collection of Commercial Paper）作为参考。于1967年再修订内容，并建议各银行尽可能于1968年1月1日起共同

（接上页）译，法律出版社2014年版，第61~62页；梁宇贤：《票据法新论》，自版1997年版，第15页；王小能编：《票据法教程》，北京大学出版社2001年版，第9页。

　　〔1〕李健男："论国际票据法律制度的统一及其对我国的启示"，载《南方金融》2004年第10期，第62页。

施行。尽管该规则仅为国际银行业共同遵守的规则，原无法之效力，但因各国法院判决承认其为习惯法，所以，形成具有实质上的拘束力。另外，联合国国际贸易法规委员会为进一步统一国际票据法律制度，于1973年在该委员会下成立国际票据法工作小组，着手草拟国际票据统一法草案，以供各国参考使用。[1]经过讨论及修改，于1988年12月9日在美国纽约召开会议，议定《联合国国际汇票及国际本票公约》，并决定于1990年6月30日前开放签字。由于该公约并未达到10个国家的批准加入，不符合该公约规定的生效要件，故而该公约现在尚未生效。[2]但此公约在国际上也发生一定的影响力。

（2）国际票据制度一体化影响。国际票据制度一体化的发展，使得不同法系的国家及地区票据制度在体系的形成与立法体例方面逐渐统一，对于各国及地区的票据法律制度有深刻的影响。

就票据法的体系而言，在日内瓦通过《汇票及本票法统一公约》《支票法统一公约》的世界票据法统一公约后，形成日内瓦票据法体系及英美票据法体系等为主要代表的两大票据法体系，由原三大票据

---

〔1〕　该公约迄今仅有5个缔约国：即几内亚（Guinea）于1991年1月23日表示接受；墨西哥（Mexico）于1992年9月11日表示接受；洪都拉斯（Honduras）于2001年8月8日表示接受；加蓬（Gabon）于2004年12月15日表示接受；利比里亚于2005年9月16日表示接受。至今签字者有，加拿大于1989年7月12日仅签字并未批准加入；俄罗斯联邦于1990年6月30日亦仅签字并未批准加入；而美国虽于1990年6月29日签字，但亦未批准加入。该公约虽有5个缔约国，但依据该公约第89（1）条规定，"本公约在第十件批准书、接受书、核准书或加入书交存之日起12个月届满后第1个月的第1天生效。"因此，该公约尚未生效。请参阅梁宇贤：《票据法新论》，自版1997年版，第17~18页；王小能编：《票据法教程》，北京大学出版社2001年版，第9~10页；［日］铃木竹雄，［日］前田庸修订：《票据法·支票法》，赵新华译，法律出版社2014年版，第63页；施文森：《票据法论——兼析联合国国际票据公约》，三民书局2005年版，第10~11页。至于支票法统一问题，由于支票作为国际贸易的支付工具已渐失重要性，凝聚共识制定统一支票法已不具任何实益，因此，于1984年将支票的统一法工作暂行搁置。请参阅施文森：《票据法论——兼析联合国国际票据公约》，三民书局2005年版，第11页。

〔2〕　《联合国国际汇票及国际本票公约》签约状况，载联合国国际贸易法委员会网，如http://www.uncitral.org/uncitral/zh/uncitral_texts/payments/1988Convention_bills_status.html，最后访问日期：2015年7月28日。

法系缩减为两大票据法系。就票据法的立法体系而言，主要可分为两种：一种是采取分离主义的立法例。即将汇票与本票规定在一起，称为《汇票及本票法》（简称《票据法》），而将支票单独制定，称为《支票法》，如德国、日本等日内瓦票据法公约体系的国家采取此种立法模式；另一种是采取合并主义的立法模式。即将汇票、本票及支票均认为是票据，统一规定在《票据法》中，如英国《票据法》、美国《统一商法典》第三编流通票据、旧日本商法、[1]中国大陆地区及台湾地区亦采取此立法模式。在立法技术上，各国亦有所不同，有采商票合一体例，将票据法包括在商法典中，如美国、旧日本商法、中国澳门地区等；有采票民合一体例，如瑞士；有采单独立法，如德国、日本、大陆地区及台湾地区，但德国、日本与中国大陆地区及台湾地区又有不同。德国、日本将汇票及本票立为一法即《票据法》，将支票另立一法即《支票法》；中国大陆地区与台湾地区将汇票、本票及支票规范于一法内，即《票据法》。[2]

　　从上述国际票据法一体化历程可见，当前世界票据法主要存在日内瓦票据法系与英美票据法系的两大分支，尚未达到世界统一的局面。因此，统一票据法律制度的工作仍有待各国持续努力。由于票据在商品交易经济发展高速的时代，已成为市场经济中最主要的金融工具，只要在市场经济条件下运作着共同的规律，即能为市场经济的国家所

---

　　〔1〕　日本 1890 年的旧商法中第一编第十二章中规定了"票据及支票"；在 1899 年的商法中第四编中对"票据"作了规定，并认为支票是汇票的一种。其后，在 1932 年及 1933 年参考日内瓦《汇票及本票法统一公约》及 1931 年日内瓦《支票法统一公约》的基础上，将统一公约作为其国内法采用而制定，从而将票据法律制度区分《票据法》与《支票法》。请参阅 [日] 龙田节编：《商法略说》，谢次昌译，甘肃人民出版社 1985 年版，第 176 页；[日] 铃木竹雄著，[日] 前田庸修订：《票据法·支票法》，赵新华译，法律出版社 2014 年版，第 63~64 页。

　　〔2〕　王志诚：《票据法》，元照出版有限公司 2012 年版，第 38~40 页；吕来明：《票据法学》，北京大学出版社 2011 年版，第 23~26 页；王小能编：《票据法教程》，北京大学出版社 2001 年版，第 3~7 页；赵许明："海峡两岸票据立法体例及票据种类比较"，载《法学论坛》1995 年第 4 期，第 6~9 页；赵许明："海峡两岸票据制度比较研究"，载《法学评论》1997 年第 2 期，第 83~87 页；李明发："票据立法形式比较研究"，载《现代法学》1989 年第 6 期，第 25~26 页。

接受，而且随着经济全球化及区域经济一体化的发展趋势，国际票据法律制度的统一，更有利于现实国际贸易的繁荣及促进经济的发展。此外，票据法律制度是依据票据流通的本质所设计的，是实现票据经济功能的一种技术性规范，其内容较少受风俗人情、伦理道德及法律传统文化等本国因素的影响，因此，在此种技术性规范方面，实现国际统一的可能性较高，所遭遇到的阻力亦相对较小。[1]

对于当前世界法律一体化及国际票据制度一体化的发展趋势与影响的了解，可以得知，现今私法与票据制度一体化的建设与完善所取得的各种成果，都是一种从过去通往未来的道路上的每一个节点。而这种法律周而复始的情况，学者称为"法律的周期循环"（recurrence of legal cycles）。换言之，今日的许多问题，与过往历史中，可能具有相似的问题、相似的方法以及相似的救济等，似乎都会在不同时期中的不同环境中重复上演，尽管人类的社会生活不同，但都会涉及一些内容简单或形式有限的素材。所以一些情节会有相同或类似的情况，只不过可能在细节处，因地制宜的形式作了一些修改，故而相同或类似的情节仍依旧在持续周而复始中循环。因此，对于问题是有可能通过历史这面镜子找到答案，即所谓"以史为鉴，可以知得失"，使得我们受启发，不仅可更好地了解现今的法律的意义及其未来的发展趋势，且也能够顺利透过法律制度解决相关问题。[2]正如，国际票据制度一体化的发展，已深刻地影响各国及地区的票据法律制度，并且解决许多国家间票据法律冲突的问题。

中国古代虽有类似的票据，但并无票据的具体立法。现今票据的立法可以说是从欧洲中世纪末的商人习惯法的基础发展起来的。由当时的社会相对独立的商人团体使用自己的习惯以及由商人组成的"法庭"就案件裁判而形成的判例汇编来规范整个商人的商事活动，逐渐

---

〔1〕　李健男："论国际票据法律制度的统一及其对我国的启示"，载《南方金融》2004 年第 10 期，第 62 页。

〔2〕　约翰·H. 威格摩尔为《欧陆法律史概览：事件，渊源，人物及运动》所作"英文版前言"。请参阅［英］梅特兰等：《欧陆法律史概览：事件，渊源，人物及运动》，屈文生等译，上海人民出版社 2008 年版，"英文版前言"，第 7~9 页。

形成独特的商人法（Law Merchant）。[1]后来，随着各国家开始制定成文法，将这些商人法引入国家的成文法中，成为现今的票据成文法的前身，而现今成文的《票据法》就是一种票据法律制度一体化历程的成果。

　　法律一体化的发展趋势以及世界票据法一体化运动，影响了各国票据法律制度的修改。同样地，两岸在此趋势发展与影响下，也不可避免地应对现行票据法律制度进行适当调整，以利企业使用票据作为交易条件，协助企业发展，提升经济动力。而发展两岸票据是最有利于两岸企业发展的金融工具之一，足以提升企业的竞争力，扩展企业营运规模，推动经济增长。两岸要推动票据市场一体化，促进两岸顺汇形式票据相互流通，同时维护交易安全，自然必须从平等保障两岸票据当事人的票据权益及节约交易费用的视角作为出发点，也必然要求应有共同票据制度作为遵循与适用的依据，确保两岸票据一体化市场环境能有序运行。亦即，从票据的签发、背书转让、保证、提示、承兑、付款等一系列行为，乃至票据纠纷处理及裁判依据等，应有一套共同适用的标准，如此，才能确保两岸票据当事人的权益，并能够在平等、公平的原则下，获得相同的保障机制，使得票据当事人对于票据制度具有可信度及确信度。因此，本书在法律一体化的趋势下，以两岸票据市场一体化为背景，从保障两岸票据当事人的票据权益及节约交易费用的视角为出发，认为两岸有必要通过签署共同的两岸票据制度一体化协议作为两岸票据市场一体化的基础，成为共同遵循与适用的依据，建立合理、公平的两岸票据共同市场，才能使得两岸的票据制度具有透明性、确定性、稳定性及可预测性，获得票据当事人的可信赖性，而乐于以两岸票据作为支付条件，为企业创造有利的交易条件，同时解决企业融资与担保问题。

　　（三）两岸票据需求性

　　企业的发展离不开金融服务，而两岸在贸易、投资等方面不断深

---

　　〔1〕　Kenneth W. Clarkson, Roger LeRoy Miller, Gaylord A. Jentz（et al.）, *Business Law Text and Cases: Legal, Ethical, Global, and E-Commerce Environment*, South-Western Cengage Learning, 11th edition, 2009, p. 486.

入合作的同时，如何协助企业发展成为重点。企业的发展需要金融服务作为后盾，提供必要的、有用的金融工具是协助企业发展的最佳方式，而其中票据业务对企业而言，就是可利用的重要金融工具之一，因为票据相较于其他金融工具而言，可发挥支付、汇兑、流通、结算、信用、融资、担保及节约货币等优势的经济功能。例如，签发远期票据，一方面可以使卖方企业更具有销售产品的优势，而买方企业可延后付款，充分运用资金；另一方面，票据融资可使企业将未来的资金作为现在使用，如通过票据贴现、票据垫款等方式融资，获得其所需的营运资金，进而扩大营运规模。

从两岸各自统计票据业务的数据显示，票据需求性依然非常旺盛：

1. 大陆地区票据业务统计概况

大陆地区统计数据显示，至 2014 年末，共发生票据业务 5.78 亿笔，金额（人民币，以下同）269.99 万亿元。其中，支票业务 5.52 亿笔，金额 242.57 万亿元；实际结算商业汇票业务 1842.14 万笔，金额 19.28 万亿元；银行汇票业务 307.56 万笔，金额 1.68 万亿元；银行本票业务 477.30 万笔，金额 4.36 万亿元。在电子商业汇票方面，参与电子商业汇票系统者共计 373 家，电子商业汇票系统出票 84.49 万笔，金额 3.1 万亿元，贴现 23.53 万笔，金额 1.5 万亿元；转贴现 49.11 万笔，金额 4.8 万亿元。[1]

最近五年支票业务：2010 年，支票业务 8.72 亿笔，金额（人民币，以下同）260.50 万亿元；2011 年，支票业务 8.21 亿笔，金额 273.78 万亿元；2012 年，支票业务 7.56 亿笔，金额 268.79 万亿元；2013 年，支票业务 6.67 亿笔，金额 259.56 万亿元；2014 年，支票业务 5.52 亿笔，金额 242.57 万亿元；2015 年第 2 季，支票业务 9762.51

---

〔1〕 资料来源：请参阅《2014 年支付体系运行总体情况》，载中国人民银行支付结算司网，如 http://www.pbc.gov.cn/eportal/fileDir/image_public/UserFiles/goutongjiaoliu/upload/File/2014 年支付体系运行总体情况（终稿）.pdf，最后访问日期：2015 年 11 月 25 日。

万笔，金额 52.84 万亿元。[1]

2. 台湾地区票据业务统计概况

台湾地区按票据种类统计，至 2014 年末，承兑汇票买入金额（新台币，以下同）7848 百万元（约人民币 1570 百万元），卖出金额 6121 百万元（约人民币 1224 百万元）；商业本票买入金额 17 323 857 百万元（约人民币 3.4 万亿元），卖出金额 15 785 858 百万元（约人民币 3.2 万亿元）；支票业务 109.3 百万张，金额 18 468 615 百万元（约人民币 3.7 万亿元）。[2]

最近 5 年支票业务：2010 年，支票业务 122.5 百万张，金额（新台币，以下同）19 008 371 百万元（约人民币 3.8 万亿元）；2011 年，支票业务 117.7 百万张，金额 19 193 508 百万元（约人民币 3.8 万亿元）；2012 年，支票业务 114.8 百万张，金额 18 270 227 百万元（约人民币 3.7 万亿元）；2013 年，支票业务 114.4 百万张，金额 18 469 439 百万元（约人民币 3.7 万亿元）；2014 年，支票业务 109.3 百万张，金额

---

〔1〕 资料来源：《2010 年支付体系运行总体情况》，载中国人民银行支付结算司网，如 http://www.pbc.gov.cn/eportal/fileDir/image_public/UserFiles/goutongjiaoliu/upload/File/2010 年支付体系运行总体情况（1）.pdf，最后访问日期：2015 年 11 月 25 日；《2011 年支付体系运行总体情况》，载中国人民银行支付结算司网，如 ttp://www.pbc.gov.cn/eportal/fileDir/image_public/UserFiles/goutongjiaoliu/upload/File/2011 年全年支付体系运行总体情况.pdf，最后访问日期：2015 年 11 月 25 日；《2012 年支付体系运行总体情况》，载中国人民银行支付结算司网，如 http://www.pbc.gov.cn/eportal/fileDir/image_public/UserFiles/goutongjiaoliu/upload/File/2012 年全年支付体系运行总体情况（1）.pdf，最后访问日期：2015 年 11 月 25 日；《2013 年支付体系运行总体情况》，载中国人民银行支付结算司网，如 http://www.pbc.gov.cn/eportal/fileDir/image_public/UserFiles/goutongjiaoliu/upload/File/2013 年支付体系运行总体情况.pdf，最后访问日期：2015 年 11 月 25 日；《2014 年支付体系运行总体情况》，载中国人民银行支付结算司网，如 http://www.pbc.gov.cn/eportal/fileDir/image_public/UserFiles/goutongjiaoliu/upload/File/2014 年支付体系运行总体情况（终稿）.pdf，最后访问日期：2015 年 11 月 25 日；《2015 年第 2 季支付体系运行总体情况》，载中国人民银行支付结算司网，如 http://www.pbc.gov.cn/zhifujiesuansi/128525/128545/128643/2947525/2015090815305999998.pdf，最后访问日期：2015 年 11 月 25 日。

〔2〕《金融统计月报》，载台湾地区"中央银行"全球信息网，如 http://www.cbc.gov.tw/ct.asp? xItem=26178&CtNode=532，最后访问日期：2015 年 10 月 10 日。

18 468 615 百万元（约人民币 3.7 万亿元）；2015 年第 2 季，支票业务 51.8 百万张，金额 8 875 354 百万元（约人民币 1.8 万亿元）。[1]

3. 两岸票据统计差异说明

由于两岸幅员差异性很大，票据的统计口径与方法不同，而且两个地区的票据市场、企业数量等存在较大的差异，因此，在统计数据上无可比性，但从上述两岸有关票据业务的统计数据显示，票据市场仍存在很大的潜在需求性。该统计最重要者在于表明两点：第一，企业对于票据的需求性依然是旺盛的。如果两岸票据市场一体化，该统计数据必然还会所有增长。第二，准许签发远期支票并可向金融机构申请融资，必然会提高企业对票据的使用率，同时也解决企业资金需求的问题。

票据从最早期的商人法时代起，发展至今，始终发挥着支付、汇兑、信用、投融资、结算及节约货币等经济职能，而且无疆界的限制，故而不论是商业发展或者是金融发展，票据都扮演着相当重要的角色，尤其是在推动经济发展、协助企业完成交易或者取得融资等，票据向来都是被经常使用的金融工具之一。因此，在企业对于票据需求旺盛的情势下，发展两岸票据为企业或金融机构带来更大的发展空间，不仅有利于两岸金融机构业务发展，且有助于协助两岸企业通过使用票据扩展交易并取得优势，同时可解决中小微企业融资难的问题。因此，本书认为发展两岸票据对两岸经济的发展是非常有利的。如果两岸实现区域经济一体化，必然也会推动两岸票据市场一体化；反之，如果两岸优先实现两岸票据市场一体化，必然也会有助于推动两岸区域经济一体化。因为两岸经济具有很强的互补性，在经贸方面也有很高的依存性，发展两岸票据，是符合两岸企业对于票据的需求性，也是有利于促进两岸经济增长。

（四）两岸票据功能一体化

现行票据制度的起源由来已久，原是从商人的习惯所建立的制度，但现今已经不符合时代需求。毕竟，票据法律制度是经验下的产物，

---

〔1〕《金融统计月报》，载台湾地区"中央银行"全球信息网，如 http://www.cbc.gov.tw/ct.asp？xItem＝26178&CtNode＝532，最后访问日期：2015 年 10 月 10 日。

也需要随着时代需求的改变而成长，故而，在时代技术的进步中，原属商人使用的票据制度既然已无法满足现代企业需求，就应该要适时调整，而本书认为应改变传统认为只有汇票及本票才具有信用、融资及担保功能，而支票仅具支付功能的观点，反而应随着经济发展需要，对于汇票、本票及支票等三种票据都应该加强其在流通、信用、融资与担保等方面的功能，充分运用票据作为金融工具的一种，发挥票据的经济功能，活络票据市场，并透过票据流通，建立票据信用制度，对有资金需求者，通过票据协助票据当事人取得融资，对于有资金剩余者，通过投资票据产品获取正当的利益，起到资金需求者与资金投资者间的资金对接（包括直接与间接），发挥资金的最大化效益，活络金融市场，推动经济发展。

目前两岸票据法的规范对于票据所体现的功能不同，主要区别在于大陆地区是基于计划经济所设计的票据制度，着重于现金管理角度，票据仅是支付与汇兑工具，与现代票据具有的最重要票据信用与融资功能不同，限缩票据功能的发挥，不利于企业运用票据发展业务；台湾地区着重于促进票据流通，鼓励票据的使用，在票据制度的设计上较符合国际票据惯例。因此，要推动两岸票据市场一体化，必须要使两岸票据能够发挥相同的票据功能，如此才有发展两岸票据的实益，也才能使两岸票据发挥其应有的经济效益。

鉴于两岸票据制度运行已经多年，有许多规定已然不符合现今社会发展需求，也应该随着时代的变化而转变，使其发挥制度运行的功能，让票据功能能够被充分发挥，协助企业提升竞争力，推动经济增长。如美国著名的前联邦最高法院大法官卡多佐所说的："已宣布的规则必须被当作尝试性的东西，因为它将要适用的众多不断变化的事实是无法预见的。修正意味着成长。它是法律的生命之所在。"[1]法律是实用科学，法律向来都是服务于实务，所以法律应该为实务而适用，

---

[1] [美] 本杰明·内森·卡多佐：《法律的生长》，刘培峰、刘骁军等译，贵州人民出版社2003年版，第74页；唐永春："卡多佐司法哲学解读"，载《北方法学》2007年第1期，第129页。

并因实务运作而建立一套完整而合理的制度，对于不合时宜的法令亦应做出相应的修改。此正如美国著名的前联邦最高法院大法官霍姆斯在《普通法》一书中指出："法的生命不在于逻辑：而在于经验。（The life of the law has not been logic：it has been experience.）"[1]其"真理是，法始终在不断演进着，且从未达到一致。它永远从生活中汲取新的原则，并总是从历史中保留那些未被汲取或未被抛弃的东西。只有当法停止成长，它才会达到完全一致"。[2]所以，票据法律体系及理论应随着时代发展需要而调整。一个法律学科得以发展延续，代表其存在有其必然性。

（五）两岸票据权益保障一体性

由于票据具有流通功能，通过票据流转，使得票据的经济价值获得社会上认可，因而使得票据流通的领域不断扩大，具有流通财产的属性，同时在很大的程度上发挥替代货币的作用，在市场上要求快速流通，而有效率的要求，因此，在促进票据流通要求下，对票据有技术性与确定性的要求；在维护交易安全要求下，赋予票据具有文义性、要式性、无因性及独立性等特性。这些目的在于促进票据流通，充分发挥票据功能外，还能有效维护票据交易安全，达到促进经济发展的作用。但是，从当事人的视角而言，各国及地区票据法律制度不同，产生票据实体法冲突，为票据纠纷带来法律适用问题，即便票据着重于票据流通的特性而讲求效率，但也不能使票据当事人的权益失之公平与正义。

票据法律制度的设计，攸关制度的选择，本来就可能与一国或地区的社会文化、经济发展与价值取向有关，故而在票据制度中往往存在效率与公平之间的衡量，固然有可能牺牲一部分公平价值，以换取效率价值的利益，进而采取效率优先，着重于票据流通，而后才兼顾公平原则。但是不论何种选择都是在一种价值衡量后所做的抉择，在

---

〔1〕　See Oliver Wendell Holmes, Jr., The Common Law, Dover Publications, Inc., New Edition, 1991, p.1.

〔2〕　See Oliver Wendell Holmes, Jr., The Common Law, Dover Publications, Inc., New Edition, 1991, p.36.

某种程度上还是采取了一种效率与公平间的均衡。发展两岸票据，如果不能克服两岸票据实体法冲突问题，即无法使两岸票据市场一体化永续发展，因此，本书认为两岸票据相互流通，必然要基于"相同事件应为相同处理，不同事件应为不同处理"的平等原则，使得两岸票据当事人所为的票据行为或者取得的票据权利，承担相同的义务及获得相同的保障。如罗尔斯所云："正义是社会的首要价值，正像真理是思想体系的首要价值一样。……某些法律和制度，不管它们如何有效率和有条理，只要它们不正义，就必须加以改造或废除。每个人都拥有一种基于正义的不可侵犯性，这种不可侵犯性即使以社会整体利益之名也不能逾越。"[1]因此，本书认为为确保两岸票据市场一体化有序及永续运行，必须使得两岸票据市场一体化建构在合乎平等、公平与正义的环境，才能保障两岸票据当事人的票据权益。

两岸经济具有互补性，此种互补性包含自然资源、生产要素、商品市场、经济技术及社会文化发展等。[2]例如，大陆地区具有广阔的幅员所形成的大市场，具有以下优势：一是在土地方面，具有丰富的资源可资开拓，有利于大型企业建厂；二是在市场方面，由于人口众多且商品的市场容量较大，可为企业带来可观的销售量，创造更大的利润；三是人力资源充沛，有利于企业寻觅所需人才。台湾地区相较于大陆地区的优势在于：一是具有成熟的商品市场。在资金、技术、人才、管理水平及市场营销能力等方面，可提供大陆地区借鉴；二是具有开拓海外市场的丰富经验。由于台湾地区开放较早，许多企业早已在海外市场开拓多年，经验丰富，也可以为大陆地区提供相关经验；三是技术产业文化的发展。台湾地区从事高科技产业多年，培养出许多优秀的高科技人才，带动台湾地区经济持续增长，使得台湾地区曾

---

〔1〕 ［美］约翰·罗尔斯：《正义论》，何怀宏、何包钢、廖申白译，中国社会科学出版社 1988 年版，第 3 页；李建华、牛磊："罗尔斯正义理论拒斥功利主义的伦理反思"，载《中南大学学报（社会科学版）》2011 年第 4 期，第 39 页。

〔2〕 所谓两岸经济互补性，是指两岸不同经济体之间在经济发展中所具有不同优劣势的一种相互补充、补偿及相互促进的关系。请参阅唐永红：《两岸经济制度性合作与一体化发展研究》，九州出版社 2010 年版，第 126 页。

为亚洲四小龙之一。这些高科技产业文化的发展，正是大陆地区所迫切需求的，合乎两岸经济深度发展与合作的空间。四是相关的市场化方面。台湾地区利率自由化较早，具有雄厚的剩余资金可以投资，而企业在融资利率方面，也因为利率自由化，而可取得较低的融资成本。所以，两岸在资源方面很明显地呈现互补性，这互补性为两岸区域经济一体化创造非常好的条件，可以使得两岸通过不断交流与合作，实现真正的两岸区域经济一体化，为两岸企业带来更多的商机，同时也节约交易成本，而制度性一体化的保障为企业带来更好的透明度、稳定性及可预测性。

在欧盟中，即便实现一体化，但在某些制度的协调与一体化方面仍会发生冲突。例如在欧盟的知识产权领域，按照新的权利用尽原则（即欧共体范围内权利用尽原则），知识产权的所有权人或者授权同意使用而将作品、专利技术或商标的商品，首次投入任何一个成员国市场，权利人的权利也用尽了，换言之，权利人即不得再干预该作品或商品进一步流通或购买者使用、消费。但是，由于地域性原则，知识产权是依据某一个国家（或地区）法律而取得，其效力仅限于批准的该国家（或地区）领域内，而在《欧洲联盟运行条约》（原《欧洲共同体条约》）及建立单一市场的条件下，使得权利人的的权利用尽原则从批准国（或地区）扩大到所有欧共体范围内用尽自己的权利，如此即发生"权利的存在与权利的行使"问题。例如，德国在1965年修订《著作权法》，著作权的保护期限为作者有生之年加70年，但是其他成员国的保护期限为作者有生之年加50年。如此一来，当德国的作品在作者去世50年后，进入其他成员国即成为公共领域，但在德国仍属于专有领域。假设该德国作品在其他成员国出版社可以自由印刷发行并投入共同市场，但是，一旦该作品进入德国领域就会发生问题，权利人可以阻止该作品进口到德国。这里就会发生知识产权的地域性与欧共体市场发生冲突的问题。亦即，一方面，德国的著作权人依据德国《著作权法》仍然有权利行使有效的权利，阻止该作品进口到德国，但会影响该作品（商品）在欧共体范围内的自由流通，从而违反《欧洲联盟运行条约》第34条规定（原《欧洲共同体条约》第28

条);但是,如果不让权利人阻止该作品(商品)进口,又会剥夺权利人所享有的权利,则违反《欧洲联盟运行条约》第 36 条规定(原《欧洲共同体条约》第 30 条)。从这例子中,很显然地可以发现,商品流动的地域性与欧共体市场要求商品自由流动之间发生冲突,主要原因在于对于权利保护未能一体化的缘故。此种情形在专利技术与商标商品的方面亦存在同样的情形。因此,要解决此问题,学者指出"最根本的途径就是创设一种在欧共体范围一体有效的知识产权"。[1]如此,才能使得成员国家的权利人所享有的权利保护一体化,获得公平且正义的对待。

同样情形,在两岸现行的票据法律制度中,由于两岸票据的实体法规范内容差异甚大,存在票据实体法冲突,仅仅将两岸票据认定为涉外票据而适用冲突法规范,试图寻找准据法,仍无法真正解决两岸票据的问题。换言之,两岸现行的冲突法尽管可以解决两岸票据适用实体法的问题,但却无法解决实体法冲突的问题。因此,有学者认为:"只要不同的国家存在不同的私法规定,那么,法律冲突便是不可避免。因此,……从纯法学理论的角度说,实现国内实体私法的国际统一是根本解决国家间法律冲突的唯一方法。"[2]但是,学者也指出,

---

〔1〕 此例引自李明德等:《欧盟知识产权法》,法律出版社 2010 年版,第 103~109页。《欧洲联盟运行条约》第 34 条规定(原《欧洲共同体条约》第 28 条规定):"禁止对成员国之间的进口施加数量限制或采取具有同等效果的措施。"《欧洲联盟运行条约》第 36 条规定(原《欧洲共同体条约》第 30 条):"第 34 条和第 35 条不排除基于公共道德、公共秩序或公共安全方面的原因,基于保护人类、动物或植物健康与生命方面的原因,基于保护具有艺术、历史或考古价值的国宝方面的原因,或者基于保护工商产业权方面的原因而禁止或限制进出口或货物过境。但是,此类禁止或限制不应构成对成员国之间贸易的一种任意歧视手段或者一种变相限制。"引自程卫东、李靖堃译:《欧洲联盟基础条约:经〈里斯本条约〉修订》,社会科学文献出版社 2010 年版,第 66 页。本书有关《欧洲联盟运行条约》的中文翻译引自该文献。《欧洲联盟运行条约》英文版本,载欧盟官方欧盟法检索系统网,如 http://eur-lex. europa. eu/legal-content/EN/TXT/? uri =OJ:C:2010:083:TOC,最后访问日期:2015 年 10 月 6 日。

〔2〕 李双元主编:《中国与国际私法统一化进程》,武汉大学出版社 1998 年版,第321 页。

要"实现国内实体私法国际统一具有很大的难度"。[1]因此，本书对于两岸票据法律制度的一体化模式，既不采取两岸冲突法一体化，也不采取两岸票据实体法一体化，而是采取一种折衷的替代方案，即通过两岸共同签署协议方式，实现两岸票据制度一体化。此种方案是在两岸票据当事人权利保护一体化的要求下，建立平等、公平、正义与互惠互利的票据共同市场，使得两岸票据能够顺畅运作，发挥两岸票据市场一体化的效益，并在促进两岸票据流通与维护交易安全的原则下，同时推动两岸经济稳定增长，协助两岸企业发展，所提出的具体方案。

两岸票据制度一体化的作用不仅在使两岸票据的适用与解释一致性，也包含不论在大陆地区或台湾地区，就相同票据纠纷的处理，乃至法院的裁判，均能获得相同的适用与裁判结果，也是一种制度性的保障机制。此种制度性的建构是一种制度创新的选择与安排，其目的在于避免票据实体法冲突，保障两岸票据当事人的权益，使制度具有透明性、确定性、稳定性及可预测性，合乎平等、公平与正义的要求，使得两岸人民可以在相同的票据案件中，获得相同的处理或裁判结果。据此，两岸票据的流通必然要保障两岸票据当事人的权益，而两岸票据制度一体化的必要性不仅在解决需求性，更重要的也在于使得两岸票据当事人的权益保护一体化，确保两岸票据市场一体化的永续性及有序的运行。

（六）提升两岸经济效益

为促进两岸经济共同发展，结合两岸资源互补性，通过经济一体化，建构两岸票据市场一体化，形成一个票据共同市场，不仅可增进两岸福利贸易效应，有利于提高人民的生活水平，也可以使得资源获得更有效的配置，更可以为企业创造有利条件与拓展更大的市场及发展空间，节约交易费用，提升企业竞争力。同时，由于两岸票据承担着节约货币、信用、融资与担保等功能，在实现两岸票据市场一体化、

---

[1] 李双元主编：《中国与国际私法统一化进程》，武汉大学出版社1998年版，第321页。

两岸票据制度一体化及两岸票据功能一体化，可增进两岸福利贸易效应、节约交易费用，降低企业成本之余，还可以推动两岸货币双向流动及两岸金融服务多元化发展，提升货币效益，创造更大的经济效益，促进两岸经济增长。此外，发展两岸票据还具有调控市场经济的作用。

1. 增进两岸福利贸易效应

随着区域经济一体化的浪潮，转变为全球化的发展趋势，正引领世界经济的大变革，透过区域一体化推动了世界经济的全球化。不论是区域经济合作还是区域经济一体化，乃至于经济全球化，都体现了现代世界经济发展的实际需求，目的均在于使各个经济体能更好地利用全球化或一体化所带来的机遇，为跨国企业创造有利条件，提高生产力及加强竞争力，促进国家的经济稳健发展，创造整体经济利益，并提升经济体在世界中话语权的同时，也能够为经济体透过空间的整合更好地创造时间价值和场所价值的经济活动，使得货物可以畅其流，也可以很便利地物尽其用，为经济体节约交易费用并带来经济福利。因此，两岸不论是实现区域经济一体化或者单纯优先实施两岸票据市场一体化，都可增进两岸福利贸易效应，促进两岸经济稳定发展。

2. 节约交易费用

票据在现代经济快速发展的生活中，不仅具有支付、汇兑功能，更有着信用及融资功能，可以加速资金的周转，也可以加速商品交易，提升资金使用效益，促进商品流通，当然也可以移转债权，抵销债务或结清债务，还可以节约现金使用及流通费用，因此，发展票据业务对于两岸金融起着实质作用，可以使金融产品朝更多元化的方向发展，有利于建立票据信用制度。此种多元化发展，具有节约交易费用的优点。

跨境交易的双方当事人最担心的是对于境外法律规范不熟悉，对于交易权利义务能否获得保障的忧虑，以及信息不对称，造成信息成本增加，而不同的法律制度，也可能引发交易对手选择有利于自己的准据法或者选择约定有利于己的诉讼法院（即刻意挑选法院）。因此，将两岸票据法律制度一体化，形成"两岸票据制度一体化协议"以资作为共同适用依据，避免搜集信息成本、信息不对称、法律风险无法预测等问题，有利于节约交易费用。节约的交易费用包括制度性单一化、信息透明化、制度可预测性、制度稳定性、制度保障性及票据融资成本等一切可节约的交易费用。

3. 协助两岸企业融资

资金是企业的命脉，没有资金运作，企业基本上是无法持续运营的。两岸票据市场一体化，并以两岸票据制度一体化协议作为依据，可完善的现行票据法律制度的不足，为企业带来更多元化的融资渠道，活络企业资金的运用，协助企业发展，促进产业升级。因此，两岸票据制度一体化，不仅能弥补两岸现行票据法律制度的缺点，且有利于两岸经济稳定和谐发展，更可以解决中小微企业融资的问题。尤其，现阶段不管是大陆地区还是台湾地区，无不鼓励扶持中小微企业的发展，以带动经济稳定成长。众所周知，中小微企业的发展是带动一个国家经济发展的重要动力，同时也为社会各种人才创造就业机会。因此，通过两岸票据制度一体化改善当前两岸各自的票据法律制度过于注重票据的支付与汇兑功能，转而重新赋予票据信用、流通、融资与担保等功能，鼓励票据的使用，充分发挥票据功能，使得企业可通过使用票据获得融资，协助企业发展与转型升级。这是一个有效解决两岸企业资金需求的重要方法之一。

发展两岸票据使企业可利用的支付工具多元化，相对地，企业可以取得的信用及融资渠道也多元化，透过两岸票据制度一体化的机制，适用共同的票据规范，将制度透明化、明确化，使交易双方乐于利用票据作为交易的支付条件，可节约企业交易所需要付出的额外交易费用。当企业的交易费用降低后，相较于其他竞争对手而言，具有更强的竞争力。而且两岸区域经济一体化后，会使分工细化，技术融合，市场扩大，经济规模将又再使得企业交易费用逐渐降低，更加提升企业竞争力。随着营运规模的扩大，企业所需的营运周转资金又可通过票据取得。因此，两岸票据制度一体化不仅为企业创造有利的经营条件，同时也节约企业交易费用，有利于提升企业竞争力。

4. 提升两岸货币效益

随着两岸经贸的发展，货币作为支付手段，也扩展至商品流通之外，在赋税、地租、借贷、劳动报酬及财富移转等支付中发挥功能，因此，企业对于不同货币有不同的需求性。[1]票据具有信用、替代货币功能，同时能提高资金快速移转的效率，因此，发展两岸票据，通过两岸票据替代货币的经济职能，有利于两岸货币双向流动，增进货币效益；反之，如不能实现两岸票据市场一体化，必不能充分体现两岸货币效益。

大陆地区近年来随着经济发展迅猛，已成为全球数一数二的强大经济体，同时也带动人民币成为强势货币，逐步推进人民币成为国际流通货币。因此，在流出的基础上，"发展多种方便快捷的流通工具及货币财产结算方式，通过法律制度规制法定货币跨境使用范围，扩大货币财产结算方式，以疏导为主将货币财产跨境流通最大限度地纳入商业银行渠道，防止货币无序流通问题的发生"。[2]而发展两岸票据，实现两岸票据市场一体化，即是发展多种便捷的流通工具，而且票据可防止货币无序流通，因此，两岸票据正是货币财产流出与回流的最妥适的金融工具之一，有助于推动两岸货币财产的双向流动，提升两岸货币效益。

5. 两岸金融制度一体化的范例

两岸票据市场一体化代表着两种含义：第一，需要一套两岸共同票据制度作为共同适用的基础，并通过双方共同签署协议方式，突破现行两岸法律统一的窘境；第二，为两岸金融一体化提供典范，同时开拓两岸金融工具的多元化，为企业提供更多的融资工具。

两岸票据制度一体化不仅是一种制度性选择，也是一种制度性尝试，是在统一冲突法与统一实体法窘境之间，所选择的另一种替代方案。而当两岸票据共同制度在惯行相当时日后，更具有替代两岸现行票据实体法的作用，而使得两岸法律制度朝一体化道路迈进。因此，两岸票据制度一体化作为两岸票据市场一体化的基础，既保障两岸票

〔1〕 黄达编：《金融学》（第3版），中国人民大学出版社2012版，第24~26页。
〔2〕 张西峰：《主权货币国际流通法论》，中国政法大学出版社2015年版，第141页。

据有序运行，也保障两岸票据当事人的票据权益可获得公平对待，有助于推动两岸金融服务市场一体化，而两岸票据制度一体化的成功，可以成为推动两岸金融制度一体化的范例。

6. 促进两岸经济稳定发展

在世界经济逐渐全球化以及区域经济一体化的趋势下，各法域的独立性已然不再重要了，而且各法域的趋同与统一制度运动正在逐步兴起中，并成为一种发展的趋势。尤其，从欧洲建立共同体，到现在成立的欧盟，欧洲统一法典编纂活动，一再促使欧洲逐步统一，世界法律逐渐走向趋同，为跨国企业创造更好的条件，也为各国经济带来更好的发展空间。

两岸经贸往来频繁，逐渐经济一体化，基于两岸经济和谐发展的需要，以建立两岸共同市场为目标，实现两岸票据市场一体化，深化两岸金融业合作发展，有必要优先推动两岸票据相互流通，不仅有利于扶植两岸中小微企业发展与融资需求，还可促进两岸经济共同发展，是一种互惠互利的双赢政策。

第二节 两岸票据制度一体化的可行性

两岸在经济方面具有互补性，在经贸方面具有相互依存性，是推动两岸区域经济一体化的最大动力，至于要形成什么样形态或层次的一体化，学者与专家等各有不同观点，大多数认为可以渐进式发展，尝试建立两岸共同市场。不论两岸建立何种区域经济一体化，目的都是以有利于两岸未来经济稳定增长为主，并以创造两岸人民更大的福祉为宗旨。

就两岸经济互补性而言，大陆地区的劳动力成本较低，而人才资源充沛，可为企业提供所需的各种人才。此外，大陆地区同时是世界最大的新兴市场，各国知名企业纷纷进入投资，为此市场开辟多元的经营格局。而台湾地区因为开放较早，实行资本主义，经济发展较快，而有丰富的市场经济经验，况且资本市场发达，资金充裕，推动台湾地区整体经济发展，同时也协助企业取得较低资金成本，发展海外市场。但是，也由于经济发展较快，形成劳动力成本高，而且受限于幅员狭窄，市场容量有限，必须向海外发展以延伸产业链。因此，两岸在不同的发展水平上，通过区域经济一体化，可实现经济垂直分工或者相互协作，加强产业间或产业内的互补性，促使产业升级，技术提升，增强企业竞争力。就两岸经贸相互依存性而言，两岸长期以来经贸交往频繁，且贸易额巨大，台湾地区对大陆地区的出口贸易份额占比非常高，大陆地区是台湾地区的最大出口市场，在投资方面也是台商企业的首选之地，累计投资金额也大，两岸的经贸关系早已呈现密不可分关系，而且在两岸经济逐渐融合趋势下，建构两岸区域经济一体化，不仅可以扩大两岸的投资与贸易往来，消除贸易壁垒，加速两岸的产业整合，使得两岸资源可获得最大效益的配置，促进两岸经济的共同发展，也可谋求两岸整体经济利益的增长。

欧洲从最初建立共同体到现今转变成欧盟，引发世界经济的改变，再加上跨国企业不断扩张，已然形成世界经济一体化的趋势，相应地，法律制度在某种程度上也开始发生变化，再度兴起统一的运动。而两岸经贸往来频繁，相互依赖性高，基于两岸经济和谐发展的需要及企业需求性，发展两岸票据可以深化两岸金融业务合作，扶植两岸中小微企业发展与融资需求，促进两岸经济共同发展。因此，本书认为就两岸经济发展的实际需求性而言，推行两岸票据制度一体化有利于发展两岸票据，解决中小微企业融资问题；两岸票据市场一体化有利于推动两岸货币双向流动，提升两岸货币效益，促进两岸经济稳定增长。因此，在此种互惠互利的基础上，推行两岸票据制度一体化不仅具有必要性，而且参考各国经济与法律制度一体化的发展趋势，结合两岸经贸发展，使得实现两岸票据制度一体化更具有可行性。两岸通过签署协议作为两岸票据市场一体化运行共同依据，可促进两岸整体金融利益提升，并可作为两岸金融制度一体化范例，推动两岸法律制度一体化，提高两岸制度的透明度、确定性、稳定性及可预测性，并节约交易费用。因此，本书以两岸票据市场一体化为背景，对"两岸票据制度一体化协议"进行研究与分析，认为在两岸先前所签署的相关协议、备忘录等基础上，两岸具有实现票据制度一体化的可行性。

一、两岸票据制度一体化的依据

两岸关系自 2008 年以后开始逐渐缓和，并于 2009 年 4 月 26 日签署《海峡两岸金融合作协议》，建立两岸金融合作的基本框架，为了深度合作需要以及确保金融运行与监管，于 2009 年 11 月 16 日就银行、证券、期货及保险等行业，分别签署《海峡两岸银行业监督管理合作谅解备忘录》《海峡两岸证券及期货监督管理合作谅解备忘录》《海峡两岸保险业监督管理合作谅解备忘录》。于此，已经开启两岸互设银行业、证券、期货及保险等的合作关系，逐步朝两岸金融服务一体化模式迈进。于 2010 年 6 月 29 日更进一步签署《海峡两岸经济合作框架协议》，作为推动两岸金融合作与经贸往来规范框架，并在同年（2010 年）起，陆续落实两岸相互批准银行业在其地区设立营运的分支机构，开启两岸银行业互设据点的里程碑。[1]随后，为保障海峡两岸投资人权益，创造公平投资环境，增进两岸经济繁荣，于 2012 年 8 月 9 日签署《海峡两岸投资保障和促进协议》作为制度性的保障机制。同时，为进一步促进海峡两岸经贸和金融深度的实质合作关系，两岸于 2012 年 8 月 31 日签署《海峡两岸货币清算合作备忘录》，建立两岸货币清算机制，解决货币清算问题，代表此后两岸货币有正式的清算通道，朝向两岸金融合作、一体化的路线前进，此种现象在以往是难以想象的，但仍在两岸人民难以置信的眼光中逐渐实现了。此刻，正标志两岸合作关系的新里程碑。

票据本身是集流通、汇兑、支付、结算、信用、投融资及节约货币等经济功能于一体，随着经贸与金融往来的越来越频繁，更凸显其在金融领域所扮演的角色，也越来越具有重要性，而且其经济功能是其他有价证券尚难以取代的。而两岸先前所签署各种协议、备忘录，

---

[1] 2010 年大陆地区批准 5 家台资银行：第一银行上海分行、国泰世华银行上海分行、彰化银行昆山分行、合作金库商业银行苏州分行、土地银行上海分行等；台湾地区批准中国银行台北代表处、交通银行台北代表处、招商银行台北代表处、中国建设银行台北代表处等，其后陆续升格为中国银行台北分行、交通银行台北分行、中国建设银行台北分行。

这些经济合作都足以作为实现两岸票据市场及制度一体化的基础依据，因此，实现两岸票据相互流通是指日可待。为此，将相关的协议、备忘录基础依据说明如下：

（一）海峡两岸金融合作协议

两岸于 2009 年所签署《海峡两岸金融合作协议》的主要目的有两点：第一，促进两岸金融交流与合作，推动两岸金融市场稳定发展，便利两岸经贸往来。按目前数据统计，两岸贸易总额约占台湾地区对外贸易的28%（如前表4所示），大陆地区是台湾地区最大单一贸易伙伴区。大陆地区的内需市场也正处于快速转型期，从传统制造业朝服务业方向转型，为台湾地区企业带来良好的发展契机。[1]这些企业的发展与转型以及贸易交易，都需要金融服务，所以两岸签署金融合作协议，有助于推动金融交流与合作，促进两岸金融市场更稳健发展；而两岸金融市场的发展可为企业的经贸往来提供更优质的金融服务。第二，确定两岸金融监督管理与货币管理合作事项。当两岸金融开放互设营运据点，即代表两岸金融合作与交流的启动，因此，共同建构两岸金融市场稳健发展，共同维护金融稳定，需要两岸共同履行金融监督管理与货币管理职责。为此，两岸进行平等协商，确定将来双方相互协助履行，加强金融领域广泛合作的模式，是为两岸金融一体化的开展作前置准备，故而有其必要性。而两岸票据制度一体化作为两岸金融一体化的子项目，在现有的协议、备忘录的基础框架，推动两岸票据市场一体化，可确保道路的畅通，也提供有利的基础性依据。但是，基于票据特殊性，为确保两岸票据相互流通后，有序运行，保障两岸票据当事人的票据权益，则必须要有一套制度作为共同遵循的标准，因此，两岸票据制度一体化孕育而生。两岸票据市场一体化没有共同制度作为运行依据，无法有效且有序运行，这就使得两岸票据制度一体化具有必要性，而既有的协议、备忘录基础框架，则是推行

---

〔1〕 林祖嘉：“从全球经济整合看两岸经济协议的急迫性”，载财团法人海峡交流基金会《两岸经贸》2014 年第 274 期，第 6 页。

两岸票据制度一体化的可行性依据。[1]

《海峡两岸金融合作协议》的内容虽简略，但其涉及金融事项广泛，如包含："就两岸金融机构准入及开展业务等事宜进行磋商""鼓励两岸金融机构增进合作""为维护金融稳定，相互提供金融监督管理与货币管理信息（即信息交换）""业务交流"等。这些约定内容尽管条文简约，但实质上解释范围广，无不意味着为将来两岸金融一体化作准备之意。

（二）海峡两岸经济合作框架协议

两岸于2010年6月29日签署《海峡两岸经济合作架构协议》，其主要目的有二：第一，逐步减少或消除彼此间的贸易与投资障碍，创造公平的贸易与投资环境；第二，增进双方的贸易与投资关系，建立有利于两岸经济繁荣与发展的合作机制。依据该协议内容，主要期望达成的目标有三个：第一，加强和增进双方之间的经济、贸易和投资合作；第二，促进双方货品和服务贸易进一步自由化，逐步建立公平、透明、便捷的投资及其保障机制；第三，扩大经济合作领域，建立合作机制。这里最重要的体现是投资保障机制的运作。此外，还包含逐步减少或消除双方在商品贸易的关税和非关税障碍以及服务贸易限制性措施。其中，还有所谓的机构安排，即共同成立"两岸经济合作委员会"。

在协议中有关经济合作方面，包括（1）智慧财产权保护与合作；（2）金融合作；（3）贸易促进及贸易便捷化；（4）海关合作；（5）电子商务合作；（6）研究双方产业合作布局和重点领域，推动双方重大项目合作，协调解决双方产业合作中出现的问题；（7）推动双方中小

---

[1]　这里所谓必要性，是指当两岸票据相互流通，由于两岸现行票据实体法差异甚大，各自适用将产生非常大的争议与不公平情形，会阻碍票据流通与当事人接受域外票据的意愿，从而认为必要要有一套共同可资适用的票据制度作为遵循依据，使其具有透明性、确定性及可预测性；所谓可行性，是指在现行两岸签署的基础框架协议中，已为两岸票据市场一体化铺设道路，如两岸货币清算机制的建立等，从而使得两岸票据制度一体化的建立可以作为补充两岸票据市场一体化后，可遵循的制度依据。因此，在条件皆具备情形下，推行两岸票据制度一体化更具有实现可行性。

企业合作，提升中小企业竞争力；（8）推动双方经贸团体互设办事机构。从这些经济合作内容可以察知，都足以作为实现两岸票据制度一体化的基础，因为这些合作项目都可作为推动两岸票据一体化（包括票据市场一体化及票据制度一体化）的基础，使得实现两岸票据制度一体化具有可能性。

（三）海峡两岸投资保障和促进协议

在《海峡两岸经济合作架构协议》规范下，两岸于 2012 年进一步签署《海峡两岸投资保障和促进协议》，以逐步落实两岸经济合作。该投资保障和促进协议的目的，在于"保障海峡两岸投资人权益，促进相互投资，创造公平投资环境，增进两岸经济繁荣"。该协议中对于投资的定义，是采取列举式，其中与票据相关者，在于涉及"金钱请求权或其他具有经济价值的履行请求权""各种担保债券、信用债券、贷款及其他形式的债"等内容。尽管内容未明确涉及金融服务中的票据，但至少已经明确对于投资项目进行保障，并设置"两岸投资争端解决机构"，以及两岸共同建立"联系机制"，包括联络人窗口的建立、投资争端协处、投资咨询等。这些都为发展两岸票据铺设良好的根基。

（四）海峡两岸货币清算合作备忘录

两岸为促进双方在经贸与金融的深度合作，依据《海峡两岸金融合作协议》，经友好平等协商，就建立两岸货币清算机制，于 2012 年 8 月 31 日签署《海峡两岸货币清算合作备忘录》。依据该备忘录内容，主要包括清算制度安排（包括同意货币清算机构、规范业务内容、确立监管合作机制等）、为货币业务提供结算及清算服务、同意两岸货币用于商品、服务和投资等经贸活动的结算与支付、现钞调运、讯息交换、保密要求、业务检查、危机处置、联系机制等。其中，与本研究最相关者在于货币的结算与清算制度。所谓结算，是指"交易双方因商品买卖、劳动供应而产生的债权和债务，通过货币收付得以清偿"。所谓清算，是指"结清银行之间因资金的代收、代付而引起的债权和债务"。[1]发展两岸票据必然会涉及货币结算与货币清算问题。因为票据具有支付、汇兑、结算、流通、信用、融资、担保及节约货币等功能，通过票据支付、结算、清算与抵销债务等方式，可节约大量资金的使用，使得交易成本降低。因此，两岸票据的使用会发生两岸货币需要结算与清算问题，而两岸签署《海峡两岸货币清算合作备忘录》正好可以作为使用票据后的货币结算与清算运行机制。这里本书认为还需要设置两岸共同的票据交换所，使得两岸票据可以通过银行提出票据交换，利用两岸货币清算机制，节约货币使用，降低交易费用。

二、两岸票据制度一体化的动力

两岸通过签署两岸票据制度一体化协议作为两岸票据市场一体化运行的共同依据，使得两岸票据可直接作为交易的支付工具，可以达到节约交易费用，解决两岸企业融资问题，提升企业竞争力，促进两岸经济稳定增长的效果。因此，在这些经济效益的驱动下，对实现两岸票据制度一体化具有相当大的动力，这使得推行两岸票据制度一体化更具有可行性。

（一）节约交易费用

从交易一方当事人的视角审视两个不同法域而言，在面对不同法域的交易方时，一方的法律制度对于另一方企业与人民而言，首先存在法律制度信息不对称问题，引发机会主义；其次，境外法域的稳定性与可预测性的不确定性，需要承担极大的法律风险；再者，司法审判适用法律的保障机制是否足够公平与公正，符合正义，是交易方所顾虑的问题。例如，甲国 A 企业向乙国 B 企业采购 X 商品，双方进行交易所约定的支付条件为人民币 5 万元面额的汇票一张。这里主要发生的交易费用包括货物进口的关税、增值税及其他流转税等，还有企业所需资金成本（包括采用汇款与融资的成本）的不同，以及可资运用的资金方式等，对企业而言，都是一种交易费用。因此，节约交易

---

〔1〕　苏宗祥、徐捷：《国际结算》，中国金融出版社 2010 年版，第 58 页。

费用是企业开展业务，实现利润最大化的方式，也是扩大商品流通，获取更大发展空间的关键。发展两岸票据，可节约交易费用，是协助企业发展的最佳金融工具之一。但是，因为法域制度的不同，不仅阻碍两岸票据的发展，也使得企业的交易成本提高，因此，推行两岸票据制度一体化，可解决法域制度不同所造成的问题，从而使得票据制度具有明确性、稳定性、统一适用性及可预测性等，更大程度促进商品快速流通，活络资金的使用，有利于节约交易费用。

票据制度属于技术性规范而不带有伦理色彩，且有国际票据公约范例作为论证依据，使票据最有可能成为两岸区域经济一体化的第一道门，并在两岸票据制度一体化的规范下运行，为企业带来从事交易的便利性，通过使用票据，达到企业发展所需要的资金与信用，并节约交易费用。

（二）解决企业融资

票据的功用，马克思在《资本论》中充分揭示了其在资本市场经济中的作用，并认为汇票是一种有一定支付期间的债务证书（延付证书），是一方给予信用，另一方受有信用，并具有债权与债务结算与清算的功能，因此，票据的流通不仅起到节约货币的功用，而且在不断流转过程中，产生支付、流通、汇兑、信用、融资等功能，最终于货币充作支付手段的机能，此种最大的作用在于使得现金货币无须在交易过程中出现，又可以使得企业透过使用票据的信用延期付款，或者持有票据者通过向银行贴现而取得资金。[1]因此，有学者将票据比喻为"能够带来金钱的魔杖"，并赞誉票据是"商品交易的血管中流动的血液"，从而强调"商事之需要票据，如船之需要水"一样。[2]因此，善用票据可以使得中小企业获得有利的信用与资金的支持，亦如马克思指出："信用的最高限制，是等于产业资本的最充分的使用。这所谓最充分的使用，就是不顾消费的限界，而极度把它的生产力张开。

〔1〕［德］马克思：《资本论》（第3卷），郭大力、王亚南译，上海三联书店2011年版，第347~348、350、379~380页。
〔2〕刘家琛主编：《票据法原理与法律适用》，人民法院出版社1996年版，第1~2页。

因再生产过程张开之故，消费的限界也会连带扩大的。"〔1〕如此，票据的运用不仅有助于解决两岸企业融资问题，而且有助于提升中小企业竞争力。

（三）促进两岸经济增长

电子支付技术的发展，固然使票据在支付与汇兑功能方面的效能有所减弱，但其始终仍保留支付与汇兑功能，是不容否认的。发展两岸票据在于加强票据的信用、融资与担保等功能，使两岸票据能够充分发挥支付、汇兑、流通、信用、投融资、结算、抵销债务、担保及节约货币等票据的经济功能。其主要目的在于建立两岸票据信用制度，解决中小微企业融资难的问题，改善银行的资产质量，健全两岸票据市场，发展多元化的金融工具、实现资产多元化，推动金融产品的多样化，提升金融服务。而且，在利率市场自由化、两岸票据市场一体化背景下，推行两岸票据制度一体化有助于减少企业的交易费用，扩大交易市场规模，使得企业的利润增长，培养企业苗壮，有助于促进两岸经济增长。如学者指出："由于市场经济发展的历史及经济全球化进程的缘由，世界上市场经济发达国家的票据市场均作为货币市场的重要组成部分，在推动经济金融的繁荣活跃发挥了重要作用。"〔2〕

在现今信用经济时代，发展两岸票据作为一种信用、投融资工具，一方面具有暂无支付全额货款的优点，使得商品可以流通，促进企业在生产与供销方面的衔接，还足以繁荣两岸贸易交易，有利于扩大与促进两岸经济发展；另一方面，对于有资金需求的企业，可通过票据进行融资担保，将未来资金转化为现今资金使用，不仅拓宽企业融资渠道，而银行也可以透过票据转贴现或再贴现方式取得短期资金，以弥补流动资金缺口。故而，票据可以减少实际资金的占用，提高资金的周转使用率，且可以转化为一种融资工具，将商业信用与银行信用

〔1〕［德］马克思：《资本论》（第3卷），郭大力、王亚南译，上海三联书店2011年版，第350页。

〔2〕刘为霖、边维刚：《票据融资与票据市场》，中国金融出版社2000年版，第12页。

连接，同时更可扩大企业融资渠道以及降低企业融资成本（即节约交易费用），达到协助两岸企业发展的同时，也促进两岸经济和谐发展。[1]此外，发展两岸票据金融理财产品，对于有剩余资金的投资者而言，也是一项可投资的商品，并且投资者可从其中获取一定的投资报酬。

三、私法与票据法一体化的范例

发展两岸票据市场一体化，必须要有共同票据制度作为适用依据。两岸要实现票据制度一体化，并非是理想化，而是有具体范例作为论证依据，表明实现的可行性，而且是具有可操作性的。此种论据在于，通过当前世界法律一体化的发展趋势与影响以及国际与地区法律一体化实践经验范例作为依据，以论证推行两岸票据制度一体化的可行性。

（一）私法国际一体化

目前从事私法国际一体化的国际组织包括：有政府间的国际组织与地区组织，如联合国及其前身国际联盟、海牙国际私法会议、国际统一私法协会（英文简称 UNIDROIT）[2]、美洲国家组织、欧盟等；也有非政府间的国际组织，如国际商会、国际法学会、国际法律协会等，这些组织的宗旨都是在实现私法统一。这些组织性质不同，有的可能为实现世界法律的统一，有的也可能只为某一地区的范围内的成员实现私法的统一，主要都是着眼于不同国家、不同地区的不同利益，而体现法律一体化的目的是为实现利益最大化，亦即在经济一体化及经济全球化的趋势潮流中，为减少贸易间的障碍，国际组织与地区组织制定相关的统一规范，不仅推动各国政策与法律制度变革的一体化，也促使各国遵守或认同。如此，将会有利于降低交易成本，减少民商

---

〔1〕 刘为霖、边维刚：《票据融资与票据市场》，中国金融出版社 2000 年版，第52~53 页。

〔2〕 国际统一私法协会是一个独立的政府间国际组织，总部设于意大利罗马，其宗旨是研究不同国家以及国家集团之间私法，致力于实体私法方面的统一与协调。大陆地区于 1985 年加入该组织，成为正式会员。请参阅张玉卿主编：《国际统一私法协会国际商事合同通则 2010》，中国商务出版社 2012 年版，第 852 页。

事活动的不确定性，提高可预见性及法律的透明度，并且尽可能避免彼此间的法律制度相冲突，创造一个符合公平、正义等基本价值，且能够建立有序、具有统一规范的竞争环境，以满足国际贸易迅速增加、跨国企业的发展、国际资本的跨国流动、投资及各国经济发展等需求。

此种私法国际统一的趋势主要包括：实体法的国际统一，如 1930 年《汇票及本票法统一公约》、1931 年《支票法统一公约》、1980 年《联合国国际货物销售合同公约》、1988 年《联合国国际汇票及国际本票公约》、1988 年国际统一私法协会制定《国际保理公约》、1994 年国际统一私法协会制定《国际商事合同通则》、1996 年联合国国际贸易法委员会制定《电子商务示范法》、2008 年国际统一私法协会制定《租赁示范法》等；冲突法的国际统一，如 1930 年国际联盟制定在日内瓦通过《解决汇票及本票法律冲突公约》、1931 年《解决支票法律冲突公约》；民商事程序法统一，如 2004 年国际统一私法协会制定《跨国民事诉讼程序原则》、2005 年海牙国际私法会议通过《选择法院协议公约》等。[1]这些国际组织都从不同方面为实现国际统一民事法、国际统一商事法、国际统一冲突法及国际统一程序法等努力，旨在解决或消除各国或地区间的法律冲突与矛盾。

由上述实例可得知，私法在国际一体化的趋势是非常明显，且也表现出法律一体化的必要性与可行性的存在以及重要性。

（二）国与国间私法一体化范例

国家与国家间私法一体化最佳典范应属欧盟。依据《欧洲联盟运行条约》第 288 条（原《欧洲共同体条约》第 249 条）规定："为行使联盟权能，联盟机构应通过条例、指令、决定、建议和意见。条例具有普遍适用性，它在整体上具有约束力，应直接适用于所有成员国。……指令对于其所针对的每个成员国均具有约束力，但应由成员国当局选择实施指令的形式和方法。决定整体上具有法律约束力。……仅对其

---

〔1〕　更多的私法国际一体化，请参阅李双元、欧福永主编：《国际私法》，北京大学出版社 2015 年版，第 63~66 页；徐国建：《国际统一私法总论》，法律出版社 2011 年版，第 53~64 页及第 903~919 页（附录一）。

针对对象具有约束力。建议和意见不具有约束力。"[1]此外，如非洲商法协调组织（OHADA）依据 OHADA 条约制定的统一规则称为"统一法"（即非洲统一商法）。目前已完成 9 部统一法（统称 OHADA 统一商法）。该统一法在成员国国内直接适用并对成员国有约束力。[2]

不论是从《欧洲联盟运行条约》或者 OHADA 制定的统一法，均有使成员国的法律制度达到一体化作用，也为两岸票据制度一体化提供了一种可行范例。

（三）粤港支票联合结算的范例

为适应粤港经济、金融日益融合的发展趋势，在 2000 年，中国人民银行总行批准广东省开通了"粤港港币支票"单向结算。[3]于 2001 年 6 月 26 日再度批准广东省可以增加本票、汇票业务，[4]即香港的港币支票、本票及汇票等，都可以在大陆地区广东省内使用，并通过粤港港币票据联合结算渠道进行清算。2002 年 6 月 22 日将粤港港币支票

---

〔1〕 程卫东、李靖堃译：《欧洲联盟基础条约：经〈里斯本条约〉修订》，社会科学文献出版社 2010 年版，第 148~149 页。

〔2〕 依据 OHADA 条约第 10 条规定："统一法在成员国国内直接适用并对成员国有约束力，即使成员国此前或此后的国内立法中有与其相冲突的规定。"请参阅〔美〕克莱尔·穆尔·迪克森编：《非洲统一商法：普通法视角中的 OHADA》，朱伟东译，中国政法大学出版社 2014 年版，第 161 页。

〔3〕 按当时刚开办粤港港币联合结算，只是单向的结算，即由香港出票并以香港银行为付款人、粤方的单位或个人为收款人的票据结算，参与结算的票据限定为支票、本票和汇票；票据的货币单位只能是港币。请参阅"加强粤港金融合作促进两地经济繁荣——人行广州分行负责人就粤港港币票据增加本票、汇票业务答记者问"，载《南方金融》2001 年第 9 期，第 8 页。

〔4〕 中国人民银行广州分行于 2001 年 8 月 27 日发布《关于粤港港币单向结算增加汇票、本票品种的通知》（广州银发〔2001〕250 号）。根据该通知，系为进一步加强粤港金融合作，经中国人民银行总行批准，在粤港港币支票联合结算机制的基础上增加银行本票、汇票单向结算。依据该通知内容主要规定：从 2001 年 9 月 1 日起，在广东省境内开通粤港港币汇票、本票单向结算业务；粤港港币票据单向结算是指以香港银行作为付款人并在广东省出示以作结算的港币票据的结算。增加结算品种后，结算涵盖的范围包括支票、汇票和本票单向结算；限于粤港两地进出口贸易项下的单向票据交换业务。

由原先单向结算转变为双向结算。[1]此种粤港港币票据联合结算，也可以说是一种非典型的粤港票据市场一体化，目的在于为将来粤港票据市场一体化作准备的试点。

"为确保粤港港币支票结算的安全、高效、有序运作，促进粤港两地经济交流和发展"，[2]在 2002 年 2 月 1 日中国人民银行发布《粤港港币支票联合结算管理办法》，作为香港地区与广东省间的港币支票联合结算业务规范。[3]该办法规范了粤港港币支票结算基本规定、票据交换、资金清算、罚则等。就实际上而言，是为实现粤港票据市场一体化作准备工作，而制定该办法是作为粤港票据市场一体化的统一规范，但审视该办法的规定，仍与所谓票据制度一体化有所差别，主要在于该办法所规范的内容有以下特点：第一，仅就如何处理票据交换、资金清算等问题规范，但仍单方面要求粤方须遵守大陆地区票据法及有关票据法令规定。第二，适用范围限于广东省辖内的，且粤方出票人必须是经国家外汇管理局当地分局审核批准可以对港签发港币支票的进口企业；收受香港地区出票人签发的港币支票的收款人限于广东省辖内机构和个人。其中，对于广东省企业签发港币支票的资格条件及每月支票支出金额等要求较严格。[4]第三，在票据的币种方面，仅

〔1〕 "加强粤港金融合作促进两地经济繁荣——人行广州分行负责人就粤港港币票据增加本票、汇票业务答记者问"，载《南方金融》2001 年第 9 期，第 8~9 页；"加快粤港票据联合结算步伐实现粤港金融合作'双赢'"，载《南方金融》2002 年第 5 期，第 2 页；"加强区域金融合作 实现粤港经济'双赢'——人行广州分行王自力副行长就开通粤港港币票据双向结算业务答记者问"，载《南方金融》2002 年第 5 期，第 4~5 页。
〔2〕《粤港港币支票联合结算管理办法》第 1 条。
〔3〕 该办法是依据 2002 年 2 月 1 日《中国人民银行关于开办粤港港币支票双向结算业务的通知》（银发〔2002〕26 号）的两个附件之一，即所发布的《粤港港币支票联合结算管理办法》和《粤港港币支票联合结算业务外汇管理暂行办法》。依据《粤港港币支票联合结算管理办法》第 2 条规定，"本办法所指粤港港币支票是广东省内（含深圳市，以下统称粤方）或香港（以下统称港方）出票人签发的，委托办理支票存款业务的广东省内或香港的银行在见票时无条件支付确定的金额给收款人或持票人的票据。"
〔4〕 中国人民银行 2002 年 2 月 1 日发布《粤港港币支票联合结算业务外汇管理暂行办法》（银发〔2002〕26 号），其中第 3 条规定："粤方出票人不得违反国家外汇管理有关规定对港方的收款人签发支票。"第 6 条，对于进口企业申请签发粤港港币支票有

限于港币。第四，采收妥抵用、银行不垫付原则。因此，粤港港币支票并无融资功能。[1]第五，支票的付款期，适用出票地法律。亦即粤方出票人签发的支票，付款期为 1 个月；港方出票人签发的支票，付款期为 6 个月。支票因出票人不同而有不同的票据权益。条文中使用"付款期"字句，但是众所周知，支票本应是见票即付，属于即期支票，但条文规定，却具有使支票成为远期支票的意味。[2]第六，准据法的适用规定。港币支票出票时的记载事项、追索权的行为适用出票地法；背书、付款行为适用行为地法；拒绝证明的方式、出具拒绝证明的期限及失票后请求保全票据权利的程序，适用付款地法。[3]

　　从上述几点规定可以很明显得知，现行《粤港港币支票联合结算管理办法》与大陆地区现行票据法令规定有所不同，但又并非完整的粤港票据制度一体化的统一规范。就其实质上而言，显然有将两地票据市场一体化之意思存在，并以此办法作为两地票据制度一体化的规范基础，只不过由于规范尚不具备完整性，而无法达到解决粤港两地票据实体法冲突问题，即无法达到两地票据法律制度一体化的效果，故而，《粤港港币支票联合结算管理办法》第 23 条规定中，设置冲突法的选法规范。当然，不可否认这在实现粤港两地票据制度一体化中所具有的贡献，尤其是香港地区法律是属英美法系，要真正实现粤港票据制度一体化是不容易的。但是，粤港支票联合结算的范例及其所建构的规范，也为两岸票据制度一体化提供了一种可行性论据。

（接上页）资格限制；第 10 条规定，企业账户每月支票支出限额。

　　[1]　《粤港港币支票联合结算管理办法》第 5 条规定："粤方银行对粤港港币支票交换遵循'收妥抵用、银行不垫付'原则。"

　　[2]　《粤港港币支票联合结算管理办法》第 9 条规定："参加粤港两地港币支票交换的支票，其付款期适用出票地法律，以银行受理时间为准。粤方出票人签发的支票，付款期为 1 个月；港方出票人签发的支票，付款期为 6 个月。到期日遇节假日顺延"。

　　[3]　《粤港港币支票联合结算管理办法》第 23 条规定："港币支票出票时的记载事项、追索权的行为适用出票地法律；背书、付款行为适用行为地法律，拒绝证明的方式、出具拒绝证明的期限以及失票后请求保全票据权利的程序适用付款地法律。"

（四）英美国家票据制度一体化范例

在一国内存在数个法域情形，逐渐实现私法一体化的范例，如英国 1882 年《票据法》的施行，影响了除英国之外，还包括属地及殖民地的票据法律制度的一体化；而美国在 1896 年制定《统一流通票据法》（Uniform Negotiable Instruments Law，也称为 the Negotiable Instruments Law，英文缩写"NIL"），[1]经由各州采用，也几乎实现票据法律制度一体化；其后，于 1952 年完成《统一商法典》（Uniform Commercial Code，简称"UCC"）草案，将原《统一流通票据法》（Uniform Negotiable Instruments Law）纳入统一商法典中，成为《统一商法典》的第三编商业票据（Commercial Paper），几乎各州都采用，实现票据法律制度一体化。

英美两国的案例，是一国数法域中实现票据法律制度一体化的最佳经典范例，为推行两岸票据制度一体化可行性提供了绝佳的范例。本书将进一步论述英美两国的票据制度一体化历程。

1. 英国票据制度一体化范例

票据制度在英国最早先的国王法院（English king's courts）是不被承认的，因为它是由商人自己发展出来的一套规则，只能通过公平（fair）或城市（borough）法院就案件的判决来履行这些商人的规则，后来发展成为独特的一套商人法（Law Merchant）。[2]所以，英国在 1882 年制定《票据法》之前，票据的流通与规范都是依靠商人习惯法规定来决定，法院也是依据商人的习惯法来判决。直到 1882 年英国的国会正式通过《票据法》（Bill of Exchange Act），并于同年颁布施行。该票据法是根据以往的商人习惯法及判例所汇集而成的，内容主要是规定汇票及本票，并将支票视为汇票的一种。1957 年又颁布《支票

---

　[1]　《统一流通票据法》英文有分别使用："Uniform Negotiable Instruments Act" "Uniform Negotiable Instruments Law" "the Negotiable Instruments Law"，简称为"NIL"。

　[2]　Kenneth W. Clarkson, Roger LeRoy Miller, Gaylord A. Jentz（et al.），*Business Law Text and Cases: Legal, Ethical, Global, and E-Commerce Environment*, South-Western Cengage Learning, 11th edition, 2009, p. 486. 关于"Law Merchant"也有称为商业习惯法，参阅彭勃：《英美法概论》，北京大学出版社 2011 年版，第 9 页。

法》共 8 条，并非独立的支票制度，而是作为 1882 年《票据法》的补充。英国票据法比德国票据法更具有灵活性，其影响所及也很广泛，如加拿大、印度、美国、澳大利亚、新西兰及英国其他各殖民地等。[1]

2. 美国票据制度一体化范例

美国在独立前，因受英国殖民统治，基本上是以英国法为基础。在 1776 年《独立宣言》使各殖民地脱离英国成为独立的"邦"，随后各邦在 1788 年组成美利坚合众国（The United States of America）。各州及合众国各自制定了成文宪法，奠定了法律的发展基础。不过，美国在 1820 年以前尚未形成美国法，真正法典化的运动是在 1820 以后，主要有两项事项：首先由斯托里在 1821 年的波士顿律师协会会议上演讲法典化的必要性，称为"斯托里的法典化理论"。其提出法典化的理论动机在于"解除随判例增加导致发现法律的困难，并且阻止各州发展不同实体法导致美国法律的过度分散"。[2]其次，是纽约的法学家菲尔德（David Dadley Field）提出法典化。由于菲尔德受到拿破仑法典及边沁主义的影响，认为制定法才是法律的理想型态，但其并未舍弃普通法的传统立场。于 1847 年被任命为纽约州民事诉讼法典的起草委员，于 1848 年完成诉讼方式的单一化，并将普通法与衡平法的运用统一化，成为当时最先进的、划时代意义的改革。在 1860 年至 1865 年向议会提出公法典、刑法典及民法典三个法典草案，虽然仅刑法典在 1881 年正式通过，但其后也影响其他各州的法典化运动，如爱达荷州、蒙大拿州、加利福尼亚州等，先后采用菲尔德的民法典，加利福尼亚还采用菲尔德的刑法典及公法典。[3]

─────────

〔1〕 梁宇贤：《票据法新论》，自版 1997 年版，第 9~10 页；王小能编：《票据法教程》，北京大学出版社 2001 年版，第 4 页；刘家琛主编：《票据法原理与法律适用》，人民法院出版社 1996 年版，第 29 页。

〔2〕 ［日］望月礼二郎：《英美法》，郭建译，牛豫燕校订，五南图书出版股份有限公司 1999 年版，第 43、45 页。

〔3〕 ［日］望月礼二郎：《英美法》，郭建译，牛豫燕校订，五南图书出版股份有限公司 1999 年版，第 46 页。

美国是联邦制国家，由联邦及 50 个州所构成，并各自形成法域，有自己独立的法律体系。因此，所谓美国法（American Law），实际上并不是一个单一的法律体系，而是指这些法域的法律总称。[1]独立后，各州的法律有各自的制定法及判例法组成，尽管基本上法律的性质相同，但由于各自的不同历史沿革、地理环境、文化特点及风俗习惯的不同，最显著的是路易斯安那州（Louisiana）的法律，因该州之前曾是西班牙及法国的领土，在此一历史沿革下，该州继受许多的大陆法系的特点。

随着经济的发达，商业的兴起及资本主义的发展，以及日益复杂的社会环境变化，尚无一套完整的法律制度，以因应贸易频繁的商务活动，更有鉴于各州有自己的法规，且内容规范不同，不仅造成美国法的法域分散，且由于经济及社会活动往往超越法域的边界，导致法律规范难以适用，在此情形下，将美国各法域的实体法规范加以统一化成为商事领域的迫切需要，从而催生了美国商法统一化运动。

票据制度为各州法律的一部分，同样地因各州所制定的票据制度不同，往往造成适用票据法的冲突，不仅不利于商贸往来，且阻碍票据的流通；同时还因为同样的案件，因各州的票据规范不同与法院见解不同，从而获得不同的判决结果，导致当事人实体的不公平，妨碍商业交易使用票据，限制了经济发展。因此，在 1878 年，美国律师协会（The Bar Association）倡议各州应该指定委员（commissioners）提倡法律的统一，因此，于 1892 年设立"统一州法全国委员会"（the National Conference of Commissioners on Uniform State Laws）。于 1896 年制定《统一流通票据法》（Uniform Negotiable Instruments Law），这是美国统一州法全国委员会所起草的第一部统一法。[2]1897 年纽约州是第

---

〔1〕〔日〕望月礼二郎：《英美法》，郭建译，牛豫燕校订，五南图书出版股份有限公司 1999 年版，第 35 页。

〔2〕"the National Conference of Commissioners on Uniform State Laws"，中译为"统一州法全国委员会"，亦有译为"全国统一州法委员会"或"美国统一州法委员会"，请参阅〔美〕ALI（美国法学会）、NCCUSL（美国统一州法委员会）：《美国统一商法典及其正式评述（第一卷）》，孙新强译，中国人民大学出版社 2004 年版，导读第 9 页。

一个通过该票据法，其后除了乔治亚州（Georgia）、哥伦比亚特区（the District of Columbia）、阿拉斯加州（Alaska）及菲律宾（Philippines）等外，其余各州都陆续通过该票据法。[1]由此可见，在美国制定统一法也是非常不容易的，但确实成功了。

第二次世界大战以后，美国成为贸易大国，票据使用日益频繁，统一州法全国委员会及美国法学会针对票据法的缺失进行研讨，为了解决当时各州有关流通票据判例法的混乱及促进票据流通，以利于贸易发展，在1945年起统一州法全国委员会与美国法学会合作起草《统一商法典》（英文简称"UCC"），于1952年完成草案，将原《统一流通票据法》纳入统一商法典中，成为《统一商法典》的第三编商业票据（Commercial Paper），从而取代原先的《统一流通票据法》（Uniform Negotiable Instruments Law）。至1968年，除路易斯安那州外，美国各州均采纳统一商法典。[2]其后，美国票据制度为配合联合国票据法公约及票据实务的发展需要，1990年修正时，将《统一商法典》的第三编商业票据（Commercial Paper）改为流通票据（Negotiable Instruments）。于1999年8月，该版本的流通票据为50州所采用，其中有阿拉巴马州（Alabama）、乔治亚州（Georgia）、蒙大拿州（Montana）、俄亥俄州（Ohio）、南达科塔州（South Dakota）、威斯康星州（Wisconsin）等6个州作了部分内容的修改而采用。[3]在2002年又进行一部分的修正，至2007年止，美国52个法域中，除路易斯安那州仅采纳《统一商法典》中第一、三、四、七、八、九等编，及哥伦比亚特区与维尔京群岛（Virgin Island）未采纳外，其余各州都采纳新版《统

〔1〕 American Institute of Banking, Negotiable Instruments, Hardpress Publishing, 1922 (reprint, 2015), pp. 10~11.

〔2〕 梁宇贤：《票据法新论》，自版1997年版，第10页；［美］ALI（美国法学会）、NCCUSL（美国统一州法委员会）：《美国统一商法典及其正式评述》（第1卷），孙新强译，中国人民大学出版社2004年版，第12~15页、第18页；［日］望月礼二郎：《英美法》，郭建译，牛豫燕校订，五南图书出版股份有限公司1999年版，第40~41页。

〔3〕 David P. Twomey, Marianne Moody Jennings, *Anderson's Business Law and The Legal Environment Comprehensive Volume*, South-Western Cengage Learning, 21st edition (International Edition), 2011, p. 622, note 1.

一商法典》。[1]

由此可见，在一个广大而存在许多法域的国家中，法律制度的统一化工作是非常重要的，但却也不是一件容易的事情。英美两国票据法律制度的一体化范例，均足作为实现两岸票据制度一体化可行性范例的论据。

（五）大陆法主要国家票据制度一体化范例

综观世界各国及地区票据发展历程，其制定内部统一的票据法律制度的年代各不相同，如法国源于 1673 年《商法条例》，德国源于 1847 年《普通票据条例》，瑞士源于 1881 年瑞士《债务法典》，日本源于 1882 年《汇票本票条例》，英国源于 1882 年《票据法》，美国源于 1896 年《统一流通票据法》。[2] 各国票据制度的建立，深深影响了票据的使用，也使金融工具的发展形成多元化，同时也影响中国票据制度的建立。

现今票据的立法可以说是从欧洲中世纪末的商人习惯法的基础发展起来的。由当时的社会相对独立的商人团体使用自己的习惯以及由商人组成的法庭就案件所裁判而形成的判例汇编来规范整个商人的商事活动，逐渐形成独特的商人法（Law Merchant）。[3] 后来，随着各国家开始制定成文法，将这些商人法引入国家的成文法中，成为现今的票据成文法的前身。中国古代虽有类似今日的票据，但在古代并无票据制度的具体立法。

在 1930 年日内瓦《汇票及本票法统一公约》及 1931 年《支票法

---

〔1〕　Kenneth W. Clarkson, Roger LeRoy Miller, Gaylord A. Jentz（et al.）, Business Law Text and Cases: Legal, Ethical, Global, and E-Commerce Environment, South-Western Cengage Learning, 11th edition, 2009, "Appendix C: The Uniform Commercial Code", p. A12.

〔2〕　梁宇贤：《票据法新论》，自版 1997 年版，第 8~10 页；谢怀栻：《票据法概论》，法律出版社 2006 年版，第 27~29 页；林艳琴、丁清光：《票据法比较研究》，中国人民公安大学出版社 2004 年版，第 22~24 页。

〔3〕　Kenneth W. Clarkson, Roger LeRoy Miller, Gaylord A. Jentz（et al.）, Business Law Text and Cases: Legal, Ethical, Global, and E-Commerce Environment, South-Western Cengage Learning, 11th edition, 2009, p. 486.

统一公约》制定前，世界各国的票据法律制度，主要可分为四大法系：法国法系、德国法系、英美法系及中间法系。其中所谓的中间法系是指介于前三大法系之间而独立成系，如比利时（Belgium）、西班牙（Spain）、古巴（Cuba）、洪都拉斯（Honduras）及马耳他（Malta）等，[1]由于其影响较小，故而在票据法史上往往略而不提，主要仍以法国票据法系（法兰西票据法系）、德国票据法系、英美票据法系等三大法系论述票据的发展历史。

对于世界主要国家票据法律制度一体化历程演变的了解，不仅可更好地了解现今的票据法的意义及其未来的发展趋势，且也能够顺利通过借鉴其他国家的票据法律制度，进而解决相关的票据问题。[2]因此，探究国外的票据法律制度及其一体化历程，深刻理解各国票据制度的发展，可作为推动两岸票据制度一化的动力，体认建构两岸票据制度一体化的必要性及可行性。英美票据法系已于前论述，以下本书将以大陆法系主要国家票据制度一体化历程予以论述，作为论证两岸票据制度一体化可行性的范例。

1. 法国票据制度一体化范例

法国是最早以成文法方式制定票据法的国家，[3]其票据法列为法国商法的一部。在此之前，法国的票据主要仍依商业习惯，有票据法的雏形最早可源于1349年—市区特权的票据颁布敕令，至1673年路易十四世颁布《商事敕令》，才将票据制度编纂于《商事敕令》第五编及第六编，票据法律制度才正式具有法典的形式。在法国大革命之后，1807年拿破仑主持编纂《商法典》时，虽有增修，但仍将票据法作为商法的一部，其中第一编第八章即为票据法的内容，规定汇票及本票两种。1865年，法国又制定《支票法》作为特别法。此作法开创

〔1〕 American Institute of Banking, Negotiable Instruments, Hardpress Publishing, 1922 (reprint, 2015), pp. 9~10.

〔2〕 约翰·H. 威格摩尔为《欧陆法律史概览：事件，渊源，人物及运动》所作"英文版前言"。请参阅［英］梅特兰等：《欧陆法律史概览：事件，渊源，人物及运动》，屈文生等译，上海人民出版社2008年版，"英文版前言"，第7~9页。

〔3〕 董安生主编：《票据法》，中国人民大学出版社2009年版，第16页。

大陆法系的票据立法先例。[1]

法国票据法律制度的基础理论主要沿袭旧习惯，以路易十四世颁布《商事敕令》为典范，认为票据仅是一种支付工具，目的在于作为证明当事人间基础关系的契约，其特质在于将票据行为与基础原因关系连结在一起，采取票据行为有因性理论，因此，如果票据契约不成立，则不发生票据债务。[2]

法国的票据法律制度影响及于阿根廷（Argentine republic）、玻利维亚（Bolivia）、巴西（Brazil）、智利（Chile）、哥伦比亚（Colombia）、厄瓜多尔（Ecuador）、埃及（Egypt）、希腊（Greece）、危地马拉（Guatemala）、海地（Hayti）、卢森堡（Luxemburg）、摩纳哥（Monaco）、墨西哥（Mexico）、荷兰（Netherlands）、尼加拉瓜（Nicaragua）、巴拿马（Panama）、巴拉圭（Paraguay）、波兰俄罗斯（Polish Russia）、塞尔维亚（Serbia）、土耳其（Turkey）、乌拉圭（Uruguay）等，形成法国票据法系。[3]

2. 德国票据制度一体化范例

德国从 17 世纪起，各邦相继制定票据法规，颁行了许多的票据法规，其中最早的票据条例是 1603 年在汉堡制定。至 1844 年为止，大约有 91 部票据条例，其中包括奥地利 9 部，普鲁士 3 部，丹麦 2 部，荷兰 2 部，拜恩 7 部等，[4]但因其内容相互抵触造成票据运营困难，

---

〔1〕 李炘："三大票据法系之构成及特质"，载何勤华主编：《国民法学论文精萃·第 3 卷·民商法律篇》，法律出版社 2004 年版，第 431 页；王小能编：《票据法教程》，北京大学出版社 2001 年版，第 3 页；赵新华：《票据法论》，吉林大学出版社 2007 年版，第 27 页。

〔2〕 李炘："三大票据法系之构成及特质"，载何勤华主编：《国民法学论文精萃·第 3 卷·民商法律篇》，法律出版社 2004 年版，第 431 页；王小能编：《票据法教程》，北京大学出版社 2001 年版，第 3 页。

〔3〕 American Institute of Banking, Negotiable Instruments, Hardpress Publishing, 1922 (reprint, 2015), pp. 9~10.

〔4〕 Baumbach/Hefermehl/Casper. Wechselgesetz Scheckgesetz Recht der Karten—gestützten Zahlungen. 23 Aufl. München Verlag C. H. Beck, 2008, s. 50. 转引自王崎焯：《德国票据行为无因性理论流变研究》，吉林大学出版社 2014 年版，第 8 页。

故各邦在 1846 年举行关税同盟时，倡导统一各邦的票据法律制度。在 1847 年以普鲁士邦法案为基础，制定《普通票据条例》，为关税同盟各邦采用。其后几经修改，于 1871 年 4 月 16 日正式确定为《德国票据法》，并在全国颁布实施，成为德国的法律，至此统一国内各邦的票据法律制度。但是该法的内容仅有汇票与本票两种。至于支票制度，则是 1908 年 6 月 12 日才制定。[1]

德国票据法律制度影响及于奥匈帝国（Austria-Hungary）、保加利亚（Bulgaria）、丹麦（Denmark）、意大利（Italy）、日本（Japan）、挪威（Norway）、秘鲁（Peru）、葡萄牙（Portugal）、罗马尼亚（Rumania）、俄罗斯（Russia，不包括波兰俄罗斯）、萨尔瓦多（Salvador）、瑞典（Sweden）、瑞士（Switzerland）、委内瑞拉（Venezuela）等，各国纷纷仿效德国制定其本国的票据法，形成德国票据法系。[2]

1871 年《德国票据法》比起 1673 年法国《商事敕令》中规定的票据法及 1807 年拿破仑《商法典》的票据法规定，分别约晚了 200 年及 70 年。在此期间，由于法国与德国经济发展不同，因此，德国票据法在立法理论方面不同于法国的票据法理论，主要差别在于德国的票据法着重于票据的信用与支付功能，而不限于汇兑的功能，并将票据关系与基础的原因关系分离，不强调当事人间的资金关系，有利于票据的流通，较法国的票据法律制度有所进步。[3]

---

〔1〕 梁宇贤：《票据法新论》，自版 1997 年版，第 9 页；王小能编：《票据法教程》，北京大学出版社 2001 年版，第 3~4 页。

〔2〕 American Institute of Banking, Negotiable Instruments, Hardpress Publishing, 1922 (reprint, 2015), p. 10.

〔3〕 赵新华：《票据法论》，吉林大学出版社 2007 年版，第 28~29 页。目前很多文献认为德国票据法采取信用主义及票据行为无因性理论是参考 1933 年日内瓦《汇票及本票法统一公约》的相关规定后，制定新票据法，才改摒弃送金主义，采信用主义与流通主义，将票据关系与基础关系完全分离，如梁宇贤：《票据法新论》，自版 1997 年版，第 9 页；刘家琛主编：《票据法原理与法律适用》，人民法院出版社 1996 年版，第 31 页；曾月英：《票据法律规制》，中国检察出版社 2004 年版，第 11 页。依据李炘发表的《三大票据法系之构成及特质》一文，原发表于《法学会杂志》，1922 年第 9 期，该文发表时，尚未有日内瓦《汇票及本票法统一公约》存在。但是在该文中已说明："自德国票据法出，则票据关系与内部契约关系严为分离。"另又指出"票据行为与基本行

在 1930 年日内瓦《汇票及本票法统一公约》及 1931 年《支票法统一公约》后，凡是参加该公约的国家，如法国、德国、日本、葡萄牙、泰国等，也相继依据该公约规范修改其国内的票据法律制度，成为日内瓦票据法系国家，实现世界票据法律制度第一次大规模的一体化运动。既然国际的法律制度能够实现一体化，而两岸票据制度一体化更具有实现的可行性。上述列举的法律一体化范例便是最佳的论据。

第三节　两岸票据制度一体化的构思

两岸现行的票据实体法律制度存在极大的差异性，无法通过冲突法解决适用票据实体法差异的公平性问题，而统一两岸票据实体法，则显得难度过高。因此，要有序运行两岸票据市场一体化，发展两岸票据，倘若没有共同遵循依据，不仅不利于两岸票据有序运行，也会阻碍两岸票据流通，况且在信息不对称的情形下，不仅交易费用高，更须承担法律风险，如此将使得交易双方接受票据作为支付条件的意愿不高，阻碍两岸票据市场一体化的发展。为此，本书拟从保障两岸票据当事人的票据权益及节约交易费用的视角为出发，建构两岸票据共同制度作为推行两岸票据市场一体化的共同遵循与适用依据。换言之，拟不修改两岸各自的票据实体法的前提下，通过两岸签署协议方式实现两岸票据制度一体化，并在通过内部程序接受后，赋予协议直接效力及优先地位，从而解决两岸票据法冲突的问题及适用两岸票据

（接上页）为于票据效力发生不及直接影响，此即德国法之特色也。"因此，可见德国票据法采取票据行为无因性理论较早，并非参考 1933 年日内瓦《汇票及本票法统一公约》的相关规定。请参阅李炘："三大票据法系之构成及特质"，载何勤华主编：《国民法学论文精萃·第 3 卷·民商法律篇》，法律出版社 2004 年版，第 432~435 页。另有文献指出，"票据行为无因性在 1847 年普鲁士条例中体现"，请参阅王峙焯：《德国票据行为无因性理论流变研究》，吉林大学出版社 2014 年版，第 17~20 页。因此，本书认为德国票据法采取票据行为无因性理论，应非依据日内瓦《汇票及本票法统一公约》所作的修改，而是在此之前就已经采票据行为无因性理论了，而相关文献对于德国票据法系所作的描述，按文句排叙，恐有令人混淆德国票据法采取无因性的时点。

法所衍生的各种问题，使得两岸票据市场一体化能有序运行。

一、两岸票据制度一体化含义

一体化的概念源自经济一体化，由荷兰学者简·丁伯根（Jan Tbergen）首次明确其定义，即认为经济一体化是"以区域为基础，提高区域内的要素流动，达到资源的有效配置和利用"。[1]美国经济学家贝拉·巴拉萨（Bela Balassa）认为经济一体化既是一个过程（a process），也是一种状态（a state of affairs）。对此，有学者进一步指出，经济一体化是一个经济发展过程与状态；作为一个过程，是指各国通过平等协商利用共同市场，逐步消除生产要素流动及投资障碍的过程；作为一种状态，是指各国经济相互依存，实现生产要素自由流动，促进彼此间的互惠互利及共同发展。其核心是消除经济障碍，而障碍的消除可以是制度性的。[2]此种制度性的安排可以借由彼此在自愿、平等、和谐的基础上，通过签署经济协议的方式，实现经济一体化。因此，从目前世界上区域一体化最成功范例的欧洲联盟观察，区域经济一体化的成功是建构在法律一体化的基础上，才能顺利发展。所以，真正的一体化含义应该是包括上述经济学角度的经济一体化及法律角度的经济一体化，而法律角度的经济一体化指的是制度性选择与安排作为统一适用标准，使得在跨境经济活动具有确定性、可预测性、公正、公平及便利性的作用，其包含跨境交易规则、制度安排、保障机制、资源的有效配置、节约交易费用等。[3]

现今，运用一体化（integration）所涉及的领域广泛，如政治、经济、文化及法律等各领域的一体化。本书所指的"一体化"，主要在经济与法律这两个领域的含义：第一，是指属于经济学领域的区域经

---

〔1〕 张永安主编：《区域经济一体化理论与实践》，格致出版社2010年版，第24页。

〔2〕 陈志恒：《东北亚区域经济一体化研究——以交易费用理论为视角》，吉林人民出版社2006年版，第21页。

〔3〕 杨丽艳：《区域经济一体化法律制度研究》，法律出版社2004年版，第6~14页。

济一体化（regional economic integration）。所谓区域经济一体化，是指透过区域组织使得参与成员之间逐渐消除各种经济歧视。[1]学者对于区域经济一体化的组织划分方法各有不同，从区域经济一体化组织层次分类，如学者李普西（1968 年）分为特惠关税制度、自由贸易区、关税同盟、共同市场、经济联盟及完全经济一体化等六种；[2]第二，是指属于法律领域的法律一体化（legal integration）。有关法律一体化的含义，学者观点不同。[3]尽管学理上对于法律一体化含义各有不同的定义，但是本书所指的法律一体化是采取一种比较宽泛的概念，认为既包含了法律统一化、法律趋同化、法律协调化、法律协调与统一化等在内，也包括法律全球化所建构的世界法，将法律一体化作为其上位概念。在世界范围内统一票据法，并非不可能，正如英国著名法学家施米托夫所提出："一旦统一条件成熟，流通票据法是能够实现此项统一的第一个法律部门。"[4]

　　两岸票据一体化包含两方面：第一，是两岸票据市场一体化；第

---

　　[1]　张永安主编：《区域经济一体化理论与实践》，格致出版社 2010 年版，第 31 页。

　　[2]　张永安主编：《区域经济一体化理论与实践》，格致出版社 2010 年版，第 31~34 页。

　　[3]　有关法律一体化的含义，学者观点不同：有认为法律一体化有四个层次：统一（unification），是指法律的统一化；趋同（approximation），是指不同法律之间的差异性，逐渐相互吸收，相互渗透，从而趋于协调、趋同甚至一致；协调（harmonization），是指保留不同法律形式差异的前提下，达到法律的实质统一。协调与统一化（uniformization）将冲突规则和实体规则结合起来，具有 Harmonization 与 Unification 两方面的含义但它的影响是变化的。因此，法律一体化的范畴包含了法律统一化、法律趋同化、法律协调化、法律协调与统一化。请参阅张彤：《欧洲私法的统一化研究》，中国政法大学出版社 2012 年版，第 13 页；郭玉军："经济全球化与法律协调化、统一化"，载《武汉大学学报（社会科学版）》2001 年第 2 期，第 157 页。有认为法律一体化是指法律全球化，认为是"全球分散法律体系向全球法律一体化的运动或全球范围内的法律整合为一个法律体系的过程"。其实，这里所指的法律全球化，实质上是指在共同的法律原则基础上，建构一个全球法或世界法，但究其本质上似仍属于法律一体化中的统一化。请参阅周永坤："全球化与法学思维方式的革命"，载《法学》1999 年第 11 期，第 10 页。

　　[4]　[英]施米托夫：《国际贸易法文选》，赵秀文选译，中国大百科全书出版社 1993 年版，第 79 页。

二，是两岸票据制度一体化。两岸票据市场一体化属于两岸区域经济一体化的范畴，可以透过两岸签署经济协议方式解决；而两岸票据制度一体化属于法律一体化的范畴，是为确保两岸票据市场一体化有序运行及保障两岸票据当事人的票据权益与节约交易费用。两岸通过平等协商达成共识，形成共同票据制度，经由两岸共同签署协议作为共同适用的规范基础，建立符合平等、公平与正义的两岸票据一体化市场环境，并赋予协议直接效力及优先地位，既解决两岸票据实体法冲突问题，也解决票据冲突法中准据法适用的问题，确保两岸票据市场一体化有序运行，并保障两岸票据当事人的票据权益，节约交易费用，协助企业发展，推动两岸经济共同发展。

两岸票据制度一体化的安排是为促进两岸票据流通及维护交易安全，目的在于经由制度性安排，使得制度具有透明性、确定性、稳定性及可预测性，获得票据当事人的可信赖性，从而乐于接受两岸票据；而在处理两岸票据纠纷的程序上，能够公平、公正裁判，确保票据当事人的票据权益能获得程序正义与实质正义的保障机制。两岸票据制度一体化为发展两岸票据创设共同适用依据，使票据当事人乐意以两岸票据作为支付条件，协助企业发展，促进两岸经济稳定增长。本书对于两岸票据制度一体化协议进行研究，着重于两岸法律一体化的实现。

法律制度的作用在于服务市场，建立两岸票据共同市场需要有共同的票据制度作为调整与适用，否则即便推行两岸票据市场一体化，仍会因为两岸票据实体法冲突，造成适用上的问题；而推行两岸票据制度一体化，有助于推动两岸票据市场一体化有序运行，节约交易费用，为企业创造有利的条件，加速两岸商品与资金的移动，促进两岸货物及服务的自由流动，推动两岸的经济发展。因此，本书对两岸票据制度一体化协议研究，是从比较两岸票据法律制度差异性为开端，经由协调、趋同、融合等价值衡量的动态过程，最终形成一体化"协议"成果，作为两岸票据市场一体化共同遵循与适用依据，属于法律一体化的范畴。

两岸票据制度一体化协议不仅在于作为共同遵循依据，也包括一体适用性。所谓一体适用性，除了协议本身一体适用性，也包括对协议解释所达成共识的统一适用标准。换言之，同一票据问题，应该获得相同的适用、解释与相同的裁判结果，具有统一两岸票据实体法与冲突法的机能，也是一种公平的保障机制。[1]

二、两岸票据制度一体化思路

从比较法的视角而言，由于各国（或地区）的历史、文化及社会经济与政治等渊源的不同，形成各国（或地区）的不同法律制度，如果从法的结构、形式、历史传统及法在社会中的地位等特征而言，可将世界上各国及地区的法律制度概略分为大陆法系（罗马法系）、英美法系（普通法系）、北欧法系（斯堪的纳维亚法）、社会主义法系及其他法系（包括远东法系、伊斯兰法系、印度教法等）等五种法系，其中以大陆法系与英美法系对世界各国及地区的法律制度影响最广泛且深远。[2]

大陆法系（Civil Law System），又称为民法法系、罗马法系或法典法系，通常是指承袭古罗马帝国的法律制度为基础发展起来，并参照19世纪欧洲大陆《法国民法典》及《德国民法典》的成文法典编纂所建立起来的法律制度的总称。[3]尽管19世纪在欧洲大陆开始成文法典的编纂活动，但随着殖民活动的扩张，这个法系也随之扩散到欧洲大陆地区以外的国家及地区，由于影响广泛，从而成为世界主要的法

---

〔1〕　徐国建：《国际统一私法总论》，法律出版社2011年版，第228页。

〔2〕　如果严格划分，世界上的法系不只五种。所谓法系，是指具有相同或近似的传统、原则与特征等要素归纳为一类的法律制度的总和。对于不同法律体系的归类，可能因学者的视角不同而有不同的分类方式，从而产生不同的法系。例如德国法通常被认为是大陆法系，但在德国学者K.茨威格特、H.克茨合著《比较法总论》一书中将德国法列为第二编"德意志法系"与第一编"罗马法系"并列。请参阅彭勃：《英美法概论》，北京大学出版社2011年版，第1页及注①；法系分类，请参阅郑祝君主编：《比较法总论》，清华大学出版社2010年版，第38~43页；[德] K.茨威格特、H.克茨：《比较法总论》，潘汉典、米健、高鸿钧等译，法律出版社2003年版，目录。

〔3〕　彭勃：《英美法概论》，北京大学出版社2011年版，第1页。

系之一。[1] 英美法系，也可以称为英国法系、普通法系或判例法系，其主要是起源于英国盎格鲁撒克逊时期的地方习惯法以及诺曼人征服英国后，通过巡回审判制度，将地方习惯法择优地从王室法院审判中加以淬炼而形成判例，并成为王室法院普遍通用于全国的普通法，换言之，英美法系是承袭英国中世纪的法律传统所发展起来的各国及地区法律制度的总称。[2] 其后，随着殖民活动的扩张，这个法系也随之扩散到英国以外的国家及地区，由于影响广泛，从而成为世界主要的法系之一。同一法系可能存在于不同国家，例如，同属于大陆法系的德国与法国；同样，在同一个国家中，也可能存在不同法系，例如英美法系中英国的苏格兰、美国的路易斯安那州及加拿大的魁北克，这些都是采用大陆法系的法律制度；又如中国，大陆地区属于社会主义法系、台湾地区及澳门地区均属于大陆法系，而香港地区属于英美法系，形成一国家同时存在三个法系。

尽管大陆法系与英美法系存在差异，但随着法律文化的交流、经济全球化，国家与国家之间或地区之间的经贸往来密切及相互依赖性，也使得法律逐渐全球化，两大法系逐渐相互渗透、相互借鉴与相互融合，如大陆法系传统是以成文法典为主，近来也借鉴英美法系的判例法，逐渐重视判例的重要性，甚至认为择优的判例具有法律的效力，有朝非法典化发展的趋势；而英美法系向来是以判例法为主，也开始注重成文法典，相继制定一些成文法，有朝法典化发展的趋势，并形成制定法与判例法为主的法律渊源。在欧洲，欧盟致力于维护统一内部大市场，避免市场扭曲及不平等情形，为其成员国制定统一规范，至少可以避免同一行为在不同国家（如法国与德国）可能受到不同的裁判结果，产生不公平现象。事实上，"超国家的组织正在努力统一各国的私法。由多个国家参加的公约使各国私法趋于统一，并确保这种

---

〔1〕 郑祝君主编：《比较法总论》，清华大学出版社 2010 年版，第 44 页。

〔2〕 王泽鉴主编：《英美法导论》，元照出版有限公司 2010 年版，第 1 页；郑祝君主编：《比较法总论》，清华大学出版社 2010 年版，第 124~126 页；彭勃：《英美法概论》，北京大学出版社 2011 年版，第 1 页。

统一状态。法律制度的传播也使各国私法趋向统一。国际商会通过制定合同示范文本以及（表面上指向各国法但实际上）超国家的仲裁程序规则，创立了一个被权威人士认为预示未来之法的统一商法。"[1]

综观两岸现状，尽管历史因素造成两岸分隔分治状态，但两岸经贸往来密切，依存度相当高，两岸法律制度未能一体化，所形成的各种不利因素（如关税、运输、法律风险及交易成本偏高等）需由商人及消费者承担，不利于促进两岸经济增长。因此，推动两岸私法一体化，使得两岸商贸往来更加便利，节约交易费用，为企业创造有利的经营条件，成为本书主要思路的方向。

（一）思考路径

不同国家及地区的法律基于其历史背景、文化、经济及社会发展等因素，形成各自独特的法律制度，由于规范内容差异而导致法律冲突。此种法律冲突一般是指私法，主要是因为公法具有比较强的属地性，一般不会发生法律冲突，而会发生法律冲突的是国与国或地区间的经贸交易，往往不受地域限制，使得究竟应该适用哪个国家或地区的私实体法，产生法律冲突。解决法律冲突的问题，一般称为冲突法。法律冲突实际上可分两种，一是国际法律冲突；另一是区际法律冲突。[2]大陆地区与台湾地区属于区际法律冲突类型；又如英国、美国、加拿大等国，也是由于历史原因，形成多数法域的国家，也是属于典型的区际法律冲突类型。

两岸目前并无统一的实体私法规范，也无统一的冲突法规范。一旦发生交易纠纷事件，如何解决此种区际法律冲突，学者间持有不同观点：第一种观点，认为要解决区际法律冲突问题，不外乎采用区际冲突法途径和统一实体法途径。提出此观点的学者指出："制定全国统一的区际冲突法，不仅能使各法域的法院对同一案件的审理得出相同的结果，从而从根本上防止了'挑选法院'的现象……还可为各法域

---

〔1〕引自［意］罗道尔夫·萨科：《比较法导论》，费安玲等译，商务印书馆2014年版，第206页。

〔2〕李平："大陆与台湾法律冲突问题分析及其冲突规范比较"，载《四川大学学报（哲学社会科学版）》1993年第4期，第101页。

实体法的统一奠定基础。"并认为"制定全国统一的区际冲突法是解决我国将来的区际法律冲突的最为可取的方式"。[1]第二种观点,认为要解决两岸法律冲突问题,主要有两个途径:第一,统一实体法。即制定统一适用的民商法,消除法律的差异;第二,统一冲突法。即制定共同适用的冲突法。但提出此观点的学者亦指出,"简单地通过这两个途径是走不通的,需要作一些新的考虑"。并认为"降低公共秩序保留的门槛,尽可能适用域外法律的做法是可取的"。[2]第三种观点,认为通过一种方式达到一次性解决两岸法律冲突不可能。可行性方法是多元的,即区际冲突法与具体实体法规定并存,或者通过类推适用国际冲突法与制定直接适用的单项法规并举的方式,以达到解决两岸法律冲突问题。[3]

法律统一化要取得成功,有论者指出,要符合两个前提条件:第一,必须要有理性的动因;第二,具有相似的社会条件及相近的成熟度。并且进一步总结出两个原则:第一个原则,认为法律统一化的问题要选择得当;第二个原则,认为时机要得当。[4]本书选择"两岸票据制度一体化协议"的研究,是"法律一体化理论"的重要成果体现,不仅具有理性的动因,而且因为两岸的金融市场具有互补的社会条件及相近的成熟度,因此,在议题选择与时机上都十分妥适。主要理由在于:第一,就票据而言,票据的形式,其本身具有共同的起源,从事国际贸易的国家是相同的,可促进商品快速流转与资金流通,有利国家经济发展,因此,发展两岸票据成为两岸共同的金融工具,有利于商品快速流转与资金流通,推动两岸经济与金融稳定发展;第二,就资金需求而言,票据是企业从事商业交易的信用、融资的工具,发

---

〔1〕 韩德培、黄进:"中国区际法律冲突问题研究",载《中国社会科学》1989年第1期,第123~124、126页。

〔2〕 顾倚龙:"'一国两制'下的区际法律冲突问题",载《东岳论丛》1989年第2期,第29~30页。

〔3〕 李平:"大陆与台湾法律冲突问题分析及其冲突规范比较",载《四川大学学报(哲学社会科学版)》1993年第4期,第102~103页。

〔4〕 吴思颖:"国际商事合同法统一化:原理、目标和路径",法律出版社2011年版,第14~16页。

展两岸票据可提高两岸资金分配的效益，协助企业调度资金的供需，有利于企业发展与扩大营运规模，因此，发展两岸票据通过建立两岸票据信用制度，开展多样化的交易工具，有助于降低融资成本、降低融资风险，提升两岸金融业务服务，解决企业融资与担保的问题，协助企业发展；第三，就法律制度而言，由于票据是无国界流通，不同的票据法律制度阻碍票据流通，不利于发展国际或区际贸易。因此，票据是最早从事统一法运动。为了解决票据法律制度冲突问题，世界各国家间采取了两种方式致力于票据制度适用的统一：[1]一是致力于统一各国票据实体法，如日内瓦票据法公约、日内瓦支票法公约、联合国票据法公约等。二是通过制定票据冲突规范来解决票据冲突，如《解决汇票及本票法律冲突公约》《解决支票法律冲突公约》、1975 年《美洲国家间关于汇票、本票及发票法律冲突的公约》（Inter-American Convention on Conflict of Laws concerning Bills of Exchange，Promissory Notes and Invoices）、1979 年《美洲国家间关于支票法律冲突的公约》（Inter-American Convention on Conflicts of Laws concerning Checks）等。两岸的金融市场具有互补的社会条件及相近的成熟度，因此，推动"两岸票据制度一体化"以实现两岸票据相互流通的设想，是具有合理性的动因，既可减少两岸法律信息不对称的成本及降低交易的不确定性，也可提供有效率的两岸金融市场所需的金融广度、金融深度与弹性。

尽管两岸对于涉外票据纠纷在冲突法设有相关准据法适用，但是不足解决适用票据实体法冲突问题。[2]两岸现有票据法律制度的差异性，源于立法目的与价值取向的不同，因此思考两岸票据制度一体化路径，按照学者观点，认为通常可以采取的模式有二：一是票据冲突法的统一化；二是票据实体法的统一化。但是，根据以上分析，两岸要实现统一冲突法及统一实体法难度较大。所以，本书借鉴以往各国法律一体化的实践经验，乃至私法国际一体化发展趋势，故而设想第

[1] 董惠江主编：《票据法教程》，对外经济贸易大学出版社 2009 年版，第 278 页。

[2] 大陆地区《票据法》第五章"涉外票据的法律适用"中规定涉外票据准据法适用；台湾地区"涉外民事法律适用法"第 21 条规定涉外票据的准据法适用。

三种路径，在不修改各自票据法律制度情形下，并在现有双方签署的各种协议、备忘录等的基础上，推行两岸票据制度一体化，促进两岸票据相互流通，应该是最妥适，也是最具可行性的方法。因此，就本议题而言，对议题的选择是得当的；就时机而言，有利于两岸金融深度合作与两岸企业发展，时机也是妥适的。

（二）一体化的方法

随着经济全球化及区域经济一体化趋势，世界各国及地区的法律制度也正朝着趋同化的路径迈进，这种路径是一种经济发展所形成的潮流趋势。两岸经贸的依存关系较紧密，而发展两岸票据则有助于推动两岸经济效益的增长，以及提升两岸整体金融利益。因此，本书以两岸票据市场一体化为背景，对于"两岸票据制度一体化协议"进行研究。首先，提出两岸票据市场有关"顺汇形式票据"相互流通的相关问题，并分析两岸票据制度一体化的必要性与可行性。其次，援引世界各国家票据制度一体化历程以及欧洲一体化等的成功范例作为论据，并运用区域经济一体化理论、法律一体化理论、交易费用理论、欧盟法效力理论等作为实现两岸票据制度一体化协议的理论基础；同时，为确保制度一体化的持续性、有效性及适用的一体性，对于适用协议所产生的问题，通过两岸司法交流，达成共识，由法院作出统一解释；对于疑难案件也由法院通过会议决议作出统一适用标准，实现司法制度保障一体性。

再者，为实现两岸票据制度一体化，通过票据理论与实务运作，具体比较分析两岸票据法律制度、两岸票据融资与担保制度的差异性，并从保障两岸票据当事人的票据权益及节约交易费用的视角为出发，提出"两岸票据制度一体化协议"建议稿作为解决之道，并通过两岸签署协议方式达到制度一体化。两岸签署协议的主要目的，在于作为两岸票据市场一体化运行的共同遵循依据，解决两岸票据实体法冲突问题与两岸票据冲突法中准据法适用的问题，是一种折衷的第三条道路。在"两岸票据制度一体化协议"的基础上，发展两岸票据，成为两岸共同的金融工具，有利于建立两岸票据信用制度，开展多样化的交易工具，提高资金的流动性与资金分配效率，降低融资成本、降低融资风险、提升两岸金融资产品，开拓多元的两岸金融业务服务，既解决企业融资与担保的问题，节约交易费用，也健全两岸金融一体化的发展。

因此，两岸票据制度一体化的方法，既不是两岸票据实体法的统一，也不是两岸票据冲突法的统一，而是在平等、公平与互惠原则基础上，通过两岸共同签署"两岸票据制度一体化协议"作为共同适用依据，实现两岸票据相互流通，并且有共同制度可资遵循，既保障两岸票据当事人的票据权益，也促进票据流通与维护交易安全；而制度性一体化也使得票据当事人对于所持有票据适用的制度具有透明性、确定性、稳定性及可预测性，确保裁判的公平性，以减少寻求信息的成本，降低交易的不确定性，从而乐于以票据作为支付条件，进而协助企业降低交易成本，增进两岸金融市场的广度、深度与弹性，促进两岸经济稳定发展。这里所谓的"制度"是指两岸票据法律制度的融合与制度的安排；而所谓的"协议"是指两岸在自愿、平等的基础上共同协商确定的签署文本，具有直接效力与优先地位。[1]

本书选择了推动两岸"法律一体化"的研究内容，提出了比较完整且系统的"两岸票据制度一体化"的设想。对"两岸票据制度一体化协议"的研究，是"法律一体化理论"的重要成果体现。它已超逾了现行域内法的范畴，既不同于国内法，也不同于传统国际法的另一类的法律体系，为学术研究提供了另一个视角，对于解决未来统一四个不同法域（大陆地区、台湾地区、香港地区及澳门地区）的制度提出了理论上的参考与借鉴，具有重要的理论贡献和价值。

（三）一体化的框架

"两岸票据制度一体化协议研究"是以两岸票据市场一体化为背

---

[1]　关于"两岸票据制度一体化协议"的直接效力及优先地位，是借鉴欧盟"条例"的直接适用效力及优先地位理论而来的。请参阅张彤："欧洲一体化背景下的欧洲私法趋同"，载米健主编：《欧洲法在欧洲一体化进程中的作用》，法律出版社2009年版，第172页；张彤主编：《欧盟法概论》，中国人民大学出版社2011年版，第97~102页；Robert Schütze, *An Introduction to European Law*, Cambridge University Press, First published, 2012, pp. 107~132, 133~143.

景，从保障两岸票据当事人的票据权益及节约交易费用的视角为出发点，并在两岸平等、公平、自愿的原则基础上，推行两岸票据制度一体化，使得两岸票据流通市场、信用市场、融资市场、担保市场等一体化能够顺畅运行，满足企业需求，节约交易费用，协助企业发展与转型，促进两岸经济稳定发展。

本书对"两岸票据制度一体化协议"研究，在结构上安排共分为六章：第一章论述两岸票据制度一体化正当性。其中包括第一节两岸票据制度一体化的必要性；第二节两岸票据制度一体化的可行性；第三节两岸票据制度一体化的构思。第二章论述两岸票据制度一体化协议理论基础。其中包括第一节区域经济一体化理论；第二节法律一体化理论；第三节交易费用理论；第四节欧盟法效力理论。从第三章开始到第六章分别对于两岸票据总则协议、两岸票据行为协议、两岸票据融资协议、两岸票据担保协议等重点进行论述，并就两岸规定的差异性进行价值取舍的融合，实现两岸票据制度一体化。最后得出"两岸票据制度一体化协议（建议稿）"全文。

"两岸票据制度一体化协议"建议稿的具体条款内容，主要是以大陆地区《票据法》与台湾地区"票据法"作为融合的基础，辅以国际票据公约及其他国家的票据法律制度，并根据当前两岸票据实务发展过程中所发生的重要问题，以及两岸现行票据法律制度所未规范，而在本协议建议稿中予以适当填补。因此，协议建议稿的内容，既兼具票据法理及票据实务需求，也参酌各国票据立法例，目的在于更适度地融合两岸票据法律制度的差异，以符合票据实务需求，避免阻碍两岸票据的流通。

关于"两岸票据制度一体化协议"建议稿框架安排，共分为七章：

第一章"总则制度"，规范内容主要在于说明签署协议的目的，两岸票据适用范围，两岸共同建立票据系统，包括查询票据当事人基本数据、票据信用记录、票据设质登记、拒绝往来户及退票数据库以及票据公示催告的公告信息系统等，以维护两岸票据交易的安全性。

第二章"两岸票据行为制度"，是对两岸各种票据行为制度的规范。

第三章"两岸票据分则制度",是对两岸票据中汇票、本票、支票及电子票据的特殊性予以一体化规范。

第四章"两岸票据的融资与担保",主要是针对两岸票据的融资与担保问题,订定原则性的规范,是企业及金融机构所遵循的依据,避免适用两岸法律制度发生冲突,以利企业通过票据取得融资,并借由票据担保降低融资成本;同时,也为金融机构提供更多的金融服务项目。

第五章"两岸票据问题处理的原则",主要是在处理涉及两岸票据问题时,金融机构及法院的处理原则。

第六章"法律责任",主要是针对可能产生的法律责任予以规范。

第七章"附则",主要是针对使用两岸票据可能引起的海关申报、外债问题及协议签署生效与终止的规范。

三、两岸票据制度一体化目的

票据具有现金支付与其他非现金支付所无法取代的功能,而又兼具独特的优势存在,如:第一,票据转让次数越多,票据的信用越高。债权人提供债务人商业信用,允许债务人延期付款。票据经由背书不断流转,其信用度越高,票据的经济价值越获得认同。第二,节约交易成本。在付款人与最后持票人间于票据到期日进行结算之前,可节约出票人的现金支出及促进资金的灵活运用,故以票据作为支付工具,可降低交易成本及促进资金灵活运用。第三,票据的持票人可以将未到期的票据向金融机构办理贴现、融资,将未来的货币财产权作为现在使用,而金融机构还可以将取得的贴现票据再向其他金融机构转贴现或向中央银行办理再贴现作为资金融通。这些通过票据取得的资金融通,可以使资金使用效益最大化。第四,通过票据增进企业与金融机构间的往来,并使用票据作为担保取得其他信贷项目。第五,银行或企业还可以通过发行票据在货币市场筹集短期资金。[1]

---

〔1〕 汪鑫主编:《金融法学》,中国政法大学出版社 2011 年版,第 318 页。

在经济全球化与区域经济一体化的趋势下，也使得法律呈现全球化、趋同化、协调与统一化的发展，尤其在欧盟从欧洲经济共同体、欧洲共同体到形成欧盟，成为世界上最成功的区域一体化典范，并从共同市场到形成统一内部市场，为欧洲各国带来许多经济利益与非经济利益，成为一大经济体，竞争力提升，也因此更加促使各地区亦不断加强区域合作或建立区域共同体，亦期望提升自身的竞争力，并为企业从事跨国发展开拓更宽广的空间，以及创造有利的发展条件。当然，成功的区域经济一体化，除了为跨境企业提供节约交易成本等便利条件外，也为这些国家带来在世界上更大的话语权，是一种无法以经济利益衡量的效益。因此，在经济全球化与区域经济一体化的趋势下，两岸更无法置身于此潮流之外，而且实现两岸票据制度一体化有利于解决企业融资与担保问题，并节约交易费用，协助企业苗壮发展，推动经济成长。因此，通过发展两岸票据的目的在于：第一，解决企业融资与担保的问题。第二，为企业提供有利的交易条件。票据的信用功能，为企业提供有利商品销售的条件，可提升企业的竞争力。第三，建立两岸票据信用制度。发展两岸票据，扩大票据流通领域，使得票据的经济价值在更大的范围内获得认可，有助于建立两岸票据信用制度，以发展多元化的金融商品，创造投资机会。第四，提高两岸整体金融利益。发展两岸票据，是一种金融服务的提供，也是一种金融业务的经营，是有利于促进两岸整体金融利益的提高，增进两岸金融的合作。

两岸就票据制度一体化达成协议，其所象征的意义在于：第一，发展两岸票据，使两岸顺汇形式的票据相互流通，并以该协议作为两岸票据市场一体化运行共同遵循依据，赋予票据新的生命力，以发展多元化的金融工具，提升两岸整体金融利益，推动两岸区域经济的共同繁荣发展；第二，对企业而言，具有更多元化、多样化的金融工具可供使用。亦即，企业得以两岸票据作为交易的支付条件，并通过使用两岸票据而得以融资与担保，节约交易费用，协助企业发展与转型，提升竞争力。第三，对金融机构而言，可提供更多的金融服务及金融业务，同时具有改善金融机构的资产质量，提升获利能力。第四，对一般人民而言，通过发展两岸票据，提高其对于票据信用制度的认知程度，从而乐于接受两岸票据作为支付条件。第五，推动两岸经济共同发展。

本书以保障两岸票据当事人的票据权益及节约交易费用的视角为出发点，认为实现两岸票据制度一体化的方法在于：两岸共同签署"两岸票据制度一体化协议"，既解决票据实体法冲突，也解决票据冲突法有关选法问题，建立符合平等、公平与正义的两岸票据一体化的市场环境。而所期望达成如下几个目的：第一，使票据当事人直接以顺汇形式的票据作为支付条件，解决两岸直接使用票据融资与担保的问题；第二，建立平等、公平、公正与互惠互利的两岸票据一体化的市场环境；第三，保障两岸票据当事人的票据权益；第四，节约交易费用；第五，作为两岸票据市场一体化的适用依据，使得两岸票据市场能有序顺畅运作；第六，作为两岸金融制度一体化的试点范例。范例的成功也可推动香港地区、澳门地区共同加入票据市场一体化，实现四个不同经济体的票据市场与制度的一体化。大陆地区目前所提出的"一带一路"政策框架，是一种大格局的国家级发展战略，此政策理念不仅仅是国家间的顶层战略合作关系，更开创出许多国家间经济合作的商机，足以带动整体区域经济的增长，形成利益共享。在本书研究中，认为通过实现"一票一法"（一种票据适用共同制度），将使得金融机构在"一带一路"的政策理念下，通过发展两岸票据及其相关的衍生性金融商品，以提供多元化的金融服务，同时也在"一带一路"政策所开创的商机中创造更多样化的投融资机会，共同推动整体区域经济发展。

第二章
两岸票据制度协议理论基础

随着两岸经贸日益紧密而具有的经济一体化发展趋势，是推动两岸票据市场一体化的良好时机。因此，本书以两岸票据市场一体化作为"两岸票据制度一体化协议"的研究背景，分别从经济学与法律两个层面探索，并运用区域经济一体化理论、法律一体化理论、交易费用理论及欧盟法效力理论作为实现两岸票据制度一体化的理论基础。首先，运用区域经济一体化理论，提出两岸票据市场一体化；其次，运用法律一体化理论与实践范例，推行两岸票据制度一体化，使得两岸票据市场一体化在两岸票据制度一体化下有序运作；再者，运用交易费用理论，从节约交易费用视角作为推动两岸票据制度一体化的动力。最后，通过两岸共同签署"两岸票据制度一体化协议"，经各自内部程序接受协议后，运用欧盟法中条例的效力理论，赋予协议直接效力与优先地位；同时，为确保制度一体化的持续性、有效性及适用的一体性，对于适用协议所产生的问题，通过两岸司法交流，达成共识，由法院作出统一解释；对于疑难案件也由法院通过会议决议作出统一适用标准，实现司法制度保障一体性。本章重点在于运用各种理论作为实现"两岸票据制度一体化协议"的理论基础。

第一节　区域经济一体化理论

一体化思想的起源，自古已有之，如中国古代的"天下大同"、古希腊时期的城邦联合、19世纪中期以罗伯特·欧文和约瑟夫·蒲鲁东为代表的共同体主义都体现了一体化思想。[1]区域一体化可分为许多种，如区域经济一体化、区域文化一体化、甚至区域政治一体化等。本书所指的区域一体化主要是指区域经济一体化与区域法律一体化，而不包含其他的区域一体化。

真正对区域经济一体化理论开始研究，是以1952年的欧洲煤钢共同体到1957年欧洲经济共同体成立为标志的。区域一体化的发展历程主要可分为三个阶段：第一阶段，20世纪50年代的萌芽阶段。1949年苏联与东欧国家成立经济互助委员会，1950年法国外长罗伯特·舒曼（Rober. Schuman）提出的《舒曼计划》，于1952年成立欧洲煤钢共同体，1957年签署《罗马条约》，[2]成立欧洲经济共同体与欧洲原子能共同体；1960年西欧另成立欧洲自由贸易联盟；其后，在其他地区，如拉丁美洲1960年建立了拉美共同市场及拉美自由贸易区，1962年又成立中美洲共同市场，1964年非洲成立中非关税和经济联盟等。在20世纪50年代至60年代间，全球出现近20个区域经济一体化的组织。[3]第二阶段，自20世纪后期开始的快速发展期。1967年，在亚太地区由新加坡、菲律宾、印度尼西亚及泰国等建立了东南亚国家联盟；1968年，欧洲共同体建立了关税同盟；1973年，欧洲共同体（European Communities）吸纳英国、丹麦及爱尔兰等三个新成员国，第一次实现扩大欧洲共同体范围。[4]1975年，在非洲地区，由尼日利亚等16国

---

〔1〕 刘华："欧洲一体化理论研究"，载《国际关系学院学报》2004年第1期，第8页。

〔2〕 1957年3月25日欧洲煤钢共同体六国在意大利首都罗马签署《建立欧洲原子能共同体条约》及《建立欧洲经济共同体条约》，通称《罗马条约》，于1958年1月1日生效。请参阅张彤主编：《欧盟法概论》，中国人民大学出版社2011年版，第8页。

〔3〕 请参阅张永安主编：《区域经济一体化理论与实践》，格致出版社2010年版，第44页；张彤主编：《欧盟法概论》，中国人民大学出版社2011年版，第7页。

〔4〕 欧洲共同体（European Communities）英文名称为复数，简称"欧共体"，包括欧洲煤钢共同体、欧洲原子能共同体及欧洲经济共同体的总称。请参阅曾令良：《欧洲联盟法总论——以〈欧盟宪法条约〉为新视角》，武汉大学出版社2007年版，第2页；张彤主编：《欧盟法概论》，中国人民大学出版社2011年版，第7页及同页注②、第17页注①。

达成西非经济共同体。[1]第三阶段，20 世纪 90 年代中期以后的扩大阶段。这时期除了欧洲共体不断吸纳新成员国，并不断壮大至今日的 28 个成员国外，并于 1993 年实现欧共体内部市场的大统一，市场内部的商品、人员、服务及资本可以自由流动；欧洲经济共同体依据 1993 年生效的《欧洲联盟条约》规定，改称为"欧洲共同体"；2007 年《里斯本条约》以"欧盟"取代欧共体获得独立的法律主体资格，成为唯一实体。[2]在美洲地区，于 1994 年美国、加拿大、墨西哥三国签署北美自由贸易协议，于 2005 年成立美洲自由贸易区；1995 年由阿根廷、巴西、乌拉圭及巴拉圭等组建成立南方共同市场；在亚洲地区，2002 年 1 月 1 日成立东盟自由贸易区，而中国与东盟自由贸易区也于 2010 年 1 月启动。2003 年，大陆地区与香港地区、澳门地区签订"更紧密经贸关系的安排"（简称 CEPA）；在非洲地区，2002 年 7 月成立非洲联盟。[3]

此后，区域经济一体化的发展模式也趋于多样化及灵活化，在地域空间范围，也不断延伸，跨地区、跨大洲，在合作的程度更深，范围也更广，如投资、贸易争端解决机制、统一的竞争政策、超国家制度的安排等，合作开放的程度也日益增强，以因应全球化快速发展的需求。[4]

区域经济一体化的形成，是由于经济国际化发展达到一定水平所产生跨越国界或跨越区界发展的结果，形成不同国家间或不同经济体间的合作。随着世界发展而不断演进，各国家或地区原为保护自身经济利益，采取许多贸易保护措施与制度，以维护自身利益，但却相对

---

〔1〕 请参阅张永安主编：《区域经济一体化理论与实践》，格致出版社 2010 年版，第 44 页。

〔2〕 请参阅张彤主编：《欧盟法概论》，中国人民大学出版社 2011 年版，第 7~17 页。

〔3〕 请参阅张永安主编：《区域经济一体化理论与实践》，格致出版社 2010 年版，第 45~46 页。

〔4〕 请参阅张永安主编：《区域经济一体化理论与实践》，格致出版社 2010 年版，第 47~48 页。

地阻碍自身在现今国际与区际的贸易发展，即便透过多边贸易谈判效果亦属有限，形成贸易壁垒分明，不利于国家间及地区间的贸易往来。因此，各国及地区间纷纷通过签订区域自由贸易协议的方式，依托于区域经济一体化的成果，以获取贸易与经济增长的收益。[1]在一体化潮流趋势中，随着区域经济一体化现象逐渐向其他国家与地区扩散，形成许多的区域经济一体化的组织，如欧洲联盟（简称"欧盟"）、北美自由贸易区、中国-东盟自由贸易区、南部非洲发展共同体、南方共同市场等，目前欧盟是组织最完备，且规模最大，一体化程度也是最高的，无疑是体现一体化理论运用最为成功的案例。当各经济体所预期的合作利益远高于独自行为所获得的经济利益时，即产生合作的动力，而一体化也由此开始。随着合作领域与范围不断扩大，参与一体化的各经济体的利益逐渐融合与趋同，即逐步产生共存感，形成经济共同体，一体化进程也就更获得了各经济体的普遍支持，而能不断深化与发展，其中欧盟就是最佳的例证。[2]学者指出，区域经济一体化的目的在于通过成员国或经济体的国际分工或区际分工以消除歧视性的贸易壁垒，促进资源的最佳使用，以求得整体最优化的经济结构与经济效果。[3]

本书以两岸票据制度一体化协议作为研究对象，以两岸票据市场一体化为背景，因此，运用区域经济一体化理论，认为实现两岸经济一体化，必然推动两岸票据市场一体化，为使两岸票据市场一体化有序运行，以两岸票据制度一体化协议作为其运行共同遵循依据，促进两岸票据相互流通；反之，未实现两岸经济一体化时，优先实现两岸票据市场一体化，并在两岸票据制度一体化协议的基础上有序运行，亦可逐步推动两岸经济一体化。所以，两岸经济一体化与两岸票据市场一体化之间，两者是相互促进的作用，有利于两岸经济发展。

---

〔1〕 张彬等：《国际区域经济一体化比较研究》，人民出版社2010年版，第1页。

〔2〕 刘华："欧洲一体化理论研究"，载《国际关系学院学报》2004年第1期，第8页。

〔3〕 张永安主编：《区域经济一体化理论与实践》，格致出版社2010年版，第30页。

一、区域经济一体化理论内涵

现代区域经济一体化理论起源于第二次世界大战之后欧洲联盟所采取的联邦主义思想。按当时欧洲联盟所建构的模式有联邦主义与邦联主义之争，最后由联邦主义者占据主导地位，从而开启欧洲一体化进程按联邦主义模式推进。但是在联邦主义模式下，又区分法制派（制度主义）与职能派（功能主义）等的不同学说主张。在欧洲煤钢共同体成立后，职能派占据主导地位，成为当时的主流思想。[1]随着欧洲一体化不断演变，区域经济一体化现象逐渐扩散，而区域经济一体化理论也获得了不断地发展，使得理论更趋于丰富与多元化。

有关一体化的内涵可以说是源于区域经济一体化，而区域经济一体化理论源自美国经济学家雅各布·维纳（Jacob Viner）在 1950 年的《关税同盟》一书，认为在区域经济合作中实施关税同盟，具有贸易创造效应和贸易转移效应，这个理论也成为二战后国际经济一体化理论的核心议题。

此后，很多学者都尝试对区域经济一体化的内涵进行界定，形成各种不同学说，其主要是因为学者分别从不同角度对其进行概括的界定：如 1954 年的荷兰经济学家简·丁伯根（Jan Tinbergen）首先对经济一体化予以定义，其认为：经济一体化是以区域为基础，各有关国家或地区间通过相互合作与统一，将阻碍最有效运行的人为因素加以

---

〔1〕 联邦主义是一种复合制的政体，联邦成员拥有地方自治权，而重要的主权如外交、防务等必须交由联邦当局行使；邦联主义是一种松散的国家联合体，不是国际法的主体。主张欧洲联盟采取联邦主义思想者，又分为法制派（即制度主义者）与职能派（即功能主义者）。法制派主张自上而下地建设统一的欧洲，力主通过欧洲联邦宪法来建立一个欧洲政府和欧洲议会；另一派持职能派（功能主义）观点，主张自下而上统一欧洲。即从经济领域入手，实现主要经济部门联合，逐步扩大至整个经济部门和其他部门。从经济一体化到政治一体化，最终建立政治上层建筑以完成欧洲完全统一。请参阅张永安主编：《区域经济一体化理论与实践》，格致出版社 2010 年版，第 40 页；刘华："欧洲一体化理论研究"，载《国际关系学院学报》2004 年第 1 期，第 9 页。

消除，使得贸易的完全自由化，以达到资源的有效配置与利用。[1]
1955 年米德（Meade）认为，一体化是一种联盟状态的过程，不仅要
消除各成员经济间的歧视，还要形成协调和共同的政策，以保证实现
主要经济与福利目标。[2] 1961 年经济学家巴拉萨（Balassa）认为，一
体化是一个过程，也是一种状态。就过程而言，一体化在消除各成员
国间的歧视；就状态而言，参与国间消除各种经济歧视，从而使商品、
资本及劳动力在参与国内的人为限制完全消除。[3] 其并将一体化进程
分为四个阶段：一是取消对商品流动的限制的贸易一体化；二是实行
生产要素自由流动的要素一体化；三是在集团内达到国家经济政策协
调一致性的政策一体化；四是政策全面统一的完全一体化。其并提出
了五种类型的区域一体化的组织形态，分别为"自由贸易区""关税
同盟""共同市场""经济联盟"及"完全经济一体化"等。而经济学
者李普西（R. Lipsey）在 1968 年发表的《国际一体化：经济联盟》认
为，依据商品生产要素在参与国间的自由流通所受人为限制，将巴拉
萨的划分五种区域经济一体化组织形态中加入"特惠关税制度"，成
为六种类型，即形成"特惠关税制度""自由贸易区""关税同盟"
"共同市场""经济联盟"及"完全经济一体化"等。[4] 1996 年贝娅
特·科勒-科赫等认为，一体化是"不同的社会、国家及经济体跨越
了现存的国家、宪政和经济边界，以和平和自愿的方式所形成的联
合"。[5] 1998 年罗伯森（Robson）认为，一体化是指各成员国间消除

---

〔1〕 张永安主编：《区域经济一体化理论与实践》，格致出版社 2010 年版，第 40
页；张彬等：《国际区域经济一体化比较研究》，人民出版社 2010 年版，第 2 页；张彤：
《欧洲私法的统一化研究》，中国政法大学出版社 2012 年版，第 19 页。

〔2〕 米德（Meade）的一体化内涵，参考张彬等：《国际区域经济一体化比较研
究》，人民出版社 2010 年版，第 2 页。

〔3〕 Bela Balassa, *The Theory of Economic Integration*, Routledge, first edition, 2011
(First published in 1961), p. 1.

〔4〕 美国经济学家巴拉萨（B. Balassa）对一体化的定义，引自张永安主编：《区
域经济一体化理论与实践》，格致出版社 2010 年版，第 31、40 页。

〔5〕 ［德］贝娅特·科勒-科赫等：《欧洲一体化与欧盟治理》，顾俊礼等译，中国
社会科学出版社 2004 年版，第 3 页。

相互各种歧视，将各自分散的国民经济纳入一个较大的经济组织中，各成员国凭借自身的相对优势，通过经济合作，在共同目标下获得各种单方面行动所不能获得的经济利益的过程与状态。[1]

各学者对于区域经济一体化的定义，绝大多数是从国家与国家之间合作作为主体的一体化内涵，这虽符合多数国家间的区域经济一体化内涵，但是由于两岸特殊关系，是一个国家的不同经济主体，因此，1996年贝娅特·科勒-科赫等对于一体化的定义，即经济体跨越现存经济边界，以和平和自愿的方式所形成的联合，更符合现代两岸经济一体化的内涵。

区域一体化的结果是经济空间从国家扩大到国家之外，也可以说从一个地区扩大到该地区以外，就规则体系建设的意义而言，一体化可以采取两种形式：第一，消极一体化。此种一体化是指消除关税、数量限制及其他贸易壁垒。其主要目的在于促进贸易自由化，防止垄断性的竞争。第二，积极一体化。此种一体化是指在区域一体化范围内重新建构经济规则体系。其主要目的在于市场有序运作，防止市场失灵，如保护消费者权益、票据当事人权益等。消极一体化与积极一体化代表两种不同一体化的思想，而欧共体所形成的法律体系是一种妥协型的。[2]

二、区域经济一体化类型

随着区域经济一体化组织不断发展，许多区域经济一体化理论应运而生，如关税同盟理论、政治派生论、新功能主义论、相互依赖论、集团博弈理论、区际要素流动理论、协议分工理论、共同市场理论、

〔1〕 Peter Robson, *The Economics of International Integration*, Routledge Press, 1998, p.4，转引自张彬等：《国际区域经济一体化比较研究》，人民出版社2010年版，第1页。

〔2〕 两种不同一体化思想主要是新自由主义者（反干预主义者）与干预主义主者。反干预主义者，认为一体化主要是消极一体化，积极一体化只有在为市场建设之目的时，才是可以接受的。干预主义者，认为消极一体化只有在积极一体化纠正市场失灵时，才是可行的。请参阅程卫东：《欧洲市场一体化：市场自由与法律》，社会科学文献出版社2009年版，第86~93页。

大市场理论、新经济地理理论等。其中共同市场理论对两岸票据市场一体化提供了良好的理论借鉴。[1]共同市场理论认为，不仅要通过关税同盟的自由贸易实现产品市场的一体化，还要排除参与成员内部要素自由流动的障碍，以实现要素市场的一体化。此理论重点在于建立共同市场所获得的额外利益。[2]台湾地区原"行政院长"萧万长在2000年即提出建立"两岸共同市场"的构想，主要目的是促进两岸之间的商品自由流通，并对外部实施统一的关税税率及对外贸易政策，同时还要求各种生产要素在基本上实行自由流动，以实现市场一体化，提升两岸共同的竞争力，降低商品成本，共享经济合作所带来的成果。因此，将理论运用于本书，与本书议题有关者即在于，通过建构两岸共同市场，实现两岸票据市场一体化，或者推行两岸票据共同市场，实现两岸票据市场一体化。

学者对于区域经济一体化的组织划分方法各有不同，主要从两个层面进行区分：第一层面是从区域经济一体化组织形态分类，如巴拉萨分为5种；李普西在巴拉萨分类上加上一种，分为6种；阿格拉分为6种；林德特分为4种。整体归纳起来，主要可分为7个层次的组织形态，如表6所示。[3]第二层面是按参与者的经济发展水平区分，其大约可分为三类型：第一类型，由发达国家组建的区域经济一体化组织，一般称为"北北型经济一体化"，如1958年成立的欧洲经济共同体。第二类型，由发展中国家组建的区域经济一体化组织，一般称为"南南型经济一体化"，如1960年，中美洲的哥斯达黎加、萨瓦尔多、危地马拉、洪都拉斯和尼加拉瓜等5国共同签署的《中美洲共同市场条约》。第三类型，由发达国家与发展中国家组建的区域经济一体化组织，一般称为"南北型经济一体化"，如1992年美国、加拿大及

〔1〕 各种区域经济一体化理论，请参阅张永安主编：《区域经济一体化理论与实践》，格致出版社2010年版，第40~43、52~56页。

〔2〕 请参阅张永安主编：《区域经济一体化理论与实践》，格致出版社2010年版，第55页。

〔3〕 张永安主编：《区域经济一体化理论与实践》，格致出版社2010年版，第31页；张彬等：《国际区域经济一体化比较研究》，人民出版社2010年版，第3-7页。

墨西哥等 3 国达成的《北美自由贸易协议》。[1]

表 6　学者对区域经济一体化组织形态分类

经济学家	巴拉萨	李普西	阿格拉	林德特
提出时间	1961	1968	1980	2001
种类	5	6	6	4
组织形态		特惠关税制度	单一商品的经济一体化	
	自由贸易区	自由贸易区	自由贸易区	自由贸易区
	关税同盟	关税同盟	关税同盟	关税同盟
	共同市场	共同市场	共同市场	共同市场
	经济联盟	经济联盟	全面的经济联盟	全面的经济联盟
	完全经济一体化	完全经济一体化		
			完全政治一体化	

资料来源：引自张永安主编：《区域经济一体化理论与实践》，格致出版社 2010 年版，第 31 页。

对于区域经济一体化组织的形态分类，目前大都是按照巴拉萨与李普西所提出按区域经济一体化的程度区分为六种基本形态。区域经济一体化组织的层次不同，其主要特征也不相同。如依据上述表 6 中所列，除完全政治一体化不列入外，应可分为以下七种形态：[2]

---

[1]　张彬等：《国际区域经济一体化比较研究》，人民出版社 2010 年版，第 8 页。

[2]　七种形态的区域经济一体化组织，主要参考资料来源：陈志恒：《东北亚区域经济一体化研究——以交易费用理论为视角》，吉林人民出版社 2006 年版，第 23~25 页；赫国胜、杨哲英、关宇主编：《新编国际经济学》，清华大学出版社 2008 年版，第 140~142 页；张永安主编：《区域经济一体化理论与实践》，格致出版社 2010 年版，第 32~34、67~71 页；张彬等：《国际区域经济一体化比较研究》，人民出版社 2010 年版，第 3~7 页；[美] 多米尼克·萨尔瓦多：《国际经济学》（第 10 版），杨冰等译，清华大学出版社 2011 年版，第 264~265 页。

（一）特定产业经济一体化（Specific Industry Integration）

特定产业经济一体化，也称单一商品经济一体化，是指区域内的参与协议成员体在特定的一个或几个产业实现一体化，并逐步取消参与成员体间对该类产品的关税及限额，通过控制投资、产业价格、原料分配等调节参与协议成员体的产品生产，并建立共同的协调机构，对参与协议成员体所属企业及个人的有关经济活动实行约束。由于仅涉及特定产业或商品，其影响较小，故而多数文献并不将其认为属于区域经济一体化形态之一。[1]如1952年成立的欧洲煤钢共同体即是属于对钢铁及煤炭特定产业实行经济一体化的例子。

（二）特惠贸易协定（Preferential Trade Arrangement，简称PTA）

特惠贸易协定，也称"优惠贸易安排"，是指参与协议成员体在进行贸易时，相互提供比与非参与协议成员体更低的贸易壁垒。换言之，对成员体提供对全部或部分商品较优惠的关税，如1932年英联邦及其成员国（包括大英帝国前的自治领、殖民地）建立的英联邦特惠制。

（三）自由贸易区（Free Trade Area，简称FTA）

自由贸易区，是指两个国家、地区或独立经济体通过签署自由贸易协议，在区内的各参与协议成员体除了取消关税与其数量限制，商品可以在区内自由流动外，各参与协议成员体对非参与协议成员体保留各自的贸易壁垒。如1960年欧洲自由贸易联盟（European Free Trade Association，简称EFTA）[2]、1960年拉丁美洲自由贸易联盟（Latin America Free Trade Association，简称LAFTA）[3]、1993年北美

〔1〕　陈志恒：《东北亚区域经济一体化研究——以交易费用理论为视角》，吉林人民出版社2006年版，第23～24页。

〔2〕　欧洲自由贸易联盟是1960年1月4日，由奥地利、丹麦、挪威、葡萄牙、瑞典、瑞士和英国等7国组成，在斯德哥尔摩签订《建立欧洲自由贸易联盟公约》，即《斯德哥尔摩公约》。请参阅［美］多米尼克·萨尔瓦多：《国际经济学》（第10版），杨冰等译，清华大学出版社2011年版，第274页。

〔3〕　1960年拉丁美洲自由贸易联盟由大多数南美洲国家所建立，旨在加速一体化及建立共同市场，于1980年由拉美一体化联盟（Latin American Integration Association，简称LAIA）取代。请参阅［美］多米尼克·萨尔瓦多：《国际经济学》（第10版），杨冰等译，清华大学出版社2011年版，第277页。

自由贸易区（North American Free Trade Agreement，简称 NAFTA）[1]等。又如 2003 年大陆地区与香港地区、澳门地区分别签署《内地与香港关于建立更紧密经贸关系的安排》《内地与澳门关于建立更紧密经贸关系的安排》，统称为《关于建立更紧密经贸关系的安排》（Closer Economic Partnership Arrangement，简称 CEPA），是一国两制原则下，具有代表性的不同经济体实施的自由贸易协议。

（四）关税同盟（Customs Union，简称 CU）

关税同盟，是指允许各参与协议成员体在进行贸易时，可像自由贸易区一样取消关税或其他壁垒，但所有参与协议成员体对非参与协议成员体实行统一对外关税及其他贸易政策。如 1834 年具有主权的德国各州政府所建立的关税同盟、1960 年中美共同市场、1968 年欧共体（德国、法国、意大利、比利时、荷兰及卢森堡）实行共同关税、1973 年加勒比共同体、2004 年南部非洲关税同盟等。[2]

（五）共同市场（Common Market，简称 CM）

共同市场，是指除包括关税同盟的内容外，还包括生产要素的自由流动，即参与协议成员体必须实现商品、服务、资本及人员（劳动力）等的自由流动。此不仅便利于参与协议成员体间的贸易，还促进资源的最优配置。但是，在共同市场的条件下，参与协议成员体需要让渡给共同体干预资本及人员流动的权利。如欧盟统一市场即是由共同市场逐步到现今的单一市场，而其最初的《罗马条约》[3]中规定共同市场为一体化的起点，于 20 世纪 80 年代的欧洲经济共同体时，即具有共同市场的形式。采用共同市场，意味着在更广泛的领域内实行

---

〔1〕 北美自由贸易区是由美国、加拿大及墨西哥等三国间达成北美自由贸易协议（NAFTA）。请参阅张彬等：《国际区域经济一体化比较研究》，人民出版社 2010 年版，第 71~72、78~79 页；张永安主编：《区域经济一体化理论与实践》，格致出版社 2010 年版，第 142~148 页。

〔2〕 请参阅张永安主编：《区域经济一体化理论与实践》，格致出版社 2010 年版，第 33 页。

〔3〕《罗马条约》是指 1957 年 3 月 25 日欧洲煤钢共同体 6 国在意大利首都罗马签订《建立欧洲原子能共同体条约》及《建立欧洲经济共同体条约》，通称为《罗马条约》。请参阅张彤主编：《欧盟法概论》，中国人民大学出版社 2011 年版，第 8 页。

共同政策，并从共同市场获得额外的利益。

欧共体的《罗马条约》中仅提及"共同市场"，但对于什么是共同市场并无明确规范，因此，学者对于共同市场的范围有不同理解。[1]后来由欧洲法院对共同市场作了解释："共同市场是经济一体化的一个阶段，其目标在于消除共同体内贸易的所有壁垒，将成员体的国内市场融合成一个单一市场，以创造尽可能地接近于真正的内部市场的条件。"[2]这个解释颇具意义，因为这样的解释代表共同市场是内部市场的一个阶段，而内部市场是共同市场的发展结果。[3]

两岸建立共同市场或者两岸票据共同市场，是实现两岸票据市场一体化的最佳路径，也是两岸人民所期待的。因为可以消除贸易壁垒，节约交易费用；通过发展两岸票据，建立票据信用，提高资金的分配效益，完成资金移转的融资，解决两岸企业融资问题。

（六）经济同盟（Economic Union，简称 EU）

经济同盟，在一体化的程度上比共同市场更进一步，它是指参与协议成员体间不但要实现商品及生产要素的完全自由流动，而且还要采用统一的对外关税及其他贸易壁垒，更要求参与协议成员体制定及执行某些共同经济及社会政策，逐步消除差异，使一体化扩展至整体国民经济，建立庞大的经济联合体。如 1960 年的比荷卢经济联盟。

（七）完全经济一体化（Full Economic Integration，简称 FEI）

完全经济一体化是在经济联盟的基础上进一步提升，以逐步实现

---

〔1〕　第一种理解认为，共同市场是一个提供货物、服务、人员及资本等四大流动自由的框架；第二种理解认为，除四大自由外，还包括竞争政策；第三种理解认为，不仅包括四大自由及竞争政策，还包括农业、运输及经济与社会政策等等。请参阅程卫东：《欧洲市场一体化：市场自由与法律》，社会科学文献出版社 2009 年版，第 37~38 页。

〔2〕　Case 15/81，Schul【1992】ECR 1409，转引自程卫东：《欧洲市场一体化：市场自由与法律》，社会科学文献出版社 2009 年版，第 38 页。

〔3〕　程卫东：《欧洲市场一体化：市场自由与法律》，社会科学文献出版社 2009 年版，第 38 页。

经济、政治及法律等制度的协调与统一的经济一体化，甚至建立超国家管理机构，使参与成员在贸易、金融、财政及外交等政策方面达到完全统一化，消除所有人为障碍。在完全经济一体化的形式上，主要有两种：一是联邦制，二是邦联制。如欧洲共同体采取的是联邦制，并在 1993 年成功转型为欧洲共同体，2009 年以欧洲联盟取代欧洲共同体，获得独立的法律主体资格。

区域经济一体化除了按前述的方式区分外，还可以依照政府参与的程度，将区域经济一体化区分为制度性经济一体化与功能性经济一体化。所谓制度性一体化，是指不同经济体透过协定或组织的形式为框架的一体化；而所谓功能性一体化，则是指以经济体间的高度密切经济活动为基础，不依赖于协定或组织保证的经济整体联系性的增强。通常情形下，"当功能性一体化发展到一定阶段时，必然要求制度性一体化给予进一步的保障和促进"。[1]所以，两者在区域经济一体化的过程中，应该是相辅相成。

三、区域经济一体化理论应用

一般经济学家对于区域经济一体化的定义，大都是从国家与国家间的层面进行论述，但往往忽略了一国内的不同经济体间的经济一体化情形。而本书在论述区域经济一体化的定义中，不仅包括国家与国家间的区域经济一体化情形，也包括跨区域、跨洲间的区域经济一体化，更包括一国内的不同经济体间的经济一体化的特殊情形，是比较广义的区域经济一体化概念。

由于两岸关系的特殊性，因此两岸经济一体化的内涵不同于一般区域经济一体化（国家与国家间的一体化）的内涵，而是从不同经济体的角度来审视两岸经济一体化，这也使得两岸经济一体化实现的方式与路径有所不同。在 2000 年底，台湾地区原行政领导人（"行政院

---

〔1〕 曹小衡："海峡两岸经济一体化的选择与定位"，载《台湾研究》2001 年第 3 期，第 26 页。

长")萧万长最先提出"两岸共同市场"的理念。[1]该理念被提出后，期间虽因政局变动，而影响两岸经济互动，但于2008年两岸政局和缓，区域经济发展格局出现重大转变，[2]使得两岸区域经济一体化进程加快，于2010年两岸共同签署《海峡两岸经济合作框架协议》，正是两岸在经济全球化与区域经济一体化快速发展的情势所出现的重大格局调整，象征两岸正式迈入更紧密的两岸经济一体化进程之中。但是，《海峡两岸经济合作框架协议》应属于自由贸易区的组织形态，本书认为可以提升为建构两岸共同市场，加速两岸经济一体化的进程。[3]

尽管两岸一直以来没有完整的制度性保障存在，依然保持高密度的经贸往来，但随着两岸经济体间的高度密的经济活动，功能性经济一体化的不断推进，经贸联系日益紧密。同时又因国际经济环境快速变化，特别是东亚经济环境的变动，基于两岸各自内部经济的需要及

---

〔1〕"两岸共同市场"理念的主要内涵："共同市场"的形态在经济区域一体化组织中，相较于自由贸易区更高级，属于一种高级形式的区域一体化组织形态。而欧盟在建立之初，即是从共同市场为起点，是目前世界上较成功的经济区域一体化的实践。萧万长所提两岸共同市场的主要内涵包括："（1）效法欧洲联盟（EU）的精神。以欧洲各国由经济整合走向政治统合的模式与精神作为重要参考，从降低贸易障碍开始、扩及商品、人员、资金、服务、资讯等生产资源移动的全面自由化，进而发展到经济政策协调乃至政治的联盟。（2）适应两岸的特殊状况作合理的调整。其一，强调开放式的经济整合。要在亚洲以及太平洋区域经济整合的架构下推动建立'两岸共同市场'，即在两岸形成共同市场的过程中，两岸也要对其他国家同步开放市场，参与两岸以外的区域分工与国际合作。其二，强调市场共享的经济合作。在两岸经济整合中若过于强调经济资源无限制的移动，会冲击台湾经济。因此，建立'两岸共同市场'应该特别强调市场共享经济合作，让台湾与大陆可以截长补短，开发繁荣双方与整个亚太地区的市场。（3）两岸从经济合作、经济主权的共享扩大到政治主权的共享。"引自邓丽娟："评萧万长的'两岸共同市场'构想"，载《台湾研究集刊》2001年第3期，第43~44页。

〔2〕因民进党上台执政而告中断，但随后于2008年国民党执政之后，两岸区域经济发展格局转变，出现重大调整，区域经济一体化进程加快。

〔3〕采相同的观点的学者提出，"两岸制度性经济一体化的目标模式应当是共同市场"，请参阅黄绍臻："海峡两岸经济一体化的发展趋势和目标定位"，载《福建论坛·人文社会科学版》2005年第10期，第110页。

保障需求，应从功能性一体化谋求转为制度性一体化。[1]为两岸经贸可持续发展提供更有利及有效的基础依据，以加速两岸经济一体化，更为两岸经济一体化提供制度性的保障。学者更进一步指出："推动两岸制度性经济一体化已经成为两岸经济发展的必然。考虑到两岸关系的政治现实，……因此，两岸制度性经济一体化的推动宜由简而繁、由易而难、由浅入深的逐步推开。……一旦两岸在政治上达成共识，两岸制度性经济一体化进程开始，两岸立即可以推动建立两岸商务仲裁制度和两岸自由贸易区。"[2]

本书认为基于两岸经贸的紧密程度与往来的相互依存度，在区域经济一体化的组织层次上，可以两岸共同市场形态推动两岸经济一体化的发展，逐步形成区域大市场，降低由一体化前因市场分割、关税壁垒以及市场分工等所产生的额外交易费用，推动两岸经济效益的增长，释放更多的潜在利益，优化两岸资源的配置，促进两岸产业升级，进而提升两岸的竞争力，实现两岸经济整合的新格局。在具体操作路径方面，两岸可以共同选择技术性较强而扩散效应较广者为对象，进行优先融合，然后以此为经验基础逐步扩大一体化领域，此不仅可使两岸经济体在经济上获得额外利益，还可获得区域稳定的非经济利益，改善两岸关系，共建和平稳定发展，创造双赢格局，为两岸人民谋福祉。

本书即是以技术性较强的两岸票据市场一体化为背景，对两岸票据制度一体化"协议"进行研究，是基于前述区域经济一体化理论，以建构两岸经济共同市场的理念所引申的"两岸票据共同市场"概念，除运用区域经济一体化理论外，还结合两岸票据的实际情况进行分析评估，保障两岸票据当事人的票据权益及节约交易费用为视角，

---

〔1〕 曹小衡："海峡两岸经济一体化的选择与定位"，载《台湾研究》2001年第3期，第26页；有学者更提出，"海峡两岸功能性经济一体化是不可逆转的"，请参阅黄绍臻："海峡两岸经济一体化的发展趋势和目标定位"，载《福建论坛·人文社会科学版》2005年第10期，第108~111页。

〔2〕 曹小衡："海峡两岸经济一体化的选择与定位"，载《台湾研究》2001年第3期，第27页。

并引入交易费用理论等其他理论工具，发展两岸票据，实现两岸票据市场一体化，建立票据信用，通过两岸票据解决企业融资问题，节约交易费用。

（一）区域经济一体化范例

传统区域经济一体化理论，一般认为该理论的核心是关税同盟理论，主要起源于 19 世纪的德国历史学派的代表李斯特（G. F. List）的关税保护理论，其后由美国学者雅各布·维纳（Jacob Viner）在 1950 年的《关税同盟问题》（The Customs Union Issue）一书中，[1]对"关税同盟理论"予以阐述，从而使得区域经济一体化以"关税同盟理论"为基础而发展。雅各布·维纳运用定量分析论证关税同盟对区域经济一体化的经济效应，并对关税同盟的静态与动态效应分别作了论述。其中所谓静态效应是指"贸易创造"（Trade Creation）和"贸易移转"（Trade Diversion）所取得的实际效果；而动态效应主要包括规模经济效应、刺激竞争效应、刺激投资效应等。按照关税同盟理论所实行的是"对内自由，对外保护"贸易原则。

关税同盟的静态效应中所谓的"贸易创造"（Trade Creation），是指关税同盟建立后，成员体取消了各种贸易壁垒，实现贸易自由化，而原来本经济体所生产的产品被其他的经济体以更低的成本所替代，使新的贸易得以"创造"，从而使同盟内部贸易规模扩大并增进其他成员体福利贸易效应。此种类型称为"贸易创造型关税同盟"，主要的贸易创造效应包括生产效应及消费效应。生产效应是指将原本低效率的生产转向高效率的生产，从而提高生产效率，提高资源配置的效率；消费效应是指价格降低后，使消费者的支出减少，提高福利水平，

---

　　〔1〕　雅各布·维纳（Jacob Viner），亦有文献翻译为"雅各布·瓦伊纳"，如张永安主编：《区域经济一体化理论与实践》，格致出版社 2010 年版，第 41 页的翻译采用"瓦伊纳"，但在第 56 页使用"维纳"；赫国胜、杨哲英、关宇主编：《新编国际经济学》，清华大学出版社 2008 年版，第 143 页，使用"雅各布·瓦伊纳"。雅各布·维纳在《关税同盟问题》（The Customs Union Issue）一书中，提出"关税同盟理论"，认为关税同盟同时具有贸易创造效应与贸易移转效应。

一般称为"消费者剩余增加"。[1]例如，在一定的汇率条件下，X商品的货币价格分别在A经济体为15元，在B经济体为10元，在C经济体20元，其中A经济体对外关税为100%，B经济体对外关税为50%。当A、B两个经济体建立关税同盟前，B经济体的X商品在A经济体的价格为20元，C经济体的X商品在A经济体的价格为40元，在B经济体的价格为30元；当A、B两经济体建立关税同盟后，双方即取消关税，但对外关税为100%，则B经济体X商品在A经济体的价格为10元，C经济体的X商品在A经济体与B经济体的价格均为40元。因此，按照关税同盟理论，当A、B两个经济体建立关税同盟以后，A经济体不再生产X产品，而是从B经济体进口，因此出现了新的区际贸易和区际分工专业化。如果就A经济体而言，从生产效应的角度来看，生产从高成本的A经济体（15元）转向低成本的B经济体（10元），成本减少，提高了资源的配置效率，是一种生产效应（Production Effects）；从消费效应的角度来看，A经济体用较低的价格购买X商品，减少了消费支出，提高了福利水平，增加消费者剩余，构成消费效应（Consumption Effects）。故而，就整体而言，关税同盟的建立，扩大同盟内的贸易量，而此所增加的贸易量，即是所谓的"贸易创造效应"；对C经济体而言，由于其不参与区际贸易，故而在A经济体与B经济体建立同盟后对C经济体并无损失。[2]

---

〔1〕 "一种物品的总效用与其总市场价值之间的差额称为消费者剩余（consumer surplus）。之所以会产生剩余，是因为我们'所得到的大于我们所支付的'，这种额外的好处根源于边际效用递减规律。我们之所以能享受消费者剩余，基本的原因在于：对于我们所购买的某一物品的每1单位，从第1单位到最后1单位，我们支付的是相同的价格。对于每1鸡蛋或每1杯水，我们都支付了相同的价格。这样，我们所支付的每1单位的代价都是它最后1单位的价值。但是，根据边际效用递减这一基本规律，对于我们来说，前面的各单位都要比最后的1单位具有更高的价值。因此，我们就这样从前面的每1单位中享受到了效用剩余。"请参阅［美］保罗·萨缪尔森、威廉·诺德豪斯：《经济学》（第19版），萧琛主译，商务印书馆2013年版，第89～90页。

〔2〕 具体的经济图形分析，请参阅赫国胜、杨哲英、关宇主编：《新编国际经济学》，清华大学出版社2008年版，第143～144页；张永安主编：《区域经济一体化理论与实践》，格致出版社2010年版，第56～57页；陈志恒：《东北亚区域经济一体化研究——以交易费用理论为视角》，吉林人民出版社2006年版，第35～38页。

关税同盟的静态效应中所谓的"贸易移转"（Trade Diversion），是指关税同盟建立后，一成员体从非成员体的低成本的产品转向购买成员体高成本的产品，而发生的资源配置效率降低及福利减少的效应。此种类型称为"贸易移转型关税同盟"。[1]在此类型中，可能会造成两种效应：第一，造成消费者由原来购买外部较低价格的产品转向购买同盟内其他成员体较高价格的产品，导致消费者的支出增加；第二，因为资源的重新配置，导致生产效率降低，而生产成本提高。[2]

关税同盟无论是贸易创造效应还是贸易转移效应，均能产生贸易

---

〔1〕　赫国胜、杨哲英、关宇主编：《新编国际经济学》，清华大学出版社 2008 年版，第 144 页。

〔2〕　举例而言：在一定的汇率条件下，Y 商品的货币价格分别在 A 经济体为 40 元，在 B 经济体为 30 元，在 C 经济体 20 元，其中 A 经济体对外关税为 40%，B 经济体对外关税为 60%。当 A、B 两个经济体建立关税同盟前，B 经济体的 Y 商品在 A 经济体的价格为 42 元，C 经济体的 Y 商品在 A 经济体的价格为 28 元，在 B 经济体的价格为 32 元。当 A、B 两经济体建立关税同盟后，双方即取消关税，B 经济体 Y 商品在 A 经济体的价格为 30 元，但对外关税为 60%，则 C 经济体的 Y 商品在 A 经济体与 B 经济体的价格均为 32 元。因此，按照关税同盟理论，当 A、B 两个经济体建立关税同盟以后，A 经济体将 Y 商品的进口，从 C 经济体转向 B 经济体进口，并且是从成本低的 C 经济体所供给的 28 元价格转移到 B 经济体较高成本的 30 元价格。此所产生的效果包含两种：第一，贸易移转效果。就 A 经济体与 C 经济体来看，由于"贸易移转型关税同盟"，使得 A 经济体从外部低成本 C 经济体改向较高成本的供给来源 B 经济体购买相同产品代替原 C 经济体低成本的供给来源。如此造成两种效应：一方面，使消费者成本提高。由原来购买外部较低价格的产品转向购买较高价格的产品，导致消费者的支出增加，造成福利损失；另一方面，生产效率降低，而且生产成本也提高。因为资源的重新配置而导致生产效率降低及生产成本提高。第二，贸易创造效果。主要原因在于 A 与 B 经济体共同对外统一征收歧视性的关税，使得 B 经济体的产品价格 30 元低于 C 经济体的产品价格 32 元而产生贸易创造的效果。因此，贸易移转与贸易创造两种力量既可以增加成员体的福利，也可以减少成员体的福利；对于非成员体而言，由于贸易移转使得非成员体的福利减少。请参阅张永安主编：《区域经济一体化理论与实践》，格致出版社 2010 年版，第 57~59 页；赫国胜、杨哲英、关宇主编：《新编国际经济学》，清华大学出版社 2008 年版，第 144~145 页；陈志恒：《东北亚区域经济一体化研究——以交易费用理论为视角》，吉林人民出版社 2006 年版，第 35~36 页。

扩大的效果。在促进贸易扩大的同时，也增加经济福利。〔1〕关税同盟除了产生静态福利效应外，还可能得到一些动态效益：〔2〕一是市场扩大而带来的规模经济，即随生产规模的扩大及生产成本的降低，产生所谓的规模经济效应；二是贸易壁垒消除后，各经济体的垄断企业在较大的市场内变成竞争性的企业，出现的竞争效应，在客观上有利于各企业扩大生产规模及提升技术；三是就同盟内部而言，形成一个共同市场有利于资本、服务、商品及人员的自由流动，可以使各项资源能更好的获得利用；四是区域经济一体化后，有可能刺激投资者在成员体内进行投资。主要是因为：一方面企业生产经营环境优化，经营范围扩大，跨国企业可以不必花费更大的力气去开拓新市场，容易获得规模经济效果，有助于企业降低成本，提升竞争力；另一方面，由于关税同盟对内实行自由，对外实行保护政策，从而一体化组织的排他性因素，使得企业选择设立据点时的考虑有所不同。

根据学者张彬等（2010年）的研究文献指出，尽管区域经济一体化的贸易效应大小不同，区域经济一体化组织内的参与成员体所获得的经济福利不同，有福利提升，也有福利损失，但整体而言，参与成

---

〔1〕 依据相关文献研究，对于关税同盟的静态效应分析，学者赫国胜、杨哲英、关宇等（2008）指出，影响关税同盟福利效应的因素主要有以下三点：第一，关税同盟的成员体供给与需求曲线的价格弹性越大，且成员体与非成员体间的产品成本越小，则贸易创造效应的部分越大，贸易移转效应的部分越小。第二，建立关税同盟前，成员体的关税水平与贸易壁垒越高，则在同盟后，贸易创造的福利效应越大，而贸易移转的效应越小。第三，关税同盟成员体间的经济竞争程度大于互补的程度时，则有可能发生贸易创造效应。如果产品种类接近，产品竞争性越强，成员体间选择更低成本的生产者的可能性越大，则贸易移转的可能性就相对较小。请参阅赫国胜、杨哲英、关宇主编：《新编国际经济学》，清华大学出版社2008年版，第145~146页；［美］多米尼克·萨尔瓦多：《国际经济学》（第10版），杨冰等译，清华大学出版社2011年版，第269页。张彬等（2010）认为，按照维纳（Viner）的观点，关税同盟的福利效应是贸易创造与贸易移转共同作用的结果，而贸易创造效应与贸易移转效应之间的差值，就是关税同盟的净福利效应。请参阅张彬等：《国际区域经济一体化比较研究》，人民出版社2010年版，第31页。
〔2〕 请参阅［美］多米尼克·萨尔瓦多：《国际经济学第10版》，杨冰等译，清华大学出版社2011年版，第270页；张永安主编：《区域经济一体化理论与实践》，格致出版社2010年版，第60~61页。

员体获得贸易的增长，尤其是发达国家间的区域经济一体化效应明显；而在不发达国家间的区域经济一体化，由于经济不发达，收入水平低，市场小，所以效应有限。在增长效应方面，经济一体化可以为参与成员体创造良好的投资环境，提高投资率，实现更多的生产，同时还可以促进区内的资本、人员、技术及服务的投入与自由流动，扩大规模经济及市场规模，对参与成员体产生一定的经济增长效用。[1]

两岸经济一体化也会产生不同的经济增长效用及贸易效应，但无论如何，由于两岸经贸的相互依存度高，紧密关系程度高，且具有同文、同种、同文化的根源，两岸实现经济一体化可以更有效地整合各项资源，不仅有助于两岸互利互惠，而且可促进两岸整体经济的共同繁荣发展，除了所带来的两岸整体经济利益的增长外，还具有非传统收益性理论的利益，如民族、文化、权益保障机制、政局稳定等。所以，实现两岸经济一体化的效益是正面大于负面，是有利大于不利，也可以说是一种不可逆转的趋势。因此，如何建构两岸经济一体化的组织层次是值得探究的议题。

按目前相关研究文献，对欧盟、北美自由贸易区、南方共同市场、东欧及苏联地区的经济一体化发展案例研究，大都显示了参与成员体从区域经济一体化组织中，节约交易费用，获得了经济增长的利益。[2]

（二）两岸经济与票据一体化关系

关于两岸经济一体化的选择与定位进行研究，学者曹小衡在 2001 年即开展此议题的研究，并认为两岸从 1979 年至 2002 年间的贸易额平均高达 36%，对台湾地区经济成长的贡献度达 1 至 2 个百分点，大陆地区是台湾地区除美国以外的第二大出口地区及最大贸易顺差来源地区；而在投资方面，台湾地区对大陆地区直接及间接投资约有 70%，仅次于香港地区及美国，是大陆地区第三大外资来源地区，且在分工方面，更有紧密的垂直与水平的细致分工。显见两岸经济发展具有制

---

〔1〕 张彬等：《国际区域经济一体化比较研究》，人民出版社 2010 年版，第 206～209、260～264 页。

〔2〕 请参阅［美］多米尼克·萨尔瓦多：《国际经济学》（第 10 版），杨冰等译，清华大学出版社 2011 年版，第 270～282 页。

度性经济一体化的要求。[1]

　　前文表 2 中的数据显示，仍然可以得知近五年来，台湾地区对大陆地区出口金额占台湾地区总出口金额的比例高达 40%，台湾地区由大陆地区进口金额占台湾地区总进口金额的比例高达 16%；从前表 3 中的数据显示，近五年台湾地区由大陆地区进口金额占大陆地区总出口金额比例约 2%，台湾地区对大陆地区出口金额占大陆地区总进口金额比例约 6% 至 8% 之间。这些两岸经贸数据均足以表明两岸的经贸关系的紧密度一直维持很高。故而，关于两岸经济一体化的议题，自 20 世纪 90 年代以来，一直是台湾地区各界关注的热点，如 1991 年萧万长建议大陆地区、香港地区及台湾地区共同组成"中国共同市场"；[2] 其后，在 2000 年底最先提出"两岸共同市场"的理念。在此之前，也有许多人为两岸经济一体化提出各种假设，如熊玠（1982 年）提出"亚太经济小区"；林邦充（1988 年）提出"华人共同市场"；李登辉（1988 年）提出"共同发展经济圈"；郑竹园（1988 年）提出"大中华共同市场"；日本小林道宪（1988 年）提出"东亚共同体"；丘宏达（1988 年）提出"东亚经贸中心"；高希均（1988 年）提出"亚洲华人共同市场"等，各种不同名称。[3]

　　两岸票据市场一体化，包括两岸票据共同市场，其思维源自于两岸共同市场概念的引申，但这两者是不同的概念。两者之间既有相同的理念，又有内在的联系，但两者在一体化的内涵中又有所区别，而且两者存在依存关系。两者的共同理念与内在的联系，在于两岸共同市场及两岸票据共同市场均是为扩大两岸市场，取消关税及其他贸易壁垒，促进两岸经济稳定发展为出发点。在两岸区域经济一体化的形态中，推动两岸共同市场的发展，两岸经济体均能获得现实的经济利

〔1〕 曹小衡："海峡两岸经济一体化的选择与定位"，载《台湾研究》2001 年第 3 期，第 26 页。

〔2〕 萧万长当时任台湾地区"经济部长"，其后 1997 年至 2000 年曾任台湾地区"行政院长"，2008 年 5 月 20 日任台湾地区"副总统"。

〔3〕 有关"两岸经济一体化的各种设想"，请参阅曹小衡："海峡两岸经济一体化的选择与定位"，载《台湾研究》2001 年第 3 期，第 29~31 页。

益及潜在的经济利益，必然可以促进两岸票据共同市场的发展，两者具有正面的依存关系，即建立两岸共同市场，对于建立两岸票据共同市场可谓具有推波助澜的效益。两岸通过共同签署"两岸票据制度一体化协议"作为两岸票据市场一体化的基础制度，形成两岸票据共同市场，使得两岸的贸易往来，可直接使用票据来支付、汇兑、流通、信用、融资、担保等；并在制度安排下，具有透明性、确定性、稳定性及可预测性，降低法律风险，节约交易费用，提高交易效率及解决争议，使得两岸企业乐于接受两岸票据作为交易的支付条件，为两岸企业创造有利的条件与环境，提升竞争力。申言之，区域经济一体化是两岸票据市场一体化的基础，两者相互影响，也具有相互促进的作用。主要具有两方面的作用：一方面促进经济发展，另一方面发展两岸金融工具，建立两岸票据信用制度，活络两岸票据市场，扩展企业融资渠道，有效解决企业融资难度。故而两者互为依赖关系，成为推动两岸经济稳定发展的动力，提升竞争力的引擎。至于两者的区别在于，所谓共同市场，是指在参与协议的成员体间取消关税及其他贸易壁垒，并允许生产要素（商品、服务、资本及人员等）在共同市场自由流动，对外共同实行关税。换言之，两岸共同市场所指的是，两岸经济体间取消关税及其他贸易壁垒，并允许商品、服务、资本及人员等生产要素在两岸共同市场自由流动，促进经贸的往来，优化两岸资源配置，提升竞争力。而本书所指的两岸票据共同市场，是指从两岸票据当事人的视角出发，在既有的国内票据市场基础上，另外发展两岸票据相互流通的共同票据市场，消除两岸票据流通的障碍，并通过两岸票据制度一体化的安排，使得票据能够在所建构的两岸票据共同市场间自由流通、融资与担保等，并有共同的票据制度作为保障与遵循的基础依据，确保两岸票据当事人的票据权益获得平等与公平的对待，使两岸票据市场一体化有序运行，开展多样化的交易工具，降低融资成本、降低融资风险，促进两岸资金流通性，提升资金分配效益，提高两岸整体金融利益，协助中小微企业融资，节约交易费用。从两者的定义范围而言，两岸共同市场的内涵包含两岸票据共同市场，两岸共同市场的活络有助于推动两岸票据市场一体化，而两岸票据市场一体化的发展，也可以加速两岸共同市场的发展，两者具有互惠互利的依赖关系。退一步而言，即便推动两岸共同市场具有难度，则两岸票据市场一体化反而可以作为建立两岸共同市场先试先行的范例。一旦两岸票据市场一体化顺利运行，则其他技术领域或争议较小的领域等，也可比照此模式运作，减少两岸经济一体化的难度。因此，两者并不必然成为孰先孰后的问题，反而是建立两岸票据市场一体化，不仅可以作为其他领域的试行范例，还可以作为两岸经济一体化的突破口，更可以作为奠定两岸一体化的互信基础。

当今世界经济潮流正逐渐全球化，而各区域经济一体化也不断在推进中，就两岸经贸往来的依存度发展而言，似乎没有理由回避此种趋势的发展。况且，加强两岸经贸合作对于两岸经济的稳定发展具有正面的作用，也将呈现出互惠互利的良好局势。伴随着两岸逐步放开内部市场呈现经济一体化现象，两岸经济融合程度越来越高，也越来越紧密，已然形成唇齿相依的格局，两岸经济几乎融合为一体。再者，环顾现今的世界经济格局，已然存在的许多区域经济一体化组织，如欧盟、北美自由贸易区、中国-东盟自由贸易区、南部非洲发展共同体、南方共同市场等，集团化组织趋势正日益增多增强。故而，在一些趋势的潮流中，两岸已然不能再置之身外了，反而应该顺应此潮流趋势，加强彼此的合作，强化竞争力，提升两岸整体的经济利益，为企业创造更有利的经营环境，推动两岸经济共同增长，朝和平稳定发展之路前进。

第二节 法律一体化理论

一体化（Integration）可能涉及的范围非常的广泛，如经济、法律、政治、文化、科技等，基于各国经济的紧密往来，相互渗透，且相互依赖，在信息高度传播的情形下，逐渐形成经济、法律、政治、文化、科技等一体化进程。但是，本书论述的一体化主要的含义在于两个层面：第一个层面，是指属于经济学领域，指的是经济一体化（Economic Integration）；第二层面，是指属于法律领域，指的是法律一体化（Legal Integration）。本书针对"两岸票据制度一体化协议"研究，而其中的"协议"，就是"法律一体化理论"的重要成果体现。本书以两岸票据制度一体化协议作为研究对象，以实现两岸票据市场一体化为背景，因此，运用法律一体化理论，推动两岸票据相互流通，目的在于创造一个平等、公平、有效、统一的两岸票据一体化市场环境，建立两岸共同的金融工具，开展多样化的两岸金融市场，发展两岸金融市场的广度、深度与弹性，降低融资成本及降低融资风险，优化两岸金融资产质量，解决企业融资问题，节约交易费用，提升两岸金融服务。正如"欧盟通过法律一体化进行的市场一体化与其他国际组织与区域一体化不同"。[1]

　　欧洲市场一体化是建构在欧共体法律框架下的，是通过参与成员国共同努力而逐步形成的，是通过法律一体化推动市场一体化。所以，从欧洲市场一体化历程可以看到欧共体法律体系所发挥的作用，也可以看到欧共体法律不断发展与完善的过程。在欧共体从共同市场走向内部市场的发展过程中，市场一体化与欧共体法律体系间是相互促进关系，因此，欧共体法律体系是欧洲市场一体化的重要基础，同时欧洲市场一体化也推动欧共体法律体系的发展与完善，形成独特的欧盟法。[2]因此，在本书中，所指的两岸经济一体化，主要可分为两个层面：一是从经济学角度的经济一体化；另一是从法律角度的经济一体化。目前论述经济一体化概念的学者，由于大部分是经济学家，因此，是从经济学角度出发对经济一体化予以定义，但此种观点比较不全面。本书认为，也必须从法律角度来审视经济一体化，这样会比较客观且全面性。其主要理由在于：第一，经济一体化需要有统一制度作为依托来执行；第二，创新制度的选择与安排，须有利于经济增长。至于选择哪一种模式进行制度性合作与一体化，应优先以对经济增长能发

　　〔1〕　引自程卫东：《欧洲市场一体化：市场自由与法律》，社会科学文献出版社2009年版，第30页。
　　〔2〕　程卫东：《欧洲市场一体化：市场自由与法律》，社会科学文献出版社2009年版，第70页。

挥最大效益者，则具有决定性的作用；第三，保障机制。[1]市场一体化必须在共同制度性保障下运行，才能确保市场有序运行，而相关的权益才能获得保障；而且，有共同制度作为运行依据，才能建立平等、公平与正义的永续一体化市场环境。因此，两岸经济一体化需要在经济与法律互为联系与相互作用中实现。

一、法律一体化理论内涵

知名法学家江平教授指出："随着全球化和区域经济一体化，私法的趋同和统一已经成为私法发展的一种趋势。人们无论对经济全球化以及法律全球化抱持何种立场，都无法否认经济全球化和法律全球化所引发的种种问题。世界法律要走向趋同，这是大势所趋。"[2]"全球化作为世界当今的一种现象、一种趋势是客观存在的，而且这一趋势有明显加快的迹象。"[3]对于法律全球化的理解，"不同学者出于不同学术背景，对其有不同的理解"。[4]因此，有的学者对"法律全球化"现象，直接使用"法律全球化"；有的学者使用"法律的趋同化""法律的一体化""法律的统一化""法律的协调化""世界法""共同法"等；[5]有的学者认为，法律全球化并非"世界法""共同法"，而是指

---

〔1〕 杨丽艳：《区域经济一体化法律制度研究：兼评中国的区域经济》，法律出版社2004年版，第6~7页。

〔2〕 引自张彤：《欧洲私法的统一化研究》，中国政法大学出版社2012年版，序Ⅲ。

〔3〕 江平："全球化、现代化与本土化"，载江平主编：《比较法在中国（2003年卷）》，法律出版社2003年版，第2~3页。

〔4〕 徐国建：《国际统一私法总论》，法律出版社2011年版，第8页。

〔5〕 李双元：《走向21世纪的国际私法：国际私法与法律趋同化》，法律出版社1999年版，第468~510、562~563页、第646页；江平："全球化、现代化与本土化"，载江平主编：《比较法在中国（2003年卷）》，法律出版社2003年版，第2~3页；刘永艳：《全球化视角下的两大法系》，中国商务出版社2003年版，第27~31页；徐国建：《国际统一私法总论》，法律出版社2011年版，第8~10页；张彤：《欧洲私法的统一化研究》，中国政法大学出版社2012年版，第12~18页；冯玉军：《全球化中的东亚法治：理论与实践》，中国人民大学出版社2013年版，第29~75页；刘锦："二十一世纪法律研究的一个新课题：法律全球化"，载《中国法学》1999年第6期，第139~141页；周永坤："全球化与法学思维方式的革命"，载《法学》1999年第11期，第9~14页；米健：

世界各国法律走向国际化和趋同化的一种趋势，并分为"法律的趋同化"与"法律的一体化"等两个概念；[1]也有学者将法律一体化作一个上位概念，将协调、趋同及统一化作为平行的下位概念，认为法律一体化包括：统一（Unification），是指法律的统一化；趋同（Approximation），是指不同法律之间的差异性，逐渐相互吸收，相互渗透，从而趋于协调、趋同甚至一致；协调（Harmonization），是指保留不同法律形式差异的前提下，达到法律的实质统一。因此，认为法律一体化的范畴包含了法律统一化、法律趋同化、法律协调化、法律协调与统一化。[2]也有学者认为，法律一体化是指法律全球化，认为是"全球分散法律体系向全球法律一体化的运动或全球范围内的法律整合为一个法律体系的过程"。并且，认为这里所指的法律全球化，实质上是指在共同的法律原则基础上，建构一个全球法或世界法。[3]此外，也有学者认为，法律全球化就是法律国际化，认为一个国家或地区的法律制度随着经济全球化的发展而变成为一种国际性的普遍现象。也有学者持否定的观点，认为法律全球化不是法律国际化。[4]

　　探究实现法律一体化的主要目的，在于假设实行统一的私法规则，将会有利于降低交易成本、减少民商事活动的不确定性，并且尽可能避免经济主体间法律制度相冲突，因而是以肯定法律一体化的效益价值作为出发点。因此，从上述各学者对于法律全球化及法律一体化理

（接上页）"从比较法到共同法——现今比较法学者的社会职责和历史使命"，载《比较法研究》2000年第3期，第225~232页；郭玉军："经济全球化与法律协调化、统一化"，载《武汉大学学报（社会科学版）》2001年第2期，第155~161页；林雅："国际私法的统一化刍议"，载《法制与社会发展（双月刊）》2003年第5期，第109~111页。

　〔1〕　徐国建：《国际统一私法总论》，法律出版社2011年版，第8~10页。

　〔2〕　张彤：《欧洲私法的统一化研究》，中国政法大学出版社2012年版，第13页、第15~18页。

　〔3〕　周永坤："全球化与法学思维方式的革命"，载《法学》1999年第11期，第10页。

　〔4〕　对于学者的不同观点，请参阅朱景文：《比较法社会学的框架和方法：法制化、本土化和全球化》，中国人民大学出版社2001年版，第565页注①。

解，基本上可以将法律一体化归纳为以下几种理论：[1]

（一）法律趋同化理论

法律趋同化理论者，认为法律一体化是一种法律的协调发展，指在"不同国家法律之间相互吸收、相互渗透，从而趋于接近或趋于一致的一种现象，故也可称之为法律的趋同化。它具体表现为两方面：一是国内立法中的相互吸收、借鉴乃至移植的过程；二是通过国际法源的形成直接实现法律的统一和一致"。[2]此种法律趋同化理论，主要在于认为国际经济交往紧密，为实现法律的最优发展，有必要就有关国家间的法律予以协调。尽管各国的文化、社会经济、意识形态及政治情况不同，但国际法律制度仍呈现出寻求彼此法律制度间协调发展的大趋势。不过，这里所提出的法律的协调发展与比较法所认知的超越各民族各地方法上的"普通法"的统一局面不同，而是"在承认国别性、民族性、多样性以及阶级性的基础上，借助于比较法的研究和运用，寻找出各国法律制度间的内在联系和结合点，以减少国际社会法律制度的冲突、对抗和斗争，实现法律的最优发展"，将法律的冲突降到最低限度。[3]这一理论的主要代表学者为李双元教授。

另一种法律趋同化理论，认为"全球范围内的法律理念、法律价

---

〔1〕 学者姚天冲、毛牧然将法律全球化理论归纳为：从"全球化"与"国际化"的区别界定法律全球化的含义、法律趋同化理论、无国家的全球法理论、一国（地区）法律全球化理论、非国家的法律全球化理论、针对全球性问题之解决的法律、法治全球化理论等等，请参阅姚天冲、毛牧然："'法律全球化'理论刍议"，载《东北大学学报（社会科学版）》2001年第1期，第45~46页；冯玉军从国外学术界观点将法律全球化理论归纳为：从"全球化"与"国际化"的区别界定法律全球化的含义、法律趋同化理论、无国家的全球法理论、一国（地区）法律全球化理论、非国家的法律全球化理论、针对全球性问题之解决的法律、法治全球化理论等；并对于大陆地区学者研究法律全球化理论的现状进行说明。请参阅冯玉军：《全球化中的东亚法治：理论与实践》，中国人民大学出版社2013年版，第59~67页。

〔2〕 李双元：《走向21世纪的国际私法：国际私法与法律趋同化》，法律出版社1999年版，第563页。

〔3〕 李双元：《走向21世纪的国际私法：国际私法与法律趋同化》，法律出版社1999年版，第468~510、562~563、569~570页。

值观、法律制度、执法标准与原则的趋同化"。主要原因是由于全球经济一体化，而经由多边条约途径使国际社会的规范进入国内社会的范畴。而全球贸易规则的日趋统一，被认为是经济全球化的制度性功能及其必要条件。[1]

　　还有另一种法律趋同化与法律一体化区别理论，认为法律趋同化与法律一体化是不同的概念，两者是有所区别的，并且认为法律全球化并非"世界法"或"全球法"的概念，而是一种各国的法律正走向国际化和趋同化的趋势。此种区分在于，其认为"各国法律在更多的领域相互借鉴和吸收，日益走向一致"，称为"法律的趋同化"；而"各国普遍参与制定和接受各种国际公约和协议，法律的统一化大大加强"，称为"法律的一体化"。所谓"法律的趋同化是调整相同类型社会关系的法律制度和法律规范趋向一致，既包括不同国家的国内法的趋向一致，也包括国内法和国际法的趋向一致"。如联合国1980年《国际货物销售合同公约》得到世界大多数国家的接受。而所谓法律一体化，是指"全球范围内法律规范的逐步趋于一致，并最终实现统一的过程"。它是随着区域性和国际性的政治、经济一体化进程而发展。该理论认为："区域一体化必然要求该地区各国法律的一体化，即法律逐步走向统一。……全球性的法律一体化则主要以世界贸易组织为代表。WTO各个缔约方必须遵守自己的承诺，修改国内法，在贸易领域实现完全的国民待遇。"[2]这一理论的主要代表学者为徐国建教授。

　　（二）法律统一化理论

　　法律统一化理论者，主张国际统一私法（或称私法国际统一）应该包括国际统一冲突法、国际统一实体法、国际统一程序法（包括国际民事诉讼法及国际商事仲裁法）。此观点主要是对国际民商关系的全部法律调整关系进行考察与理解所采取较为全面的、宏观的

---

　　〔1〕　姚天冲、毛牧然："'法律全球化'理论刍议"，载《东北大学学报（社会科学版）》2001年第1期，第46页；冯玉军：《全球化中的东亚法治：理论与实践》，中国人民大学出版社2013年版，第61页。

　　〔2〕　徐国建：《国际统一私法总论》，法律出版社2011年版，第9~10页。

角度着眼而论的。故而，在其所认为的国际私法与一般传统所认知的国际私法是不同的，而是指"集外国人的民事法律地位规范、冲突规范、国际统一实体规范、国际民事诉讼程序与国际商事仲裁规定于一体，集直接规范和间接规范于一体，集实体规范、冲突规范和程序规范于一体，是跨越传统的国内法和国际法界限的法律部门或法律学科"。〔1〕这一理论的主要代表学者为韩德培教授、黄进教授。〔2〕

另一种法律一体化理论观点，将法律一体化作为上位概念，将协调、趋同及统一作为平行的下位概念。所谓法律一体化，是指"不同法域的法律趋向共同，形成整体的过程"。〔3〕这一理论的主要代表学者为张彤。

另一种世界法（普遍法）理论，从比较法学的视野，建立在超国家的角度，以比较的方法对本国与其他国家法律进行考察。其认为目的有二：一是完善和改进本国的法律理论与制度；二是指出不同国家法律的不同与共同之处，力求最大程度地避免冲突，最终构造一种世界共同法或普遍法。〔4〕这一理论的主要代表学者为米健教授。

另一学者观点认为，法律一体化是指法律全球化，认为"全球分散法律体系向全球法律一体化的运动或全球范围内的法律整合为一个法律体系的过程"。〔5〕其实，这里所指的法律全球化，实质上是指在

---

〔1〕 韩德培主编：《国际私法》，高等教育出版社 2014 年版，第 8~9 页。主张国际民事诉讼法统一化，有赵健等人，请参阅赵健、孙晓虹、张茂等："国际民事诉讼法统一化运动评述"，载《法学评论（双月刊）》1998 年第 3 期，第 75~82 页。

〔2〕 徐国建：《国际统一私法总论》，法律出版社 2011 年版，第 56~57 页；韩德培主编：《国际私法》，高等教育出版社 2014 年版，第 5~9 页。黄进教授在韩德培主编的《国际私法》一书中，负责第一章的修订工作，因此，本书认为黄教授与韩教授的观点相同。

〔3〕 张彤：《欧洲私法的统一化研究》，中国政法大学出版社 2012 年版，第 15 页。

〔4〕 米健："从比较法到共同法——现今比较法学者的社会职责和历史使命"，载《比较法研究》2000 年第 3 期，第 225~226 页。

〔5〕 周永坤："全球化与法学思维方式的革命"，载《法学》1999 年第 11 期，第 10 页。

共同的法律原则基础上，建构一个全球法或世界法，但究本质上仍属于法律一体化中的统一化。这一理论的主要代表学者为周永坤教授。此观点与世界法（普遍法）理论有类似之处。

（三）协调与统一化理论

协调与统一化理论者，主张为因应全球化的挑战，应该大量使用法律协调化（Harmonization）、法律统一化（Unification）以及法律的协调和统一化（Uniformization）。三者英文字母缩写形成学理上所称"HUU理论"。该理论认为HUU机制是推进经济全球化的有力工具。其中，Harmonization指通过协调冲突规则解决法律冲突，是属于国际私法的范围，并不影响各国实体法规则。Unification是指通过各国谈判和同意的规则取代国内法的规定，通过在所有的成员国适用相同的规则（包括冲突规则及实体规则）来消除规范冲突，通常是以国际公约的形式实现。Uniformization将冲突规则和实体规则结合起来，具有Harmonization与Unification两方面的含义，但它的影响是变化的。因为它具有自由性且其范围更广，既有协调新规则与保留的国内法规则及现行法律环境的方法。如美洲国家间的国际私法公约超越了严格的冲突规则的范围，也包括了实体法的因素，是典型的Uniformization的过程。[1]这一理论的主要代表学者为郭玉军教授。

（四）强国法律全球化理论

强国法律全球化理论者，认为某一国家或地区的法律制度随着全球经济的发展，以及各国间的交流的日益频繁而为全球普遍接受的现象与过程。此种理论的主要论点在于美国法向全球各种事务扩张，可称为美国法全球化理论或强国法律全球化理论。对于此种情形，学者指出，其具体表现于三个方面：第一，美国的合同法和商业法成为全

---

[1] 尽管Unification是通过各国谈判和同意的规则取代国内法的规定（冲突法及实体法）来消除冲突。但即使如此，冲突规则仍有存在空间。因为统一从未具有绝对和普遍的效果，这主要是由于：首先，已经取得统一的领域有限。通常限于国际经济贸易领域，而在婚姻、继承家庭领域统一的进程相当缓慢；其次，参加公约的成员国数量有限。最后，有些国际公约具有任意法的性质。请参阅郭玉军："经济全球化与法律协调化、统一化"，载《武汉大学学报（社会科学版）》2001年第2期，第157页。

球化的普通法。第二，公法的美国化。主要是指美国宪政制度的成功，吸引各国仿效。第三，国际争端解决机制（程序法）的美国化。如世界贸易组织的争端解决上诉机构所采用法律解释方法与美国联邦最高法院或上诉法院对宪法或国会立法的解释如出一辙，具有明显的法官造法的普通法风格，表明美国式法律文化已影响到 WTO。[1]

　　上述各学者对于法律全球化或法律一体化概念的理解不尽一致，对于法律一体化理论也各有所论，可认为是一种过程，也可认为是一种现象，也可认为是一种目的，主要是从不同的视角来审视法律一体化。不论如何理解法律全球化或法律一体化的概念，法律是建立在经济的基础上，而经济全球化将会对上层建筑产生影响，即会产生所谓的"法律全球化""法律一体化"。因此，对于法律全球化或法律一体化的概念，似应如学者指出的，应将其当作一种"法律思潮"或者"社会现实的宏观描述"，即实际上是对于世界经济发展所形成的一种宏观现象。[2]尽管有关法律一体化的含义及理论，各学者的观点不同，然而，本书既是对于两岸票据制度一体化协议的研究，则所指的两岸票据制度一体化是一种法律制度上一体化，是一种比较宽泛的概念，所形成的"协议"是一种法律一体化的静态成果，但也包含了两岸票据法律制度差异的协调化、趋同化、统一化与融合等在内的一种动态过程。更广泛地言，也包括世界法律一体化所建构的世界法的过程，即最终达成统一的世界票据制度。在世界范围内统一票据法，并非不可能。[3]

───────────

　　[1]　此理论分别在学者姚天冲、毛牧然（2001年）及冯玉军（2013年）等相关文献中提到，但不代表该学者主张此理论。请参阅姚天冲、毛牧然："'法律全球化'理论刍议"，载《东北大学学报（社会科学版）》2001年第1期，第46页；冯玉军：《全球化中的东亚法治：理论与实践》，中国人民大学出版社2013年版，第62~63页。
　　[2]　徐国建：《国际统一私法总论》，法律出版社2011年版，第7~8页。
　　[3]　英国著名法学家施米托夫所指出："一旦统一条件成熟，流通票据法是能够实现此项统一的第一个法律部门。"请参阅［英］施米托夫：《国际贸易法文选》，赵秀文选译，中国大百科全书出版社1993年版，第79页。

二、法律一体化类型

法律一体化是经济一体化、经济全球化的一种保障机制，足以创造一个符合公平、正义等基本价值，而且能够有序及统一规范的竞争环境，满足国际贸易、跨国企业发展、国际资本的跨国流动、投资及各国经济发展等需求。而经济一体化、经济全球化的发展，足以减少贸易障碍，推动各国政策与法律制度的变革一体化；在经济全球化及区域经济一体化的发展趋势下，世界国际组织也不断努力通过制定国际公约、国际惯例、示范合同文本等，促使各国遵守或认同减少法律冲突，因此各国法律开始朝向协调、趋同、统一的法律一体化发展。因此，法律一体化主要可归纳为以下几种类型：

（一）一国内的法律一体化

一国内的法律一体化主要是在解决一国内具有数法域的情形，由于法域规范不同造成彼此间贸易往来的不便利性，容易形成地方保护色彩，影响外地与当地企业的贸易往来，不利于发展经济。因此，为促使一国内各地能够顺畅发展贸易往来，减少贸易壁垒，节约交易费用，促进当地经济发展，而有法律一体化的要求，最明显的例子就是《美国统一商法典》。

《美国统一商法典》虽然名为"法典"，但实际上是由"统一州法全国委员会"编纂修订，并非国会立法机构所制定，仅是一种"标准法典"或者"示范法典"。主要目的是供各州制定法律时参考，并无法律上的效力。其原因在于美国联邦宪法对联邦政府的权力是采取列举方式，以联邦宪法授予者为限，其中并未列举联邦政府有权可以制定商事法规的权限。因此，制定商事法规的权限属于各州政府的权限，故而，《美国统一商法典》必须经各州议会通过采用，并编入各该州的法典中，才能产生法的效力。《美国统一商法典》为适用社会发生的各种不同情况及新产生的问题，会不断修订，但是每修订一次内容，就必须要经各州议会通过采用，程序繁琐；而且，各州在通过采用统一商法典条文草案时，为适应各州特殊情形，或多或少会加以修改调整，且各州有自己的法律体系及法律的编订次序，因此，即使采用《美国统一商法典》条文，在条次的编列也会有所不同。[1]这就是美国《美国统一商法典》虽然名为"统一"，但实际上仍未统一的原因。

尽管如此，《美国统一商法典》的产生还是具有一定的代表性与影响力，而且具有不可磨灭的巨大效益。因为就法律一体化而言，其具有提高法的透明度、确定性、稳定性及可预测性；从交易费用理论而言，商事领域法律一体化的产生，可使得各方降低交易成本。法律是实用科学，法律向来都是服务于实务，所以法律应该为实务而适用，并因实务运作而建立一套完整的合理制度，对于不合时宜的法令亦应做出相应的修改。毕竟它要适用的众多不断变化的事实是无法预见的。[2]也许，这就是《美国统一商法典》从制定起，至今之所以持续具有其一定影响地位的缘故。

（二）国内法的国际化

国内法的国际化，又称为"全球化的地方主义"（Globalized Localism），即"在一国或一个地区范围内通行的法律制度由于某种原因而在更广泛的领域，在全球流行。"此种现象往往与该国或地区在经济或政治中具有霸权地位或主导地位有关，如《法国民法典》《德国民法典》的编纂运动，不仅影响了整个欧洲国家法典的制定，甚至还成为世界各国制定法律的仿照。但是，此种情形由于各国可能仅是参照或借鉴不必然会全盘接受异国的法律制度，故而未必能达到所谓的法律统一化，但其仍具有使各国法律趋同化的情形，只是法律一体化的情形较弱。[3]

（三）国际法的国内化

国际法的国内化，又称"地方化的全球主义"（Localized Global-

---

[1] 王绍堉：《美国票据法释义》，自版1979年版，序第1页。

[2] 美国著名的前联邦最高法院大法官卡多佐所说的，"已宣布的规则必须被当作尝试性的东西，因为它将要适用的众多不断变化的事实是无法预见的。修正意味着成长。它是法律的生命之所在。"请参阅 [美] 本杰明·内森·卡多佐：《法律的生长》，刘培峰、刘骁军等译，贵州人民出版社2003年版，第74页。

[3] 朱景文：《比较法社会学的框架和方法：法制化、本土化和全球化》，中国人民大学出版社2001年版，第568~570页。

ism），即"国际组织的公约、条约、规章为内国所接受，转变为对内国具有法律拘束力的规则。"如日内瓦票据法公约、日内瓦支票法公约及世界贸易组织《服务贸易总协议》（GATS）、《与贸易有关的知识产权协议》（TRIPs）、《与贸易有关的投资协议》（TRIMs）等都是法律一体化的例证。因为它要求加入的成员必须承担相应的义务，往往必须对原有的法律制度进行调整，以符合国际组织的条约、规章的要求。[1]

（四）国家间的法律一体化

国家间的法律一体化最明显的特征就在于区域经济一体化。为避免贸易壁垒，实现市场一体化，往往要求参加区域一体化组织的成员体必须遵守区域一体化组织制定的统一规则。如欧洲一体化，随着欧盟的扩大，实现一体化的范围更广，要求成员国遵循欧盟法，而且欧盟法对成员国具有直接适用效力，在地位上优于成员国的国内法。此种情形由于具有使各国及地区的参与者的法律制度实现统一的规范，故而在法律一体化的程度上较国内法的国际化强，且具有优于主权国家的国内法，同时使得主权国家的国内法律制度与之规范不同时，必须作出相应的调整，可谓具有超国家的法律性质。[2]

（五）私法国际一体化

在现今全球化发展的趋势下，法律一体化体现于以下几个方面：

---

〔1〕　朱景文：《比较法社会学的框架和方法：法制化、本土化和全球化》，中国人民大学出版社2001年版，第567~568、570页；[澳]克里斯托弗·阿尔普："全球化与法——一个形成中的交接点"，孙潮、沈伟译，载《南京大学法律评论》1997年第1期，第8页。

〔2〕　《欧洲联盟运行条约》第288条（原《欧洲共同体条约》第249条）规定："为行使联盟权能，联盟机构应通过条例、指令、决定、建议和意见。条例具有普遍适用性，它在整体上具有约束力，应直接适用于所有成员国。……指令对于其所针对的每个成员国均具有约束力，但应由成员国当局选择实施指令的形式和方法。决定整体上具有法律约束力。……仅对其针对对象具有约束力。建议和意见不具有约束力。"引自程卫东、李靖堃译：《欧洲联盟基础条约：经〈里斯本条约〉修订》，社会科学文献出版社2010年版，第148~149页。

一是国际经济一体化使得国际相关的经济规范逐渐形成一体化，如WTO 的规则；二是国际组织的国际公约、条约、规章、协议、惯例等，被各国或地区认同与接受，具有共同法性质，逐渐取代传统的冲突规范；三是为使区域性合作顺畅运行，制定区域的统一规范，如欧盟法、OHADA 非洲统一商法；四是跨国公司的发展，使公司的国籍模糊，私法规范逐渐趋同；五是国际贸易的紧密、国际跨国或跨地区资本等生产要素的流动加快，以及随着争夺市场及国际竞争激烈，为使市场合乎公平、正义等基本价值，要求有统一规范遵循，使得法律有一体化的要求；六是法律的透明度、可预见性等要求。如 1980 年《联合国国际货物销售合同公约》、1980 年《国际商事仲裁示范法》、2005年《海牙选择法院协议公约》等。故而，在学理上，私法的国际统一化主要可以归纳为三方面的统一化：一是冲突法（冲突规范）的统一，如 1930 年《解决汇票及本票法律冲突公约》、1931 年《解决支票法律冲突公约》；二是实体法的统一，如日内瓦票据法公约、日内瓦支票法公约、联合国票据法公约等等；三是民商程序法的统一，如 2005年《海牙选择法院协议公约》等。实现私法国际统一化的目标在于增加交易当事人对于规范的可预见性、公平性、确保交易安全及权利的维护、增进国际经济发展的经济效益等。[1]

三、法律一体化理论应用

在区域经济一体化及全球化的推动下，各国法律制度也朝一体化趋势发展。两岸票据市场一体化象征两岸建立共同的金融工具，实现两岸的票据相互流通，而为使两岸票据市场一体化能够顺畅运行，势必需要有一套共同的票据制度作为遵循的依据，并通过两岸共同签署协议方式达到两岸票据制度一体化，成为两岸票据市场一体化共同适用与遵循的基础依据，即从票据签发到付款整个过程，乃至于发生票据纠纷亦能直接作为适用依据，而不致于因两岸票据实体法冲突，适用不同票据法，造成不同裁判结果。所以，两岸票据市场一体化代表

---

〔1〕 徐国建：《国际统一私法总论》，法律出版社 2011 年版，第 22~33 页。

着需要共同的两岸票据制度作为基础，突破现行两岸法律统一（不论是冲突法或者实体法的统一）的窘境。通过两岸票据制度一体化的安排，促使两岸票据市场一体化有序运行，保障两岸票据当事人的票据权益，促进两岸整体经济利益、整体金融利益的提高，增进两岸经济的发展。

本书所提出的"两岸票据制度一体化协议"本身就是一种法律一体化理论的具体应用。

（一）法律一体化范例

非洲商法协调组织（OHADA）依据 OHADA 条约制定的非洲统一商法。目前已完成 9 部统一商法，在成员国国内直接适用并对成员国有约束力。[1]非洲统一商法采取与欧盟法实现法律一体化的方法略有不同，主要在于非洲统一商法是采取统一化与协调化两种方法，而欧盟法是采取多元化的方法实现欧盟法律一体化。在美洲国家间私法的统一化运动，主要采取两种不同的方式：第一，是对某一法律领域进行全面广泛的统一，如 1948 年在美洲国家组织（Organization of American States，简称 OAS)[2]设置美洲国家法律委员会，就国际私法的不同领域进行统一化与法典化。例如，将 1928 年《布斯特曼特法典》及蒙得维的亚公约（1889 年、1930 年至 1940 年）的规定予以合并，并草拟一个法典，但由于没有得到多数成员国的支持而告失败。第二，是对于国际私法的具体法进行统一与协调，并于 1971 年设立美洲间国际私法特别会议（Inter－American Specialized Conferences on Private International Law）进行私法统一与协调。例如，1975 年《美洲

---

〔1〕 依据 OHADA 条约第 10 条规定，"统一法在成员国国内直接适用并对成员国有约束力，即使成员国此前或此后的国内立法中有与其相冲突的规定。"请参阅［美］克莱尔·穆尔·迪克森编：《非洲统一商法：普通法视角中的 OHADA》，朱伟东译，中国政法大学出版社 2014 年版，第 161 页。

〔2〕 目前美洲国家组织（Organization of American States）共有 35 个成员国，载美洲国家组织网，如 http://www.oas.org/en/member_ states/default.asp，最后访问日期：2015 年 10 月 17 日。

国家间关于汇票、本票及发票法律冲突的公约》〔1〕、1979 年《美洲国家间关于支票法律冲突的公约》〔2〕。该组织所从事的美洲间国际私法统一运动成就举世瞩目。〔3〕

此外，乌拉圭回合全球贸易谈判，从 1986 年到 1994 年间的多次谈判，共约有 108 个国家及地区参与，涉及议题广泛，规模非常大，

---

〔1〕 1975 年《美洲国家间关于汇票、本票及发票法律冲突的公约》（Inter-American Convention on Conflict of Laws concerning Bills of Exchange, Promissory Notes and Invoices）共 18 条规定，主要规定在于前 10 条，其中第 1 条规定，因汇票承担债务，依债务成立地法；第 2 条规定，汇票出票、背书、保证、参加、承兑或拒付的方式，应依各该行为的实施地法。第 3 条至第 5 条规定，因汇票所生一切债务，首先，应依债务成立地法；其次，依汇票支付地法；最后，依出票地法。第 6 条规定，汇票承兑、付款及拒付的程序级期限，应依各该行为实施地或应予实施地法。第 7 条规定汇票遭盗窃、伪造、遗失、毁损，应依汇票支付地法。第 8 条规定，债务履行地的缔约国或被告住所地的缔约国，一经原告选定，具有受理因汇票议付所引起的争议。第 9 条规定适用于汇票也同样适用于本票。第 10 条规定，如果按该国的法律规定，将发票视为流通票据，则该发票在缔约国间也可以适用有关汇票的规定。有关 1975 年《美洲国家间关于汇票、本票及发票法律冲突的公约》英文文本，载美洲国家组织国际法部（Department of International Law of the Organization of American States）网，如 http://www.oas.org/juridico/english/treaties/b-33.html，最后访问日期：2015 年 10 月 17 日。另请参阅黄裕凯：《国际私法》，五南图书出版股份有限公司 2013 年版，第 264~265 页。
〔2〕 1979 年《美洲国家间关于支票法律冲突的公约》（Inter-American Convention on Conflicts of Laws concerning Checks），共 17 条。成员国一旦批准或者加入新修订的公约，即取代 1975 年签署的《美洲国家间关于支票法律冲突的公约》（共 8 条）。其中主要规定重点：第 1 条规定，支票缔结债务的能力，依债务缔结地法。第 2 条规定，支票的出票、背书、保证、拒付等，依各该行为实施地法（the law of the place in which each one of those acts is performed）。第 3、5 条规定，因支票所生债务，首先，依依债务缔约地；其次，依支票支付地法；最后，依支票出票地法。第 6 条规定，拒付程序的期限或其他对保留权利，依行为实施地法。第 7 条规定一系列条款，如支票的性质、支票的方式及效力、提示期间等情况，依支票付款地法（The law of the place in which a check is to be paid shall determine）。有关 1979 年《美洲国家间关于支票法律冲突的公约》英文文本，载美洲国家组织国际法部（Department of International Law of the Organization of American States）网，如 http://www.oas.org/juridico/english/treaties/b-39.html，最后访问日期：2015 年 10 月 17 日。另请参阅黄裕凯：《国际私法》，五南图书出版股份有限公司 2013 年版，第 264~265 页。
〔3〕 请参阅徐国建：《国际统一私法总论》，法律出版社 2011 年版，第 849~856、865~866 页。

创造关贸总协议历年来之最，最终达成协议，并于 1995 年生效，宣布
世界贸易组织成立。依据的最后协议文本是《建立世界贸易组织协
议》及其附件，主要达成包括以下五项协议内容及其附件：第一是
《货物贸易多边协议》；第二是《服务贸易总协议》；第三是《与贸易
有关的知识产权协议》；第四是《贸易争端解决程序与规则的谅解》；
第五是《贸易政策审议机制》。[1]这些协议与有关附件，是各国从事
贸易往来的保障机制。相对而言，也会对各国家及地区的政策与法令
产生调整，使之趋同化。

由于跨国或跨境交易往往会涉及法律适用、法律选择、法院选择
及裁判承认与执行等问题，而对于区域经济一体化的共同体企业间交
易而言，固然有区域法律一体化作为统一适用与解释基础，对于法律
制度较不陌生，相对于不同国家的企业间的交易、共同体企业与非共
同体企业间的交易等而言，必然因各国法律环境不同与不熟悉的情形，
而产生高法律风险，从而增加交易成本与法律的不可预见性。但是，
如果在区域一体化中形成法律一体化，对于共同体企业间交易及对于
共同体企业与非共同体企业间的交易，相对而言，共同制度的透明度
升高，法的确定性及稳定性增强，法律风险降低，不仅可节约交易费
用，也会因为法律一体化，提高法律可预见性，增进商事交易，促进
经济增长。

（二）法律与经济一体化关系

本书认为法律一体化是建构在经济一体化的基础上，只有法律一
体化才能使得区域经济一体化或经济全球化有序运行，如世界贸易组
织章程、纷争的解决机制以及国际条约、国际公约、国际惯例等，法
律一体化为经济一体化或经济全球化创造一个符合公平、正义等基本
价值，统一规范竞争环境，满足国际贸易迅速增加、跨国企业的发展
及各国经济发展等需求。而且，在经济一体化或经济全球化的发展趋
势，以法律一体化作为基础统一规范，不仅可节约交易费用，且增强

---

〔1〕 朱景文：《比较法社会学的框架和方法：法制化、本土化和全球化》，中国人
民大学出版社 2001 年版，第 666~667 页。

企业间交易的安全性、稳定性及可预测性，更能促进全球经济的蓬勃发展。所以，经济一体化及经济全球化与法律一体化间，可以说是具有相互促进的关系。而且随着经济一体化及经济全球化，不仅推动各国法律制度的趋同化，且国际组织的条约、规章、惯例等逐渐被各国认同、接受，更形成世界的法律一体化的发展。再更深层次地说，法律一体化是经济一体化有序运行的保障机制。从欧共体的共同市场与内部市场发展过程中，明显地看到市场一体化与法律间的互相促进关系，法律是欧洲市场一体化的重要基础，而欧洲市场一体化也推动欧盟法发展与完善。[1]同样地，两岸票据市场一体化与两岸票据制度一体化协议间的关系，也是存在相互促进的关系。换言之，两岸票据市场一体化推动两岸票据制度一体化协议的形成；而两岸票据制度一体化协议是两岸票据市场一体化有序运行的基础依据，两岸票据市场一体化有序运作离不开两岸票据制度一体化协议的规范。

第三节　交易费用理论

"交易费用（Transaction Costs）"[2]的思想最早源自于科斯（1937年）在《企业的性质》（The Nature of Firm）一文中所提出的"利用价格机制是有成本的"，[3]产生所谓市场交易成本的概念。其后，在1960年的《社会成本问题》（The Problem of Social Cost）一文中，更明确提出所谓的"市场交易的成本"（The Costs of the Market Transactions），[4]并

---

〔1〕　请参阅程卫东：《欧洲市场一体化：市场自由与法律》，社会科学文献出版社2009年版，第70页。

〔2〕　科斯的"交易费用"概念，亦有文献翻译为"交易成本"，故而，在本书中的论述除引用文献遵循作者的原意外，其余文中尽可能使用"交易费用"的用语，但亦有可能依情形交互使用，主要目的在于使文中用语更加顺畅，两者所表达的意思是相同的。

〔3〕　[美]罗讷德·H.科斯：《企业、市场与法律》，盛洪、陈郁译校，格致出版社2014年版，第32页。

〔4〕　R. H. Coase, The Problem of Social Cost, Journal of Law and Economics, Vol. 3, Oct., 1960, pp. 15~19. 该文的中文译本，请参阅［美］罗讷德·H.科斯：《企业、市场与法律》，盛洪、陈郁译校，格致出版社2014年版，第91~94页。

将交易费用概念一般化地开展运用，产生广泛的影响，形成所谓的"科斯定理"。现今的交易费用理论已被广泛运用于各领域，如周林彬、董淳锷（2008年）所指出，交易成本理论"将市场、企业组织、政府管制等不同的交易治理结构纳入统一的分析框架之中，以不同类型的交易所隐含的交易成本的差异来分析和评价各种制度的安排"。[1]因此，以交易费用的分析视角作为衡量重要制度的法律，特别是与市场经济机制联系密切的民法、商法、经济法等，如何进行低成本、高效益的经济立法选择，是非常重要的。[2]

从交易费用理论的视角而言，任何制度的产生、变迁的主要目的与作用之一，就是节约交易费用。然而，学者更进一步指出，"法律制度在社会运行中的枢纽地位使得这一功能表现得尤为突出"。并进一步认为，"如果没有法律制度的存在和规则秩序的维护，如同霍布斯所描绘的'所有一切人对所有一切人的战争斗争'一样，人们在交往中所面临的交易成本之大将难以想象"。[3]此一论点，更适用于两岸特殊关系，因此，如何建立一套共同制度，不论从交易费用理论而言，还是以稳定两岸经济发展关系而言，更显得尤为紧要。

科斯定理认为，"不同制度安排导致不同的交易成本"，市场的运行是有成本的，而交易费用的节约，是企业产生、生存以及替代市场机制的唯一动力。因此，尽管交易费用理论作为新制度经济学中的核心概念之一，最初是解释企业存在与制度变迁的原因，但其后已广泛运用于其他领域。在本书中，从交易费用理论的视角而言，将交易费用理论运用于两岸区域经济一体化及两岸票据制度一体化的问题之中，属实一种尝试，也是一种新的理论视角。其主要目的不外乎节约交易费用，包括制度安排所降低市场交易成本、交易成本优势、降低信息交流成本等。

---

〔1〕 周林彬、董淳锷：《法律经济学》，湖南人民出版社2008年版，第209页。

〔2〕 周林彬、董淳锷：《法律经济学》，湖南人民出版社2008年版，第209页。

〔3〕 周林彬、董淳锷：《法律经济学》，湖南人民出版社2008年版，第209页。

一、交易费用理论内涵

交易费用是新制度经济学的核心概念之一，最初主要是用以解释企业存在与制度变迁的原因。[1]但是，最早将"交易"作为比较严格的经济学范畴并给予明确界定与分类者，是早期制度经济学家康芒斯。他将"交易"认为是权利在人与人之间的转让，是人与人之间的经济活动的基本单位，通过无数次的交易构成经济制度的实际运转，并受到制度框架的约束，但是并没有将它与资源配置及交易本身的稀缺性的关系联系一起研究。[2]而科斯的"交易"概念与康芒斯所认为的"交易"概念有所不同，其所认为"交易"是属于一种比较狭义的市场交易概念，因为他认为在企业之外，价格的变动决定生产，并通过一系列的市场交易来协调；而在企业之内，市场交易被取消，转而是交易的复杂性的市场结构被企业家所替代，并由企业家指挥生产，透过企业内部管理职能进行所谓的资源配置，而企业在实现生产要素的配置被作为市场交易"价格机制"的替代物。[3]因此，就科斯而言，企业制度之所以存在，是因为利用价格机制是有成本的，且市场交易是有代价，而市场的运行也是有成本的，所以通过企业组织并允许企业家来代替市场进行资源配置，从而可节约相关的交易成本。[4]此外，科斯在1960年的《社会成本问题》一文中，提出"市场交易费用（成本）"的概念，认为交易费用应包括发现交易对象和交易价格的费用，讨价还价和订立合同的费用，还有督促合约履行的费用等，还探讨产权、交易费用与资源配置效率之间的关系，提出影响深远的

〔1〕 卢现祥：《西方新制度经济学》，中国发展出版社2003年版，第9~10页。

〔2〕 卢现祥、朱巧玲：《新制度经济学》，北京大学出版社2012年版，第78~79页、第84页。

〔3〕 [美]罗讷德·H.科斯：《企业、市场与法律》，盛洪、陈郁译校，格致出版社2014年版，第30页；卢现祥、朱巧玲：《新制度经济学》，北京大学出版社2012年版，第78~79页。

〔4〕 [美]罗讷德·H.科斯：《企业、市场与法律》，盛洪、陈郁译校，格致出版社2014年版，第32~33页；陈志恒：《东北亚区域经济一体化研究——以交易费用理论为视角》，吉林人民出版社2006年版，第47页。

"科斯定理"。此理论是"将契约视为交易的架构，把组织制度问题视为契约问题，从契约角度认识交易费用。"[1]但是，科斯并没有对交易费用的概念给予明确的定义，而肯尼斯·阿罗（K. Arrow，1969年）将交易费用定义为，经济制度的运行费用。其中包括制度的确定或制订成本、制度的运行成本、制度的监督或维护成本，以及制度本身创新或变革的成本等，简言之，交易成本就是利用经济制度的成本。[2]

　　交易费用理论从最初的企业组织及合同问题所形成交易费用理论，随着新制度经济学的发展，如今已逐渐扩展至制度成本领域的研究，而且交易费用的概念更被扩展至其他领域作为解释，如产权结构、代理关系、政治制度甚至国际合作、区域经济一体化等。如学者陈志恒（2008年）所指出，从科斯的制度起源理论，还可引申出一种"制度选择"的思想。[3]因此，从法律的角度审视两岸区域经济一体化，则需要共同规则的制定与执行，使得跨境的经济活动具有可确定性、可预见性，符合公正、公平及便捷的作用，此种共同规则的"经济制度或模式的选择就是法律制度的选择"，也是一种对涉及权利义务的保障机制。[4]在此机制中，将交易费用理论引入作为解释两岸区域经济一体化的一种可能性问题，并运用交易费用理论探讨两岸票据制度一体化，以节约票据当事人的交易费用，使其成为一种创新的制度选择，为本研究提供了一个新的理论视角，从而有可能扩大两岸票据市场的空间领域，建构两岸票据共同市场，推动两岸金融市场的广度、深度与弹性发展。通过两岸票据，提高资金有效配置，完成资金移转的融通，节约两岸票据当事人的交易费用，同时也解决企业融资与担保难的问题，降低资金成本，推动更深层次的两岸区域经济一体化，为企业创造更有利的条件与环境，促进两岸经济利益增长。

---

〔1〕　卢现祥、朱巧玲：《新制度经济学》，北京大学出版社2012年版，第81页。
〔2〕　卢现祥、朱巧玲：《新制度经济学》，北京大学出版社2012年版，第84页。
〔3〕　陈志恒：《东北亚区域经济一体化研究——以交易费用理论为视角》，吉林人民出版社2006年版，第62页。
〔4〕　杨丽艳：《区域经济一体化法律制度研究：兼评中国的区域经济》，法律出版社2004年版，第6~7页。

因此，交易费用理论运用于两岸票据制度一体化协议研究，通过创新制度的选择与安排，提高制度的透明度、确定性、稳定性及可预见性，从而节约交易费用，并经由制度性安排，衍生节约各项交易费用。例如买方企业通过票据信用延后付款所节约的资金成本与运用资金取得的收益；卖方企业通过票据取得融资成本降低等，使得交易费用理论应用在本研究中非常具有价值。

二、交易费用类型

根据学者对于交易费用的理解不同而有不同的交易费用概念。例如，科斯的交易费用指的是市场交易的成本（使用价格机制的成本）；威廉姆森（Oliver Williamson）的交易费用，是从合同角度出发，认为交易费用包括事前交易费用与事后交易费用；达尔曼、马修斯的交易费用是指契约过程的交易费用；而肯尼斯·阿罗的交易费用，是指制度成本，即经济制度的运行费用。[1]学者康芒斯按照买卖交易、管理交易及限额交易，将交易费用分为三种类型：第一，市场型交易费用，包括合约准备费用、决定签约费用及监督费用和合约履行费用。第二，管理型交易费用，包括建立、维持或改变组织设计费用、组织运行费用。第三，政治型交易费用，包括建立、维持和改变体制中正式与非正式组织费用、政体运行费用。[2]

根据学者对于交易费用概念的运用，本书将交易费用归纳为三种：第一，合同交易费用，包括事前的交易费用与事后的交易费用。是由威廉姆森对于"交易费用"概念予以扩展，而从合同的角度出发，将交易费用分为"事前的交易费用"与"事后的交易费用"两类。[3]第

---

〔1〕 卢现祥、朱巧玲：《新制度经济学》，北京大学出版社 2012 年版，第 81~85 页。

〔2〕 卢现祥、朱巧玲：《新制度经济学》，北京大学出版社 2012 年版，第 86 页；［美］埃里克·弗鲁博顿、［德］鲁道夫·芮切特：《新制度经济学——一个交易费用分析范式》，姜建强、罗长远译，格致出版社 2006 年版，第 59~67 页。

〔3〕 所谓事前交易费用，是指起草、谈判及保证落实合同等所需付出的费用；所谓事后的交易费用，是指合同签订之后至退出合同，为解决合同本身存在问题所需付出的费用，其中包含解约或提前终止、变更条款、解决交易纠纷以及为确保交易关系长期

二，经济制度的运行费用。肯尼斯·阿罗将交易费用的概念延伸到
"制度成本"，认为"交易费用是经济制度的运行费用"，而扩大交易
费用的含义，认为交易费用包括制度的确定费用、制度的运转与实施
费用、制度的监督与维护费用及制度的变革费用。[1]第三，制度框架
成本和交易活动成本。交易费用在两岸区域经济一体化中所呈现的概
念有两层：一是交易费用大小所影响的制度安排；二是两岸区域经济
一体化后，交易费用因为制度安排，进而所产生影响，其中不仅包括
交易费用影响契约的安排，也包括影响生产的商品与提供的服务。因
此，在前人研究的基础上，引入交易费用理论作为两岸经济一体化、
两岸票据市场一体化、两岸票据制度一体化的分析框架，使得两岸经
济一体化与两岸票据市场一体化的体系运行，尤其是制度结构安排方
面，可得到更令人满意的解释。如学者王子昌（2002 年）认为："可
以将交易成本分为两大类：制度本身即交易的制度框架形成的成本和
在制度框架内人们从事具体交易活动的成本。前者是为交易提供条件
或环境的成本，后者是具体交易活动的成本。"[2]

　　在这里，本书所说的交易费用，是指一种广义的交易费用概念。
这些交易费用包括法律信息的搜集、法律风险的控制，以及合同的
制定、变更、维护、履行、纠纷解决等费用，也包括制度的建立、变

（接上页）性及持续性等，这些所需要付出的费用等。此外，还有一些学者也从合同过程
中说明交易费用的存在，在分类上或许有些许不同，但大致上可以将"交易费用"分为三
种类型：即调查与信息费用、谈判与决策费用、监督与执行费用，与此相对应在合同过程
的"交易费用"即为，准备合同的费用、达成合同的费用、监督与实施合同的费用。请参
阅卢现祥、朱巧玲：《新制度经济学》，北京大学出版社 2012 年版，第 82~84 页。

　〔1〕　卢现祥、朱巧玲：《新制度经济学》，北京大学出版社 2012 年版，第 84 页。

　〔2〕　根据学者王子昌（2002 年）研究文献表明，认为"经济发展水平高且大体相
当，导致相互之间的差异主要在于产品类型的差异，互补性强，国家间开展合作冲突
少，就交易条件进行协调的成本少。有共同的文化背景，相互之间比较了解，都实行比
较民主的政治制度，政策稳定性较强，有比较成熟的市场经济体制，合作各方可以对合
作收益有一个明确的预期，不需要对交易附加条件，因此交易成本比较低。在匀质型区
域，国家间开展的交易成本主要是对交易对象实行同一标准和规格所需的费用，交易成
本比较低，这也是欧洲联盟成员国之间合作能够不断前进的一个重要原因。"请参阅王子
昌："交易成本与区域经济合作"，载《西南政法大学学报》2002 年第 4 期，第 36~37 页。

迁以及制度使用的相关费用等。简言之，就是制度成本及运行成本。各种制度安排的主要目的与作用，如威廉姆森所说的，就是"节省交易成本"。[1]

三、交易费用理论应用

交易费用理论的运用已趋多元化，渗透到各领域之中，而在本书中主要将交易费用理论运用于两岸区域经济一体化、两岸票据市场一体化及两岸票据制度一体化，主要着眼于通过协议建立一套共同的规则，将两岸分割的市场及资源有效整合，形成"一个共同市场，一个共同制度"，从而节约交易费用，创造经济效益。因此，交易费用理论运用于两岸票据制度一体化，不仅实现两岸票据实体法统一的替代路径，更从交易当事人的角度而言，共同制度安排，提高制度透明度、稳定性，达到节约交易费用的目的，为两岸企业创造有利的经营条件，提升企业竞争力。因此，以交易费用理论为视角分析两岸区域经济一体化、两岸票据市场一体化与两岸票据制度一体化，使得两岸票据市场一体化与两岸票据制度一体化的存在，相辅相成，两者的实现能惠及两岸人民。退一步而言，两岸区域经济一体化涉及层面广，现阶段实施难度较高。但两岸票据一体化因属于技术性规范，从经济效益层面，推动两岸票据共同市场，节约交易费用，有利于两岸企业发展与转型，增进两岸经济利益，具有实现两岸票据制度一体化的动力；两岸经由共同签署"两岸票据制度一体化协议"的制度性安排，建立合理、公平的两岸票据一体化的市场环境，并以保障两岸票据当事人的票据权益为前提，通过推动两岸票据流通，有助于解决两岸企业融资难与融资成本高的问题；而且还有助于推动两岸经济一体化的效应。

交易费用理论对制度设计的意义，在于"不同制度安排导致不同的交易成本，带来不同的资源配置……而且还可以进行以降低交易成

〔1〕 卢现祥、朱巧玲：《新制度经济学》，北京大学出版社 2012 年版，第 89 页。

本为目的的制度创新"。[1]因此，从制度创新或者制度变迁的角度而言，制度的产生不仅要可预见潜在的利益，而且还要能选择有利于效益最大化的制度安排，才能产生驱动力。尤其在两种不同制度之间，认识一套制度相对于认识两套制度而言，从交易费用理论来看，显然交易费用是不同的。因为将两套制度融合为一套制度，而共同遵循一套新的制度，所产生的效益不仅节约法律制度信息的搜集、处理及使用等费用，还能提高对制度信息的可信度、可预测性、透明度及稳定性，同时也减少信息不对称所产生的市场不确定性的交易费用；此外，还增加了制度性保障机制。

因此，两岸制度的安排或者说制度的选择，主要的目的与作用除了传统理论收益的考虑外，还应当考虑潜在的收益及制度的非经济因素，[2]如两岸制度的一致性、连贯性、权益保障机制、两岸关系稳定等的非传统收益性。毕竟制度的运行是有成本的，通过制度性合理安排而节约交易费用是最重要的。

将两岸不同的法律制度融合，从经济层面予以一体化，成为一种创新制度安排，以节省交易费用或者将交易费用最小化，提升两岸经济体的竞争力，则此制度的安排就是最佳的制度选择，也是一种两岸整体金融利益提高的体现。

（一）交易费用理论范例

在相关的文献中，主要是将交易的概念一般化，使得将国家间或者不同经济体之间的经济活动本身作为一种交易对待，因而将交易费用理论运用到国际合作及区域经济一体化的领域进行研究。就其范例运用交易费用理论主要可分为三种类型：

1. 交易费用理论与国际合作

将交易费用的概念运用于国家制度与国际合作研究者，如美国罗伯特·基欧汉（Robert O. Keohance）在《霸权之后》（1984年）一书，

---

〔1〕　吴思颖：《国际商事合同法统一化：原理、目标和路径》，法律出版社2011年版，第27页。

〔2〕　陈志恒：《东北亚区域经济一体化研究——以交易费用理论为视角》，吉林人民出版社2006年版，第41页。

论述霸权后国际合作的可能性与现实性，在理论上发展出一套系统的国际机制，并在国际合作问题的研究上提供一种以制度经济学为基础的新的理论视角。[1]又如，田野（2002 年）提出，以交易费用理论为基础，分析国际制度的需求，并认为国际制度能够降低信息费用、界定权利费用和监督及惩罚费用等这三部分交易费用，促进国际合作的实现，使国家获得由合作带来的收益。[2]另外，其又指出，"信息不对称、逆向选择与道德风险构成了国家间关系中交易费用的主要来源"。[3]

学者陈志恒（2006 年）指出，将新制度经济学中的交易费用理论运用于国际关系领域，扩展交易费用的内涵与外延，形成所谓的"国际制度论"。[4]在国际制度论中，认为国家间的交易行为具有交易费用，该交易费用主要来源于"国家在权利让渡时为了获取对方及环境的信息和防止对方的机会主义行为而付出的费用或成本"。[5]

---

〔1〕〔美〕罗伯特·基欧汉：《霸权之后——世界政治经济中的合作与纷争》，苏长和等译，上海人民出版社 2006 年版。

〔2〕田野："交易费用理论视野下的国际制度需求分析"，载《欧洲研究》2002 年第 1 期，第 12~20 页。

〔3〕田野："交易费用：解读国家间关系的一个重要维度"，载《世界经济与政治》2002 年第 1 期，第 24 页。

〔4〕陈志恒：《东北亚区域经济一体化研究——以交易费用理论为视角》，吉林人民出版社 2006 年版，第 54 页。

〔5〕在国际关系研究中最早提出国际制度概念的是约翰·鲁杰（John Ruggie），他认为国际制度，是指已被一部分国家所接受的一系列相互期望、规则和规定、计划、组织能量和财政义务；斯蒂芬·克拉斯纳（Stephen Krasner）认为，国际制度是指隐含的或明确的原则、规范、规则和决策程序，行为主体对某个特定国际关系领域的期望围绕着它们而聚合起来；罗伯特·基欧汉（Robert O Keohane）认为国际制度是指持久的、相互联系的正式和非正式规则，这些规则规定行为角色、限制行动并塑造预期。请参阅田野："交易费用理论视野下的国际制度需求分析"，载《欧洲研究》2002 年第 1 期，第 12~13 页。学者更具体指出，这些费用主要包括以下四个组成部分：第一，获取信息的费用。即为获取对方及环境的信息所必须支付的费用；第二，界定各方权利的费用。即双方进行缔约谈判以及维护契约的费用；第三，监督及惩罚的费用，即为监督各缔约方实施协议以及对违约方进行惩罚的费用；第四，效率损失的费用。即由于信息不对称造成无法达成协议，或者由于契约的不完全性且各缔约方投入不足，从而均导致的效率损

2. 交易费用理论与区域经济合作

将交易费用的概念运用于区域经济合作研究者，如王子昌（2002年）以亚太经合组织（Asia-Pacific Economic Cooperation，简称APEC）作为案例，研究区域经济合作的交易费用问题，通过分析得出："交易成本对国家间的经济合作具有重要影响。正是对于交易成本的考虑，国际经济合作采取了不同的制度形式。"[1] 又如余玉平（2005年）应用交易成本理论，对东亚货币合作进行分析，并提出借鉴APEC模式，降低东亚货币合作交易成本的制度构想。[2]

3. 交易费用理论与区域经济一体化

将交易费用的概念实际运用于区域经济一体化研究者，如徐振海（1999年）将交易费用运用于区域经济一体化的研究，并指出经济一体化的建立与发展，在很大程度上取决于建立与运行经济一体化的交易费用大小。[3] 又，如陈志恒（2006年）借鉴交易费用理论在国际合作领域的研究成果上，并通过引入交易费用作为研究路径，构筑一个交易费用的分析框架，探讨东北亚区域经济一体化进展缓慢的原因，并提出可行的路径。

从上述文献可以看得出，是运用交易费用理论分析国家间关系的一种尝试范例。虽然是从不同地区的经济合作问题作为研究对象，但都是以交易费用理论作为分析的视角，不仅具有创造性，还具有探索与尝试。尽管各个研究范例的面向有所不同，所得结论亦有所差别，但其提供本研究一个新的思路，使我们得以将交易费用理论引入两岸区域经济一体化、两岸票据市场一体化、两岸票据制度一体化的领

（接上页）失的费用。请参阅田野："交易费用：解读国家间关系的一个重要维度"，载《世界经济与政治》2002年第1期，第24页；田野："交易费用理论视野下的国际制度需求分析"，载《欧洲研究》2002年第1期，第12~20页。

〔1〕　王子昌："交易成本与区域经济合作"，载《西南政法大学学报》2002年第4期，第40页。

〔2〕　余玉平："对东亚货币合作模式的再考察"，载《国际商务（对外经济贸易大学学报）》2005年第1期，第57~61页。

〔3〕　徐振海："交易费用理论与经济一体化"，载《南京政治学院学报》1999年第5期，第50页。

域，以交易费用为视角，审视两岸经济与制度一体化所节约的交易费用。

就两岸现阶段经贸发展情势而言，以往是台湾地区经济发展占据优势地位，但是大陆地区经过改革开放后，近年来经济呈现飞速发展，与昔日已不可同日而语，反而呈现出大陆地区逐渐占据优势地位。尽管如此，但两岸在产业与技术方面仍呈现高度互补性。此外，在文化、语言及风俗习惯方面，两岸仍具有较高的认同度。因此，纵然两岸制度一体化初期所产生的制度创新交易费用较高，但就长远而言，两岸经济与制度一体化后，通过签署协议作为制度性安排，形成一套共同遵循的制度，可以达到以下两个方面的效益：第一，统一市场机制的制度安排。两岸不同经济主体基于平等、自愿的基础上，本于对等公平、互惠互利原则，通过签署协议方式，建立共同遵循制度，统一市场机制，达到资源优化配置，消除两岸经贸壁垒及其他人为壁垒，使制度更具透明性、确定性、稳定性与可预测性，确保两岸人民的权益。因此，协议不仅是一种统一市场机制的制度性安排，也是一种制度性保障。第二，节约交易费用。两岸经济体签署经济一体化的协议后，可以减少两岸市场上的不确定性（如商品通过海关的人为障碍等），提高两岸间的贸易规模与水平，获得潜在的经济利益。由于两岸经济一体化也是一种制度创新或者说是制度变迁，建立新制度的主要目的在于节约交易费用，并透过不断的制度变革使得交易费用达到最小化，故而制度可决定交易费用的大小。学者陈志恒（2006 年）也指出，依据"交易费用理论认为，节约当前的交易费用或者追求潜在利益是制度变迁的动力，但这只是解决了制度需求问题，并不意味着存在潜在利益就一定会导致新制度安排的出现，只有当存在的潜在利润使制度创新的预期收益大于预期成本时，制度创新才会出现"。[1]因此，两岸区域经济一体化通过制度安排就是要达到节约交易费用的目的，此种制度创新安排就是因为预期收益大于预期成本。

---

〔1〕 陈志恒：《东北亚区域经济一体化研究——以交易费用理论为视角》，吉林人民出版社 2006 年版，第 70 页。

（二）交易费用理论与两岸经济一体化

将交易费用理论运用于区域经济一体化进行可行性分析者，已有相关文献成功运用的案例，为本书将交易费用理论应用于两岸区域经济一体化提供了理论借鉴。

徐振海（1999 年）认为："经济一体化的发展有两种表现：一是经济一体化的空间范围不断扩大，如参加经济一体化的国家即其成员国增多；二是经济一体化的联合程度不断提高，如自由贸易区的层次向关税同盟、共同市场等层次不断提升。前者意味着越来越多的国家和地区加入消除歧视的行列中，后者则意味着经济一体化成员国之间的歧视越来越少。……在总量上都有助于降低国家主体之间经济交往的交易费用，从而提高资源配置效率，促进经济一体化成员国的经济增长，这是经济一体化发展的动力源泉。"[1]此种观点虽然是指国家与国家间的经济一体化，但本书认为，同样亦可适用于一国家内的不同经济体间的经济一体化，即两岸特殊关系间的区域经济一体化的情形，同样具有可行性。

依据文献资料表明，其中如唐永红（2010 年）指出："近 20 年来，两岸经济体在潜在的互补性基础上，在不断深化发展的全球化进程与彼此间交流交往过程中，在全球化力量与市场机制以及双方两岸经贸政策的作用下，逐渐自然形成了垂直与水平交叉并存且动态发展的多元化分工关系。……两岸产业合作层次不断提高，分工协作日益深化，已由劳动密集型转向资本、技术密集型产业转变，由产业之间分工向产业内部分工推进，形成了'研发、生产、销售'合作与一体化和较为紧密的产业发展链。……使得两岸经济体在原来的互补性基础上形成竞争性与依存性并存的合作与一体化发展态势。"[2]因此，从两岸经贸发展的情势而言，两岸区域经济一体化前与后，可以节约的交易费用至少包括：一是减少信息不对称、制度差异的交易成本以及降低

---

〔1〕　徐振海："交易费用理论与经济一体化"，载《南京政治学院学报》1999 年第 5 期，第 49 页。

〔2〕　唐永红：《两岸经济制度性合作与一体化发展研究》，九州出版社 2010 年版，第 163 页。

生产成本等；二是规模经济的扩大、投资效应以及生产要素（商品、服务、资金、人员等）的自由流动等所节约的交易费用；三是两岸的互补性而提升对外的竞争力，也创造更大的经济效益；四是共同制度的产生具有可预测性、透明性及稳定性；五是稳固的权益保障机制。因此，从上述说明，可认为两岸经济与制度一体化所预期的收益将会大于一体化的成本，从而使得两岸经济一体化具有可行性与实现的可能性。

（三）交易费用理论与两岸票据一体化

按照交易费用理论，认为制度的产生、变迁的主要目的与作用之一，就是为节约交易费用。再按照交易费用理论的一个基本假设，就是将交易类型与治理结构匹配，即"不同的交易类型对应于不同的治理结构，以实现交易成本的节约"。[1]申言之，"为使交易成本最小化，我们应该选择适当的治理结构与不同类型的交易相匹配"。[2]因此，将交易费用理论运用于两岸票据一体化可节约的交易费用与案例分析如下：

1. 节约交易费用

按目前两岸企业交易所签订合同约定的支付条件，通常是按国际结算方式作为支付条件，主要是采用汇款、国际贸易托收及国际贸易信用证三大类别。[3]在此三大类别项下再分若干小类别。其中汇款包括预先付款（即买方给予卖方的融资）、记账赊销（Open Account，即卖方给予买方赊账）。一般的普通汇款对于企业而言，只不过是一种支付方式，无信用或融资功能；信用证的使用是企业采用最多的方式之

---

〔1〕 周林彬、董淳锷：《法律经济学》，湖南人民出版社2008年版，第209、212页。

〔2〕 周林彬、董淳锷：《法律经济学》，湖南人民出版社2008年版，第213页。

〔3〕 国际贸易托收，是指出口商（卖方、债权人）依据买卖合同先行发货，然后开立银行单据或商业单据（或两者兼有），委托出口托收银行通过其海外分支机构或代理行（进口代收银行），向进口商（即买方、债务人）收取货款或劳务费用的结算方式。有关国际贸易托收的具体操作业务，请参阅苏宗祥、徐捷：《国际结算》，中国金融出版社2010年版，第142~200页。

一，主要是采用"跟单信用证"。[1]在国际贸易托收业务中的资金融通方式，包括出口押汇、使用融通汇票贴现融资等。[2]此外，还有采应收账款方式。就应收账款的资金融通而言，在金融实务上通常可采取三种方式，即：应收账款承购、应收账款设质及应收账款融资（无担保性质），其中应收账款融资属于无担保性质，金融机构仅就其应收账款要求汇入特定专户监管，但银行对该账户内资金并无优先受偿权（即无担保债权）。该项业务对企业而言，资金融通利率较高；资金融通的风险通常由银行自行承担，故而一般银行较不愿意承做该项业务。

---

　　〔1〕　所谓信用证（Letter of Credit，简称"L/C"），是指银行（即开证银行）依据申请人（即进口商，买方）的要求，并按其指示向受益人（即出口商，卖方）开立一定金额，并在一定期限内有条件付款的书面承诺文件。按目前国际贸易中所使用的信用证方式大都是采用"跟单信用证"的模式，主要原因是将买方企业（即进口商）的履行责任转由银行来承诺履行，即将商业信用转化为银行信用。但其要求条件比较多。采用跟单信用证主要是依据国际商会（International Chamber of Commerce，简称"ICC"）公布的《跟单信用证统一惯例》（Uniform Customs and Practice for Documentary Credits，简称"UCP"），目前最新的版本为UCP600，是2007年7月1日正式启用。《跟单信用证统一惯例》，虽然不是国际公约，也不是成文法，但实际上已成为国际贸易中被世界各国及地区广泛接受的一套实务规则，旨在确保在世界范围内将信用证作为可靠的支付工具，已成为一种国际惯例。所谓跟单，通常是指代表货物所有权或证明货物已经装运的货运单据，如运输单据、商业发票、保险单、商检证书、原产地证明及装箱单等等。就交易双方企业而言，一般认为采信用证方式作为交易条件是比较安全的，但其亦有缺点，即从交易费用的视角来看，跟单信用证的交易比较烦琐，除了要向银行申请开立信用证外，还要准备相关单据（如运输单据、商业发票、保险单、商检证书、原产地证明及装箱单等等），这些都需要支付相关交易费用，包括所花费的劳力、时间及费用。至于贸易中所使用的汇票是一种逆汇形式与一般票据使用的顺汇形式不同。所谓逆汇（reverse remittance），是指债权人（即卖方）作为出票人，命令付款人（付款行）将票款付给出票人。例如跟单信用证项下汇票的出票人即为受益人（卖方、债权人），付款人通常是开证行或指定付款行，收款人是受益人（或其代理人即交单银行）。受益人凭交付的相符单据开出汇票要求开证行凭票付款给自己，此汇票即为索款凭证，由于汇票开立方向与票款资金流向相反，故而学理上称为"逆汇"，与一般使用的汇票属于"顺汇"性质上有所不同，且此种汇票的请求给付票款通常是通过信用证流程中的银行体系进行。请参阅何源编：《跟单信用证一本通》，中国海关出版社2012年版，第3页；苏宗祥、徐捷：《国际结算》，中国金融出版社2010年版，第6、201~203页。

　　〔2〕　国际贸易托收业务中的资金融通方式，请参阅苏宗祥、徐捷：《国际结算》，中国金融出版社2010年版，第197~199页。

因此，一般而言，最常采用方式为应收账款承购、应收账款设质。例如，台湾地区 A 企业向大陆地区 B 企业采购 X 商品，金额为人民币1000 万元，应收账款天期为 270 天付款，故而当 B 企业向 A 企业出货后，在没有商业纠纷的前提下，B 企业取得对 A 企业的应收账款人民币 1000 万元。当 B 企业需要资金时，洽商大陆地区金融机构对其所拥有的应收账款进行融资，其方式可以为应收账款承购，也可以为应收账款质押（应收账款设质）。基于国别风险及法律不确定性的风险考虑，国际承购商不一定会同意承购 B 企业的应收账款，或者要求较高的承购费用才同意承购，此种成本通常会转嫁给企业，无异于增加企业的交易成本。假设 B 企业采取向金融机构办理应收账款质押方式办理融资，此之前提必须是 A 企业与 B 企业间的采购合同中未约定 B 企业不得办理应收账款质押或应收账款转让的约定条款，或者必须经过 A 企业同意。由于设质应收账款的标的为境外债权。当发生应收账款纠纷时，会涉及冲突法中准据法适用问题。反之，两者的角色互换时，亦同样地会发生冲突法中准据法适用问题。[1]由于两岸实体法对于应收账款设质办理规定不同，必然影响法院审理适用准据法所指向法域实体法时，可能产生不同审判结果。

发展两岸票据不同于前述国际结算方式，而是将"两岸票据制度一体化协议"作为两岸票据制度的一种创新制度安排，双方在自愿的基础上签署该协议，发展两岸票据，通过两岸票据所具有的流通、信用、支付、汇兑、融资、担保及节约货币等功能，作为两岸企业交易的支付工具。在发生票据纠纷时，由于协议对于两岸票据具有直接适用的效力，而且当域内法律与协议发生冲突时，协议具有优先适用的效力。申言之，票据当事人在两岸票据纠纷诉讼时，可以在经济体内向审理法院直接援引"两岸票据制度一体化协议"规定作为请求依

---

〔1〕 大陆地区《涉外民事关系法律适用法》第 40 规定："权利质权，适用质权设立地法律。"依据大陆地区《物权法》第 228 条第 1 款规定，应签订设立权利质权书面，并办理设质登记。台湾地区"涉外民事法律适用法"第 38 条第 2 项规定："关于以权利为标的之物权，依权利之成立地法。"依据台湾地区"民法"第 902 条及第 904 条规定，应签订设立权利质权书面，并通知第三人，但法律没有规定必须办理设质登记。

据，而法院可以直接援引"两岸票据制度一体化协议"规定作为判决依据。就制度的一体化而言，对于票据当事人或者法院判决，在适用制度上具有期待可能性、可预见性及透明性，而且节约相关主体所需耗费的额外劳力、时间及费用。简言之，通过共同制度性安排，可节约整体交易费用，使得各经济主体获得潜在的利益。再进一步而言，此种制度的设计，所节约的交易费用不仅包含了区域经济一体化所节约的各种交易费用（如关税、竞争力提升、法律风险承担等），还包括节约法律制度不同搜集信息的成本、处理及使用等交易费用以及通过两岸票据融资取得较低的融资成本等等。此外，通过共同制度性安排，还增加额外的经济效益（如贸易创造效应使得规模经济扩大等）及非经济效益（如改善两岸关系、共享经济利润与繁荣等）。因此，"两岸票据制度一体化协议"可以说是一种制度性一体化的妥适安排。

2. 以"两岸票据融资"解析节约交易费用

"两岸票据制度一体化协议"中的票据功能着重于票据的信用与融资功能，而且协议规划中的汇票、本票及支票均具有票据信用与融资的功能，换言之，三种票据均有即期与远期的规范，此与两岸经济体的现行票据法律制度设计理念最大不同之一。关于通过两岸票据降低融资成本的分析，举例说明：例如，台湾地区 A 企业向大陆地区 B 企业采购 X 商品，金额为人民币 1000 万元，双方签订采购合同约定以票据作为支付货款的条件，且票期最长为 6 个月，故而当 B 企业向 A 企业出货后，不需考虑是否存在商业纠纷的问题，可按合同约定要求 A 企业提供所签发以丙银行为付款银行的 6 个月到期的远期支票，金额人民币 1000 万元。当 B 企业需要资金时，可以将该远期支票向银行办理票据融资。按企业向银行办理融资时，就同一企业而言，向银行申请担保融资与无担保融资，两者的融资成本是有所不同。通常情形，无担保融资的利率高于有担保融资的利率，故而采取票据质押融资仍具有相当的优势性。主要原因在于：交易性票据具有自偿性，且票据设质担保，不仅可使得企业较易取得融资，而且还可以降低企业融资成本，节约交易费用。

企业向银行申请融资的利率，会因企业性质、企业评等、企业所生产的产品、有无提供担保及企业未来展望等因素的不同，使得银行给予企业会有不同的利率水平。本书假设同一企业，在同一时间向同一银行申请 1 年期的融资，并以人民币贷款基准利率 4.35%作为准据，[1] 就无担保融资与票据担保融资，分别说明两者的利率差别及企业可节约的交易费用。

按一般情形，银行就无担保融资，按上述 1 年以下的金融机构人民币贷款基准利率 4.35%上浮 30%计算利率水平，即贷款年利率为 5.66%；如果有担保融资，按上述 1 年以下的金融机构人民币贷款基准利率 4.35%下浮 10%计算利率水平，即贷款年利率为 3.92%。

当 B 企业向甲银行申请 1 年期无担保的流动资金贷款人民币 1000 万元，贷款利率为 5.66%，1 年所需付的利息为人民币 56.6 万元。如果 B 企业以票据作为担保向甲银行申请 1 年期的流动资金贷款人民币 1000 万元，贷款利率为 3.92%，1 年所需付的利息为人民币 39.2 万元。就此而言，有票据担保与无票据担保，对同一 B 企业而言，所支出的利息差为人民币 17.4 万元。随着融资金额增加、融资期间变长，对于 B 企业而言，所需支付给甲银行的利息差异越大。因此，两岸票据制度一体化，发展两岸票据，使得企业可以票据作为交易的支付条件，通过票据信用、流通、融资及担保等功能，不仅可以解决两岸企业融资问题，还可以节约交易费用，降低企业整体的交易成本，提升企业竞争力。

第四节　欧盟法效力理论

欧洲在其一体化的过程中，之所以能如此顺畅与稳定前进，必然有其可取之处。尤其欧洲在建设经济之初期，只不过是先将煤炭与钢铁两种战略产品置于共同的管理之下，而组建欧洲煤钢共同体。其源于 1951 年由比利时、法国、德国、意大利、卢森堡及荷兰等六国在巴

---

〔1〕 按大陆地区人民银行 2015 年 10 月 24 日调整的 1 年以下的金融机构人民币贷款基准利率为 4.35%，本书以此基础利率作为票据融资案例的利率计算基准。

黎共同签署《建立欧洲煤钢共同体条约》（也称《巴黎条约》），成立
欧洲煤钢共同体，对煤炭及钢铁实施统一管理，并创设自己的法律形
式，确立煤钢共同体的适用规则。后来随着局势发展，在1993年欧洲
共同体统一大市场形成一个内部市场，各成员国的经济边界消除了，
同时将欧洲经济共同体改为欧洲共同体，2009年更进一步使得欧洲联
盟取代欧洲共同体的法律主体资格，成为唯一实体。[1]

　　欧洲一体化从欧洲经济共同体变更为欧洲共同体，再到欧洲联盟
之路，从建立共同市场到转型成为单一内部市场，欧洲经济一体化不

---

[1]　欧洲煤钢共同体六国于1957年在意大利又共同签署《建立欧洲原子能共同体
条约》及《建立欧洲经济共同体条约》（也称《罗马条约》）。此时在共同经济政策方
面主要有以下点：第一，建立关税同盟；第二，建立共同市场，逐步消除贸易壁垒，实
现商品、服务、人员、资本等自由流通；第三，实施共同的农业政策；第四，逐步协调
经济共同体各国在经济与社会政策；第五，通过建立共同市场与各成员国经济的协调、
稳步发展，提高人民的生活水平；第六，希望能够达到经济、财政、货币政策与法律的
合作，实现政治合作。随后，共同体六个成员国于1965年在布鲁塞尔签署《建立欧洲
共同体安全理事会与单一委员会条约》（简称《合并条约》），将三大共同体的组织机构合
并，并于1968年7月1日建立关税同盟，实现第一个经济一体化。随着其他国家的加
入，使得共同体不断地扩大，时任欧洲首脑理事会主席德洛尔提出建立欧洲统一市场的
构想。在1986年2月7日欧共体12成员国通过《单一欧洲法令》（Single European Act），
于1987年7月1日生效，文件中正式采用"内部市场"的概念。依据《单一欧洲法令》
第13条规定，在1992年12月31日前，欧共体成员国应采取措施，逐步建立内部市场。
所谓内部市场，是指依据《单一欧洲法令》规定，确保包括一个区域内没有内部边界，
且在此区域内的货物、人员、服务及资本等可以自由流动。因此，在1993年欧洲共同体
统一大市场形成一个内部市场，各成员国的经济边界消除了。内部市场的建立，不仅统
一欧洲大市场，且降低企业与国家间的交易成本，创造全新的经济环境，并进而产生更
强烈的竞争与规模经济效应，为欧元的诞生创造良好条件，并为欧洲经济一体化的深入
也创造了更好的典范。1992年2月7日在马斯特里赫特签署《欧洲联盟条约》（简称
《欧盟条约》，也称《马斯特里赫特条约》，简称《马约》），目的在于进一步推动欧洲
政治、经济与社会一体化，于1993年11月1日生效，更将欧洲经济共同体改为欧洲共
同体。2007年12月13日欧洲共同体成员国更进一步签署《里斯本条约》，将《欧共体
条约》更名为《欧洲联盟运行条约》（简称《欧盟运行条约》）。《里斯本条约》于
2009年12月1日生效，使得欧洲联盟（简称欧盟）取代欧洲共同体的法律主体资格，
成为唯一实体。请参阅张彤主编：《欧盟法概论》，中国人民大学出版社2011年版，第
7~15页；程卫东：《欧洲市场一体化：市场自由与法律》，社会科学文献出版社2009年
版，第36~39页。

断地深入，逐渐实现欧洲完全一体化。近年来，随着欧盟第七次扩大，到 2013 年底，成员国已经达到 28 个，欧洲一体化的进程与力量，已经远远超出其他国家及地区的想象了。当然，欧洲一体化的成功，并非无所依据，主要在于其建立在一定的制度基础上，这些制度随着欧洲一体化形成一套自己的法律形式，如此才能使得一体化过程中有统一适用的规范，不致于造成在同一市场中出现不平等、不公平现象，也使得欧洲一体化之路能在稳定中前进。

欧盟法律体系的建立，对于欧盟成员国间的人民而言，由于法律制度一体化（协调与统一化），使得交易成本减少，增强了交易的安全性与稳定性，促进欧盟市场范围内的经济增长。[1]尽管欧盟的法律体系是建立在国家与国家之间，但在两岸特殊关系之间，虽非国家与国家间关系，但也具有不同法律制度的提前下，对于推行两岸票据制度一体化也具有参考借鉴之处。其中，关于欧盟法有关效力理论方面，可运用于两岸所签署的"两岸票据制度一体化协议"。因为，当所签署的"两岸票据制度一体化协议"生效后，其将与两岸各自的票据法同时并存，形成二元票据制度，即存在适用的问题；而当适用与解释发生冲突时，即存在优先适用问题。由于两岸并未设置共同的机构作为解决协议与域内法冲突的机制，因此，为使两岸票据市场一体化能够有序、稳健中运行，对于签署的"两岸票据制度一体化协议"，在经过各自内部程序接受后，应赋予一定效力。故而，对于"两岸票据制度一体化协议"的效力问题，本书运用了欧盟法中条例的效力理论。

一、欧盟法效力理论内涵

在国际上，如果签署的是国际条约，从国际法的角度而言，会涉及国际法与国内法关系。此涉及两个问题：第一，国际法与国内法是否属于同一个法律体系。第二，法律地位问题。申言之，是国际法优于国内法，还是国内法优于国际法，或者国际法与国内法属于相互独

---

〔1〕 程卫东：《欧洲市场一体化：市场自由与法律》，社会科学文献出版社 2009 年版，第 28~29 页。

立而不发生一个优于另一个的两个法律体系。关于国际法与国内法的
关系，在学理上有两派：第一派主张一元论。持一元论者认为，国际
法与国内法属于同一个法律体系。但是此派又分两种不同观点：一是
主张国际法优于国内法；另一是主张国内法优于国际法。英国学者奥
康纳尔更进一说明，国际法与国内法的关系中有四种可能：第一，在
国际与国内决定中，国际法优于国内法，这是一元论。第二，如果在
国际与国内决定中，国内法优于国际法，这是属于反过来的一元论。
第三，在国际决定中，国际法优于国内法；在国内决定中，国内法优
于国际法。第四，假设国际法与国内法没有发生冲突的现象，称为协
调论。[1]第二派主张二元论。持二元论者认为，国际法与国内法是属
于不同的法律体系。[2]对此，大陆地区国际法学者王铁崖（1981 年）
提出，"国际法与国内法是法律的两个法律体系"，但是其认为"这两个
法律体系彼此之间有密切的联系——相互渗透和相互补充"。[3]而且，
不宜过分强调国际法与国内法的不同，否则容易造成两者的对立。[4]

　　持二元论者，认为国际法与国内法是属于不同的法律体系。如果
缔结国际条约，要使该条约直接约束一国家管辖内人民，则必须要经
过一定程序的"转化"（Transformation），将国际条约转化为国内法的
一部分，才能在成员国内产生拘束力，才具有普遍适用的效力。但是，
由于区域经济一体化所形成的区域共同体，为确保区域经济一体化在
公平、平等的原则下顺畅运作，如欧盟的运行，欧洲法院 1963 年在著
名的"范·让·昂鲁斯（Van Gend en Loos）案"中作出的具有里程碑
意义的判决，不但建立了共同体法的"直接效力原则"（The Principle
of Direct Effect），而且首次使用了"国际法的新法律秩序"（a new
legal order of international law），这一词语来界定欧共体法律。该判例为
共同体法创设出了"直接适用性原则"（The Principle of Direct Applica-

〔1〕　王铁崖：《国际法引论》，北京大学出版社 1998 年版，第 180 页。
〔2〕　王铁崖：《国际法引论》，北京大学出版社 1998 年版，第 180 页。
〔3〕　王铁崖主编：《国际法》，法律出版社 1981 年版，第 44 页，转引自王铁崖：
《国际法引论》，北京大学出版社 1998 年版，第 192 页。
〔4〕　王铁崖主编：《国际法》，法律出版社 1995 年版，第 29 页。

bility）与"直接效力原则"（The Doctrine of Direct Effect）。换言之，欧共体法不须要经过成员国的内部实施程序，可以直接发生适用的效力原则，成为学理上确认的"直接效力理论"。[1]此外，从"柯斯达（Costa）案"，到后续"Internationale Handelsgesellschaft 案"判决中确认，欧洲法院又确立欧洲共同体法律优先于各成员国的国内法原则，形成学理上的"优先地位理论"。[2]

欧盟本身包含了 28 个成员国，是一个很特别的区域性国际组织，它的统一不在于以往使用武力或征服的手段，而是通过法律达成。在伴随着欧洲共同体的发展以及欧洲联盟的产生，欧盟拥有自己一套独特的法律体系，成为"欧盟法"，[3]不仅为其内部及成员国提供保障机制，还同时兼具有普通法系与大陆法系融合的特征。[4]实际上，要融合不同成员国的法律制度是一件不容易的事。尤其成员国间，不仅

---

〔1〕 See Richard Frimpong Oppong, Legal Aspects of Economic Integration in Africa, Cambridge University Press, First published, 2011, pp. 42~44 and pp. 190~195; Robert Schütze, An Introduction to European Law, Cambridge University Press, First published, 2012, pp. 107~112；张彤主编：《欧盟法概论》，中国人民大学出版社 2011 年版，第 98 页；〔法〕德尼·西蒙：《欧盟法律体系》，王玉芳等译，北京大学出版社 2007 年版，第 340~345 页；van Gend & Loos v. Netherlands Inland Revenue Administration, Case 26/62,【1963】ECR (English special edition) 1. 有关"van Gend & Loos v. Netherlands Inland Revenue Administration"案例，载欧盟官方（Official website of the European Union）欧盟法检索系统网，如 http://eur-lex. europa. eu/legal-content/EN/TXT/PDF/? uri = CELEX：61962CJ0026& from = EN，最后访问日期：2015 年 12 月 31 日。

〔2〕 郑祝君主编：《比较法总论》，清华大学出版社 2010 年版，第 259 页；〔德〕马迪亚斯·赫蒂根：《欧盟法》，张恩民译，法律出版社 2003 年版，第 182 页；张彤主编：《欧盟法概论》，中国人民大学出版社 2011 年版，第 99~100 页；〔法〕德尼·西蒙：《欧盟法律体系》，王玉芳等译，北京大学出版社 2007 年版，第 362~370 页。

〔3〕 学者张彤认为，欧盟法应区分狭义欧盟法与广义欧盟法。所谓狭义欧盟法是指 1993 年 11 月 1 日生效的《欧盟条约》以来的欧盟各种法律规范的总称。而广义欧盟法是指以历史上各大共同体约条和《欧盟条约》等基本法律文件为基础和核心建立起来的，包括与修改、补充和实施各大共同体条约和《欧盟条约》有关的其他条约、欧盟机构的立法、欧盟所承认的一般原则和欧盟法院的司法立法，旨在调整欧盟一定的内部与外部社会关系的法律规范的总称。请参阅张彤主编：《欧盟法概论》，中国人民大学出版社 2011 年版，第 78~82 页。

〔4〕 郑祝君主编：《比较法总论》，清华大学出版社 2010 年版，第 256 页。

存在不同法系，且具有各民族的法律文化特点，法系间虽具有共性，但也有其个性。欧盟在一体化过程中，最不容易的就是在欧洲经济一体化的过程中，能够将成员国的法律制度逐渐合理地一体化，糅合不同法系的法律文化与法律特长，形成独特的欧盟法律体系，就其法律性质与地位，是非常独特的。换言之，在欧盟内部同时并存两个相互独立的法律体系（即欧盟法与成员国国内法），这两个法律体系各自存在运作方式，既有独立性，也有互补性，也存在相互协调性。从法律性质上而言，其特殊性在于：它既非国内法，也非国际法，主要原因在于它的法律并不适用于所有的国家，而仅适用于欧盟的成员国；从其法律地位而言，其特殊性在于：它的法律不仅适用于各成员国之间，且地位优先于成员国法律，在适用效力上也可以直接适用于成员国之间的人民。[1]

二、欧盟法效力类型

欧盟法的效力，是欧洲法院从审判实践中所形成的，其主要类型有二：一是直接效力；二是优先地位。经学理确认而发展成为直接效力理论与优先地位理论。

（一）直接效力理论

欧盟法的直接效力理论（也称直接适用效力理论），是从1963年著名的"范·让·昂鲁斯（Van Gend en Loos）案"判决发展而来，后来列入《欧洲联盟运行条约》中明文规定。依据《欧洲联盟运行条约》第288条（原《欧洲共同体条约》第249条）规定："为行使联盟权能，联盟机构应通过条例、指令、决定、建议和意见。条例具有普遍适用性，它在整体上具有约束力，应直接适用于所有成员国。……指令对于其所针对的每个成员国均具有约束力，但应由成员国当局选择实施指令的形式和方法。决定整体上具有法律约束力。……仅对其

---

〔1〕　张彤主编：《欧盟法概论》，中国人民大学出版社2011年版，第97~102页；［法］德尼·西蒙：《欧盟法律体系》，王玉芳等译，北京大学出版社2007年版，第342~343页。

针对对象具有约束力。建议和意见不具有约束力。"〔1〕依据该条约规定，"条例"具有普遍适用性、直接适用性的效力。所谓普遍适用性，是指条例具有普遍的法律效力、完整的拘束力；〔2〕所谓直接适用性，也使用"直接效力""直接适用"，是指条例对成员国的国内法产生法律效果，不须成员国进行任何特别转换立法程序或接受的程序，并对适用主体所创设的权利义务在成员国具有强制执行力。〔3〕这是欧盟法在性质上特别之处，主要在于对成员国法律的自主性，排除国际法上二元制（二元论）须经成员国接受或转化的条件限制。〔4〕不过，因为欧盟具有多层治理的组织机构存在，故而可要求不须对于所制定的条例进行转换或接受程序，但两岸间并未设置共同组织机构存在，故而与欧盟法中条例效力有所不同的是，两岸签署"两岸票据制度一体化协议"因为涉及直接规范两岸票据当事人的权利与义务，且影响权益重大，故而仍须经各自的内部程序确认或接受，依据协议条款中规定，赋予直接适用的效力。〔5〕

---

〔1〕 程卫东、李靖堃译：《欧洲联盟基础条约：经〈里斯本条约〉修订》，社会科学文献出版社 2010 年版，第 148~149 页。

〔2〕〔法〕德尼·西蒙：《欧盟法律体系》，王玉芳等译，北京大学出版社 2007 年版，第 277 页。

〔3〕 欧盟法的直接效力，是指欧盟法律规范可以无条件地使其对其适用主体所创设的权利义务在成员国法院得以强制执行的效力。亦即，对于欧盟法直接赋予欧盟所有公民的某些权利，公民可依法请求国内法院保护，即使与国内法抵触也应遵守。对于这些法律规范的直接效力又分为两种：第一是纵向直接效力（vertical direct effect），是指在个人与成员国之间的法律关系中产生的，学理上称为"纵向直接效力"。第二是横向直接效力（horizontal direct effect），是指在个人相互间的法律关系中产生的，学理上称为"横向直接效力"。请参阅张彤主编：《欧盟法概论》，中国人民大学出版社 2011 年版，第 97~99 页；〔法〕德尼·西蒙：《欧盟法律体系》，王玉芳等译，北京大学出版社 2007 年版，第 279 页；〔德〕马迪亚斯·赫蒂根：《欧盟法》，张恩民译，法律出版社 2003 年版，第 134 页；王玉玮："论欧盟法的直接效力原则和优先效力原则"，载《安徽大学法律评论》2007 年第 2 期，第 104 页。

〔4〕〔法〕德尼·西蒙：《欧盟法律体系》，王玉芳等译，北京大学出版社 2007 年版，第 340 页。

〔5〕 如"两岸票据制度一体化协议"条款中拟规定："本协议具有直接适用的效力，且在域内法律制度与本协议规范适用或解释上产生冲突时，本协议具有优先适用的效力。"

鉴于欧盟一体化发展过程的有序发展，因此，本书拟运用欧盟法中有关条例效力理论，目的在于使两岸票据市场一体化能够顺畅运作，除了建构"两岸票据制度一体化协议"作为共同遵循依据外，在两岸签署协议并经各自内部程序接受后，赋予"两岸票据制度一体化协议"具有直接适用效力。

本书所指直接适用效力，是一种制度直接适用效力，是指两岸签署"两岸票据制度一体化协议"后，同时存在域内票据法与协议的二元制度，但是赋予协议具有直接效力。换言之，协议可以作为票据当事人请求的依据，金融机构处理的依据，法院判决的依据。申言之，两岸票据可以直接适用"两岸票据制度一体化协议"所规定的条文，即不仅金融机构在处理两岸票据问题可直接适用，且赋予两岸票据当事人可以直接援引作为适用依据，而两岸法院在处理两岸票据纠纷时，基于平等、公平、公正原则，负有依据协议确定票据当事人权益的义务。因此，两岸票据制度一体化的基本要求，是确保两岸票据市场一体化能够有序运行，保障两岸票据当事人的票据权益，促进两岸票据流通及维护交易安全。

（二）优先地位理论

欧盟存在二元相互独立的法律体系，在条例方面赋予的直接适用效力原则；此外，当欧盟的条例与成员国国内法规定不一致而发生冲突时，由于欧盟法律体系中并没有明确规定究竟应该如何优先适用，即产生优先适用问题。后来，经欧洲法院在审判实践中逐步确立欧洲共同体法律优先于各成员国的国内法原则，形成所谓的"优先效力"的意见，[1]学者有称为"优先性的理论"，[2]也有称为"优先地位理论""优先地位原则""最高效力原则"（The Principle of Supremacy；

〔1〕　郑祝君主编：《比较法总论》，清华大学出版社 2010 年版，第 259 页；〔德〕马迪亚斯·赫蒂根：《欧盟法》，张恩民译，法律出版社 2003 年版，第 182 页；张彤主编：《欧盟法概论》，中国人民大学出版社 2011 年版，第 99~100 页。
〔2〕　〔法〕德尼·西蒙：《欧盟法律体系》，王玉芳等译，北京大学出版社 2007 年版，第 362 页。

The Doctrine of Supremacy）。[1]所称优先地位，是一种优先效力，是指当欧盟法与成员国的国内法的规定在适用或解释发生冲突时，欧盟法的效力优于成员国的国内法。优先效力不一定取决于个人的援用，国内法院或其他机构也可依据有关法律主动给予条约优先效力。"直接效力也并不必然导致优先效力"，因为就某一特定事项而言，当欧盟法与成员国的国内法规定不一致而且无法作成一致解释时，则涉及优先效力问题。[2]产生优先地位理论的原因在于：考虑到如果欧盟法效力低于成员国国内法，则欧盟法所产生的作用甚微，将会不利于欧洲的融合和一体化进程，所以使欧盟法在成员国具有优先效力。[3]

---

〔1〕 "优先地位理论""优先地位原则""最高效力原则"（the principle of supremacy；the doctrine of supremacy），最初形成于1963年柯斯达（Costa）案，并在后续的1970年"Internationale Handelsgesellschaft"一案判决中确认。See Richard Frimpong Oppong, Legal Aspects of Economic Integration in Africa, Cambridge University Press, First published, 2011, pp. 47~48；Robert Schütze, An Introduction to European Law, Cambridge University Press, First published, 2012, pp. 133~143；张彤主编：《欧盟法概论》，中国人民大学出版社2011年版，第99~102页；[法]德尼·西蒙：《欧盟法律体系》，王玉芳等译，北京大学出版社2007年版，第365~370页。关于Flaminio Costa v. E. N. E. L. , Case 6/64, 【1964】ECR（English special edition）585, 载欧盟官方网（Official website of the European Union）欧盟法检索系统，如 http://eur-lex. europa. eu/legal-content/EN/TXT/? qid = 1451737446999&uri=CELEX：61964CJ0006, 最后访问日期：2015年12月31日；关于Internationale Handelsgesellschaft mbH v. Einfuhr-und Vorratsstelle für Getreide und Futtermittel, Case 11/70, 【1970】ECR 1125, 载欧盟官方网（Official website of the European Union）欧盟法检索系统，如http://eur-lex. europa. eu/legal-content/EN/TXT/? qid = 1451736110358&uri=CELEX：61970CJ0011, 最后访问日期：2015年12月31日。

〔2〕 所谓"直接效力也并不必然导致优先效力"，是因为不发生冲突时，可以直接适用，但是发生冲突时，因为存在二元制，就会产生优先性问题。学者指出，"就某一特定事项而言，国内法无规定而条约有规定时只适用条约，国内法与条约的规定一致时，只涉及'同时适用'或'协调一致解释'的问题，均不存在优先效力问题；只有在国内法与条约规定不一致且不能协调一致解释时，才涉及优先效力问题。"请参阅王玉玮："论欧盟法的直接效力原则和优先效力原则"，载《安徽大学法律评论》2007年第2期，第106页。

〔3〕 王玉玮："论欧盟法的直接效力原则和优先效力原则"，载《安徽大学法律评论》2007年第2期，第105~106页；张彤主编：《欧盟法概论》，中国人民大学出版社2011年版，第99页。

同样地，为使两岸票据市场能够顺畅运行，本书运用欧盟法的优先地位理论，对于协议与域内票据法发生冲突时，赋予"两岸票据制度一体化协议"具有优先地位，以确保协议与经济主体的域内票据法律制度在适用产生冲突且解释不一致时，具有优先适用的地位。本书中所指优先地位，是一种制度优先适用效力。主要在于两岸签署"两岸票据制度一体化协议"后，同时存在域内票据法与协议的二元票据制度，当域内票据法与协议规定发生冲突时，在协议中规定，协议优先于域内票据法的规定，使得协议具有优先适用效力。[1]采取优先地位理论的主要理由在于，为确保两岸票据在适用票据法律制度时能够得到统一的适用标准，避免因为存在二元票据制度的差异而产生适用或解释冲突时，无法达到一体性适用，阻碍两岸票据的发展；其目的在于保障两岸票据当事人的权利义务关系，使得在适用制度方面，具有明确性、稳定性及可预见性。

三、欧盟法效力理论应用

当两岸对于"两岸票据制度一体化协议"达成共识并共同签署协议后，即可作为两岸票据市场一体化的共同遵循依据，使得两岸票据一体化市场能有效运行，必须使协议具有相当于票据实体法律规范的效力。此种效力规范不仅是确保两岸票据市场有序运行的制度性依据，更重要的是，保障两岸票据当事人的票据权益的公平性，这样才能真正达到建构两岸票据制度一体化的目的。因此，两岸共同签署"两岸票据制度一体化协议"后，即存在协议与两岸票据法并存的情形，为确保达到前述目的，本书认为有必要应用欧盟法中条例的效力理论，直接赋予协议具有直接效力与优先地位。

一旦赋予协议具有直接效力与优先地位，其具有相当于票据实体法规范的效力，而且协议内容的规范直接对两岸票据当事人发生效力，影响两岸人民的票据权益。因此，本书认为在两岸尚未建置共同机构前，就签署具有法律规范效力的协议应该履行一定内部确认程序。

---

[1] 也可称为"优先地位原则"或"优先效力原则"。

（一）欧盟法效力理论范例

按国际法而言，缔约国对国际条约的接受，是指各国在国内履行国际义务的一切形式。条约在缔约国实施问题的本质在于，如何界定与协调国际条约与缔约国国内法的关系问题。这种国际法与国内法的关系问题，即是如上所述存在两派观点。认同"一元论"的国家，多数会在其国内法中明确规定国际条约是国内法的一部分，能够在国内直接适用，即以纳入方式接受国际条约，如美国、日本、法国、奥地利、荷兰等国；认同"二元论"的国家，通常拒绝直接承认其国际法在国内的效力，必须以转化或接纳的方式接受国际条约，如英国法律规定，该国缔结和批准的条约尚须经过议会就该条约通过特定法案后，才可在英国国内适用。在意大利，如果条约要在其国内生效，必须纳入意大利法律的立法或行政行为。[1]换言之，在二元论国家，对国际法上的国际条约，要获得缔约国在其国内可以适用与执行，通常必须要经过缔约国的"接受""纳入"（incorporation），而这种接受通常有两种方式：第一，是将条约规定转化（transformation）为国内法；第二，是无需转变而将条约直接规定采纳（adoption）为国内法的一部分。[2]

欧盟法具有直接效力是从欧洲法院审判实践中提炼形成的，始于1963年著名的"范·让·昂鲁斯（Van Gend en Loos）案"判决确认，后来列入《欧洲联盟运行条约》第288条中明文规定；其优先地位效力，是从1964年"柯斯达（Costa）案"形成，并在后续的1970年"Internationale Handelsgesellschaft"案判决中确认。[3]因此，欧盟法具有直接效力、优先地位效力确保欧盟法在各成员国中有序运行，建立公平、

---

〔1〕 周叶中、段磊："论两岸协议的接受"，载《法学评论（双月刊）》2014年第4期，第3页；王铁崖：《国际法引论》，北京大学出版社1998年版，第204~211页。

〔2〕 王铁崖：《国际法引论》，北京大学出版社1998年版，第198页。

〔3〕 关于欧盟主要成员国对欧盟法优先效力原则的确认情形，请参阅张彤主编：《欧盟法概论》，中国人民大学出版社2011年版，第100页；关于案例说明，请参阅［法］德尼·西蒙：《欧盟法律体系》，王玉芳等译，北京大学出版社2007年版，第342、367页。

正义的竞争环境。此种效力理论值得作为两岸共同签署《两岸票据制度一体化协议》的借鉴，以确保将来两岸票据市场一体化的有序运行及保障两岸票据当事人票据权益的公平性。

欧盟法中条例的效力理论也被运用于非洲商法协调组织（OHADA）条约第10条规定，统一法在成员国国内"直接适用"并对成员国有"约束力"，在统一法规定与成员国国内法有冲突时，也具有优先适用的效力。[1]

（二）两岸票据协议应用效力理论

为实现两岸票据市场一体化，规范两岸票据行为，保障票据当事人的合法权益，维护两岸票据市场的有序运行，通过两岸共同签署"两岸票据制度一体化协议"作为共同适用依据，并应用欧盟法条例的效力理论，经两岸经济主体内部的自主性确认或接受程序，赋予"两岸票据制度一体化协议"具有直接适用效力与优先地位，使得协议可一体性适用于两岸票据，包括制度性保障、司法保障、请求依据、纠纷处理依据及审判依据等等。

1. 应用效力理论的先决条件

所谓效力理论的先决条件，是指包括要取得效力所要履行的程序及对域内法的限制。由于两岸签署票据协议涉及两岸人民的票据权益，而且具有重大影响，在两岸尚未设置共同机构解决二元制度适用争议问题时，本书认为应先经两岸经济主体内部的自主性确认或接受程序，并且同意限制《票据法》的适用，才能使"两岸票据制度一体化协议"一体性适用于两岸票据。

本书认为，两岸票据协议在应用效力理论的先决条件有二：第一，经济主体的确认程序。"两岸票据制度一体化协议"要发生直接适用效力，并在该协议与域内票据法律制度发生冲突时，具有优先地位，在两岸尚未设立共同组织作为解决争议的机制前，由于具有相当于法律

---

[1]　请参阅非洲商法协调组织（OHADA）条约第10条规定；［美］克莱尔·穆尔·迪克森编：《非洲统一商法：普通法视角中的OHADA》，朱伟东译，中国政法大学出版社2014年版，第161、180页。

规范效力，影响两岸人民权益重大，必须经两岸各自经济主体通过域内机构采取适当的确认程序，协议才会发生相当于法律的效力，并依据协议规定，所签署的协议具有直接适用的效力，并在其与域内票据法发生冲突时，得以以优先地位适用协议。在两岸票据发生纠纷涉讼时，法院应以"两岸票据制度一体化协议"规定，作为适用的裁判依据。第二，对经济主体的自主性限制。要实现两岸票据市场一体化有序运行，必须要有"两岸票据制度一体化协议"作为共同适用依据。但是，因为协议与域内票据法并存，有可能会产生适用与解释发生冲突情形，为使协议能够一体性适用于两岸票据，对于协议赋予直接效力与优先地位，必然限制域内票据法的适用范围。如此，不仅金融机构在处理两岸票据上会产生适用上的限制，而且法院在审理两岸票据纠纷时，必然限制域内票据法的适用，以达到一体化适用共同的票据制度，保障两岸票据当事人的合法权益。

2. 制度性保障

两岸共同签署"两岸票据制度一体化协议"，并经由各自内部程序完成确认或接受程序，赋予其具有直接效力与优先地位，对于两岸人民而言，不仅是一种创新的制度性安排，更是一种制度性保障。

票据法律制度在性质上，既是一种私法但又具有强行性规定的性质，既是一种国内法又同时兼具有国际性，既是一种商人习惯法所形成，又是一种技术性立法，各方面都显得票据法律制度的独特性。[1]但是，票据法律制度相较于其他法律而言，不具有伦理道德的规范内容，着重于商业实践性。因此，两岸通过签署"两岸票据制度一体化协议"而赋予协议具有直接适用效力与优先地位，其目的在于更好地确保两岸票据市场一体化有序运行，两岸票据的运行有共同制度作为适用依据，既解决两岸票据实体法差异性的问题，也克服两岸票据冲突法中准据法适用的问题，保证两岸票据问题一体适用于所涉及的两岸票据当事人，而不致于产生不公平现象，也保障两岸票据当事人的

_____

〔1〕 刘家琛主编：《票据法原理与法律适用》，人民法院出版社1996年版，第18~20页。

票据权益能够获得一体适用的制度性保障，促进两岸票据流通与维护交易安全。所以，"两岸票据制度一体化协议"不仅是两岸票据市场一体化运行的共同依据，更是一种制度性保障。此种制度性保障并不限于协议条款的保障，也包括后续司法制度保障。

3. 司法制度保障一体性

"两岸票据制度一体化协议"发生直接效力与优先地位效力，对两岸票据的适用具有全面的拘束力。但是，在两岸票据运行过程中，可能涉及协议内容解释问题，或者法院在"疑难案件"的个案审判过程中，对于将来可能发生的相同或类似案件，认为有必要制订统一适用标准的问题。因此，为确保协议适用统一性、裁判适用一致性，对于相同案件应为相同处理，则有赖于通过司法制度保障一体性适用，不应有区别对待，并确保两岸票据市场一体化的有序、永续运行。正如学者对于欧洲法未来走向的趋势所指出的："一部真正的欧洲法应当包含他们每一个最有用的因素。这就需要立法者颁布有约束力的法律，法官在这些法律的基础上形成牢固的判例法，法学家们则提供概念框架以及对制度作为一个整体的决定性进行必要的反思。"[1]同样地，对于"两岸票据制度一体化协议"不论在一体化制度的形成内容、具体个案的适用或者适用协议依据时，均可能发生适用疑义问题，都需要立法者、法官及法学者三方共同协力合作，使得票据制度更加合理化，更切合实务的需要。

为达到"两岸票据制度一体化协议"统一适用、裁判统一，就相同案件应为相同处理，因此，本书提出"司法制度保障一体性原则"，认为两岸司法机关可以采取如下作法达到协议统一适用标准进而一体性适用于两岸票据，确保两岸票据当事人的票据权益获得公平的保障：

（1）法院统一解释

关于"什么是法律"，美国伟大的思想家罗讷德·德沃金指出，"法律是一种阐释性的概念。法官们应以阐释其他法官判断什么是法律

---

〔1〕〔比〕R. C. 范·卡内冈：《欧洲法：过去与未来——两千年来的统一性与多样性》，史大晓译，清华大学出版社2005年版，第165~166页。

的实践，确定什么是法律"。[1]因此，法官在具体审理案件中，对于具体案件事实该如何适用法律及如何解释法律有可能产生不同的见解，即使是法学者或律师也一样。当法官对于法律的理解不同时，对于争论案件可能产生不同的判决结果。所以，在"两岸票据制度一体化协议"的规定内容方面，也可能出现对同一规定而有不同的解释问题。但是，如果仅由一方法院作统一解释，而要求另一经济主体的法院亦一体适用，恐有违相互平等对待，而且两岸法院各具有独立性，并无上下级层次，因此在实践上亦难以达到如此要求。本书认为最佳方式是由两岸法院通过司法交流，进而达成共识，共同作出统一解释，以资统一适用。

（2）法院"疑难案件"统一适用标准

法院具体审判案件中，对于适用"两岸票据制度一体化协议"规定有可能会因疑难案件而有不同解释问题，如德沃金在《法律帝国》一书所举的1882年埃尔默一案存在法律适用问题。当时，审判该案件的两位法官提出不同的观点：格雷法官从法律的文本中构思法规的方法（或称依据文字阐释），认为只要遗嘱有效，遗嘱指定继承人就有权利继承遗产。而另一位厄尔法官，则从立法者的意图原则及法律的普遍原则来阐释纽约州的遗嘱法。他认为，立法者的意图是真正的法律或法律本身，而遗嘱法只是字面上的法律。如果判决埃尔默仍有继承权，无异于说明制定遗嘱法时，立法者的意图有鼓励人们通过谋杀而获取遗产。厄尔法官还进一步论证说，对法律的理解不仅依赖于立法者的意图原则，还应该与法律中普遍存在的正义原则相联系。[2]

---

〔1〕〔美〕罗讷德·德沃金：《法律帝国》，李长青译，中国大百科全书出版社1996年版，第364页。

〔2〕1882年埃尔默在纽约用毒药杀害了自己的祖父，主要原因是因为他知道祖父在现有遗嘱中留给他一大笔遗产，但是埃尔默因为怀疑他祖父即将再婚有可能更改遗嘱而使他一无所获，为此，用毒药杀害了他的祖父。案发之后，他被定罪并判处监禁几年。在这个案件中，埃尔默的律师辩护说，既然他的祖父的遗嘱没有违反纽约州遗嘱法所明确规定的条款，那么该遗嘱就是有效的，而埃尔默在一份有效的遗嘱中被指定为继承遗产的人，就是有权利继承其遗产；反之，如果法院支持两位女儿的理由，便是法院更改了遗嘱，即法官用自己的道德信仰来取代法律。最后，纽约州最高法院的法官们都

　　再如台湾地区对于"非以背书转让之意思，而签名于票据背面者，应否负背书人责任的问题"，产生适用疑义。司法实务上对此问题有两种不同见解：[1]第一说（否定见解），认为背书是由背书权利人将票据转让，使他人取得行使票据上权利资格的票据行为。如果非转让票据上权利，而签名于票据背面者，即不负票据法上背书人责任。第二说（肯定见解），认为在票据上签名者，依票上所载文义负责。凡在票据背面或其黏单上签名而形式上合于背书规定者，即应负票据法上背书人之责任。纵使非以转让意思而背书，其内心的意思，非一般人所能知或可得而知，为维护票据的流通性，仍应负背书人责任。上述两说中，司法实务决议采取第二说（肯定见解）。

　　所以，对于遇到类似上述法律问题引发争论时，法院在具体个案中对法律的阐释有可能不同，因此，德沃金提出"法律的整体性"思维。此情形亦可适用于阐释"两岸票据制度一体化协议"规定，在个案适用发生疑义时，两岸法院可以通过司法交流对疑难案件问题进行讨论，最后形成统一适用标准的决议，而使得法院就相同或类似案件在适用时，可以依据会议决议进行判决，达到统一适用的目的，促进两岸票据流通与维护交易安全，实现两岸票据市场一体化在合乎公平、正义的市场环境中有序运作。

　　两岸通过司法交流达成一致性的决议，统一适用标准，具有普遍的拘束力，有助于建立票据制度的公信力，使票据当事人对于两岸票据制度一体化具有可信赖性、可预测性，并维护票据制度的透明度、确定性及稳定性。

（接上页）认为应依据遗嘱法判决此案，但对于法律本身的理解分歧颇大。请参阅［美］罗讷德·德沃金：《法律帝国》，李长青译，中国大百科全书出版社1996年版，第14～19页。此问题在当时是个值得思考的问题。现今的法律大都已规定，如果继承人故意杀害被继承人，即丧失继承权。请参阅大陆地区《继承法》第7条规定；台湾地区"民法"第1145条第1项第1款规定。

　　〔1〕　请参阅台湾地区"最高法院"1974年12月3日，1974年度第6次民庭庭推总会议决议（七），所提院长交议事项；黄宗乐监修、保成六法全书编辑委员会编辑：《六法全书（商事法）》，保成文化事业有限公司1994年版，第415页。

（3）判例法

现今的英美法系的普通法逐渐认识到成文法的重要性，也开始重视成文法的编纂。同样地，大陆法系的成文法也认识到普通法的判例法的重要性，逐渐重视判例法的编纂，作为法院统一裁判的依据。因此，普通法与成文法对法律适用也逐渐有所融合，近来在司法实务获得充分体现。换言之，成文法与判例法对于司法审判具有同等重要性。

一般法院在审理相同或类似案件，上级法院的判决对下级法院的拘束效力，可分为法律上的拘束力与实质上的拘束力。如果上级法院的判决产生法律上的拘束力，通常称为"判例"或"判例法"；如果上级法院的判决不具有法律上的拘束力，但也可能具有实质上的拘束力。因为当事人不服下级法院的裁判而提起上诉，案件至上级法院审理时，有可能变更或撤销下级法院裁判的结果，以达到审判统一的目的，使得下级法院往往对于上级法院的裁判特别重视，即便不具有法律上的拘束力，但实际上仍形成实质上的拘束力。故而，下级法院在审理案件时，对于上级法院的裁判亦会参考适用，尽管有时出于不同观点，可能会有不同的裁判结果。但总体而言，仍会遵循上级法院的判决。故而，对于个案审判结果，基于相同案件应为相同裁判，不同案件应为不同裁判的立场，在上级法院审判过程中，通过挑选具有代表性的经典案例作为法院适用相同或类似案件的裁判观点，以达到裁判一致性的目的。为此，需要两岸法院组成会议挑选个案判决形成判例，使该判例具有法律效力，以达到统一适用"两岸票据制度一体化协议"规定，就相同案件获得相同裁判结果，达到统一裁判。此可参考台湾地区"法院组织法"第57规定："最高法院之裁判，其所持法律见解，认为有编为判例之必要者，应分别经由院长、庭长、法官组成之民事庭会议、刑事庭会议或民、刑事庭总会议决议后，报请'司法院'备查（第1项）。最高法院审理案件，关于法律上之见解，认为有变更判例之必要时，适用前项规定（第2项）。"因此，两岸法院参照前述规定可以通过司法交流方式，共同编选两岸票据判例统一适用。

（4）司法解释、决议及判例的效力

为确保两岸票据制度一体化得以一体性适用，合乎公平与正义，除了赋予协议本身具有直接效力与优先地位外，同样地，对于两岸法院就"两岸票据制度一体化协议"规定所作成的统一解释、会议决议及选定的判例，仍然需要赋予其与协议本身具有相同的直接效力与优先地位，如此才能使得法院在具体个案的裁判中达到统一适用的裁判标准。

本书于"两岸票据制度一体化协议"建议稿中，拟明文规定：

【判例与统一司法解释效力】

①法院判决经法院编选为判例者，具有与本协议有相同效力。

②法院审理涉及两岸票据纠纷，遇到疑难问题时，双方可以通过司法交流作成会议决议或者达成统一司法解释，作为相同案例或类似案例纠纷的处理。

③两岸所作成的决议或统一司法解释，与本协议有相同效力。

4. 两岸票据协议的效力强度

"两岸票据制度一体化协议"的效力强度是指协议本身与参与协议经济体域内法间的彼此效力关系。简言之，即是两岸共同签署"两岸票据制度一体化协议"后，该协议本身所产生的效力强度问题。

由于本书所提出的"两岸票据制度一体化协议"建议稿，是赋予协议具有直接效力与优先地位，此不仅充分体现"两岸票据制度一体化协议"与两岸经济体的域内法关系，而且也体现协议不同于两岸以往所签署的一般原则性协议。换言之，"两岸票据制度一体化协议"所体现在适用上的特点除了直接效力与优先地位外，对于两岸票据更具有全面适用的拘束力。两岸票据的发生、变更或消灭的票据行为受到"两岸票据制度一体化协议"的规范；在适用协议与两岸经济主体域内票据法规定发生冲突时，不论是票据当事人主张权利、金融机构的处理依据或法院的审判依据，"两岸票据制度一体化协议"都具有优先适用的地位，故而"两岸票据制度一体化协议"在效力强度上高于一般所签署的原则性协议内容，而实质上具有票据实体法的效力强度。同时，为确保"两岸票据制度一体化协议"实施的有效性、一体性、持续性，对于两岸票据的司法解释、决议及判例，亦应认为其具有与协议本身相同的效力强度。因此，金融机构、法院有义务依据"两岸票据制度一体化协议"处理两岸票据的问题。如果法院审判违反协议规定，可以作为上诉或再审的理由。

第三章
两岸票据总则协议

　　随着商品经济发展、国家间的贸易往来以及跨国企业的扩张，区域经济已朝向一体化之路迈进，故而应改变传统的思维，对于不同国家或地区间的法律制度需要相互学习与借鉴，甚至相互融合。尽管法律是一个国家或地区的文化、经济与政治的体现，不同的法律制度也象征着不同民族的文化、经济与政治的差异，但随着区域经济一体化、全球化，这种情况将逐渐被改变，而且目前各国家及地区的法律制度正经由相互交流，发生相互融合的情形。尤其在各种国际组织的努力下，使得各国在私法领域方面，已相互渗透而有部分融合为一体的趋势，这不仅可避免因法律冲突而需承担法律风险，同时也为跨国、跨地区的企业创造有利条件，节约交易费用。其中最明显的，就是目前两大票据法系的制度有相互渗透与融合的倾向。为此，本章拟通过比较两岸票据法总则制度中较为重要部分，并借由比较异同分析，从其相同之处，获知制度背后共同法理或者社会生活条件中所形成的商业惯例；从其相异之处，知其然并探知其所以然，得知其缘由，有助于融合彼此间的差异性，实现两岸票据制度一体化。因此，本章着重于比较分析两岸票据种类制度、票据特性制度、票据瑕疵制度、空白票据制度、票据丧失救济制度、票据期限与时效制度等。

第一节　两岸票据种类协议

　　世界两大票据法系形成的各国票据法律制度各有其特色，但对于票据概念的诠释略有不同，从而在立法体例上采取不同的立法模式。其中，以美国的票据法律制度最具特色，其流通票据包括汇票、本票、支票及定额存单等四种，与其他国家的票据种类规范不同。依据美国《统一商法典》第 3-104 条第（a）款规定，流通票据是指出票人在票据上记载或未记载利息或者在承诺（promise）或委托（order）中约定的其他费用，于见票时或指定到期日向持票人或其指定之人，无条件支付一定金额的承诺或委托（an unconditional promise or order to pay a fixed amount of money）的票据。关于流通票据的法律上分类：如果是承诺就属于本票；如果是委托就属于汇票；如果是委托银行为付款人的见票即付汇票，则属于支票；如果是银行声明收到款项，且承诺将来偿还该款项，则属于定额存单。[1]同属英美票据法系的英国，其票据法规定的票据种类仅有汇票、本票，而支票属于汇票的一种。[2]至于英国 1957 年《支票法》是对于 1882 年《票据法》的补充法，并非属于独立的《支票法》。大陆地区的票据种类，票据包括汇票、本票及支票。[3]但实际上仅有即期银行汇票、即远期商业汇票、即期银行本票及即期支票。[4]至于台湾地区的票据种类，票据包括汇票、本票及支票，而实务上票据包括即远期汇票、即远期本票及即远期支票，其中所谓远期支票实际上属于预开支票类型，并非真正的远期支票。德国、日本等日内瓦票据法系的票据种类同样包括汇票、本票及支票，只不过将支票另外制定《支票法》规范。票据法系与立法例的选择涉及票据种类制度的设计，因此，在对两岸票据种类制度比较前，了解目前两岸票据法系与立法例的背景，有助于比较和分析两岸票据种类制度的差异性，通过比较分析，逐步从协调、趋同到融合，形成制度一体化。

随着经济全球化，国际贸易往来频繁，跨国或跨地区的交易增多，

---

〔1〕 请参阅美国《统一商法典》第 3-104 条第（e）款、第（f）款、第（j）款。

〔2〕 依据英国《汇票法》（统称《票据法》）第 73 条第 1 款规定，支票是指银行即期付款的汇票（A cheque is a bill of exchange drawn on a banker payable on demand.）。

〔3〕 请参阅大陆地区《票据法》第 2 条第 2 款。

〔4〕 请参阅大陆地区《支付结算办法》第 21 条。

于国际使用票据的情形将有增无减，法律制度差异形成的冲突将无法避免，随之而起的将是票据法律制度的一体化，以解决法律冲突与可能造成的不公平现象。同时，随着经济发展需要，因重视票据的流通、信用、融资与担保等功能，其中尤以支票最为明显，昔日支票限于见票即付的概念似应随经济发展的需求及金融实务的运作变化而改变，如远期支票形态出现，在金融实务中，最为常见，且具有融资功能。因而，在各种票据的经济效用与功能不断扩张与相互渗透的情势下，采取合并主义的立法模式具有较佳优势，不仅三票之共通性规范可避免重复规定，减少条文烦琐，且票据功能的相互渗透，将三票规范于一法中，有助于实际运用。[1]

大陆地区与台湾地区均采取合并主义，将汇票、本票及支票规定于一法律中，但由于时代背景的差异，造成两岸的票据法律制度存在很大的差异性。主要原因在于大陆地区从1950年起施行计划经济与产品经济的路线，并实行严格的现金管理制度，信用集中在银行，限制与取消商业信用，造成票据功能限缩，使票据无法发挥票据应有的经济功能。[2]后来，随着改革开放，在借鉴国外票据立法经验，采用国际通行的票据规则，并立足于国情与实际需要，制定一部统一的《票据法》，并于1996年生效实施。该部票据法，在当时是社会主义现代金融制度的重大突破，其具体规范票据活动，维护票据交易信誉，促进经济发展。该部票据法基于时代需要而产生，但又受限于当时经济发展缘故，票据法律制度设计上，将票据的功能主要定位为以支付、汇兑功能为主，基本上没有票据信用与融资功能。不过，其重大的意义在于使社会主义的市场经济走向法制化的道路。

台湾地区的票据法律制度主要系承袭大陆法系的票据制度，与英美法系的票据制度同样具有浓厚的资本主义色彩，但在票据制度的设计仍与英美法系的票据制度有所不同。在社会发展过程中充分运用票

---

〔1〕　李明发："票据立法形式比较研究"，载《现代法学》1989年第6期，第25~26页。

〔2〕　刘家琛主编：《票据法原理与法律适用》，人民法院出版社1996年版，第33页。

据，对促进台湾地区经济发展与繁荣，发挥了非常重要的功效。台湾地区"票据法"亦历经多次增修，也部分参考借鉴了英美票据法律制度，融合了大陆法系的票据法律制度与英美法系的票据法律制度，使得票据更具流通性，且流通的方法更具便利性与灵活性，极大程度促进票据的广泛使用，在台湾地区成功建立票据流通市场、信用市场及融资市场，此与大陆地区的票据法律制度有相当大的差异。

就两岸的票据法律制度而言，在票据种类的法律规范方面，台湾地区"票据法"第 1 条规定，票据的种类包括汇票、本票及支票；大陆地区《票据法》第 2 条第 2 款规定，票据的种类包括汇票、本票及支票。两岸在票据种类范围看似相同，然而，如就票据种类的实质规范而言，实则两岸票据种类制度差异性很大。有关两岸票据种类的区别，分别论述如后。

一、汇票

汇票在英语中可能使用"Draft"，也可能使用"Bill of Exchange"，美国《统一商法典》使用"Draft"；英国《票据法》使用"Bill of Exchange"。

美国的汇票，是一种无条件支付一定金额的书面委托，即出票人（drawer）签发一定金额，委托付款人（drawee）于见票时或指定到期日，无条件支付给持票人（bearer）或收款人（payee）或其指定之人的一种流通票据。出票人也可以将自己作为付款人，称为己付汇票，但通常是委托第三人作为付款人，这种情形通常是出票人与付款人间有一定的委托付款关系存在，如付款人欠出票人一定金额，或者出票人与付款人间签订代理付款协议等，因此，汇票通常是涉及三方当事人的流通票据。但是也有例外情形，如汇票的出票人也可以将自己作为收款人，称为己受汇票，或者出票人既是收款人又是付款人，则称为己受己付汇票。

汇票被广泛运用于各种交易，可以作为支付、汇兑工具，也可以作为信用、融资工具，还可以作为抵销债务的工具，如债务还款、抵销债务、收取货款或向银行融资等。例如：A 与 B 之间存在有债权债务关系，即 B 欠 A 人民币 5 万元整，而 A 向 C 采购 X 商品金额人民币 5 万元。于是 A 出票人签发一张人民币 5 万元的即期记名汇票，收款人为 C，委托 B 为付款人，于见票时无条件支付人民币 5 万元给 C。

两岸票据法对于汇票种类的规范有何差异性，以下将从汇票的定义与汇票种类加以论述。

（一）汇票的定义用语

大陆地区《票据法》第 19 条对汇票的定义："是出票人签发的，委托付款人在见票时或者在指定日期无条件支付确定的金额给收款人或者持票人的票据。"而台湾地区"票据法"第 2 条对汇票的定义，是"发票人签发一定之金额，委托付款人于指定之到期日，无条件支付与受款人或执票人之票据"。

两岸关于汇票的定义大致相同：如出票人签发、委托付款人付款、无条件支付、一定的金额（确定的金额）、指定到期日（指定日期）；差异在于用语不同，如出票人与发票人、收款人与受款人、持票人与执票人等。此外，大陆地区的定义中有"见票时"，台湾地区定义中尽管未明确揭示，但实际上对于见票后定期付款汇票，仍需要见票。此见票是指汇票的持票人请求付款人承兑时向其为汇票的提示，而由付款人在汇票上记载"承兑"字样、承兑日期并签章的行为。其目的在于确定汇票付款人的责任。本票中亦有见票后定期付款本票，但由于本票没有准用汇票有关承兑的规定，故而本票需要见票制度，以确定本票的到期日。因此，汇票的见票与本票的见票意义不同。

为发展两岸票据，避免因汇票用语不同而造成使用上的问题，因此，本书拟于"两岸票据制度一体化协议（建议稿）"中，将汇票定义为："汇票，是由出票人签发一定的金额，委托付款人在指定到期日无条件支付给收款人或者持票人的票据。"

（二）汇票的种类

汇票的种类依据不同的标准而有不同的分类：

1. 依出票人不同为标准

大陆地区的汇票，依据出票人的不同，可以分为银行汇票与商业汇票。所谓银行汇票，是指由出票银行签发一定的金额，并在见票时由其按照实际结算金额无条件支付予收款人或者持票人之票据。所以银行汇票的出票人与付款人为同一人。银行汇票按其用途的不同，又可分为现金银行汇票与转账银行汇票。现金银行汇票与转账银行汇票的不同在于：第一，现金银行汇票必须在汇票上记载"现金"字样，而且限于自然人之间使用；但转账银行汇票无此限制。第二，现金银行汇票可以采取现金方式付款，也可以采取转账方式付款；但转账银行汇票只能采取转账方式付款。[1]所谓商业汇票是由出票人签发一定的金额，并委托付款人在指定日期无条件支付给收款人或者持票人的票据。商业汇票按承兑人的不同，可以分为银行承兑汇票与商业承兑汇票。所谓银行承兑汇票，是指由银行对商业汇票为承兑；而商业承兑汇票，则是指由银行以外的付款人对商业汇票为承兑。[2]此种分类，大陆地区《票据法》第19条第2款、《支付结算办法》第53条、第72条、第73条有明文规定；台湾地区"票据法"并未按此种分类标准划分汇票种类，但"银行法"第15条有规定商业承兑汇票与银行承兑汇票。[3]

本书认为对于汇票种类可以为一种例示性的规范，不必限定必须使用一定的汇票，票据当事人基于商业自主原则，可以选择适当的汇票类型作为信用、融资或支付的工具。因此，协议建议稿中拟规定的汇票包括一般汇票、商业汇票、银行汇票；可以是即期汇票，也可以是远期汇票；出票人出票时，可以签发记名汇票、指示汇票或无记名汇票；汇票的出票人可以自己或付款人为收款人，并且可以自己为付款人。

2. 依指定的到期日不同为标准

汇票依据指定的到期日不同可以分为即期汇票与远期汇票。

所谓即期汇票，是指见票即付的汇票。即期汇票一般有四种类型：第一，汇票上记载"见票即付""凭票即付"或其他类似的字样。第

---

〔1〕 请参阅王小能编：《票据法教程》，北京大学出版社2001年版，第144页。

〔2〕 请参阅《支付结算办法》第73条。

〔3〕 请参阅大陆地区《票据法》第19条第2款，《支付结算办法》第53、72、73条；台湾地区"银行法"第15条第2、3项。

二，出票日与到期日为同一日的汇票。第三，未载明到期日的汇票。汇票的到期日属于相对记载事项，各国票据法通常将未记载到期日的汇票，视为即期汇票。第四，于到期日承兑或背书，对于该承兑人或背书人而言，该汇票视为即期汇票。此为英国《票据法》第 10 条所规定。[1] 所谓远期汇票，是指载明一定的付款期限，即将来一个确定的日期付款的汇票。其按约定到期日的不同为标准，又可分为定日汇票、计期汇票、注期汇票、分期付款汇票。[2] 台湾地区"票据法"、英国《票据法》《联合国国际汇票及国际本票公约》按约定到期日规定，将汇票分为即期汇票、定日汇票（定期汇票）、计期汇票（出票后定期付款汇票）、注期汇票（见票后定期付款汇票）、分期付款汇票等五种汇票。[3] 而日内瓦《汇票及本票法统一公约》仅规定即期汇票、定日汇票、计期汇票、注期汇票等四种汇票，如果为分期付款汇票，即属于无效。日本《票据法》、德国《票据法》、中国大陆地区《票据法》第 25 条有相同规定。[4] 美国《统一商法典》第 3-108 条规定了比较

---

〔1〕 See Dudley Richardson, Guide to Negotiable Instruments and the Bills of Exchange Acts, Butterworth & Co（Publishers）Ltd. , 7th edition, 1983, p. 55；另参阅刘家琛主编：《票据法原理与法律适用》，人民法院出版社 1996 年版，第 215 页及同页注 1。

〔2〕 远期汇票按约定到期日的不同分为 4 种：（1）定日汇票，也称为定期汇票，即在汇票上载明特定日付款的汇票，如"祈于 2016 年 6 月 30 日付款"等字样。（2）计期汇票，又称为出票日后定期付款汇票，即以出票日后一定时间经过来确定其到期日的汇票，如在汇票上载明"出票后一个月付款"等字样。（3）注期汇票，也称为见票后定期付款汇票，即见票日为承兑日，按承兑日后一定时间的经过来确定到期日的汇票，如在汇票上载明"见票后一个月付款"的汇票。（4）分期付款汇票，是指将汇票金额分别预先划分为几个部分，并就各该部分金额分别确定不同的到期日的汇票。分期付款汇票具有两点法律效果：第一，分期付款之汇票，其中任何一期，到期不获付款时，未到期部分，视为全部到期。但在清偿时，应扣除所包含的未到期利息。如约定利息在汇票到期日前分期给付的，任何一期利息到期不获付款时，全部汇票金额亦应视为全部到期。第二，在全部清偿完毕前，不能交出该汇票，但可以出具收据，并注明领取的期别、日期及金额。请参阅梁宇贤：《票据法新论》，自版 1997 年版，第 158~160 页。

〔3〕 请参阅台湾地区"票据法"第 65 条；英国《票据法》第 9 条、第 10 条、第 11 条、第 12 条；《联合国国际汇票及国际本票公约》第 9 条。

〔4〕 请参阅日内瓦《汇票及本票法统一公约》第 33 条；日本《票据法》第 33 条；德国《票据法》第 33 条；大陆地区《票据法》第 25 条。

灵活又富有弹性的条款，将票据区分为见票即付与定期付款，其中定期付款即包括出票日后定期付款（计期票据）、见票后定期付款（注期票据）、定日付款票据等等。至于分期付款票据，在美国旧《统一商法典》第3-106条有明确规定，新修正的《统一商法典》无明确规定。但学理上仍承认分期付款票据。[1]

本书拟依台湾地区"票据法"《联合国国际汇票及国际本票公约》规定，按约定到期日不同分为五种汇票。其中，分期付款票据应用于贸易交易中，是卖方给予买方信用，也是卖方销售产品的优势条件。因此，在协议建议稿中亦采纳分期付款汇票，而予规范。

3. 依记载收款人的形式不同为标准

汇票依记载收款人的形式不同可分为记名汇票、指示汇票及无记名汇票。所谓记名汇票，是指在汇票上明确记载特定收款人的汇票。例如 A 签发一定金额并在票据上记载 B 为收款人的票据。持票人 B 在取得汇票后，可以通过背书转让该汇票。出票人也可以在记名汇票上记载不得转让字句，以限制该汇票流通。所谓指示汇票，是指在汇票上记载特定收款人，且附加记载"或其指定人"，亦即在汇票上记载"特定人或其指定人"为收款人的汇票。例如在汇票上记载"凭票付给 A 或其指定人"或使用"payable to the order of Martin"或者"pay to Martin or order"。在英美据法中，如果该票据上记载特定人或指定之人无法确定，则该票据不具有流通性，如记载"Payable to the order of my nicest cousin"。[2]指示汇票的出票人不得在汇票上记载禁止转让字句，否则即有违指示汇票的本质。所谓无记名汇票，是指在汇票上未记载收款人，或者仅记载"持票人（bearer）"或"付来人"

---

〔1〕［美］Richard E. Speidel, Steve H. Nickles：《票据法》（第4版），查松、金蕾注，中国人民大学出版社 2003 年版，第 59 页；［美］布拉德福德·斯通：《统一商法典》（第5版），法律出版社 2004 年版，第 173 页。

〔2〕 See Kenneth W. Clarkson, Roger LeRoy Miller, Gaylord A. Jentz（et al.），Business Law Text and Cases：Legal, Ethical, Global, and E-Commerce Environment, South-Western Cengage Learning, 11th edition, 2009, p. 498.

等字句的汇票。又如英文使用"payable to order or to bearer""payable to the order of bearer""pay cash""pay to the order of cash"等字句的汇票。[1]持票人可以在无记名汇票的空白内，记载自己或他人为收款人而变更为记名汇票。[2]此一分类具有两点意义：第一，票据转让方式要求不同。即记名票据及指示票据在转让时，必须背书转让，而无记名票据（持票人票据）可以直接交付转让。第二，限制流通不同。记名票据的出票人可以在票据上记载"不得转让"字句，从而限制票据流通，但是指示票据因为记载"特定人或其指定之人"，故出票人不得在票据上记载"不得转让"字句，否则如果同意指示票据记载"不得转让"字句，将会限制该票据流通，与其本质相矛盾。[3]

大陆地区《票据法》第 22 条规定，收款人名称为绝对必要记载事项，如果未记载收款人名称，该汇票无效。因此，仅承认记名汇票，而不承认无记名汇票。对于指示汇票，大陆地区《票据法》并未明文禁止，但学者指出，在指示汇票上记载"或其指定人"字样，不属于《票据法》第 22 条规定绝对必要记载事项，也不是第 23 条规定的相对必要记载事项，因此，如果在汇票上记载，依据《票据法》第 24 条规定，该记载事项不具有汇票上的效力。所以，实际上也不承认指示汇票。[4]台湾地区"票据法"第 24 条第 4 项规定，收款人属于相对必要记载事项，如果在汇票上未记载收款人，则以持票人为收款人，承认记名汇票、无记名汇票，实务上也承认指示汇票。[5]日本《票据法》第 1 条第 6 项规定，"收款人或其指定人的名称"，属于绝对必要记载事项，但由于可以为"或其指定人的名称"，

---

〔1〕 See Kenneth W. Clarkson, Roger LeRoy Miller, Gaylord A. Jentz（et al.）, Business Law Text and Cases：Legal, Ethical, Global, and E-Commerce Environment, South-Western Cengage Learning, 11th edition, 2009, p. 498.

〔2〕 请参阅台湾地区"票据法"第 25 条第 2 项。

〔3〕 王小能编：《票据法教程》，北京大学出版社 2001 年版，第 17、147 页。

〔4〕 王小能编：《票据法教程》，北京大学出版社 2001 年版，第 147 页。

〔5〕 请参阅台湾地区台湾台北地方方法院 1998 年度重诉字第 953 号民事判决；台湾台北地方法院 1998 年度重诉字第 733 号民事判决。

故而承认记名汇票及指示汇票。日本司法实务上不承认无记名汇票，至于学理上有承认无记名汇票，亦有不承认无记名汇票者。[1]而日内瓦《汇票及本票法统一公约》、德国、法国、中国澳门地区等，均将收款人作为绝对必要记载事项。[2]但英国《票据法》第7条第1款规定："凡不以持票人为收款人的汇票，其票面必须载明收款人姓名，或作出其他合适的确定表示。"据此反面解释，如果以持票人为收款人，则可不必载明收款人姓名。[3]换言之，收款人并非绝对必要记载事项，且英国《票据法》、中国香港地区《香港票据条例》规定的收款人条件比较宽松。[4]美国《统一商法典》第3-109条规定，收款人并非绝对必要记载事项，也承认无记名票据的存在，票据可以向持票人付款，也可以依其指示付款。对于收款人的记载，不以一人为限，如果有二人以上时，其记载方式有二：一为重叠记载。票据上权利应由收款人共同行使，如在汇票记载"A及B"为共同收款人；二为选择记载。票据上权利可以由其中一人持票行使，如在汇票记载"A或B"为选择式的收款人。[5]两种收款人的记载方式均为有效，如《联合国国际汇票及国际本票公约》第10条第1款第（b）项、第3款

---

〔1〕 张凝、[日]末永敏和：《日本票据法原理与实务》，中国法制出版社2012年版，第48~50页。

〔2〕 请参阅日内瓦《汇票及本票法统一公约》第1条第6项；德国《票据法》第1条第6项；法国《商法典》第111条第6项；澳门地区《商法典》第1134条第f项。

〔3〕 香港地区《香港票据条例》第7条规定亦同。

〔4〕 英国《票据法》第7条"确定的收款人"规定："（一）凡不以持票人为收款人的汇票，其票面必须载明收款人姓名，或作出其他合适的确定表示。（二）汇票可以两人以上为共同收款人，也可以选择二者之一或数人中的少数人为收款人，汇票也可以机构当时的主持人为收款人。（三）凡以虚构之人或未生存之人为收款人的，该汇票应把持票人视作收款人。"请参阅郭锋、常风编：《中外票据法选》，北京理工大学出版社1991年版，第99页。香港地区《香港票据条例》第7条规定内容与英国《票据法》第7条相同。请参阅王小能编：《票据法教程》，北京大学出版社2001年版，第438页。

〔5〕 施文森：《票据法论——兼析联合国国际票据公约》，三民书局2005年版，第130页。

规定。[1]

本书认为如果未明确记载收款人，可以以持票人作为收款人，而不必要将收款人规定为绝对必要记载事项，否则容易使票据成为无效，不利于票据流通及维护票据交易安全。因此，协议建议稿拟将收款人列为相对必要记载事项，如未记载收款人，以持票人为收款人。

4. 依汇票关系人不同为标准

此种分类是以汇票当事人中是否兼任其他身份不同为标准，可以分为一般汇票与变式汇票。所谓一般汇票，是指汇票关系中的三个基本当事人分别由不同的人充当而不相互兼任。例如，A 为出票人、B 为付款人、C 为收款人。所谓变式汇票，是指出票人、付款人及收款人中有一人，兼任其他当事人身份的汇票。变式汇票可以包括以下四种类型：[2]（1）已受汇票，又称指己汇票。即出票人以自己为收款人的汇票，亦即出票人同时为收款人。例如 A 签发汇票，委托 B 为付款人，将自己作为收款人。台湾地区"票据法"第 25 条第 1 项有明确规定，允许签发己受汇票。（2）付受汇票。即以付款人为收款人的汇票，亦即付款人同时为收款人。例如，A 签发汇票，委托 B 为付款人，而以 B 的分支单位为收款人。此种汇票目的在于便利付款人的内部结算。台湾地区"票据法"第 25 条第 1 项允许签发付受汇票。（3）己付汇票，又称对己汇票。即出票人以自己为付款人的汇票，亦即出票人同时为付款人。例如 A 签发汇票并以自己为付款人，以 B 为收款人。台湾地区"票据法"第 24 条第 3 项允许签发此种汇票。《联合国国际汇

〔1〕《联合国国际汇票及国际本票公约》第 10 条第 1 款第（b）项、第 3 款规定："1. 汇票可：（a）由两个或两个以上出票人开出；（b）开出向两个或两个以上收款人付款。……3. 票据如经规定向两个或两个以上收款人中的任一人付款时，可向其中任一人付款；其中任一拥有该票据的人可行使持票人的权利。在其他任何情况下，票据应向全体收款人付款，持票人的权利只可由全体收款人来行使。"同公约第 11 条第（b）项规定：汇票可由出票人……"开出向他所指定的人付款。"引自王小能编：《票据法教程》，北京大学出版社 2001 年版，第 498~499 页。

〔2〕梁宇贤：《票据法新论》，自版 1997 年版，第 160~161 页；王小能编：《票据法教程》，北京大学出版社 2001 年版，第 147~148 页；王志诚：《票据法》，元照出版有限公司 2012 年版，第 304~305 页。

票及国际本票公约》第 11 条第（a）款，亦有明确规定，可以"出票人本人为付款人"。(4) 己受己付汇票。即出票人以自己为收款人兼为付款人的汇票，亦即出票人同时为收款人及付款人。通常使用于同一银行的各分行之间，或者同一公司的各分公司之间所签发的汇票。例如，A 公司签发汇票，同时委托 A 公司的分公司 B 作为付款人，以 A 公司的分公司 C 作为收款人。台湾地区"票据法"虽然未明文规定"己受己付汇票"情形，但实务上如有需要亦可以签发此种汇票。

对于此种分类，台湾地区"票据法"是允许签发上述各种汇票类型。但大陆地区《票据法》并无明确规定是否承认变式汇票，而《支付结算办法》第 79 条第 1 款规定，"商业承兑汇票可以由付款人签发并承兑，也可以由收款人签发交付付款人承兑"。就此规定，承认商业承兑汇票可以己付汇票及己受汇票。至于是否能采用"付受汇票""己受己付汇票"未明确规定。《支付结算办法》第 53 条第 2 款规定，"银行汇票的出票银行为银行汇票的付款人"。因此，银行汇票是采用己付汇票（对己汇票）形式。又大陆地区《支付结算办法》第 79 条第 2 款规定，"银行承兑汇票应由在承兑银行开立存款账户的存款人签发"。据此规定，银行承兑汇票是明确不能采用"己付汇票（对己汇票）"与"己付己受汇票"的形式。据此反面解释，银行承兑汇票应该可以采用"己受汇票"与"付受汇票"这两种变式汇票的形式。[1]

本书认为两岸票据法对于此种分类标准规范不同，但基于促进汇票流通，应予承认，使得企业具有更多元化、多样化的金融工具可以使用，提升企业的竞争力，有利于企业发展，并推动经济增长。

5. 依汇票上票据行为的发生地不同为标准

汇票按票据行为的发生地为标准的分类，可以将汇票分为国内汇票与涉外汇票，亦有分为国内汇票与国外汇票，如英国《票据法》第 4 条规定。英国《票据法》按汇票的流通地域区分为国内汇票与国外汇票，两者最主要差别在于依据英国《票据法》第 51 条规定，国外票

---

〔1〕 王小能编：《票据法教程》，北京大学出版社 2001 年版，第 148 页。

据遭到退票时，须作成不获承兑拒绝证书或不获付款拒绝证书，即持票人将汇票交由公证人再次作承兑提示或付款提示，以便取得退票的法律证据。如果仍不能获承兑或付款，公证人便作成正式的拒绝证书，证明退票及说明作成拒绝证书的原因以及向付款人或承兑人提出的要求及其答复，并在证书的背面附上该汇票复印本，并由公证人在证书上签字；而国内票据不须公证。[1]但此规定，在大陆地区与台湾地区"票据法"规定中，并未如英国《票据法》区分国内汇票与国外汇票在退票时，保全手续宽严不一的情形，只对涉外票据规定准据法的适用。从大陆地区的角度而言，如果票据行为涉及台湾地区、香港地区、澳门地区及其他国家，即属于涉外票据；[2]从台湾地区角度而言，如果票据行为涉及大陆地区、香港地区、澳门地区及其他国家，亦属于涉外票据。但是，在实现两岸票据市场一体化后，所使用的汇票将不再视为涉外票据，且直接适用"两岸票据制度一体化协议"的规定。

二、本票

本票在英语中使用"Promissory Note"，也有使用简称"Note"。在美国，本票是一种无条件支付一定金额的书面承诺，即制票人（maker）[3]签发一定金额，承诺（promise）于见票时或指定到期日，无条件支付给持票人（bearer）或收款人（payee）或其指定之人的一种流通票据。本票主要运用于信贷担保、偿还债务的合同及延期付款交易等，是一种比较强调信用功能的流通票据。例如，A 向 B 银行借款 5 万元美金用于采购 Y 商品，B 银行要求 A 签发一张面额 5 万元美金的本票作为到期还款的合同或者担保。台湾地区的本票可以分为即

---

〔1〕　See Dudley Richardson, *Guide to Negotiable Instruments and the Bills of Exchange Acts*, Butterworth & Co (Publishers) Ltd. , 7th edition, 1983, pp. 108~110.

〔2〕　王小能编：《票据法教程》，北京大学出版社 2001 年版，第 149 页。

〔3〕　大陆法系票据的签发者通常称为出票人或发票人，并未像美国票据将汇票的出票人用"drawer"，本票的出票人用"maker"，使两者用法有所区别。本书为区分美国汇票及本票的出票人，故而将汇票的 drawer 称为出票人，本票的 maker 称为制票人。

期本票、远期本票，与美国的本票类似，且强调本票的信用功能。至于大陆地区的本票仅限于"记名即期银行本票"，此外，再无其他种类，且不重视本票的信用功能，与美国、我国台湾地区的本票功能不同。

两岸票据法对于本票种类的规范有何差异性，以下将从本票的定义与本票种类加以论述。

（一）本票的定义用语

大陆地区《票据法》第73条第1款对于本票的定义："是出票人签发的，承诺自己在见票时无条件支付确定的金额给收款人或者持票人的票据。"台湾地区"票据法"第3条对于本票的定义，是"发票人签发一定之金额，于指定之到期日，由自己无条件支付与受款人或执票人之票据。"两岸本票定义看似相同，但表述方式及用语略有不同，实则隐含深意，亦即，大陆地区规定，本票"在见票时"；而台湾地区规定，本票则有"指定之到期日"。两者表述的差别在于是否承认远期本票：即大陆地区的本票于持票人提示见票时，依据《票据法》第77条规定，出票人即必须向持票人承担付款的责任，因此，本票限于见票即付，不具有本票的信用功能；而台湾地区的本票可为即期本票，亦可为远期本票。至于大陆地区《票据法》第78条规定，本票自出票日起，付款期限最长不得超过2个月。此处的付款期限应解释为提示付款期间，而非指到期日。若未遵期提示，丧失对出票人以外的前手的追索权。[1]

为实现两岸票据制度一体化，并统一规范两岸本票定义的用语，本书于"两岸票据制度一体化协议（建议稿）"将本票的定义为："①本票，是指出票人签发一定的金额，承诺自己在见票时或指定到期日，无条件支付予收款人或者持票人的票据。②甲存本票，是指出票人委托其往来的金融机构为代理付款人而签发的本票。"

（二）本票的种类

各国票据立法例大都以汇票为中心，除本票本身所具有的独特性

---

〔1〕 请参阅大陆地区《票据法》第73条第1款、第78、79条，《支付结算办法》第97、103条第1款。

外，几乎都准用汇票规定。因此，对本票种类的分类上亦同于汇票的
分类，即依据不同的标准而有不同的分类：

1. 依出票人不同为标准

本票按出票人不同可以将本票分为一般本票、商业本票及银行
本票。

（1）一般本票

所谓一般本票，是指银行以外的出票人基于实际的需要所签发的
本票，也包括以金融机构为担当付款人的本票（甲存本票）。例如，A
向甲银行贷款人民币 100 万元，除双方签定贷款合同外，甲银行同时
也要求 A 签发面额人民币 100 万元整的本票作为副担保。签发此种本
票在台湾地区银行实务中非常普遍，其既非融资性本票，也非交易性
本票，且签发主体可能为企业，也可能为自然人，不同于商业本票、
银行本票，故称为一般本票。

所谓甲存本票，是指出票人委托其往来金融机构（如银行）为担
当付款人所签发的本票。[1]目前台湾地区甲存本票签发的依据，为台
湾地区银行业商业同业公会所订定的"支票存款户处理规范"。[2]依
据该规范第 6 点规定："银行核准开户之支票存款户，均得委托该银行

---

〔1〕 台湾地区"票据法"第 124 条准用第 26 条第 1 项规定；王志诚：《票据法》，
元照出版公司 2012 年版，第 440 页。

〔2〕 原依据台湾地区财政部发布《支票存款户处理办法》第 9 条规定："金融业者
核准开户之支票存款户，均得委托该金融业者为其所发本票之担当付款人，就其支票存
款户内径行代为付款。"该办法已于 2003 年 3 月 4 日由台湾地区财政部台财融（一）字
第 0921000104 号令发布废止。现行依据为《支票存款户处理规范》，亦即该规范取代台
湾地区财政部发布《支票存款户处理办法》。主要原因在于台湾地区原以"财政部"及
"中央银行"所发布的行政命令规定票据退票及拒绝往来的票信管理制度。惟为因应金
融自由化，及遵循行政程序法依法行政，并借由法规松绑及强化票信信息公开，建立更
为健全的票据流通环境，自 2001 年 7 月 1 日起实施"票信管理新制"。依据该新制度的
宗旨，认为不再以公权力介入退票、拒绝往来相关事项之处理，惟基于维护交易秩序之
需要，而以行政指导方式，辅导票据交换所、金融机构及支票存款户间办理签约，并由
票据交换所订定业务规则，加以规范。台湾地区"中央银行" 2001 年 2 月 16 日台央业
字第 020016912 之 1 号函，请参阅票据法规汇编编辑委员会：《票据法规汇编》，财团法
人台湾金融研训院 2002 年版，第 271~272 页。

为其所发本票之担当付款人，就其支票存款户内径行代为付款。"换言之，即出票人须先在特定金融机构开立支票存款账户，由该金融机构发给甲存本票簿供该存款户使用，金融机构于付款后，可以就出票人支票存款账户内存款作为偿付票款。[1]除此之外，与一般本票无异。之所以会有甲存本票的签发，主要原因在于以金融业者作为担当付款人的本票较一般本票更为人乐于接受。[2]

甲存本票与支票的相同之处在于：第一，为票据法上的票据。第二，由金融机构办理付款。第三，可以通过票据交换所向付款人提示请求付款。第四，客户存款不足时，付款银行可以存款不足为由予以退票。[3]两者不同之处在于：第一，有无到期日。甲存本票有到期日；支票仅有出票日，而无到期日。第二，有无保证制度。按现行票据法规定，本票有保证制度，而支票无保证制度。第三，有无保付制度。甲存本票无保付制度，而支票按台湾地区现行"票据法"有保付制度。第四，可否凭票向银行办理贴现。远期本票可以向银行办理贴现，而支票不能办理贴现。如果以预开支票形式，仅可向银行办理客票融资，不得办理票据贴现。第五，支票的持票人向出票人行使追索权时，可否向法院声请（申请）裁定强制执行，法无明文规定。本票按台湾地区"票据法"第 123 条规定，持票人向本票出票人行使追索权时，可以向法院声请（申请）裁定强制执行；而支票并无准用本票该条规定，因此支票向出票人行使追索权时，不得向法院声请（申请）裁定强制执行。台湾地区"票据法"第 123 条规定的立法理由，在 1960 年时，台湾地区空头支票泛滥，借此立法加强本票的索偿性，使本票持票人得以利用便捷之非讼程序达到求偿之目的，以助长本票的流通。不过，持票人声请（申请）强制执行的对象限于出票人，至于持票人对出票人以外之人（如保证人等）行使追索权，则不得类推

---

〔1〕 台湾地区早期银行实务称为"甲种活期存款户"。

〔2〕 王志诚：《票据法》，元照出版有限公司 2012 年版，第 440 页；王文宇、林育廷：《票据法与支付工具规范》，元照出版有限公司 2008 年版，第 199 页。

〔3〕 票据指南编撰委员会：《票据指南》，财团法人台湾金融研训院 2010 年版，第 25 页。

适用"票据法"第 123 条规定。[1]

台湾地区甲存本票与支票间的区别，以及协议建议稿的规定，如表 7 所示。

表 7　台湾地区甲存本票与支票的区别

项目	甲存本票	支票	制度一体化后	
			本票	支票
有无到期日	有	无	有	有
有无保证制度	有	无	有	有
有无平行线制度	无	有	无	有
有无保付制度	无	有	无	有
可否凭票向银行办理贴现	可	不可（但可客票融资）	可	不可（但可客票融资）
向出票人行使追索权时，可否向法院声请裁定强制执行	可	不可	可（但不包括出票人为自然人）	不可

资料来源：参考票据指南编撰委员会：《票据指南》，财团法人台湾金融研训院 2010 年版，第 25 页。

（2）商业本票

商业本票包括交易性商业本票及融资性商业本票。所谓交易性商业本票，是指基于合法交易行为的买方向卖方所开出的远期商业票据，亦即有实际交易行为所签发的本票，卖方在取得买方因交易所签发用以付款的本票，如有资金需求，可以在本票到期日前背书并检附交易凭证后向市场融资（如向金融机构办理贴现）。由于交易性商业本票有

---

[1] 台湾地区"最高法院"1961 年台抗字第 188 号判例："本票保证人依票据法第 124 条准用同法第 61 条之结果，固应与被保证人负同一责任，惟同法第 123 条既限定执票人向发票人行使追索权时，得声请法院裁定后强制执行，则对于本票发票人以外之保证人行使追索权时，即不得类推适用该条之规定，径请裁定执行。"

实际交易行为作为基础，具有自偿性，可以不须要经金融机构保证。[1]而所谓融资性商业本票，是指无实际交易行为，企业为筹集短期（期限在 1 年以内）资金所发行的本票，风险性较大，通常须要经金融机构保证。台湾地区既有交易性商业本票，也有融资性商业本票；而大陆地区并无此种商业本票存在，但依据《银行间债券市场非金融企业债务融资工具管理办法》规定，允许非金融企业发行债务融资券。[2]

（3）银行本票

所谓银行本票，是指银行自己为出票人的本票。大陆地区《票据法》第 73 条第 2 款规定，本票限于银行本票，而不允许签发一般本票、商业本票。台湾地区"财政部"对于银行本票的签发认为，金融机构除了办理同业间拆款及向中央银行融通资金外，不得自身为出票人而签发本票。主要理由在于："本票之性质为信用工具或债权凭证，以银行角色言，银行具有创造及供给信用之功能，银行自为发票人签发之本票，有创造货币之效果，……与……'银行券'相当，非经政府许可，并依有关规定办理，不得为之。为免有碍通货之统一发行及信用之管理，银行不得签发本票供客户使用，或以之为业务或供自身日常事务款项。"[3]换言之，尽管台湾地区"票据法"没有限制本票种类，但实际上是限制金融机构本身作为出票人签发本票。故而实务上流通的本票仅有一般本票、商业本票。银行签发本票的作用相当于现钞，如果滥行签发容易导致通货膨胀，因此，世界各国都严格限制银行本票的签发，此与大陆地区票据法律制度的规范不同。[4]

在本书规划的协议建议稿中，本票包括一般本票、商业本票、银

---

〔1〕 王文宇主编：《金融法》，元照出版有限公司 2012 年版，第 435 页。

〔2〕 于 2005 年 5 月 24 日，大陆地区中国人民银行发布了《短期融资券管理办法》以及《短期融资券承销规程》《短期融资券信息披露规程》，允许符合条件的企业在银行间债券市场发行短期融资券。前述规定，2008 年 4 月 15 日被新制定办法取代，即《银行间债券市场非金融企业债务融资工具管理办法》。依据新办法第 2 条规定："非金融企业债务融资工具（以下简称债务融资工具），是指具有法人资格的非金融企业（以下简称企业）在银行间债券市场发行的，约定在一定期限内还本付息的有价证券。"

〔3〕 台湾地区"财政部"1997 年 9 月 1 日台财融字第 86642047 号函。

〔4〕 王小能编：《票据法教程》，北京大学出版社 2001 年版，第 306 页。

行本票及甲存本票，而且本票可以是即期本票，也可以是远期本票。但是对于签发银行本票有特别限制。

2. 依记载收款人的形式不同为标准

本票按记载收款人的形式不同为标准，可将本票分为记名本票、指示本票及无记名本票。此分类标准、意义与汇票相同。大陆地区依据《票据法》第75条第1款第4项规定，收款人名称为绝对必要记载事项，否则本票无效，换言之，不允许签发无记名本票，不存在无记名本票及指示本票，而仅有记名本票。日内瓦《汇票及本票法统一公约》第75条第5项规定，必须记载"收款人或其指定人之姓名"，换言之，收款人为绝对必要记载事项，否则本票无效。不过，其承认指示本票及记名本票。法国、日本、中国澳门地区亦有相同的规定。[1]但其他各国或地区有允许签发无记名本票，如英国《票据法》第83条规定，本票可以交付给特定人或其指定人或来人。本票必须经过出票人记名背书（Special Indorsement）转让给另一人或以空白背书（Blank Indorsement）转让给来人，才发生本票的效力，换言之，出票人自己持有本票，尚未交付给收款人（payee）或来人（bearer），是未完成的本票（inchoate and incomplete promissory notes）。但是，只要出票人交付了本票，就须要承担付款责任，该本票成为正常的本票。[2]中国台湾地区"票据法"也承认无记名本票，因为收款人属于相对必要记载事项，如本票上未载收款人者，以持票人为收款人。[3]至于指示本票，指在本票上记载除记载收款人之姓名或商号外，并记载"或其指定人"之文句者，亦为台湾地区实务上所承认而使用。此外，在台湾地区签发无记名见票即付本票有特别规定，金额须在500元以

---

〔1〕 请参阅法国《商法典》第183条第5项；日本《票据法》第75条第5项；澳门地区《商法典》第1208条第e项。

〔2〕 请参阅英国《票据法》第83条第1款、第2款、第84条规定。See Dudley Richardson, Guide to Negotiable Instruments and the Bills of Exchange Acts, Butterworth & Co (Publishers) Ltd., 7th edition, 1983, pp. 156~157.

〔3〕 请参阅台湾地区"票据法"第120条第3项。

上。〔1〕换言之，台湾地区无记名且见票即付的本票，限于金额在 500 元以上，而汇票或支票均无此特别规定。又该条文规定金额 500 元的计算单位是指银圆，折合新台币约为 1500 元（约人民币 300 元）。该条规定目的在于限制小额的无记名且见票即付的本票流通，避免扰乱金融市场。〔2〕美国《统一商法典》第 3-109 条规定，收款人名称并非票据的绝对必要记载事项，换言之，也承认无记名票据的存在，票据可以向持票人付款，也可以依其指示付款。

本书拟采中国台湾地区规定，将本票分为记名本票、指示本票及无记名本票，于协议建议稿中明文规定，但对于票据金额不另限制。

3. 依指定的到期日不同为标准

本票依据指定的到期日不同，可以分为即期本票与远期本票。远期本票又可分为定日本票、计期本票、注期本票及分期付款本票。在注期本票（见票后定期付款本票），由于本票并无承兑制度，因此，设有见票制度，使注期本票得以适用。不过大陆地区《票据法》第 77 条所规定的"见票制度"与台湾地区"票据法"第 122 条规定的"见票制度"，两岸的设计目的不同，亦即大陆地区的"见票制度"为"本票的出票人在持票人提示见票时，必须承担付款的责任"。换言之，见票时即要求出票人必须现时提出票款，因为大陆地区无远期本票。〔3〕而台湾地区"见票制度"为持票人向出票人提示票据，请出票人在票据上签名，并记载见票字样及日期，主要目的在于计算到期日，而非现时提出票款，故两岸规定不同。

本书认为，即期本票与远期本票对于发展两岸票据的效益非常大，而且基于金融实务的需要，拟于协议建议稿中明文规定。

4. 依本票上记载的金额是否固定为标准

本票按记载的金额是否固定，依据大陆地区《支付结算办法》第 99 条规定，可以分为定额本票与不定额本票。定额本票依据大陆地区

〔1〕 请参阅台湾地区"票据法"第 120 条第 6 项。
〔2〕 梁宇贤：《票据法新论》，自版 1997 年版，第 308 页。
〔3〕 请参阅大陆地区《票据法》第 78 条，《支付结算办法》第 103 条第 1 款。

《支付结算办法》第 102 条规定，银行本票面额可以分为 1 千元、5 千元、1 万元和 5 万元。又依据大陆地区《票据法》第 74 条规定，"本票的出票人必须具有支付本票金额的可靠资金来源，并保证支付。"台湾地区"票据法"并无定额本票与不定额本票区分，仅限制无记名见票即付的本票，签发的金额必须在 500 元以上；而且，也没有明文规定，出票人必须要有可靠资金来源并保证支付的要求。

本书认为，定额本票对于两岸票据发展效益有限，故无使用定额本票之必要。

5. 依票据行为地的发生地不同为标准

本票按票据行为的发生地不同可分为国内本票与涉外本票，亦有分为国内本票与国外本票。此分类、意义与汇票相同。两岸票据市场一体化后，所使用的本票不再视为涉外票据，且直接适用"两岸票据制度一体化协议"。在英国，国外汇票与国外本票遭退票时的程序不同：国外本票遭退票时，依据英国《票据法》第 89 条第 4 款规定，无须作成拒绝证书；但国外汇票遭退票时，依据英国《票据法》第 51 条规定，必须作成拒绝证书。

6. 依本票的付款方式不同为标准

本票按付款方式不同而可分为现金本票与转账本票。此为大陆地区《支付结算办法》第 98 条第 2 款规定的分类，银行本票可以用于转账，注明"现金"字样的可以用于支取现金。但是，申请人或收款人为单位的，不得申请签发现金银行本票。[1] 换言之，现金本票的申请人及收款人限于自然人。

在协议建议稿中的规范内容，不以汇票为中心，而是以票据行为作为中心的规范方式，对于各种票据的定义、种类、要式性等均各别规范，不采取两岸现行《票据法》的准用模式。

三、支票

支票在英语中可能使用"check"，也可能使用"cheque"。美国支

---

〔1〕 请参阅《支付结算办法》第 104 条第 2 款。

票通常使用"check";英国支票通常使用"cheque"。

支票在美国是被认为是一种非跟单汇票,并以银行作为付款人的一种见票即付汇票。[1]例如,A 在 B 银行有存款,为了到 C 汽车公司购买一辆价值美金 5 万元的汽车并使用支票作为支付车辆款,因此,A 签发以 B 银行作为付款人,面额美金 5 万元的支票一张,并以 C 公司为收款人,委托付款人 B 银行于见票时,无条件支付给 C 公司或 C 公司所指定之人。尽管美国支票强调支付、汇兑的功能,但也承认可以预填日期(postdated),形成类似于远期支票(postdated check)。中国台湾地区的支票也同样有此情形,依据台湾地区"票据法"第 128 条第 2 项规定,"支票在票载发票日期前,执票人不得为付款之提示"。该规定在票据学理上有认为,此即为"远期支票"的规定。在商业实务上往来,通常也使用"远期支票"称之。其实,此种支票并非真正的远期支票,应该属于一种"预开支票"。大陆地区的支票仅限于见票即付的支票,尚无预开支票情形,且依据大陆地区《票据法》第 87 条规定,支票的出票人签发支票的金额不得超过付款时在付款人处实有的存款金额,即不得签发空头支票。如果签发空头支票,依据大陆地区《票据法》第 102 条第 3 项规定,属于票据欺诈行为,应负刑事责任。

两岸票据法对于支票种类的规范规定,究竟有何具体差异性,拟从支票的定义与支票种类加以论述。

(一)支票的定义用语

大陆地区《票据法》第 81 条对支票的定义:"是出票人签发的,委托办理支票存款业务的银行或者其他金融机构在见票时无条件支付确定的金额给收款人或者持票人的票据。"台湾地区"票据法"第 4 条第 1 项对支票的定义:"谓发票人签发一定之金额,委托金融业者于见票时,无条件支付与受款人或执票人之票据。"两岸支票定义相同,但所称"金融机构"范围略有不同,即大陆地区所指"银行或者其他金融机构",是指经中国人民银行批准办理支票存款业务的银行、城市信用合作社及农村信用合作社等;而台湾地区所指的金融业者,是指

––––––––––––––
〔1〕 请参阅美国《统一商法典》第 3-104 条第(f)款。

经台湾地区"财政部"核准办理支票存款业务的银行、信用合作社、农会及渔会。[1]

各国票据立法例大都以汇票为中心，除本票本身所具有的独特性外，几乎都准用汇票规定。然而，在支票方面具有较大的差异性，有独立规范，亦有与汇票及本票一并规范。日内瓦票据法系独立设置《支票法》，如日内瓦《支票法统一公约》、法国《支票法》、[2]德国《支票法》、日本《支票法》。而在中国澳门地区比较独特，属于日内瓦票据法系，但其将支票与汇票及本票统一规范于其《商法典》第二编"特别债权证券"，而其中第三章为"支票"。[3]英美票据法是统一规范，主要是将支票认为属于汇票的一种，如在英国，将支票认为是银行即期付款的一种汇票，至于1957年《支票法》为1882年《票据法》的补充法，并非独立的支票法。[4]支票在美国是被认为是一种非跟单汇票，并以银行作为付款人的一种见票即付汇票。[5]联合国国际贸易委员会也曾草拟一份《联合国国际支票公约草案》将国际支票独立规范。[6]

中国大陆地区及台湾地区尽管也是以汇票为中心，除本票、支票本身所具有的独特性外，几乎都准用汇票规定，将汇票、本票及支票统一规定于《票据法》中，与上述联合国票据法公约及日内瓦票据法系国家的票据立法例有所不同。

两岸票据制度一体化仍采取汇票、本票及支票统一规定，并统一

---

[1]　请参阅大陆地区《票据法》第81条，《票据管理实施办法》第11条，《支付结算办法》第114条；台湾地区"票据法"第4条。

[2]　法国《统一支票和支付卡的法令》（一般称为《支票法》），其中包含1991年12月30日第91-1382号法律第十乙章"支付卡"，第57-1条、第57-2条。请参阅金邦贵译：《法国商法典》，中国法制出版社2000年版，第405~430页。

[3]　关于澳门地区《商法典》第二编"特别债权证券"中第三章"支票"（第1212条至第1268条），请参阅赵秉志总编：《澳门商法典》，中国人民大学出版社1999年版，第342~354页。

[4]　请参阅英国1882年《票据法》第73条第1款；1957年《支票法》第6条第1款规定。

[5]　请参阅美国《统一商法典》第3-104条第（f）款规定。

[6]　《联合国国际支票公约草案》共计79条，请参阅郭锋、常风编：《中外票据法选》，北京理工大学出版社1991年版，第281~304页。

规范两岸支票定义的用语，本书拟于"两岸票据制度一体化协议（建议稿）"规定，将支票定义为："支票，是出票人签发一定的金额，委托办理支票存款业务的金融业者在见票时或指定到期日，无条件支付予收款人或者持票人的票据。"

（二）支票的种类

支票不同于汇票与本票之处在于其具有两个特点：第一，是对于付款人有资格限制；第二，是见票即付。由于汇票及本票除了具有支付功能外，一般而言，还具有信用及融资功能。所以，各国票据立法例对于支票的功能仅作为替代现金支付的功能。但随着经济发展，企业间交易即便是以支票作为支付条件，也逐渐发展出具有远期支票的功能，而有些国家或地区为了适用这种情形，亦容许企业签发一种预开支票，并允许金融机构取得此种票据作为融资方式。故而，随着时代与经济发展，本书认为票据的功能不应该再局限于仅具有支付功能，毕竟票据制度是从实务中发展而来的，在实务中既有此种需求，就有必要制定出一种适当、合理的规范来适用，以应付各种不同情形，使其纳入正常规范中。所以，在支票种类的分类上，也依据不同标准而有不同的分类。

1. 依记载收款人的形式不同为标准

支票按记载收款人的形式不同为标准，可以分为记名支票、指示支票及无记名支票。日内瓦《汇票及本票法统一公约》是不许允签发无记名汇票及无记名本票的，[1]而日内瓦《支票法统一公约》第5条第4款规定，允许出票人签发无记名支票。法国、德国、日本等国家的《支票法》，亦有相同规定。[2]大陆地区支票并未将收款人列为绝对必要记载事项，[3]而且，收款人名称可以由出票人授权补记。[4]所以，大陆地区《票据法》在支票的收款人名称规范方面，与日内瓦

---

〔1〕 请参阅日内瓦《汇票及本票法统一公约》第1条第6项、第75条第5项。

〔2〕 请参阅法国《支票法》第5条第5款；德国《支票法》第5条第3款；日本《支票法》第5条第3款。

〔3〕 请参阅大陆地区《票据法》第84条。

〔4〕 大陆地区《票据法》第86条第1款规定："支票上未记载收款人名称的，经出票人授权，可以补记。"

《支票法统一公约》相同，而不同于汇票与本票，且承认无记名支票存在。台湾地区支票的收款人也属于相对必要记载事项，如果未记载收款人，则以持票人为收款人，是承认无记名支票存在的。[1]澳门地区也承认无记名支票。[2]

本书拟将收款人列为相对必要记载事项，于协议建议稿中规定，如未记载收款人时，以持票人为收款人。

2. 依支付方式的不同为标准

支票按支付方式的不同为标准，可以分为现金支票、转账支票及普通支票。此为大陆地区票据制度的分类方式。大陆地区支票可以用于支取现金，也可以用于转账，用于转账时，应当在支票正面注明。现金支票只能用于支取现金；转账支票只能用于转账，不得支取现金。支票上未印有"现金"或"转账"字样的为普通支票，普通支票可以用于支取现金，也可以用于转账。[3]因此，大陆地区支票的种类可以分为现金支票、转账支票及普通支票等三种，此种分类显示不同支票有不同的功能。台湾地区"票据法"与大陆地区《票据法》的规定不同，台湾地区的支票并未严格区别现金支票、转账支票及普通支票，而纵观各个国和地区的票据立法例，通常也仅区别转账支票与现金支票，尚无普通支票的区别，如日内瓦《支票法统一公约》第39条规定，出票人或持票人可以在支票正面写明"转账付款"或同义字样，禁止支付现金。如果"转账付款"字样经涂销者，视为没有涂销。澳门地区《商法典》第1250条第1款亦有相同规定。《联合国国际支票公约草案》也规定划线支票及支票转账付款。[4]本书为融合两岸票据法律制度的差异性，并配合实际需求，拟于协议建议稿中明文规定转

---

〔1〕 请参阅台湾地区"票据法"第125条第1项第4款、第2项。

〔2〕 澳门地区《商法典》第1216条第3款规定："未记载受款人之支票视为来人支票。"

〔3〕 请参阅大陆地区"票据法"第83条、《支付结算办法》第115条第3款前半段。

〔4〕《联合国国际支票公约草案》第68条至第71条（划线支票）、第72条（支票转账付款）；请参阅郭锋、常风编：《中外票据法选》，北京理工大学出版社1991年版，第300~301页。

账支票与划线支票。

3. 以支票当事人中是否兼任其他身份不同为标准

支票按支票当事人中是否兼任其他身份不同为标准，与汇票类似，可以分为一般支票与变式支票。变式支票又可分为以下四种：[1]（1）己付支票（又称对己支票、银行支票）。所谓己付支票，是指出票人以自己为付款人而签发的支票。但是由于支票付款人有资格的限制，因此，在此种支票的出票人限于核准办理支票业务的金融机构。日内瓦《支票法统一公约》第6条第3款规定："支票不得以出票人自己为付款人，但支票由出票人所属之一机构出票，以同属于该出票人之另一机构为付款人者，不在此限。"[2]所以，日内瓦《支票法统一公约》在例外情形下也可以签发己付支票，台湾地区"票据法"第125条第4项也允许出票人签发以自己为付款人的支票。而大陆地区《票据法》并无明文规定可否签发己付支票。（2）己受支票（又称指己支票）。所谓己受支票，是指出票人以自己为收款人而签发的支票。此种支票只要在银行有存款账户或与银行订有透支合同的当事人，都可以使用银行核给的支票，签发此种支票。中国大陆地区《票据法》及台湾地区"票据法"、日内瓦《支票法统一公约》等允许出票人以自己为收款人签发支票。[3]（3）付受支票。所谓付受支票，是指出票人以付款人为收款人所签发的支票。由于支票的付款人受有资格的限制，因此，此种支票的收款人不能为一般自然人或企业，必须是经核准办理票据业务的金融机构。台湾地区"票据法"第125条第4项规定："发票人得以自己或付款人为受款人，并得以自己为付款人。"明文规定允许签发付受支票，但大陆地区《票据法》并无明文规定是否允许此种支票的签发。（4）己受己付支票。所谓己受己付支票，是指出票人、付款人及收款人均为同一人的支票。台湾地区"票据法"第125条第4项，明文规定允许出票人签发以自己为收款人，并以自己为付款人的支票；

---

〔1〕 王小能编：《票据法教程》，北京大学出版社2001年版，第336页。

〔2〕 王小能编：《票据法教程》，北京大学出版社2001年版，第336~337页。

〔3〕 请参阅大陆地区《票据法》第86条第4款；台湾地区"票据法"第125条第4项；日内瓦《支票法统一公约》第6条第1款。

但大陆地区《票据法》并无明文规定是否允许此种支票的签发。

对此种支票类型的差异，为使两岸票据发挥效用，本书拟采台湾地区规定，于协议建议稿中明文规定。

4. 依付款时有无特别保障为标准

支票按付款时有无特别保障为标准，可以分为普通支票及特殊支票。所谓普通支票，是指付款时无特别保障的支票。与普通支票相反的为特殊支票。在特殊支票中，按其保障方式不同，又可以分为三种：[1]（1）保付支票。所谓保付支票，是指付款人依出票人或收款人的请求，在支票上记载"照付"或"保付"或其他同义字样，并经付款人签章，由付款人负绝对付款责任的支票。台湾地区"票据法"第138条第1项、第2项规定："付款人于支票上记载照付或保付或其他同义字样并签名后，其付款责任与汇票承兑人同（第1项）。付款人于支票上已为前项之记载时，发票人及背书人免除其责任（第2项）。"因此，台湾地区承认保付支票，而且出票人及背书人均免除责任。大陆地区现行的《票据法》并未对保付支票作出规定。由于保付支票的存在仍具有其优势，近年来，学者多支持保付支票制度。[2]本书拟采台湾地区的规定，于协议建议稿中明文规定"支票保付行为"。（2）转账支票。所谓转账支票，是指付款人不以现金支付，而以记入收款人账户的方式支付的支票。[3]日内瓦《支票法统一公约》第39条第1款规定："出票人或持票人得在支票正面横跨票面写明'转账付款'或同义字样，以禁止支付现金。"同条第3款规定，"'转账付款'字样经涂销者，视为没有涂销。"大陆地区《票据法》第83条也明确规定转账支票，且不得支取现金。台湾地区"票据法"第129条规定，"以支票转账或抵销者，视为支票之支付。"所以，实际上也承认转账支票，而且以支票转账支付情形亦甚为普遍，只不过并无明文规定在支

---

〔1〕　刘家琛主编：《票据法原理与法律适用》，人民法院出版社1996年版，第534页；王小能编：《票据法教程》，北京大学出版社2001年版，第337页。

〔2〕　郑孟状等：《中国票据法专家建议稿及说明》，法律出版社2014年版，第253～254页。

〔3〕　王小能编：《票据法教程》，北京大学出版社2001年版，第337页。

票上记载"转账"字样，因此，也无不得支取现金的情形。《联合国
国际支票公约草案》第72条也规定支票转账付款，即在支票正面记载
"转账付款"字样，即为转账支票。[1]本书为融合两岸票据法律制度
对此种支票的差异性，同时为满足实际需求及证明资金流向，拟采日
内瓦支票法公约及大陆地区《票据法》的规定，于协议建议稿中明文
规定转账支票。（3）划线支票（或称平行线支票）。所谓划线支票，
是指出票人、背书人或持票人在支票正面上划两条平行线，付款人仅
得对金融业者或者特定的金融业者支付票据金额的支票。划线支票的
规范目的在于，如果支票遗失或被窃时，可以便于挂失止付及防止被
他人冒领。此种划线支票又可分为普通平行线支票及特别平行线支票。
前者是指在支票的正面划有两道平行线的支票；后者是指在支票的正
面划有两道平行线，并在平行线内记载特定的金融业者的支票。[2]台
湾地区"票据法"就划线支票分为普通平行线支票与特别平行线支
票。[3]日内瓦《支票法统一公约》第37、38条亦有普通平行线支票
与特别平行线支票的规定；[4]《联合国国际支票公约草案》同样地也

---

〔1〕《联合国国际支票公约草案》第72条；请参阅郭锋、常风编：《中外票据法
选》，北京理工大学出版社1991年版，第301页。
〔2〕 王志诚：《票据法》，元照出版有限公司2012年版，第510页。
〔3〕 台湾地区"票据法"第139条第1项至第4项规定："支票经在正面划平行线二
道者，付款人仅得对金融业者支付票据金额（第1项）。支票上平行线内记载特定金融业
者，付款人仅得对特定金融业者支付票据金额。但该特定金融业者为执票人时，得以其他
金融业者为被背书人，背书后委托其取款（第2项）。划平行线支票之执票人，如非金融
业者，应将该项支票存入其在金融业者之账户，委托其代为取款（第3项）。支票上平行线
内，记载特定金融业者，应存入其在该特定金融业者之账户，委托其代为取款（第4项）。"
〔4〕 日内瓦《支票法统一公约》第38条规定："普通划线支票付款人仅得对银行
业者或付款人之客户支付支票金额（第1款）。特别划线支票付款人仅得对指定之银行
业者支付支票金额，或者，如该银行业者为支票之付款人时，则对其客户支付之。但该
指定之银行业者仍得将该支票委托其他银行业者代为取款（第2款）。银行业者除从其
客户或其他银行业者外，不得接受划线支票，亦不得为上述客户或银行业者以外之人代
为取款（第3款）。支票有数特别划线者，付款人不得付款，但如划线有二，而其中之
一系为提交票据交换所托收而划者，不在此限（第4款）。付款人或银行业者不遵守以
上各规定，应对由此所生之损害负赔偿之责。但赔偿金额不得超过支票金额（第5款）。"
引自郭锋、常风编：《中外票据法选》，北京理工大学出版社1991年版，第244~245页。

有普通平行线支票与特别平行线支票的规定。[1]支票可能于出票时即
为划线支票，但亦有可能于出票时仅为一般支票，其后出票人将一般
支票改为划线支票交付持票人，或者持票人对支票所为的划线行为，
目的在于指示付款人只能向特定人付款的意思表示，[2]此乃属于支票
划线行为。因此，本书拟将支票划线行为列入个别票据行为制度中予
以一体化规范，并于协议建议稿中明文规定"支票划线"。

5. 依票面金额有无限制为标准

支票按票面金额有无限制为标准，可以分为以下三种：（1）不限
额支票。所谓不限额支票，顾名思义，即对于支票金额不加限制。
（2）限额支票。所谓限额支票，是指明定存户签发每张支票的最高限
额的支票，如台湾地区曾有限额支票，以新台币 50 000 元，亦即在支
票正面加印"本支票金额不得超过新台币 50 000 元"字样。（3）限额
保证支票。所谓限额保证支票，是指核准开立的"限额支票存款户"，
经往来银行核发该存户签发以 10 000 元为最高额，并由银行保证付款
的支票。例如，在支票正面加印"本支票 10 000 元限度内保证付款，
逾额退票"字样。台湾地区原来对限额支票及限额保证支票作出过规
定，即"金融业办理限额支票及限额保证支票存款业务办法"第 2 条，
但台湾地区"中央银行"通知自 2001 年 1 月 1 日起，停止办理限额支
票及限额保证支票存款业务。[3]大陆地区并无此规定，在《支付结算

[1] 《联合国国际支票公约草案》第 68 条至第 71 条；请参阅郭锋、常风编：《中外票据法选》，北京理工大学出版社 1991 年版，第 300~301 页。

[2] 请参阅王小能编：《票据法教程》，北京大学出版社 2001 年版，第 365 页。

[3] 台湾地区原"金融业办理限额支票及限额保证支票存款业务办法"第 2 条规定："本办法称'限额支票'，谓明订存户签发每张以新台币伍万元为最高限额之支票，称'限额保证支票'谓核准开立之'限额支票存款户'（以下简称本存户）经往来之金融业核发该存户签发以壹万元为最高限额，由金融业保证付款之支票。"台湾地区"中央银行"业务局 2000 年 10 月 25 日台央业字第 020043224 号函表示，金融业自 2001 年 1 月 1 日起停办限额支票及限额保证支票存款业务；前述办法于 2001 年 5 月 23 日，经台湾地区"中央银行"（2001）台央业字第 020031651-2 号公告发布自 2000 年 12 月 31 日起废止。请参阅票据法规汇编辑委员会：《票据法规汇编》，财团法人台湾金融研训院 2002 年版，第 265~270 页。

办法》第 102 条规定："定额银行本票面额为 1 千元、5 千元、1 万元和 5 万元。"故仅就银行本票有限额，支票并无此区分。本书认为在两岸票据市场一体化中，使用限额支票可发挥的效益有限，因此，于协议建议稿中对于支票的票面金额不予以特别限制。

6. 依记载的出票日与实际出票日是否一致为标准

支票按票上记载的出票日与实际出票日是否一致为标准，学理上分为即期支票与远期支票。所谓即期支票，是指出票日与实际出票日为同一日的支票。所谓远期支票，是指出票人签发支票时，不记载实际出票日，而记载未来的一个日期作为出票日的支票，实际上是预开支票之意。[1]此种远期支票不同于远期汇票与远期本票，只不过是票据实务上习惯用语。为发挥支票的信用价值，本书拟于协议建议稿中明文规定即期支票与远期支票。

各国票据立法例亦很少规定预开支票情形。大陆地区《票据法》第 90 条规定："支票限于见票即付，不得另行记载付款日期。另行记载付款日期的，该记载无效。"据此规定，并未明确规范实务上得否签发预开支票形式。日内瓦《支票法统一公约》规定，支票限于见票即付时，有相反的记载者，视为无记载。但是，其又规定"在发行日期前为付款提示的支票，应于提示日付款"。[2]依此规定，似乎也承认预开支票形态，即票据实务上所称的"远期支票"。台湾地区 1960 年"票据法"第 128 条原规定："支票限于见票即付，有相反之记载者，其记载无效（第 1 项）。执票人于票载日期前提示付款时，应即付款（第 2 项）。"按 1960 年当时的"票据法"即已参照日内瓦《支票法统一公约》第 28 规定增订得预开支票，且可以在票载出票日前提示付款。主要是缘于在台湾地区票据实务上，往往有出票人于签发支票时，不记载实际票据出票日为支票的出票日，而以尚未到来的日期为支票票载的出票日，学理上称为"远期支票"，亦有称为"预开支票"。其后，在票据实践过程中，认为远期支票上所载出票日期为票据双方当

---

〔1〕 王小能编：《票据法教程》，北京大学出版社 2001 年版，第 338 页。
〔2〕 请参阅日内瓦《支票法统一公约》第 28 条。

事人所约定的付款日期，如果法律准许持票人依单方面的意愿随意提前提示付款，无异于鼓励债权人违背诚信原则行使债权，而使债务人猝不及防，极易陷入周转困难，势必增加支票不能兑现之风险，而改采英美票据法例，以明文规定限制持票人于票载出票日前提示付款。[1]因此，于 1973 年修订"票据法"时，将原第 128 条规定改为："支票限于见票即付，有相反之记载者，其记载无效（第 1 项）。支票在票载发票日期前，执票人不得为付款之提示（第 2 项）。"此部分主要是针对第 2 项作修改，换言之，自此以后明文承认预开支票，但是不得在票载出票日前提示付款。

据上所述，台湾地区可以预开支票，例如，A 于 2015 年 9 月 19 日购车，并在同日签发支票时，而将支票上的发票日记载为尚未到来的日期（即 2015 年 12 月 20 日）。对于此种情形，台湾地区"票据法"并无使用"远期支票"一词作规定，而认为支票上所载出票日期为票据双方当事人所约定的付款日期，因此，支票在票载出票日期前，持票人不得为提示付款。在票据学理上有学者认为，该规定此即为"远期支票"的规定。在商业实务上往来，通常也使用"远期支票"称之，其实，此种支票并非真正的远期支票，应该属于"预开支票"。台湾地区"最高法院"判例认为，此种情形并非是远期支票的规定，而是一种"票据权利行使的限制"。[2]亦即，"支票发票

〔1〕　台湾地区 1973 年"票据法"第 128 条的修正理由。请参阅林纪东、郑玉波、蔡墩铭等编纂：《新编参照法令判解六法全书》，五南图书出版股份有限公司 2014 年版，第参-91-参-92 页。

〔2〕　台湾地区"最高法院"1985 年台上字第 804 号民事判例："支票发票人所负票据债务之成立，以发票人交付支票于受款人而完成发票行为之时日为准，至支票所载发票日，依票据法第 128 条第 2 项规定，仅系行使票据债权之限制，不能认为票据债务成立之时期。"台湾地区"最高法院"1978 年度第 6 次民事庭推总会议决议（二）：支票发票人之票据债务何时成立？有甲、乙二说：甲说：票据为文义证券，其权益关系，悉依票据上所载文义而定，故支票上所载之发票日期，即应视为票据债务成立之日。乙说：支票发票人票据债务之成立，应以发票人交付支票于受款人完成发票行为之时日为准，至支票所载发票日期，仅系行使票据债权之限制（参照"票据法"第 128 条第 2 项），不能认系票据债务成立之时期。以上二说，以何者为当？提请公决。决议：采乙说。

人所负票据债务之成立，应以出票人交付支票于收款人而完成发票行为之时日为准，至支票所载出票日，仅是行使票据债权之限制，不能认为票据债务成立之时期"。[1]而"发票人所发远期支票，如执票人按照票载日期或于票载日期以后为付款之提示者，则票载日期当然为发票日，不得于票据以外，以当事人所证明之实际发票日期为发票日"。[2]

台湾地区"票据法"第 128 条第 2 项之规定，是于 1973 年修订"票据法"时，参考英美立法例所增订之条款。虽未在形式上承认远期支票，但事实上有承认远期支票合法性的含意。[3]日本实务上也承认此种"以实际出票之日后将来之日作为出票日加以记载的支票，称为'先期支票'，该支票亦为完全有效的支票"。[4]依据日本《支票法》第 29 条第 4 款规定，支票提示付款期限的起算日为支票上记载的出票日期。因此，就先期支票上记载将来日期的效力而言，亦可解释为在所记载的出票日前，不能提示付款，也属于一种行使票据权利的限制。

尽管美国支票强调支付、汇兑的功能，但也承认可以预填日期（postdated），形成类似于远期支票（postdated check）。由于支票是见票即付，在票载到期日前，银行是不能付款，但是如果银行提前支付了该支票款，依据美国《统一商法典》规定，除非出票人已向银行发出预签支票的通知，否则银行不承担任何责任。[5]大陆地区的支票仅限于见票即付的支票，尚无预开支票的明文规范。

---

〔1〕 台湾地区"最高法院"1985 年台上字第 804 号民事判例要旨。

〔2〕 台湾地区"最高法院"1963 年台上字第 2365 号民事判例要旨。

〔3〕 梁宇贤：《票据法新论》，自版 1997 年版，第 366~367 页。

〔4〕 引自 [日] 铃木竹雄著、[日] 前田庸修订：《票据法·支票法》，赵新华译，法律出版社 2014 年版，第 316 页。

〔5〕 请参阅美国《统一商法典》第 3-113 条第（a）款、第 4-401 条第（c）款规定。See David P. Twomey, Marianne Moody Jennings, Anderson's Business Law and The Legal Environment, South-Western Cengage Learning, 21st edition（International Edition），2011, p. 631.

四、电子票据

传统纸质票据虽然扮演着重要角色，但随着金融业者将科技技术运用于银行业务领域，晚近更发展出电子金融，而台湾地区"中央银行"于2000年12月提出发展电子支票计划，经台湾票据交换所、台湾地区"财政部""经济部"及台湾地区银行商业同业公会共同规划，于2003年9月29日由华南银行率先开办电子票据业务。[1]

台湾票据交换所依据台湾地区"电子签章法"第4条第2项、第9条第1项、"中央银行"订定之"票据交换及银行间划拨结算业务管理办法"第19条及票据法作为法源依据，制定"金融业者参加电子票据交换规约"与《电子票据往来约定书》。其中，"金融业者参加电子票据交换规约"是规范参加电子票据交换的金融业者与票据交换所间的作业；而《电子票据往来约定书》是对于参加电子票据交换的金融业者与其存款户间的使用电子票据相关事项规范。随着电子科技的发展，电子票据的出台，以弥补现行票据的不足，扩大票据的使用。金融产品的创新与差异化服务，可以提升企业对银行的认同度与向心力，优质的服务可以凝聚企业的资金。由于台湾地区幅员太小，企业仍未完全接受电子票据，造成电子票据交易量过小，于2011年12月30日已经暂停办理。[2]

大陆地区的电子商业汇票系统是从2009年10月建成并开始运行，中国人民银行制定《电子商业汇票业务管理办法》作为规范依据。依据《电子商业汇票业务管理办法》第2条规定，电子商业汇票可分为

---

〔1〕 王志诚：《票据法》，元照出版有限公司2012年版，第46页。

〔2〕 台湾地区电子票据业务于2011年1月25日经台湾票据交换所第3届第10次董事会决议"暂时停办"，并获台湾地区"中央银行"2011年2月18日台央业字第1000012896号函同意备查在案。依据台湾票据交换所2011年5月18日台票总字第1000002308号函，"电子票据业务'暂时停办'公告"，其中公告事项："（一）自即日起各开办行停止受理电子票据开户，并于本年7月1日零时起关闭电子票据系统签发功能，惟签发以外之存入托收、背书转让等其他功能，将继续运作至本年12月30日止。"资料来源：载台湾地区票据交换所网，如 http://www.twnch.org.tw/ECHECK/，最后访问日期：2015年11月25日。

电子银行承兑汇票与电子商业承兑汇票。根据中国人民银行"2014 年支付体系运行总体情况"的资料，显示电子商业汇票业务量持续增长：至 2014 年末，电子商业汇票系统出票 84.49 万笔，金额人民币（以下同）31 298.55 亿元，同比分别增长 62.20% 和 97.29%；承兑 83.78 万笔，金额 30 719.60 亿元，同比分别增长 56.69% 和 88.95%；贴现 23.53 万笔，金额 15 004.89 亿元，同比分别增长 75.19% 和 134.28%；转贴现 49.11 万笔，金额 48 068.99 亿元，同比分别增长 95.75% 和 146.39%。[1]如果两岸票据市场一体化，在两岸贸易量持续增长的情势下，两岸电子票据的使用量将会增加，有助于推动两岸经济增长。

以下本书将对电子票据的定义、种类以及优点等分别予以论述。

（一）电子票据的定义

所谓电子票据，是指出票人依托于电子票据系统，以数据电文的形式作成，由出票人自己承诺或委托他人在指定日期无条件支付一定金额给收款人或持票人的票据。[2]换言之，电子票据是指以电子方式作成的票据，而以电子签章取代实体的签章，[3]是一种纸质票据的电子化形式，借助网络传输其信息，实现电子票据的流通、信用、融资、担保及完成支付等过程。

电子票据是在纸质票据的基础上发展出来的，利用计算器技术与网络通信技术的发展，其原理和功能与纸质票据并无不同，但两者仍有以下几点区别：[4]第一，存在形式与交付方式不同。电子票据只能通过计算器技术和网络通信技术才能产生与实现流通，其票据行为均是通过计算器网络进行电子数据交换，而且为避免黑客入侵及被第三人盗用，通常有较严格的安全控管操作程序；而纸质票据的票据行为

---

〔1〕 截至 2014 年末，电子商业汇票系统参与者共计 373 家，较 2013 末增加 14 家。资料来源：《2014 年支付体系运行总体情况》，载中国人民银行支付结算司网，如 http://www.pbc.gov.cn/eportal/fileDir/image_ public/UserFiles/goutongjiaoliu/upload/File/2014 年支付体系运行总体情况（终稿）.pdf，最后访问日期：2015 年 11 月 25 日。

〔2〕 汪鑫主编：《金融法学》，中国政法大学出版社 2011 年版，第 328 页。

〔3〕 王志诚：《票据法》，元照出版有限公司 2012 年版，第 47 页。

〔4〕 请参阅汪鑫主编：《金融法学》，中国政法大学出版社 2011 年版，第 328 页；朱大旗：《金融法》，中国人民大学出版社 2015 年版，第 320~321 页。

及流通转让是以实物票据为基础经由人工传递，不受限于计算器技术和网络通信技术，纸质票据具有电子票据所没有的签发的便利性，但电子票据在流通过程中，较纸质票据具有跨越空间与时间的广度与快速性及防止遗失、灭失与被伪造的可能性。第二，权利载体不同。电子票据的使用除经过电子票据的当事人及关系人外，要经过发送人、受益人、发送银行、接收银行、电子票据交换中心及认证机构等等环节。电子票据的权利载体是当事人各方所收到的相关数据电文；而纸质票据的权利载体是纸质的票据本身。第三，流通速度不同。电子票据以网路传输代替人工传输，亦即通过电子票据系统，利用计算器技术与网络通信技术的发展，流通速度会比纸质的票据流通速度要快很多，且跨越空间的领域范围广泛。但电子票据亦有其缺点，在尚未建置完善的网络及电子票据系统之地域，可能无法完成传送；而纸质票据仍可通过邮件或快递方式传送，只不过速度没有电子票据流通的速度快。如果电子票据系统及网络建置完善，则电子票据的流通领域将超过纸质票据。第四，形式要件不同。电子票据与纸质票据同样是以书面形式表示，但电子票据是以数据电文形式表示，且只能使用电子签章方式签发票据；纸质票据采用实体签章。

（二）电子票据的种类

关于电子票据的种类，原则上与纸质票据相同，但部分受限于系统开发使用的范围限制，如台湾地区实务上的电子票据包括由金融业者付款的电子汇票、委托金融业者为担当付款人的电子本票及指定收款人且划平行线的电子支票等三种。此外，还受到《金融业者参加电子票据交换规约》与《电子票据往来约定书》的实际限制，如电子票据的收款人字段不得空白，且以单一收款人为限，换言之，出票人仅能签发记名电子票据，且汇票及本票以定日付款之定期电子汇票及定期电子本票为限。而电子支票则可以为即期电子支票，也可以签发远期电子支票。[1]大陆地区的电子票据的使用范围较小，依据《电子商

---

［1］《金融业者参加电子票据交换规约》第11条、第12条；另请参阅王志诚：《票据法》，元照出版有限公司2012年版，第48页。

业汇票业务管理办法》第 2 条规定，仅限于电子银行承兑汇票与电子商业承兑汇票。

（三）电子票据的优点

发展电子票据业务具有的优点与优势，是决定其是否能够成功运作的充分必要条件。本书认为发展电子票据业务具有以下优点：第一，节省成本。从实体交易改为无实体交易，对于金融业者而言，可以提高票据标准化水平，简化交易过程，提升票据交易效率、透明度，优化票据业务管理，有助于推动统一的票据市场，节约交易成本（包括人工成本、票据印制成本、票据保管成本等）。[1]第二，提供企业信用与融资，并掌握企业的偿还来源。电子票据通过电子票据系统传输，具有快速的特点，买方企业可通过签发远期电子票据，为买方企业争取较优的采购条件，同时也可为卖方企业创造较佳的销售条件及融资，以利资金周转运用。同时，由于交易性的电子票据具有自偿性，银行一方面提供卖方企业收受远期电子票据的资金周转需求，另一方面买方企业于电子票据到期时，票款入账可以偿还先前卖方企业电子票据融资款项，足以降低银行融资风险。第三，满足企业需求。银行通过电子票据为客户提供更优质化的金融产品，满足企业往来的便利性需求。第四，资金沉淀。发展电子票据业务，可以使企业资金沉淀，有利于银行吸收企业资金存款，降低营运成本。第五，增加金融机构业务的收入。如银行为企业开出的电子汇票予以承兑，将电子票据的商业信用转换为银行信用成为电子银行承兑汇票。此不仅提升电子汇票的信用，还为银行获取丰厚的承兑手续费收入。第六，开拓客源。银行通过电子票据业务，掌握往来企业的交易对手，从而进一步发展企业的交易对手，作为银行的新客源。第七，降低遗失风险。电子票据可以有效克服纸质票据易遗失、损坏、被盗抢等问题，降低纸质票据携带与转让的风险。第八，抑制假票。电子票据可以有效抑制纸质票据的假票、克隆票问题，有助于建立票据信用制度，促进金融市场的

―――――――――

〔1〕 请参阅朱大旗：《金融法》，中国人民大学出版社 2015 年版，第 321～324 页。

发展。[1]

至于电子票据与现行支付工具之比较，按目前现有文献，主要是就电子票据与传统支票、ATM 转账、汇款、FEDI 汇款、FEDI 期约转账等进行各方面比较，以凸显其所具有的优势，如表 8 所示。

表 8　台湾地区电子票据与现行支付工具之比较表

支付工具 项目	传统 支票	ATM 转账	汇款	FEDI 汇款	FEDI 期约转账	电子 票据
操作方式	人工 操作	赴柜 员机	亲赴 柜台	利用 网络	利用 网络	利用 网络
付款时间	可延后 付款[2]	即时 付款	即时 付款	即时 付款	延后 付款	可延后 付款[3]
结合电子商务	不能	不能	不能	能	能	能
结合会计软件	不能	不能	不能	能	能	能
融资功能	有	无	无	无	有	有
融资银行接受度	较高				较低	较高
融资银行债权确保	较佳				较差	较佳
买方资金运用	调度 灵活	调度 不易	调度 不易	调度 不易	调度 容易	调度 灵活
卖方资金运用	融资 容易	调度 容易	调度容易	调度 容易	调度 不易	调度 容易
附件信息	无	无	有限 信息	充分 信息	充分 信息	完整 信息

资料来源：转引自王志诚：《票据法》，元照出版有限公司 2012 年版，第 53 页。[4]

---

[1]　请参阅朱大旗：《金融法》，中国人民大学出版社 2015 年版，第 321 页。

[2]　这里所指可延后付款，如远期支票。

[3]　这里所指可延后付款，如远期电子支票、定期电子汇票及定期电子本票等。

[4]　台湾票据交换所，转引自王志诚：《票据法》，元照出版有限公司 2012 年版，第 53 页。

五、协议建议稿

由于大陆地区与台湾地区的票据种类规范不同，为发展两岸票据，使其成为两岸共同的金融工具，促进两岸票据流通，推动两岸票据市场一体化，提升票据信用与融资功能，本书参考借鉴其他国家的票据法律制度，拟于"两岸票据制度一体化协议（建议稿）"中采取较宽泛的票据种类，即票据包括汇票、本票及支票等三大票据分类；此外，基于电子票据的发展趋势，为填补现行票据法中未规范电子票据的问题，故将电子票据纳入规范，以利发展两岸电子票据。因此，拟将两岸票据种类制度一体化，于"两岸票据制度一体化协议（建议稿）"中分别予以规定。[1]

（一）关于票据定义与种类规定

协议建议稿条款中拟对票据定义及种类统一规定如下：

【票据的种类】

①票据，是指出票人签发一定金额，记载本协议所规定的法定应记载事项，并在票据上签章，于指定到日期，无条件约定由自己或委托他人为付款承诺的有价证券。

②票据的种类，包括汇票、本票、支票的实体票据及电子票据。

③实体票据，是指以纸质制成之票据，包括支票、本票及汇票。

④电子票据，是指以电子方式制成之票据，包括电子汇票、电子本票及电子支票。

（二）关于汇票定义与种类规定

协议建议稿条款中拟对汇票定义及种类具体规定如下：

【汇票的定义】

汇票，是由出票人签发一定的金额，委托付款人在指定到期日无

---

[1] "两岸票据制度一体化协议（建议稿）"，简称"协议建议稿"。关于协议建议稿中条、款、项等序号的表示说明：如为"条"，则以阿拉伯数字（1、2……）表示，例如"第1条"；如为"款"，则以①②……表示；如为"项"，则以（一）（二）……表示。在文中引用协议建议稿条文序号时，则以"第3条第1款第1项"的形式表示；但如为全部内容引用时，仍保持原款、项的序号的表示方式。

条件支付给收款人或者持票人的票据。

【汇票的种类】

①汇票包括一般汇票、商业汇票、银行汇票，可以是即期汇票，也可以是远期汇票。

②出票人出票时，可以为记名式汇票、指示式汇票或无记名式汇票。

③汇票的出票人可以自己或付款人为收款人，并且可以自己为付款人。

（三）关于本票定义与种类规定

协议建议稿条款中拟对本票定义及种类具体规定如下：

【本票的定义】

①本票，是指出票人签发一定的金额，承诺自己在见票时或指定到期日，无条件支付予收款人或者持票人的票据。

②甲存本票，是指出票人委托其往来的金融机构为代理付款人而签发的本票。

【本票的种类】

①本票包括一般本票、商业本票、银行本票、甲存本票等，可以签发即期本票，也可以签发远期本票。

②本票的出票人可以签发记名式本票、指示式本票或无记名式本票。

③出票人可以签发以自己为收款人的本票。

④银行本票的出票人，限于经核准办理银行本票业务的金融机构。

⑤甲存本票的代理付款人，限于经核准办理票据业务的金融机构。

⑥ 签发银行本票限于两岸主管机关核准的业务范围内。

（四）关于支票定义与种类规定

协议建议稿条款中拟对支票定义及种类具体规定如下：

【支票的定义及种类】

①支票是出票人签发一定的金额，委托办理支票存款业务的金融业者在见票时或指定到期日，无条件支付予收款人或者持票人的票据。

②支票的出票人可以签发即期支票或远期支票，可以是记名式支票、指示式支票或无记名式支票。

③支票出票人不限定银行、企业法人、非法人团体，自然人也可

以签发支票。

④支票付款人，限于经核准办理支票业务的金融机构。

【支票到期日的种类】

①支票不限于见票即付，可以另记载付款日。在到期日前，不得提示付款。

②支票到期日，应按照下列形式之一记载：

（一）见票即付。

（二）定日付款。

③未记载到期日者，视为见票即付的支票。

④定日付款的支票，自出票日起至到期日，最长不得超过1年。

⑤支票如有预填出票日而未记载到期日者，仍为见票即付，在票载出票日前，持票人不得提示付款，但可以委托金融机构预为收款。

【转账支票及付款人的赔偿责任】

①出票人或持票人在支票上记载"转账"的字样，不得用以支取现金。

②付款人未依前款规定而付款者，应对此所生的损害负赔偿责任。但赔偿金额不得超过支票金额。

③支票上的"转账"字样被涂销者，视为未涂销。

（五）关于电子票据定义与种类规定

协议建议稿条款中拟对电子票据定义及种类具体规定如下：

【电子票据的定义】

电子票据，是指以电子方式作成的票据，而以数位签章、电子签章或电子签名等方式所签发的票据。

【电子票据的种类】

①电子票据的种类，包括电子汇票、电子本票及电子支票。

②电子票据按照到期日区分，限于以下两种：

（一）即期电子票据。

（二）定日付款电子票据。

③签发电子商业汇票限于电子银行承兑汇票及电子商业承兑汇票，均以定日付款者为限。

④电子银行承兑汇票应由核准办理电子票据业务的金融机构承兑；

电子商业承兑汇票由金融机构以外的第三人承兑。

　　⑤电子汇票的付款人为承兑人。

　　⑥签发电子本票，应以委托金融机构为代理付款人的本票，并以定日付款为限。

　　⑦签发电子支票，应以划平行线支票为限。

第二节　两岸票据特性协议

　　票据行为可称为票据法上所规定的法律行为，究其性质向来有单独行为说与契约行为说之学理上争论。其中主张单独行为说者又分为传统的创造说（一元性）、发行说与二元性结构创造说（二阶段说）等。[1]尽管票据行为在性质上具有争论性，但票据特性则不具争论，学理上均认为票据具有要式性、文义性、独立性、无因性等共通的特性。整个票据法律制度，从政策的设计理念来看，无不以促进票据流通与维护票据交易安全为最高指导原则，以及提升经济发展为宗旨，赋予票据行为有别于一般法律行为之特性，使其得以贯彻票据迅速流通与维护交易安全之灵魂，成为整个票据法理的精神支柱与核心价值。

　　票据的特性，在一般学理上称为票据行为的特性，本书认为这是一体两面，如果从静态角度而言，可称为票据的特性；如果从动态角度而言，可称为票据行为的特性。例如，行为人在票据上为票据行为时，必须具备票据法规定的要件，才会发生票据法上的效力，这是从动态角度而言，可称为票据行为的要式性；如果从静态角度而言，则是指票据法规定票据应该要具备的要件，则可称为票据的要式性。本书是从静态的角度来论述票据的特性。为此，本书拟从票据四种特性

---

　　〔1〕　票据行为之性质争论，请参阅郑洋一：《票据法之理论与实务》，自版2001年版，第23~48页；梁宇贤：《票据法新论》，自版1997年版，第34~37页；王小能编：《票据法教程》，北京大学出版社2001年版，第34~35页；吴京辉：《票据行为论》，中国财政经济出版社2006年版，第32~60页。关于二元性结构创造说，请参阅［日］铃木竹雄著，［日］前田庸修订：《票据法·支票法》，赵新华译，法律出版社2014年版，第86页注2、第110~116页。

比较两岸票据法律制度的差异性，并对其间的差异性进行融合，形成制度一体化协议建议稿。

一、票据要式性

一般法律行为原则上多采取自由原则，任由当事人自由选择。但票据是重视外观的流通票据，不同于一般法律行为，为使人易于辨识，乐于接受而助长票据流通，因此要求票据必须具备法定形式而原则上不允许当事人自由选择，使其具有公示的外观，易于判断该票据内容，故而一般学者称票据为"要式证券"。票据法规范票据的要式性，在内容方面有三：第一是签章；第二是书面；第三是格式（款式），即法定的要件。[1]

所谓票据要式性，是指票据法律制度中所要求票据应具备的定型性，即票据行为必须依照法定的方式为之。所谓定型性，不仅包括票据格式的要式，也包括票据上应记载事项的要求。对于票据格式与印制的要式性，台湾地区票据除支票由往来金融机构自身印制外，均无特别规定；而大陆地区对票据格式与印制则有一定要求。[2]票据上应记载事项是指应按票据法上规范记载才能发生票据法上效力，否则票据无效。如果记载票据法所不规定事项，不生票据法上的效力。[3]这里所谓的"不生票据法上的效力"，一般学者认为，仍可发生其他法律上效力，如民法上的效力。

票据要式性的法律依据在于：台湾地区规定，票据欠缺"票据法"所规定应记载事项之一者，票据无效。但是，持票人善意取得已具备"票据法"规定应记载事项的票据，可以依票据文义行使权利；票据债务人不得以票据原欠缺应记载事项为理由，对于持票人，主张票据无效。票据上的记载，除金额外，可以由原记载人于交付前改写

〔1〕 梁宇贤：《票据法新论》，自版1997年版，第37页；王小能编：《票据法教程》，北京大学出版社2001年版，第35页。

〔2〕 大陆地区《票据管理实施办法》第35条规定："票据的格式、联次、颜色、规格及防伪技术要求和印制，由中国人民银行规定。"

〔3〕 请参阅台湾地区"票据法"第12条；大陆地区《票据法》第24条。

之。但应于改写处签名。[1]大陆地区规定，票据上的记载事项必须符合《票据法》的规定。但票据金额、日期、收款人名称等三项为绝对不得更改的事项，如果更改其中之一者，将使票据无效。至于票据上的其他记载事项，原记载人可以更改，但应由原记载人签章证明。[2]据此可知，两岸票据法对于票据要式性的规范内容不同。

对于票据应记载事项内容，由于两岸票据法律制度采取的价值取向不同而具有不同规范要求，从而形成两者之巨大差异性，例如大陆地区《票据法》规定，日期、收款人名称不得更改，否则票据无效；台湾地区"票据法"规定，日期与收款人名称均得改写，而且该票据有效。此为两岸票据法差异之一。所以，融合两岸票据制度，必须通过详细的比较分析，才能得知其间的具体差异，从而草拟妥适的一体化票据制度。唯有真正融合两岸票据要式性的差异，才能实现两岸票据市场一体化有序运行，促进两岸票据流通，以解决企业使用票据取得融资与担保的问题。

（一）共通性

三种票据在要式性方面，具有签章、书面格式及款式等三点共通性，但两岸票据法律制度在具体规范方面，则有不同：

1. 签章[3]

票据行为人在票据上所为的各种票据行为均必须在票据上签章，才能发生票据法上的效力，并依据票据上所记载的文义负责。

台湾地区票据上的签名，可以盖章代替，原则上是以签名为主，以盖章为辅。[4]简言之，不论签名或盖章均可，而且不以签全名为必要。

大陆地区票据上的签章，为签名、盖章或者签名加盖章。法人和其他使用票据的单位在票据上的签章，为该法人或者该单位的盖章加其法定代表人或者其授权的代理人的签章。在票据上自然人的签名，

---

[1]　请参阅台湾地区"票据法"第11条。

[2]　请参阅大陆地区《票据法》第9条规定。

[3]　请参阅大陆地区《票据法》第7条，《支付结算办法》第11条、第23条、第24条，《票据管理实施办法》第13~17条；台湾地区"票据法"第5条、第6条。

[4]　请参阅台湾地区"票据法"第6条。

应该是当事人的本名。因此，依大陆地区规定，该票据上签章依自然人和法人或单位而有不同规定。[1]

（1）自然人签章

大陆地区自然人签章包括签名、盖章或签名加盖章，任何一种方式均为有效。如在票据上签名，应当为该自然人的本名。所谓"本名"是指符合法律、行政法规以及国家有关规定的身份证件上的姓名。如果是支票上出票人的签章，则为与该自然人在银行预留签章一致的签名或者盖章。[2]如果出票人的签章不符合规定，票据无效。背书人、承兑人、保证人在票据上的签章不符合规定，其签章无效，但是不影响票据上其他签章的效力。[3]此处规定为签章无效，但是根据《最高人民法院关于审理票据纠纷案件若干问题的规定》第41条的规定，最高人民法院认为该签章不具有票据法上的效力。[4]至于是否具有其他法律上的效力，即存在疑义。大陆地区对签名的形式采取的是严格限制主义。[5]

学者对此提出一些不同观点，例如，孙中山一生使用60多个外文译名、别名，如孙中山、孙逸仙、孙文，均为同一人，但其中又以孙中山

---

　　[1]　请参阅大陆地区《票据法》第7条，《支付结算办法》第11条、第23条、第24条，《票据管理实施办法》第13~17条，《最高人民法院关于审理票据纠纷案件若干问题的规定》第41条、第42条。

　　[2]　请参阅《票据管理实施办法》第15条、第16条。

　　[3]　请参阅《票据管理实施办法》第17条。

　　[4]　依据大陆地区《最高人民法院关于审理票据纠纷案件若干问题的规定》第41条规定："票据出票人在票据上的签章上不符合票据法以及下述规定的，该签章不具有票据法上的效力：（一）商业汇票上的出票人的签章，为该法人或者该单位的财务专用章或者公章加其法定代表人、单位负责人或者其授权的代理人的签名或者盖章；（二）银行汇票上的出票人的签章和银行承兑汇票的承兑人的签章，为该银行汇票专用章加其法定代表人或者其授权的代理人的签名或者盖章；（三）银行本票上的出票人的签章，为该银行的本票专用章加其法定代表人或者其授权的代理人的签名或者盖章；（四）支票上的出票人的签章，出票人为单位的，为与该单位在银行预留签章一致的财务专用章或者公章加其法定代表人或者其授权的代理人的签名或者盖章；出票人为个人的，为与该个人在银行预留签章一致的签名或者盖章。"

　　[5]　汪世虎：《票据法律制度比较研究》，法律出版社2003年版，第62页。

为人熟知，如果使用孙中山在票据上签章是否有效，则值得深思。〔1〕

　　台湾地区自然人的签名不以户籍或身份证件上之姓名为必要，仅须足以表示签名者为本人即可，而且为台湾地区司法实务上所承认，并认为票据行为人仅签其姓或名，即生签名之效力，且所签之姓名，不以本名为必要，签其字、号或雅号、艺名，均无不可。如交易上得辨别该票据债务人的同一性时，亦属有效，且法律并未规定必须签全名，故不以签全名为必要。〔2〕至于所签的姓或名，是否确为该票据债务人所为，则属于举证责任问题。〔3〕但是如果仅在票据上按捺指印，

---

　　〔1〕　请参阅戴立宁："论个人在票据上的签名"，载《北大法律评论》2008年第1期，第167～171页。

　　〔2〕　台湾地区相关的司法判决案例："最高法院"1983年度台上字第474号民事判决要旨："票据上之签名，得以盖章代之，票据法第六条定有明文。对票据上所载文义负责之人，以在票据上签名或盖章二者备其一，即足发生效力，上诉人既自认印章为真正，已如前述，自不得以非其签名为词，推翻为系争本票连带保证人之事实。""最高法院"1982年度台上字第2139号民事判决要旨："票据上之签名，不限于签全名，仅签其姓或名者，亦生签名之效力，故陈○○及被上诉人为背书时，仅签其姓即'陈'及'杨'，不得谓为无效。""最高法院"1982年度台上字第4416号民事判决要旨："签名云者，于文书亲署姓名，以为凭信之谓。虽关于支票上之签名，因法律上并未规定必须签其全名。是故，仅签其姓或名，即生签名之效力。且所签之姓名，不以本名为必要，签其字或号，或雅号、艺名，均无不可。但除以盖章代之者外，要必以文字书写，且能辨别足以表示为某特定人之姓名者，始足当之。"

　　〔3〕　台湾地区"最高法院"1975年7月8日1975年度第5次民庭庭推总会决议（一）："提案：院长交议：票据上之签名，未签全名者（如仅签姓，或仅签名），是否生签名之效力？下列两说：讨论意见：甲说：票据乃无因证券，在票据上签名者，即应依票据上所载文义负责，故执票人仅凭签署于票据之文字，而知其人姓名（不须另凭其他证据即可证明者），得对之请求负责者，始能谓为票据上之签名，如仅写姓或仅写名，而不能凭票证明其为何人之姓名者，自不能认为已备签名之效力，不生签名之效力。乙说：所谓签名，法律上并未规定必须签其全名，且修正前"票据法"第6条更规定，票据上之签名得以画押代之，仅签姓或名，较画押慎重，足见票据上之签名，不限于签全名，如仅签姓或名者，亦生签名之效力。至于所签之姓或名，是否确系该人所签，发生争执者，应属举证责任问题，此与签全名，而就其真正与否发生争执者，并无差异。以上二说，以何者为妥？请公决　决议：所谓签名，法律上并未规定必须签其全名，且修正前"票据法"第6条更规定，票据上之签名得以画押代之，仅签姓或名，较画押慎重，足见票据上之签名，不限于签全名，如仅签姓或名者，亦生签名之效力。至于所签之姓名，是否确系该人所签，发生争执者，应属举证责任问题（依台北市银行商业公会1975年2月27日会业字第

台湾地区"最高法院"民事判决认为，此种情形，民法以指印代签名之规定，不得适用于票据行为，该票据无效。[1]此外，票据行为也是法律行为之一种，民法上有关代理之法条也适用之，票据上的签名也是意思表示，自可由代理人为之。[2]美国《统一商法典》第3-401条规定，签名可以通过手写、设备或机械，也可以使用任何名称，包括商号或假名等等。[3]因此，台湾地区与美国对于签名的形式采取的是自由主义。[4]

这里有关签章的问题，在于票据法对于票据上签章的要求，是否要与身份证件上姓名一致的问题，此实际上涉及价值衡量。换言之，票据法究竟应该要保护票据签章人的利益，以维护票据静态的安全，还是要着重于保护持票人的利益，以维护票据交易动态的安全。本书认为，为促进票据流通及兼顾票据交易安全，应着重于保护持票人的利益，签名不以签全名为必要，只要可以辨别该票据债务人的同一性时即可，即得要求该票据债务人负票据责任。但是，由于两岸的情况不同，票据流通领域扩大，两岸人民对于签章的认知不同，为避免两岸票据关系过于复杂，在一体化规范中仍以有效证件上的姓名作为签章的认定规范；但是，其并非是认定票据有效与否的要件。换言之，即便签章于票据者，虽然非使用有效证件上的姓名，只要持票人能证明该票据债务人的同一性，仍可要求其负票据责任。

（接上页）0138号复函，实务上关于票据上之签名，虽非签全名，而能证明确系出于本人之意思表示者，仍承认其效力）。"

〔1〕 台湾地区"最高法院"2003年度台上字第802号民事判决要旨："票据为特定当事人间之支付手段，辗转流通于社会公众，营有通货之作用，裨益金融经济之发展。票据法本于助长票据流通之原则，规定票据之要式性，签名为各种票据行为必须具备之要件，此项票据上之签名，仅得以盖章代之（'票据法'第6条），民法以指印代签名之规定，自不得适用于票据行为。"台湾地区"最高法院"1986年度台上字第481号民事判决要旨："本票之发票行为为要式行为，发票人应于本票上签名、盖章，发票行为始告完成而发生效力，此观'票据法'第120条第1项、第6条之规定自明。如上诉人未于系争本票签名盖章，即不得仅因其于系争本票上捺指印，即认系本票系由其签发。"

〔2〕 请参阅台湾地区"最高法院"1991年度台上字第1426号民事判决要旨。

〔3〕 〔美〕ALI（美国法学会）、NCCUSL（美国统一州法委员会）：《美国〈统一商法典〉及其正式评述》（第2卷），李昊等译，中国人民大学出版社2005年版，第93页。

〔4〕 汪世虎：《票据法律制度比较研究》，法律出版社2003年版，第61页。

（2）法人或单位签章

大陆地区规定，法人和其他使用票据的单位在票据上的签章，为该法人或者该单位的盖章加其法定代表人或者其授权的代理人的签章。单位在票据上的签章，应为该单位的财务专用章或者公章加其法定代表人或其授权的代理人的签名或者盖章。银行汇票的出票人在票据上的签章，应为经中国人民银行批准使用的该银行汇票专用章加其法定代表人或其授权经办人的签名或者盖章。银行承兑商业汇票、办理商业汇票转贴现、再贴现时的签章，应为经中国人民银行批准使用的银行汇票专用章加其法定代表人或其授权经办人的签名或者盖章。银行本票的出票人在票据上的签章，应为经中国人民银行批准使用的银行本票专用章加其法定代表人或其授权经办人的签名或者盖章。商业汇票上的出票人的签章，为该单位的财务专用章或者公章加上其法定代表人或者其授权的代理人的签名或者盖章。支票的出票人和商业承兑汇票的承兑人在票据上的签章，应为其预留银行的签章。[1]

依据大陆地区上述规定，未按规定签章者，如果是出票人签章，则该票据无效；如果是背书人、承兑人、保证人签章，其签章无效，但不影响其他符合规定签章的效力。[2]

台湾地区规定，依据法人实在说，认为法人之法定代表人应载明法人名称，并记载为法人代表之意旨，再由法定代表人签名盖章。不过，台湾地区司法实务亦认为仅加盖商号印章而未由其负责人签名或盖章，仍为有效。[3]但于此有问题者在于，如果法人的代表人于签发

---

〔1〕　请参阅大陆地区《票据法》第7条，《票据管理实施办法》第13条、第14条、第15条、第16条、第17条，《支付结算办法》第11条、第23条、第24条等规定。

〔2〕　请参阅《票据管理实施办法》第17条。

〔3〕　台湾地区"最高法院"1981年5月19日1981年度第13次民事庭会议决议（二）："提案：院长交议：票据背面仅盖商号印章，未由商号负责人签名或盖章，能否认已发生背书效力？有甲、乙两说：讨论意见：甲说：商号名称（不问商号是否法人组织）既足以表彰营业之主体，则在票据背面加盖商号印章者，即足生背书之效力，殊不以另经商号负责人签名盖章为必要。除商号能证明该印章系出于伪刻或被盗用者外，要不能遽认未经商号负责人签名或盖章之背书为无效。乙说：商号（不问是否法人组织）为票据行为时，必须由其负责人签名或盖章，并表明其代表之旨，若仅加盖商号印章，

票据时，未载明法人代理之意旨，而分别加盖法人及代表人印章，此时究竟是法人与该代表人共同负出票人责任，还是仅由法人独单负责任，即存在适用上的疑义。对此，台湾地区司法实务见解认为，如果从票据全体记载的意旨观之，按一般社会观念，可以认为有法人的代理关系存在者，即应由法人负责。[1]

大陆地区对法人的签章方式的详细规范，在具体适用上有助于减少纠纷，亦可避免法院判决的分歧。[2]但是，台湾地区对于票据上所使用的法人章并无特别规范，而且法人章并无公章或财务专用章之区别，此为两岸所不同。

2. 书面格式

各种票据行为所为的意思表示必须记载于票据上，如仅以口头为之，但未记载于票据上，仍不能发生票据法上效力。就票据书面格式性而言，大陆地区对于票据格式要求使用统一格式，[3]不允许票据行为人自由使用票据格式，如果未使用中国人民银行统一规定印制的票据，实务上认为该票据为无效，但学说有不同观点。台湾地区并未要求票据必须采一定书面格式，只要符合票据法规定的要件，即属有效票据。

3. 款式

所谓款式是指票据行为人为票据行为时应依法定款式为之，即应

（接上页）而未由其负责人签名或盖章者，因无从识别是否为其负责人所为，自难认其票据行为有效。以上两说，究以何说为是？请公决 决议：采甲说。"

〔1〕 台湾地区"最高法院"1952 年 7 月 23 日民庭庭长会议决议："按代理人为本人发行票据，未载明为本人代理之旨，而签名于票据者，应自负票据上之责任，故为'票据法'第 6 条（旧法）所明定，惟所谓载明为本人代理之旨，票据法并未就此设有特定方式，故代理人于其代理权限内，以本人名义盖本人章发行票据，并自行签名于票据者，纵未载有代理人字样，而由票据全体记载之趣旨观之，如依社会观念，足认有为本人之代理关系存在者，仍难谓非已有为本人代理之旨之载明。"

〔2〕 梁宇贤等：《两岸票据法比较导读》，瑞兴图书股份有限公司 2004 年版，第 44 页。

〔3〕 请参阅大陆地区《票据法》第 108 条规定："汇票、本票、支票的格式应当统一。票据凭证的格式和印制管理办法，由中国人民银行规定。"

依据"票据法"对各种票据行为记载事项的具体要求为之。票据款式按记载事项的不同，可能发生以下五种不同的效力：[1]（1）应记载事项。所谓应记载事项，是指依据"票据法"规定必须在票据上记载的事项。而必须在票据上记载的事项，依据法律要求的程度不同，又可分为绝对应记载事项及相对应记载事项。所谓绝对应记载事项，是指依据"票据法"规定必须记载的事项，如未记载规定的事项，该票据无效，如大陆地区《票据法》第 22 条、台湾地区"票据法"第 24 条第 1 项第 5 款。所谓相对应记载事项，是指依据"票据法"规定必须记载的事项，但如未记载该事项并不会造成票据无效，而由法律拟制其欠缺的效果，如大陆地区《票据法》第 23 条、台湾地区"票据法"第 24 条第 2 项至第 6 项。（2）得记载事项。所谓得记载事项，是指法律不要求当事人记载，是否记载由当事人自由决定。有学者认为属于任意记载事项之有益记载事项，依其记载发生票据法上之效力。[2]如出票人在汇票上记载"不得转让"字样；又如禁止背书转让的票据，即背书人在票据上记载"不得转让"字样，其后手再背书转让者，原背书人对于后手的被背书人不承担保证责任。[3]（3）无益记载事项（又称记载不发生票据法上效力的事项）。所谓记载不发生票据法上效力的事项，是指《票据法》中并未规定是否应当记载，也未规定禁止记载，只是当事人记载后，不发生票据法上效力。有学者认为属于票据法所未规定的任意记载事项，仅不发生票据法上效力，并未影响该票据本身的效力，故称为无益记载事项。[4]台湾地区"票据法"第 12 条规定，票据上记载本法所不规定之事项者，不生票据法上之效力。大陆地区《票据法》第 24 条规定，汇票上可以记载本法规定事项以外的其他出票事项，但是该记载事项不具有汇票上的效力。如背书附有

---

〔1〕　孙应征主编：《票据法理论与实证解析》，人民法院出版社 2004 年版，第 26~28 页；王小能编：《票据法教程》，北京大学出版社 2001 年版，第 167~175 页。

〔2〕　王志诚：《票据法》，元照出版有限公司 2012 年版，第 127 页。

〔3〕　请参阅大陆地区《票据法》第 27 条第 2 款、第 34 条；台湾地区"票据法"第 30 条第 2、3 项。

〔4〕　王志诚：《票据法》，元照出版有限公司 2012 年版，第 127 页。

条件，其所附条件，按大陆地区规定为"不具有汇票上的效力"；按台湾地区规定为"视为无记载"两岸规定的效力有所不同。[1]所谓不具有票据法上效力，一般学者认为，仍可依其记载事项发生其他法律上效力，如民法上的效力。（4）记载无效事项。所谓记载无效事项，是指记载的事项为票据法律制度所禁止，但此种记载并不会使得整个票据变成无效，仅仅使该记载事项本身归于无效。例如，日内瓦《汇票及本票法统一公约》第 9 条第 2 款但书规定，"免除担保付款之记载，视为无效"。台湾地区"票据法"第 29 条第 3 项规定，"汇票上有免除担保付款之记载者，其记载无效"。大陆地区《票据法》并无类似明文规定，但应为同一解释。[2]（5）有害记载事项（记载使票据无效的事项）。所谓有害记载事项，又称不得记载事项，是指一旦记载于票据上，将导致票据无效。[3]例如，票据上记载附条件支付，不论是依据大陆地区《票据法》或台湾地区"票据法"规定，该票据为无效。

4. 票据金额

由于票据是以支付一定金额为目的的有价证券，因此，票据金额是指记载于票据上的确定金额。票据金额的确定，有助于票据的流通。如果票据上附有利息的计算，一般也认为是确定的金额。但是，如果票据上的金额同时记载中文大写与数码，而二者记载不一致时，究竟该如何认定，即产生疑义。此时，必须有确定票据金额的标准。

大陆地区《票据法》规定，票据金额以中文大写与数码同时记载，两者必须一致，如果两者不一致时，该票据无效。[4]此与各国票据立法例规定的票据效果不同。台湾地区"票据法"规定，如果票据上记载金额的文字与号码（数码）不符时，以文字为准。此外，按大

---

[1]　请参阅大陆地区《票据法》第 33 条第 1 款；台湾地区"票据法"第 36 条后段。

[2]　请参阅大陆地区《票据法》第 26 条规定。依据该条规定，出票人应担保汇票承兑及付款的责任。

[3]　王志诚：《票据法》，元照出版有限公司 2012 年版，第 132 页。

[4]　请参阅大陆地区《票据法》第 8 条。

陆地区《支付结算办法》规定，汇票金额有票面金额与实际结算金额之区别，如果"实际结算金额超过出票金额的银行汇票不得背书转让"。[1]而台湾地区汇票金额并无区分票面金额与实际结算金额，也无所谓"实际结算金额超过出票金额的银行汇票不得背书转让"的规定。因此，两岸的票据制度对于票据上的金额同时记载中文大写与数码不一致时，票据所产生的效力不同，而且大陆地区对汇票金额又区分票面金额与实际结算金额之不同，均与台湾地区的票据规定不同。

在其他的票据立法例中，如日内瓦《汇票及本票法统一公约》第6条规定，汇票金额同时以文字及数码记载，而两者有差异时，以文字记载之金额为汇票金额；如果汇票金额不止一次用文字，或不止一次用数码记载，而有差异时，以较小之金额为汇票金额。[2]英国《票据法》规定："汇票的应付金额同时以文字及数字记载，两者不相符合时，应以文字表示金额为应付金额。"[3]美国《统一商法典》第3-114条规定，打印条款优先于印刷条款，手写条款优先于打印条款和印刷条款，文字优先于数字。[4]

---

〔1〕 大陆地区《支付结算办法》第53条第1款规定："银行汇票是出票银行签发的，由其在见票时按照实际结算金额无条件支付给收款人或者持票人的票据。"同办法第63条第2款规定："银行汇票的背书转让以不超过出票金额的实际结算金额为准。未填写实际结算金额或实际结算金额超过出票金额的银行汇票不得背书转让。"

〔2〕 请参阅日内瓦《汇票及本票法统一公约》第6条。日内瓦《支票法统一公约》第9条、日本《票据法》第6条、日本《支票法》第9条等，亦有相同规定；请参阅郭锋、常风编：《中外票据法选》，北京理工大学出版社1991年版，第220页、第239页；张凝、〔日〕末永敏和：《日本票据法原理与实务》，中国法制出版社2012年版，第316页、第365页。

〔3〕 请参阅英国《票据法》第9条第2款；郭锋、常风编：《中外票据法选》，北京理工大学出版社1991年版，第100、220、239页。

〔4〕 请参阅〔美〕ALI（美国法学会）、NCCUSL（美国统一州法委员会）：《美国〈统一商法典〉及其正式评述》（第2卷），李昊等译，中国人民大学出版社2005年版，第30页。"If an instrument contains contradictory terms, typewritten terms prevail over printed terms, handwritten terms prevail over both, and words prevail over numbers." See Jane P. Mallor (et al.), *Business Law: the ethical, global, and e-commerce environment*, McGraw-Hill/Irwin, 15th edition, 2013, "Appendix B", pp. B-51.

据上所述，"票据金额"依据两岸票据法规定，为各种票据共通之绝对必要记载事项，惟如文字与数字有记载不一致时，产生的法律的效果不同。台湾地区"票据法"规定，票据上记载金额之文字与号码不符时，以文字为准；而大陆地区《票据法》规定，票据金额以中文大写和数码同时记载，二者必须一致，二者不一致的，票据无效。[1]从上述日内瓦票据法公约及各国票据立法例而言，票据上记载金额之文字与号码不符时，均不认为票据无效，而是以文字为准。因此，为使两岸票据市场一体化顺畅运作，在使用两岸票据过程中，如果有发生票据上记载金额之文字与号码不符时，仍应以文字为准；如果票据上有多次用文字或号码、或多次用文字与号码同时记载，如有不符时，本书认为，应比较票据上所记载的各种金额，而以其中最低金额为准，以避免事实的纠纷，而达适用之便利，促进两岸票据流通。此外，大陆地区对于票据上的票据金额、日期、收款人名称等三项均不得更改，如有更改其一者，其票据无效。台湾地区对于票据除票据金额不得更改外，日期及收款人均可以更改。[2]对此规范不同，亦应一并于协议建议稿中解决。

（二）个别性

三种票据在要式性方面，虽具有共通性，但义因法律针对各种票据本身的特点予以特别规范，以适应不同的票据流通性需求，从而造成各种票据有其个别性存在。两岸票据法对于各种票据要式性中的应记载事项要求不同，而有所差异。

1. 就汇票要式性而言

汇票的要式性包括汇票格式及票据法上规定汇票上应记载事项。就票据格式性而言，大陆地区对于票据的格式要求使用统一格式，而票据凭证的格式和印制管理办法，由中国人民银行规定。换言之，汇票必须使用中国人民银行统一印制的汇票格式，不允许票据行为人自

---

〔1〕 请参阅台湾地区"票据法"第7条；大陆地区《票据法》第8条。

〔2〕 请参阅大陆地区《票据法》第9条第2款；台湾地区"票据法"第11条第3项。

由使用汇票格式，如果未使用中国人民银行统一规定印制的票据，该
票据为无效。[1]台湾地区对于汇票要式性，并未规定使用统一格式，
即便使用任何一张纸，只要符合"票据法"第24条规定汇票应记载事
项，票据行为人所签发的汇票就是属于有效的汇票。

　　就汇票应记载事项方面而言，大陆地区规定，汇票绝对必要记载
事项包括七项，即（1）表明"汇票"的字样；（2）无条件支付的委
托；（3）确定的金额；（4）付款人名称；（5）收款人名称；（6）出票
日期；（7）出票人签章。如果缺少任何一项，该汇票无效。[2]然而，
台湾地区对于汇票规定应记载事项有十项，即（1）表明其为汇票之
文字；（2）一定之金额；（3）付款人之姓名或商号；（4）收款人之姓
名或商号；（5）无条件支付之委托；（6）出票地；（7）出票年月日；
（8）付款地；（9）到期日；（10）出票人签名。惟其中付款人、收款
人、出票地、付款地、到期日等五项属于相对必要记载事项，而非绝
对必要记载事项，即便缺少记载亦不致于造成汇票无效。如果未记载
付款人，即以出票人为付款人；如未记载收款人，则以持票人作为收
款人；如未记载到期日，视为见票即付。[3]因此，相对而言，台湾地
区对于汇票要求的绝对必要记载事项相较于大陆地区规定少。关于两
岸汇票应记载事项的比较，如下表9所示。

　　"两岸票据制度一体化协议（建议稿）"中对于汇票要式性的具
体规范，主要是参考台湾地区"票据法"的规范为主，较符合社会实
际需求，且不致于影响票据当事人的票据权益。

---

〔1〕　请参阅大陆地区《票据法》第108条，《支付结算办法》第9条。
〔2〕　请参阅大陆地区《票据法》第22条，《支付结算办法》第56条。
〔3〕　请参阅台湾地区"票据法"第24条。

表 9　两岸汇票应记载事项的比较

内容	大陆地区规范汇票应记载事项		台湾地区规范汇票应记载事项（协议建议稿采纳）	
	绝对必要记载事项	相对必要记载事项	绝对必要记载事项	相对必要记载事项
表明"汇票"的字样	V		V	
无条件支付的委托	V		V	
确定的金额	V		V	
付款人名称	V			V
收款人名称	V			V
出票日期	V		V	
出票人签章	V		V	
到期日		V		V
付款地		V		V
出票地		V		V

资料来源：本书整理制表

2. 就本票要式性而言

本票的要式性包括本票格式及票据法上规定本票上应记载事项。大陆地区对于票据的格式要求使用统一格式，票据凭证的格式和印制管理办法，由中国人民银行规定。换言之，本票必须使用中国人民银行统一印制的本票格式，不允许票据行为人自由使用本票格式，如果未使用中国人民银行统一规定印制的票据，该票据为无效。[1]台湾地区对于本票要式性，并未规定使用统一格式，即便至文具店中购买一张玩具本票或者以任何一张纸，填具本票文句，只要符合台湾地区"票据法"第 120 条规定本票应记载事项，票据行为人所签发之本票即为有效本票。不仅如此，如果持票人向本票出票人行使追索权时，可

---

〔1〕　请参阅大陆地区《票据法》第 108 条，《支付结算办法》第 9 条。

以不通过冗长的诉讼程序，而采用简便、快速的非讼程序直接向法院"声请"本票裁定，于法院裁定确定后，可以作为强制执行名义，并依据台湾地区"强制执行法"规定，向法院"声请"强制执行债务人之财产。[1] 对此，有学者提出几点检讨，认为：第一，各国票据法的立法例，并无本票不获付款可以径由裁定程序而取得执行名义。第二，本票为票据中之一种，其性质与汇票不获承兑或支票不获付款并无不同，但汇票及支票不无此规定。第三，当初台湾地区增订此条款，是为强调本票的功能，减少空头支票，是在特殊社会背景下的产物，认为应该废除。[2] 但本书认为，由于本票形式要件规范使得票据债务的案情明确，且对象仅限于本票出票人，基于减少诉讼资源的浪费，对于此类非讼事件，应可允许在不通过冗长的诉讼程序，而获得执行名义，以确保票据债权人的利益，因此，本书拟于"两岸票据制度一体化协议（建议稿）"中，参酌台湾地区对于本票裁定规定，制定本票不获付款，持票人向本票出票人行使追索权时，可以向法院申请裁定而取得执行名义的规范。但是，本书也考量了此种情形，基于票据的专业性及保护弱势的自然人，持票人于本票不获付款而向法院申请本票裁定者，仅限于出票人为自然人以外的情形。换言之，如果本票的出票人为自然人时，持票人仍须回归一般诉讼程序进行票款的追索，不得直接向法院申请本票裁定而取得执行名义。

就本票应记载事项方面而言，大陆地区规定本票绝对必要记载事项包括六项，即（1）表明"本票"的字样；（2）无条件支付的承诺；（3）确定的金额；（4）收款人名称；（5）出票日期；（6）出票人签

---

〔1〕 请参阅台湾地区"票据法"第123条，"非讼事件法"第149条，"强制执行法"第4条第1项第6款。大陆地区并未如台湾地区法条中区分"申请"与"声请"，两个不同概念，均使用"申请"。台湾地区法条中申请与声请是两个不同的概念：举凡向行政机关提出申请的人，称为"申请人"，使用"申请"字句；举凡向法院提出声请的人，称为"声请人"，使用"声请"字句。本书除引用台湾地区法条使用原用语外，在论述中使用"申请"；于必要时，可能同时使用"申请（声请）"一并列明，主要目的在于避免混淆或者被认为用语有误。

〔2〕 曾世雄等：《票据法论》，自版2005年版，第276页。

章。如本票上缺少任何一项，该本票为无效。[1]然而，台湾地区对于
本票规定应记载事项有九项，即（1）表明其为本票之文字；（2）一定
之金额；（3）收款人之姓名或商号；（4）无条件担任支付；（5）出票
地；（6）出票年月日；（7）付款地；（8）到期日；（9）出票人签名。
惟其中收款人、出票地、付款地、到期日等四项属于相对必要记载事
项，而非绝对必要记载事项，即便缺少记载亦不致于造成本票无效。
如果未记载收款人，则以持票人作为收款人。[2]因此，台湾地区"票
据法"第120条对本票要求的绝对必要记载事项相较于大陆地区规定
少。关于两岸本票应记载事项的比较，如下表10所示。

　　"两岸票据制度一体化协议（建议稿）"中对于本票的要式性规
范，仍以台湾地区"票据法"规定作为参酌的版本，主要考虑其较符
合社会实际需求，且不至于影响票据当事人的票据权益。

表10　两岸本票应记载事项的比较

内容	大陆地区规范本票应记载事项		台湾地区规范本票应记载事项（协议建议稿采纳）	
	绝对必要记载事项	相对必要记载事项	绝对必要记载事项	相对必要记载事项
表明"本票"的字样	V		V	
无条件支付的承诺	V		V	
确定的金额	V		V	
收款人名称	V			V
出票日期	V		V	
出票人签章	V		V	
付款地		V		V
出票地		V		V
到期日	无	无		V

资料来源：本书整理制表

---

[1]　请参阅大陆地区《票据法》第75条，《支付结算办法》第101条。

[2]　请参阅台湾地区"票据法"第120条。

3. 就支票要式性而言

支票的要式性包括支票格式及票据法上规定支票上应记载事项。大陆地区规定，对于票据的格式要求使用统一格式，票据凭证的格式和印制管理办法，由中国人民银行规定。换言之，支票必须使用中国人民银行统一印制的支票格式，不允许票据行为人自由使用支票格式，如果未使用中国人民银行统一规定印制的票据，该票据为无效。[1]台湾地区支票要式性，与汇票、本票不同，虽未要求使用统一格式，惟支票的付款人限于经核准办理支票存款业务之银行、信用合作社、农会及渔会等金融机构，故各金融机构对于自身使用的支票均印有一定格式。因此，票据行为人使用支票时，必须使用该往来金融机构印制的支票格式，且须符合台湾地区"票据法"规定支票应记载事项，票据行为人所签发之支票方为有效之支票，而且银行才会接受。[2]

就支票应记载事项而言，大陆地区规定支票绝对必要记载事项包括六项，即（1）表明"支票"的字样；（2）无条件支付的承诺；（3）确定的金额；（4）付款人名称；（5）出票日期；（6）出票人签章。如支票上缺少任何一项，支票为无效。[3]台湾地区对于支票规定应记载事项有九项，即（1）表明其为支票之文字；（2）一定之金额；（3）付款人之商号；（4）收款人之姓名或商号；（5）无条件支付之委托；（6）出票地；（7）出票年月日；（8）付款地；（9）出票人签名。[4]审视两岸支票应记载事项的规定，台湾地区的支票规定似较大陆地区支票规定的要件多"收款人""出票地"及"付款地"等三项，但其中收款人与出票地等二项要件，台湾地区支票列为相对必要记载事项，而非绝对必要记载事项，即便缺少记载亦不造成支票无效。如果未记载收款人，则以持票人作为收款人；如果未记载出票地，

---

〔1〕　请参阅大陆地区《票据法》第 108 条，《票据管理实施办法》第 5 条,《支付结算办法》第 9 条。

〔2〕　请参阅台湾地区"票据法"第 4 条、第 125 条、第 127 条。

〔3〕　请参阅大陆地区《票据法》第 84 条、第 85 条、第 86 条，《支付结算办法》第 118 条。

〔4〕　请参阅台湾地区"票据法"第 125 条、第 127 条、第 4 条第 2 项。

则以出票人之营业所、住所或居所为出票地。[1]至于付款地，台湾地区支票将其列为绝对必要记载事项，主要原因在于此涉及台湾地区对于支票提示付款期间的规定，亦即支票提示付款期限是按出票地与付款地的不同而有不同的期限，故列为绝对必要记载事项。大陆地区对于支票收款人的规范，不同于汇票与本票规定，而没有明确将收款人列为绝对必要记载事项之一，认为支票上未记载收款人名称者，可以经出票人授权补记，经过补记后，与有效票据相同；[2]但是支票未补记收款人前，依据大陆地区《支付结算办法》第 119 条规定，支票不得背书转让与提示付款。至于支票未补记收款人前，收款人空白支票的效力如何，大陆地区《票据法》并无明确规定其效力，故而收款人空白支票是否有效则存有疑义。[3]如果认为支票上未记载收款人，该支票无效，则收款人一项应认为属于绝对必要记载事项之一；反之，如果认为支票上未记载收款人，该支票有效，则收款人一项仅属于相对必要记载事项之一。大陆地区学者认为，收款人并非大陆地区《票据法》第 84 条第 1 款规定的绝对必要记载事项，如果支票上未记载收款人，应当是无记名支票，属于有效的支票。[4]本书赞同该学者的观点，而且按大陆地区《票据法》第 86 条第 1 款规定："……经出票人授权，可以补记。"据此规定，并非要求"必须"补记收款人才可行使票据权利，换言之，持票人可以补记收款人，也可以不补记收款人。但是，问题在于，即便认为属于有效的支票，而依《支付结算办法》第 119 条的规定却"不得背书转让与提示付款"，至于可否通过单纯交付转让票据，诚然亦有疑问存在。因此，大陆地区《票据法》第 86 条与《支付结算办法》第 119 条规定，两者显然存在矛盾，亟待解决，才能促进票据流通。再者，查日内瓦《支票法统一公约》规定，也不认为收款人属于绝对必要记载事项，如果支票未记载收款人，视为来

---

[1]　请参阅台湾地区"票据法"第 125 条第 2 项、第 3 项。

[2]　请参阅大陆地区《票据法》第 86 条第 1 款。

[3]　请参阅大陆地区《票据法》第 84 条、第 86 条第 1 款，《支付结算办法》第 118 条、第 119 条。

[4]　请参阅王小能编：《票据法教程》，北京大学出版社 2001 年版，第 353 页。

人支票。[1]因此，本书认为无必要将"收款人"列为绝对必要记载事项，可以促进票据流通。至于出票地与付款地，大陆地区支票将出票地与付款地等二项列为相对必要记载事项，如果支票上未记载出票地，以出票人的营业场所、住所或者经常居住地为出票地；如果支票上未记载付款地，以付款人的营业场所为付款地。[2]此外，大陆地区对于支票金额的规范，也不同于汇票与本票规定将金额列为绝对必要记载事项之一，认为出票人在签发支票时，没有记载金额，可以由出票人授权补记，未补记前的支票，不得使用。[3]经过补记后，与有效票据相同；但是支票未补记金额前，金额空白支票的效力如何，大陆地区《票据法》并无明确规定其效力，而仅于第 85 条规定"不得使用"。因此，法条中所谓"不得使用"究竟何意，耐人寻味。故而，金额空白支票是否有效即存有疑义。不过，从大陆地区《支付结算办法》第 119 条规范意旨观之，《票据法》第 85 条所谓"不得使用"，应该是指金额空白支票仅不得背书转让与提示付款，如此，则似乎认为金额空白支票不属于无效票据。[4]但有学者持不同观点，认为金额空白支票缺少大陆地区《票据法》第 84 条规定的绝对必要记载事项之一，应属于无效的支票。[5]再者，两岸均将支票的付款人列为绝对必要记载事项之一，但所指的付款人范围略有不同：大陆地区支票的付款人限于经大陆地区中国人民银行批准办理支票存款业务的银行、城市信用合作社及农村信用合作社等；[6]台湾地区支票的付款人限于经台湾地区财政部核准办理支票存款业务之银行、信用合作社、农会及

---

　〔1〕　请参阅日内瓦《支票法统一公约》第 5 条。

　〔2〕　请参阅大陆地区《票据法》第 86 条第 3 款、第 2 款。

　〔3〕　请参阅大陆地区《票据法》第 85 条。

　〔4〕　请参阅大陆地区《票据法》第 84 条、第 85 条，《支付结算办法》第 118 条、第 119 条。

　〔5〕　请参阅王小能编：《票据法教程》，北京大学出版社 2001 年版，第 352～353 页。

　〔6〕　请参阅大陆地区《票据法》第 81 条，《票据管理实施办法》第 11 条、第 18 条，《支付结算办法》第 114 条、第 117 条。

渔会。[1]因此，两岸支票规范的真正差异在于：第一，支票上是否记载"收款人"效力不同。大陆地区于支票必须记载收款人，否则不得背书转让与提示付款；台湾地区支票上的收款人并非绝对必要记载事项，如果未记载收款人，则以持票人作为收款人。第二，支票上的"付款地"是否为绝对必要记载事项不同。即大陆地区支票将"付款地"列为相对必要记载事项，如未记载付款地，以付款人的营业场所为付款地，因其并不按出票地与付款地的不同而规定不同的支票提示付款期限，故而不将"付款地"一项列为绝对必要记载事项；但是台湾地区支票将付款地列为绝对必要记载事项，理由如上述。第三，支票上金额可否授权不同。大陆地区支票上的"金额"明确规定可以由出票人授权补记；但台湾地区支票上的金额是属于绝对必要记载事项，并无明确规定可以由出票人授权补记，因此，能否按大陆地区《票据法》规定为相同解释，存有疑义。第四，支票的付款人范围不同。如前所述，两岸对于支票所着重的规范不同。[2]关于两岸《票据法》对支票所规定的应记载事项比较，如下表 11 所示。

表 11 两岸支票应记载事项的比较

内容	大陆地区规范支票应记载事项		台湾地区规范支票应记载事项（协议建议稿以此版为基础）	
	绝对必要记载事项	相对必要记载事项	绝对必要记载事项	相对必要记载事项
表明"支票"的字样	V		V	
无条件支付的委托	V		V	
确定的金额	V		V	

---

[1] 请参阅台湾地区"票据法"第 4 条第 2 项。

[2] 请参阅大陆地区《票据法》第 84 条、第 85 条、第 86 条第 1 款，《支付结算办法》第 118 条、第 119 条；台湾地区"票据法"第 4 条、第 125 条、第 127 条。

续表

内容	大陆地区规范支票应记载事项		台湾地区规范支票应记载事项（协议建议稿以此版为基础）	
	绝对必要记载事项	相对必要记载事项	绝对必要记载事项	相对必要记载事项
收款人名称	V			V
出票日期	V		V	
出票人签章	V		V	
出票地		V		V
付款人之商号	V		V	
付款地		V	V	
到期日	无	无	无	V（协议建议稿采纳）

资料来源：本书整理制表

　　"两岸票据制度一体化协议（建议稿）"中对于支票的要式性规范，仍以台湾地区"票据法"规定作为参酌的版本，并增加"到期日"一项，主要强调支票不仅具有支付功能，也赋予信用、融资功能，以更符合社会实际需求。

二、票据文义性

　　所谓票据文义性，是指签章于票据上者，依票据上记载文义负责，也就是票据行为发生票据法上效果，依票据上所记载的文义为准。换言之，如果票据上记载与票据行为人所为的意思表示不一致时，不许当事人以票据以外的证明方法予以变更或补充。申言之，票据债权人不得以票据上未记载的事项向票据债务人主张权利；而票据债务人亦不得以票据上未记载之事项对抗票据债权人。[1]台湾地区"票据法"第5条第1项规定，在票据上签名者，依票上所载文义承担责任。该条规定与台湾地区"民法"第98条规定："解释意思表示，应探求当事人之真意，不得拘泥于所用之辞句。"两者规范之意旨大异其趣，主要缘由不外乎因票据法立法目的在于促进票据之流通与维护交易安全，为保护善意持票人，采外观认定主义，故特设此规定。大陆地区亦有类似规定。[2]据此，票据法理论上延伸出三种票据解释原则，即票据外观解释原则、票据客观解释原则及票据有效解释原则作为票据纠纷使用的解释原则。[3]

观乎票据文义性，两岸票据法规范用语虽不同，但实质含意相同。故而，在设计两岸票据制度一体化时，为促进两岸票据流通性，不论是金融机构或法院在处理两岸票据问题时，仍应秉持票据外观解释原则、票据客观解释原则及票据有效解释原则，以最大程度保护票据权利人，减少阻碍票据流通的因素，建立良好的两岸票据信用制度，使得两岸票据市场一体化可持续发展。

三、票据独立性

所谓票据独立性，是指在已具备基本形式要件之票据，于其票据

---

〔1〕 郑洋一：《票据法之理论与实务》，自版2001年版，第50~51页；梁宇贤：《票据法新论》，自版1997年版，第40页；孙应征主编：《票据法理论与实证解析》，人民法院出版社2004年版，第13~17页。

〔2〕 大陆地区《票据法》第4条第1、3款规定："票据出票人制作票据，应当按照法定条件在票据上签章，并按照所记载的事项承担票据责任。""其他票据债务人在票据上签章的，按照票据所记载的事项承担票据责任"。另请参阅大陆地区《民法总则》第143条第2项（原《民法通则》第55条第2项）"意思表示真实"。

〔3〕 票据外观解释原则，是指票据的权利义务，仅以票载文义为准，换言之，只要形式上具备法定方式，纵然实质上不符，也不影响票载文义的效力。票据客观解释原则，是指票据上所载意义及内容的解释，应专以票据上所载文义为判断，换言之，即不得以票据上记载以外的事实，来推定当事人的意思，而将票据上记载的内容予以变更或补充。票据有效解释原则，是基于票据流通性及交易安全的维护，认为在解释票据行为时，应尽量使其有效。请参阅王志诚：《票据法》，元照出版有限公司2012年版，第117~122页；梁宇贤：《票据法新论》，自版1997年版，第40页。

上所为的各个票据行为，各依其在票据上所载的文义分别独立发生效力，不因其他票据行为的无效或被撤销，或有其他瑕疵而受影响。此学理上也称为"票据行为独立性原则"。[1]两岸票据法对于票据独立性的规定，主要有下列四点：[2]第一，票据上如有无行为能力人或限制行为能力人之签名，该签名无效并不影响其他签名之效力。如大陆地区《票据法》第6条，台湾地区"票据法"第8条。[3]不过，两岸对于无行能力人与限制行为能力人的年龄规范不同，如大陆地区规定，18周岁以上的自然人为成年人，具有完全民事行为能力人，可以独立实施民事法律行为。16周岁以上的未成年人，以自己的劳动收入为主要生活来源者，视为完全民事行为能力人。8周岁以上的未成年人（原《民法通则》规定10周岁以上的未成年人）为限制民事行为能力人；不满8周岁的未成年人（原《民法通则》规定不满10周岁的未成年人）为无民事行为能力人。[4]台湾地区规定，满20岁为成年。满7岁以上之未成年人，有限制行为能力；未满7岁之未成年人，无行为能力。未成年已结婚者，有行为能力。[5]鉴于票据具有专业性，如果未具有相当的识别能力，令其承担不利的票据责任，恐有不妥之处，

---

〔1〕 梁宇贤：《票据法新论》，自版1997年版，第40~41页；孙应征主编：《票据法理论与实证解析》，人民法院出版社2004年版，第18~19页；汪世虎：《票据法律制度比较研究》，法律出版社2003年版，第73~74页。

〔2〕 台湾地区"票据法"第8条、第10条、第15条、第61条第2项；大陆地区《票据法》第6条、第5条第2款、第14条第2款、第49条、《最高人民法院关于审理票据纠纷案件若干问题的规定》第46条、第66条。孙应征主编：《票据法理论与实证解析》，人民法院出版社2004年版，第18~23页；汪世虎：《票据法律制度比较研究》，法律出版社2003年版，第87~88页；邢海宝编：《票据法》，中国人民大学出版社2004年版，第32~34页；刘家琛主编：《票据法原理与法律适用》，人民法院出版社1996年版，第54~55页。

〔3〕 大陆地区《票据法》第6条规定："无民事行为能力人或者限制民事行为能力人在票据上签章的，其签章无效，但是不影响其他签章的效力。"台湾地区"票据法"第8条规定："票据上虽有无行为能力人或限制行为能力人之签名，不影响其他签名之效力。"

〔4〕 请参阅大陆地区《民法总则》第17条至第20条（原《民法通则》第11条、第12条）。

〔5〕 请参阅台湾地区"民法"第12条、第13条。

且两岸对于无民事行为能力人及限制行为能力人在年龄的划分上有所不同，因此，基于保护无民事行为能力人及限制行为能力人的原则，在设计两岸票据制度一体化的规范内容时，将以台湾地区年满20岁作为认定成年人的基准，并以此作为判断其是否具有票据行为能力的标准。但如以欺诈或其他不合法手段使人误认为其具有票据行为能力者，则认为无特别保护之必要，将其视为有票据行为能力，其在票据上签章者，应负票据责任。与此相反者，如果该无民事行为能力人及限制行为能力人是受他人欺诈、胁迫或其他不合法手段在票据上签章者，纵然有使人误认为其具有票据行为能力者，亦不负票据责任。第二，无代理权而以代理人名义在票据上签章的，应当由签章人承担票据责任；代理人超越代理权限时，应当就其超越权限的部分承担票据责任。大陆地区《票据法》第5条、台湾地区"票据法"第9条及第10条均有明文规定。[1]但是，此处有问题者在于：当代理人超越代理权限时，被代理人与代理人对于票据权利人如何承担责任，两岸票据法规定并不明确。因此，本书拟于协议建议稿中明文规定："由代理人与被代理人负连带票据责任。"第三，票据上有伪造、变造的签章者，不影响票据上其他真实签章的效力。大陆地区《票据法》第14条第2款有明文规定；台湾地区"票据法"第15条仅明文规定，票据之伪造或票据上签名之伪造，不影响真正签名之效力。但并无明文规定票据上有变造的签章是否影响票据上其他当事人真实签章的效力，而是以另一种规定方式处理，规定于台湾地区"票据法"第16条。本书认为，在解释上也应该与大陆地区规定为同一解释。因此，两岸票据法虽规定票据伪造、变造情形，但具体规范内容不同，本书将于其后进一步分

---

〔1〕 大陆地区《票据法》第5条规定，"票据当事人可以委托其代理人在票据上签章，并应当在票据上表明其代理关系（第1款）。没有代理权而以代理人名义在票据上签章的，应当由签章人承担票据责任；代理人超越代理权限的，应当就其超越权限的部分承担票据责任（第2款）。"而台湾地区"票据法"第9条规定，"代理人未载明为本人代理之旨而签名于票据者，应自负票据上之责任。"同法第10条规定，"无代理权而以代理人名义签名于票据者，应自负票据上之责任（第1项）。代理人逾越权限时，就其权限外之部分，亦应自负票据上之责任（第2项）。"日内瓦《汇票及本票法统一公约》第8条、日内瓦《支票法统一公约》第11条亦有类似规定。

析说明。[1]日内瓦《汇票及本票法统一公约》第7条及日内瓦《支票法统一公约》第10条，亦有票据伪造、变造类似规定。第四，被保证人之债务为无效，保证人仍负担其义务。但被保证人之债务，因方式之欠缺，而为无效者，不在此限。大陆地区《票据法》第49条规定，"保证人对合法取得汇票的持票人所享有的汇票权利，承担保证责任。但是，被保证人的债务因汇票记载事项欠缺而无效的除外。"而台湾地区"票据法"第61条第2项规定："被保证人之债务，纵为无效，保证人仍负担其义务。但被保证人之债务，因方式之欠缺，而为无效者，不在此限。"日内瓦《汇票及本票法统一公约》第32条第2款、日内瓦《支票法统一公约》第27条第2款亦有类似规定。

两岸票据法对于票据独立性规定方面，基本原则是相同的，都是采取通行的票据独立性理论作为依据，但具体规定内容仍有差别性存在；而且，有些内容是两岸票据法所未规定，如票据代行、隐名代理、表见代理等问题，与民法规定有所不同，恐无法直接适用。为此，本书拟于协议建议稿中一并规范，同时也将两岸用语一体化，避免造成解释上的疑义。

四、票据无因性

所谓票据无因性，是指票据行为成立之后，即与基础的原因关系

---

[1]　大陆地区《票据法》第14条："票据上的记载事项应当真实，不得伪造、变造。伪造、变造票据上的签章和其他记载事项的，应当承担法律责任（第1款）。票据上有伪造、变造的签章的，不影响票据上其他真实签章的效力（第2款）。票据上其他记载事项被变造的，在变造之前签章的人，对原记载事项负责；在变造之后签章的人，对变造之后的记载事项负责；不能辨别是在票据被变造之前或者之后签章的，视同在变造之前签章（第3款）。"《支付结算办法》第14条："……本条所称的伪造是指无权限人假冒他人或虚构人名义签章的行为。签章的变造属于伪造（第3款）。本条所称的变造是指无权更改票据内容的人，对票据上签章以外的记载事项加以改变的行为（第4款）。"台湾地区"票据法"第15条规定："票据之伪造或票据上签名之伪造，不影响于真正签名之效力。"同法第16条规定："票据经变造时，签名在变造前者，依原有文义负责；签名在变造后者，依变造文义负责；不能辨别前后时，推定签名在变造前（第1项）。前项票据变造，其参与或同意变造者，不论签名在变造前后，均依变造文义负责（第2项）。"

相分离，原因关系不存在或无效，均不影响票据行为之效力。换言之，凡行为人符合票据法规定的要件，并将票据交付持票人，票据行为即完成，至于其基础关系（原因关系）是否存在，效力如何，在所不问。而持有票据的人，也无须证明其取得的原因是合法的，在票据上签章的人对善意持票人都应该依票据文义性承担票据责任。[1]票据无因性，"并不是说票据行为的发生本身不存在任何原因关系，而是指法律将票据行为的效力与票据行为的原因关系予以分离，使票据行为的效力不受原因关系的影响。……票据行为的无因性实为票据行为的文义性使然。"[2]如台湾地区"票据法"第13条规定，票据债务人不得以自己与出票人或持票人之前手间所存抗辩之事由对抗持票人。但持票人取得票据是出于恶意者，不在此限。大陆地区《票据法》第13条第1款规定，票据债务人不得以自己与出票人或者与持票人的前手之间的抗辩事由，对抗持票人。但是，持票人明知存在抗辩事由而取得票据的除外。同法条第2款规定，"票据债务人可以对不履行约定义务的与自己有直接债权债务关系的持票人，进行抗辩"。就此规定而言，大陆地区与台湾地区对于票据抗辩之限制与恶意抗辩之允许，用词虽略有差异，但其所表达之意思则相同。至于大陆地区《票据法》第13条第2款规定在适用范围方面较台湾地区规定受限，即票据债务人对基础关系的直接相对人的抗辩，仅限于该票据直接产生的基础关系中约定的义务未履行。如与该票据无关的其他民事义务未履行，则不能成为抗辩的事由。[3]

此外，大陆地区《票据法》第10条尚规定，"票据的签发、取得和转让，应当遵循诚实信用的原则，具有真实的交易关系和债权债务关系。票据的取得，必须给付对价，即应当给付票据双方当事人认可的相对应的代价"。大陆地区学者对于该条规定是否合理存在意

---

〔1〕 汪世虎：《票据法律制度比较研究》，法律出版社2003年版，第73~74页。
〔2〕 汪世虎：《票据法律制度比较研究》，法律出版社2003年版，第75页。
〔3〕 梁宇贤等：《两岸票据法比较导读》，瑞兴图书股份有限公司2004年版，第68~71页。

见分歧。[1]有学者认为该条规定是对票据行为无因性的否定,[2]不利于票据流通,且违反现行的票据法通行的理论,因此,认为该条应该删除;有学者认为该条规定是为保护债权人之利益,避免权利滥用,维护交易安全所作的规定,因此,认为该条不应该删除。至于票据对价问题,大陆地区学者认为"票据对价"只是持票人取得票据权利的条件之一,如果持票人没有支付对价,除非是依法可以无偿取得,否则就不能取得票据权利,且即便在依法可以无偿取得票据权利的情形,其享有之票据权利不得优于前手。[3]按该学者的观点,则将与台湾地区"票据法"第14条第2项的规范类似,只不过台湾地区"票据法"规定多了"以不相当之对价"取得票据,不得享有优于前手之权利。此为大陆地区票据法所未规范。本书认为,票据对价问题为基础的原因关系问题,应该属于人的抗辩问题,即只能在当事人之间主张抗辩,对于当事人以外则应该不得主张对价的抗辩,以保护善意持票人及促进票据流通与维护交易安全。

　　至于"具有真实的交易关系和债权债务关系"的原因关系问题,大陆地区学者认为大陆地区《票据法》第10条并未从正面规定,如果没有真实的交易关系与债权债务关系,票据的签发、取得与转让无效。因此,不能认为该条规定否定票据行为的无因性。[4]但是,实际上由于大陆地区《票据法》将"具有真实的交易关系和债权债务关系"的原因关系明文规定,往往易使一般人认为票据是采取票据行为有因性的理论,造成司法实务的困扰,因此,学者多建议删除。故而,本书在协议建议稿中不采纳大陆地区的规定。

---

　　〔1〕　汪世虎:《票据法律制度比较研究》,法律出版社2003年版,第80~81页;董翠香:"票据法修正之基本思路",载王保树编《中国商法年刊:金融法制的现代化2008》,北京大学出版社2009年版,第33页。

　　〔2〕　王小能编:《票据法教程》,北京大学出版社2001年版,第82页;董惠江主编:《票据法教程》,对外经济贸易大学出版社2009年版,第36页。

　　〔3〕　汪世虎:《票据法律制度比较研究》,法律出版社2003年版,第80~82页。

　　〔4〕　汪世虎:《票据法律制度比较研究》,法律出版社2003年版,第83页。

五、协议建议稿

通过对两岸票据法关于票据特性规定的比较分析，不难发现两岸票据法规定条款外形上相似，但实际规范内容则不相同。主要缘由在于两岸的历史发展、社会背景、价值取向以及经济发展阶段的不同，而导致票据法律制度差异性，其中不乏造成票据有效与无效之间的严重落差，影响票据当事人权益甚巨。例如票据上金额同时记载中文大写与号码，而两者不符时，如依据大陆地区《票据法》规定，则该票据为无效；如依据台湾地区"票据法"规定，则该票据仍为有效，只不过以中文大写所表示的金额为准。据此，可以得知，两岸票据法律制度具有很大差异性，如何解决因票据纠纷而引发票据法律适用的冲突问题，是为重要课题。例如涉外票据，依据大陆地区《票据法》第97条规定，"汇票、本票出票时的记载事项，适用出票地法律。支票出票时的记载事项，原则上适用出票地法律；如经双方当事人协议，也可以选择适用付款地法律"。依据台湾地区"涉外民事法律适用法"第21条规定，"法律行为发生票据上权利者，其成立及效力，依当事人意思定其应适用之法律（第1项）。当事人无明示之意思或其明示之意思依所定应适用之法律无效时，依行为地法；行为地不明者，依付款地法（第2项）。行使或保全票据上权利之法律行为，其方式依行为地法（第3项）。"据此可知，两岸就涉外票据所适用的准据法可能因票据当事人的主观意图选择而产生适用不同的法域，易造成选法规避情形，并给予不良企图者可乘之机，产生不公平现象，进而损及票据当事人的票据权益。

据上述比较分析后，为实现平等、公平、互惠互利的两岸票据一体化市场，使两岸票据运作顺畅，必须建构一体化制度作为两岸票据一体化市场的共同遵循与适用的依据，才能促进两岸票据流通，使两岸票据一体化市场永续发展，推动两岸金融市场的发展。因此，本书拟于"两岸票据制度一体化协议（建议稿）"中对于相关问题，予以具体规范如下：

（一）票据要式性的一体化规范

两岸票据主管机关可以通过协商，将两岸票据的要式性适度放宽，以利于票据的使用与流通，并按票据外观解释原则、票据客观解释原则及票据有效解释原则作为两岸票据使用与纠纷解决的解释原则，尽可能地对两岸票据为有效解释，以促进两岸票据流通，建立有效率的两岸票据一体化市场，提升两岸票据的使用效益，避免影响票据当事人的权益，阻碍两岸票据的流通与交易安全。故而，本书认为，为确保票据当事人的合法权益及对于票据制度的可预测性及期待可能性，应建立两岸票据统一的要式性，使两岸票据的要式性标准化，简化交易过程，进而达到两岸票据业务的透明度、时效性，提升两岸票据交易的效率，以期公平合理确保票据当事人权益，并促进两岸票据流通及维护交易安全，提升两岸整体经济，共同创造经济繁荣发展。基于此，对于两岸票据要式性的差异，本书拟于协议建议稿中规范如下：

1. 票据格式。由于初期为便于识别两岸票据及制度的适用，关于两岸票据的格式、联次、颜色、规格及防伪技术要求与印制，由双方协商确定。具体规定如下：

【两岸票据的格式】

①两岸票据的格式、联次、颜色、规格及防伪技术要求和印制，由双方协商确定。但双方也可以协商停止使用两岸票据，采用各自有效的票据。

②两岸票据的正面须统一印制适用"两岸票据制度一体化协议"等字样，以明确适用规范的准据。

2. 两岸票据在签章制度差异的融合方面，规范如下：

【票据签章的方式】

①票据上的签章，是指签名、盖章或者签名加盖章。

②签章的方式，包括亲笔签章、电子签章、数字签章或其他方法所作成的同等证明效力的签样等。

③ 签章所使用名称，以合法证件的名称为据。

④法人和其他使用票据的单位在票据上的签章，为该法人或者该

单位的盖章加其法定代表人或者其授权的代理人之签章。

⑤ 法人或单位章，不限于公章、财务章或专用章，只要能表彰该法人或单位之印章均有效。

⑥ 所称合法证件，包括自然人身份证、护照、通行证、驾驶证等，法人或非法人团体之核准文件上名称，即足以辨认身份或名称之合法文件均可。

3. 关于票据金额规定，票据上记载金额的文字与数字不一致的认定标准。

"两岸票据制度—体化协议"建议稿中对于确定票据金额的标准，主要规范内容如下：

【票据金额的确定标准】

①票据上记载金额的文字与数字表达不符时，以文字记载的金额为票据应付的金额。

②票据上的金额，如以数字代替文字记载，经使用机械办法防止涂销者，视同文字记载。

③票据上记载金额的文字与数字均经多次记载，且各记载不一致者，以最低金额为准。

④票据上记载金额经多次文字或多次数字记载，且各记载不一致者，以最低金额为准。[1]

⑤出票地与付款地对于票据金额文字规范不一致者，如票据上记载金额的文字与数字相符时，且能够确定票据金额者，该票据即为有效，可以予以付款。

【票据金额的确定标准—视为一定金额】[2]

①票据上记载金额外，如有下列附加记载者，仍视为一定的金额：

（一）附加约定的利率。

（二）附加利息。

---

〔1〕 施文森：《票据法论——兼析联合国国际票据公约》，三民书局 2005 年版，第 356 页。

〔2〕 本条建议稿系参考《联合国国际汇票及国际本票公约》第 7 条规定修改；施文森：《票据法论——兼析联合国国际票据公约》，三民书局 2005 年版，第 366 页。

（三）持续相等间隔日期的分期付款。

（四）持续相等间隔日期的分期付款，并约定任何一分期付款到期不为付款时，未到期部分视为全部到期。

（五）依票据所记载的货币兑换率支付，或依票据指定的方式所决定的货币兑换率支付。

（六）以票据金额货币以外的货币支付。

②票据上除本条第 1 款所列外，不得另附加记载违约金；如有违约金的记载，不发生本协议的效力。

4. 关于票据的要式性方面，按汇票、本票及支票分别规定：

（1）汇票的要式性，协议建议稿规定：

【汇票的要式性】

①汇票应记载下列事项，并由出票人签章。

（一）表明"汇票"的字样；

（二）一定的金额；

（三）无条件支付的委托；

（四）付款人名称；

（五）收款人名称或其指定人；

（六）出票日期；

（七）出票地；

（八）付款地；

（九）到期日。

②未记载付款人者，以出票人为付款人。

③未记载收款人者，以持票人为收款人。

④未记载出票地者，以出票人的营业所、户籍住所或居所所在地为出票地。

⑤未记载付款地者，以付款人之营业所、户籍住所或居所所在地为付款地。

（2）本票的要式性，协议建议稿规定：

【本票的要式性】

①本票应记载下列事项，由出票人签章：

（一）表明"本票"的字样；

（二）无条件支付的承诺；

（三）一定的金额；

（四）收款人名称或其指定人；

（五）出票日期；

（六）出票地；

（七）到期日；

（八）付款地。

②未记载收款人者，以持票人为收款人。

③未记载出票地者，以出票人之登记营业场所、户籍住所或居所所在地为出票地。

④未记载付款地者，以出票人之登记营业场所、户籍住所或居所所在地为付款地。

（3）支票的要式性，大陆地区《票据法》第84条、台湾地区"票据法"第125条分别有规定，但是两岸规定不同。协议建议稿除将两岸票据法关于支票应记载事项予以融合外，另增加支票的到期日。将支票依到期日的不同分为即期支票及远期支票。此外，还明确规定：出票人可以在支票上记载自己或付款人为收款人；出票人也可以记载自己为付款人时，但此时的出票人限于核准办理支票业务的金融机构。因此，协议建议稿规范内容为：

【支票的要式性】

①支票应记载下列事项，并由出票人签章：

（一）表明"支票"的字样；

（二）无条件支付的委托；

（三）一定的金额；

（四）付款人的名称；

（五）收款人的名称或其指定人；

（六）出票日期；

（七）出票地；

（八）到期日；

（九）付款地。

②未记载收款人者，以持票人为收款人。

③未记载出票地者，以出票人之营业所、户籍住所或居所所在地为出票地。

④ 未记载到期日、出票日与到期日相同或者到期日在出票日之前者，视为见票即付。如有记载到期日在出票日之后者，为远期支票，期限最长为 1 年。

⑤出票人可以在支票上记载自己或付款人为收款人，并可以自己为付款人。

⑥出票人以自己为付款人时，限于经核准办理支票业务的金融机构。

⑦未记载付款地者，以付款人之营业所、户籍住所或居所所在地为付款地。

（二）票据文义性的一体化规范

关于票据文义性，如涉及适用解释时，原则上按票据外观解释原则、票据客观解释原则及票据有效解释原则作为两岸票据使用与纠纷解决的解释原则。其一体化规范内容方面，协议建议稿拟规定为：在票据上签章的人，依票据上所载文义负责。二人以上共同签章时，对票据权利人应承担连带责任。

（三）票据独立性的一体化规范

在票据独立性的一体化规范内容方面，协议建议稿拟规定以下几个重点：第一，票据代理方面：（1）代理人未载明为本人代理的意思而签章于票据者，由代理人自负票据上的责任。（2）无代理权而以代理人名义在票据上签章的，应当由签章人承担票据责任。（3）被代理人负担票据责任后，可以向代理人请求偿还票据金额、利息及必要费用。第二，票据保证方面：票据保证不因被保证债务无效而受影响，但被保证债务因欠缺绝对必要记载事项而无效者除外。第三，票据伪造方面：票据的伪造，不影响其他于票据上真正签章的效力。第四，行为能力欠缺人的票据签章方面：票据上虽有无民事行为能力人或者限制民事行为能力人的签章，其签章无效，但是不影响其他人在票据上签章的效力。

（四）票据无因性的一体化规范

在票据无因性的一体化规范内容方面，主要是针对大陆地区《票据法》第 10 条规定的问题："票据的签发、取得和转让，应当遵循诚实信用的原则，具有真实的交易关系和债权债务关系。票据的取得，必须给付对价，即应当给付票据双方当事人认可的相对应的代价。"该条规定即易使票据当事人误认为，票据的签发、取得和转让，如未具有真实的交易关系和债权债务关系，则该票据可能无效的认知，从而造成票据法理的混淆，不利于票据流通及交易安全。为此，在"两岸票据制度一体化协议（建议稿）"中不采此种规范，主张应回归适用票据法的基本法理。

第三节　两岸票据瑕疵协议

票据的瑕疵，也有学者称为"瑕疵票据"，"是指票据上存在着影响票据权利效力的行为，致使票据权利义务的实现受到影响"。[1]所以，本节所论述的票据的瑕疵，实际上指的是一种票据上权利的瑕疵。由于票据上的权利存在瑕疵，票据当事人在行使或保全票据权利时将遇到障碍，以致于影响票据当事人的票据权利的实现。此种票据的瑕疵，一般包括票据伪造、票据变造、票据涂销、票据更改、票据毁损等。但是，两岸票据法对于票据的瑕疵规定不同，为更好地融合两岸票据瑕疵的差异性，以利于两岸票据市场一体化，因此，本书拟通过比较和分析两岸票据法中有关票据瑕疵规定的差异性，进而实现两岸票据瑕疵制度一体化，使得两岸票据在适用上符合公平、正义，保障票据当事人的票据权益。

---

〔1〕 刘家琛主编：《票据法原理与法律适用》，人民法院出版社 1996 年版，第 130 页。

一、票据伪造

两岸票据法对于票据伪造一词，均未明文定义，而学理上对于票据伪造的定义，认为是指无权利人以行使票据为目的，而假冒他人的名义或者虚构他人的名义，在票据上签章的伪为票据行为的违法行为。[1]这里所说的"伪为票据行为"，包括出票、背书、保证、承兑、参加承兑等票据行为。假冒的方法，包括冒签他人姓名、盗盖他人印章等；至于他人，不论是否真有其人均不受限制，包括真有其人存在，也包括虚构他人。两岸票据法律制度对于票据伪造情形的规范是有所不同，主要的差异性存在于以下几点：

（一）立法体例不同

大陆地区《票据法》规定，票据上的记载事项不得伪造、变造。伪造、变造票据上的签章和其他记载事项，仍应当承担法律责任。如果票据上有伪造、变造的签章，不影响票据上其他真实签章的效力。[2]

台湾地区"票据法"第15条规定，票据的伪造或者票据上签名的伪造，都不影响于真正签名之效力。此条款仅规定票据伪造及其签名的伪造，并未规定变造情形。

据此，可以得知，大陆地区《票据法》是将票据伪造与票据变造规定在同一法条中，而台湾地区"票据法"是将票据伪造单独规定。因此，两岸对于票据伪造的规范在立法体例是有所不同。

（二）票据伪造的分类不同

大陆地区票据的伪造可以分为票据上签章的伪造、其他记载事项的伪造与票据格式的伪造。[3]伪造票据上的签章，目的在于行使票据，因此通常也包含伪造其他记载事项。而票据格式的伪造与票据伪造的不同在于：前者是票据纸张存在假的情形；而后者是指票据上签

---

〔1〕　王小能编：《票据法教程》，北京大学出版社2001年版，第89页。

〔2〕　请参阅大陆地区《票据法》第14条第1款、第2款。

〔3〕　大陆地区《票据法》第14条第1款规定："票据上的记载事项应当真实，不得伪造、变造。伪造、变造票据上的签章和其他记载事项的，应当承担法律责任。"同法第108条第1款规定："汇票、本票、支票的格式应当统一。"

章存在假的情形。两者区别的意义在于法律后果的不同。换言之，在票据伪造的情形，由于属于违法行为，行为人须负刑事责任、行政责任及民事责任；票据格式的伪造不必然承担法律责任。学者认为，如果仅仅票样虚假，但其他票据行为及记载事项都是真实的，且票据行为人最终也履行了票据责任，并未造成任何人损失，尽管有伪造票据格式，但也不应当追究其他法律责任，也包括行政责任。[1]

大陆地区有学者从学理上按被伪造的票据行为为标准，对票据伪造进行分类，分为基本票据行为的伪造及附属票据行为的伪造。所谓基本票据行为的伪造，是狭义的票据伪造，指的是出票行为的伪造，指假冒他人或虚构他人名义签发票据的行为。所谓附属票据行为的伪造，是指票据上签章的伪造，即假冒他人或虚构他人名义为出票行为以外的其他票据行为的行为，如伪造背书、承兑、保证等。广义的票据伪造包括出票行为的伪造及票据上签章的伪造。[2]

台湾地区将票据的伪造分为票据之伪造与票据上签名之伪造两种。[3]这里所谓的"票据之伪造"，是指假冒他人的名义而为出票；而所谓"票据上签名之伪造"，是指假冒他人的名义而为出票行为以外的其他票据行为，如背书、承兑、保证等。台湾地区此种分类并无必要，因为票据上签名之伪造既包括出票行为签章的伪造，也包括其他票据行为签章的伪造，都属于票据伪造。目前国际票据公约、各国及地区票据立法例，均已不采此种分类。[4]

（三）票据伪造的效力规范不同

对于票据伪造的效力规范，两岸票据法律制度有所不同，主要可从对被伪造人的效力、对伪造人的效力、对于其他真正签章人的效力及对付款人的效力等四个方面论述：

---

〔1〕 王小能编：《票据法教程》，北京大学出版社 2001 年版，第 90 页。

〔2〕 张文楚：《票据法导论》，华中科技大学出版社 2006 年版，第 159 页。

〔3〕 请参阅台湾地区"票据法"第 15 条。

〔4〕 请参阅日内瓦《汇票及本票法统一公约》第 7 条；日内瓦《支票法统一公约》第 10 条；日本《票据法》第 7 条；日本《支票法》第 10 条；澳门地区《商法典》第 1140 条、第 1221 条；英国《票据法》第 24 条。

1. 对被伪造人的效力

"票据的伪造行为，既无被伪造人的签名，也无被伪造人的亲自或授权的签名，所以与无权代理行为不一样。"[1]由于被伪造人并未于票据上签章，依"签名人承担责任的原则"，被伪造人不负任何票据责任。[2]因此，持票人不论是基于善意或者恶意而取得伪造票据，被伪造人可以对持票人行使抗辩权，主张不负票据责任，此抗辩权的法律性质属于"绝对的抗辩事由"。[3]

这里的问题在于"被伪造人是否享有追认权（承认权）的问题"，对此，两岸票据法均无明文规定，即存在适用上的疑义。学者间有不同观点：肯定说者，"对于伪造人来说，使其伪造行为落空，借伪造票据牟取非法利益的目的不能实现；而对于持票人来说，则有利于其合法权利的实现，避免因票据伪造而产生的损害结果。"[4]否认说者，认为票据伪造是一种侵权行为，是一种犯罪行为，且伪造时可能无被伪造人（纯粹虚构的人），亦无被伪造人的签章，并无可追认的对象；再者，如果票据流通后再追认，有违票据行为要式性及文义性，因此，认为不可以事后追认，且不因被伪造人承认而有效。[5]还有一种观点认为（折衷说）："不得由被伪造人，对伪造之票据加以承认，而使其发生溯及之效力。惟被伪造人得利用外观上存在之形式，作为自己之票据行为，即为新的票据行为，此时之承认，则有效，并自承认时起

〔1〕　王小能编：《票据法教程》，北京大学出版社 2001 年版，第 91 页。一般要成立有权代理必须具备两个要件：第一，实质要件，即代理权授与；第二，形式要件，包括签本人名称、载明代理的意旨、代理人签章。在狭义无权代理，欠缺代理权的授与；而在票据伪造情形，则不仅欠缺代理权的授与，而且还包括未载明代理的意旨及代理人的签章。因此，票据伪造与无权代理行为不同。

〔2〕　张文楚：《票据法导论》，华中科技大学出版社 2006 年版，第 162 页。

〔3〕　大陆地区《最高人民法院关于审理票据纠纷案件若干问题的规定》第 67 条规定，"被伪造签章者不承担票据责任。"

〔4〕　张文楚：《票据法导论》，华中科技大学出版社 2006 年版，第 163 页。

〔5〕　郑孟状等：《中国票据法专家建议稿及说明》，法律出版社 2014 年版，第 57页；于永芹：《票据法前沿问题研究》，北京大学出版社 2003 年版，第 81~82 页；王志诚：《票据法》，元照出版有限公司 2012 年版，第 226 页。

发生效力，但无溯及效力。"〔1〕目前多数学者均认为可以赋予被伪造人追认权或承认权，但对于是否赋予有溯及效力仍有不同见解。

本书认为，为促使票据流通，并保障持票人的合法权利的实现，如果被伪造人事后对伪造的票据加以承认，可避免票据伪造而产生的损害结果，且被伪造人于事后承认前势必经过利弊衡量，换言之，被伪造人事后对伪造的票据加以承认，亦未必即不利于被伪造人。因此，本书认为可以在"两岸票据制度一体化协议（建议稿）"中赋予被伪造人承认权而非追认权，换言之，自被伪造人承认时起发生效力，视为被伪造人所为的新票据行为，而无追认的溯及效力，似乎较为合理。

2. 对伪造人的效力

由于伪造人未在票据上签章，依"签名人承担责任的原则"，故伪造人不负任何票据责任。依大陆地区《票据法》第 14 条第 1 款后段规定："伪造、变造票据上的签章和其他记载事项的，应当承担法律责任。"这里所谓的应当承担法律责任，是指刑法上规定的伪造金融票证罪、金融诈骗罪等刑事责任、民法上的民事责任及行政法上的行政责任。〔2〕

台湾地区"票据法"并未如大陆地区《票据法》将票据伪造的刑事责任、民事责任及行政责任等规定于票据法中，而是分别依据台湾地区"刑法"及"民法"的规定，负刑事责任及民事责任。

本书认为有关票据伪造属于一种侵权行为及犯罪行为，不必于票据法律制度中重复规定，可直接适用犯罪行为地的刑法、民法及行政

---

〔1〕 引自梁宇贤：《票据法新论》，自版 1997 年版，第 91 页。另请参阅梁宇贤：《票据法实例解说》，自版 1995 年版，第 128 页；王小能编：《票据法教程》，北京大学出版社 2001 年版，第 91 页；郑洋一：《票据法之理论与实务》，自版 2001 年版，第 81 页。

〔2〕 依大陆地区《票据法》第 102 条规定，"有下列票据欺诈行为之一的，依法追究刑事责任：（一）伪造……票据的；（二）故意使用伪造……票据的；……"同法第 103 条规定，伪造票据行为情节轻微，不构成犯罪的，按照大陆地区有关规定给予行政处罚；构成犯罪者，依法追究刑事责任。同法第 106 条规定："依照本法规定承担赔偿责任以外的其他违反本法规定的行为，给他人造成损失的，应当依法承担民事责任。"因此，大陆地区《票据法》第 14 条第 1 款所规定的法律责任，是指刑法上规定的伪造金融票证罪、金融诈骗罪等等刑事责任、民法上的民事责任及行政法上的行政责任。

法等规定，要求伪造人负相关法律责任即可，因此，在"两岸票据制度一体化协议（建议稿）"中，无特别规定伪造人的刑事、民事及行政责任之必要。

3. 对于其他真正签章人的效力

票据的伪造，不影响票据上其他真实签章的效力，换言之，在伪造票据上其他真实签章的人，依据票据独立性及票据文义性，仍应负票据责任。两岸票据法均有明文规定。[1]

4. 对付款人的效力

大陆地区规定，付款人及其代理付款人以恶意或者有重大过失付款，应当自行承担责任。[2]台湾地区规定，付款人对于背书签章的真伪及持票人是否票据权利人，不负认定的责任。除非有恶意或重大过失。[3]

两岸票据法律制度对于付款人在付款时对票据签章的真伪及持票人是否为票据权利人的审查义务，尽管规定用语及规范内容详略不同，但其条文所规范的真意，则应属相同。亦即，如果付款人在付款时，已善尽对票据的审查注意义务，而主观上无恶意或重大过失，仍未能辨认出伪造的票据并对票据付款，对于真正票据权利人不必负再次付款责任。反之，如果付款人在付款时对签章真伪的审查，有恶意或重大过失，应自行承担付款责任，换言之，有可能必须对真正票据权利人负再次付款的责任。

二、票据变造

两岸票据法对于票据变造一词，均未明文定义，而学理上对于票据变造的定义，认为是指无变更权限人以行使票据为目的，而变更票据上签章以外的其他记载事项的违法行为。[4]据此而论，变造票据的

---

〔1〕　请参阅大陆地区《票据法》第 14 条第 2 款；台湾地区"票据法"第 15 条。

〔2〕　请参阅大陆地区《票据法》第 57 条第 2 款。

〔3〕　请参阅台湾地区"票据法"第 71 条第 2 项。

〔4〕　王志诚：《票据法》，元照出版有限公司 2012 年版，第 228 页；王小能编：《票据法教程》，北京大学出版社 2001 年版，第 94 页。

要件有三：第一，变造人是无变更权限的人；第二，以行使票据为目的；第三，所变更的事项为票据上签章以外的其他记载事项。两岸票据法对于票据变造情形的规范有所不同，主要的差异性存在于以下几点：

（一）立法体例不同

大陆地区规定，票据上的记载事项不得伪造、变造。伪造、变造票据上的签章和其他记载事项的，应当承担法律责任。但是，票据上有伪造、变造的签章，不影响票据上其他真实签章的效力。在变造之前签章的人，对原记载事项负责；在变造之后签章的人，对变造之后的记载事项负责；不能辨别是在票据被变造之前或者之后签章的，"视同"在变造之前签章。[1]

台湾地区规定，票据经变造时，签名在变造前者，依原有文义负责；签名在变造后者，依变造文义负责；不能辨别前后时，"推定"签名在变造前。参与或同意变造者，不论签名在变造前后，均依变造文义负责。[2]

据此，可以得知，大陆地区《票据法》是将票据伪造与票据变造规定在同一法条中，而台湾地区"票据法"是将票据变造单独规定。因此，两岸对于票据变造的规范在立法体例上是不同的。

（二）票据变造的法律效果不同

对于票据变造所产生的法律效果，两岸票据法律制度规范不同，可从以下几个方面论述：

1. 对变造人的责任

票据经过变造后，对变造人而言，除可能须负刑事责任及民事责任外，是否还须负票据责任，存在疑义。学者认为，应视变造人是否为票据行为人而定。如果变造人仅变更票据上记载事项而并未在变造票据上签章，则依"签名人承担责任的原则"，由于变造人并未在变造票据上签章，因此，变造人不负票据责任，而仅负刑事责任及民事

---

〔1〕 请参阅大陆地区《票据法》第14条。
〔2〕 请参阅台湾地区"票据法"第16条。

责任。大陆地区除了负刑事责任及民事责任外，还要负行政责任。[1]
但是，如果变造人变更票据上签章以外的其他记载事项并在变造票据
上签章，此时，变造人究竟应该依据票据变造前的责任负责还是票据
变造后的责任负责，对此存在适用上的疑义。学者认为，应该比较变
造前后的票据责任轻重，令变造人负较重的票据责任。[2]本书赞同该
学者见解，对于变造票据者，为维护票据交易安全，应令变造者负较
重的责任，以维护持票人的票据权益，促进票据流通。

2. 对被变造人的责任

被变造人是指变造前在票据上签章的所有票据行为人。[3]一般均
认为，被变造人既是在票据变造之前签章的人，则应依原有记载事项
负责，是属当然之理。对此，两岸票据法律制度规范相同，仅仅是用
语略不相同。[4]

3. 对其他签章人的责任

其他在变造票据上签章的人，一般认为，按其在变造前或变造后
而认定其应该承担的票据责任。对此，两岸票据法亦有明文规定。[5]
但是，如果无法辨别其他签章人究竟是在变造前或变造后在票据上签
章，则大陆地区与台湾地区票据法律制度规范的法律效果有所不同。
按大陆地区《票据法》第 14 条第 3 款后段规定："不能辨别是在票据
被变造之前或者之后签章的，视同在变造之前签章。"而按台湾地区
"票据法"第 16 条第 1 项后段规定，"不能辨别前后时，推定签名在变
造前"。就两者条文相互比较而言，不同点在于大陆地区使用"视

---

〔1〕《最高人民法院关于审理票据纠纷案件若干问题的规定》第 67 条规定："依照
票据法第 14 条、第 103 条、第 104 条的规定，伪造、变造票据者除应当依法承担刑事、
行政责任外，给他人造成损失的，还应当承担民事赔偿责任。被伪造签章者不承担票据
责任。"

〔2〕 王小能编：《票据法教程》，北京大学出版社 2001 年版，第 96 页。

〔3〕 王小能编：《票据法教程》，北京大学出版社 2001 年版，第 96 页。

〔4〕 请参阅大陆地区《票据法》第 14 条第 3 款前段；台湾地区"票据法"第 16
条第 1 项前段。

〔5〕 请参阅大陆地区《票据法》第 14 条第 3 款前段、中段；台湾地区"票据法"
第 16 条第 1 项前段、中段。

同"，而非"推定"，因此，持票人不可以举反证推翻法律的假定，而要求其负较重的票据责任，仅能按变造前的原记载事项要求其承担票据责任；而台湾地区使用"推定"，是允许持票人可以举反证推翻法律的假定，从而可以令其负较重的票据责任。

日内瓦《汇票及本票法统一公约》第 69 条规定："汇票文义经变造时，签名在变造后者，依变造文义负责，签名在变造前者，依原有文义负责。"[1]该公约并未明文规定，无法辨别其他签章人究竟是在变造前或变造后在票据上签章的票据责任。[2]

4. 付款人的责任

付款人对于变造票据为付款时，是否应负赔偿责任，两岸票据法律制度规定不同。大陆地区规定，应视付款人于付款时是否有恶意或者有重大过失为判断标准。[3]台湾地区"票据法"并未明确规定对于变造票据，付款人的责任。有学者认为，"付款人对于变造之票据，予以付款时，付款人是否应负损害赔偿之责，应视其有无过失为断"。换言之，以付款人是否有过失为判断标准。但学者也进一步指出，"倘因变造人变造技术之精良，非肉眼所能判断，必须用紫光检查始能鉴定者，尚难谓怠于注意而应负责。过失之有无，应以是否欠缺善良管理之注意，由法院依客观情事认定之"。[4]

5. 参与或同意变造人的责任

如果参与或同意变造的人，未在变造票据上签章，虽然参与或同意变造，但也不负票据上责任。反之，如果参与或同意变造的人，并在变造票据上签章，此时，大陆地区《票据法》并没有明确规定，似仅能依据第 14 条第 3 款规定认定责任；而台湾地区"票据法"第 16 条第 2 项规定，不论其签名在变造前或变造后，均应依变造后的文义负票据责任。对此种情形，本书持不同观点，认为参与或同意变造的

---

〔1〕 日内瓦《支票法统一公约》第 51 条、日本《票据法》第 69 条、《支票法》第 50 条等，亦有相同规定。

〔2〕 日内瓦《支票法统一公约》第 51 条亦有相同规定。

〔3〕 请参阅大陆地区《票据法》第 57 条。

〔4〕 梁宇贤：《票据法新论》，自版 1997 年版，第 97 页。

人并在变造票据上签章，原则上按变造后的文义负责票据责任；但是，如果变造后的文义轻于变造前的文义，应令参与或同意变造的人负较重的票据责任，以避免影响持票人的权益。

6. 对持票人的效果

当持票人向变造前的签章人行使票据权利时，仅能按变造前的文义向签章人主张权利；如果持票人向变造后的签章人行使票据权利时，仅能按变造后的文义向签章人主张权利，此为基本原则。

持票人向变造人行使权利时，必须视其是否已经在变造的票据上签章而定。如果变造人未在变造票据上签章，则变造人不负票据责任，此时，持票人仅能向变造人主张民事侵权责任；反之，如果变造人在变造票据上签章，则依据上述两岸票据法规定，视其在变造前或变造后签章的文义认定之。当然，在此种情形，持票人既可以行使票据权利，也可以依据民事上侵权行为请求损害赔偿。

当持票人不能辨别签章人是在票据被变造之前或者之后签章的，依据大陆地区规定，"视同"在变造之前签章；依据台湾地区规定，"推定"在签章在变造前。两岸票据法对此种情形所规定的法律效果是不同的。[1]

当持票人对于参与或同意变造的人行使权利，视其是否在变造票据上签章而定。大陆地区《票据法》对此未明文规定，但依据票据文义性，亦应作相同解释。于此有问题者在于：如果参与或同意变造的人同时也在变造票据上签章，则该参与或同意变造的人究竟是按票据变造前文义负责还是按票据变造后文义负责，因法无明文规定，即存在适用上的疑义。按台湾地区"票据法"第16条第2项的规定，不论其签名在变造前或变造后，均应依变造后的文义负责票据责任。但是，本书认为此规定仍有未完善之处，因为其忽略变更前与变更后的票据责任衡量。如果变造后的文义轻于变造前的文义，本书认为，仍应令参与或同意变造的人负较重的责任，而非一律按变造后的文义负责。

---

〔1〕　请参阅大陆地区《票据法》第14条第3款后段；台湾地区"票据法"第16条第2项后段。

三、票据更改

两岸票据法均未对票据更改进行定义。学理上认为所谓的票据更改，是指有更改权限的人更改票据上记载事项的行为。[1]按此，票据更改须符合以下四个要件：第一，更改人具有更改权限；第二，须在票据交付前更改；至于交付后可否更改，依据台湾地区司法实务认为可以，但须得到持票人的同意。[2]第三，必须在更改处签章；第四，必须票据法规定可以更改的事项。

两岸票据法对票据更改的规定不同，主要在于更改事项及更改效力的差异：

（一）更改事项的不同

依据大陆地区规定，票据金额、日期及收款人名称三项属于法定不得更改事项，如果更改票据金额、日期及收款人名称等三项之一者，则该票据无效。票据金额包括票面金额及汇票中的实际结算金额。[3]对于日期，学者认为，这里的日期是指出票时记载的期日，包括出票日及到期日。[4]换言之，出票日及到期日均不得更改。对票据上的其他记载事项，原记载人可以更改，更改时应当由原记载人签章证明。[5]

台湾地区规定，票据上之记载，除金额外，可以由原记载人在票据交付前改写之。但应于改写处签名。换言之，票据在交付前，除票

---

〔1〕 董惠江主编：《票据法教程》，对外经济贸易大学出版社 2009 年版，第 66 页；郭锋等：《票据法学》，北京师范大学出版社 2014 年版，第 160 页。

〔2〕 台湾地区"最高法院"1981 年台上字第 30 号民事判例要旨："支票背书人同意发票人更改票载发票年、月、日者，应依其更改日期负责，又背书人同意，亦非以其于更改处签名或盖章为必要，此观票据法第 16 条第 2 项规定之法意，不难明了。"

〔3〕 请参阅大陆地区《票据法》第 9 条第 2 款。《最高人民法院关于审理票据纠纷案件若干问题的规定》第 44 条规定，"因更改银行汇票的实际结算金额引起纠纷而提起诉讼，当事人请求认定汇票效力的，人民法院应当认定该银行汇票无效。"

〔4〕 董惠江主编：《票据法教程》，对外经济贸易大学出版社 2009 年版，第 67 页；郭锋等：《票据法学》，北京师范大学出版社 2014 年版，第 161 页。

〔5〕 请参阅大陆地区《票据法》第 9 条第 3 款。

据金额外，其他事项均可以由有更改权限的人进行更改。[1]

日内瓦《汇票及本票法统一公约》、日内瓦《支票法统一公约》仅规定票据伪造及票据变造，并没有规定票据更改。英国《票据法》第 64 条规定了票据的实质更改，[2]学者认为，此种实质更改与大陆地区规定的票据更改及台湾地区的票据更改有所不同，实际上英国《票据法》规定的票据实质更改，应属于票据变造的情形。[3]

（二）票据更改的效力

票据更改所产生的效力，可以分为两种情形：

1. 符合规定的票据更改效力

符合票据法规定的更改，是指有更改权限的人将票据上的记载事项依法予以更改，属于合法的更改，并"以更改后的记载内容替代原来的更改前的记载内容，从而产生票据法律效力"。[4]据此，有更改权限的人原则上应依更改后的文义负责，自属当然解释。

于此有两个几个问题须要探讨，是两岸票据法律制度所未规定者：

第一个问题：如果有更改权限的人为票据更改后并交付持票人时，其中可能存在其他背书人，而无法辨别有更改权限的人究竟是在更改前签章或者更改后章签，对此存在适用上的疑义。例如，支票的出票人更改付款地的行为，造成出票地与付款地不同，可能影响持票人的

---

[1]　请参阅台湾地区"票据法"第 11 条第 3 项。

[2]　英国《票据法》第 64 条规定："未经全体对汇票负有义务的关系人同意而对汇票或其承兑进行实质更改的，除可对抗本身作更改，授权更改或同意更改的关系人及其后的背书人外，此种更改没有对抗其他人的效力（第 1 款）。若汇票经实质更改，其更改并不明显，而该汇票由正当持有人持有时，该持有人可以视作未经更改而运用该汇票，并可强制请求根据汇票原有意旨付款（第 2 款）。实质更改特指下述各种情形，即：日期更改，应付金额的更改，付款时间的更改，付款地的更改，以及经一般承兑的汇票，未经承兑人同意加注付款地的更改等（第 3 款）。"请参阅郭锋、常风编：《中外票据法选》，北京理工大学出版社 1991 年版，第 124 页。

[3]　刘家琛主编：《票据法原理与法律适用》，人民法院出版社 1996 年版，第 149 页。

[4]　刘家琛主编：《票据法原理与法律适用》，人民法院出版社 1996 年版，第 150 页。

支票提示付款期限。[1]此时，出票人的更改行为究竟是在背书之前或者背书之后，由于无法辨别有更改权限的人究竟是在更改前签章或者更改后章签，且两岸票据法律制度对此并无明文规定，因此，本书认为有必要参酌台湾地区"票据法"第16条票据变造的规定，予以明确规范。换言之，如果票据经更改时，签章在更改前者，应当认为依原有文义负责；如果签章在更改后者，则依更改后文义负责；如果不能辨别签章是在更改前或更改后时，原则上推定签章在更改前。但如果更改前的票据责任轻于更改后的票据责任，则依更改后文义负责。此目的在于使有更改权限的人为其更改行为负较重的票据责任，以确保持票人权益，并维护票据交易安全，进而促进票据流通。

　　第二个问题：如果原记载人交付后更改，而未在更改处签章，究竟应依更改前文义负责或者依更改后文义负责，对此存在适用上的疑义。例如，按大陆地区《票据法》第9条第2款规定，日期属于不得更改事项，但依据台湾地区"票据法"第11条第3项的规定，日期属于可以更改事项。假设依据台湾地区"票据法"规定，支票背书人同意出票人（有更改权限的人）更改原票据上所载的出票日期，但出票人未在更改处签章。此时，出票人究竟是按更改前的文义负责还是更改后的文义负责，两岸票据法律制度无明文规定。如果单纯按大陆地区现行《票据法》的规定，则该支票会被认定为无效票据。本书从两岸票据制度一体化视角认为，既然原记载人是在票据交付后更改，而且经持票人同意更改，可以认为是双方约定更改事项，为避免有更改权限的人有意规避较重的票据责任而未在更改处签章，故而原则上要求有更改权限的人应按更改后的文义负责。由于，此规范并未超逾双方所约定的范围，而且可保障持票人的票据权益，仍属合理之规范，故无禁止之必要，同时也要求有更改权限的人在更改票据时，应更加慎重行事。因此，如果有更改权限的人未在票据更改处签章者，原则上依更改后文义负责。但是，如果更改后的票据责任轻于更改前的票据责任，仍依更改前文义负责。再进一步而言，如果有更改权限的人

---

〔1〕　请参阅台湾地区"票据法"第130条。

在票据更改处签章，但无法辨别更改是在签章前或后时，而更改后的票据责任轻于更改前的票据责任，则有更改权限的人应按较重的票据责任负责，即有更改权限的人应依更改前文义负责。简言之，本书认为有更改权限的人对于票据事项的更改，不论其是否于票据更改处签章，其所负的票据责任，是按票据更改前与票据更改后的票据责任孰重，而从较重的票据责任认定之。主要目的在于确保两岸票据交易安全，维护持票人的票据权益，以及促进两岸票据流通。

2. 不符合规定的票据更改效力

所谓不符合票据法规定的更改，是指有更改权限的人对于票据上记载事项的更改违反票据法的规定。[1]简言之，更改了票据法所不允许更改的事项。按大陆地区《票据法》第 9 条第 2 款规定，票据金额、日期及收款人名称三项不得更改；而台湾地区"票据法"第 11 条第 3 项规定，票据金额不得更改。因此，两岸票据法所规定的不得更改事项不同。

如果有更改权限的人更改了不符合票据法规定事项，可能产生三种法律效果：第一，使票据发生无效的法律效果，如在票据交付前，更改票据金额情形；第二，使票据产生伪造的法律效果，如持票人更改出票人的签章情形；第三，使票据产生变造的法律效果，如在票据交付后，持票人未经出票人同意将票据上金额人民币 50 万元整，更改为 5 万元整，则构成票据变造，同时该票据也归于无效。[2]

---

〔1〕 刘家琛主编：《票据法原理与法律适用》，人民法院出版社 1996 年版，第 150 页。

〔2〕 请参阅郭锋等：《票据法学》，北京师范大学出版社 2014 年版，第 154～155 页、第 161 页；刘家琛主编：《票据法原理与法律适用》，人民法院出版社 1996 年版，第 150 页。台湾地区学者王志诚教授认为，关于改写票据金额问题，应区分票据是在交付前改写票据金额或者交付后改写票据金额而有不同：如果是交付前改写票据金额，该票据无效。如果是票据交付后改写票据金额，因该票据已为有效，应再区分是否经原记载人同意：如果改写人经出票人同意改写票据金额，应类推适用台湾地区"票据法"第 16 条规定处理；如果改写人未经出票人同意改写票据金额，则属于票据变造问题，应直接依台湾地区"票据法"第 16 条规定处理。请参阅王志诚：《票据法》，元照出版有限公司 2012 年版，第 234～235 页。

从票据更改的效力而言，其效力会因为更改是否符合规定而产生不同的法律效果，对于票据权利人的票据权益影响很大。因此，为建构符合平等、公平、正义的两岸票据一体化市场环境与规范，两岸票据制度一体化显得非常重要，使得两岸票据具有共同的适用标准，平等对待两岸票据当事人的权利与义务。

四、票据涂销

大陆地区《票据法》并无票据涂销的规定；而台湾地区"票据法"虽有票据涂销的规定，但并无对票据涂销进行定义。学理上认为，所谓票据涂销是指票据权利人对于票据上的签章或其他记载事项，加以涂抹或消除的行为。但是，如果行为人所为的涂销行为，已经使票据从外观上无从辨认为票据时，则属于票据毁损。[1]因此，要符合票据涂销的要件有三：第一，必须是票据权利人所为的涂销行为；第二，必须外观上仍可辨认为票据；第三，必须是出于行为人主观上的故意。

（一）有关票据涂销的规定

1. 台湾地区"票据法"

台湾地区"票据法"中有关票据涂销的规定，主要可以归纳为下列几项：第一，关于涂销票据上的签章或记载。如果票据上的签章或记载，非由于票据权利人故意涂销，而且无法定变更或消灭事由，不影响于票据上之效力；反之，如果票据上的签章或记载，是由票据权利人故意涂销，该涂销部分将受到影响。[2]例如，持票人故意涂销背书者，其被涂销的背书人及其被涂销背书人名次之后，而于未涂销以前为背书者，均免其责任。[3]但是，如果票据上的签章或记载，是由非票据权利人所为的涂销行为，此时，不论该非票据权利人的主观上故意与否，都不影响票据的效力。只不过，当持票人行使票据权利时，必须负举证责任。如果该票据的涂销是由非票据权利人所为的故意涂

---

〔1〕 王小能编：《票据法教程》，北京大学出版社 2001 年版，第 97~98 页。

〔2〕 请参阅台湾地区"票据法"第 17 条规定，按该条的反面解释；王志诚：《票据法》，元照出版有限公司 2012 年版，第 236~237 页。

〔3〕 请参阅台湾地区"票据法"第 38 条；英国《票据法》第 63 条第 2 款。

销，通常构成票据伪造或变造的问题。[1]第二，关于涂销背书。首先是关于是否影响背书连续的问题。如果行为人涂销的背书，不影响背书的连续，对于背书的连续，视为无记载；如果行为人涂销的背书，影响背书的连续，对于背书的连续，视为未涂销。[2]其次是持票人故意涂销背书免责问题。如果持票人故意涂销背书，其被涂销的背书人及其被涂销背书人名次之后，而在未涂销以前为背书者，均免其责任。最后，背书人清偿的涂销问题。如果背书人为清偿时，可以涂销自己及其后手之背书。[3]第三，付款人涂销担当付款人问题。汇票的出票人可以在付款人之外，在票据上记载一人为担当付款人，如果出票人有指定担当付款人，付款人在承兑时，仍可以涂销或变更。[4]第四，撤销平行线。划平行线的支票，可以由出票人在平行线内记载照付现款或同义字样，由出票人签名或盖章于其旁，如果支票上有此记载者，视为撤销平行线。[5]此项虽属于撤销平行线的规定，但实际上也是一种涂销平行线的规定。

2. 日内瓦票据法公约

日内瓦票据法公约及支票法公约中，有关票据涂销的规定，主要有三种：第一，涂销票据背书。如《汇票及本票法统一公约》第16条第1款规定："……涂销之背书，对于背书之连续，视为无记载。"第二，涂销汇票承兑。如《汇票及本票法统一公约》第29条第1款规定："付款人已经在汇票上承兑，而在将汇票交还持票人以前，涂销其承兑者，视为拒绝承兑。除有相反之证明外，此项涂销视为在票据交还前所为。"第三，涂销支票划线。《支票法统一公约》第37条第5款规定："划线或划线内之银行业者名称经涂销者，视为没有涂

---

[1] 请参阅王志诚：《票据法》，元照出版有限公司2012年版，第236~237页；王小能编：《票据法教程》，北京大学出版社2001年版，第98页。

[2] 请参阅台湾地区"票据法"第37条第2项、第3项。

[3] 请参阅台湾地区"票据法"第100条第3项。

[4] 请参阅台湾地区"票据法"第49条第2项。

[5] 请参阅台湾地区"票据法"第139条第5项。

销。"〔1〕此规定与台湾地区第 139 条第 5 项规定的效力不同。

3. 英美票据法

英国《票据法》有关票据涂销的规定，主要有二：第一，涂销使票据归于消灭。如汇票持有人或其代理人有意涂销汇票，而在汇票上明确表示其涂销意图的，该汇票即告消灭。〔2〕第二，有意涂消票据上签名而解除关系人的票据责任。如对汇票负有义务的人因持票人或其代理人有意涂销该关系人的签名而解除义务。〔3〕

美国《统一商法典》第 3-604 条也规定了有关票据涂销的问题。如票据交付后，持票人故意（an Intentional Voluntary Act）涂销（Cancellation）票据上负有义务人的签名，则解除（Discharge）该当事人的票据付款义务。

（二）票据涂销的效力

按台湾地区"票据法"对有关票据涂销的规定，可以将票据涂销分为票据权利人所为的涂销行为与非票据权利人所为的涂销行为。由不同的行为人所为的涂销行为，在票据法上所产生的效力是不同的。

1. 涂销是由票据权利人所为

如果涂销是由票据权利人所为的涂销行为，依据台湾地区"票据法"第 17 条的规定，可以分为两种情形而有不同的效力：第一，票据权利人出于故意的涂销行为。依据台湾地区"票据法"第 17 条规定的反面解释，涂销是由票据权利人出于故意所为的涂销行为，其票据上的效力，应受到影响；对于涂销部分的票据权利，可以免除而归于消灭。〔4〕如台湾地区"票据法"第 38 条规定，持票人故意所为的涂销背书，其被涂销的背书人及其被涂销背书人名次之后，而于未涂销以前为背书者，均免其责任。第二，票据权利人非出于故意的涂销行为。

〔1〕 请参阅《汇票及本票法统一公约》第 16 条第 1 款、第 29 条第 1 款；《支票法统一公约》第 37 条第 5 款；郭锋、常风编：《中外票据法选》，北京理工大学出版社 1991 年版，第 222 页、第 224 页、第 244 页。

〔2〕 请参阅英国《票据法》第 63 条第 1 款。

〔3〕 请参阅英国《票据法》第 63 条第 2 款。

〔4〕 梁宇贤：《票据法新论》，自版 1997 年版，第 98~99 页。

依据台湾地区"票据法"第17条的规定："票据上之签名或记载被涂销时，非由票据权利人故意为之者，不影响于票据上之效力。"换言之，票据权利已经有效成立，为维护票据的效力，自然不因为票据权利人无意的涂销而受到影响。因此，票据权利人如果是非出于故意的涂销行为，不影响票据的效力。此种情形虽不影响票据的效力，但是持票人于行使票据权利时，仍应就该涂销并非由权利人故意为之及被涂销的原文义内容，负举证的责任。

2. 涂销非由票据权利人所为

如果涂销是由非票据权利人所为的涂销行为，依其是否出于故意所为的涂销行为而有不同的效力：第一，非票据权利人出于故意的涂销行为。如果涂销是由非票据权利人出于故意所为的涂销行为，而且其有再伪造或变造票据文义的情形，则依票据伪造或票据变造情形处理；反之，涂销虽是由非票据权利人出于故意所为的涂销行为，但其并无再进一步伪造或变造票据文义的情形，则依台湾地区"票据法"第17条的规定，不影响票据的效力。第二，非票据权利人非出于故意的涂销行为。由于该涂销是非票据权利人非出于故意所为的涂销行为，依据台湾地区"票据法"第17条规定，不影响票据的效力。此种情形虽不影响票据的效力，但是持票人行使票据权利时，仍应负举证的责任。

五、协议建议稿

通过上述的比较分析，可以得知，由于两岸票据法律制度对于票据伪造、票据变造、票据更改及票据涂销等票据瑕疵规定的差异性颇大，并且规范有未尽完善之处，因此，为实现两岸票据市场一体化的顺畅运行，本书拟于"两岸票据制度一体化协议（建议稿）"中进行相关的规范。其具体规定内容如下：

【票据的伪造】

①票据的伪造，是指以行使票据为目的，假冒他人的名义而伪造票据行为，包括出票行为签章的伪造及其他票据行为签章的伪造。

②票据的伪造，不影响其他于票据上真正签章的效力。

③票据的伪造，可以经被伪造人承认，并自承认时起发生效力，但无溯及效力。

【票据的变造】

①票据的变造，是指无变更权人，以行使票据为目的，变更签章以外票据上有效记载事项的行为。

②票据经变造时，签章在变造前者，依原有文义负责；签章在变造后者，依变造文义负责；不能辨别前后时，推定签章在变造前。但如变造前的票据责任轻于变造后的票据责任，则依变造后文义负责。

③参与或同意票据变造者，不论签名在变造前后，依变造后文义负责。但如变造后的票据责任轻于变造前的票据责任，依变造前文义负责。

④票据在交付后更改金额以外事项者，如未取得全部后手的同意，视同票据的变造。

【票据的更改】

①票据上的记载，除票据金额外，可以由原记载人于交付前更改，但应在更改处签章。

②票据上的记载，除金额外，也可以由原记载人于交付后更改者，但应经持票人同意，并由原记载人在更改处签章。

③前两款情形，有权更改人未在更改处签章者，仍依更改后文义负责。但如更改后的票据责任轻于更改前的票据责任，依更改前文义负责。

④票据经更改时，签章在更改前者，依原有文义负责；签章在更改后者，依更改后文义负责；不能辨别前后时，推定签章在更改前。但如更改前的票据责任轻于更改后的票据责任，依更改后文义负责。

⑤票据上金额的更改，该票据视为无效。

【票据的涂销与毁损】

①票据的涂销，是指将票据上的签章或其他记载事项加以涂抹或消除的行为。

②票据上的签章或其他记载事项被涂销时，不是由票据权利人故意涂销者，该涂销不生效力，不影响该票据的效力。但涂销过于严重造成难以辨认票据者，属票据的毁损，按票据丧失的规定处理。

第四节 两岸空白票据协议

本节所论述的空白票据并非指事先印制好的票据样式的票据用纸，而是指票据行为人预先签章于票据而将票据上应记载事项的全部或一部授权他人补充完成的未完成票据，可称之为"空白票据"。换言之，所谓空白票据，就是未完成的票据附随有空白补充权，可以由他人日后行使补充权而成为完全票据。此空白票据学理上称为"空白授权票据"，[1]英国《票据法》第 20 条称为"Inchoate Instruments"，[2]美国《统一商法典》第 3-115 条称为"Incomplete Instrument"，[3]可译为"不完整票据""空白票据""未完成票据""空白授权票据"。国际票据公约及其他各国（地区）票据立法例，亦有空白授权票据的规定。[4]最初各国票据法都不承认所谓的空白票据。[5]由于票据是要式证券、文义证券、设权证券，如果出票时票据欠缺绝对必要记载事项，票据应该是无效的。但是实际上此种空白授权票据之所以发展，主要是缘于社会经济发展的实际需要。因为票据当事人间基于商品交易的需要，对于票据上部分应记载事项于票据签发时，尚不能确定，需待日后确定才能补填记载，因此，容许出票人先行签发票据，交由他人

〔1〕 梁宇贤：《票据法新论》，自版 1997 年版，第 64 页；郑洋一：《票据法之理论与实务》，自版 2001 年版，第 92 页；王小能编：《票据法教程》，北京大学出版社 2001 年版，第 137 页；刘家琛主编：《票据法原理与法律适用》，人民法院出版社 1996 年版，第 169 页；汪世虎：《票据法律制度比较研究》，法律出版社 2003 年版，第 119 页。

〔2〕 See Dudley Richardson, Guide to Negotiable Instruments and the Bills of Exchange Acts, Butterworth & Co (Publishers) Ltd., 7th edition, 1983, pp. 63~64.

〔3〕 ［美］布拉德福德·斯通：《统一商法典》（第 5 版），法律出版社 2004 年版，第 259 页。

〔4〕 请参阅《联合国国际汇票及国际本票公约》第 12 条；日内瓦《汇票及本票法统一公约》第 10 条、日内瓦《支票法统一公约》第 13 条；日本《票据法》第 10 条、日本《支票法》第 13 条；澳门地区《商法典》第 1143 条、第 1224 条。

〔5〕 覃有土、李贵连主编：《票据法全书》，中国检察出版社 1994 年版，第 72 页；刘家琛主编：《票据法原理与法律适用》，人民法院出版社 1996 年版，第 170 页；谢怀栻：《票据法概论》（增订版），法律出版社 2006 年版，第 89 页。

依约定补填票据，可以减少交易上的困难。[1]后来各国或地区也都承认空白授权票据，而在票据法中对于空白票据予以正式规范。

一、空白票据立法例

各国或地区对于空白票据虽都有明文规定，但其具体内容的规范仍有不同。一般认为，要成立空白授权票据应符合以下五个要件：第一，空白票据上必须要有票据行为人的预行签章；第二，空白票据上应记载事项有全部或一部欠缺记载；第三，空白票据的行为人必须授予他人补充权；第四，须有空白票据的交付；第五，法律必须对空白票据有明文规定。以下将就空白授权票据的立法例进行分析说明。

（一）两岸票据法的规定

大陆地区《票据法》第85条规定："支票上的金额可以由出票人授权补记，未补记前的支票，不得使用。"同法第86条第1款规定，"支票上未记载收款人名称的，经出票人授权，可以补记。"除前两条规定外，并无其他对空白票据的规范。由于大陆地区《票据法》第84条规定的支票绝对必要记载事项中，并不包括"收款人名称"，因此，即便支票上未记载"收款人名称"，也不影响支票的效力，因此，严格而言，第86条第1款规定，不属于空白授权支票。所以，真正属于空白授权支票仅第85条规定，且限于"支票金额"的空白。换言之，大陆地区《票据法》是允许签发空白支票，至于是否允许签发空白汇票及空白本票，存在适用上的疑义。由于大陆地区《票据法》仅明文规定允许签发空白支票，而没有规定空白汇票及空白本票，依"明示规定其一者应认为排除其他"（casus omissus pro omisso habendus est）以及"省略规定之事项应认为有意省略"（expression unius est exclusion alterius）之拉丁法谚，[2]应认为大陆地区《票据法》是不允许签发空白汇票及空白本票。而且，支票未补记前，不得背书转让与提示付款；

---

[1] 刘家琛主编：《票据法原理与法律适用》，人民法院出版社1996年版，第169页；郭锋等：《票据法学》，北京师范大学出版社2014年版，第51页。

[2] 此拉丁法谚引自台湾地区"司法院"大法官会议释字第3号解释文。

持票人行使票据权利时，因票据未补充完全被拒绝接收而提起诉讼时，人民法院也不予支持。[1]

上述规定是对于空白支票行使补充权前的法律效力规范，但对于滥用补充权的空白支票效力，大陆地区《票据法》并无明文规定。不过，依据大陆地区《最高人民法院关于审理票据纠纷案件若干问题的规定》第68条规定，补充事项超出授权范围者，出票人对补充后的票据应当承担票据责任。对他人造成损失者，出票人仍应当承担相应的民事责任。因此，该规定可填补大陆地区《票据法》所未规定滥用补充权对持票人的利益保护。但是，是否所有的持票人的利益均值得保护，诚有疑问。由于该规定并没有明确规定出票人对于恶意或重大过失取得票据的持票人是否有抗辩权之问题，因此，仍有待进一步解决。[2]

台湾地区"票据法"第11条第1项规定："欠缺本法所规定票据上应记载事项之一者，其票据无效。但本法别有规定者，不在此限。"同条第2项规定："执票人善意取得已具备本法规定应记载事项之票据者，得依票据文义行使权利；票据债务人不得以票据原系欠缺应记载事项为理由，对于执票人，主张票据无效。"由于台湾地区"票据法"规定文义并不是很明确是否承认空白授权票据，造成台湾地区历年来"最高法院"判决所持见解不同，[3]而学者意见也不一。有采肯定说，

---

〔1〕 请参阅大陆地区《支付结算办法》第119条，《最高人民法院关于审理票据纠纷案件若干问题的规定》第45条。

〔2〕 于永芹主编：《票据法案例教程》，北京大学出版社2010年版，第148页。

〔3〕 台湾地区承认空白授权票据的民事判例及判决："最高法院"1978年台上字第3896号民事判例要旨："授权执票人填载票据上应记载之事项，并不限于绝对的应记载事项，即相对的应记载事项，亦可授权为之。本票应记载到期日而未记载，固不影响其本票效力，但非不可授权执票人填载之。""最高法院"1982年度台上字第1474号民事判决要旨："票据法第11条第1项固规定，欠缺该法所规定票据上应记载事项之一者，其票据无效。但此项规定，并不否定空白票据补充权之存在。又空白票据仍为有价证券之一种，并不失其流通性。本件系争支票发票之月份，纵如蔡○○所证，系上诉人即执票人所补填，但上诉人之补充行为，倘系出于票据行为人之授权，尚难仅认该票据无效。""最高法院"2008年度台简上字第15号民事判决要旨：票据上应记载之事项，非不得授权他人为之。台湾地区否认空白授权票据的民事判例及判决："最高法院"2001年台抗字第37号民事判例要旨："欠缺本法所规定票据上应记载事项之一者，其票据无

（接上页）效，票据法第 11 条第 1 项前段定有明文。又依同法第 120 条第 1 项第 6 款规定，发票年、月、日为本票应记载事项。故本票上如未记载发票年、月、日，或记载不清难以辨识发票日期者，其本票当然无效。""最高法院"1974 年台上字第 2681 号民事判例要旨："至第 8 款所定法定方式为之。支票之必要记载事项如有欠缺，除票据法另有规定外（如'票据法'第 125 条第 2 项及第 3 项）其支票即为无效（'票据法'第 11 条第 1 项）。发票年、月、日为支票绝对必要记载事项，如未记载，其支票当然无效。""最高法院"1991 年度台上字第 355 号民事判决要旨："发票人就票据上应记载之事项，固非不得授权执票人自行填写。然"票据法"第 11 条第 3 项规定：'票据上之记载，除金额外，得由原记载人于交付前改写之。但应于改写处签名'，本此发票人于票据交付前尚不得自行改写金额之立法本旨以观，若发票人以空白票据交付，授权执票人于交付后自行填写金额，自非法之所许。除不得对抗善意第三人外，执票人不得主张其自行填载之票据为有效，对于发票人行使票据上之权利。"台湾地区 1983 年 5 月 2 日"司法院"第三期司法业务研讨会，法律问题：票据法有无空白票据之规定？（"票据法"）第 11 条第 2 项规定，是否即系空白票据之规定？研讨意见：甲说：票据法对于空白票据并无明文规定，第 11 条第 2 项是空白授权票据之规定，空白授权票据须有三要件：1. 须空白票据行为人签名于票据；2. 须票据应记载事项全部或一部有欠缺；3. 须由空白票据行为人授权第三人补充票上空白部分以完成票据。因此"票据法"上并无空白票据之规定。乙说：票据法有空白票据之规定。"票据法施行细则"第 5 条第 4 项前段规定："通知止付之票据如为业经签名而未记载完成之空白票据……"其有空白票据至为显然。且"票据法"第 11 条第 2 项执票人善意取得之规定，乃在排除票据授权，固票据法实承认空白票据。研讨结论：采甲说。台湾地区"司法院"第一厅研究意见：票据法对于空白票据并无明文规定，而其第 11 条第 2 项虽云"执票人善意取得已具备本法规定应记载事项之票据者，得依票据文义行使权利；票据债务人不得以票据原系欠缺应记载事项为理由，对于执票人主张票据无效"，但亦仅系关于善意执票人得为权利之行使及债务人抗辩权之限制之规定，尚难采之而谓票据法有空白票据之明定。是空白票据不能被认为票据法上之票据。["最高法院"1979 年 10 月 23 日 1979 年度第 15 次民事庭会议记录，补充说明（一）参照]，参以该院 1981 年 7 月 7 日 1981 年度第 18 次民事庭会议决议："甲签发未记载发票日之支票若干张交付丙，既已决定以嗣后每月之 15 日为发票日，嘱丙逐月照填一张，以完成发票行为，则甲不过以丙为其填写发票日之机关，并非授权丙，使其自行决定效果意思，代为票据行为而直接对甲发生效力，自与所谓'空白授权票据'之授权为票据行为不同。嗣丙将上开未填载发票日之支票一张交付乙，转嘱乙照填发票日，乙依嘱照填，完成发票行为，乙亦不过依照甲原先决定之意思，辗转充作填写发票日之机关，与甲自行填写发票日完成签发支票之行为无异。乙执此支票请求甲依票上所载文义负责，甲即不得以支票初未记载发票日而主张无效。此种情形，与'票据法'第 11 条第 2 项规定，尚无关涉。"是票据法对于空白票据并无明文规定，研讨结论采甲说，核无不合。上述台湾地区司法实务资料，可至台湾地区"司法院"法学检索系统网检索取得，如 http://jirs. judicial. gov. tw/FJUD/，最后访问日期：2015 年 12 月 31 日。

承认空白授权票据的效力，即空白授权票据因附有空白补充权，可依补充权的行使而使票据成为完全票据。有采否定说，认为依据台湾地区"票据法"第 11 条第 1 项是属于强行规定，当事人间不可约定排除，如有此约定，则该约定无效，因此，欠缺绝对必要记载事项的票据无效，并无补充权存在，则补充记载的票据也属于无效票据。[1]目前台湾地区学者多数采肯定说。[2]鉴于台湾地区现行的"票据法"第 11 条规定，对于是否承认空白授权票据仍有争论，因此，学者提出，为避免学者与司法实务争论，应对于现行的"票据法"第 11 条规定予以修正，明确规范对于空白授权票据的效力及补充权的授予。[3]

　　目前台湾地区司法实务对空白票据的见解尽管采取否定的态度，但为顾及社会使用票据的实况，通过"机关说"及"代理说"缓和否定空白票据的争议问题。[4]如出票人可以使用使者填写出票日；[5]出

---

　　〔1〕　关于台湾地区是否承认空白授权票据的学说争议，有肯定说与否定说，其详细理由的论述，请参阅梁宇贤：《票据法新论》，自版 1997 年版，第 65~72 页；梁宇贤：《票据法实例解说》，自版 1995 年版，第 86~99 页；林群弼：《票据法论》，三民书局 2010 年版，第 89~95 页。

　　〔2〕　采肯定说的学者有：梁宇贤：《票据法新论》，自版 1997 年版，第 71~72 页；郑洋一：《票据法之理论与实务》，自版 2001 年版，第 93 页；王志诚：《票据法》，元照出版有限公司 2012 年版，第 218 页；林群弼：《票据法论》，三民书局 2010 年版，第 94 页。

　　〔3〕　梁宇贤：《票据法新论》，自版 1997 年版，第 71~72 页；梁宇贤：《票据法实例解说》，自版 1995 年版，第 99 页；林群弼：《票据法论》，三民书局 2010 年版，第 95 页。

　　〔4〕　请参阅王志诚：《票据法》，元照出版有限公司 2012 年版，第 215~218 页。

　　〔5〕　台湾地区"最高法院"1981 年度第 18 次民事庭会议决议（一）："提案：院长交议：甲、乙二人均系丙所组民间互助会会员，甲于得标后，将其每月 15 日定期应缴之会款，签发未记载发票期日之支票若干张，交与会首丙，授权丙按每月 15 日补填以作为交付每月会款之方法，未几乙亦得标，丙即将甲签发上开支票壹张，未补填发票期日径交与乙作为得标会款之一部分，乙乃按该月 15 日自行填入发票期日，届期持票往兑而遭退票，遂诉请甲清偿票款，有无理由？有左列二说：讨论意见：甲说：'按支票为要式证券，支票之作成，必依'票据法'125 条第 1 项第 1 款至第 8 款所定法定方式为之。支票之必要记载事项如有欠缺，除票据法另有规定外（如'票据法'第 125 条第 2 项及第 3 项），其支票即为无效（'票据法'第 11 条第 1 项）。发票年月日为支票绝对必要记载事项，如未记载，其支票当然无效'。本院 1974 年台上字第 2681 号著有先例。虽同法第 11 第 2 项：'执票人善意取得已具备本法规定应记载事项之票据者，得依票据文义行

票人可以授权第三人代理补填出票日及票面金额等绝对必要记载事

(接上页)使权利,票据债务人不得以票据欠缺记载事项为理由,对于执票人主张票据无效'。然究以善意取得已经具备票据法规定应记载事项之票据为前提,始生票据债务人不得对抗之问题。本件乙取得系争支票时,既明知(恶意)欠缺发票期日之记载,自难谓为善意取得已具备票据法规定应记载事项之票据。且甲亦未授权乙补填发票期日,从而甲自得以票据无效对抗乙,乙之请求为无理由。乙说:依1973年"票据法"第11条第2项之修正理由:'票据上应记载之事项,欠缺本法所规定事项之一者,除本法别有规定外,其票据无效。但当事人间有基于事实上需要,对于票据上部分应记载之事项不能实时确定,须俟日后确定始能补充者,宜容许发票人先签发票据,交由他人依事先之合意补填,以减少交易上之困难。……此种辗转让与他人之票据,经他人依事先之合意予以补填,发票人仍应依票据文义负责。惟为防止纠纷,明定票据债务人不得以票据原系欠缺记载事项为理由,对于执票人善意取得之票据,主张无效'(见立法院司法、财政、经济三委员会联席审查票据法部分条文之报告)。故该条文中虽未明白规定空白授权票据之字样,但在实际上已予承认。且以承认空白授权票据为前提,而为防止逾越补填之纠纷,乃有该第11条第2项之增订。既已承认票据发票人可依'票据法'第11条第2项发行空白票据,以因应经济繁荣,贸易发达之需要,使此种辗转让与他人之票据,经该他人依事先约定之合意予以补偿,苟非违背或逾出事先约定之合意,或纵已违背或逾出而为补填,如执票人为善意者,则发票人仍应依票据文义负责。本件乙既辗转取得系争之空白授权支票,且依事先合意即每月15日补填发票日期,依法并无不合。乙诉请甲清偿票款,应认为有理由。以上二说,究以何说为是?决议:甲签发未记载发票日之支票若干张交付丙,既已决定以嗣后每月之15日为发票日,嘱丙逐月照填一张,以完成发票行为,则甲不过以丙为其填写发票日之机关,并非授权丙,使其自行决定效果意思,代为票据行为而直接对甲发生效力,自与所谓'空白授权票据'之授权为票据行为不同。嗣丙将上开未填载发票日之支票一张交付乙,转嘱乙照填发票日,乙依嘱照填,完成发票行为,乙亦不过依照甲原先决定之意思,辗转充作填写发票日之机关,与甲自行填写发票日完成签发支票之行为无异,乙执此支票请求甲依票上所载文义负责,甲即不得以支票初未记载发票日而主张无效,此种情形,与'票据法'第11条第2项规定,尚无关涉。"台湾地区"最高法院"1993年度第1次民事庭会议决议:"甲所有之车辆靠行于乙之车行,为担保靠行期间一切应付款项(包括因甲车侵权行为应对第三人所为之赔偿)之支付,乃由甲签发空白本票一纸(除发票人甲之签名及发票日期外,余均未记载),连同授权书(上载明乙得按实际债权额代甲填写票面金额)一纸交付于乙。嗣乙持填写金额后之上开本票,向甲请求给付票款,该本票是否为有效之票据?于本院1978年台上字第3896号判例,及1981年7月7日1981年度第18次民事庭会议决议(一)之见解未变更前,仍照上开判例及决议之意旨办理。"

项。[1]

空白票据丧失可否为止付通知及申请公示催告，存在适用上的疑义。关于可否止付通知，大陆地区票据法律制度对此并无很明确的规定。但学者认为，"允许出票人签发空白票据，则应当允许空白票据的失票人挂失止付，以保护其合法权益。"[2]台湾地区依据"票据法施行细则"第5条第4项规定："通知止付之票据如为业经签名而未记载完成之空白票据，而于丧失后经补充记载完成者，准依前两项规定办理，付款人应就票载金额限度内予以止付。"换言之，台湾地区是允许空白授权票据的权利人可于票据丧失时，向付款人提交止付通知书。不过，依据台湾地区司法实务见解，认为此种止付通知仅属于一种"止付之预示"，应等到空白票据补充记载完成才发生止付的效果，并于补充记载完成的票据提示时，按有效票据丧失时的止付手续处理。[3]

---

[1] 台湾地区"最高法院"1981年度台上字第4447号民事判决要旨："查票据上应记载之事项，如未记载，其票据固属无效，惟发票人非不得授权第三人补填，以完成票据行为。本件原判决既认定系争支票系由诉外人高○○于被上诉人预先盖有发票人印章之空白支票，填载金额及发票年月日后，交付上诉人，则应就被上诉人是否授权高○○补填票据上应记载之事项，及上诉人是否明知高○○未经授权而为被上诉人签发支票之事实，令当事人为适当完全之辩论，以期发现真实。"台湾地区"最高法院"1982年度台上字第1474号民事判决要旨："'票据法'第11条第1项固规定，欠缺该法所规定票据上应记载事项之一者，其票据无效。但此项规定，并不否定空白票据补充权之存在。又空白票据仍为有价证券之一种，并不失其流通性。本件系争支票发票之月份，纵如蔡○○所证，系上诉人即执票人所补填，但上诉人之补充行为，倘系出于票据行为人之授权，尚难仍认该票据无效。"

[2] 吴庆宝主编：《票据诉讼原理与判例》，人民法院出版社2005年版，第511页。

[3] 台湾地区"高等法院"2006年度抗字第1270号民事裁定理由："按票据丧失时，票据权利人得为公示催告之声请，'票据法'第19条第1项定有明文；又无记名证券或空白背书之指示证券，得由最后之持有人为公示催告之声请；前项以外之证券，得由能据证券主张权利之人为公示催告之声请，为'民事诉讼法'第558条第1项、第2项所明定。又业经签名或盖章而未记载完成之空白票据丧失后，未经他人补充记载完成前，为无效之票据，即非证券，固不得为公示催告之声请（"最高法院"1979年10月23日1979年度第15次民事庭会议决议参照）；惟因'票据法'第11条第2项规定：'执票人善意取得已具备本法规定应记载事项之票据者，得依票据文义行使权利；票据债务人不得以票据原系欠缺应记载事项为理由，对于执票人，主张票据无效'，是空白

至于可否申请公示催告的问题,大陆地区学者对此有否定与肯定两种不同观点。持肯定的学者认为,"空白票据失票后可以申请公示催告……不过由于空白票据与完全票据毕竟存在着一定程度的差别,所以与完全票据相比,空白票据的公示催告程序具有一定的特殊性……"[1]按大陆地区《最高人民法院关于审理票据纠纷案件若干问题的规定》第25条规定,出票人已经签章的授权补记的支票丧失后,失票人依法向人民法院申请公示催告的,人民法院应当依法受理。因此,实务上是承认空白授权支票可以申请公示催告。[2]

台湾地区依据"最高法院"1979年度第15次民事庭会议决议(三),认为欠缺绝对必要记载事项,即为无效的票据。既为无效的票据,即非"证券","不得依'民事诉讼法'第539条第1项之规定声请为公示催告"。[3]

(接上页)票据丧失后经他人补充记载完成提示前,仍有通知止付之必要,'票据法施行细则'第5条第4项因而明定:'通知止付之票据如为业经签名而未记载完成之空白票据,而于丧失后经补充记载完成者,准依前两项规定办理,付款人应就票据金额额度内予以支付',惟此一止付通知,仅属'止付之预示'(上开最高法院决议所附研究报告参照),应待其空白补充记载完成,始生止付之效果,并于该补充记载完成之票据提示时,依一般有效票据丧失时之止付手续办理,为止付通知之人应依'票据法'第18条第1项之规定,于5日内提出已为公示催告声请之证明,否则,依同条第2项之规定,止付通知即失其效力。……"资料来源:可至台湾地区"司法院"法学检索系统网检索取得,如http://jirs.judicial.gov.tw/FJUD/,最后访问日期:2015年12月31日。另可参阅王志诚:《票据法》,元照出版有限公司2012年版,第219页注347。

〔1〕吴庆宝主编:《票据诉讼原理与判例》,人民法院出版社2005年版,第514页。此外,采肯定见解的学者尚有郑孟状等,请参阅郑孟状、姜洪明、刘满达等:《支票法论》,中国人民公安大学出版社2000年版,第151~153页。

〔2〕另大陆地区《最高人民法院关于审理票据纠纷案件若干问题的规定》第27条规定:"出票人已经签章但未记载代理付款人的银行汇票丧失后,失票人依法向付款人即出票银行所在地人民法院申请公示催告的,人民法院应当依法受理。"

〔3〕"最高法院"1979年度第15次民事庭会议决议(三):"提案:院长交议:已签名或盖章之支票,未记载发票年月日及金额或欠缺其中一而遗失时,向法院声请公示催告,可否准许?有左列二说:讨论意见:甲说:依'票据法'第125条第1项第2款、第7款及第11条第1项规定,支票上之金额及发票年月日为绝对必要记载之事项,欠缺记载,即为无效之票据。既为无效之票据,即非'证券',自不得依'民事诉讼法'第

（二）国际票据公约及各国票据法的规定

1. 日内瓦票据法公约

日内瓦《汇票及本票法统一公约》规定，汇票于出票时欠缺应记载事项，经补充记载完成，而其补充不符合原约定时，付款人不得以此对抗持票人。但持票人以恶意或有重大过失取得汇票者，不在此限。[1]换言之，如果空白票据的补充权人滥用补充权，也不能对抗票据的善意取得人。中国澳门地区《商法典》、[2]日本《票据法》，[3]亦有相同规

（接上页）539条第1项之规定声请为公示催告。乙说：'票据法'于1973年5月28日修正前，第11条仅规定'欠缺本法所规定票据应记载事项之一者，其票据无效，但本法别有规定者，不在此限'。修正则新增同条第2项规定：'执票人善意取得已具备本法规定应记载事项之票据者，得依票据文义行使权利，票据债务人不得以票据原系欠缺应记载事项为理由，对于执票人主张票据无效'。依此新增之规定，未记载金额、发票年月日之无效票据丧失时，将来仍有对善意执票人负担票据债务之可能，故有声请公示催告之必要。法院对于此种声请，自应准许。以上二说，究以何说为当？决议：采甲说。另以研究报告作为补充说明。"该决议的补充说明中，认为"'票据法'第11条第2项规定，尚难据之谓票据法有空白票据之明定"。该决议的补充说明内容引自梁宇贤，《票据法新论》，自版1997年版，第71页。

〔1〕　请参阅日内瓦《汇票及本票法统一公约》第10条；该公约第77条第2款规定，关于空白汇票的规定适用于本票；另请参阅郭锋、常风编：《中外票据法选》，北京理工大学出版社1991年版，第220页、第237页。

〔2〕　澳门地区《商法典》第1143条规定："出票时填写不完全之汇票，如不按已达成之协议补全，不得以不遵守协议而对抗持票人，但持票人取得汇票时有恶意或重大过失者除外。"依据澳门地区《商法典》第1210条第2款规定，关于空白汇票的规定适用于本票。澳门地区《商法典》第1143条规定，载澳门地区印务局网，http://bo.io.gov.mo/bo/i/99/31/codcomcn/codcom1101.asp，最后访问日期：2015年12月10日。另可参考赵秉志总编：《澳门商法典》，中国人民大学出版社1999年版，第323页。澳门地区《商法典》规定空白票据条文内容的用语与日内瓦《汇票及本票法统一公约》略有不同，主要原因是由于翻译不同的缘故，并非实际上规范内容的不同。澳门地区官方公告的日内瓦《汇票及本票法统一公约》第10条规定中文译本："出票时填写不完全之汇票，如不按已达成之协议补全，不得以不遵守协议而对抗持票人，但持票人取得汇票时有恶意或重大过失者除外。"资料来源：载澳门地区印务局网，http://bo.io.gov.mo/bo/ii/2005/06/aviso06_ cn.asp，最后访问日期：2015年12月10日。

〔3〕　请参阅日本《票据法》第10条；张凝、〔日〕末永敏和：《日本票据法原理》，中国法制出版社2012年版，第318页。

定。日内瓦《支票法统一公约》规定，支票签发时不完全，其后经补全而与协议的条件不符者，不得因其不符而持以对抗持票人。但持票人以恶意或重大过失取得支票者，不在此限。[1]中国澳门地区《商法典》、[2]日本《支票法》，[3]亦有相同规定。

日内瓦票据法公约及支票法公约均明确规定，如果空白票据的补充权人滥用补充权，也不能对抗票据的善意取得人。此规范内容值得作为"两岸票据制度一体化协议（建议稿）"之借鉴。

2. 联合国票据法公约

《联合国国际汇票及国际本票公约》第 12 条规定："1. 空白票据（Incomplete Instrument）是指符合第 1 条第 1 款规定要件并经出票人签名或付款人承兑，或符合第 1 条第 2 款及第 3 条第 2 款第（d）项规定要件，但欠缺其他第 2 条及第 3 条所规定要件中之一项或多项，而得予补充完成之票据。空白票据经补充后成为有效之汇票或本票。2. 空白票据未经授权或与授权不符而补充完成者：（a）于空白票据补充完成前签名的人，可以持票人于其取得票据时明知欠缺授权相抗辩；（b）于空白票据补充完成后签名的人，应按补充完成的票据负其责任。"[4]该公约条款明确规定空白票据补充完成后的票据效力以及签章人的责任；如果持票人未经授权或与授权不符而补充完成票据者，票据的付款人对于持票人享有抗辩权。

---

[1] 日内瓦《支票法统一公约》第 13 条规定，载澳门地区印务局网，http://bo.io.gov.mo/bo/ii/2005/07/aviso07_ cn.asp，最后访问日期：2015 年 12 月 10 日。另请参阅覃有土、李贵连主编：《票据法全书》，中国检察出版社 1994 年版，第 1798 页。

[2] 澳门地区《商法典》第 1224 条规定，"出票时填写不完全之支票，如不按已达成之协议补全，不得以不遵守协议而对抗持票人，但持票人取得支票时有恶意或重大过失者除外。"资料来源：载澳门地区印务局网，http://bo.io.gov.mo/bo/i/99/31/codcomcn/codcom1201.asp，最后访问日期：2015 年 12 月 10 日。另可参考赵秉志总编：《澳门商法典》，中国人民大学出版社 1999 年版，第 344 页。

[3] 请参阅日本《支票法》第 13 条；张凝、［日］末永敏和：《日本票据法原理》，中国法制出版社 2012 年版，第 366 页。

[4] 请参阅施文森：《票据法论——兼析联合国国际票据公约》，三民书局 2005 年版，第 369~370 页；覃有土、李贵连主编：《票据法全书》，中国检察出版社 1994 年版，第 1743 页。

3. 英国票据法

英国《票据法》第 20 条规定："……经签名的空白格式，为使其作成汇票而经由签名人交付的，因利用该出票人或承兑人或背书人的签名，故应将该空白格式视作当然授权（prima facie authority）而予以填写使其成为完整的汇票，该汇票具有金额……在同样方式下，欠缺其他实质事项的汇票，汇票占有人享有当然授权，应填入其认为适当而被省略的事项（第 1 款）。由于任何这类票据完成时应具有强制性以便对抗票据完成前的任何关系人，所以须在合理期间内严格遵照所赋予的权限填写完成，为此目的而称的合理期间属于事实问题。如果任何这类票据在完成后流通到票据正当持有人手中的，该票据在其持有时应完全有效，并应认为该票据是在合理期间内严格遵照所赋权限填发的（第 2 款）。"[1]英国《票据法》中使用非常特殊的"prima facie authority"一词，具有表面授权之意，本书认为可以作为当然授权的解释。因为该票据法规定，空白票据上如有出票人或承兑人或背书人的签名并交付空白票据，则应视为已经有当然授权持票人在合理期间内补充完成空白票据的意思。此种未完成的票据附随有空白补充权，可以由他人日后行使补充权而成为完全票据，即为空白授权票据。

4. 美国票据法

美国《统一商法典》第 3-115 条规定："（a）'不完全票据'（Incomplete Instrument）是指一份已被签名的文件，无论它是否是由签名者发行的，只要该文件的内容表明在签名时它是不完全的，但是签名者旨在通过对词句或数字的补充而使它变得完全即可。（b）根据（c），如果不完全票据是第 3-104 条规定的票据，它就可以在不完全的情况下根据其记载得到执行或者根据通过完善而补充的记载得到执行。如果不完全票据不是第 3-104 条规定的票据，但是，在其得到完善后就满足了第 3-104 条的要求时，该票据就可以根据通过完善而补充的记

〔1〕　郭锋、常风编：《中外票据法选》，北京理工大学出版社 1991 年版，第 104 页；覃有土、李贵连主编：《票据法全书》，中国检察出版社 1994 年版，第 1837 页；英文条文，See Dudley Richardson, Guide to Negotiable Instruments and the Bills of Exchange Acts, Butterworth & Co (Publishers) Ltd., 7th edition, 1983, pp. 63~65.

载得到执行。(c) 如果对不完全票据上的词句或数字的补充未经签名人授权,该补充就构成了第 3-407 条规定的对不完全票据的变造。(d) 证明对不完全票据上的词句或数字的补充是未经签名人授权的责任由主张缺乏授权的人承担。"[1]

上述的日内瓦《汇票及本票法统一公约》《支票法统一公约》及其他国家与地区的票据法都对空白票据的补充权人如果滥用补充权,构成对人的抗辩事由,不能以此对抗票据的善意取得人。其目的在于促进票据的流通及维护票据交易安全。但是如果持票人取得票据时有故意或重大过失,则不受票据抗辩限制的保护。而英美票据法相对于日内瓦《汇票及本票法统一公约》《支票法统一公约》的规范内容较为详细且具体明确。本书认为《联合国国际汇票及国际本票公约》第 12 条规定的内容,颇具参考借鉴。因此,拟于协议建议稿中对空白票据明文规范。

二、空白票据的效力

有关空白票据的效力,可以分为以下三种情形:

(一) 空白票据补充记载前的效力

由于空白票据在补充记载完成前,仍属于未完成的票据,在欠缺绝对必要记载事项,国际票据公约及各国票据立法例对此种票据,通常是限制票据权利人行使票据权利。

大陆地区《支付结算办法》第 119 条更进一步规定:"未补记前不得背书转让和提示付款。"但对于是否能以非背书转让或交付方式转让,并无规定。有学者认为:"未补记收款人名称的支票依法可以以交

---

〔1〕 引自〔美〕ALI(美国法学会)、NCCUSL(美国统一州法委员会):《美国〈统一商法典〉及其正式评述》(第 2 卷),李昊等译,中国人民大学出版社 2005 年版,第 30~31 页;英文条文,See Kenneth W. Clarkson, Roger LeRoy Miller, Gaylord A. Jentz (et al.), Business Law Text and Cases: Legal, Ethical, Global, and E-Commerce Environment, South-Western Cengage Learning, 11th edition, 2009, "Appendix C: The Uniform Commercial Code", p. A57.

付方式进行转让的。"[1]

台湾地区"票据法"对此并无规定，而台湾地区司法实务见解认为，未记载绝对必要记载事项的票据，属于无效票据。但学者多数承认空白授权票据，认为空白授权票据是空白票据行为人授予补充权人补充记载的权限，因此，空白授权票据转让附随有补充权，在补充行为完成前，仍可背书转让票据，但持票人不可以行使票据权利，必须在空白票据依补充记载而转化为完全票据，才能行使票据权利。[2]

（二）空白票据补充记载后的效力

空白授权票据自补充记载完成后，成为完全的票据。但是在成为完全票据前，在票据上所为的票据行为效力如何，因法无明文规定，在适用上存在疑义。台湾地区学者通说认为补充权是一种形成权，因此，空白票据的效力，在补充前所为的出票、背书及保证等空白票据行为，应自补充完成时起，各自发生票据行为的效力，且此种效力无溯及效力。[3]大陆地区多数学者认为，补充记载完成后的票据，即与自始依法记载完全的票据有同样的法律效力，票据债务人不得以票据原来未记载完全为理由对抗持票人。[4]

（三）滥用补充权的效力

补充权的滥用，是指补充权人违反空白票据授权行为人的意思所为的补充行为。亦即，补充权人在票据上所补充记载的内容与授权行为人的实际授权范围不一致。主要有三种类型：第一，补充权人超越授权补记的范围；第二，补充权人违反授权人的意思进行补充记载；第三，补充权人不作为。[5]对于补充权滥用的处理，按国际票据公约

---

[1]　董安生主编：《票据法》，中国人民大学出版社 2009 年版，第 124 页。

[2]　梁宇贤：《票据法新论》，自版 1997 年版，第 79 页。

[3]　梁宇贤：《票据法新论》，自版 1997 年版，第 79 页。

[4]　李绍章：《中国票据法原理》，中国法制出版社 2012 年版，第 54 页；吴庆宝主编：《票据诉讼原理与判例》，人民法院出版社 2005 年版，第 485~486 页；强力、王志诚：《中国金融法》，中国政法大学出版社 2010 年版，第 223 页。

[5]　张文楚：《票据法导论》，华中科技大学出版社 2006 年版，第 218 页。

及各国票据立法例的规定，主要可归纳为三项：第一，可对抗滥用补充权人，即出票人可以此为抗辩事由，对抗补充权人的票据请求，此种抗辩为补充权滥用的对人抗辩。第二，可对抗恶意或重大过失而取得票据的持票人。第三，不得对抗善意持票人。〔1〕

对于补充权滥用的情形，两岸票据法均未规范此种情形，而相关的国际票据公约及各国票据立法例对此则有规定，已于前所述，如日内瓦《汇票及本票法统一公约》第10条对此有规定，"汇票于发票时欠缺应记载事项，经补充记载完成，而其补充不符合原订协议时，付款人不得以此对抗执票人。但执票人以恶意或有重大过失取得汇票者，不在此限。"换言之，空白票据的补充权人滥用补充权，也不能对抗票据的善意取得人。〔2〕因此，本书为填补两岸票据法对此种未规范的情形，参考国际票据公约及各国票据立法例，于"两岸票据制度一体化协议（建议稿）"中予以明确统一规范，既可弥补两岸现行票据法的不足，又可维护票据当事人的票据权益，促进两岸票据流通及维护票据交易安全，可谓具有两全之优点。

三、协议建议稿

由于两岸票据法对空白授权票据的规定有所差异，且条款规定中亦有不明确之问题，本书拟参考日内瓦《汇票及本票法统一公约》第10条、《联合国国际汇票及国际本票公约》第12条及各国票据立法例规定，明确承认两岸票据的"空白授权票据"的存在，并可以授权他人记载票据上的事项。票据债务人不得以票据原欠缺应记载事项为理由，对于善意持票人主张票据无效；同时，对于在票据补充完成前所为的出票、背书及保证等票据行为，明确规定，应自补充完成时起，各自发生票据行为的效力，并依票据文义性负其票据责任，而且票据债务人不得以票据原未记载完全为理由对抗持票人，以确保权利人的

---

〔1〕 张文楚：《票据法导论》，华中科技大学出版社2006年版，第218~219页。
〔2〕 该公约第77条第2款规定，关于空白汇票的规定适用于本票；日内瓦《支票法统一公约》第13条对于空白支票有相同规定。

票据权利及维护票据交易安全，促进两岸票据的流通。

本书对空白授权票据的重要问题，拟于协议建议稿中规定如下：

【空白授权票据及效力】

①票据上的记载事项，可以授权他人为之。

②善意持票人取得已具备本协议规定应记载事项的票据者，可以依票据文义行使权利；票据债务人不得以票据原欠缺应记载事项为理由，对于善意持票人主张票据无效。

③空白授权票据如未经授权或与授权不符而补充完成者，按下列情形区分责任：

（一）在空白授权票据补充完成前签章的人，可以持票人在其取得票据时明知欠缺授权为抗辩。

（二）在空白授权票据补充完成后签章的人，应按补充完成的票据负其责任。

（三）补充权人超越范围为补充时，对于非恶意或重大过失而取得票据者，空白授权行为人仍应负其责任。但补充权人为持票人时，空白授权行为人可以行使抗辩权。

④在票据补充完成前所为的出票、背书及保证等票据行为，应自补充完成时起，各自发生票据行为的效力，并依票据文义性负其票据责任。票据债务人不得以票据原未记载完全为理由对抗持票人。

此外，协议建议稿还拟规定：未签章的空白票据不可以止付通知；如果已签章的空白授权票据可以为止付通知的预示，并于提示承兑或付款时，发生通知止付的效力。票据丧失时，票据权利人可以向付款地法院申请公示催告。已签章的空白授权票据丧失时，票据权利人也可以向付款地法院申请公示催告。

第五节　两岸票据丧失补救协议

票据丧失，是指持票人并非出于自己的本意而丧失对票据的占有，包括绝对丧失与相对丧失。[1]前者也称为票据灭失，如被水洗而无法辨认，属于因事实上的灭失；后者称为票据遗失，如不慎遗失、被他人盗窃、被抢夺或其他事由而丧失票据的占有。

票据上的权利因作成票据而发生，且是以支付一定金额为其标的，因而属于表彰货币财产权的给付请求权；而票据权利的发生、移转及行使，都必须占有票据，且票据权利的行使必须以占有票据及提示票据为必要条件，因此，票据上的权利与占有票据间，具有不可分离的关系，而返还票据为请求履行票据债务的要件。就此而言，票据所表彰者不仅是设权证券、金钱证券、提示证券，返还证券等性质，更是具有完全有价证券的性质。故而，倘若票据权利人丧失票据的占有，不仅无法实现票据权利，而且有可能被无权利人冒领票据金额之风险，因此，各国票据立法例对于票据丧失通常设有相关救济的规定，而大陆地区与台湾地区的票据法律制度亦不例外，也同样设计了一套补救的方法。尽管两岸票据法均设有对票据丧失的救济制度，但具体的规范内容仍有不同，如大陆地区《票据法》第 15 条规定，票据丧失救济的方法包括止付通知、公示催告及提起诉讼，《民事诉讼法》第 222 条规定了除权判决；而台湾地区"票据法"第 18 条及第 19 条规定，票据丧失救济的方法有止付通知、公示催告，"民事诉讼法"第 564 条规定了除权判决，"票据法施行细则"第 4 条规定了假处分，并无"提起诉讼"此项规定。

各国票据立法例对于票据权利人丧失票据的救济方法，其规定各有不同，主要约有四种：第一，票据权利人可以提供担保向出票人请求交付新的票据或副本，如英国《票据法》第 69 条的规定。[2]第二，票据权利人可以提供担保申请法院为裁判命令支付，如法国《商法典》第 140 条、第 142 条、第 143 条、法国《支票法》第 36a 条等的

---

〔1〕 徐孟洲主编：《票据法教学案例》，法律出版社 2006 年版，第 163 页；王小能编：《票据法教程》，北京大学出版社 2001 年版，第 115 页。

〔2〕 请参阅郭锋、常风编：《中外票据法选》，北京理工大学出版社 1991 年版，第 126 页；See Dudley Richardson, Guide to Negotiable Instruments and the Bills of Exchange Acts, Butterworth & Co (Publishers) Ltd., 7th edition, 1983, p.134.

规定。[1]第三，票据权利人可以请求法院为公示催告，并申请除权判决，如德国《票据法》第 90 条、德国《支票法》第 59 条等的规定。[2]第四，失票人（指在银行账户开立票证的人）可以向银行为止付指示的规定，如美国《统一商法典》第 4 - 403 条也有规定所谓的"止付通知指示（Stop - Payment Orders）"，如果是口头指示的止付，其有效期限为 14 日，但是在 14 日内得到书面的确认，其有效期限为 6 个月；如果是书面的止付指示（Written Stop - Payment Orders），其有效期限为 6 个月。[3]

日内瓦票据法公约对于票据丧失的救济方式并未规定；而《联合国国际汇票及国际本票公约》第 78 条至第 83 条等，则对于票据丧失的救济方法有详细规定。[4]但其具体内容与各国票据立法例的具体规定仍有不同。

为发展两岸票据，假设有两岸票据发生丧失情形，其救济方法倘仍适用两岸现行之票据法规定，将会因为两岸法制所设之救济程序规定不同，造成无所适从或者不合理现象，因此，必须有一体化制度作为共同遵循与适用的依据，才能一体性适用于两岸票据，其目的在于解决不公平的情形，而避免因为法制的不同造成不公平的现象。换言之，对于两岸票据丧失及其补救措施必须要实现制度一体化。基于此，本书认为必须先了解两岸对于票据丧失救济程序所设之差异所在，才

---

〔1〕　请参阅金邦贵译：《法国商法典》，中国法制出版社 2000 年版，第 55 页、第 413 页；覃有土、李贵连主编：《票据法全书》，中国检察出版社 1994 年版，第 1916 页、第 1926 页。

〔2〕　请参阅覃有土、李贵连主编：《票据法全书》，中国检察出版社 1994 年版，第 1903、1911 页；国务院研究室财金贸易研究司编：《中华人民共和国票据法实务全书》，企业管理出版社 1995 年版，第 1099 页、第 1106 页。

〔3〕　请参阅［美］ALI（美国法学会）、NCCUSL（美国统一州法委员会）：《美国〈统一商法典〉及其正式评述》（第 2 卷），李昊等译，中国人民大学出版社 2005 年版，第 227~229 页；Kenneth W. Clarkson, Roger LeRoy Miller, Gaylord A. Jentz（et al.），Business Law Text and Cases：Legal, Ethical, Global, and E-Commerce Environment, South-Western Cengage Learning, 11th edition, 2009, p. 548.

〔4〕　《联合国国际汇票及国际本票公约》第 78 条至第 83 条等规定，请参阅施文森：《票据法论——兼析联合国国际票据公约》，三民书局 2005 年版，第 402~404 页。

能真正提出合理的解决方案。为此，本书首先就两岸对于票据丧失及其补救制度的有关规定进行比较分析；其次，就其中的差异性寻找妥适的折衷方案，进而予以一体化规范于协议建议稿中。但是，对于仅属单纯操作程序事项，而不影响持票人之权益者，原则上拟采用补救程序所在地法的规定处理。因此，协议建议稿仅规范原则性问题，而不另行具体规范操作的细节问题，以保持协议建议稿内容的弹性空间。

一、止付通知

止付通知，又称为"挂失止付"，是指失票人（即票据权利人）将丧失票据的情形通知付款人并由接受通知的付款人决定暂停支付，以防止票据款项被他人冒领的一种补救措施。但此种止付通知在性质上仅仅是一种暂时性的措施，因为通知人究竟是否为真正丧失票据的失票人或票据权利人，尚未得到实质的审查，但是又为保护失票人的权益，给予失票人相当的时间处理票据丧失问题的权宜设计，因此有一定期间的限制。如果失票人怠于采取其他措施补救，超过该期间则止付通知将失其效力。[1]

按大陆地区规定，票据丧失时，失票人可以及时通知票据付款人或代理付款人挂失止付。收到挂失止付通知的付款人或代理付款人，应当暂停支付。但是，如果付款人或代理付款人在收到失票人的挂失止付通知书之前，已经向持票人付款者，除非付款人或者代理付款人有恶意或者重大过失付款情形外，否则不再承担责任。[2]失票人在通知挂失止付后，应当在3日内，依法向人民法院申请公示催告或提起诉讼；失票人也可以不挂失止付而在票据丧失后，直接依法向人民法院申请公示催告或提起诉讼。[3]换言之，如果失票人通知付款人或代理付款人票据挂失止付，则必须在3日内依法向人民法院申请公示催

---

〔1〕 王小能编：《票据法教程》，北京大学出版社2001年版，第117页。
〔2〕 请参阅大陆地区《支付结算法》第51条。
〔3〕 请参阅大陆地区《票据法》第15条。

告或提起诉讼，并向付款人或代理付款人提供相关证据以证明之，以持续挂失止付的效力。如果付款人或者代理付款人自收到挂失止付通知书之日起 12 日内，仍未收到人民法院的止付通知书者，自第 13 日起，持票人提示付款并依法向持票人付款，付款人或者代理付款人即不再承担责任。[1]

台湾地区规定，票据丧失时，票据权利人可以通知付款人止付。但是必须在止付通知后 5 日内，向付款人提出已申请公示催告的证明，否则该止付通知失其效力。[2]丧失票据的票据权利人，也可以直接向法院申请公示催告。即使在公示催告程序开始后，到期的票据，申请人可以申请提供担保，请求支付票据金额；如果不能提供担保时，可以请求将票据金额依法提存。对于未到期的票据，申请人可以申请提供担保，请求给与新票据。[3]其中，有关提供担保而请求支付票据金额、请求给与新票据，或者未能提供担保而请求依法提存等，这些规定是大陆地区《票据法》所未规定的事项。

为止付通知的人是指失票人，亦即真正的票据权利人，台湾地区司法实务认为也包括票据交付前的出票人；至于票据交付后他人丧失票据的出票人，仅为单纯的票据债务人，不得为止付通知。[4]

---

〔1〕 请参阅大陆地区《支付结算法》第 50 条。

〔2〕 请参阅台湾地区"票据法"第 18 条。

〔3〕 请参阅台湾地区"票据法"第 19 条。

〔4〕 台湾地区"司法院"1983 年 2 月 24 日 1983 厅民一字第 0124 号函："法律问题：按票据为不得享有票据上权利或票据权利应受限制之人获得时，原票据权利人得依假处分程序，声请法院为禁止占有票据之人向付款人请求付款之处分。票据法施行细则第 4 条定有明文，惟所称'原票据权利人'是否包括发票人，实务上之见解不一，应以何者为是？讨论意见：甲说（否定说）：按票据发票人有按照票据文义担保支付之义务（'票据法'第 5 条、第 29 条第 1 项、第 126 条、第 121 条）发票人应属票据债债务人，非票据权利人甚明，自无该法条所规定得为假处分声请之适用（'最高法院'1981 年度抗字第 1189 号裁定）。乙说（肯定说）：发票人于签发票据后尚未交付与他人前，票据尚在发票人持有中，依'票据法'第 24 条 4 项、第 25 条规定意旨持有票据者即为票据权利人。倘因恶意或其他不法方法对之取得票据，致有不得享有票据权利或票据权利应受限制等情形，如未赋予发票人为假处分之声请权利，洵不足以保障其权益，参之执票人丧失票据，'票据权利人'得声请公示催告，实务上亦包括发票人在内，自以采肯定

止付通知并非票据丧失后票据权利补救的必经程序，仅仅是失票人（票据权利人）在丧失票据后可采取的一种暂时性预防措施，以防止被他人冒领。因此，失票人也可以不经过止付通知，直接向法院申请公示催告，台湾地区司法实务曾明确表示。[1]因此，具体实践上，是否为止付通知属于失票人的权利，由其自行决定。

大陆地区《票据法》第15条第3款规定，失票人可以直接向人民法院提起民事诉讼，请求法院判令付款人向其支付票款。但是，台湾地区司法实务认为，票据上权利的行使与票据占有，在票据法上有不可分离的关系，故持票人丧失票据时，在未回复其占有前，除有《票据法》第19条规定情形，可以为公示催告的申请（声请），并于公示催告程序开始后，可以提供担保请求票据金额的支付外，只能依同法第18条为止付通知，不得对于票据债务人行使票据上的权利，提起请求支付票据金额之诉。[2]此为两岸规定之不同。

（一）止付通知人

大陆地区为止付通知人是指"失票人"；台湾地区为止付通知人是指"票据权利人"。两岸规定的止付通知人的概念范围是否相同，存在疑义。[3]

（接上页）说，理论上始告一贯（高院1981年抗字第1244号裁定）。结论：多数采乙说。'司法院'第二厅研究意见：发票人签发票据后，在未转让他人以前，同时兼有票据权利人（即对己发票；或票上未载受款人，则发票人视为受款人是）及票据债务人两种身份，'票据法施行细则'第4条所谓'票据权利人'自应包括发票人在内（乙说）；若发票人已任意将票据转让他人，除该票复经回头背书而由发票人持有外，发票人已纯为票据债务人，自难谓系该条所指之'票据权利人'，此际则以甲说为是。（甲说所引'最高法院'1981年度抗字第1189号裁定，应为'台湾高等法院'之误缮）"。请参阅黄宗乐监修、保成六法全书编辑委员会编辑：《六法全书（商事法）》，保成文化事业有限公司1994年版，第504页。

　〔1〕请参阅台湾地区"最高法院"2008年度台抗字第483号民事裁定要旨。

　〔2〕请参阅台湾地区"最高法院"1955年台上字第217号民事判例；台湾地区"最高法院"1977年台上字第636号民事判例。

　〔3〕请参阅大陆地区《票据法》第15条第1款；台湾地区"票据法"第18条第1项。

1. 大陆地区规定

大陆地区《票据法》第15条第1款规定的止付通知人，是指"失票人"。此处的失票人的范围，"是指按照规定可以背书转让的票据在丧失票据占有以前的最后合法持票人"。[1]但是，大陆地区有学者认为，此规定缩小了失票人的范围，不利于保障失票人的合法权益。其认为失票人应当是持有票据的权利人，包括所有合法取得或持有票据的人，而不应以票据权利人为限。换言之，其认为失票人范围应当包括：第一，票据丧失前最后持有票据的票据权利人；第二，票据丧失前票据权利人将票据交付保管、代收款项、质押保管人、委托收款的被背书人、质权人；第三，票据丧失以前依合法取得票据，但因欠缺其他要件而不享有票据权利的最后持票人；[2]第四，交付票据前丧失票据的出票人或背书人；第五，付款后尚未注销而丧失票据的付款人、承兑人。[3]此外，有学者也认为，票据丧失的补救措施制度中的丧失，是指丧失对票据的占有，此种票据占有包括直接占有与间接占有两种情形。尤其，"在间接占有的情况下，直接占有票据者不享有票据权利，一旦票据丢失，如果他不采取补救措施，票据权利人就有蒙受损失的可能，故而，应给予票据权利人采取适当措施的权利"，[4]如原持票人通过委托收款背书或者质押背书而实际上不占有票据等情形。也有学者认为，止付通知人必须是真正的票据权利人。[5]"所谓真正

---

〔1〕《最高人民法院关于审理票据纠纷案件若干问题的规定》第26条。

〔2〕 学者认为，基于他人伪造签章或从无行为能力人签章取得票据而不享有票据权利时，能否成为失票人，原则应当允许。主要在于：其虽不享有票据权利，但存在因丧失票据而向以后取得票据人承担责任的风险，对于这种风险进行控制是其合法权利，应当保护。请参阅吕来明：《票据法基本制度评判》，中国法制出版社2003年版，第306页。

〔3〕 吕来明：《票据法基本制度评判》，中国法制出版社2003年版，第305~308页；张文楚：《票据法导论》，华中科技大学出版社2006年版，第191页；王小能主编：《中国票据法律制度研究》，北京大学出版社1999年版，第143页；王秉乾编：《比较票据法案例选评》，对外经济贸易大学出版社2013年版，第166~167页。

〔4〕 王小能主编：《中国票据法律制度研究》，北京大学出版社1999年版，第143页。

〔5〕 郭锋等：《票据法学》，北京师范大学出版社2014年版，第198页。

票据权利人,指依背书的连续证明其权利资格,并无诈欺、偷盗、胁迫、恶意或重大过失等情况的持票人。"[1]

2. 台湾地区规定

台湾地区"票据法"第18条第1项规定的止付通知人,是指"票据权利人"。旧"票据法"规定止付通知人应为"持票人",但是,当时修法时,即现行"票据法"认为持票人的概念不足涵盖所有的票据权利人,如票据权利人将票据委托金融业者托收,此时持票人为金融业者,如果金融业者破产,而丧失票据时,原票据权利人即无法为止付通知或公示催告的申请,将影响票据权利人的权益,因此,将"持票人"改为"票据权利人"。对此修法所持理由,台湾地区有学者持不同观点,认为如"一经发票人签章而未交付受款人或执票人前丧失时,除如本票发票人即为付款人,或支票、汇票之发票人兼付款人外,不无被冒领之虞,故此时发票人虽非票据权利人,亦有为止付通知,使付款人停止付款之必要"。[2]有学者也认为,委任取款被背书人也可以为止付通知人,但台湾地区司法实务认为,银行代收的票据,如果是以委任取款被背书人的身份申请公示催告,则予以裁定驳回,亦即认为银行非票据权利人。于此情形,学者更进一步指出,应以持票人身份申请(声请)为宜,[3]并认为台湾地区现行票据法将止付通知人的身份由"持票人"改为"票据权利人",实有不妥之处。[4]

3. 两岸规范的差异

按大陆地区失票人"是指按照规定可以背书转让的票据在丧失票据占有以前的最后合法持票人"。其止付通知人的范围将小于台湾地区规定"票据权利人"的范围。但是,如果是采大陆地区多数学者的见解,则止付通知人的范围将大于台湾地区规定"票据权利人"的概念

〔1〕 梁宇贤等:《两岸票据法比较导读》,瑞兴图书股份有限公司2004年版,第90页。

〔2〕 郑洋一:《票据法之理论与实务》,自版2001年版,第112页。

〔3〕 郑洋一:《票据法之理论与实务》,自版2001年版,第113页;梁宇贤,《票据法新论》,自版1997年版,第125页。

〔4〕 梁宇贤:《票据法实例解说》,自版1995年版,第180页。

范围。

本书认为持票人的概念应包含票据权利人及最后占有票据之人，故而，其概念范围较票据权利人的概念为广泛。因此，在"两岸票据制度一体化协议（建议稿）"中，拟采用持票人概念，并认为持票人包括下列情形之一：（一）票据丧失前最后持有票据的票据权利人；（二）票据丧失前票据权利人将票据交付保管、代收款项、质押保管人、委托收款的被背书人、质权人；（三）票据丧失以前依合法取得票据，但因欠缺其他要件而不享有票据权利的最后持票人；（四）交付票据前丧失票据的出票人或背书人；（五）付款后尚未注销而丧失票据的付款人、承兑人。因此，为维护两岸票据当事人的票据权益，保障失票人的合法权益，有必要扩大可为止付通知人的范围。因此，本书参考大陆地区多数学者的观点，拟于"两岸票据制度一体化协议（建议稿）"中，对于两岸票据丧失可以为止付通知人界定为持票人，并对持票人的范围予以统一规范。

（二）止付通知的适用范围

关于止付通知的适用范围，是指可以为挂失止付的票据。由于两岸票据法对于票据种类规定不同，故而对于可挂失止付的票据范围亦有所不同。

1. 大陆地区规定

票据丧失时，失票人可以及时通知票据的付款人挂失止付。但是，如果未记载付款人或者无法确定付款人及其代理付款人的票据，因无法确定付款人或其代理付款人，即无法确定将挂失止付通知发往何处，故而属于不能挂失止付的票据。[1]因此，挂失止付的票据必须记载付款人或代理付款人。按照大陆地区《票据法》第22条、第84条规定，汇票及支票未记载付款人，属于无效汇票、支票，不需挂失止付；而本票的出票人为付款人，本票无出票人签章，即无付款人，亦属于无效本票，亦不需挂失止付。[2]简言之，未记载付款人的汇票、本票

---

〔1〕 请参阅大陆地区《票据法》第15条第1款。
〔2〕 请参阅大陆地区《票据法》第75条。

（出票人即为付款人）及支票属于无效票据，不能挂失止付。至于
"无法确定付款人的代理付款人（通常指银行）的票据"，实务上通常
是指银行汇票、银行承兑汇票等，此种票据，虽然并非属于无效票据，
但是，由于此种票据是由代理付款人在见票时直接支付票据金额，如
果未在票据上记载代理付款人，挂失止付的通知即无法送达，因此，
也不能挂失止付。[1]如果已付款的票据，也不能办理挂失止付。[2]如
果丧失的是完全空白票据（如空白支票本），属于空白票据纸张，并
非有效的票据，自然也无需办理挂失止付。

　　大陆地区《支付结算办法》第48条规定："已承兑的商业汇票、
支票、填明'现金'字样和代理付款人的银行汇票以及填明'现金'
字样的银行本票丧失，可以由失票人通知付款人或者代理付款人挂失
止付（第1款）。未填明'现金'字样和代理付款人的银行汇票以及
未填明'现金'字样的银行本票丧失，不得挂失止付（第2款）。"据
此规定，未承兑的商业汇票、转账银行汇票及转账银行本票，也不适
用挂失止付的规定。

　　2. 台湾地区规定

　　台湾地区对于无存款又未经允许垫借票据的情形，是不受理止付
通知的。对于存款不足或超过付款人允许垫借金额的票据，可以在其
存款或允许垫借的额度范围内止付；如果再有存款或续允垫借时，可
以继续予以止付。简言之，对无存款又未经允许垫借票据，是不受理
挂失止付通知。[3]至于未届到期日的票据及远期支票（预开支票）未
届出票日，也不得为止付通知。但是，付款人应先予登记，于票据到
期后，再依挂失止付程序办理。[4]空白授权票据如补充记载完成，是

---

〔1〕　徐孟洲主编：《票据法教学案例》，法律出版社2006年版，第166~167页。
不过，依据《最高人民法院关于审理票据纠纷案件若干问题的规定》第27条规定，允
许出票人已经签章但未记载代理付款人的银行汇票丧失后，失票人可以依法向出票银行
所在地人民法院申请公示催告。
　　〔2〕　大陆地区《票据管理实施办法》第21条规定："付款人或者代理付款人在收
到挂失止付通知书前，已经依法向持票人付款的，不再接受挂失止付。"
　　〔3〕　请参阅台湾地区"票据法施行细则"第5条第2项。
　　〔4〕　请参阅台湾地区"票据法施行细则"第5条第3项。

可以为止付通知，[1]但如果未补充记载完成前，依据台湾地区司法实务见解，认为此种止付通知仅属于一种"止付之预示"，应待空白票据补充记载完成，才能发生止付的效果，并于补充记载完成的票据提示时，按有效票据丧失时的止付手续处理。[2]

　对于经付款人付款的票据，也不能止付通知。[3]这里所谓经付款人付款的票据，是指经持票人记载收讫字样，签章为证，并交出票据予以付款而言。因此，业经付款人付款的票据，其票据权利已经消灭，纵然为止付通知，已经无法达到止付通知的目的，故而不适用止付通知的规定。[4]

　票据经止付通知而失其效力者，同一人不可以对同一票据再通知止付，亦即止付通知失效的票据，属于不得为止付通知的票据。[5]保

---

　〔1〕　请参阅台湾地区"票据法施行细则"第5条第4项。

　〔2〕　台湾地区"高等法院"2006年度抗字第1270号民事裁定理由："按票据丧失时，票据权利人得为公示催告之声请，票据法第19条第1项定有明文；又无记名证券或空白背书之指示证券，得由最后之持有人为公示催告之声请；前项以外之证券，得由能据证券主张权利之人为公示催告之声请，为'民事诉讼法'第558条第1项、第2项所明定。又业经签名或盖章而未记载完成之空白票据丧失后，未经他人补充记载完成前，为无效之票据，即非证券，固不得为公示催告之声请（'最高法院'1979年10月23日1979年度第15次民事庭会议决议参照）；唯因'票据法'第11条第2项规定：'执票人善意取得已具备本法规定应记载事项之票据者，得依票据文义行使权利；票据债务人不得以票据原系欠缺应记载事项为理由，对于执票人，主张票据无效'，是空白票据丧失后经他人补充记载完成提示前，仍有通知止付之必要，'票据法施行细则'第5条第4项因而明定：'通知止付之票据如为业经签名而未记载完成之空白票据，而于丧失后经补充记载完成者，准依前两项规定办理，付款人应就票据金额额度内予以支付'，唯此一止付通知，仅属'止付之预示'（上开'最高法院'决议所附研究报告参照），应待其空白补充记载完成，始生止付之效果，并于该补充记载完成之票据提示时，依一般有效票据丧失时之止付手续办理，为止付通知之人应依'票据法'第18条第1项之规定，于5日内提出已为公示催告声请之证明，否则，依同条第2项之规定，止付通知即失其效力。……"

　〔3〕　请参阅台湾地区"票据法施行细则"第6条。

　〔4〕　梁宇贤等：《两岸票据法比较导读》，瑞兴图书股份有限公司2004年版，第91页。

　〔5〕　请参阅台湾地区"票据法施行细则"第7条第2项。

付支票也不适用止付通知的规定。[1]但是，保付支票可以申请公示催告，以资救济。[2]

此外，对于空白本票本、空白支票簿，不同于空白授权票据，属于无效票据，自然亦不得挂失止付通知。

3. 两岸规范的差异

大陆地区不能挂失止付的票据，主要可归纳为六类：第一，已付款的票据；第二，未记载付款人的汇票、本票及支票；第三，无法确定付款人的代理付款人银行汇票、银行承兑汇票；第四，未承兑的商业汇票；第五，转账银行汇票及转账银行本票；第六，完全空白的票据（如空白支票簿）。

台湾地区不能挂失止付的票据，主要可归纳为六类：第一，已经付款的票据；第二，止付通知已经失效的票据；第三，未届到期日的票据及未届出票日的远期支票（预开支票）；第四，保付支票；第五，未记载完成的空白授权票据；第六，完全的空白票据（如空白本票本、空白支票簿）。换言之，台湾地区于票据丧失时，票据权利人可以为止付通知的票据，包括有效票据、到期票据、已届出票日的支票、补充记载完成的空白授权票据等。

（三）止付通知的程序

关于票据的止付通知程序，两岸规定详略不同：

1. 大陆地区规定

失票人通知票据的付款人挂失止付时，应填写挂失止付通知书并签章。付款人或代理付款人收到票据挂失止付的通知书，应当立即暂停支付该票据的票款。[3]挂失止付通知书应记载事项包括：（1）票据丧失的时间和事由；（2）票据种类、号码、金额、出票日期、付款日期、付款人名称、收款人名称；（3）挂失止付人的名称、营业场所或

---

[1] 请参阅台湾地区"票据法"第138条第4项。

[2] 梁宇贤等：《两岸票据法比较导读》，瑞兴图书股份有限公司2004年版，第98页。

[3] 请参阅大陆区《票据法》第15条，《票据管理实施办法》第19条、第20条。

者住所以及联系方法。如果挂失止付通知书中欠缺这些记载事项，付款人或者代理付款人将不受理挂失止付。[1]

2. 台湾地区规定

票据权利人为止付的通知时，应填写挂失止付通知书并载明下列事项，通知付款人：（1）票据丧失经过；（2）丧失票据之类别、账号、号码、金额及其他有关记载；（3）通知止付人之姓名、年龄、住所。其为机构、团体者，应于通知书上加盖正式印信。其为公司、行号者，应加盖正式印章，并由负责人签名。个人应记明公民身份证字号。票据权利人为出票人时，应使用原留印鉴。[2]

3. 两岸规范的差异

两岸对于止付通知的程序，主要在于止付通知书的内容规范详尽各有不同，但对于失票人为止付通知的具体操作影响不大，对此，本书认为可以直接适用挂失止付所在地的规定即可，尚无须于协议建议稿中为详细规范之必要。

（四）止付通知的效力

关于票据的止付通知的效力，两岸规定不同：

1. 大陆地区规定

收到挂失止付通知的付款人，应当暂停支付。[3]换言之，付款人应当在收到挂失止付通知书时，即负有暂时停止支付票款的义务，否则应当承担民事赔偿责任。但是，如果付款人或代理付款人在收到挂失止付通知书前，已经依法向持票人付款，不再接受挂失止付，也不再承担责任。但是，如果付款人或代理付款人有恶意或重大过失为付款情形，仍须负责赔偿责任。[4]

此外，失票人为挂失止付通知后，应当在 3 日内依法向人民法院申请公示催告或者向人民法院提起诉讼，并提供相关证据，以持续挂

---

〔1〕　请参阅大陆地区《票据管理实施办法》第 19 条第 2 款后段，《支付结算办法》第 49 条。

〔2〕　请参阅台湾地区"票据法"第 18 条，"票据法施行细则"第 5 条第 1 项。

〔3〕　请参阅大陆地区《票据法》第 15 条第 2 项。

〔4〕　请参阅大陆地区《票据管理实施办法》第 21 条，《支付结算办法》第 51 条。

失止付的效力。付款人或者代理付款人自收到挂失止付通知书之日起12 日内，如果仍未收到人民法院的止付通知书，自第 13 日起，失票人的挂失止付通知书即失其效力，持票人提示付款，可以依法向持票人付款，而不再承担责任。[1]

2. 台湾地区规定

台湾地区票据丧失为止付通知后，必须在 5 日内向付款人提出已向法院申请公示催告的证明，逾期提出证明，止付通知失其效力。[2]票据权利人虽曾向付款人提出向法院申请公示催告的证明。但其申请被驳回或撤回者，或其除权判决的申请被驳回确定或撤回，或逾期未申请除权判决者，止付通知失其效力。[3]

3. 两岸规范的差异

台湾地区规定票据权利人未于提出止付通知书后 5 日内，向付款人提出已申请公示催告的证明，止付通知失其效力。而大陆地区规定，挂失止付通知后 3 日内，向付款人或代理付款人提供已向人民法院申请公示催告或者向人民法院提起诉讼的相关证明，以持续挂失止付的效力，否则止付通知立即失其效力。但是，付款人或者代理付款人还必须在 12 日内收到法院发出的止付通知书才能持续维持止付的效力。如果付款人或者代理付款人自收到失票人的挂失止付通知书之日起 12日内，仍未收到人民法院的止付通知书，自第 13 日起，挂失止付通知书也会失其效力。此处有两点不同：第一，台湾地区挂失止付后证明已向法院采取一定措施的期间（5 日）较大陆地区规定的期间（3 日）长。第二，大陆地区规定，在 3 日期满的次日起（即失票人通知挂失止付的次日起算）至 12 日内，收到人民法院的止付通知时，按人民法院的止付通知办理；反之，如果没有收到法院的止付通知书，从第 13日起，止付通知书失效。台湾地区并无规定必须由法院发出止付通知，但是如果申请公示催告被法院驳回或自行撤回者，或其除权判决的申

---

[1] 请参阅大陆地区《票据法》第 15 条第 3 款，《票据管理实施办法》第 20 条，《支付结算办法》第 50 条。

[2] 请参阅台湾地区"票据法"第 18 条。

[3] 请参阅台湾地区"票据法施行细则"第 7 条。

请被驳回确定或撤回，或逾期未申请除权判决者，止付通知失其效力，而且同一人不得对同一票据再为止付之通知。[1] 故而两岸规定不同。

台湾地区"票据法"第 19 条第 1 项规定："票据丧失时，票据权利人得为公示催告之声请。"亦即，票据权利人是否向法院申请公示催告，属于票据权利人的自由决定权；而大陆地区《票据法》第 15 条第 3 款规定："失票人'应当'在通知挂失止付后 3 日内，……依法向人民法院申请公示催告，或者向人民法院提起诉讼。"换言之，必须依法向法院申请公示催告或提起诉讼，此与台湾地区规定内容不同。

本书认为，当票据丧失时，是否申请公示催告属于票据权利人的自由决定权，票款是否被冒领的风险应由票据权利人自行评估决定，因此，并无强制规定票据权利人必须依法向法院申请公示催告之必要。

二、公示催告制度

所谓公示催告，是一种宣告证券无效的公示催告法律程序，是指票据丧失后，由失票人（持票人、票据权利人）向法院提出申请，以公告方式催告不明的利害关系人限期申报权利，如在一定期间内不为申报权利，即产生失权法律效果，而由法院通过除权判决宣告所丧失票据为无效，失票人依据法院的除权判决，再行使或代为行使票据权利，从而使票据权利与票据本身相分离的一种权利救济制度或程序。[2]

（一）申请人[3]

大陆地区学者的观点认为，《票据法》第 15 条第 3 款使用"失票人"的概念，而《民事诉讼法》第 218 条第 1 款使用"票据持有人"

---

[1] 请参阅台湾地区"票据法施行细则"第 7 条。

[2] 徐孟洲主编：《票据法教学案例》，法律出版社 2006 年版，第 167 页；王小能编：《票据法教程》，北京大学出版社 2001 年版，第 123 页；刘家琛主编：《票据法原理与法律适用》，人民法院出版社 1996 年版，第 185 页。

[3] 大陆地区并未如台湾地区法条中区分"申请人"与"声请人"，两个不同概念，均使用"申请人"。而台湾地区法条中区分申请人与声请人两个不同概念：举凡向行政机关提出申请的人，称为"申请人"；举凡向法院提出声请者，称为"声请人"。本书除引用台湾地区法条使用原用语外，为便利论述，于文中统一使用"申请人"。

的概念，两者是同一意义，是指票据被盗、遗失或者灭失前的最后合法持票人。[1]但是，该失票人只能是真正的票据权利人，而不能是不享有票据权利的人，或者票据的代保管人。所谓真正的票据权利人，是指依背书的连续证明其权利资格，并无欺诈、偷盗、胁迫、恶意或重大过失等情形的持票人。[2]

台湾地区"票据法"规定，票据丧失时，票据权利人可以向法院申请公示催告。[3]亦即，可以申请公示催告的人为票据权利人。"民事诉讼法"第558条第1项规定，无记名证券或空白背书的指示证券，可以由最后的持有人申请公示催告。此规定所指的最后持有人，是指证券丧失前持有证券的人，如票据持有人。因此，"票据法"的票据权利人概念与"民事诉讼法"的最后持有人概念，两者在范畴不同，主要在于现行"票据法"于修法时，认为持票人的概念并不能涵盖所有的票据权利人，如票据权利人将票据委托金融业者托收，此时持票人为金融业者，如果金融业者破产，而丧失票据时，原票据权利人即无法为公示催告的申请，将影响票据权利人的权益，因此，"票据法"将持票人改为票据权利人，并以票据权利人为申请人，在解释上也包括出票人；[4]但是，在诉讼程序法中仍以最后持有人为申请人。大陆地区《票据法》是以失票人为申请人。

本书所持观点与上述观点不同，认为票据权利人固然可以向法院申请公示催告，而持票人在特定情形下，也可以票据持有人身份向法院申请公示催告；而对于持票人的概念应当认为包括票据权利人及最

〔1〕《最高人民法院关于审理票据纠纷案件若干问题的规定》第26条规定："票据法第15条第3款规定的可以申请公示催告的失票人，是指按照规定可以背书转让的票据在丧失票据占有以前的最后合法持票人。"；请参阅董安生主编：《票据法》，中国人民大学出版社2009年版，第101页。

〔2〕请参阅董安生主编：《票据法》，中国人民大学出版社2009年版，第101页；梁宇贤：《两岸票据法比较导读》，瑞兴图书股份有限公司2004年版，第99~100页。

〔3〕请参阅台湾地区"票据法"第19条第1项。

〔4〕梁宇贤：《两岸票据法比较导读》，瑞兴图书股份有限公司2004年版，第99页。

后占有票据之人在内，因此，在此种情形，可以申请公示催告人应与止付通知人的范围相同，包括（一）票据丧失前最后持有票据的票据权利人；（二）票据丧失前票据权利人将票据交付保管、代收款项、质押保管人、委托收款的被背书人、质权人；（三）票据丧失以前依合法取得票据，但因欠缺其他要件而不享有票据权利的最后持票人；（四）交付票据前丧失票据的出票人或背书人；（五）付款后尚未注销而丧失票据的付款人、承兑人。但是，此处需要特别说明者在于，当持票人向法院申请公示催告时，按申请者的身份不同而向法院申请公示催告的地位也会有所不同：即票据权利人是以自己具有票据权利的身份向法院申请公示催告；而其他的持票人则是以具有代理权的持票人身份向法院申请公示催告。两者在于向法院申请公示催告的地位不同。

（二）公示催告程序

公示催告是票据丧失时，持票人向法院申请公示催告，经过催告期间后，申请法院作出除权判决，持票人依据法院的除权判决，再行使或代为行使票据权利的一种非诉讼性质的特殊法律程序。

大陆地区《民事诉讼法》规定了公示催告程序；而台湾地区"民事诉讼法"也同样规定了公示催告程序。但是，两岸的具体规范仍有不同，主要差异如下：

1. 可以公示催告的票据

按大陆地区规定，可以申请公示催告的票据限于可以背书转让的票据，[1]包括记名票据及指示票据。至于无记名票据，有学者认为无记名票据仅直接交付即生转让票据的效果，不可以申请公示催告。[2]此外，对于出票人已经签章的授权补记的支票、出票人已经签章但未记载代理付款人的银行汇票、超过付款提示期限的票据等，也属于可以公示催告的票据。[3]

---

[1] 请参阅大陆地区《民事诉讼法》第 218 条第 1 款。

[2] 王小能编：《票据法教程》，北京大学出版社 2001 年版，第 124 页。

[3] 请参阅依据《最高人民法院关于审理票据纠纷案件若干问题的规定》第 25 条、第 27 条、第 28 条。

按台湾地区规定，申报权利的公示催告，以可以依背书转让之证券或法律有规定者为限。换言之，可以公示催告的证券限于可以依背书转让之证券或法律有规定者为限。[1]如果是无记名证券或空白背书的指示证券，可以由最后的持有人申请公示催告。[2]因此，记名票据、指示票据及无记名票据，只要能依法背书转让，都可以申请公示催告。但是，如果属于不得依背书转让的票据，则不能申请公示催告。[3]

此外，关于空白授权票据丧失可否申请公示催告，存在适用上的疑义。对此问题，有否定与肯定两种不同观点。持肯定的学者指出，"空白票据失票后可以申请公示催告……不过由于空白票据与完全票据毕竟存在着一定程度的差别，所以以与完全票据相比，空白票据的公示催告程序具有一定的特殊性……"[4]依据大陆地区规定，对于出票人已经签章的授权补记的支票，是允许向法院申请公示催告。[5]台湾地区司法实务见解，认为欠缺绝对必要记载事项，即为无效之票据。既为无效之票据，即非"证券"，"不得依'民事诉讼法'第 539 条第 1

---

[1] 请参阅台湾地区"民事诉讼法"第 539 条。

[2] 请参阅台湾地区"民事诉讼法"第 558 条第 1 项。

[3] 台湾地区"最高法院"1998 年度台抗字第 100 号民事裁定要旨，"票据丧失时，票据权利人，得为公示催告之声请；公示催告程序开始后，其经到期之票据，声请人得提供担保，请求票据金额之支付，故为'票据法'第 19 条第 1 项、第 2 项前段所明定，惟依该条项规定请求者，限于支票权利人。又'民事诉讼法'第 539 条第 1 项规定得宣告证券无效之公示催告，以得依背书转让之证券及其他法律有规定者为限，支票系属证券之一种，如欲为公示催告之声请，依上开规定，亦应以得背书转让者为限。而依相对人提出之支票复印件所示，系争支票载明受款人并经发票人记载禁止背书转让，依'票据法'第 144 条准用第 30 条第 2 项规定，即属不得依背书转让之支票，又再抗告人纵取得该支票，亦仅得依民法有关债权转让之规定为请求，而无法主张票据权利，自不得为公示催告之声请，尤无依'票据法'第 19 条规定，声请提供担保请求支付票据金额之余地。"

[4] 吴庆宝主编：《票据诉讼原理与判例》，人民法院出版社 2005 年版，第 514 页。此外，采肯定见解的学者尚有郑孟状等，请参阅郑孟状、姜洪明、刘满达等：《支票法论》，中国人民公安大学出版社 2000 年版，第 151~153 页。

[5] 请参阅大陆地区《最高人民法院关于审理票据纠纷案件若干问题的规定》第 25 条。

项之规定声请为公示催告"。[1]因此，台湾地区司法实务采取否定见解。[2]本书认为，如果空白授权票据已经签章，仍有被无权利的第三人补记完成而领取票款的风险存在，尽管未补充记载完成，仍应赋予其有申请公示催告的权利，以确保其票据权益，故而于协议建议稿明文规定。[3]

据上所述，两岸对于可以申请公示催告的票据范围略有不同。

2. 法院公告

持票人向法院申请公示催告至法院公告，主要涉及管辖法院及公示催告期间。对此，两岸究竟有何不同规定，容有比较说明之处：第一，管辖法院。在大陆地区公示催告的管辖法院，依据大陆地区《民事诉讼法》第218条第1款规定，失票人应向票据支付地的基层人民

---

〔1〕　请参阅台湾地区"最高法院"1979年度第15次民事庭会议决议（三）。

〔2〕　持相同否定的台湾地区司法实务见解：台湾"高等法院"2001年度抗字第3297号民事裁定理由："三、按票据丧失时，票据权利人得为公示催告之声请；申报权利之公示催告，以得依背书转让之证券及其他法律有明文规定者为限，'票据法'第19条及'民事诉讼法'第539条分别定有明文。惟依据票据法第125条第1项第2款、第7款及第11条第1项规定，支票上之金额及发票年月日为绝对必要记载事项，欠缺记载，即为无效之票据。既为无效之票据，即非'证券'，自不得依'民事诉讼法'第539条第1项之规定声请为公示催告〔'最高法院'1979年度第15次民事庭会议决议（三）参照〕。查本件抗告人主张遗失之支票，其金额及发票年月日均为空白，依上开说明，即为无效之票据而非证券，自不得声请为公示催告。至于'票据法'第11条第2项之规定，系指外观上已完成发票行为之票据而言，仅系关于善意执票人得为权利之行使，及债务人抗辩权之限制之规定，尚难据之而谓票据法有空白票据之明定也，是空白票据不能被认为票据法之票据。又'票据法施行细则'第5条第4项虽设有空白票据止付之规定，惟查其条文系规定：'通知止付之票据如为业经签名而未记载完成之空白票据，而于丧失后经补充记载完成者，准依前两项规定办理。'而本件抗告人遗失之支票，依其提出之票据挂失止付申请书副本所载，金额及发票年月日均为空白，自属未经补充记载完成之支票，与上开空白票据办理止付之要件不符。原法院驳回抗告人公示催告之声请，于法并无违误，抗告意旨指摘原裁定不当，声明废弃，为无理由，应予驳回。"资料来源：台湾地区"司法院"法学检索系统网检索取得，如http://jirs. judicial. gov. tw/FJUD/，最后访问日期：2015年12月31日。

〔3〕　"两岸票据制度一体化协议（建议稿）"拟规定："票据丧失时，票据权利人可以向付款地法院申请公示催告。已签章的空白授权票据丧失时，持票人也可以向付款地法院申请公示催告。有代理权的持票人也可以持票人身份申请公示催告。"

法院提出公示催告的申请；在台湾地区公示催告的管辖法院，依据台湾地区"民事诉讼法"第 557 条前段规定，由证券所载履行地的法院管辖。第二，票据公示催告期间。按大陆地区规定，人民法院决定受理申请，应当同时通知支付人停止支付，并在 3 日内发出公告，催促利害关系人申报权利。公示催告的期间，国内票据自公告发布之日起 60 日，涉外票据可根据具体情况适当延长，但最长不得超过 90 日；而且公示催告期间届满日不得早于票据付款日后 15 日。在公告催告期间，转让票据的行为无效。[1]按台湾地区规定，法院准许申请，应裁定公示催告。[2]对于可以依背书转让的票据或法律有规定的申报权利的公示催告，申报权利期间，除法律别有规定外，自公示催告公告最后登载公报、新闻报纸或其他相类之传播工具之日起，应有 2 个月以上；[3]如果票据是属于无记名票据或空白背书指示票据的申报权利的公示催告，申报权利期间，自公示催告公告最后登载公报、新闻报纸或其他相类之传播工具之日起，应有 3 个月以上，9 个月以下。[4]

据上所述，两岸对于公示催告的管辖法院，都是以票据付款地的法院管辖，但大陆地区限于基层人民法院，而台湾地区是指地方法院；至于票据公示催告期间的不同在于：大陆地区将票据公示催告期间依据国内票据与涉外票据而有不同的申报权利之期间；台湾地区并未如大陆地区如此区分，而是按票据的性质区分可以依背书转让的证券或法律有规定与无记名证券或空白背书指示证券而有不同申报权利之期间。对此程序事项，本书认为协议建议稿中并无巨细靡遗规范之意，且涉及两岸民事诉讼法，因此，具体的程序事项除"两岸票据制度一体化协议（建议稿）"中有特别规定外，原则上按票据付款地的法院

---

〔1〕 请参阅大陆地区《民事诉讼法》第 219 条、第 220 条第 2 款，《最高人民法院关于适用〈中华人民共和国民事诉讼法〉的解释》第 449 条。本书引用为最新的司法解释，即《最高人民法院关于适用〈中华人民共和国民事诉讼法〉的解释》（法释〔2015〕5 号），已于 2014 年 12 月 18 日由最高人民法院审判委员会第 1636 次会议通过，并公布，自 2015 年 2 月 4 日起施行。

〔2〕 请参阅台湾地区"民事诉讼法"第 540 条。

〔3〕 请参阅台湾地区"民事诉讼法"第 543 条。

〔4〕 请参阅台湾地区"民事诉讼法"第 562 条。

地的程序法规定处理。

3. 对申报权利的处理

按公示催告程序设置的目的是在于催告利害关系人申报权利。如有人向法院申报权利，两岸应各自按内部程序如下处理：

在大陆地区，依据大陆地区规定对申报权利按下列方式处理：[1]第一，利害关系人在公示催告期间向法院申报权利，或者在申报期届满后，判决作出之前申报权利，法院应当裁定终结公示催告程序，并通知申请人及支付人。第二，法院应当通知利害关系人向法院出示票据，并通知公示催告申请人在指定的期间查看该票据。公示催告申请人申请公示催告的票据与利害关系人出示的票据不一致者，应当裁定驳回利害关系人的申报。第三，在公告催告期间，转让票据的行为无效。第四，如果在公示催告期间内或者除权判决前，有利害关系人申报权利，即表示票据权利义务有争议，申请人或申报人可以向法院起诉。这里所提出的诉讼是一种普通诉讼程序，由票据支付地或者被告住所地人民法院管辖。[2]

在台湾地区，依据台湾地区规定对申报权利按下列方式处理：[3]第一，申报权利人在公示催告期间向法院申报权利，或者在申报期届满后，于除权判决作出之前申报权利，与在期间内申报者，有同一效力。第二，申报权利人应提出证券，法院应通知申请人，并酌定期间使其阅览证券。申请人阅览证券认其为真正时，其公示催告程序终结，由法院书记官通知申请人及申报权利人。第三，申报权利人，如对于公示催告申请人所主张之权利有争执者，法院应酌量情形，在就所报权利有确定裁判前，裁定停止公示催告程序，或于除权判决保留其权利。

---

〔1〕 请参阅大陆地区《民事诉讼法》第220条第2款、第221条，《最高人民法院关于适用〈中华人民共和国民事诉讼法〉的解释》第450条、第451条等规定。

〔2〕 请参阅大陆地区《民事诉讼法》第25条，《最高人民法院关于适用〈中华人民共和国民事诉讼法〉的解释》第457条；另请参阅张卫平：《民事诉讼法》，法律出版社2009年版，第416页。

〔3〕 请参阅台湾地区"民事诉讼法"第544条、第548条、第563条。

两岸对于申报权利的处理，主要区别在上述大陆地区第三点、第四点的规范有所不同。尤其，大陆地区《民事诉讼法》第 220 条第 2 款规定，在公告催告期间，转让票据的行为无效；台湾地区并未规定。如果第三人在除权判决前善意取得票据，于公示催告期间未申报权利，其权利是否因除权判决而丧失，对此即存在疑义。换言之，第三人在除权判决前善意取得票据究竟应该优先保护善意取得票据人的利益还是应该优先保护除权判决人的利益，对此，台湾地区学说上有两种观点：有主张保护善意取得优先说；[1]有主张除权判决优先说，但如果除权判决经撤销者，不在此限。[2]本书认为应优先保护善意取得票据人的权益，促进两岸票据流通，避免票据当事人对于接受票据产生裹足不前的心理障碍，进而影响票据流通及交易安全，因此，基于以下几点理由，本书认为应优先保护善意取得票据人，其所善意取得的票据有效：第一，除权判决并无溯及效力，善意取得人既在除权判决前已善意取得票据，应予保护；第二，公示催告通常是张贴于法院公告牌或登载于新闻报纸，较少人注意；第三，法院所为的除权判决通常形式审查，无确定实体存否的效力。因此，在"两岸票据制度一体化协议（建议稿）"中明确规定，"除权判决前已善意取得票据的人，所取得的票据有效"。

（三）公示催告的效力

关于公示催告的效力，以下将根据大陆地区与台湾地区的规定论述如下：

1. 维持止付通知的效力

按大陆地区规定，失票人向付款人或代理付款人为挂失止付通知后，应当在 3 日内依法向人民法院申请公示催告或者向人民法院提起诉讼，并提供相关证据，以持续暂时的挂失止付效力。如果付款人或者代理付款人自收到挂失止付通知书之日起 12 日内仍未收到人民法院

〔1〕 王志诚：《票据法》，元照出版有限公司 2012 年版，第 255~256 页。
〔2〕 施文森：《票据法论——兼析联合国国际票据公约》，三民书局 2005 年版，第 89 页。

的止付通知书，自第 13 日起，挂失止付即失其效力。故而，人民法院决定受理公示催告申请，应当将通知书在失票人挂失止付的次日起 3 日期满的次日起 12 日内，送达付款人或代理付款人，[1]并"应当同时通知付款人及代理付款人停止支付，并自立案之日起 3 日内发出公告"。其中 9 日期间，是付款人或代理付款人等待法院通知的时间。"付款人或者代理付款人收到人民法院发出的止付通知，应当立即停止支付，直至公示催告程序终结。非经发出止付通知的人民法院许可擅自解付的，不得免除票据责任。"[2]

　　按台湾地区规定，依据"票据法"第 18 条规定的反面解释，如果票据权利人在提出止付通知后 5 日内向付款人提出已申请公示催告的证明，即有维持止付通知的效力，不须再另外等待法院的止付通知书。因此，两岸对于公示催告经法院受理者，均有维持止付通知的效力，只不过如果未收到法院通知止付通知书或者未能向付款人提供证明的止付通知，挂失止付的有效期间长短不同。申言之，大陆地区与台湾地区维持止付通知的效力期间主要区别有三点：第一，台湾地区在法定期间内向付款人提供已向法院申请公示催告等相关证明，不须再另外等待法院的止付通知书，除非申请被驳回或撤回者，或其除权判决之申请被驳回确定或撤回，或逾期未申请除权判决者，即可持续维持止付通知的效力。但大陆地区除了失票人必须向付款人或代理付款人提供已向法院申请公示催告等相关证明，还必须再进一步等待法院的止付通知书。因此，就失票人的处理程序而言，台湾地区的规定较大陆地区的规定便利。第二，大陆地区给予失票人的证明期限为 3 日；而台湾地区挂失止付后，给予票据权利人的证明期限为 5 日。显然台湾地区证明期限较有利于失票人（票据权利人），并给予较宽裕的时间赴法院进一步处理失票事宜。第三，在大陆地区失票人向付款人或代理付款人提出止付通知起，但未能在法定期间内向付款人或代理付

────────────

〔1〕　梁宇贤等：《两岸票据法比较导读》，瑞兴图书股份有限公司 2004 年版，第 103 页。

〔2〕　请参阅大陆地区《票据法》第 15 条，《票据管理实施办法》第 20 条，《最高人民法院关于审理票据纠纷案件若干问题的规定》第 30 条、第 31 条等规定。

款人提供已向法院申请公示催告等相关证明，此挂失止付的最长有效期间为 3 日；反之，失票人已向付款人提供证明，持续维持短暂的止付效力，但付款人或代理付款人如果仍未在法定期间内收到法院止付通知书，此止付通知仍会失其效力，其挂失止付效力的最长期间为 12日（即 3 日再加 9 日）。在台湾地区失票人（票据权利人）虽向付款人提出止付通知起，但未能在法定期间内向付款人提供已向法院申请公示催告等相关证明，此止付通知失其效力，而此挂失止付效力的最长期间为 5 日。因此，如果从失票人未能在法定期间内向付款人提供已向法院申请公示催告等相关证明的角度而言，大陆地区维持挂失止付的有效期间为 3 日，则较台湾地区挂失止付的有效期间 5 日为短。但是，如果从暂时维持止付通知的持续效力角度而言，则大陆地区暂时维持挂失止付效力的持续有效期间（12 日）有可能较台湾地区暂时挂失止付效力的有效期间（5 日）为长。

为避免两岸票据法律制度的差异性，造成因止付效力的有效期间长短不同，而产生不公平的情形，因此，本书拟于协议建议稿中分别予以具体规范。该协议建议稿中对于挂失止付效力的期间，自通知挂失止付日起，15 个工作日内必须依付款地法向票据付款地法院申请公示催告或提起诉讼，并应向付款人提出已为申请公示催告或提起诉讼之证明，才能维持挂失止付的效力；如果超过此期间，自第 16 日起，止付通知失其效力。协议中之所以规定较长的提出证明期间，主要原因是鉴于两岸幅员辽阔，距离远近各不同，且属于跨境的特殊情形，故而予以适当调整，其目的在于给予持票人具有宽裕的时间可从容处理失票问题，以确保票据权益。

2. 请求支付票据金额或给与新票据

依据台湾地区规定，在公示催告程序开始后，如果经到期的票据，申请人可以提供担保，而请求支付票据金额；如果不能提供担保时，可以请求将票据金额依法提存。对于尚未到期的票据，申请人可以提供担保，请求给与新票据。[1]大陆地区并无此规定，仅于《最高人民

---

[1] 请参阅台湾地区"票据法"第 19 条第 2 项。

法院关于审理票据纠纷案件若干问题的规定》第 35 条、第 36 条分别规定："票据丧失后，失票人在票据权利时效届满以前请求出票人补发票据，或者请求债务人付款，在提供相应担保的情况下因债务人拒绝付款或者出票人拒绝补发票据提起诉讼的，由被告住所地或者票据支付地人民法院管辖。""……被告为与失票人具有票据债权债务关系的出票人、拒绝付款的票据付款人或者承兑人。"因此，两岸对此规定不同。本书拟采台湾地区规定，于协议建议稿中明文规定，以资一体性适用。

票据虽经公示催告，在尚未经除权判决前，持票人是否能够主张票据权利，因两岸规定不同，如何适用诚然有疑问。按大陆地区规定，持票人可以依法向法院提起诉讼，固然无问题。但是，台湾地区并无明文规定，因此，持票人在尚未经除权判决前，是否能够主张票据权利，即存在疑义。台湾地区司法实务有不同见解：有采肯定见解者，认为票据为文义证券及流通证券，票据债务人应依票据上所载文义自负支付之责任，因此，票据在法院除权判决前，持票人仍非不得对出票人及背书人主张票据上之权利。[1]申言之，在证券之公示催告程序进行中，如果证券未经除权判决，证券持有人非不得行使证券上之权利。此时，证券持有人究竟应向法院申报权利，抑或起诉请求，可以依其自由意见决定。如果本于证券另行起诉请求，不因公示催告程序之进行而受影响。[2]有采否定见解者，认为票据是提示证券，又具缴回性，票据上权利之行使与票据之占有间具有不可分离的关系。当持票人丧失票据时，在未回复其占有之前，除依台湾地区"票据法"第 19 条规定，申请公示催告，并于公示催告程序开始后，以供担保之方

---

〔1〕　请参阅台湾地区"最高法院"1974 年台抗字第 345 号民事判例要旨。

〔2〕　台湾地区"最高法院"1984 年台抗字第 944 号民事判决要旨："查在证券之公示催告程序进行中，祇须证券未经除权判决，证券持有人非不得行使证券上之权利，证券持有人究向法院申报权利，抑或起诉请求得依其自由意见决之。如本于证券另行起诉请求，不因公示催告程序之进行而受影响。系争支票既未经除权判决，被上诉人本于尚未宣告失权之系争支票起诉请求，自非法所不许。"另请参阅梁宇贤、柯芳枝、方嘉麟等：《两岸票据法比较导读》，瑞兴图书股份有限公司 2004 年版，第 104 页。

式请求票据金额之支付外,仅得依台湾地区"票据法施行细则"第4条规定,申请法院为禁止付款之假处分,或依台湾地区"票据法"第18条规定,为止付通知,自不得径对票据债务人行使票据上之权利。[1]因此,法院应驳回持票人的请求。

本书认为,除权判决的效力在于使申请人自除权判决宣告日起,恢复其与持有票据之同一地位,使申请人取得行使票据权利的形式上资格,而得对于票据债务人行使票据权利,但并无确定申请人为实质上权利人的效力,故而,倘无权利人纵然取得除权判决,亦不当然成为票据权利人,只不过当票据债务人对取得除权判决的申请人为付款者,可以免除责任,对于善意持票人不再负付款责任。[2]因此,本书采台湾地区司法实务的肯定见解,并认为票据既未经除权判决,而且持票人本于尚未宣告失权的票据提起诉讼请求,主张票据上之权利,并非法所不许,其所提的主张是有理由的。

3. 取得除权判决

除权判决是指宣告证券无效的除权判决,是法院依申请人的申请所为的宣告证券无效判决。公示催告的申请人可以在申报权利期满后法律所规定的期间申请除权判决。法律规定的申请除权判决期间,两岸规定不同:大陆地区规定,申请人应当自公示催告期间届满之日起1个月内申请作出判决;[3]台湾地区规定,申请人可以在申报权利期间届满后3个月内,申请为除权判决。但在期间未满前之申请,亦有

---

〔1〕 请参阅台湾地区"最高法院"1955年台上字第217号民事判例要旨;"最高法院"1998年度台上字第911号民事判决要旨:"……查票据系提示证券,又具缴回性,票据上权利之行使,与票据之占有,有不可分离之关系。执票人丧失票据时,在未回复其占有之前,除依'票据法'第19条之规定,为公示催告之声请,于公示催告程序开始后,以供担保之方式请求票据金额之支付外,仅得依'票据法施行细则'第4条之规定,声请法院为禁止付款之假处分,或依'票据法'第18条之规定,为止付之通知,自不得径对票据债务人行使票据上之权利。"

〔2〕 请参阅台湾地区"民事诉讼法"第565条。

〔3〕 请参阅大陆地区《最高人民法院关于适用〈中华人民共和国民事诉讼法〉的解释》第452条第1款。

效力。[1]换言之，在公示催告所定的申报权利期间届满后，如果无人申报权利，申请人可以向法院申请为除权判决。宣告证券无效的除权判决，应宣告证券无效。[2]

两岸民事诉讼法对于申请人向法院申请除权判决的期间虽有不同，但影响有限，且属于程序法所规范的内容，因此，本书于协议建议稿中并不予特别规范，认为可仍直接适用法院地法相关规定处理；如有必要，两岸仍可通过司法交流另行规范，尚不致于影响票据权利人的票据权益。

三、诉讼制度

按大陆地区规定，失票人在票据丧失后，可以依法向人民法院提起诉讼。[3]此处的提起诉讼，学者认为是一种普通诉讼，亦即是指丧失票据的失票人直接向人民法院提起民事诉讼，请求法院判令出票人补发票据，或付款人向其支付票据金额，或非法持有票据的持票人返还票据，从而实现失票人票据权利的一种救济方式。[4]

对于票据丧失而开始公示催告程序，在未经除权判决前，持票人得否另行提起诉讼主张票据权利的问题，台湾地区"票据法"并未明确规定，而台湾地区司法实务有肯定与否定两种见解，而且两者见解的观点迥异。简言之，持肯定见解者，认为票据既未经除权判决，而持票人本于尚未宣告失权的票据提起诉讼请求，主张票据上之权利，并非法所不许；[5]持否定见解者，认为票据上权利之行使与票据之占有，在票据法上有不可分离的关系，故持票人丧失票据时，在未回复

---

〔1〕　请参阅台湾地区"民事诉讼法"第545条第1项。

〔2〕　梁宇贤等：《两岸票据法比较导读》，瑞兴图书股份有限公司2004年版，第107页。

〔3〕　请参阅大陆地区《票据法》第15条第3款。

〔4〕　请参阅《最高人民法院关于审理票据纠纷案件若干问题的规定》第35条至第38条；另请参阅王秉乾编：《比较票据法案例选评》，对外经济贸易大学出版社2013年版，第177页。

〔5〕　请参阅台湾地区"最高法院"1974年台抗字第345号民事判例要旨；台湾地区"最高法院"1984年台抗字第944号民事判决要旨。

其占有前，不得对于票据债务人行使票据上之权利，而提起请求支付票据金额之诉。[1]

鉴于以诉讼方式也是票据当事人解决票据丧失的一种救济方式，因此，本书拟采纳大陆地区规定，将诉讼制度纳入协议建议稿中。

四、除权判决

除权判决，又称为宣告票据或其他事项无效的判决。本书所指的除权判决是指票据的除权判决，是一种宣告票据权利与票据本身相分离，使丧失的票据失去效力的判决。除权判决与普通判决不同，除权判决只解决票据是否有效的问题，而不解决票据关系人间的实体权利问题。[2]换言之，除权判决仅在使丧失的票据自判决宣告之时起，失其效力，而申请人自除权判决宣告日起，恢复其与持有票据之同一地位，且有取代申请人持有票据之效力，该申请人即与持有票据相同，从而使得申请人取得行使票据权利的形式资格，得对于票据债务人使行票据权利，但是除权判决并无确定申请人为实质上权利的效力。如果申请人为无权利之人，纵然已取得除权判决，亦不当然成为票据权利人，只不过当票据债务人对取得除权判决的申请人为付款者，可以免除责任，对于善意持票人不再负付款责任。[3]

大陆地区有关除权判决的主要规定，可以归纳为以下四点：[4]第一，在申报权利的期间无人申报权利，或者申报被驳回者，申请人应当自公示催告期间届满之日起 1 个月内申请法院作出除权判决。第二，如果申请人向法院申请作出判决，法院应当作出宣告票据无效的判决。判决应当公告，并通知支付人。第三，自除权判决公告之日起，公示催告申请人有权依据判决向付款人请求付款。逾期不申请除权判决者，

---

〔1〕 请参阅台湾地区"最高法院"1955 年台上字第 217 号民事判例要旨；台湾地区"最高法院"1998 年度台上字第 911 号民事判决要旨。

〔2〕 请参阅郑孟状：《票据法研究》，北京大学出版社 1999 年版，第 191 页。

〔3〕 请参阅台湾地区"民事诉讼法"第 565 条。

〔4〕 请参阅大陆地区《民事诉讼法》第 222 条、第 223 条，《最高人民法院关于适用〈中华人民共和国民事诉讼法〉的解释》第 452 条第 1 款、第 453 条。

终结公示催告程序。第四，利害关系人因正当理由不能在判决前向人民法院申报者，自知道或者应当知道判决公告之日起 1 年内，可以向作出判决的人民法院起诉。

台湾地区有关除权判决的主要规定，可以归纳为以下四点：[1]第一，申请人可以在申报权利期间届满后 3 个月内，向法院申请为除权判决。但在期间未满前之申请，亦有效力。除权判决前的言词辩论期日，应通知已申报权利的人。如果法院驳回除权判决的申请，应以裁定为之；反之，如果法院为除权判决，应宣告证券无效，并应以相当的方法将除权判决要旨公告。第二，有除权判决后，申请人对于依票据负义务的人，可以主张票据上的权利。[2]因除权判决而为清偿者，于除权判决撤销后，仍得以其清偿对抗债权人或第三人。但清偿时已知除权判决撤销者，不在此限。第三，如果法院对于除权判决附有限制或保留者，申请人可以为抗告。第四，对于除权判决，不可以上诉。但可以提起撤销除权判决之诉，并且应在 30 日的不变期间内提起。该期间自原告知悉除权判决时起算。如果除权判决宣示后已逾 5 年者，不可以提起撤销之诉。

比较分析两岸对于除权判决的规定，可以得知两岸规定有所不同，且台湾地区"民事诉讼法"规定较为详细。鉴于除权判决所规范的事项属于程序法的范围，且两岸民事诉讼法均有规定，涉此问题，仍依法院地法处理，因此，本书认为暂无对该程序事项的内容予以一体化规范之必要，故而在协议建议稿中并未具体规范。

----

〔1〕　请参阅台湾地区"民事诉讼法"第 545 条、第 547 条、第 550 条、第 552 条、第 554 条、第 565 条等。

〔2〕　台湾地区司法实务案例："最高法院"2009 年度台抗字第 710 号民事裁定要旨："按本票为完全而绝对之有价证券，具无因性、提示性及缴回性，该权利之行使与本票之占有，有不可分离之关系，其执票人以法院准许强制执行裁定声请执行时，固仍须提出该本票原本于执行法院，始得谓已提出'强制执行法'第 6 条第 1 项第 6 款所称得为强制执行名义之证明文件。唯'民事诉讼法'第 565 条第 1 项规定，有除权判决后，声请人对于依证券负义务之人，得主张证券上之权利，是宣告证券无效之除权判决，可使声请人取得持有证券人之同一地位，并有足代声请人持有证券之效力，该声请人即与持有证券相同，于此情形，该声请人自得以除权判决据以声请强制执行，以替代该本票。"

五、假处分

按台湾地区规定，如果丧失的票据为非票据权利人或票据权利受限制的人所取得时，原票据权利人可以向法院申请假处分，禁止占有票据的人向付款人请求付款。[1]除了申请假处分外，也可以向法院申请定暂时状态的假处分。[2]司法实务见解认为"票据有'票据法施行细则'第4条所定不得享有票据上权利或票据权利应受限制之人获得之情形时，原票据权利人固得依假处分程序声请法院为禁止占有票据之人向付款人请求付款之处分，惟票据关系之当事人间对于有争执之法律关系，为防止发生重大之损害或避免急迫之危险或有其他相类之情形而有必要时，仍得依'民事诉讼法'第538条第1项之规定为定暂时状态处分之声请，无须以具备'票据法施行细则'第4条所定声请要件为限。"[3]

按大陆地区规定，人民法院对于可能因当事人一方的行为或者其他原因，使判决难以执行或者造成当事人其他损害的案件，依当事人的申请，可以裁定对其财产进行保全、责令其作出一定行为或者禁止其作出一定行为；当事人没有提出申请的，人民法院在必要时也可以裁定采取保全措施。[4]尽管也规定了法院可以裁定"责令其作出一定行为或者禁止其作出一定行为"的假处分，但仍属于一般的保全程序，与台湾地区明确规定票据可以向法院申请假处分，以及司法实务认为可以申请定暂时状态的假处分规定，两岸在规范上仍有所不同。因此，本书为兼顾平等、公平原则，拟于协议建议稿中明确规范，赋予两岸票据当事人相同的权利，以确保票据权利人的权益在具体个案适用时，

---

〔1〕 请参阅台湾地区"票据法施行细则"第4条。

〔2〕 台湾地区"民事诉讼法"第538条规定："于争执之法律关系，为防止发生重大之损害或避免急迫之危险或有其他相类之情形而有必要时，得声请为定暂时状态之处分（第1项）。前项裁定，以其本案诉讼能确定该争执之法律关系者为限（第2项）。第一项处分，得命先为一定之给付（第3项）。法院为第1项及前项裁定前，应使两造当事人有陈述之机会。但法院认为不适当者，不在此限（第4项）。"

〔3〕 台湾地区"最高法院"2008年度台抗字第533号民事裁定。

〔4〕 请参阅大陆地区《民事诉讼法》第100条第1款。

能获得公平的保障。

六、协议建议稿

由于两岸对于票据丧失的挂失止付、公示催告程序及除权判决的相关规定不同，而且涉及的规范涵盖了两岸的《票据法》《票据法施行细则》《票据管理实施办法》《最高人民法院关于审理票据纠纷案件若干问题的规定》《支付结算办法》《民事诉讼法》《最高人民法院关于适用〈中华人民共和国民事诉讼法〉的解释》及司法实务见解等规范。鉴于本书仅对于两岸票据法律制度一体化研究，除非因两岸规范差异性过大而严重影响两岸票据当事人的票据权益，否则本书对于程序法所规范事项，认为暂无制度一体化之必要，仍可按法院地法规定处理。如有必要，两岸仍可通过司法交流另行规范，尚不致于严重影响票据权利人的票据权益。

为保障两岸票据权利人的票据权益，确保失票人的利益，维护两岸票据一体化市场的环境合于平等与公平原则，促进两岸票据流通及确保交易安全，因此，本书对两岸票据丧失及其补救措施的法律制度进行比较分析，并就其中的差异性予以融合，融入"两岸票据制度一体化协议（建议稿）"中明确规定。主要目的在于一体化规范两岸票据丧失及其补救措施的程序，俾利于一体性适用，确保两岸票据当事人的票据权利立足于平等的地位及拥有相同的权利与义务。关于协议建议稿条文的具体规范内容，本书参酌两岸规定、学者观点及司法实务见解等，并衡酌两岸情况，拟具体规定条款如下：

【票据丧失——挂失止付】

①票据丧失，持票人可以及时通知票据的付款人或代理付款人挂失止付。收到挂失止付通知的付款人或代理付款人，应当立即暂时停止支付。

②持票人包括：

（一）票据丧失前最后持有票据的票据权利人；

（二）票据丧失前票据权利人将票据交付保管、代收款项、质押保管人、委托收款的被背书人、质权人；

（三）票据丧失以前依合法取得票据，但因欠缺其他要件而不享有票据权利的最后持票人；

（四）交付票据前丧失票据的出票人或背书人；

（五）付款后尚未注销而丧失票据的付款人、承兑人。

③ 持票人可以在通知挂失止付日起 15 个工作日内，依付款地法向票据付款地法院申请公示催告或者提起诉讼，并应向付款人或代理付款人提出已为申请公示催告或提起诉讼之证明。持票人也可以在票据丧失后，直接依付款地法向票据付款地法院申请公示催告，或者提起诉讼。

④ 未依前款规定办理者，自第 16 日起，止付通知失其效力。

⑤申请公示催告被驳回或撤回者，或其除权判决之申请被驳回确定或撤回，自驳回确定之日或撤回之日起，止付通知失其效力。

⑥付款人或者代理付款人在收到挂失止付通知书之前，已经向持票人付款者，不再接受挂失止付，也不再承担责任。但是，付款人或者代理付款人恶意或者重大过失付款的除外。

⑦保付支票、已付款的票据（已注销）及未签章的空白票据，均不适用止付通知。

⑧ 已签章的空白授权票据可以为止付通知的预示，并于提示承兑或提示付款时，发生通知止付的效力。

【票据丧失——申请假处分与定暂时状态之处分】

①票据为不得享有票据上权利或票据权利应受限制之人获得时，原票据权利人得向法院申请假处分，禁止占有票据的人向付款人请求付款之处分。

②票据关系之当事人间对于有争执之法律关系，为防止发生重大之损害或避免急迫之危险或有其他相类之情形而有必要时，得向法院申请定暂时状态之处分。

【票据丧失——公示催告】

①票据丧失时，持票人可以依付款地法向票据付款地法院申请公示催告或者提起诉讼。已签章的空白授权票据丧失时，持票人也可以向付款地法院申请公示催告。有代理权的持票人也可以持票人身份申

请公示催告。

②公示催告程序开始后，其经到期的票据，申请人得提供担保，请求票据金额的支付；不能提供担保时，可以请求将票据金额依法提存。其尚未到期的票据，申请人可以提供担保，请求出票人给予新票据。

③公示催告期间转让票据者，不影响善意取得票据人的票据权利。

④法院决定受理公示催告申请，可以同时通知付款人及代理付款人停止支付，并自受理日起5个工作日内发出止付通知并公告。

⑤付款人或者代理付款人收到法院发出的止付通知或者持票人提供的证明，应当立即暂时停止支付，直至公示催告程序终结。非经受理止付通知的法院许可擅自解付者，不得免除票据责任。但有申请失效、被驳回或撤回等原因者，不在此限。

⑥公示催告具体的程序事项除本协议有特别规定外，原则上依票据付款地的法院地的程序法规定处理。

⑦ 票据虽经公示催告，在尚未经除权判决前，持票人可以本于尚未宣告失权的票据提起诉讼请求，主张票据上的权利。

【除权判决前善意取得】

除权判决前已善意取得票据的人，所取得的票据有效。但除权判决后，第三人纵善意取得票据，亦无善意取得的适用，付款人不得对之付款。

第六节　两岸票据期限与时效协议

期限在法律制度中是非常重要的法律事实，[1]因为它可能随着时间的经过而与许多法律关系的发生、变更或消灭有着密切的关系。期限在法律上可为期日与期间。[2]所谓期日，是指不可分或视为不可分

---

〔1〕 所谓法律事实，是指在社会生活事实中，如买卖、赠与、免除债务等等，具有法律意义，且能发生一定的法律效果者。请参阅施启扬：《民法总则》，自版1987年版，第193页。

〔2〕 魏振瀛主编：《民法》，北京大学出版社2010年版，第206页。

的某一特定时刻，如 2016 年 3 月 5 日下午 5 时等，在法律观念上为时间过程中的某一个"点"，是时间的静态；而所谓期间，是指确定或可能确定范围的时间，通常是指某一特定时间点到另一特定时间点所经过的时间，在法律观念上是"线"的概念，也是时间动态的长度，即期日与期日之间的间隔时间。[1]期限的重要意义可从两方面而言：一方面，期限是发生或者阻止法律效力的要件，如取得时效、消灭时效等；另一方面，期限也是决定给付或者行为的标准，如 2016 年 1 月15 日给付人民币 5000 元、房屋租赁期 1 年等。[2]

法律设置时效制度"不仅可以维护现行法律秩序的安定性，而且具有浓厚的教育意义与督促功能，提醒权利人及时适当地行使权利，使权利人不敢怠于行使权利，减少法律纷争，以增进社会的和谐关系"。[3]从法律上而言，时效制度是指在一定期间内继续行使（如继续占有）或不行使权利，而发生取得权利或请求权减损效力的制度。时效与期间，虽然同为因时间的经过而发生法律效果的制度，但是，期间着重于时间流程的经过，而时效则着重于因权利的继续行使或不行使而发生一定效果。[4]时效制度一般区分为取得时效与消灭时效两种，但是由于大陆地区《民法通则》的时效制度规定与台湾地区"民法"的立法例不同，而使得大陆地区学者将时效制度的区分除了取得时效与消灭时效两种外，还有一种诉讼时效。[5]台湾地区"民法"仅规定了取得时效与消灭时效两种，并无诉讼时效；而大陆地区《民法通则》仅规定了诉讼时效。[6]所谓取得时效，是指因长期间继续占有而取得某种权利的制度；消灭时效，是指因长期间不行使权利而使请

〔1〕 施启扬：《民法总则》，自版 1987 年版，第 332 页；王泽鉴：《民法总则》，北京大学出版社 2009 年版，第 403~404 页；魏振瀛主编：《民法》，北京大学出版社 2010 年版，第 206~207 页；江平主编：《民法学》，中国政法大学出版社 2000 年版，第 242 页。

〔2〕 施启扬：《民法总则》，自版 1987 年版，第 332 页。

〔3〕 施启扬：《民法总则》，自版 1987 年版，第 340 页。

〔4〕 施启扬：《民法总则》，自版 1987 年版，第 341 页。

〔5〕 王小能编：《票据法教程》，北京大学出版社 2001 年版，第 132 页。

〔6〕 大陆地区《民法通则》第七章规定"诉讼时效"，第 135 条至第 141 条；大陆地区新《民法总则》第九章规定"诉讼时效"，第 188 条至第 199 条。

求权减损效力的时效制度;[1]诉讼时效,是指权利人在一定期间内不行使权利而丧失在法院请求行使该权利的胜诉权。消灭时效与诉讼时效的区别在于,消灭时效使权利人丧失的是实体法中的实体权利;而诉讼时效则是使权利人丧失诉讼程序中的胜诉权。[2]大陆地区与台湾地区票据法律制度所规定的票据时效,都是指票据权利的消灭时效。[3]申言之,如果票据权利人在一定期间内不行使票据权利,该权利即归于消灭,票据债务人可以拒绝其权利的请求。该一定期间指的就是消灭时效期间。[4]

两岸对于票据期限与时效都有一定的规范,但所规范的内容是有差异的,而且对于票据期限的起算,亦有所不同。主要原因在于,因两岸对于票据的立法价值取向不同,使得在设计票据法律制度时,对于票据期限与票据时效制度的规范有所不同。本书以下将分别论述两岸票据期限与时效制度的区别,并通过分析比较两岸的差异性,试图将两岸票据期限与票据时效制度一体化,规范于"两岸票据制度一体化协议(建议稿)"中,以资于两岸票据一体适用。

一、票据期限

票据期限可分为票据期日与票据期间,其中最重要的是票据期间,以及如何计算票据期间的问题。

大陆地区《票据法》第 107 条第 1 款规定,各项期限的计算适用民法通则关于计算期间的规定。因此,票据法作为民法的特别法,在票据法没有规定的情形,可以适用《民法总则》(原《民法通则》)中有关规定。期间是按照公历年、月、日计算,开始日的当日不算入,从次日起算。如果最后一日为星期日或其他法定休假日,以休假日的

---

〔1〕 施启扬:《民法总则》,自版 1987 年版,第 341 页。

〔2〕 王小能编:《票据法教程》,北京大学出版社 2001 年版,第 132 页。

〔3〕 王小能编:《票据法教程》,北京大学出版社 2001 年版,第 132 页;王志诚:《票据法》,元照出版有限公司 2012 年版,第 279 页。

〔4〕 王小能编:《票据法教程》,北京大学出版社 2001 年版,第 132 页。

次日为期间的最后一日。[1]至于到期日的对月计算问题，"按月计算期限的，按到期月的对日计算；无对日的，月末日为到期日"。[2]例如期间1个月，起算期限是2014年1月5日，则该日期的对日就是2014年2月5日；如果起算期限是2014年1月30日，由于2月没有30日，则该期限的对日为2014年2月28日。如果当事人约定的期间不是以月、年第1天起算的，1个月为30日，1年为365日。按照日、月、年计算期间，如果当事人对起算时间有约定的，按约定办理。[3]

台湾地区"票据法"尽管未如大陆地区《票据法》第107条第1款明文规定，票据各项期限的计算，适用大陆地区《民法通则》中有关规定，但是本于台湾地区"票据法"作为台湾地区"民法"的特别法，在"票据法"没有规定的情形，当然可以适用"民法"中有关期日与期间的规定，自不待言。

按台湾地区"民法"期限的计算，如果是以日、星期、月或年定期间者，其始日不算入；如果是以日、星期、月或年定期间者，则以期间末日的终止，为期间的终止；如果不以星期、月或年之始日起算者，以最后的星期、月或年与起算日相当日的前1日，为期间的末日。但以月或年定期间，于最后之月，无相当日者，以其月的末日，为期间的末日。如果末日为星期日、纪念日或其他休息日时，以其休息日的次日代之。[4]而"票据法"第68条有特别规定："发票日后或见票

---

〔1〕 请参阅大陆地区《民法总则》第200条至第204条（原《民法通则》第154条）。

〔2〕 大陆地区《票据法》第107条第2款。

〔3〕 请参阅大陆地区《最高人民法院关于贯彻执行〈中华人民共和国民法通则〉若干问题的意见（试行）》第198条第1款、第199条。

〔4〕 台湾地区"民法"第119条规定："法令、审判或法律行为所定之期日及期间，除有特别订定外，其计算依本章之规定。"同法第120条第2项规定："以日、星期、月或年定期间者，其始日不算入。"第121条规定："以日、星期、月或年定期间者，以期间末日之终止，为期间之终止（第1项）。期间不以星期、月或年之始日起算者，以最后之星期、月或年与起算日相当日之前1日，为期间之末日。但以月或年定期间，于最后之月，无相当日者，以其月之末日，为期间之末日（第2项）。"如果其期日或其期间之末日，为星期日、纪念日或其他休息日时，依据同法第122条规定，以其休息日之次日代之。同法第123条规定："称月或年者，依历计算（第1项）。月或年，非连续计算者，每月为30日，每年为365日（第2项）。"

日后 1 个月或数个月付款之汇票，以在应付款之月与该日期相当之日为到期日，无相当日者，以该月末日为到期日（第 1 项）。发票日后或见票日后 1 个月半或数个月半付款之汇票，应依前项规定计算全月后，加 15 日，以其末日为到期日（第 2 项）。票上仅载月初、月中、月底者，谓月之 1 日、15 日、末日（第 3 项）。"该条规定于本票准用之。此为大陆地区所未规定。[1]因此，有关票据期限的计算，除台湾地区"票据法"第 68 条特别规定，依该规定外，如有未规定事项，原则上仍适用"民法"有关规定。

　　据上所述，两岸对于票据期限的计算规范除台湾地区"票据法"第 68 条独特的规定外，其余规范内容大致相同，只不过是规范于票据法还是民法，在立法体例上有不同。在期限的计算方面，通常是以期限开始日的次日作为起算日。但是，台湾地区司法实务上，对于票据消灭时效的起算点，认为并非从次日起算。早期台湾地区"最高法院"1964 年台上字第 1080 号民事判例曾认为："票据法对于如何计算期间之方法别无规定，仍应适用'民法'第 119 条、第 120 条第 2 项不算入始日之规定。"但其后司法实务见解变更，认为台湾地区"票据法"第 22 条第 1 项至第 3 项对于消灭时效时间的起算，始日是否算入，已有明文规定（如"自到期日起算""自发票日起算""自作成拒绝证书日起算""自为清偿之日或被诉之日起算"等），故而将"最高法院"1964 年台上字第 1080 号民事判例予以废止，认为票据消灭时效时间的起算，应从当日起算。[2]据此，台湾地区对于票据期限的起算时点与票据消灭时效的起算时点不同，当然也使终止日的时点不同，从而会影响票据权利人的票据权益。例如，台湾地区"票据法"第

---

　　〔1〕 大陆地区《票据法》《民法总则》（已取代原《民法通则》）、《最高人民法院关于贯彻执行〈中华人民共和国民法通则〉若干问题的意见（试行）》等，对于期限计算的规定，未如台湾地区"票据法"规范详细。

　　〔2〕 台湾地区"最高法院"1964 年台上字第 1080 号民事判例于 2002 年 9 月 3 日经台湾地区"最高法院"2002 年度第 10 次民事庭会议决议废止，并于 2002 年 9 月 30 日由"最高法院"依据"最高法院"判例选编及变更实施要点第 9 点规定以 2002 台资字第 00630 号公告。

130 条规定支票遵期提示付款期间为"发票日后 7 日内""发票日后 15 日内""发票日后 2 个月内",其计算期间的始日,学者认为,票据法未规定,应回归适用民法规定。而依据台湾地区"民法"第 120 条第 2 项规定,"以日、星期、月或年定期间者,其始日不算入"。所以,应自出票日的次日起算支票的提示付款期间。[1]亦即,如果支票的出票日为 2015 年 7 月 1 日,支票的出票地与付款地在同一省(市)区内者,提示付款期间为出票日后 7 日内,由于始日不算入,其遵期提示的最后一日为 2015 年 7 月 9 日。但是在计算支票时效时,权利人对支票出票人的行使票据权利时效期间自出票日起算,1 年间不行使,因时效而消灭,即依台湾地区司法实务见解,应自 2015 年 7 月 1 日起算,1 年的到期日为 2016 年 6 月 30 日,不在此期间行使票据权利,支票上的权利将因时效经过而消灭。按期间之计算与权利之成立及消灭有重大关系,如:因一定期间内行使其权利,而取得其权利;反之,因一定期间内不行使其权利,而丧失其权利。因此,立法例上对于期间的起算,为慎重起见,避免以一日未满的时间作为一日,造成不当情形,故而通常规定不将始日列入计算。换言之,如以日、星期、月或年定期间者,通常其始日不算入,如日内瓦《汇票及本票法统一公约》第 73 条规定,约定或法定的期限,也不包括期限开始日在内。

鉴于两岸对于票据期限的规定不同,为实现两岸票据制度一体化,并避免适用法律的争议,将于"两岸票据制度一体化协议(建议稿)"明确统一规范两岸票据期限。

票据期间是票据权利人行使各种票据上权利的法定期间,其最重要的是票据期间与票据到期日相联系的各种提示期限。票据按到期日区分,可分为即期票据与远期票据。即期票据的期间主要为提示付款期限;而远期票据的期间主要包括汇票的提示承兑期间、本票的提示见票期间、票据(汇票、本票及支票)提示付款期限等,这些票据期间对于票据权利人的权益影响很大。两岸有关汇票的提示承兑期间、本票的提示见票期间、票据提示付款期限规范不同,将分别论述如后。

---

[1] 王志诚:《票据法》,元照出版有限公司 2012 年版,第 485 页。

（一）汇票的提示承兑期间

汇票的提示承兑期间，是指持票人将所持有的远期汇票向付款人请求承兑的期间。所谓提示承兑，是指持票人向付款人出示远期汇票，并要求付款人承诺付款的行为。[1]各国票据立法例对于汇票的提示承兑期间，一般可以分为法定提示承兑期间（法定提示承兑期限）与指定提示承兑期间（指定提示承兑期限）。[2]

1. 法定提示承兑期间

学理上将汇票的承兑提示期间，按照汇票的到期日在出票时能否确定，而将法定期间区分为一般法定提示承兑期间与特殊法定提示承兑期间两种。所谓一般法定提示承兑期间，是指定日付款与出票后定期付款汇票的法定提示承兑期间；所谓特殊法定提示承兑期间，是指见票后定期付款汇票的法定提示承兑期间。[3]

大陆地区规定，定日付款或者出票后定期付款的汇票，持票人应在汇票到期日前向付款人提示承兑。商业汇票的付款期限，最长不得超过6个月。换言之，汇票的承兑提示期间自出票日起至付款日止，最长不得超过6个月。见票后定期付款的汇票，持票人应当自出票日起1个月内向付款人提示承兑。所以，大陆地区《票据法》规定了一般法定提示承兑期间与特殊法定提示承兑期间两种汇票的承兑提示期间。[4]

台湾地区"票据法"对于法定提示承兑期间与大陆地区规定不同，其中，台湾地区"票据法"对于定日付款汇票与出票后定期付款

---

〔1〕　请参阅大陆地区《票据法》第39条第2款规定。

〔2〕　关于法定提示承兑"期间"与指定提示承兑"期间"，学理上有使用"期间"，亦有使用"期限"用语。请参阅王小能编：《票据法教程》，北京大学出版社2001年版，第215～216页；郑孟状等：《中国票据法专家建议稿及说明》，法律出版社2014年版，第157～158页；王志诚：《票据法》，元照出版有限公司2012年版，第420～421页；梁宇贤：《票据法新论》，自版1997年版，第227～228页；强力、王志诚：《中国金融法》，中国政法大学出版社2010年版，第236页。

〔3〕　王小能编：《票据法教程》，北京大学出版社2001年版，第215页。

〔4〕　请参阅大陆地区《票据法》第39条第1款、第40条第1款，《支付结算办法》第87条第1款。

汇票，并无规定法定提示承兑期间，仅有指定提示承兑期间，主要原因在于出票人于出票时已经可确定到期日，因此，持票人只要在到期日前提示承兑即可，无特别规定之必要；对于见票后定期付款汇票，由于见票必须提示汇票，否则无从计算到期日，因此，必须提示承兑，才能确定到期日，故而台湾地区"票据法"第45条规定，应自出票日起6个月内提示承兑。该6个月的法定期限，出票人可以特约缩短或延长。但延长之期限不得超逾6个月。换言之，见票后定期付款汇票的法定提示承兑期限最长可以达1年。但大陆地区《票据法》第40条第1款，对于见票后定期付款汇票的法定提示承兑期限，并无出票人可以特约缩短或延长的规定，因此，出票人不得以特约缩短或延长法定提示承兑期限。

日内瓦《汇票及本票法统一公约》规定，见票后定期付款汇票，应自出票日起1年内提示承兑。但出票人可以缩短或延长；而背书人可以缩短。换言之，其规定法定提示承兑期限自出票日起1年内，该法定期间出票人可以缩短或延长；背书人也可以缩短，但不能延长。[1]

2. 指定提示承兑期间

学理上将指定提示承兑期间也区分为一般指定承兑期间与特殊指定承兑期间。所谓一般指定承兑期间，是针对定日付款汇票或出票后定期付款汇票。由于此种汇票于出票时即可确定到期日，出票人或背书人可以在汇票上记载"应请求承兑"与"指定提示承兑期间"，且持票人必须在此期间内提示承兑。特殊指定承兑期间，是针对见票后定期付款汇票。法律对此种汇票的提示承兑期间已作了规定，但是出票人可以对其缩短或延长，背书人也可以将其缩短。大陆地区《票据法》不承认指定提示承兑期间。[2]

台湾地区除见票即付汇票外，出票人或背书人可以在汇票上为应请求承兑的记载，并且可以指定期限。出票人也可以为一定日期前，

---

〔1〕 请参阅日内瓦《汇票及本票法统一公约》第23条。
〔2〕 王小能编：《票据法教程》，北京大学出版社2001年版，第216页。

禁止请求承兑的记载。背书人也可以指定应请求承兑的期限，但是不得在出票人所定禁止期限内。[1]换言之，除了见票即付汇票外，是允许出票人与背书人在汇票指定提示承兑的期限；此外，还允许出票人在汇票上记载禁止提示承兑期限，而背书人在汇票上指定应请求承兑的期限，不可以在出票人所定的禁止提示承兑的期限内。日内瓦《汇票及本票法统一公约》第 22 条亦有类似规定。但是，此项规定，大陆地区《票据法》并无规定，且按大陆地区《票据法》第 40 条第 1 款规定，未规定出票人或背书人可以约定缩短或延长提示承兑期限，也未规定出票人或背书人可以记载指定提示承兑期间或禁止请求承兑期限的事项。因此，如果出票人或背书人在汇票上为此类记载，该记载不生票据法上效力。[2]

台湾地区"票据法"除了规定法定提示承兑期间外，还对见票后定期付款汇票及指定请求承兑汇票规定了指定提示承兑期间。由于见票后定期付款汇票及指定请求承兑汇票，不仅须确定到期日的起算时点，而且还须确定持票人是否在期限内请求承兑，以判断持票人是否遵期提示。因此，必须由付款人在承兑时，记载承兑日期。如果未记载承兑日期，承兑仍有效；至于承兑日期的确定，持票人可以请求作成拒绝证书，以证明承兑日期，或者以出票日起 6 个月的末日或出票人指定承兑期限的末日为承兑日。[3]

按大陆地区《票据法》第 41 条第 1 款还规定有所谓的"承兑期间"，也称为"承兑犹豫期间"，即"付款人对向其提示承兑的汇票，应当自收到提示承兑的汇票之日起 3 日内承兑或者拒绝承兑"。此为付款人于收到向其提示承兑的汇票后，依法可以做出承兑或拒绝承兑的最长准备期间。台湾地区"票据法"第 48 条与大陆地区《票据法》第 41 条第 1 款"承兑犹豫期间"规定类似，即"付款人于执票人请求承兑时，得请其延期为之，但以 3 日为限"。但该条款规定与大陆地区

〔1〕　请参阅台湾地区"票据法"第 44 条。
〔2〕　梁宇贤等：《两岸票据法比较导读》，瑞兴图书股份有限公司 2004 年版，第 162 页。
〔3〕　请参阅台湾地区"票据法"第 46 条。

规定不同在于，承兑期间的延期必须得到持票人的同意，才有所谓的
"承兑犹豫期间"，否则应立即决定是否承兑；而大陆地区规定是由付
款人在"承兑犹豫期间"可自由决定是否承兑，无须先获得持票人的
同意延期。此外，台湾地区学者还指出，认为该条款所规定的 3 日期
限，在解释上也不可以超逾法定或指定的提示承兑期限。[1]

日内瓦《汇票及本票法统一公约》第 24 条规定，采用"二次承
兑制度"，以解决付款人考虑承兑的时间，亦即持票人可以进行两次提
示承兑。如果付款人在第一次提示承兑时，未明确表示承兑与否的决
定时，请求承兑的持票人在次日可以进行第二次提示承兑。[2]

据上所述，各国与地区的票据立法例对汇票提示承兑期间的规定
有所不同，而两岸对汇票的提示承兑期间规定也不同：大陆地区《票
据法》仅有法定提示承兑期间，而无指定提示承兑期间的规定；台湾
地区"票据法"不仅有法定提示承兑期间及指定提示承兑期间的规
定，而且出票人还可以特约缩短或延长，也可以记载在一定日期前禁
止提示承兑，而背书人在出票人禁止提示承兑期间之外，可指定提示
承兑期间。

本书认为为使票据制度规范更灵活且合乎企业需求，以及发展适
当的两岸票据一体化市场，因此，认为有必要在两岸票据法规定的基
础上作出适当调整，实现两岸票据制度一体化。

3. 未遵期提示承兑的效果

由于提示承兑并非票据行为，它仅是付款人为票据行为的提前，
但是对于持票人而言，则具有保全汇票权利的重要意义。因此，如果
持票人未按照规定期限提示承兑者，依据大陆地区《票据法》第 40 条
第 2 款规定，持票人将会丧失对其前手的追索权。这里的"前手"，从
文条的语意而言，应包括出票人。但是，"根据票据法原理，即使票据

[1] 梁宇贤：《票据法新论》，自版 1997 年版，第 229 页。

[2] 澳门地区《商法典》第 1157 条、日本《票据法》第 24 条，亦有相同规定；
王小能编：《票据法教程》，北京大学出版社 2001 年版，第 218 页。

— 364 —

权利时效经过汇票出票人仍应对持票人承担偿还义务"。[1]所以，在解释上应认为这里的前手不包括出票人。大陆地区《最高人民法院关于审理票据纠纷案件若干问题的规定》第 19 条规定："票据法第 40 条第 2 款和第 65 条规定的持票人丧失对其前手的追索权，不包括对票据出票人的追索权。"因此，大陆地区学者提出《票据法》修订版建议稿第 54 条规定："汇票未按照规定期限提示承兑的，持票人丧失对出票人以外前手的追索权。"[2]此建议稿规定值得本书参考。

按台湾地区"票据法"第 104 条也规定了持票人未遵期提示丧失追索权的情形：如持票人未于法定提示承兑期限内为提示承兑者，对于其前手丧失追索权；不于约定提示承兑期限内为提示承兑者，对于约定的前手丧失追索权。[3]所以，台湾地区不遵期提示包括不遵守法定提示期间与不遵守约定提示期间两种，与大陆地区规定不同。本书对于不遵期提示而丧失追索权的情形，拟以台湾地区"票据法"及大陆地区学者提出建议稿为参考基础，将具体条款规定于协议建议稿中。

（二）本票的提示见票期间

本票按出票人不同，可以分为一般本票、商业本票及银行本票。按大陆地区《上海市票据暂行规定》第 65 条、第 66 条规定，本票分为银行本票及商业本票，但现行《票据法》第 73 条第 2 款、第 78 条规定，仅有即期银行本票，不允许签发其他本票，也无远期本票存在，已排除一般本票及商业本票；[4]同时，大陆地区《票据法》第 74 条

---

〔1〕　郑孟状等：《中国票据法专家建议稿及说明》，法律出版社 2014 年版，第 160 页。

〔2〕　郑孟状等：《中国票据法专家建议稿及说明》，法律出版社 2014 年版，第 160 页。

〔3〕　请参阅台湾地区"票据法"第 104 条规定。

〔4〕　大陆地区上海市人民政府于 1988 年 6 月 8 日发布，1989 年 7 月 24 日修正，1989 年 8 月 1 日起施行的《上海市票据暂行规定》第 65 条、第 66 条规定，本票分为银行本票及商业本票。银行本票是指由银行签发的本票；商业本票是指由机关团体与企事业单位签发的本票。请参阅覃有土、李贵连主编：《票据法全书》，中国检察出版社 1994 年版，第 188、798 页；国务院研究室财金贸易研究司编：《中华人民共和国票据法实务全书》，企业管理出版社 1995 年版，第 44、173 页。

也对本票的出票人的资格作严格限制,"本票出票人只能是银行,而且并非所有的银行,只有那些经过中国人民银行审定的银行才有资格签发本票。还规定,本票的出票人必须有可靠的资金来源,并保证支付"。[1]之所以如此规定,主要原因在于考虑到大陆地区于票据法律制度立法当时的实际状况,而且商业本票还包括交易性商业本票与融资性商业本票,并认为其中"交易性商业本票可以由商业汇票来代替,融资性本票可由企业债券代替,因此,并不影响商业信用活动的开展。在不具备使用的条件下,如果允许单位和个人签发和使用商业本票,势必加剧企业之间的资金拖欠,形成更大更长的企业三角债务链,在一定程度上还会引起信用膨胀,不利于中央宏观经济调控"。[2]因此,大陆地区的银行本票并不存在需要提示见票以确定到期日的法定提示见票期间或约定提示见票期间。而依据同法第78条所规定的提示见票期限,指的是法定提示见票付款期间,并非远期本票的提示见票以确定到期日,故而是一种提示付款期限,即自出票日起,付款期限最长不得超过2个月。法律之所以规定本票的法定提示付款期限,其目的是在于避免持票人久不为提示见票,而使得票据债务人无法解除票据责任,也使得出票人的资金长期久悬,对于票据债务人不利,为保护票据债务人的利益,所以明确规定提示见票付款期限,而出票人在持票人提示见票时,必须当日足额付款。[3]如果持票人不遵期提示见票,依据大陆地区《票据法》第79条规定,将丧失对出票人以外前手的追索权。

台湾地区本票按到期日可以分为见票即付本票、定日付款本票、出票后定期付款本票、见票后定期付款本票及分期付款本票等五种。[4]前

---

〔1〕 赵许明:"海峡两岸票据制度比较研究",载《法学评论》1997年第2期,第84页。

〔2〕 请参阅赵许明:"海峡两岸票据制度比较研究",载《法学评论》,1997年第2期,第84页;梁宇贤等:《两岸票据法比较导读》,瑞兴图书股份有限公司2004年版,第279页。

〔3〕 大陆地区《票据法》第80条第1款适用第54条规定。

〔4〕 台湾地区"票据法"第124条规定:"……第2章第6节关于到期日之规定……均于本票准用之。"

三种本票及分期付款本票的到期日于出票时即已确定；而见票后定期付款本票，则须持票人向出票人提示见票，才能确定到期日。由于本票属于自付证券，故无汇票的承兑制度，因此，本票有所谓的见票制度存在，其目的即在于确定见票后定期付款本票的到期日所为的提示，换言之，此种本票自见票日起计算到期日方为付款，例如，本票于见票后 20 日付款。故而本票的见票制度与汇票的承兑制度不同者在于，汇票由付款人为承兑，才能确定承兑人的付款责任，因此，持票人须向付款人为提示承兑；而本票的出票人为付款人，因此，持票人须向出票人为提示见票，但见票并非在于确定出票人的付款责任，而是在于计算付款的到期日。主要理由在于出票人于出票时即已负绝对的付款责任，不待见票即确定。[1]

对于见票后定期付款本票的提示见票期间，依据台湾地区"票据法"第 122 条第 1 项准用第 45 条规定，持票人应于出票日起 6 个月内向出票人为提示见票。此法定期限可以由出票人特约缩短或延长，但是延长的期限不得超逾 6 个月。换言之，见票后定期付款本票的提示见票期限最长可达 1 年。其余规定与前述汇票相同。

日内瓦《汇票及本票法统一公约》关于见票后定期付款本票的提示见票期间，应自出票日起 1 年内提示见票。1 年期间，出票人可以缩短或延长；背书人可以缩短。[2]

如果持票人逾期而未提示见票或作成拒绝见票证书，依据台湾地区"票据法"第 122 条第 5 项规定，将丧失对于出票人以外前手的追索权。此规定与大陆地区《票据法》规定相同。

据上所述，由于两岸对于本票种类的规定不同，所以对于本票提示见票期间的规范也不同。在本书所设计的两岸票据规范中，本票种类并不限于即期本票，也包括远期本票与分期付款本票，故而必须对于本票提示见票期间统一规定。因此，本书参考台湾地区"票据法"

---

[1] 王志诚：《票据法》，元照出版有限公司 2012 年版，第 445 页；王小能编：《票据法教程》，北京大学出版社 2001 年版，第 325 页。

[2] 请参阅日内瓦《汇票及本票法统一公约》第 78 条、第 23 条规定。

第 45 条规定，于"两岸票据制度一体化协议（建议稿）"中明确规定，见票后定期付款本票的提示见票期限，应自出票日起 6 个月内为提示见票。出票人可以特约缩短或延长，但延长的期限不得超过 6 个月。之所以未采纳日内瓦《汇票及本票法统一公约》第 23 条所规定的"应自出票日起 1 年内"的提示见票期间，主要理由在于 1 年期间过于长。同时，为避免两岸票据关系过于复杂，亦不采纳背书人可以对于期限的缩短或延长的规定。

由于本票见票期间与汇票付款人的承兑期间性质类似，本书基于一致性考虑，对于出票人的见票期间采与承兑期间相同，予以一体化规范。

至于不遵期提示见票而丧失追索权的情形，在"两岸票据制度一体化协议（建议稿）"中分别规定不遵守法定提示期限与不遵守约定提示期限两种情形。

（三）提示付款期限

所谓提示付款期限，是指持票人请求付款时，必须于一定期间内先行提示票据的期限。由于两岸票据法律制度对于票据种类规定的不同，因此，根据不同的票据种类设置了不同的提示付款期限规定；此外，对于付款日期规定也不同，如大陆地区《票据法》第 54 条规定，持票人如于期限内提示付款者，付款人应在当日足额付款，并无宽限期；而台湾地区"票据法"第 70 条规定："付款经持票人同意，可以延期为之。但以提示后 3 日为限。"

本书鉴于两岸对不同票据而有不同的提示付款期限规定，将不利于两岸票据一体化市场的运行，为此，将进一步按票据的种类，就两岸票据法对于各种票据有关提示付款期限的规定，进行比较分析其差异性，并对于其差异性予以融合，以实现两岸票据制度一体化。

1. 汇票的提示付款期限

大陆地区的汇票依据出票人不同可分为银行汇票与商业汇票。商业汇票的出票人可以签发即期汇票，也可以签发远期汇票；而银行汇票是不允许签发远期银行汇票。因此，就商业汇票而言，可以将汇票分为即期汇票、定日付款汇票、出票后定期付款汇票及见票后定期付款汇票等四种。其提示付款期限按汇票种类不同而有不同规定：见票即付的汇票，自出票日起 1 个月内向付款人提示付款。此处的 1 个月期间应理解为提示付款期限，而非指到期日。定日付款汇票、出票后定期付款汇票及见票后定期付款汇票等三种汇票，自到期日起 10 日内向承兑人提示付款。如果持票人未按照规定期限提示付款，在作出说明后，承兑人或者付款人仍应当继续对持票人承担付款责任。[1]该条并未明确规定，持票人是否丧失对前手的追索权，存在疑义。大陆地区有学者指出："根据我国《票据法》第 40 条第 2 款和第 65 条的规定，以及票据法的一般原理，持票人应丧失对其前手的追索权。"此外，《票据法》第 79 条和第 91 条第 2 款规定，本票和支票的持票人未按规定期限提示付款的，丧失对其前手的追索权。因此，基于同一法理，也应当认为汇票持票人未遵期提示付款，丧失对前手的追索权。[2]

大陆地区银行汇票仅限于见票即付，是不允许签发远期银行汇票，银行汇票的提示付款期限自出票日起 1 个月。此处所规定的 1 个月期间，应解为提示付款期限，而非指到期日。若未遵期提示付款，代理付款人不予受理。[3]持票人在规定期限内提示付款，依据《票据法》第 54 条规定，付款人应在当日足额付款。

台湾地区"票据法"并无按出票人的不同而特别区分汇票的种类，而是按到期日区分为即期汇票、远期汇票及分期付款汇票，其中远期汇票包括定日付款汇票、出票后定期付款汇票及见票后定期付款汇票等三种。见票即付汇票，依据"票据法"第 66 条第 1 项规定，是以提示日作为到期日，而其提示付款期限，依据"票据法"第 66 条第 2 项准用同法第 45 条规定，自出票日起 6 个月内，或者在延长或缩短的期限内为之。[4]至于见票后定期付款汇票的提示付款期间，依承兑日或拒绝承兑证书作成日，计算到期日；经拒绝承兑而未作成拒绝承

---

〔1〕　请参阅大陆地区《票据法》第 53 条。

〔2〕　赵威：《票据权利研究》，法律出版社 1997 年版，第 138 页。

〔3〕　请参阅大陆地区《支付结算管理办法》第 57 条。

〔4〕　台湾地区"票据法"第 66 条第 2 项准用第 45 条规定。

兑证书者，依"票据法"第 45 条所规定承兑提示期限之末日，计算到期日。[1]依据台湾地区"票据法"第 69 条第 1 项规定，持票人应于到期日或其后 2 日内提示付款。因此，持票人应于汇票到期日或其后 2 日内向付款人（或承兑人）提示付款；如果汇票上载有担当付款人，持票人应向担当付款人为付款之提示。[2]汇票的持票人如果未遵期提示付款，将丧失对于前手的追索权。

持票人在规定期限内提示付款，依据台湾地区"票据法"第 70 条规定，原则上付款人也应在当日足额付款，但是，该条规定了，如果经持票人同意，可以延期付款，并以提示后 3 日为限，此延期付款规定的目的在于：一方面可避免追索权的行使；另一方面也不会影响其他人的权利义务。大陆地区《票据法》并无类似台湾地区"票据法""延期付款"的规定，并规定对于持票人的提示付款，付款人应限于当日足额付款。尽管大陆地区《票据法》并无"延期付款"的规定，但是其远期汇票的法定提示付款期限，自到期日起 10 天内向承兑人提示付款；即期汇票的法定提示付款期限，自出票日起 1 个月内向付款人提示付款。按大陆地区的规定，认为法定提示付款期限对于付款人或承兑人而言，早已可预测有使用资金之需求且有心理准备，具有足够时间预备付款资金，故而无"延期付款"的规定。[3]但是，其亦有缺点，即在于可能使付款资金闲置太久，不利于资金的充分运用；反观台湾地区的延长付款规定，则具有相对的优点，尤其是对于付款人（或承兑人）而言，一方面可以充分运用资金，避免资金闲置过久，另一方面具有缓冲的时间准备款项，此期间可迅速调度资金。

持票人如果未遵期提示付款，依据台湾地区"票据法"第 104 条规定，不在规定期限内行使或保全汇票上权利的行为，对于前手丧失追索权。这里的"前手"，台湾地区司法实务上认为，不包括汇票承

〔1〕 请参阅台湾地区"票据法"第 67 条。
〔2〕 请参阅台湾地区"票据法"第 69 条第 2 项规定。
〔3〕 梁宇贤等：《两岸票据法比较导读》，瑞兴图书股份有限公司 2004 年版，第 193 页。

兑人。[1]换言之，汇票持票人虽然未在规定期限内提示付款，仍可以在时效期内，对于汇票承兑人行使付款请求权。[2]如果持票人不在约定期限内行使或保全汇票上权利的行为，对于该约定的前手丧失追索权。

两岸对于汇票的提示付款期限规范宽松不同：在即期汇票方面，台湾地区规定较为宽松；在其他种类的汇票，则大陆地区规定较为宽松。其中，大陆地区《票据法》第53条第2款更明文规定，持票人延迟提示付款时，如果能做出说明，则承兑人或付款人仍应继续承担付款责任，此为台湾地区"票据法"所未规定，而仅规定经持票人同意，可以延期付款，但以提示后3日为限。大陆地区《票据法》第53条第3款规定，通过委托收款银行或者通过票据交换系统向付款人提示付款，视同持票人提示付款，与台湾地区"票据法"第69条第3项规定"为交换票据，向票据交换所提示者，与付款之提示，有同一效力"。二者规范虽类似，但实际上仍有不同，而且台湾地区"票据法"并未规定"通过委托收款银行提示付款，视同持票人提示付款"的情形。换言之，如果持票人通过委托收款银行提示付款，但该委托收款银行未提交至票据交换所或者无法向付款人提示付款，均不发生持票人提示付款的效力。

本书拟在"两岸票据制度一体化协议（建议稿）"对于票据的提示付款期限予以具体规范，同时考虑两岸距离的现况，适当调整票据的提示付款期限。同时，为两岸可能透过票据影像交换系统或类似的系统提交票据影像信息，故而于协议建议稿规定拟制提示付款：如

---

[1] 请参阅台湾地区1984年7月3日厅民一字第0500号函；王志诚：《票据法》，元照出版有限公司2012年版，第420页及同页注132。

[2] 请参阅台湾地区"最高法院"1977年台上字第670号民事判决；王志诚：《票据法》，元照出版有限公司，2012年版，第391页。由于本票的出票人与汇票的承兑人均同属于票据上的主债务人，依同一法理，"票据法"第104条所谓的前手，应不包括本票的出票人。请参阅黄宗乐监修、保成六法全书编辑委员会编辑：《六法全书（商事法）》，保成文化事业有限公司1994年版，第451~452页。这里有争议者在于，汇票承兑人为汇票的主债务人是否可以为偿还义务人，学者间有不同观点：有采否定说，亦有采肯定说。请参阅林群弼：《票据法论》，三民书局2010年版，第297~300页。

"出票人开户银行收到票据影像交换系统或类似的系统提交的票据影像信息，视同实物票据提示付款"。又如果持票人通过托收金融机构、指定金融机构、票据交换系统、票据交换所或票据影像系统等向付款人提示付款者，此种情形，应视同持票人提示付款，并以持票人提交票据日为提示付款日。因此，对于两岸有关票据的提示付款期限的差异性与相关问题，均拟于"两岸票据制度一体化协议（建议稿）"中一并规范，并一体性适用，避免争议。

2. 本票的提示付款期限

大陆地区本票仅限于银行本票，且为即期本票。对于本票的提示付款期间规定，自出票日起2个月内为之。本票的持票人未按照规定期限提示见票的，丧失对出票人以外的前手的追索权。[1]

台湾地区本票的提示付款期间、持票人未遵期提示付款，与汇票相同，可参阅前述汇票的提示付款期限。因此，根据前述的分析说明，很显然地可以了解两岸对于本票提示付款期限规定的差异性所在。

3. 支票的提示付款期限

大陆地区支票的持票人应当自出票日起10日内提示付款。超过提示付款期限，付款人可以不予付款；如果付款人不予付款者，出票人仍应当对持票人承担票据责任。[2]因此，支票的提示付款期限，必须自出票日起10日内为之。但是，如果超逾提示付款期限，持票人仍然可以向付款人请求付款；至于付款人是否付款，由其自由决定。如果付款人不付款，出票人仍须承担票据责任。关于提示付款期限的计算，按照日、月、年计算期间，始日不计入，从次日开始计算。[3]

台湾地区"票据法"第130条规定了支票的提示付款期间，是按出票地与付款地是否相同而区分为三种情形：第一，出票地与付款地

---

〔1〕 请参阅大陆地区《票据法》第73条第2款、第78条、第79条。
〔2〕 请参阅大陆地区《票据法》第91条。
〔3〕 请参阅大陆地区《票据法》第107条第1款，《民法总则》第201条（原《民法通则》第154条）。

在同一省（市）区内者，出票日后 7 日内；第二，出票地与付款地不在同一省（市）区内者，出票日后 15 日内；第三，出票地在国外，付款地在国内者，出票日后 2 个月内。前述提示付款期限的计算，始日不算入，即从出票日的次日起算，出票日不算入。[1]此规定与大陆地区规定的支票提示付款期限的计算方式相同。如果持票人在法定提示期限内，提示付款而被拒绝时，对于前手得行使追索权。但应在拒绝付款日或其后 5 日内，请求作成拒绝证书。如果持票人不在法定期限内提示付款，或不于拒绝付款日或其后 5 日内，请求作成拒绝证书者，对于出票人以外的前手，丧失追索权。出票人在提示期限经过后，对于持票人仍应负责任。但是，如果持票人怠于提示，致使出票人受有损失时，应负赔偿责任，其赔偿金额，不超过票面金额。[2]此外，如果持票人超逾提示付款期限后，依据台湾地区"票据法"第 136 条规定，付款人仍得付款。但有下列情事之一者，不在此限：第一，出票人撤销付款委托时；第二，出票满 1 年时。

据上所述，两岸票据法对于支票的提示付款期限规范不同，而且如果持票人超逾提示付款期限后，根据大陆地区《票据法》规定，持票人仍可向付款人提示付款，至于是否付款则由付款人自行决定；而同样情形，根据台湾地区"票据法"规定，付款人也可以付款，但有前提条件的限制。如果付款人决定不付款，则两岸票据法规定相同，即出票人仍须对持票人负责。但是，台湾地区"票据法"还进一步规定，持票人怠于提示，致使出票人受有损失时，应负赔偿责任，其赔偿金额，以不超过票面金额为限。此规定有利于督促持票人尽早行使票据权利，以解除出票人责任。

二、票据时效

所谓票据时效制度，是指票据权利的消灭时效制度，即票据上权

---

[1]　梁宇贤：《票据法新论》，自版 1997 年版，第 346 页。
[2]　请参阅台湾地区"票据法"第 131 条第 1 项、第 132 条、第 134 条。

利经过一定时间不行使，该权利会因时效期间的经过而归于消灭。[1]
而所谓票据权利，是指持票人以取得票据金额为目的，依据票据法规
定所赋予对票据行为的关系人所得行使的权利。此种票据权利包括付
款请求权与追索权。[2]

票据法上规定的消灭时效的期间通常较民法上的时效期间短。主
要原因在于票据的交易贵在迅速流通，且票据法对于票据权利的保护
比一般债权更强，因此，票据债务人所受的拘束相较于一般债务人所
受的拘束更重，故而往往要求票据权利人尽速行使其权利，以使票据
债务人尽早解除责任。[3]关于票据时效期间的立法例，主要有两种主
义：第一，均一主义。即不区分主债务人或偿还义务人，均适用同一
的时效。第二，差等主义。即将票据债务人区分为主债务人与偿还义
务人而有不同的规定。[4]目前国际票据公约及各国家的票据法多采取
差等主义的立法例，但实际规范内容仍有不同，如《联合国国际汇票
及国际本票公约》规定对票据主债务人的时效期间为 4 年；对偿还义
务人的时效期间为 1 年。[5]日内瓦《汇票及本票法统一公约》规定
汇票、本票的时效期间 3 年（持票人对汇票承兑人、本票出票人）、
1 年（持票人对背书人、汇票出票人）、6 个月（背书人对背书人、
背书人对汇票出票人）的不同时效期间；日内瓦《支票法统一公
约》规定支票的时效期间为 6 个月（持票人对背书人、出票人及其
他债务人）。[6]日本、德国、中国澳门地区、法国、泰国等，亦有相

---

〔1〕 王小能编：《票据法教程》，北京大学出版社 2001 年版，第 132 页。
〔2〕 梁宇贤：《票据法新论》，自版 1997 年版，第 101~102 页。
〔3〕 王小能编：《票据法教程》，北京大学出版社 2001 年版，第 132 页；梁宇贤：
《票据法新论》，自版 1997 年版，第 137~138 页。
〔4〕 梁宇贤：《票据法新论》，自版 1997 年版，第 138 页。
〔5〕 请参阅《联合国国际汇票及国际本票公约》第 84 条；施文森：《票据法论——
兼析联合国国际票据公约》，三民书局 2005 年版，第 405 页。
〔6〕 请参阅日内瓦《汇票及本票法统一公约》第 70 条、第 77 条，日内瓦《支票
法统一公约》第 52 条；郭锋、常风编：《中外票据法选》，北京理工大学出版社 1991 年
版，第 235、237、249 页。

同规定。[1]

　　两岸票据法对于票据权利消灭时效期间均有规定，而且都是采差等主义的立法例，但所规定的期间有所不同。大陆地区《票据法》第17条对于票据时效期间规定为2年、2年、6个月、6个月、3个月等不同的时效期间；台湾地区"票据法"第22条对于票据时效期间规定为3年、1年、1年、4个月、6个月、2个月等不同的时效期间。[2]

---

　　[1]　关于票据时效期间的各国及地区立法例：日本《票据法》第70条规定汇票的时效期间（本票适用该条规定，请参阅第77条）3年、1年、6个月的不同时效期间；日本《支票法》第51条规定支票的时效期间6个月。请参阅日本《票据法》第70条、《支票法》第51条；张凝、[日]末永敏和：《日本票据法原理》，中国法制出版社2012年版，第351页、第354页、第386页。德国《票据法》第70条规定汇票的时效期间（本票适用该条规定，请参阅第77条）3年、1年、6个月的不同时效期间；德国《支票法》第51条规定支票的时效期间6个月。请参阅德国《票据法》第70条、《支票法》第51条；余振龙、姚念慈主编：《国外票据法》，上海社会科学院出版社1991年版，第141、166页。澳门地区《商法典》第1204条规定汇票的时效期间（本票适用该条规定，请参阅第1210条）为3年、1年、6个月不同时效期间；第1263条规定支票的时效期间为6个月。请参阅中国澳门地区《商法典》第1204条、第1263条；赵秉志总编：《澳门商法典》，中国人民大学出版社1999年版，第339、353页。法国《商法典》第179条规定条规定汇票的时效期间（本票适用该条规定，请参阅第185条）为3年、1年、6个月不同时效期间；法国《支票法》第52条规定，持票人对背书人、出票人及其他债务人的时效期间为6个月；持票人对付款人的时效期间为1年。请参阅法国《商法典》第179条、法国《支票法》第52条；金邦贵译：《法国商法典》，中国法制出版社2000年版，第66、418页。泰国《民商法典》第1001条、第1002条、第1003条也分别规定3年、1年、6个月不同时效期间。请参阅泰国《民商法典》第1001条、第1002条、第1003条；周喜梅译：《泰王国民商法典》，中国法制出版社2013年版，第176页。

　　[2]　大陆地区《票据法》第17条第1款规定："票据权利在下列期限内不行使而消灭：（一）持票人对票据的出票人和承兑人的权利，自票据到期日起2年。见票即付的汇票、本票，自出票日起2年；（二）持票人对支票出票人的权利，自出票日起6个月；（三）持票人对前手的追索权，自被拒绝承兑或者被拒绝付款之日起6个月；（四）持票人对前手的再追索权，自清偿日或者被提起诉讼之日起3个月。"台湾地区"票据法"第22条："票据上之权利，对汇票承兑人及本票发票人，自到期日起算；见票即付之本票，自发票日起算；3年间不行使，因时效而消灭。对支票发票人自发票日起算，1年间不行使，因时效而消灭（第1项）。汇票、本票之执票人，对前手之追索权，自作成拒绝证书日起算，1年间不行使，因时效而消灭。支票之执票人，对前手之追索权，4

此外，两岸对于票据时效的起算点亦不同，如台湾地区"票据法"第22条的相关规定中，"自到期日起算""自出票日起算""自作成拒绝证书日起算""自提示日起算""自清偿日或被诉日起算"等票据时效的起算点，台湾地区司法实务见解认为，应从当日起算；[1]大陆地区规定，从开始日的次日起算。由于两岸对于票据时效的起算日规定不同，也影响时效期间的终止日，从而在计算票据权利人的票据时效的起迄日即有不同，对票据权利人的权益影响不可谓不大。如果没有将两岸票据制度一体化，势必会影响票据权利人的权益，故而从保障两岸票据当事人的权益，建构符合平等、公平与正义的两岸票据一体化市场出发，则有必要将两岸票据法律制度关于时效的计算及时效期间予以制度性一体化，使得两岸票据当事人享有相同的权益，符合平等、公平原则。因此，在"两岸票据制度一体化协议（建议稿）"中明文规定，有关各种票据期限与时效期间的计算，均从开始日的次日计算。

本书将按两岸票据法的规定，分别论述票据的付款请求权、追索

（接上页）个月间不行使，因时效而消灭。其免除作成拒绝证书者：汇票、本票自到期日起算；支票自提示日起算（第2项）。汇票、本票之背书人，对于前手之追索权，自为清偿之日或被诉之日起算，6个月间不行使，因时效而消灭。支票之背书人，对前手之追索权，2个月间不行使，因时效而消灭（第3项）。票据上之债权，虽依本法因时效或手续之欠缺而消灭，执票人对于发票人或承兑人，于其所受利益之限度，得请求偿还（第4项）。"

〔1〕 早期台湾地区"最高法院"1964年台上字第1080号民事判例曾认为："票据法对于如何计算期间之方法别无规定，仍应适用'民法'第119条、第120条第2项不算入始日之规定。"但其后司法实务见解变更，认为台湾地区"票据法"第22条第1项至第3项对于消灭时效时间的起算，始日是否算入，已有明文规定（如"自到期日起算""自发票日起算""自作成拒绝证书日起算""自为清偿之日或被诉之日起算"等），故而将本则判例予以废止，认为票据消灭时效时间的起算，是从当日起算。台湾地区"最高法院"1964年台上字第1080号民事判例于2002年9月3日经台湾地区"最高法院"2002年度第10次民事庭会议决议废止，并于2002年9月30日由"最高法院"依据"最高法院"判例选编及变更实施要点第9点规定以2002台资字第00630号公告。

权、再追索权及利益偿还请求权等消灭时效规定的差异性：[1]

（一）付款请求权的消灭时效

付款请求权，是指持票人向票据债务人请求支付票据金额的权利。在学理上通常称之为第一次请求权。[2]换言之，即持票人对票据主债务人的付款请求权，如持票人对汇票承兑人、本票出票人、保付支票付款人或支票出票人的权利。

1. 持票人对汇票承兑人的付款请求权

按大陆地区《票据法》第17条第1款第1项规定，持票人对汇票承兑人的付款请求权时效期间，远期汇票，自到期日起2年；即期汇票，自出票日起2年。如果在2年的时效期间，持票人未行使票据权利，票据权利将因时效经过而归于消灭。台湾地区"票据法"第22条第1项规定，持票人对汇票承兑人的付款请求权时效期间，远期汇票，自到期日起算3年；即期汇票，自出票日起算3年。如果在3年的时效期间，持票人未行使票据权利，票据权利将因时效经过而归于消灭。因此，大陆地区持票人对汇票承兑人的时效期间较台湾地区规定的期间短。日内瓦《汇票及本票法统一公约》第70条第1款规定，汇票上

----

〔1〕 有关票据时效规定的条文，请参阅台湾地区"票据法"第22条；大陆地区《票据法》第17条。相关文献，请参阅吴美红："海峡两岸票据法之比较"，载《月旦法学杂志》1996年第18期，第66页；刘心稳：《票据法》，中国政法大学出版社2010年版，第102~104页；邢海宝编：《票据法》，中国人民大学出版社2004年版，第112页；王小能编：《票据法教程》，北京大学出版社2001年版，第68~69、132~135页；梁宇贤、柯芳枝、方嘉麟等：《两岸票据法比较导读》，瑞兴图书股份有限公司2004年版，第114~129页。至于大陆地区票据时效制度规定存在瑕疵问题，请参阅陈芳：《票据法》，厦门大学出版社2012年版，第166~169页。大陆地区《票据法》第17条第1款规定："票据权利在下列期限内不行使而消灭：（一）持票人对票据的出票人和承兑人的权利，自票据到期日起2年。见票即付的汇票、本票，自出票日起2年；（二）持票人对支票出票人的权利，自出票日起6个月；（三）持票人对前手的追索权，自被拒绝承兑或者被拒绝付款之日起6个月；（四）持票人对前手的再追索权，自清偿日或者被提起诉讼之日起3个月。"依据《最高人民法院关于审理票据纠纷案件若干问题的规定》第13条规定："票据法第17条第1款第（一）（二）项规定的持票人对票据的出票人和承兑人的权利，包括付款请求权和追索权。"又该规定第18条："票据法第17条第1款第（三）（四）项规定的持票人对前手的追索权，不包括对票据出票人的追索权。"

〔2〕 林群弼：《票据法论》，三民书局2010年版，第120页。

的一切诉讼权利，对承兑人自到期日起算，3 年间不行使，因时效而消灭。其规定与台湾地区"票据法"规定的持票人对汇票承兑人的时效期间相同，均规定为 3 年。

为平等保障两岸票据当事人的票据权益，有关两岸票据法中对于票据权利时效规定中的差异性，本书拟采日内瓦《汇票及本票法统一公约》与台湾地区"票据法"的时效期间规定作为制度性一体化范本。亦即，持票人对于汇票承兑人的付款请求权时效期间，远期汇票，自到期日起算 3 年；即期汇票，自出票日起算 3 年。如果持票人于时效期间不行使票据权利，将因时效经过而归于消灭。

2. 持票人对于本票出票人的付款请求权

按大陆地区《票据法》第 73 条、第 78 条规定，本票限于即期银行本票，不允许签发远期银行本票。因此，持票人对于本票出票人的付款请求权时效期间为自出票日起算 2 年。如果在 2 年的时效期间，持票人未行使票据权利，将因时效经过而归于消灭。[1]台湾地区本票按到期日可以区分为远期本票与即期本票。因此，持票人对于本票出票人的票据权利因远期本票或即期本票而有不同的起算日。依据台湾地区"票据法"第 22 条第 1 项规定，持票人对本票出票人的付款请求权时效期间，远期本票，自到期日起算 3 年；即期本票，自出票日起算 3 年。如果在 3 年的时效期间，持票人未行使票据权利，将因时效经过而归于消灭。因此，大陆地区持票人对本票出票人的时效期间较台湾地区规定期间短。此外，台湾地区原则上是不允许签发银行本票，[2]因此，台湾地区金融实务上的本票通常是一般本票或商业本票。日内瓦《汇票

---

〔1〕 请参阅大陆地区《票据法》第 17 条第 1 款第 1 项。

〔2〕 台湾地区"财政部"对于银行本票的签发认为，金融机构除了办理同业间拆款及向"中央银行"融通资金外，不得自身为出票人而签发本票。主要理由在于："本票之性质为信用工具或债权凭证，以银行角色言，银行具有创造及供给信用之功能，银行自为发票人签发之本票，有创造货币之效果，参照'最高法院'22 年上字第 348 号判例，亦与刑法第 12 章各条所称之'银行券'相当，非经政府许可，并依有关规定办理，不得为之。为免有碍通货之统一发行及信用之管理，银行不得签发本票供客户使用，或以之为业务或供自身日常事务款项。"请参阅台湾地区"财政部"1997 年 9 月 1 日台财融字第 86642047 号函。

及本票法统一公约》规定，持票人对本票出票人的付款请求权时效期间，自到期日起算 3 年。3 年间不行使，因时效经过而归于消灭。[1]

为平等保障两岸票据当事人的票据权益，本书拟在"两岸票据制度一体化协议（建议稿）"中采纳日内瓦《汇票及本票法统一公约》与台湾地区"票据法"的时效期间规定。亦即，持票人对于本票出票人的付款请求权，远期本票，自到期日起算 3 年；即期本票，自出票日起算 3 年。如果持票人于时效期间不行使票据权利，将因时效经过而归于消灭。

3. 持票人对保付支票付款人的付款请求权

由于大陆地区《票据法》并无保付支票的规定，自然无持票人对保付支票付款人的付款请求权时效期间的规定。台湾地区所谓保付支票，是指付款人因出票人或收款人的请求，在支票上记载"照付"或"保付"或其他同义字样，并由付款人签章，使得付款人成为主债务人，而应负绝对付款责任，同时解除出票人及背书人的票据责任。[2]保付支票的持票人对付款人的请求票据权利消灭的时效期间，在台湾地区的"票据法"中并无明文规定。因此，对于保付支票时效期间，学理上有不同见解，主要有以下四说：[3]第一，1 年时效说。此说认为保付支票属于支票的一种。对于支票出票人的时效期间为 1 年，且支票限于见票即付，因此，对于保付支票的时效不宜过长，以 1 年为宜。[4]日本《支票法》第 58 条规定，对保证付款的付款人的支票请

---

〔1〕　请参阅日内瓦《汇票及本票法统一公约》第 77 条、第 70 条第 1 款。

〔2〕　台湾地区"票据法"第 138 条第 1 项、第 2 项规定，"付款人于支票上记载照付或保付其他同义字样并签名后，其付款责任与汇票承兑人同（第 1 项）。付款人于支票上已为前项之记载时，发票人及背书人免除其责任（第 2 项）。"请参阅王志诚：《票据法》，元照出版有限公司 2012 年版，第 509 页。

〔3〕　梁宇贤：《票据法新论》，自版 1997 年版，第 358~359 页；王志诚：《票据法》，元照出版有限公司 2012 年版，第 509~510 页；郑洋一：《票据法之理论与实务》，自版 2001 年版，第 283 页；施文森：《票据法论——兼析联合国国际票据公约》，三民书局 2005 年版，第 333~334 页。

〔4〕　请参阅台湾地区"司法行政部"1963 年 9 月 23 日台［1963］函民字第 5474 号函。

求权，自提示期间末日起，时效期间为 1 年。第二，3 年时效说。认为保付支票付款人责任与汇票承兑人相同，因此，持票人对于付款人的时效期间应与汇票持票人对于承兑人的时效期间相同，因此，时效期间应为 3 年。第三，15 年时效说。此说认为既然票据法未明文规定，则应适用台湾地区"民法"第 125 条规定，时效期间为 15 年。第四，无时效说。票据法既无时效规定，且台湾地区"财政部"于 1973 年提出票据法修正案时，曾增订对支票保付人的时效期间为 3 年，但为台湾地区"立法院"所删除，并认为保付支票不应规定消灭时效期间。因此，认为保付支票无时效期间的适用。[1]

以上四说各有所据，目前台湾地区学者通说采 3 年时效说，认为保付支票的付款人既应与汇票承兑人负相同的付款责任，则保付支票的持票人对于付款人的请求票据权利时效期间，应类推适用台湾地区"票据法"第 22 条第 1 项有关汇票持票人对承兑人的时效期间规定，以 3 年较妥。[2] 本书从学者通说，并在"两岸票据制度一体化协议（建议稿）"中规定，持票人对于保付支票付款人的权利，远期支票，自到期日起算 3 年；即期支票，自出票日起算 3 年。

4. 持票人对支票出票人的付款请求权

持票人对于支票出票人所行使的票据权利究竟是付款请求权还是追索权，学说上有不同观点：有认为是付款请求权；[3] 有认为是追索权。[4] 大陆地区《最高人民法院关于审理票据纠纷案件若干问题的规定》第 13 条规定："票据法第 17 条第 1 款第（一）（二）项规定的持票人对票据的出票人和承兑人的权利，包括付款请求权和追索权。"因

---

[1]　施文森：《票据法论——兼析联合国国际票据公约》，三民书局 2005 年版，第 333~334 页。

[2]　梁宇贤：《票据法新论》，自版 1997 年版，第 359 页；王志诚：《票据法》，元照出版有限公司 2012 年版，第 510 页；郑洋一：《票据法之理论与实务》，自版 2001 年版，第 283 页；郑玉波：《票据法》，三民书局 2008 年版，第 206 页。

[3]　台湾地区学者郑洋一使用"付款请求权"，请参阅郑洋一：《票据法之理论与实务》，自版 2001 年版，第 132 页。

[4]　大陆地区学者王小能使用"持票人对支票出票人的追索权"，请参阅王小能编：《票据法教程》，北京大学出版社 2001 年版，第 133 页。

此，按大陆地区《票据法》第 17 条第 1 款第 2 项规定，持票人对于支票出票人所行使的票据权利包括付款请求权与追索权，均自出票日起算 6 个月。

台湾地区"票据法"第 22 条第 1 项后段规定，持票人对支票出票人的付款请求权时效期间，自出票日起算，1 年内不行使，因时效而消灭。

日内瓦《支票法统一公约》第 52 条第 1 款规定，持票人对于出票人的追索诉讼权（Actions of Recourse），自提示期限届满之日起算，6 个月不行使，因时效而消灭。按该公约规定，认为持票人对于支票出票人的权利是一种"追索权"的时效期间，而非付款请求权的时效期间。

支票的持票人对于出票人的票据权利时效期间，大陆地区《票据法》、日内瓦《支票法统一公约》规定的时效期间较台湾地区的时效期间规定为短。

在"两岸票据制度一体化协议（建议稿）"中，由于支票不仅具有支付功能，还具有信用功能，亦即支票有远期支票与即期支票，且衡量两岸现行票据法律制度的规定，支票的持票人对于出票人的票据权利时效期间，宜以 1 年较妥适。因此，在"两岸票据制度一体化协议（建议稿）"中规定，持票人对于支票出票人时效期间，远期支票，自到期日起算 1 年；即期支票，自出票日起算 1 年。

于此有疑问者在于，两岸票据法中支票持票人对付款人的付款请求权时效问题，均未有明文规定。对于此问题，学者认为，支票付款人并非票据债务人，但其所处地位相当于汇票未承兑时的付款人；而且，在一定条件下，也具有付款的责任，因此，在理论上应将支票持票人对于付款人的付款请求权时效规定为与对出票人一样的时效期间。[1]因此，本书拟在"两岸票据制度一体化协议（建议稿）"中采纳并明文规定，支票持票人向付款人的请求权时效期间，远期支票，自到期日起算 1 年；即期支票，自出票日起算 1 年。

---

〔1〕　王小能编：《票据法教程》，北京大学出版社 2001 年版，第 136 页。

（二）追索权的消灭时效

所谓追索权，又称偿还请求权，是指票据到期不获付款或有不获付款的可能（如到期前不获承兑），或有其他法定原因，持票人于行使或保全票据上权利的行为后，对于出票人、背书人或其他票据债务人可以请求偿还票据金额、利息及费用的一种票据权利。学理上通常称追索权为第二次请求权，亦即，持票人必须先行使付款请求权被拒绝后，方得行使追索权。[1]追索当事人可以分为追索权利人（或称追索权人）与追索义务人（或称偿还义务人）。所谓追索权利人，通常是指可以行使追索权的持票人，也包括已为清偿的票据债务人。但是，如果持票人为出票人，则对其前手无追索权；如果持票人为背书人，对该背书的后手也无追索权。主要理由在于，为避免陷于循环追索的窘境，故而免除追索权的行使。[2]所谓追索义务人，也称为偿还义务人、追索权的义务人，是指有偿还票据金额及其利息与费用的人。偿还义务人包括汇票出票人、背书人及其他票据债务人（如保证人、参加承兑人）。至于汇票承兑人、本票出票人，属于票据的主债务人，是否亦为偿还义务人，台湾地区"票据法"并无明确规定，存在疑义。但学说上认为，依据台湾地区"票据法"第64条、第96条第1项、第98条、第123条等规定的文义，以及追索权因有多数背书人依次追索，累积期间导致付款请求权可能罹于消灭时效，而追索权、再追索权的时效尚未消灭，因此，在解释上认为汇票承兑人、本票出票人可以成为追索权行使的对象。[3]大陆地区《最高人民法院关于审理票据纠纷案件若干问题的规定》第13条规定，是肯定持票人可以对汇票出票人、本票出票人、汇票承兑人行使追索权。

至于持票人的追索权时效期间，台湾地区"票据法"第22条与大

[1] 梁宇贤：《票据法新论》，自版1997年版，第270页；林群弼：《票据法论》，三民书局2010年版，第120、286~292页；郑玉波：《票据法》，三民书局2008年版，第152页；王志诚：《票据法》，元照出版有限公司2012年版，第406~407页。
[2] 请参阅台湾地区"票据法"第99条规定。
[3] 郑洋一：《票据法之理论与实务》，自版2001年版，第234页；林群弼：《票据法论》，三民书局2010年版，第297~300页。

陆地区《票据法》第 17 条，各有不同规定。但具体规定内容究竟有何不同，本书将按票据种类分述如下：

1. 汇票持票人的追索权时效期间

按大陆地区规定，票据持票人对前手追索权的时效期间，自被拒绝承兑或被拒绝付款之日起算 6 个月。这里的持票人实际上是指票据权利人；而前手，不包括票据出票人。[1]因此，汇票持票人对于出票人、承兑人追索权的时效期间，远期汇票，自到期日起算 2 年；即期汇票，自出票日起算 2 年。[2]换言之，大陆地区《票据法》第 17 条第 1 款第 3 项的规定，应理解为：票据持票人"对出票人以外其他前手"的追索权时效期间，自被拒绝承兑或被拒绝付款之日起 6 个月。按台湾地区"票据法"第 22 条第 2 项的规定，汇票的持票人对于前手的追索权时效期间，自作成拒绝证书日起算 1 年；如有免除作成拒绝证书者，自到期日起算 1 年。这里的"前手"，学者认为，从台湾地区"票据法"第 22 条第 1 项前段的规定观之，由于该条款并没有规定持票人对汇票出票人的权利时效期间，因此，这里的"前手"，应将汇票出票人包括在内。[3]此外，大陆地区《票据法》第 17 条第 1 款第 3 项仅规定被拒绝承兑或被拒绝付款情形的时效期间，至于其他行使期前追索权原因的时效期间并未规定，大陆地区学者认为，如果持票人行使期前追索（如付款人、承兑人死亡、逃匿、被宣告破产、被责令终止业务等）者，在解释上其时效起算日应自提示付款期间届满日起算。[4]台湾地区"票据法"第 85 条规定行使追索权的情形分为到期

---

[1] 请参阅大陆地区《票据法》第 17 条第 1 款第 3 项；《最高人民法院关于审理票据纠纷案件若干问题的规定》第 18 条："票据法第 17 条第 1 款第（三）、（四）项规定的持票人对前手的追索权，不包括对票据出票人的追索权。"

[2] 请参阅大陆地区《票据法》第 17 条第 1 款第 1 项；《最高人民法院关于审理票据纠纷案件若干问题的规定》第 13 条规定："票据法第 17 条第 1 款第（一）、（二）项规定的持票人对票据的出票人和承兑人的权利，包括付款请求权和追索权。"

[3] 梁宇贤：《票据法新论》，自版 1997 年版，第 141 页；梁宇贤等：《两岸票据法比较导读》，瑞兴图书股份有限公司 2004 年版，第 119 页；施文森：《票据法论——兼析联合国国际票据公约》，三民书局 2005 年版，第 116 页。

[4] 请参阅王小能编：《票据法教程》，北京大学出版社 2001 年版，第 134 页。

追索与期前追索两种情形，而持票人在行使追索权时，通常应以拒绝证书证明之，因此，本书认为汇票持票人的追索权时效期间，原则上以作成拒绝证书日起算，如果有免除作成拒绝证书约定者，远期汇票自到期日起算；即期汇票自出票日起算。如此规定较为合理。

据上所述，大陆地区关于汇票持票人的追索权时效期间区分为：对出票人以外其他前手的追索权时效与对出票人的追索权时效，二者有不同的时效期间，分别规定为6个月、2年。而台湾地区汇票的持票人对于前手（包括出票人）的追索权时效期间规定为1年。日内瓦《汇票及本票法统一公约》第70条第2款规定："汇票持票人对于背书人及出票人的诉讼权，自在恰当时间内作成拒绝证书之日起算，1年间不行使，因时效而消灭。"

为平等保障两岸票据当事人的票据权益，并参酌日内瓦票据法公约以及两岸票据法规定，本书选择有利于持票人的票据时效利益，并以较长的追索权时效期间规定在"两岸票据制度一体化协议（建议稿）"中。亦即将汇票持票人对承兑人、出票人与对出票人及承兑人以外其他前手的追索权时效期间，分别规定为3年、3年、1年。

2. 本票持票人的追索权时效期间

按大陆地区的规定，票据持票人对前手的追索权时效期间为自被拒绝承兑或被拒绝付款之日起算6个月。这里的持票人实际上是指票据权利人；而前手，不包括票据出票人。[1]据此规定，本票持票人对于出票人追索权的时效期间，原则上应按远期本票与即期本票分别规定时效的起算日，亦即远期本票自到期日起算2年时效期间；即期本票自出票日起算2年时效期间。[2]但是，由于大陆地区的本票仅限于即期银行本票，不允许签发远期本票，因此，本票持票人对于出票

---

〔1〕 请参阅大陆地区《票据法》第17条第1款第3项；《最高人民法院关于审理票据纠纷案件若干问题的规定》第18条："票据法第17条第1款第（三）（四）项规定的持票人对前手的追索权，不包括对票据出票人的追索权。"

〔2〕 请参阅大陆地区《票据法》第17条第1款第1项；《最高人民法院关于审理票据纠纷案件若干问题的规定》第13条规定："票据法第17条第1款第（一）（二）项规定的持票人对票据的出票人和承兑人的权利，包括付款请求权和追索权。"

追索权的时效期间应自出票日起算 2 年。故而应将大陆地区《票据法》第 17 条第 1 款第 3 项规定理解为：票据持票人"对出票人以外其他前手"的追索权时效期间，自被拒绝付款之日起 6 个月。台湾地区"票据法"第 22 条第 2 项规定，本票的持票人对于前手的追索权时效期间，自作成拒绝证书日起为 1 年，如有免除作成拒绝证书者，自到期日起算 1 年。这里的"前手"，从台湾地区"票据法"第 22 条第 1 项前段规定观之，应不包括出票人在内。[1]换言之，按台湾地区"票据法"第 22 条第 2 项规定，就本票而言，是指本票持票人对于出票人以外其他前手的追索权时效期间。故而，本票持票人对于出票人的追索权时效期间，应回归适用同法第 22 条第 1 项规定，远期本票自到期日起算 3 年；即期本票自出票日起算 3 年。如果持票人在 3 年间内不行使权利，因时效期间经过而消灭。因此，台湾地区关于本票持票人的追索权时效期间区分为：对出票人以外其他前手的追索权时效与对出票人的追索权时效，而有不同的时效期间，分别规定为 1 年、3 年。此外，大陆地区仅规定被拒绝付款情形的时效期间，至于其他行使期前追索权原因的时效期间并未规定，但大陆地区学者在解释上认为，如果持票人行使期前追索（如出票人死亡、逃匿、被宣告破产、被责令终止业务等等）者，其时效起算日自提示付款期间届满日起算。台湾地区"票据法"第 124 条本票准用第 85 条汇票追索权规定，区分为到期追索与期前追索两种情形，而持票人在行使追索权时，通常应以拒绝证书证明之，因此，本书认为本票持票人的追索权时效期间，原则上以作成拒绝证书日起算，如果有免除作成拒绝证书约定者，远期本票自到期日起算；即期本票自出票日起算。如此规定较为合理。

大陆地区关于本票持票人的追索权时效期间区分为：对出票人以外其他前手的追索权时效与对出票人的追索权时效，而有不同的时效期间，分别规定为 6 个月、2 年；而台湾地区本票的持票人的追索权时

---

[1] 台湾地区学者施文森认为，"票据法"第 22 条第 2 项规定的持票人对于前手的追索权，所谓"前手"，在汇票，是指背书人及出票人；在本票及支票，是指出票人以外的背书人。请参阅施文森：《票据法论——兼析联合国国际票据公约》，三民书局 2005 年版，第 116 页。

效期间也区分为：对出票人以外其他前手的追索权时效与对出票人的追索权时效，而有不同的时效期间，分别规定为 1 年、3 年。两者规定的追索权时效期间不同，且台湾地区规定较大陆地区规定的时效期间长。

日内瓦《汇票及本票法统一公约》第 77 条准用第 70 条第 2 款规定，本票持票人对于背书人及出票人的诉讼权，自在恰当时间内作成拒绝证书之日起算，1 年间不行使，因时效而消灭。[1]

为平等保障两岸票据当事人的票据权益，并参酌日内瓦票据法公约以及两岸票据法规定，本书选择有利于持票人的票据时效利益，并以较长的追索权时效期间规定在"两岸票据制度一体化协议（建议稿）"中。亦即将本票持票人对出票人与对出票人以外其他前手的追索权时效期间，分别规定为 3 年、1 年。

3. 支票持票人的追索权时效期间

大陆地区关于支票持票人的追索权时效期间区分为二种情形：第一，支票持票人对于出票人的追索权时效期间，自出票日起 6 个月；第二，支票持票人对于出票人以外其他前手的追索权时效期间，自被拒绝付款之日起 6 个月。[2]台湾地区"票据法"第 22 条第 2 项规定，支票的持票人对于前手追索权的时效期间，自作成拒绝证书日起 4 个月，如有免除作成拒绝证书者，自提示日起算 4 个月。这里的"前手"，学者认为，从台湾地区"票据法"第 22 条第 1 项后段规定可以观之，应将出票人排除在外。[3]换言之，按台湾地区"票据法"第 22 条第 2 项的规定，就支票而言，是指支票持票人对于出票人以外其他前手的追索权时效期间。故而，支票的持票人对出票人的追索权时效期间，应回归适用同法第 22 条第 1 项的规定，自出票日起算，1 年间

〔1〕 请参阅日内瓦《汇票及本票法统一公约》第 77 条准用第 70 条第 2 款。
〔2〕 请参阅大陆地区《票据法》第 17 条第 1 款第 2 项、第 3 项，《最高人民法院关于审理票据纠纷案件若干问题的规定》第 13 条、第 18 条。
〔3〕 梁宇贤：《票据法新论》，自版 1997 年版，第 141 页；梁宇贤等：《两岸票据法比较导读》，瑞兴图书股份有限公司 2004 年版，第 119 页；施文森：《票据法论——兼析联合国国际票据公约》，三民书局 2005 年版，第 116 页。

不行使，因时效而消灭。因此，台湾地区关于支票持票人的追索权时效期间区分为：对出票人以外其他前手的追索权时效与对出票人的追索权时效，而有不同的时效期间，分别规定为 4 个月、1 年。大陆地区的规定相较于台湾地区对出票人以外其他前手的追索权时效期间为长，但对出票人的追索权时效期间则较短。

日内瓦《支票法统一公约》第 52 条第 2 款规定，持票人对于背书人、出票人及其他债务人的追索诉讼权，自提示期限届满之日起算，6 个月不行使，因时效而消灭。该公约的规定与大陆地区规定时效期间相同，但起算日则有所不同。

为平等保障两岸票据当事人的票据权益，本书拟在"两岸票据制度一体化协议（建议稿）"中明文规定，支票持票人对出票人的追索权时效期间与对出票人以外其他前手的追索权时效期间，均规定为 1 年，但起算日不同。

（三）再追索权的消灭时效

所谓再追索权，是指经其他票据权利人追索而清偿票据债务的票据债务人，于取得票据后，享有与持票人同一的权利，而得行使向其前手再为追索的权利。[1]简言之，是指被追索人（即偿还义务人、再追索的追索权人）向其前手行使的再追索权。[2]但是，如果持票人为出票人时，对于前手无再追索权；如果持票人为背书人时，对于该背书的后手也无再追索权。[3]主要原因在于，为避免陷于循环追索的窘境，故而免除再追索权的行使。

关于被追索人的再追索权时效期间，台湾地区"票据法"第 22 条与大陆地区《票据法》第 17 条，各有不同规定。但具体规定内容究竟有何不同，本书将按票据种类分述如下：

1. 汇票持票人的再追索权时效期间

台湾地区"票据法"第 22 条第 3 项规定，汇票的背书人对于前手

〔1〕　请参阅大陆地区《票据法》第 68 条第 3 款后段规定；台湾地区"票据法"第 96 条第 4 项规定；刘心稳：《票据法》，中国政法大学出版社 2010 年版，第 102~104 页。

〔2〕　王小能编：《票据法教程》，北京大学出版社 2001 年版，第 273 页。

〔3〕　请参阅大陆地区《票据法》第 69 条；台湾地区"票据法"第 99 条。

的再追索权时效期间，自清偿之日或被诉之日起，6 个月不行使，因时效而消灭。此处的前手，学者认为包括汇票出票人。[1]大陆地区《票据法》第 17 条第 1 款第 4 项规定，不区分票据种类，持票人对于前手的再追索权时效，自清偿日或被提起诉讼之日起算 3 月。大陆地区规定再追索权时效期间较台湾地区规定短。这里的持票人实际上是指被追索人；而前手，并不包括对汇票出票人的再追索权。[2]因此，如果汇票持票人对出票人行使再追索权，解释上其时效期间应回归适用《票据法》第 17 条第 1 款第 1 项规定的 2 年时效期间，则此 2 年时效期间不仅较台湾地区规定的 6 个月时效期间长，而且也较其所规定持票人对出票人以外其他前手的再追索权时效期间 3 个月更长。日内瓦《汇票及本票法统一公约》规定，背书人相互间及背书人对出票人的诉讼权，自背书人为清偿日或背书人自己被起诉日起算，6 个月期间不行使，因时效而消灭。[3]此公约规定与台湾地区"票据法"所规定的汇票被追索人为清偿后的再追索权时效期间相同。

　　台湾地区保证人清偿债务后，可以行使持票人对承兑人、被保证人及其前手的追索权；大陆地区保证人清偿汇票债务后，可以行使持票人对被保证人及其前手的追索权。[4]大陆地区《票据法》未规定保证人可以对承兑人行使再追索权，应属漏未规定。主要理由在于：按照法理，承兑人既为主债务人，对于票据债务负有绝对的清偿责任，而保证人清偿票据债务，并不免除承兑人的付款责任，反而因追索权的行使而增加利息及费用，因此，保证人清偿票据债务后，应可对承兑人行使再追索权。[5]此外，台湾地区"票据法"第 84 条第 1 项规定，参加付款人于参加付款后，对于承兑人、被参加付款人及其前手

〔1〕　施文森：《票据法论——兼析联合国国际票据公约》，三民书局 2005 年版，第 116 页；郑洋一：《票据法之理论与实务》，自版 2001 年版，第 132 页。

〔2〕　请参阅大陆地区《最高人民法院关于审理票据纠纷案件若干问题的规定》第 18 条。

〔3〕　请参阅日内瓦《汇票及本票法统一公约》第 70 条第 3 款。

〔4〕　请参阅台湾地区"票据法"第 64 条；大陆地区《票据法》第 52 条。

〔5〕　梁宇贤等：《两岸票据法比较导读》，瑞兴图书股份有限公司 2004 年版，第 119、185~186 页。

取得持票人的权利。大陆地区《票据法》并无参加付款的规定，从而亦无此规定。

本书拟于"两岸票据制度一体化协议（建议稿）"中明文规定，汇票持票人对于出票人、承兑人与对出票人及承兑人以外其他前手的再追索权时效期间，分别规定为3年、3年、6个月。

2. 本票持票人的再追索权时效期间

台湾地区"票据法"第22条第3项规定，本票的背书人对于前手的再追索权时效期间，自清偿之日或被诉之日起，6个月不行使，因时效而消灭。此处的前手，学者认为，包括本票出票人。[1]

大陆地区《票据法》第17条第1款第4项规定，不区分票据种类，持票人对于前手的再追索权时效，自清偿日或被提起诉讼之日起算3个月。该规定较台湾地区时效规定短。这里的持票人实际上是指被追索人；而前手，不包括对本票出票人的再追索权。[2]因此，如果本票的持票人对于出票人行使再追索权，解释上其时效期间必须回归适用《票据法》第17条第1款第1项规定的2年时效期间，则此2年时效期间不仅较台湾地区规定的6个月时效期间长，而且也较其所规定持票人对于出票人以外其他前手的再追索权时效期间3个月更长。

此外，依据台湾地区"票据法"第124条本票准用第64条汇票保证规定及准用第84条第1项汇票参加付款规定，从而与前所述相同，不再论述。

本书拟在"两岸票据制度一体化协议（建议稿）"中明文规定，本票持票人对于出票人与对出票人以外其他前手的再追索权时效期间，分别规定为3年、6个月。

3. 支票持票人的再追索权时效期间

台湾地区"票据法"第22条第3项规定，支票的背书人对于前手

---

〔1〕 施文森：《票据法论——兼析联合国国际票据公约》，三民书局2005年版，第116页；郑洋一：《票据法之理论与实务》，自版2001年版，第132页；梁宇贤：《票据法新论》，自版1997年版，第144页。

〔2〕 请参阅大陆地区《最高人民法院关于审理票据纠纷案件若干问题的规定》第18条。

的再追索权时效期间，自清偿日或被诉日起，2 个月不行使，因时效而消灭。此处的前手，学者认为，包括支票出票人。[1]按大陆地区《票据法》第 17 条第 1 款第 4 项的规定，不区分票据种类，持票人对于前手之再追索权时效，自清偿日或被提起诉讼日起算 3 个月。该规定较台湾地区 2 个月时效规定为长。这里的持票人实际上是指被追索人；而前手，不包括对支票出票人的追索权。[2]尽管该规定未明确指明前手是否包括对出票人的再追索权，但该规定既不包括持票人对票据出票人的追索权，基于"举轻以明重"之法理，解释上也不应包括对出票人的再追索权。因此，如果支票的持票人对于出票人行使再追索权，解释上其时效期间应回归适用《票据法》第 17 条第 1 款第 2 项的规定，自出票日起 6 个月的时效时间，则此规定又较台湾地区规定的时效期间更长一些。就此而言，大陆地区《票据法》第 17 条第 1 款第 2 项规定"持票人对支票出票人的权利"，此处的权利，解释上应包括付款请求权、追索权及再追索权。日内瓦《支票法统一公约》规定，支票各付款债务人，对其他付款人的追索诉讼权，自清偿日或其被诉日起算，6 个月不行使，因时效而消灭。[3]

　　本书拟于"两岸票据制度一体化协议（建议稿）"中规定，支票持票人对于出票人与对出票人以外其他前手的再追索权时效期间，分别规定为 1 年、6 个月。

　　（四）利益偿还请求权的消灭时效

　　所谓利益偿还请求权，也有称利益返还请求权，是指票据上之权利因时效或手续欠缺致归于消灭，而持票人对出票人或承兑人在其所受利益的限度内，可以请求其偿还利益的权利。[4]其性质在学理上有

---

〔1〕　施文森：《票据法论——兼析联合国国际票据公约》，三民书局 2005 年版，第 116 页；郑洋一：《票据法之理论与实务》，自版 2001 年版，第 132 页；梁宇贤：《票据法新论》，自版 1997 年版，第 144 页。

〔2〕　请参阅大陆地区《最高人民法院关于审理票据纠纷案件若干问题的规定》第 18 条。

〔3〕　日内瓦《支票法统一公约》第 52 条第 2 款规定。

〔4〕　请参阅台湾地区"票据法"第 22 条第 4 项；大陆地区《票据法》第 18 条。有

争议：[1]有认为票据上权利说；有认为民法上不当得利说；有认为损害赔偿请求说；有认为票据法上之一种特别请求权说。目前学者通说认为："是法律出于公平考虑，赋予其利益返还请求权，目的是给予未依法行使和保全票据权利的持票人一个最后的补救机会，……宗旨是为了解决当事人之间利益失衡状态。"[2]简言之，利益偿还请求权是基于衡平观念，为票据法上的一种特别请求权，属于票据法上之权利，而非票据权利。[3]

关于利益偿还请求权的规定，大陆地区《票据法》第18条规定："持票人因超过票据权利时效或者因票据记载事项欠缺而丧失票据权利的，仍享有民事权利，可以请求出票人或者承兑人返还其与未支付的票据金额相当的利益。"而台湾地区"票据法"第22条第4项规定："票据上之债权，虽依本法因时效或手续之欠缺而消灭，执票人对于发票人或承兑人，于其所受利益之限度，得请求偿还。"大陆地区所规定"因票据记载事项欠缺"，学者认为应解释为，"因保全手续欠缺"，否则如为欠缺绝对必要记载事项的票据，应属于无效票据，而非丧失票据权利，即持票人根本无法取得票据权利，又何来行使利益返还请求权。因此，有学者认为该条文规定"票据记载事项欠缺"字句不妥。[4]此外，两岸对于利益返还请求权的规范用语尽管有所不同，但对于持票人行使利益返还请求权，所得请求返还的利益范围，大陆地区学者

---

〔1〕　郑洋一：《票据法之理论与实务》，自版2001年版，第136页；梁宇贤：《票据法新论》，自版1997年版，第147~149页；施文森：《票据法论——兼析联合国国际票据公约》，三民书局2005年版，第122~125页；王志诚：《票据法》，元照出版有限公司2012年版，第287~288页；邢海宝编：《票据法》，中国人民大学出版社2004年版，第169~170页；刘家琛主编：《票据法原理与法律适用》，人民法院出版社1996年版，第202~203页。

〔2〕　董惠江主编：《票据法教程》，对外经济贸易大学出版社2009年版，第97页。

〔3〕　施文森：《票据法论——兼析联合国国际票据公约》，三民书局2005年版，第123页。

〔4〕　邢海宝编：《票据法》，中国人民大学出版社2004年版，第171页；王小能编：《票据法教程》，北京大学出版社2001年版，第76页；董惠江主编，《票据法教程》，对外经济贸易大学出版社2009年版，第96页。

认为，"应依出票人或者承兑人所受有的实际利益为限"。[1]按该学者的观点认为，两岸对于持票人得行使利益返还请求权的范围应属相同。

关于其时效期间，台湾地区实务及学理通说认为应适用台湾地区"民法"第125条所规定的15年时效期间，并解释为自票据权利罹于时效或权利保全手续期间届满日的次日起，开始计算。[2]大陆地区学者亦有认为利益偿还请求权之性质为票据法上之权利，[3]或者说是一种特定的请求权。此请求权只需持票人证明票据权利是因时效而丧失即可，不要求交付票据，从而认为持票人行使的不是票据上权利，而是与票据权利有关的一种特定的权利。[4]至于其时效期间，学理通说亦认为适用民法上时效规定，即按大陆地区《民法总则》的诉讼时效规定处理，即为3年（原《民法通则》规定诉讼时效期间为2年），其起算时间应以票据时效期间届满日之次日起算。由于两岸对于利益偿还请求权的时效期间，在《票据法》中无明文规定，从而依照学说通说，认为应适用的民法有关规定；而依据所适用的民法规定的时效期间，则又因两岸民法对于时效制度的性质与期间的规范不同，形成不同的时效制度：即大陆地区规定为3年，时效的性质属于诉讼时效；而台湾地区规定为15年，时效的性质属于消灭时效。

按照利益偿还请求权制度的设计本是出于公平考虑，目的是给予未依法行使和保全票据权利的持票人最后救济机会，是为了解决票据当事人间利益失衡状态，因此，时效期间不宜过长，也不宜过短。基于平等保障两岸票据当事人的票据权益，及公平对待两岸票据当事人的目的，因此，本书拟在"两岸票据制度一体化协议（建议稿）"中

---

〔1〕 董惠江主编：《票据法教程》，对外经济贸易大学出版社2009年版，第97页。

〔2〕 郑洋一：《票据法之理论与实务》，自版2001年版，第135~136页、第140页；梁宇贤：《票据法新论》，自版1997年版，第147~149页；施文森：《票据法论——兼析联合国国际票据公约》，三民书局2005年版，第122~125页；王志诚：《票据法》，元照出版有限公司2012年版，第293~297页。

〔3〕 刘心稳：《票据法》，中国政法大学出版社2010年版，第106~108页；王小能编：《票据法教程》，北京大学出版社2001年版，第74~75页。

〔4〕 刘家琛主编：《票据法原理与法律适用》，人民法院出版社1996年版，第203页。

规定，利益偿还请求权时效期间为 5 年，并自票据权利罹于时效或权利保全手续期间届满之日起算。[1]如果 5 年间不行使，则因时效而消灭。

三、协议建议稿

由于两岸票据法对于票据期限与票据时效制度规范不同，为保障两岸票据当事人的票据权益，确保两岸票据市场一体化的环境合乎平等与公平原则，为此，将两岸票据法律制度中有关票据期限与票据时效制度的差异性予以一体化，旨在一体化规范两岸票据期限与时效制度，以确保两岸票据一体化市场的可持续发展。因此，本书拟参酌国际票据公约、各国票据立法例、两岸学者观点及司法实务见解，并根据票据实务发展，对两岸有关票据期限与票据时效制度的差异性作适当调整，形成一体化制度，并将相关的具体条款规范于协议建议稿中，以资一体性适用于两岸票据。其主要的条款规定内容如下：

（一）关于票据期限与时效的计算

由于两岸各自的《票据法》对于期限及时效的规定不同，为避免适用法律的争议，在协议建议稿中明确统一规范两岸票据期限与时效的计算。

【票据期限与时效的计算】

①本协议规定的各种期限与时效的计算，均从开始日的次日计算；最后一日为休假日，以休假日的次日为最后一日。最后一日的截止时间为 24 点；有营业时间者，截止时间为停止营业活动的时间。

②按月计算者，按到期月的对日计算；无对日者，以该月的末日为到期日。

（二）关于汇票的提示承兑

由于两岸票据法对于汇票的提示承兑期间、付款人的承兑期间及承兑日期规定不同，因此，拟将相关内容一体化规范如下：

【应提示承兑与例外】

①持票人在汇票到期日前，可以向付款人提示承兑。

---

[1]　请参阅梁宇贤：《票据法新论》，自版 1997 年版，第 149 页。

②见票后定期付款的汇票，持票人应当自出票日起 6 个月内向付款人提示承兑。

③前款情形，出票人可以特约缩短或延长。但延长期限不得超过 6 个月。

④除见票即付的汇票外，出票人可以在汇票正面上记载"应请求承兑"的字样，并可以记载应承兑的期限。

⑤见票即付的汇票无须提示承兑。

【付款人的承兑期间】

①付款人对请求承兑的汇票，应当在当日承兑或者拒绝承兑。但经持票人同意，可以延期决定，延期最长不超过 5 日。

②除立即承兑或拒绝承兑而交还汇票外，付款人应当向持票人签发收到汇票的收执单，并记明汇票提示承兑日期及签章。

【承兑日期】

①见票后定期付款的汇票，或指定请求承兑期限的汇票，应由付款人在承兑时，记载其日期。

②承兑日期未经记载时，承兑仍属有效。但持票人可以请求作成拒绝证书，证明承兑日期；未作成拒绝证书者，以法定承兑期限或出票人指定的承兑期限的末日为承兑日。

（三）关于本票的提示见票

由于两岸票据法对于本票的提示见票期限与出票人的见票期间的规定不同，因此，拟将相关内容一体化规范如下：

【提示见票期限】

①见票后定期付款本票的提示见票期限，应自出票日起 6 个月内为提示见票。

②前款期限，出票人可以特约缩短或延长，但延长的期限不得超过 6 个月。

③未记载见票日期者，应以规定提示见票期限的最后日为见票日。如为延长期限，以 6 个月期限的最后日为见票日。

④出票人在提示见票时，拒绝签章者，持票人应在提示见票期限内，请求作成拒绝见票证书。

【出票人的见票期间】

①出票人对请求见票的本票，应当在当日见票或者拒绝见票。但经持票人同意，可以延期决定，延期最长不超过 5 日。

②除立即见票或拒绝见票而交还本票外，出票人应当向持票人签发收到本票的收执单，并记明本票提示见票日期及签章。

（四）关于支票提示付款期限经过后的责任

由于两岸票据法对于支票提示付款期限经过后的出票人责任与付款人的付款责任规定不同，因此，拟将相关内容一体化规范如下：

【提示付款期限经过后的出票人责任】

支票的持票人超过提示付款期限而提示付款者，付款人可以付款。如付款人不付款者，出票人仍应当对持票人承担票据责任。

【付款人的付款责任】

出票人在付款人处的存款或信用契约所约定的额度，足以支付支票金额时，付款人应在当日足额付款，也可以经持票人同意，在其后 5 日内付款。

（五）关于票据提示付款期限

两岸票据法关于票据提示付款期限的规定是依票据种类的不同而有不同的提示付款期限的规定，且两岸所规定的票据提示付款期限长短不同。本书认为按票据种类的不同而规定不同的提示付款期限的实益不大，且无必要性，因此，拟将票据提示付款期限的规范一致化。

【票据的提示付款期限】

①持票人应在票据到期日或其后 15 日内向付款人提示付款。

②见票即付的票据，应在出票日起 6 个月内向付款人提示付款，并以提示日为到期日。

③票据上记载有代理付款人者，其提示付款应向记载的代理付款人为提示付款。

④见票后定期付款的汇票，依承兑日或拒绝承兑证书作成日，计算到期日；未作成拒绝承兑证书者，依法定或约定的提示承兑期限的末日，计算到期日。

⑤见票后定期付款的本票，依见票日或拒绝见票证书作成日，计算到期日；未作成拒绝见票证书者，依法定或约定的提示见票期限的末日，计算到期日。

⑥到期日为休假日者，以其下一个的营业日为到期日。

（六）关于不遵期提示的情形

遵期提示包括遵守法定期限及遵守约定期限。但是大陆地区《票据法》规定中无约定期限的规定。因此，两岸票据法对于不遵期提示而丧失追索权的规定不同。为避免两岸票据一体化，造成适用上的争议，本书拟对于不遵期提示而丧失追索权的情形予以一体化规范。

【丧失追索权】

①持票人不于本协议所规定期限内，行使或保全票据上权利的行为者，对于出票人及汇票承兑人以外前手丧失追索权。[1]

②持票人不于约定期限内为前款行为者，对该约定前手丧失追索权。

（七）关于票据时效与追索权

两岸票据法对于票据时效期间的长短规范不同，且时效的起算日亦不同，为此，本书拟一体化规范两岸票据时效制度并适当调整票据的时效期间；另外，于协议建议稿中也规范时效中断后，重新起算的时效期间，以避免因适用两岸民法的时效规定，而造成不同的时效期间问题。因此，协议建议稿中明确规范两岸票据时效期间、到期追索

---

〔1〕 本款包括：汇票未按照规定期限提示承兑或提示付款者，持票人对出票人及汇票承兑人以外的前手丧失追索权；本票未按照规定期限提示见票或提示付款者，持票人对出票人以外的前手丧失追索权；支票的持票人不在所定期限内提示付款，对于出票人以外的前手丧失追索权。不遵期提示而丧失追索权的情形，也包括不于拒绝付款日或其后15日内，请求作成拒绝证明，而丧失追索权的情形。请参阅郑孟状等：《中国票据法专家建议稿及说明》，法律出版社2014年版，第160、231页；王志诚：《票据法》，元照出版有限公司2012年版，第420、442~444、496~497页；大陆地区《票据法》第40条第2款、第65条、第79条；台湾地区"票据法"第104条、第122条第5项、第132条。这里有争议者在于，汇票承兑人为汇票的主债务人是否可以为偿还义务人，学者间有不同观点：有采否定说，亦有采肯定说。请参阅林群弼：《票据法论》，三民书局2010年版，第297~300页。

与期前追索等规定，以避免将来适用上的争议。此外，关于持票人对于保证人、参加人的权利时效期间以及保证人对被保证人及其前手追索权的时效，因两岸票据法并无明文规定，造成适用上的疑义。因此，本书认为亦有必要明确规范，以资适用，因此，于该协议建议稿予以明文规定。

关于票据时效以及有关追索权的具体规范内容如下：

【票据时效】

①依据本协议，票据权利在下列时效期间内不行使而消灭：

（一）持票人对于汇票承兑人、汇票出票人、本票出票人、保付支票付款人的权利，远期票据自到期日起算 3 年；即期票据自出票日起算 3 年；对于支票出票人、支票付款人，远期支票自到期日起算 1 年；即期支票自出票日起算 1 年。持票人的权利，包括付款请求权、追索权及再追索权。

（二）持票人对出票人及承兑人以外前手的追索权，自作成拒绝证书日起算 1 年。如果有免除作成拒绝证书者，远期票据自到期日起算，即期票据自出票日起算。

（三）持票人对出票人及承兑人以外前手的再追索权，自清偿日或者被提起诉讼日起算 6 个月。

②持票人对保证人及参加人的权利时效，与对被保证人及被参加人的时效相同。

③ 保证人对被保证人及其前手追索权的时效，与追索权人的时效相同。

④票据权利时效发生中断者，只对发生时效中断事由的当事人有效。

⑤时效中断者，自中断事由终止时，重行起算的时效期间 5 年。

⑥行使中断时效的方式，依任何一方的民法规定均有效。

【到期追索与期前追索】

①票据到期被拒绝付款，持票人可以对背书人、出票人以及票据的其他债务人行使追索权。

②持票人在提示期限内，提示付款而被拒绝时，对于前手可以行

使追索权。但应于拒绝付款日或其后 5 日内，请求作成拒绝付款证书。

③票据到期日前，有下列情形之一者，持票人也可以行使追索权：

（一）票据被拒绝承兑或拒绝见票，包括一部拒绝与全部拒绝。

（二）汇票的承兑人、本票的出票人或者票据的付款人死亡、逃匿或因其他事由无从提示承兑、提示见票或提示付款。

（三）汇票的承兑人、本票的出票人或者票据的付款人被依法宣告破产。

（八）关于票据利益偿还请求权与时效

两岸票据法对于票据利益偿还请求权规定不同，且学说上对于票据利益偿还请求权的时效期间有不同观点，本书认为该时效期间是一种补救措施，不宜过长，亦不宜过短，故而采取折衷方案，设置 5 年的时效期间，于协议建议稿中明文规定：

【票据利益偿还请求权】

①票据上的债权，虽依本协议因时效或手续的欠缺而消灭，持票人对于出票人或承兑人，于其所受利益的限度，可以请求偿还。

②前款利益偿还请求权时效，自票据权利罹于时效或权利保全手续期间届满之日起算，5 年间不行使，因时效而消灭。

第四章
两岸票据行为协议

　　通过票据过往的实践经验，学理上已形成许多共同的票据法理，随着票据法理论的丰富化与多样化发展，又伴随着各国经贸快速发展，票据为商人提供了优质的工具，既解决交易支付问题，也解决资金需求问题，使其得以成为商品流转与资金快速移动的重要金融工具。而票据的实践经验，也使得票据制度不断地完善，为票据注入更丰富多彩的生命态样。如果说空气和食物供给人予养分，而票据制度之于票据，则是建构起票据完整的骨架，并通过各种票据行为赋予票据以生命活力，使其得以在金融市场中不断流转，增强其信用，凸显其价值。如果没有票据行为，则无法赋予票据以生命，促成票据流通，更无法作为重要的金融工具，发挥汇兑、支付、结算、信用、投融资、担保及节约货币等经济功能，促进经贸发展。票据行为的发展是源自于票据行为理论，如果没有票据行为理论，则无法赋予票据以流通的灵魂，将阻碍票据的流转，使其失去价值，无法成为重要的金融工具。所以，票据理论是票据制度的灵魂，票据制度是票据的骨骼，而票据行为则是票据的核心生命力，贯穿于整个票据法律制度中，从票据的创设、变更到消灭票据关系，完成整个票据交易过程，达到商品与资金的流动，促进经济繁荣发展。因此，票据在发展经济活动过程中，作为存款货币流通与货币融通的工具，之所以具有不可磨灭与不可忽视的价值地位，即在于其所具有独特的"票据行为"制度。它是整个票据法理的精神支柱与核心价值所在。票据制度的设计理念是以促进票据流通与维护交易安全作为最高指导原则，其目的在于通过使用票据以促进经济发展原则为其宗旨，进而设计出有别于一般法律行为特性的票据行为，以贯彻票据迅速流通与维护交易安全的理念，发挥票据的经济价值，以推动经济发展。所以，票据行为对于票据的重要性，不言而喻。本书对于票据行为的定义是采取广义的票据行为概念，在协议建议稿中不采取现行票据法以汇票为核心的规范方式，而是改以票据行为作为核心，进行独立规范，并按各票据所具有的票据行为区分为共同票据行为与个别票据行为分别规范。其中，共同票据行为是指出票行为、背书行为、保证行为、付款行为等四种票据行为；个别票据行为是指汇票承兑行为、参加承兑行为、参加付款行为、支票划线行为、支票保付行为等五种票据行为。因此，本章将就两岸各种票据行为进行比较分析，从其差异性中通过融合，进而建构两岸票据行为制度的一体化，形成协议建议稿文本。

第一节　共通票据行为协议

票据因具有流通的法律特性，才得以体现票据的价值，而票据之所以具有流通性，是因独特的票据行为才得在市场中流转。故而，票据行为之于票据而言，是票据之生命所在，成为票据法规范的核心。然而，票据行为在中外票据法中并无明确规范其定义，而是通过商人实务交易经验而逐渐发展起来的学理观点，同时根据票据行为的特性逐渐发展成为一套有别于民事行为的票据行为理论。虽然票据行为与民事行为两者概念略有不同，不过在本质上，票据行为仍属法律行为之一种。尽管学理上发展出一套票据行为理论，但对于具体的票据行为概念与性质，学者间仍有不同的观点。[1]因此，对于票据行为

---

〔1〕　关于票据行为的定义，学者间见解不同，主要有以下几说：①实质说：从票据行为的内容考察，推究票据行为的意义，而认为票据行为旨在以"承担票据上债务"为目的的意思表示所为的要式行为。如台湾地区学者郑玉波认为："狭义之票据行为乃以成立票据关系为目的，所为之要式的法律行为也。广义的票据行为乃票据关系之发生、变更或消灭，所必要之法律行为或准法律行为"。大陆地区学者王小能亦采此说。请参阅郑玉波：《票据法》，三民书局 2008 年版，第 30 页；王小能编：《票据法教程》，北京大学出版社 2001 年版，第 33~34 页。②日本有力学说认为："票据行为是以票据上

概念的理解不同，而有不同观点及认定的范围，乃为常理之事。目前学理上通常从票据行为涵盖范围，将票据行为区分为广义的票据行为与狭义的票据行为两种。所谓狭义的票据行为，是指能发生票据债权债务关系的要式的法律行为，即以负担票据债务为目的而在票据上为意思表示的法律行为，主要包含出票（发票）、背书、承兑、参加承兑及保证等五种票据行为。[1]有学者认为，所谓的狭义的

（接上页）的记载为其意思表示内容的，因而，各个票据行为的意思表示的内容如何，必须依各自的票据上的记载加以判断"。请参阅〔日〕铃木竹雄著，〔日〕前田庸修订，《票据法·支票法》，赵新华译，法律出版社2014年版，第83~84页。③形式说：从票据行为的形式考察，推究票据行为的意义，从而认为票据行为并非如实质说认为均以负担票据上债务为目的，亦有不以负担票据上债务为目的，如委任取款背书、设质背书等，故而认为票据行为的意义应从形式上推究较妥。台湾地区学者郑洋一认为："票据行为系：'发生票据上法律关系之要件的法律行为'。"此说主要着眼于票据行为的法定性及要式性，至于行为人有无承担票据债务的意思表示，对于票据行为的成立与票据债务的发生则无关紧要。票据重在流通，为保护票据权利人的权益，往往要求效率重于公平，形式说较能符合票据行为的本质。请参阅郑洋一：《票据法之理论与实务》，自版2001年版，第22页。④要件说：有学者将票据行为划分为另外一说，即"要件说"。但本书认为，其本质上与形式说并无不同。如其所认为，"无论该行为是否以负担票据债务为目的，都是引起票据法律关系的产生、变化和消灭的必要条件"。请参阅吴京辉：《票据行为论》，中国财政经济出版社2006年版，第21~22页。⑤定位说：此说对于实质说与形式说的观点均不予认同。其认为在界定票据行为的意义时，等于对票据行为作定位，即其认为：如将票据行为定位于法律行为时，从而可能发生有效、无效或效力未定问题，行为人受到行为能力规定的限制，且票据行为人的意思表示有瑕疵时，亦得依相关的法律规定寻求救济；如将票据行为定位于准法律行为时，可准用法律行为的相关规定，但救济空间相对减少；如将票据行为定位于事实行为时，仅有存在与不存在问题，一旦需救济，则难有法律规定可资运用。台湾地区学者有采此说者，并将票据行为定位为特种要式法律行为。请参阅曾世雄等：《票据法论》，自版2005年版，第38~44页。

〔1〕　大陆地区《票据法》第12条，使用"出票"一词，是指出票人签发票据并将其交付给收款人的票据行为。台湾地区"票据法"第2条、第3条规定，并无使用"出票"一词的用语，而是使用"签发"，与学理上通常使用"发票"一词的用语相同。两岸用语不同，但所表达的意思相同。换言之，大陆地区使用"出票"；台湾地区使用"发票"。由于两岸票据法律制度用语略有不同，本书为避免文字不一致而造成混淆，基于论述一致性考虑，原则上除引用台湾地区法条文时，仍保留原法律用语外，其余均使用"出票"一词。

票据行为还应该包括保付，则狭义的票据行为成为六种。[1]广义的
票据行为，是指以发生、变更或消灭票据关系为目的而为的法律行
为，除包含以上五种狭义的票据行为外，还包括各种票据的付款、
参加付款、本票见票、支票保付、支票划线等票据行为。[2]纵
然学者在分类方面的观点略有不同，不过仍可归纳出共同认定的狭
义票据行为包含出票、背书、承兑、参加承兑、保证等五种票据行
为。[3]其中，出票行为，是创设票据的基本行为。如果从票据行为
二阶段说来界定出票行为的定义，则出票行为是由票据负担债务行
为（单独行为）与票据权利转移行为（契约行为）两个阶段行为所

---

　　[1]　学者王小能、汪世虎认为，狭义的票据行为除了上述五种外，还包括支
票的保付，即为六种：请参阅王小能编：《票据法教程》，北京大学出版社 2001 年
版，第 33 页；汪世虎：《票据法律制度比较研究》，法律出版社 2003 年版，第 27
页。其他学者认为，狭义的票据行为只有上述五种，而支票的保付行为应属于广义
的票据行为：请参阅梁宇贤：《票据法新论》，自版 1997 年版，第 33 页；王志诚：
《票据法》，元照出版有限公司 2012 年版，第 97 页；刘心稳：《票据法》，中国政法大
学出版社 2010 年版，第 49 页；于莹：《票据法》，高等教育出版社 2008 年版，第 32
页。

　　[2]　王小能编：《票据法教程》，北京大学出版社 2001 年版，第 33~34 页；梁宇
贤：《票据法新论》，自版 1997 年版，第 33 页；刘心稳：《票据法》，中国政法大学出
版社 2010 年版，第 49~50 页；汪世虎：《票据法律制度比较研究》，法律出版社 2003
年版，第 26~27 页。关于本票见票的性质，一般学者不认为是票据行为，而是一种准
法律行为。主要原因在于本票于签发后，出票人责任即已确定，本票见票仅是单纯为
计算见票后定期付款的本票到期日，并无确定出票人责任，与汇票承兑具有确定付款
人责任不同，故而并非票据行为。请参阅王志诚：《票据法》，元照出版有限公司 2012
年版，第 445~446 页；王小能：《票据法教程》，北京大学出版社 2001 年版，第 325
页。

　　[3]　郑玉波：《票据法》，三民书局 2008 年版，第 30~31 页；施文森：《票据法
论——兼析联合国国际票据公约》，三民书局 2005 年版，第 24 页；王志诚：《票据法》，
元照出版有限公司 2012 年版，第 97 页；王小能：《票据法教程》，北京大学出版社
2001 年版，第 33 页；刘心稳：《票据法》，中国政法大学出版社 2010 年版，第 49 页；
汪世虎：《票据法律制度比较研究》，法律出版社 2003 年版，第 26~27 页；谢怀栻：《票
据法概论》，法律出版社 2006 年版，第 50 页；刘家琛主编：《票据法原理与法律适用》，
人民法院出版社 1996 年版，第 71~72 页。

构成；[1]如果按学者通说采单独行为说中的发行说来界定出票行为的定义，则出票行为是指出票人签发并交付票据予持票人。[2]背书是以转让票据权利或其他目的而负担票据债务的行为；承兑则是汇票中的付款人承诺负担票据主债务的行为；参加承兑是为某一债务人的利益而承诺负担票据债务的行为；保证是担保某一票据债务人履行票据债务的行为。上述出票、背书、承兑、保证等四种票据行为均为大陆地区《票据法》与台湾地区"票据法"所明文规范，而大陆地区《票据法》由于没有参加制度的设计，所以对于参加承兑与参加付款均未规范，台湾地区"票据法"则设有参加制度，包括参加承兑与参加付款。此亦反映出两岸票据法对票据行为制度的设计理念不同。

如前所述，本书将票据行为区分为共同票据行为与个别票据行为。本节拟对两岸各种共同票据行为进行比较分析，并从差异性中予以融合，形成两岸共同票据行为制度一体化协议建议稿文本。

一、票据出票行为

"票据的出票，又称为票据的发票、票据的签发和票据的发行等"，[3]是汇票、本票及支票共通的票据行为，也是创设票据的基本票据行为。所谓出票，指出票人签发票据并交付给收款人的票据行

---

〔1〕　有关票据行为二阶段说理论探讨，请参阅［日］铃木竹雄著，［日］前田庸修订：《票据法·支票法》，赵新华译，法律出版社2014年版，第86页注释2、第112~114页；金锦花、宋国：《票据上意思表示研究》，吉林大学出版社2011年版，第26~28页。票据行为二阶段说理论尚存在一些问题，因为票据行为二元构成论是从创造说的立场出发，将票据行为视为票据债务负担行为与票据权利转移行为的二元构成。该学说并认为票据债务负担行为是单独行为、无因行为；而票据权利转移行为是契约行为、有因行为。该学说的主要问题在于，第二阶段中票据权利转移行为（契约行为）采取有因说的立场，与民法物权行为无因性理论观点不同，因此，是否值得作为判断票据行为成立的有效要件，本书认为容有再深究之必要。此相关文献，请参阅贾海洋：《票据行为无因性研究：以票据行为二阶段说为理论基点》，中国社会科学出版社2013年版，第81~90页。目前司法实务及学者通说，认为票据行为是采单独行为说中的发行说。
〔2〕　本书对于票据行为的性质是采通说"单独行为说中的发行说"。
〔3〕　王小能编：《票据法教程》，北京大学出版社2001年版，第166页。

为。[1]按学者通说对于票据行为的性质采单独行为说中发行说，则票据的出票可认为是由两部分行为构成：第一是作成票据；第二是交付票据。所谓作成票据，"是以创设票据上权利义务关系为目的，在票据上依法记载一定事项的行为"。所谓"交付票据，就是出票人基于自己的本意将作成的票据交付给他人占有，以实现创设权利义务关系为目的的行为。"[2]两岸对于出票制度的差异重点在于票据的当事人资格、出票要式性（包括格式及款式）及出票的效力。因此，本书将按汇票、本票及支票的顺序论述两岸"票据法"对于出票制度规范的差异性，并从票据理论与实务的发展，将两岸票据制度的差异性予以调和、趋同，实现两岸票据制度一体化，促进两岸票据流通，便利企业从事交易时，得以两岸票据作为支付工具。

本书以两岸票据市场一体化为背景，为使两岸票据共同市场能有序运行，促进两岸票据流通，并通过票据的不断流转，增强票据的信用，使其经济价值获得认同，以发挥票据的经济效益，因此，认为有必要建构共同票据行为制度作为遵循依据，以发挥票据功能。票据行为制度设计的良窳，攸关票据能否发挥其应有的经济职能，也影响票据流通及企业使用票据的意愿，其在两岸票据制度一体化中扮演非常重要的角色。因此，为确保两岸票据能够顺畅运行，关于两岸票据的出票行为制度的一体化，本书拟于"两岸票据制度一体化协议（建议稿）"中明文规定，以资作为共同遵循依据。

（一）汇票的出票

汇票是一种委托支付的票据，其出票行为是指出票人委托付款人于见票时或指定到期日向持票人支付一定金额的行为。所以汇票的出票人并不必然是汇票的付款人，通常是另行委托他人作为付款人，因此，汇票在性质上属于委托证券。汇票出票人的此种委托行为，仅具有"单方行为性"，是赋予付款人可以支付一定金额的资格，但是其并不发生付款人的绝对付款义务，因而汇票有独特的承兑行为制度确

---

[1] 请参阅大陆地区《票据法》第20条。
[2] 王小能编：《票据法教程》，北京大学出版社2001年版，第166页。

定付款人的绝对付款责任。[1]

1. 汇票出票人资格

大陆地区的汇票，按出票人的不同，可以将其分为银行汇票与商业汇票。银行汇票的出票人资格，限于经中国人民银行批准办理银行汇票业务的银行。[2]银行汇票属于对己汇票，即出票人与付款人同一，按其用途又可分为现金银行汇票与转账银行汇票，其中现金银行汇票限于申请人与收款人均为自然人时，始可签发使用，且该汇票不得转让；反之，如果申请人或收款人为企业或单位，则不得使用现金银行汇票。[3]商业汇票的出票人资格，限于银行以外的企业和其他组织；而商业汇票的持票人，限于在银行开立存款账户的法人及其他组织，而且持票人与出票人之间必须具有真实的交易关系或债权债务关系，才能成为商业汇票的持票人。换言之，商业汇票的当事人限于法人和其他组织，不包括自然人。[4]另外，汇票限于记名汇票，收款人为绝对必要记载事项，故不承认无记名汇票。[5]

台湾地区"票据法"对于汇票并无特别限制，对于汇票的类型也无特别限制，可为一般汇票及变式汇票，当然也包括银行汇票和商业汇票在内，而且按到期日的不同，还可以分为即期汇票、远期汇票及分期付款汇票。对于汇票当事人资格并无特别限制。汇票按记载权利人的不同，可以分为记名汇票、指示汇票及无记名汇票，收款人属于相对必要记载事项，未记载收款人的汇票，以持票人为收款人。至于何人可使用现金汇票的问题，法律并未限定票据当事人之资格，但如为银行汇票，出票人的资格仍受限于经核准办理票据业务的金融机构。

再进一步而言，按大陆地区的规定，如果商业汇票的出票人拟向

---

[1]　王小能编：《票据法教程》，北京大学出版社 2001 年版，第 167 页。

[2]　请参阅大陆地区《票据管理实施办法》第 6 条。

[3]　请参阅大陆地区《支付结算办法》第 58 条。

[4]　请参阅大陆地区《票据管理实施办法》第 8 条，《支付结算办法》第 21 条、第 53 条、第 72 条、第 73 条、第 74 条。《支付结算办法》第 74 条："在银行开立存款账户的法人以及其他组织之间，必须具有真实的交易关系或债权债务关系，才能使用商业汇票。"

[5]　请参阅大陆地区《票据法》第 22 条第 1 款第 5 项。

银行申请汇票承兑，必须具备二个条件：第一，在承兑银行开立存款账户；第二，资信状况良好，并具有支付汇票金额的可靠资金来源。而承兑商业汇票的银行，也必须具备两个条件：第一，与出票人具有真实的委托付款关系；第二，具有支付汇票金额的可靠资金。[1]因此，大陆地区票据制度对于汇票的主体资格限制及对承兑商业汇票的银行要求较严格。按现行规定，不可讳言地，同时也限制了汇票的流通性。

本书认为基于商业自主性原则、促进票据流通及票据使用的灵活性，除了银行汇票外，对于汇票的出票人资格并无特别限制的必要；至于银行是否承兑商业汇票，应由银行依其自身经营风险进行衡量，为妥适的评估即可；其具体的操作，由银行自行制定内部控制制度及业务操作规范解决，无须通过法令为严格的限制。

2. 汇票的要式性

本书此处所指的汇票要式，是指汇票的格式、款式及签章等规定。

（1）汇票的格式规定

按大陆地区法律的规定，汇票、本票、支票的格式应当使用中国人民银行规定的统一格式的票据。如果违反大陆地区中国人民银行规定而擅自印制票据者，由中国人民银行处以 1 万元以上 20 万元以下的罚款；情节严重的，提请有关部门吊销其营业执照。如果未使用按中国人民银行统一规定印制的票据，依据《支付结算办法》的规定，该票据无效；未使用规定格式的结算凭证，银行不予受理。[2]

---

〔1〕 请参阅大陆地区《票据管理实施办法》第 8 条第 2 款、第 9 条。

〔2〕 大陆地区《票据法》第 108 条规定："汇票、本票、支票的格式应当统一（第 1 款）。票据凭证的格式和印制管理办法，由中国人民银行规定（第 2 款）。"依据大陆地区《票据管理实施办法》第 5 条规定："票据当事人应当使用中国人民银行规定的统一格式的票据。"又依据同实施办法第 35 条第 1 款规定："票据的格式、联次、颜色、规格及防伪技术要求和印制，由中国人民银行规定。"如果违反大陆地区中国人民银行规定而擅自印制票据者，依据《票据管理实施办法》第 34 条规定："由中国人民银行责令改正，处以 1 万元以上 20 万元以下的罚款；情节严重的，中国人民银行有权提请有关部门吊销其营业执照。"此外，大陆地区《支付结算办法》第 9 条第 2 款规定："未使用按中国人民银行统一规定印制的票据，票据无效；未使用中国人民银行统一规定格式的结算凭证，银行不予受理。"

　　此有疑问者在于，无法律明确授权的原则下，属于部门规章的《支付结算办法》可否将"未使用规定格式的票据"认定为"无效票据"的问题，换言之，如果票据当事人使用非中国人民银行统一规定印制的票据，该票据是否即为无效的票据，值得深思。大陆地区《最高人民法院关于审理票据纠纷案件若干问题的规定》第 40 条规定："依照票据法第 109 条以及经国务院批准的《票据管理实施办法》的规定，票据当事人使用的不是中国人民银行规定的统一格式票据的，按照《票据管理实施办法》的规定认定，但在中国境外签发的票据除外。"按此规定，除了在大陆地区境外签发的票据，可不必使用统一格式的票据外，如果票据当事人未使用规定印制的票据格式，应依据《票据管理实施办法》的规定认定其效力。但是，该实施办法并无明确规定其票据的效力，反而是规定在属于部门规章的《支付结算办法》，并将此种情形规定为票据无效，是否合理，学者有不同观点。有学者认为："在票据的记载内容、记载方法均符合法律规定的要式性要求的情况下，不能仅依票据的记载介质不符合规定而直接否定其作为票据的效力。"[1]

　　台湾地区"票据法"对于汇票并无规定一定的格式，只要符合"票据法"规定的要式性，即属有效汇票，并不会因为未使用一定格式即导致票据无效。因此，大陆地区对于票据格式的要求较严格，如果未使用大陆地区中国人民银行统一规定印制的票据，可能导致票据无效，将严重影响票据当事人间的票据权益。

　　（2）汇票的款式规定

　　汇票的出票款式按记载事项的不同，可能发生不同的效力：第一，应记载事项。就汇票应记载事项方面而言，包括绝对必要记载事项及相对必要记载事项。大陆地区规定汇票绝对必要记载事项包括七项：（a）表明"汇票"的字样；（b）无条件支付的委托；（c）确定的金额；（d）付款人名称；（e）收款人名称；（f）出票日期；（g）出票人

---

　　[1]　邹德刚、王艳梅："票据效力认定研究"，载《法学杂志》2012 年第 4 期，第 139~141 页。

签章。如果缺少任何一项，该汇票无效。〔1〕台湾地区规定汇票绝对必要记载事项包括五项：（a）表明其为汇票之文字；（b）一定之金额；（c）无条件支付之委托；（d）出票年月日；（e）出票人签名。至于付款人、收款人、出票地、付款地、到期日等五项属于相对必要记载事项，并非绝对必要记载事项，即便缺少记载也不会造成汇票无效。〔2〕因此，台湾地区对于汇票要求的绝对必要记载事项相较于大陆地区汇票规定少，而且台湾地区汇票将付款人及收款人列为相对必要记载事项，如果未记载付款人，即以出票人为付款人；如未记载收款人，则以持票人作为收款人。由于两岸各自的票据法律对于汇票绝对必要记载事项规定不同，为推动两岸票据市场一体化，本书于"两岸票据制度一体化协议（建议稿）"中对于两岸汇票款式明确一体化规范。第二，可以记载事项。所谓可以记载事项，是指"是否记载由出票人决定，一旦出票人记载即产生票据法上的效力"。〔3〕国际票据公约及各国（地区）票据法律制度由于注重票据运作的便利性及尊重票据当事人的自由选择，因此，对汇票记载事项的规定，出票人可记载的事项非常多。而两岸票据法律制度对于出票人可在汇票上记载事项的规定有所不同。如两岸票据法律同样规定出票人可记载不得转让、记载支付货币种类；至于台湾地区规定，出票人可记载担当付款人、预备付款人等，而大陆地区则无明文规定。〔4〕第三，记载无益事项（记载不

---

〔1〕 请参阅大陆地区《票据法》第22条。
〔2〕 请参阅台湾地区"票据法"第24条。
〔3〕 王小能编：《票据法教程》，北京大学出版社2001年版，第170页。
〔4〕 关于两岸票据法律制度对于出票人可在汇票上记载事项的规定：大陆地区《票据法》规定出票人可以记载事项，如：（a）记载不得转让。大陆地区《票据法》第27条第2款规定，出票人可以在汇票上记载"不得转让"字样。（b）记载支付货币种类的约定。大陆地区《票据法》第59条第2款规定，"汇票当事人对汇票支付的货币种类另有约定的，从其约定。"台湾地区"票据法"规定出票人可以记载事项，如：（a）记载担当付款人。台湾地区"票据法"第26条第1款规定，出票人可以在于付款人之外，记载一人为担当付款人。（b）记载预备付款人。台湾地区"票据法"第26条第2款规定，出票人可以在付款人之外，记载在付款地之一人为预备付款人。（c）记载付款处所。台湾地区"票据法"第27条规定，出票人可以记载在付款地的付款处所。（d）记载利率及利息。台湾地区"票据法"第28条第1项规定，出票人可以记载对于票据金额

生票据法上效力事项）。大陆地区规定，汇票上可记载票据法规定事项以外的其他出票事项，但是该记载事项不具有汇票上的效力。台湾地区规定，在票据上记载票据法所不规定的事项者，不生票据上的效力。[1]换言之，汇票的出票人除了应记载事项及可以记载事项外，还可以在汇票上记载其他事项，虽然记载该其他事项不发生票据法上的效力，但学理上一般认为，该记载仍可能发生其他法律上的效力，如民法上的效力。例如，出票人应持票人的要求在汇票上记载违约金，该违约金的记载属于票据法所不规定事项，虽然不发生票据法上效力，但在直接当事人间仍可以发生民法上的效力。由于两岸的票据法律制度对于可否记载违约金等事项及其效力均无明确规范，为使两岸票据制度一体化更明确，本书拟于"两岸票据制度一体化协议"中予以明确规范，如"在票据上记载本协议未规定的事项，不发生本协议的效力。但该记载如符合票据付款地的其他法律规定者，仍可发生其他法律上效力"。如在票据上"不得另附加记载违约金；如有违约金的记载，不发生本协议的效力"。第四，记载无效事项。所谓记载无效事项，是指记载事项为票据法所禁止，但如有此记载，并不会使整个汇票无效，而仅仅是该记载本身归于无效。例如，台湾地区规定，出票人在汇票上有免除担保付款之记载者，其记载无效。日内瓦《汇票及本票法

（接上页）支付利息及其利率。（e）记载免除担保承兑。台湾地区"票据法"第29条第1项但书规定，出票人可以依特约免除担保承兑的责任。（f）记载禁止转让。台湾地区"票据法"第30条第2项规定，记名汇票的出票人可以记载禁止转让。（g）记载请求提示承兑的期限。台湾地区"票据法"第44条第1项规定，除见票即付之汇票外，出票人可以在汇票上为应请求承兑的记载，并可以指定其期限。（h）记载一定日期前禁止请求承兑。台湾地区"票据法"第44条第2项规定，出票人可以在汇票上记载于一定日期前，禁止请求承兑。（i）变更承兑提示期间的记载。台湾地区"票据法"第45条规定，见票后定期付款之汇票，应自出票日起6个月内为承兑之提示。但是，出票人可以通过特约方式将该请求承兑的期限延长或缩短，但如果延长，其期限不可以超逾6个月。（j）记载支付货币种类的约定。台湾地区"票据法"第75条第1项但书规定，可以特约约定汇票金额的货币。（k）记载免除拒绝事由通知之义务。台湾地区"票据法"第90条第1项规定，出票人可以于一定期间前，免除持票人有关拒绝事由的通知义务。

〔1〕　请参阅大陆地区《票据法》第24条；台湾地区"票据法"第12条。

统一公约》规定为"视为无记载"。[1]第五，记载有害事项（记载使票据无效的事项）。此种记载，是指该事项的记载不仅为票据法所禁止，而且如果记载此事项将导致整个汇票无效，因此，该事项属于不得记载的事项，故而学理上称此种记载为"有害事项的记载"或者"记载使票据无效的事项"。例如，票据法规定的无条件支付的要件，如果出票人在汇票上记载附条件支付，因违反《票据法》规定，将导致该汇票无效。[2]

（3）汇票的签章规定

台湾地区规定，票据上的签名，可以盖章代替。所以，原则上以签名为主，辅以得盖章替代之。简言之，不论签名或盖章均可，且不以签全名为必要。

大陆地区规定，票据上的签章，为签名、盖章或者签名加盖章。法人和其他使用票据的单位在票据上的签章，为该法人或者该单位的盖章加其法定代表人或者其授权的代理人的签章。在票据上的签名，应当为该当事人的本名。此外，大陆地区还规定，银行汇票上的出票人的签章、银行承兑商业汇票的签章，为该银行的汇票专用章加其法定代表人或者其授权的代理人的签名或者盖章。其所使用的银行汇票专用章须经中国人民银行批准。至于商业汇票上的出票人的签章，为该单位的财务专用章或者公章加其法定代表人或者其授权的代理人的签名或者盖章。如果出票人在票据上的签章不符合规定，依据《票据管理实施办法》第17条前段规定，"票据无效"。但是，《最高人民法院关于审理票据纠纷案件若干问题的规定》第41条第1项、第2项等规定，票据出票人在票据上的签章上不符合规定，该签章不具有票据法上的效力；同规定第42条规定，银行汇票的出票人、银行承兑汇票的承兑人在票据上未加盖规定的专用章而加盖该银行的公章，签章人

---

[1] 请参阅台湾地区"票据法"第29条第3项；日内瓦《汇票及本票法统一公约》第9条第2款但书。

[2] 如违反大陆地区《票据法》第22条第1款第2项规定；台湾地区"票据法"第24条第1项第5款规定。

应当承担票据责任。[1]

根据上述《票据管理实施办法》与《最高人民法院关于审理票据纠纷案件若干问题的规定》的规范，两者对于票据签章不符合规定时，前者认为"票据无效"，后者则认为"该签章不具有票据法上的效力"，但又规定"签章人应当承担票据责任"。两者的规定似有矛盾之处，且不符合逻辑。主要原因在于前者规定票据无效，即签章人不负票据责任；但是后者又规定签章人应承担票据责任，故而两者规定矛盾之处甚为显然。上述规定对认定汇票上签章不符合规定时，该签章的效力不同，影响票据当事人的权益甚大。

为减少两岸票据对于签章所产生的问题，实现两岸票据制度一体化，本书拟于"两岸票据制度一体化协议（建议稿）"中明确规范票据签章的方式。

3. 汇票出票的效力

汇票是委托证券，一旦出票通常会涉及三方当事人，因此，汇票的出票效力将对三方当事人发生效力。

（1）对出票人的效力

汇票出票人签发汇票后，可以产生三种责任：第一，担保责任。

---

〔1〕　大陆地区《票据管理实施办法》第13条第1款、第3款规定："银行汇票上的出票人的签章、银行承兑商业汇票的签章，为该银行的汇票专用章加其法定代表人或者其授权的代理人的签名或者盖章。""银行汇票专用章……须经中国人民银行批准。"同实施办法第14条规定："商业汇票上的出票人的签章，为该单位的财务专用章或者公章加其法定代表人或者其授权的代理人的签名或者盖章。"依据同办法第17条前段规定："出票人在票据上的签章不符合票据法和本办法规定的，票据无效。"但是，《最高人民法院关于审理票据纠纷案件若干问题的规定》第41条第1项、第2项规定："票据出票人在票据上的签章上不符合票据法以及下述规定的，该签章不具有票据法上的效力：（一）商业汇票上的出票人的签章，为该法人或者该单位的财务专用章或者公章加其法定代表人、单位负责人或者其授权的代理人的签名或者盖章；（二）银行汇票上的出票人的签章和银行承兑汇票的承兑人的签章，为该银行汇票专用章加其法定代表人或者其授权的代理人的签名或者盖章。……"同规定第42条规定："银行汇票、银行本票的出票人以及银行承兑汇票的承兑人在票据上未加盖规定的专用章而加盖该银行的公章，支票的出票人在票据上未加盖与该单位在银行预留签章一致的财务专用章而加盖该出票人公章的，签章人应当承担票据责任。"

出票人签发汇票后，应担保汇票的承兑与付款。台湾地区规定，出票人可依特约免除担保承兑的责任，而此特约必须载明在汇票上。但是不能特约免除担保付款责任。大陆地区"票据法"并无"可以免除担保承兑"的规定，因此，汇票的出票人必须担保汇票的承兑与付款，此与台湾地区"票据法"的规定不同。日内瓦《汇票及本票法统一公约》也规定，出票人可免除担保承兑的责任，但不能免除担保付款的责任。[1]本书认为，票据当事人特约免除担保承兑的记载，乃是票据当事人间合意的结果，并不会因此而使得票据当事人的票据权益遭受损害，故而应可承认出票人可以依特约免除担保承兑责任。为贯彻此意旨，"两岸票据制度一体化协议（建议稿）"规定："汇票的出票人应照汇票文义担保承兑及付款的责任。但可以依特约在汇票正面记载免除担保承兑的责任。"第二，偿还责任。汇票虽然是无条件委托付款人向持票人为付款，但付款人在承兑前，并非汇票的主债务人，一旦付款人拒绝承兑，则出票人对持票人即负有偿还汇票票面金额、利息及其他必要费用的责任。[2]关于偿还责任的规定，根据两岸各自的票据法律规定，在金额、利息及费用的规定原则上是相同的；主要差异在于利息与费用的计算方面有所不同。因此，两岸对此的争议性不大。在制度一体化规范方面，本书拟于"两岸票据制度一体化协议（建议稿）"中对最初追索权与再追索权的金额、利息及费用等予以明确规范，以一体性适用于两岸票据。第三，追索责任。持票人向付款人请求承兑或付款，如果经付款人拒绝时，持票人应依法定程序（如作成

---

〔1〕 请参阅日内瓦《汇票及本票法统一公约》第9条第2款；大陆地区《票据法》第26条前段规定，"出票人签发汇票后，即承担保证该汇票承兑和付款的责任。"台湾地区"票据法"第29条规定："发票人应照汇票文义担保承兑及付款。但得依特约免除担保承兑之责（第1项）。前项特约，应载明于汇票（第2项）。汇票上有免除担保付款之记载者，其记载无效（第3项）。"

〔2〕 大陆地区《票据法》第26条后段规定："出票人在汇票得不到承兑或者付款时，应当向持票人清偿本法第70条、第71条规定的金额和费用。"同样情形，台湾地区"票据法"规定，出票人应当向持票人清偿《票据法》第97条、第98条规定的金额、利息及费用。两岸票据法对此规定的差异性在于，利息与费用的计算不同，请参阅大陆地区《票据法》第70条、第71条；台湾地区"票据法"第97条、第98条。

拒绝证书等），完成相关的取证，向出票人行使追索权。大陆地区《票据法》不允许免除出票人担保承兑与担保付款的约定，如果有免除记载，学者认为，该免除记载无效。[1]但台湾地区"票据法"允许特约免除出票人担保承兑责任，所以，此两岸票据法律制度略有不同，也影响持票人追索权的行使。本书的观点与日内瓦《汇票及本票法统一公约》第9条第2款的规定相同，认为出票人可以依特约免除担保承兑。

（2）对付款人的效力

学者认为："出票行为对付款人的效力，是使其取得对汇票进行承兑和付款的资格。所谓资格，是指付款人可以对汇票进行承兑或者付款，但是没有义务必须对汇票承兑或者付款。"[2]换言之，付款人有自己决定是否承兑或付款的自主权利。但是，如果付款人一旦对汇票为承兑行为，则付款人即为承兑人，成为汇票的主债务人，负有最终的付款责任；反之，如果付款人对汇票拒绝承兑，则付款人不过是票据上的关系人并非债务人，不承担票据法上的义务。再者，如果付款人最终也付款，则票据关系归于消灭。

按大陆地区规定，汇票的出票人须与付款人有委托付款关系及可靠资金来源。[3]台湾地区"票据法"并无类似规定。汇票是一种委托付款，而出票是一种单方行为，付款人并不因为出票人签发汇票即负有承兑的义务存在，因此，本书认为出票人与付款人间的资金关系或者预约，都是属于基础关系，并不因此而影响出票人签发汇票的效力，即使出票人与付款人间无真实的委托付款关系，且无支付汇票金额的可靠资金来源，基于票据行为无因性及独立性，汇票并不会因此而无效。换言之，出票人违反大陆地区《票据法》第21条规定所签发的汇票仍然有效，出票人仍须承担票据责任。[4]

---

〔1〕　王小能编：《票据法教程》，北京大学出版社2001年版，第176页。

〔2〕　王小能编：《票据法教程》，北京大学出版社2001年版，第176页。

〔3〕　请参阅大陆地区《票据法》第21条第1款。

〔4〕　王小能编：《票据法教程》，北京大学出版社2001年版，第177页；刘家琛主编：《票据法原理与法律适用》，人民法院出版社1996年版，第258~259页；张文楚：《票据法导论》，华中科技大学出版社2006年版，第78页。

（3）对持票人的效力

出票人签发汇票并交付给持票人，此时即已完成出票行为，使得汇票处于流通状态，而持票人取得汇票上的一切权利，即包括付款请求权、追索权及背书转让的权利。任何票据法律制度对于此种出票所产生对持票人的效力都是相同的。但是，此处必须特别留意之处在于：汇票出票人出票后，收款人所取得的付款请求权仅是一种"期待权"，必须在付款人对该汇票为承兑后，该期待权才会成为现实的请求权。[1]

大陆地区与台湾地区对此规定的不同在于：第一，大陆地区限于签发记名汇票，而台湾地区无此限制。第二，大陆地区规定不得签发无对价的汇票用以骗取银行或其他票据当事人的资金。[2]对此，台湾地区"票据法"虽无此规定，但因涉及犯罪行为，依刑法有关规定处理。本书认为，举凡涉及票据犯罪行为，应依刑法有关规定办理，而无须于《票据法》另为特别规定之必要，以避免过多的特别刑法规定而架空《刑法》规定的适用。

（二）本票的出票

本票是出票人签发一定金额，承诺于见票时或指定到期日，由自己无条件支付票据金额予持票人或收款人的票据，属于自付证券的一种。因此，本票的出票是指由出票人自己承担支付票据金额为目的的一种票据行为，并无另外的付款人存在，故本票的当事人只有出票人与收款人。一旦出票人签发本票，已确定出票人的付款责任，即承诺偿还票款，故而本票无承兑制度作为再确定付款人责任之必要。

大陆地区的本票仅限于记名、即期的银行本票，别无其他本票种类；台湾地区的本票按到期日的不同，可以分为定日付款本票（定期本票）、出票后定期付款本票（计期本票）、见票即付本票（即期本票）、见票后定期付款本票（注期本票）及分期付款本票等五种。[3]

---

〔1〕 王小能编：《票据法教程》，北京大学出版社 2001 年版，第 177 页。

〔2〕 请参阅大陆地区《票据法》第 21 条第 2 款。

〔3〕 请参阅大陆地区《票据法》第 73 条、第 75 条、第 78 条；台湾地区"票据法"第 124 条准用第 65 条。

其中定日付款本票、出票后定期付款本票、见票即付本票及分期付款本票等四种本票，于出票时，即已确定到期日；而见票后定期付款本票则须于持票人向出票人提示见票，才能确定到期日。但是，本票并无汇票设有的承兑制度，主要原因在于汇票的承兑制度除了具有确定见票后付款汇票的到期日的意义之外，还具有确定付款人的付款责任，而且承兑行为是由汇票付款人为之，因此，由于制度与目的设计的不同，故而本票另设有"见票制度"，由持票人向本票出票人提示见票，并由出票人为见票行为（签章、记载见票字样及日期），以确定本票的到期日。学者认为，见票是一种准法律行为，并非票据行为。[1]主要理由在于：第一，出票人的责任在其签发本票时，即已经确定而无须再为确定，而见票的目的仅是借以确定到期日的起算期，以计算见票后付款本票的到期日，并非在于确定出票人责任。第二，出票人的见票必须以持票人提示本票为前提，否则出票人无从为见票行为，以确定到期日的付款。[2]

1. 本票出票人资格

本票按出票人的不同，可以分为一般本票、商业本票及银行本票。

大陆地区的本票，仅限于银行本票，对于本票出票人资格是有严格限制的：限于经中国人民银行批准办理银行本票业务的银行，且须有可靠的资金来源，并保证支付。[3]

台湾地区的本票可分为一般本票、商业本票及银行本票、甲存本票，已于前述。如果签发银行本票，由于出票人为银行，出票人资格亦当然受到同样的严格限制，除此之外，还要受到签发的业务限制。换言之，金融机构如果要签发银行本票只能限于办理同业间拆款及向"中央银行"融通资金的需要，才能签发银行本票，否则不得签发银

---

〔1〕　对于此种观点，台湾地区有学者持不同观点：认为本票见票属于广义的票据行为。请参阅郑玉波：《票据法》，三民书局 2008 年版，第 30~31 页。

〔2〕　王小能编：《票据法教程》，北京大学出版社 2001 年版，第 325 页。

〔3〕　大陆地区《票据法》第 74 条规定："本票的出票人必须具有支付本票金额的可靠资金来源，并保证支付。"又依据《票据管理实施办法》第 7 条规定：本票的出票人还限于"为经中国人民银行批准办理银行本票业务的银行"。

行本票。[1]因此，在台湾地区不能随意签发银行本票，此与大陆地区
对本票的规范差异性很大。至于"甲存本票"，由于是以金融业者为
担当付款人的本票，即出票人委托其往来的金融业者（如银行）为担
当付款人而签发的本票，因此，对于担当付款人资格有特别限制。[2]
至于商业本票按性质不同，可分为交易性商业本票及融资性商业本票。
对于交易性商业本票并无特别限制，但对于发行融资性商业本票，则
有一定限制。所谓融资性商业本票，是指无实际交易行为，企业为筹
集短期（期限在1年以内）资金所发行的本票。由于无实际交易行为，
如果没有金融机构保证，风险性较高，所以在台湾地区发行融资性商
业本票，必须经金融机构保证，才可以在货币市场交易。[3]因此，如
果企业为调度短期资金，可以通过发行商业本票（Commercial Paper）
的方式，借由"票券商"的承销，向票券市场的投资人取得资金，此
即彰显票据的信用功能。[4]

因此，台湾地区除银行本票、甲存本票、融资性商业本票外，
基本上对于票据当事人资格并无特别限制，可以为企业、组织或自
然人。

---

〔1〕 请参阅台湾地区"财政部"1997年9月1日台财融字第86642047号函；请参
阅曾世雄等：《票据法论》，自版2005年版，第271页注1。

〔2〕 请参阅台湾地区"票据法"第120条第1项第3款、第3项、第6项；甲存
本票目前是依据台湾地区银行同业公会联合会所订定之《支票存款户处理规范》办理。
原依据《支票存款户处理办法》已于2003年3月4日废止。请参阅王志诚：《票据法》，
元照出版有限公司2012年版，第439~440、459~462页。

〔3〕 请参阅台湾地区"票券金融管理法"第5条第3款；王文宇主编：《金融
法》，元照出版有限公司2012年版，第435页。

〔4〕 "票券商"是台湾地区的专业票据机构之一。有学者认为，专业票据机构是票
据市场不可或缺的组成部分，这些机构在票据市场中起到促进票据流通、加快资金流动
和活跃票据市场交易的作用，是票据流通市场的主力。在各个国家和地区，专业票据机
构的名称有所不同：如在英国称为票据贴现行；在日本称为短资公司；在台湾地区则称
为票券公司。但是这些机构的经营范围和职能基本一致。请参阅王志诚：《票据法》，元
照出版有限公司2012年版，第69页；朱长法、杨宝春："海外票据市场概况及对我国商
业银行拓展票据业务的启示"，载《中国城市金融》2000年第11期，第17页。

2. 本票的要式性

本书此处所指的本票要式性，是指本票的格式、款式及签章的规定。

（1）本票的格式规定

本票的格式规定，与汇票的格式规定相同，已于前述。票据当事人必须使用大陆地区中国人民银行统一规定格式的票据，如果未使用规定的格式票据，不仅须被处罚，且票据无效。当然，对于票据是否无效，学者有不同观点，亦已于前述。[1]不过，此处的本票与前述汇票不同者在于，按大陆地区《票据法》的规定，本票仅限于银行本票，出票人既为银行，也通常会使用规定格式的本票。

台湾地区"票据法"对于本票并无规定必须使用统一的格式，只要符合票据法规定的要式性，即属有效本票，并不会因为未使用一定格式即导致票据无效。不过，此处必须特别留意者在于，台湾地区是限制银行本票的使用，与大陆地区仅限于使用银行本票不同。故而，两岸对于本票的规范，其差异性甚为显然。

（2）本票的款式规定

本票的款式规定，是指本票应记载事项。对于本票应记载事项方面，大陆地区与台湾地区的票据法律分别有明文规定。[2]

两岸的差异性在于：大陆地区对于本票绝对必要记载事项规定包括六项，即（a）表明"本票"的字样；（b）无条件支付的承诺；（c）确定的金额；（d）收款人名称；（e）出票日期；（f）出票人签章。如本票上缺少任何一项，该本票为无效。台湾地区对于本票绝对必要记载事项规定包括五项，即（a）表明其为本票之文字；（b）一定之金额；（c）无条件担任支付；（d）出票年、月、日；（e）出票人签名。至于

〔1〕请参阅大陆地区《票据法》第108条，《票据管理实施办法》第5条、第34条、第35条，《最高人民法院关于审理票据纠纷案件若干问题的规定》第40条，《支付结算办法》第9条第2款；邹德刚、王艳梅："票据效力认定研究"，载《法学杂志》2012年第4期，第139~141页。

〔2〕请参阅大陆地区《票据法》第75条，《支付结算办法》第101条；台湾地区"票据法"第120条。

收款人、出票地、付款地、到期日等四项，属于相对必要记载事项，并非绝对必要记载事项，即便缺少记载亦不造成本票无效。因此，台湾地区对本票规定绝对必要记载事项相较于大陆地区对本票规定绝对必要记载事项少，且台湾地区本票将收款人列为相对必要记载事项，如果未记载收款人，则以持票人作为收款人。

由于两岸对于本票款式规定不同，本书拟于"两岸票据制度一体化协议（建议稿）"中明确一体化规范。

（3）本票的签章规定

台湾地区票据上的签名，可以盖章代替。所以，原则上以签名为主，辅以得盖章替代之。简言之，不论签名或盖章均可，且不以签全名为必要。大陆地区票据上的签章，为签名、盖章或者签名加盖章。法人和其他使用票据的单位在票据上的签章，为该法人或者该单位的盖章加其法定代表人或者其授权的代理人的签章。在票据上的签名，应当为该当事人的本名。因此，按大陆地区规定，该票据上签章依据自然人和法人或单位而又有不同规定，已于前述。至于《票据管理实施办法》与《最高人民法院关于审理票据纠纷案件若干问题的规定》对于票据签章不符合规定时，前者认为"票据无效"，后者则认为"该签章不具有票据法上的效力"，但又规定"签章人应当承担票据责任"，[1]是不符合逻辑的。由于上述规定对于签章效力认定不同，影响票据当事人的权益甚大。为减少两岸票据对于签章所产生的问题，实现两岸票据制度一体化，本书于"两岸票据制度一体化协议（建议稿）"中明确规范票据签章的方式。

3. 本票见票

见票制度是本票特有的制度，原本是针对见票后定期付款本票设计，是为确定注期本票到期日的起算期，以便确定到期日。但是，大陆地区本票限于记名、即期本票，即使设有见票制度，亦无存在实益。

---

〔1〕 请参阅台湾地区"票据法"第 6 条；大陆地区《票据法》第 7 条，《票据管理实施办法》第 13 条第 2 款、第 3 款，《最高人民法院关于审理票据纠纷案件若干问题的规定》第 41 条第 3 项、第 42 条。

按大陆地区的规定，本票的出票人在见票时即须承担付款的责任。所以，大陆地区所规定的见票制度主要目的是在于，要求出票人现实提出付款责任，并非在确定到期日，因此，其并未设置"提示见票期间"，而仅规定银行本票的提示付款期限。该提示付款期限，自出票日起，不得超过 2 个月。[1]

台湾地区的本票见票制度所进行的程序涉及两个步骤：第一，是持票人提示本票；第二，是出票人在本票上签章，并记载"见票"字样及见票日期。至于见票后定期付款本票的提示见票期限，应自出票日起 6 个月内提示见票。此提示期间，出票人也可以特约缩短或延长，但延长期限不得超过 6 个月。[2]

日内瓦《汇票及本票法统一公约》规定，见票即付的本票，于提示时付款。此项本票应于出票日起 1 年内为付款之提示。此项期限，出票人得缩短或延长之。前述期限，背书人也可以缩短之。见票后定期付款本票，应自出票日起 1 年内向出票人提示见票。此项期限，出票人得缩短或延长之。日本《票据法》亦有相同规定。[3]

据上所述，中国大陆地区和台湾地区、日内瓦票据法公约及日本《票据法》对于本票见票及提示见票期间的规定不相同。

为实现两岸票据制度一体化，同时避免两岸各自的票据法律对于本票见票及提示见票期间规定不同而产生问题，本书拟于"两岸票据

---

〔1〕 大陆地区《票据法》第 73 条第 1 款规定："本票是出票人签发的，承诺自己在'见票时'无条件支付确定的金额给收款人或者持票人的票据。"同法第 77 条规定："本票的出票人在持票人提示见票时，必须承担付款的责任。"同法第 78 条规定："本票自出票日起，付款期限最长不得超过 2 个月。"

〔2〕 台湾地区"票据法"第 122 条第 1 项规定："见票后定期付款本票，应由持票人向出票人提示见票，请其签名，并记载见票字样及日期。其提示期限，第 122 条第 1 项准用同法第 45 条之规定。"

〔3〕 日内瓦《汇票及本票法统一公约》第 77 条准用 34 条第 1 款规定，见票即付的本票，于提示时付款。此项本票应于出票日起 1 年内为付款之提示。此项期限，出票人得缩短或延长之。以上期限，背书人也可以缩短之。同公约第 78 条第 2 款规定，见票后定期付款本票，应在第 23 条所规定期限内，即应自出票日起 1 年内，向出票人为见票之提示。此项期限，出票人得缩短或延长之。日本《票据法》第 77 条、第 34 条、第 78 条、第 23 条等规定，与日内瓦《汇票及本票法统一公约》的规定相同。

制度一体化协议（建议稿）"中明确规范见票及提示见票期间。

持票人提示见票后，通常会产生两种见票的效力：[1]第一，确定到期日的效力。出票人为见票行为，必须签章、记载见票字样及见票日期，即具有借以确定到期日的起算日期。换言之，见票具有确定见票后定期付款本票到期日的效力。由于大陆地区的票据法律制度规范的本票仅有即期银行本票，因此，无确定到期日的效力。此种立法例与国际票据公约及其他国家的票据法规定不同。台湾地区"票据法"所规定的本票包括定日付款本票、出票后定期付款本票、见票即付本票、见票后定期付款本票及分期付款本票等五种本票，其中见票后定期付款本票须要提示见票以确定到期日。第二，行使或丧失追索权的效力。首先，持票人必须遵期提示见票，否则会丧失对出票人以外的前手的追索权。[2]其次，如果持票人遵期提示见票，而出票人拒绝见票，此时，持票人必须在规定的期间内作成见票拒绝证书，直接向前手行使追索权。台湾地区"票据法"明文规定，此种情形持票人不必再为付款之提示，也不必再请求作成拒绝付款证书。[3]大陆地区虽无见票后定期付款本票，但如果设有此种本票，对此种情形尽管并无明文规定，但亦应为相同之解释。

4. 本票出票的效力

本票是一种自付证券，出票人一旦签发本票，出票人即应负担付款的责任，亦即在持票人提示见票时，必须承担付款的责任。换言之，本票的出票人一经签发本票，即为本票的主债务人，对于本票所载金额负有最终、绝对的付款责任。由于本票关系中的当事人仅有出票人与持票人（收款人）两方，因此，本票出票的效力亦仅分别对出票人

---

〔1〕 覃有土、李贵连主编：《票据法全书》，中国检察出版社1994年版，第190~191页。

〔2〕 大陆地区《票据法》第79条规定："本票的持票人未按照规定期限提示见票的，丧失对出票人以外的前手的追索权。"台湾地区"票据法"第122条第5项规定："执票人不于第45条所定期限内为见票之提示或作成拒绝证书者，对于发票人以外之前手丧失追索权。"

〔3〕 请参阅台湾地区"票据法"第122条第4项。

及持票人发生效力。

（1）对出票人的效力

付款为本票出票人的绝对责任，所以本票出票人一经签发本票，即负有到期日付款的义务。因此，出票人在持票人提示见票时，必须承担付款的责任。如果持票人未遵期提示，将丧失对出票人以外的前手的追索权。[1]出票人一旦付款，则全部的本票关系即归于消灭。

台湾地区本票出票人所负责任，与汇票承兑人相同。即使持票人未遵期提示见票或未履行拒绝证书，亦仅丧失对出票人以外的前手的追索权。[2]如果是甲存本票，银行是担当付款人，仅为本票主债务人（出票人）的代理人，出票人应在甲存本票到期日提示付款前，将足以支付的本票金额款项存入银行。如因存款不足而退票，在记录上视同支票退票记录。[3]

本书基于实践上的需求，拟于"两岸票据制度一体化协议（建议稿）"中，对甲存本票予以明确规范。

（2）对持票人的效力

本票出票人签发本票并交付持票人，于完成票据行为后，持票人即取得本票的付款请求权与追索权及背书转让的权利，而且持票人所取得的付款请求权与汇票不同，是属于一种现实的请求权而非期待权。持票人不因未遵期提示见票或未履行拒绝证书，而丧失对出票人的追索权。

此外，台湾地区还特别规定"本票裁定强制执行制度"。亦即，持票人向本票出票人行使追索权时，可以向法院申请裁定，待裁定确定后，可以作为执行名义，依据《强制执行法》向法院申请对本票出

---

〔1〕　请参阅大陆地区《票据法》第 77 条、第 79 条。

〔2〕　请参阅台湾地区"票据法"第 121 条、第 122 条第 5 项。

〔3〕　本票的出票人委托往来银行担当付款人，是一种甲存本票。此种甲存本票是台湾地区依实务需要而孕育出来的一种本票。依据台湾地区"支票存款户处理规范"第 6 条规定："银行核准开户之支票存款户，均得委托该银行为其所发本票之担当付款人，就其支票存款户内径行代为付款。"甲存本票的银行是担当付款人，仅为本票主债务人（出票人）的代理人，与支票付款人的性质不同，故二者亦有诸多法律上的差异。请参阅王志诚：《票据法》，元照出版有限公司 2012 年版，第 460 页。

票人的财产强制执行。此程序不须经过诉讼程序，而是通过非讼程序处理。[1]

本票裁定强制执行制度是台湾地区于 1960 年修正"票据法"时所增订，主要理由是鉴于当时空头支票泛滥，故借由立法加强本票的索偿性，使本票持票人可以利用简便的非讼程序达到求偿的目的，促进本票的流通。[2]有学者认为，此规定是在特定社会背景下的产物，并不具有强而有力的法理基础，建议应该废除。[3]不过，本书认为本票持票人通过非讼程序行使对出票人的追索权，可节约司法的诉讼资源，避免冗长的诉讼程序，而且有利于持票人迅速取得执行名义，以确保票据债权。如此规范，将使得各种票据各有所长，具体如何使用票据，视票据当事人的实际需求而定。因此，本书于"两岸票据制度一体化协议（建议稿）"中对于"申请本票裁定强制执行"予以明确规范，使得本票持票人在行使追索权过程中可以通过非讼程序取得执行名义，但是对象仅限于"对本票的出票人"，不包括对其他票据债务人。

本票持票人申请法院裁定后强制执行，必须具备三个要件：第一，申请人限于行使追索权的本票持票人；第二，申请执行的对象仅限于

---

〔1〕 依据台湾地区"票据法"第 123 条规定，持票人向本票出票人行使追索权时，可以声请法院裁定后强制执行。此程序不须经过诉讼程序，而是通过非讼程序处理。台湾地区"非讼事件法"第 194 条规定："票据法第 123 条所定执票人就本票声请法院裁定强制执行事件，由票据付款地之法院管辖（第 1 项）。二人以上为发票人之本票，未载付款地，其以发票地为付款地，而发票地不在一法院管辖区域内者，各该出票地之法院具有管辖权（第 2 项）。"如果出票人主张本票是伪造、变造者，依据同法第 195 条规定，"于前条（第 194 条）裁定送达后 20 日内，得对执票人向为裁定之法院提起确认之诉（第 1 项）。发票人证明已依前项规定提起诉讼时，执行法院应停止强制执行。但得依执票人声请，许其提供相当担保，继续强制执行，亦得依发票人声请，许其提供相当担保，停止强制执行（第 2 项）。发票人主张本票债权不存在而提起确认之诉不合于第 1 项的规定者，法院依发票人声请，得许其提供相当并确实之担保，停止强制执行（第 3 项）。"关于强制执行的执行名义，请参阅台湾地区"强制执行法"第 4 条规定。

〔2〕 王志诚：《票据法》，元照出版有限公司 2012 年版，第 447 页；梁宇贤：《票据法新论》，自版 1997 年版，第 318~319 页。

〔3〕 请参阅曾世雄等：《票据法论》，自版 2005 年版，第 276 页。

本票出票人；第三，该出票人未受破产宣告。[1]

如果持票人因一定事由而丧失票据权利，还可依据利益偿还请求权制度，向本票的出票人行使利益偿还请求权，以确保权益。[2]

（三）支票的出票

支票是由出票人签发，委托银行等金融机构于见票时无条件支付一定金额给持票人的一种票据，与汇票相同，都是属于一种委托证券。

大陆地区支票限于见票即付，不得另行记载付款日期，否则该记载无效。[3]台湾地区对于支票日期记载规定与大陆地区规定不同者在于，台湾地区"票据法"第128条第2项规定，支票在票载出票日期前，持票人不得为付款之提示。[4]尽管台湾地区支票也限于见票即付，但是也为预签支票提供了合法的发展空间，台湾地区学理上称为"远期支票"，司法实务认为是一种"权利行使的限制"，并非远期支票。本书认为，究其本质而言，应该是属于一种预开支票的形态。主要原因在于，一般均认为支票属于支付证券性质，并非信用证券，因此，无远期支票存在，只不过通过"票据法"的规定，放宽得以未来日期作为出票日，在本质上仍属于即期支票，并非远期支票。但从台湾地区"票据法"第128条第2项的规定内容观之，此种规范方式，其中也隐含对于远期支票的另类承认。

由于时代的变迁，社会需求的变化及电子支付快速发展，已经压缩原本支票的支付功能，而且票据立法例上也承认预开支票形态的存在，例如美国票据也可以预填日期，形成类似于远期支票。[5]相对而言，就是承认支票也具有信用功能存在，因而本书认为支票的性质有必要转变，使其同样具有信用功能，以便协助企业通过支票亦能取得

〔1〕　请参阅台湾地区"票据法"第123条；王志诚：《票据法》，元照出版有限公司2012年版，第449~454页。
〔2〕　张文楚：《票据法导论》，华中科技大学出版社2006年版，第78页。
〔3〕　请参阅大陆地区《票据法》第90条。
〔4〕　台湾地区"票据法"128条规定："支票限于见票即付，有相反之记载者，其记载无效（第1项）。支票在票载发票日期前，执票人不得为付款之提示（第2项）。"
〔5〕　请参阅美国《统一商法典》第3~113条。

相当的信用与融资，故而，本书在"两岸票据制度一体化协议（建议稿）"条款中，也对即期支票与远期支票分别予以规范，以充分反映社会的实际需求。

1. 支票当事人资格

本书此处所指的支票当事人资格，是指出票人资格与付款人资格的规定。①出票人资格。大陆地区对于支票的出票人资格有规定，支票的出票人为在经中国人民银行批准办理支票存款业务的银行、城市信用合作社和农村信用合作社开立支票存款账户的企业、其他组织和个人。换言之，只要与核准办理支票存款业务的银行或其他法定金融机构有支票存款业务往来的企业、组织及个人都可以向金融机构申请支票，作为支票的出票人。[1]因此，支票的出票人资格不同汇票及本票的规定，出票人可以是企业、其他组织，也可是个人（自然人）。台湾地区"票据法"并未特别限制支票的出票人资格，换言之，企业、其他组织及自然人除非有退票记录或信用不良记录，一般都可以向银行申请支票簿，并签订支票存款业务往来合同，在约定的范围内均可以签发支票。②付款人资格。支票与汇票有些类似，也属于一种委托支付，但与汇票有所不同的在于付款人的资格限制。大陆地区支票按支付方式的不同为标准，可以分为现金支票、转账支票及普通支票等三种。由于支票是委托办理支票存款业务的银行或者其他金融机构在见票时无条件支付确定的金额给收款人或者持票人的票据。这里所指"银行或者其他金融机构"是指经中国人民银行批准办理支票存款业务的银行、城市信用合作社及农村信用合作社等。[2]而台湾地区使用"金融业者"字句，是指经"财政部"核准办理支票存款业务之

---

〔1〕 请参阅大陆地区《票据管理实施办法》第11条，《支付结算办法》第117条。

〔2〕 请参阅大陆地区《票据管理实施办法》第11条规定："支票的出票人，为在经中国人民银行批准办理支票存款业务的银行、城市信用合作社和农村信用合作社开立支票存款账户的企业、其他组织和个人。"《票据管理实施办法》是从出票人立场规范，但是从另一方面而言，也表示限于以"经中国人民银行批准办理支票存款业务的银行、城市信用合作社和农村信用合作社"作为付款人。另请参阅大陆地区《票据法》第81条，《支付结算办法》第114条、第117条。

银行、信用合作社、农会及渔会。〔1〕两岸对于支票的付款人资格方面，大陆地区称"银行或者其他金融机构"与台湾地区称"金融业者"，二者所指的金融机构范围略有不同。

2. 支票的要式性

本书此处所指的支票要式性，是指支票的格式、款式及签章等的规定。

（1）支票的格式规定

大陆地区票据当事人必须使用中国人民银行统一规定格式的票据，不允许票据行为人自由使用支票格式，如果未使用中国人民银行统一规定印制的票据，不仅须被处罚，且票据无效。〔2〕

台湾地区对于支票的格式要求，与汇票、本票不同，虽未要求使用统一格式，惟支票的付款人限于经核准办理支票存款业务之银行、信用合作社、农会及渔会等金融机构，而各金融机构对于自身银行使用的支票均印有一定格式。因此，申请人使用支票时，必须使用该往来金融机构印制之支票格式，才会被金融机构所接受，且须符合台湾地区"票据法"第125条规定的支票应记载事项，则票据行为人（支票的出票人）所签发的支票方为有效的支票。〔3〕

（2）支票的款式规定

支票的款式规定，是指支票的应记载事项。关于支票的应记载事项，两岸票据法律各有明文规定，〔4〕已于前文的"票据要式性的个别

〔1〕　台湾地区"票据法"第127条规定："支票之付款人，以第4条所定之金融业者为限。"又依同法第4条第2项有明文规定付款人资格，即"所称金融业者，系指经财政部核准办理支票存款业务之银行、信用合作社、农会及渔会"。

〔2〕　请参阅大陆地区《票据法》第108条，《票据管理实施办法》第5条、第34条、第35条，《最高人民法院关于审理票据纠纷案件若干问题的规定》第40条，《支付结算办法》第9条第2款等规定。至于票据是否无效，学者有不同观点，已于前述。请参阅邹德刚、王艳梅："票据效力认定研究"，载《法学杂志》2012年第4期，第139~141页。

〔3〕　请参阅台湾地区"票据法"第4条、第125条、第127条。

〔4〕　请参阅大陆地区《票据法》第84条、第86条，《支付结算办法》第118条；台湾地区"票据法"第125条、第127条、第4条第2项。

性"中论述。两岸票据法律对于支票绝对必要记载事项方面的主要差异在于"付款地""收款人空白支票"与"金额空白支票"等三项。

关于"付款地"此项规定，涉及台湾地区支票提示付款期间不同，故列为绝对必要记载事项。主要原因在于台湾地区对于支票的提示付款期间是按出票地与付款地是否在同一区域范围内而界定提示付款期间的长短。[1]持票人在所定提示期限内，提示付款而被拒绝时，对于前手可以行使追索权。但应在拒绝付款日或其后5日内，请求作成拒绝证书。如果持票人不在所定期限内提示付款，或不在拒绝付款日或其后5日内，请求作成拒绝证书者，对于出票人以外之前手，丧失追索权。[2]大陆地区将支票的"付款地"列为相对必要记载事项，未记载付款地，以付款人的营业场所为付款地。

另外，台湾地区支票对于收款人、出票地两项规定属于相对必要记载事项，并非绝对必要记载事项，即便缺少记载亦不造成支票无效。如果未记载收款人，则以持票人作为收款人；如果未记载出票地，则出票人的营业场所、住所或居所为出票地。不过，大陆地区对于"收款人空白支票"与"金额空白支票"，特别规定可以由出票人授权补记，但在补记载前，不得背书转让和提示付款。[3]显见两岸对于支票款式所着重的规范不同。

关于支票款式，本书拟于"两岸票据制度一体化协议（建议稿）"中明确规范。

（3）支票的签章规定

台湾地区票据上的签名，可以盖章代替。所以，原则上以签名为主，辅以盖章替代之。[4]简言之，不论签名或盖章均可，且不以签全

---

〔1〕 台湾地区"票据法"第130条规定："支票之执票人，应于左列期限内，为付款之提示：一、发票地与付款地在同一省（市）区内者，发票日后7日内。二、发票地与付款地不在同一省（市）区内者，发票日后15日内。三、发票地在国外，付款地在国内者，发票日后2个月内。"

〔2〕 请参阅台湾地区"票据法"第131条、第132条。

〔3〕 请参阅大陆地区《票据法》第84条、第85条、第86条，《支付结算办法》第118条、第119条；台湾地区"票据法"第125条、第127条、第4条。

〔4〕 请参阅台湾地区"票据法"第6条。

名为必要。不过，由于申请人与银行间除了签订支票存款往来约定书外，通常还会预留签名式样或印鉴。如果出票人签发支票所使用的签章字样或印鉴与预留在往来银行的签名式样或印鉴不相符合，会构成支票退票的理由，将影响出票人的票据信用。

　　大陆地区票据上的签章，为签名、盖章或者签名加盖章。法人和其他使用票据的单位在票据上的签章，为该法人或者该单位的盖章加其法定代表人或者其授权的代理人的签章。在票据上的签名，应当为该当事人的本名。支票的出票人不得签发与其预留本名的签名式样或者印鉴不符的支票。[1]

　　此外，大陆地区还特别规定支票上的出票人的签章：如果出票人为单位者，其签章必须与该单位在银行预留签章一致的财务专用章或者公章加其法定代表人或者其授权的代理人的签名或者盖章；如果出票人为个人者，其签章必须与该个人在银行预留签章一致的签名或者盖章。出票人在票据上的签章不符合规定，依据《票据管理实施办法》第17条前段的规定，应当认定该票据无效。但是，依据《最高人民法院关于审理票据纠纷案件若干问题的规定》，一方面认为该签章不具有票据法上的效力（第41条）；另一方面又规定签章人应当承担票据责任（第42条），显然前后有矛盾之处。[2]因此，当支票上出票人的签章不符合规定时，按大陆地区《票据管理实施办法》与《最高人

─────────────

〔1〕　请参阅大陆地区《票据法》第7条、第88条，《票据管理实施办法》第15条、第16条。

〔2〕　大陆地区《票据管理实施办法》第15条规定："支票上的出票人的签章，出票人为单位的，为与该单位在银行预留签章一致的财务专用章或者公章加其法定代表人或者其授权的代理人的签名或者盖章；出票人为个人的，为与该个人在银行预留签章一致的签名或者盖章。"依据同实施办法第17条前段规定："出票人在票据上的签章不符合票据法和本办法规定的，票据无效。"但是，依据《最高人民法院关于审理票据纠纷案件若干问题的规定》第41条第4项等规定："票据出票人在票据上的签章上不符合票据法以及下述规定的，该签章不具有票据法上的效力：……支票上的出票人的签章，出票人为单位的，为与该单位在银行预留签章一致的财务专用章或者公章加其法定代表人或者其授权的代理人的签名或者盖章；出票人为个人的，为与该个人在银行预留签章一致的签名或者盖章。"同规定第42条规定："……支票的出票人在票据上未加盖与该单位在银行预留签章一致的财务专用章而加盖该出票人公章的，签章人应当承担票据责任。"

民法院关于审理票据纠纷案件若干问题的规定》，两者规范所认定的票据效力不同：前者认为"票据无效"，后者则认为"该签章不具有票据法上的效力"，但认为"签章人应当承担票据责任"。这是不符合逻辑。由于前述规定在认定支票上出票人的签章不符合规定时，该签章的效力不同，影响票据当事人的权益甚大。为避免当两岸票据上的签章与预留在往来银行的签名式样或印鉴不相符合而产生票据效力不同的认定问题，实现两岸票据制度一体化，本书拟于"两岸票据制度一体化协议（建议稿）"中明确规范票据签章及其效力。

3. 支票出票的效力

支票是一种委托证券，支票关系涉及三方当事人，因此，关于支票出票的效力，将分别从对出票人的效力、对付款人的效力及对持票人（收款人）的效力等三方面论述。

（1）对出票人的效力

支票的出票人一旦签发支票，即应担保支票的付款责任。出票人须按支票金额承担保证向该持票人付款责任。亦即，出票人应照支票文义担保支票的支付。[1]出票人对于此种担保责任，不得依特约免除，同时也不会因为在支票上签章与预留印鉴不符而免除责任。换言之，只要出票人在支票上签章，即须负票据责任。

出票人在提示期间经过后，对于持票人仍须负担保责任。但是，如果持票人怠于提示而致出票人受有损害时，依据台湾地区"票据法"的规定，应负赔偿责任，其赔偿金额不超过票面金额。大陆地区规定超过提示付款期限，付款人可以付款，也可以不付款；如果付款人不予付款时，出票人仍应当对持票人承担票据责任。[2]换言之，如果持票人超过提示付款期限，才提示付款时，付款与否由付款人自行决定，即使付款人不予付款，出票人仍须负最终的票据责任。但是，对于出票人是否因此受有损害，持票人是否须要对于出票人赔偿以及赔偿金额限制等，大陆地区《票据法》则无明文规定。

---

〔1〕 请参阅大陆地区《票据法》第89条第1款；台湾地区"票据法"第126条。
〔2〕 请参阅台湾地区"票据法"第134条；大陆地区《票据法》第91条第2款。

此外，如果支票经付款人保付后，成为"保付支票"，此时付款人则负有最终的付款责任，出票人的责任即告免除。对此，台湾地区"票据法"有明文规定，[1]但是大陆地区并无支票保付的规定。

为实现两岸票据制度一体化，本书拟于"两岸票据制度一体化协议（建议稿）"中，明确规范支票提示付款期限经过后的出票人责任："支票的持票人超过提示付款期限而提示付款者，付款人可以付款。如付款人不付款者，出票人仍应当对持票人承担票据责任。但持票人怠于提示而致出票人受有损害时，应负赔偿责任。其赔偿的金额，不得超过票面金额。"对于支票保付，也拟于协议建议稿中明确规范，以一体适用于两岸票据。

（2）对付款人的效力

支票的出票人为签发行为后，对于付款人而言，并无实质上的拘束力，因为付款人并不因此而负担票据责任。但是，此与汇票的付款人有所不同，因为一般情形下支票的出票人可能在付款人处有存款或者与付款人签订有一定金额的透支合同，只要出票人的签章与留在付款人处的印鉴一致，付款人即可向持票人付款。

大陆地区《票据法》第 89 条第 2 款规定："出票人在付款人处的存款足以支付支票金额时，付款人应当在当日足额付款。"这里规定的是"应当"，因此，支票付款人在此情形即有代出票人支付票款的义务，而且必须在"当日"足额付款。

台湾地区"票据法"第 143 条规定，付款人于出票人的存款或信用契约所约定的数足敷支付支票金额时，应负支付的责任。但如果收到出票人受破产宣告的通知者，则不在此限。

为实现两岸票据制度一体化，本书于"两岸票据制度一体化协议（建议稿）"中明确规范付款人的付款责任："出票人在付款人处的存款或信用契约所约定的额度，足以支付支票金额时，付款人应在当日足额付款，也可以经持票人同意，在其后 5 日内付款。但收到出票人受破产宣告之通知者，不在此限。"该协议建议稿中规定缓冲付款期限

---

[1]　请参阅台湾地区"票据法"第 138 条第 2 项。

的目的在于，给予付款人充裕作业时间或资金调度时间，必要时通知出票人筹集票款，避免因存款不足构成退票，直接影响出票人的票据信用。

（3）对持票人的效力

出票人一旦签发支票并交付给持票人，持票人便取得向付款人请求付款的权利。"由于支票属于委托证券，出票行为是单方法律行为，至于付款人是否付款，收款人无从得知。"〔1〕因此，持票人所取得的支票请求权可以说是一种期待权，除非付款人在支票上为保付行为，该权利才会变为实现的权利。一般持票人除了取得付款请求权外，如果在提示付款遭到拒绝付款，在履行一定的保全手续后，可以取得追索权。除此之外，持票人当然也可以取得背书转让的权利，自不待言。

二、票据背书行为

票据是一种流通证券，通过转让是票据流通的手段，以实现其具有的多项经济功能，也是流通票据有别于其他证券所具有的优越性，是经济活动中不可缺少的一种金融工具，具有加强商业信用，促进商品流通与加速资金周转的重大作用。票据权利的转让方式，可以分为三种：第一是单纯交付；第二是背书；第三是民法上的债权让与，例如出票人约定禁止背书转让，如果持票人违反约定仍为背书转让，则不发生票据法上的背书效力，但仍可发生一般债权让与的效力。〔2〕第一种和第二种方式是票据法律制度所设计，但是并非所有票据法律制度都可以采用单纯交付与背书两种方式转让票据权利，例如，中国大陆地区《票据法》第30条规定，否定了"单纯交付"的票据转让方式。〔3〕而第三种以债权让与方式将票据权利转让，其适用的规定是民

〔1〕 王小能编：《票据法教程》，北京大学出版社2001年版，第347页。
〔2〕 请参阅台湾地区"票据法"第30条第2项规定；大陆地区《票据法》第27条第2款规定。另请参阅王小能编：《票据法教程》，北京大学出版社2001年版，第184页。
〔3〕 大陆地区《票据法》第30条规定："汇票以背书转让或者以背书将一定的汇票权利授予他人行使时，必须记载被背书人名称。"台湾地区票据转让方式包括背书及单纯交付，请参阅台湾地区"票据法"第30规定。

法而非票据法。因此，背书是所有票据制度中票据权利转让的共同票据行为制度，其含义是指："持票人为了转让票据或委托收款等目的，而在票据背面或其粘单上记载有关事项并签章的票据行为。"〔1〕票据法律制度中特别设计背书行为作为票据权利转让的方式，是有其缘由的。在"现代市场经济条件下，资源流动频繁，而资源的流动实质上是一系列权利的转让过程。在民法上，无论是所有权的转让还是债权的转让，其手续都较繁琐，所需费用也较高，很难满足现代市场经济条件下权利迅速转移，便利资源优化配置的需要。于是，一种手续简单、费用低廉的权利转让方式——背书制度应运而生。……背书是一切有价证券权利转让的方式，只不过因票据系典型有价证券，特别注重流通，法律对其规定最为详细……因为票据具有这种独特的转让方式，才使其具有极强的流通性，具有'商业货币'的功能"。〔2〕因此，背书行为是票据赖以流通的最重要制度。票据之所以得以在市场流通，就是因为其经济价值获得认同，而票据流通范围的扩大更意味着其经济价值在更大的范围内获得市场的认可。〔3〕申言之，假设将来两岸票据市场一体化，即象征着票据流通领域的扩大，也意味着票据的经济价值将在更大的范围内获得认同。

按合同法的原理，合同的受让人所得到的权利不能优于合同的转让人在转让时的权利。〔4〕在英美法中，让与（Assignment）、转让（Transfer）与流通票据（Negotiation）这三个法律术语，其所代表的含义是有区别的。让与（Assignment），是指一般债权的让与，如合同的

---

〔1〕　引自刘少军:《金融法学》，中国政法大学出版社2016年版，第172页。

〔2〕　引自汪世虎:《票据法律制度比较研究》，法律出版社2003年版，第327页。

〔3〕　刘少军、王一轲:《货币财产（权）论》，中国政法大学出版社2009年版，第264页。

〔4〕　受让人承受了让与人的法律状况（the assignee stands in the shoes of the assignor.），请参阅［美］E·艾伦·范斯沃思（E. Allan Farnsworth）:《美国合同法》（原书第3版），葛云松、丁春艳译，中国政法大学出版社2004年版，第724页；See Jane P. Mallor（et al.），*Business Law: the ethical, global, and e-commerce environment*，*McGraw-Hill/Irwin*，15th edition，2013，p. 829；Henry R. Cheeseman, Contemporary Business and Online Commerce Law, Prentice Hall, 7th Edition, 2012, p. 408.

转让，此种债权的让与必须通知原债务人；转让（Transfer），是指物权凭证（Documents of Title）的转让。此种转让不须通知债务人，但是如果出让人的权利存有瑕疵，受让人取得的权利也存有瑕疵，亦即此种转让有可能继受前手的权利瑕疵，如提单、仓单等；流通票据，是指背书并交付或者仅依交付而转让票据，不须通知原债务人，对于给付对价的善意持票人而言，可以取得优于前手的权利，且不受前手的权利瑕疵的影响。[1]其中，票据的流通（Negotiation）与合同法上的"债权让与"（Assignment），两者代表的意义不同。[2]流通票据的目的是为了鼓励人们使用票据作为金钱的替代物，促进票据流通。为了达到这个目的，必须使持票人不受合同法有关受让人所要承担的风险，否则将阻碍人们接受票据的意愿。因此，美国依据《统一商法典》第三编"流通票据"的规定，如果符合两个条件就可使得持票人不必承受合同法有关受让人权利的限制。第一个条件，票据必须符合流通票据的形式要件；第二个条件，持票人必须是"正当持票人"（Holder in Due Course）。[3]这是美国流通票据所具有的特色。在台湾地区和大陆地区及日内瓦票据法系等的票据制度中，规定了"善意持票人"（Bona-fide Holder）的概念。其主要目的在于，使得票据在流转的过程中，起到保护善意持票人权益的作用，促进票据流通及维护交易安全。

---

〔1〕 冯大同主编：《国际商法》，对外贸易教育出版社1991年版，第411页。

〔2〕 See Henry R. Cheeseman, Contemporary Business and Online Commerce Law, Prentice Hall, 7th Edition, 2012, p. 408. 在英美法，票据法的"票据流通"与合同法的"债权让与"，所使用的英语字句不同，代表不同含义。如果指是票据的流通，这里的"流通"使用"Negotiation"，流通票据即为"Negotiable Instruments"；如果是合同法的债权让与，这里的"让与"使用"Assignment"。两者代表含义不同。在台湾地区、大陆地区使用中文文字，并无严格的区别。对于票据的流通，通常使用"转让"；对于合同法的债权让与，通常使用"债权让与"或"债权移转"。

〔3〕 See Kenneth W. Clarkson, Roger LeRoy Miller, Gaylord A. Jentz（et al.）, Business Law Text and Cases: Legal, Ethical, Global, and E-Commerce Environment, South-Western Cengage Learning, 11th edition, 2009, p. 504；苏号朋主编：《美国商法：制度、判例与问题》，中国法制出版社2000年版，第528~529页。

票据是流通证券，通过转让是票据流通的手段，其转让的方式包括背书与交付。大陆地区《票据法》仅承认记名式汇票，而在汇票的转让方式只有记名背书，而无空白背书与单纯交付的票据转让方式；[1]台湾地区票据有记名式票据、指示式票据及无记名式票据，故而在票据转让方式上有背书与单纯交付两种。[2]因此，两岸关于票据背书的方式有所不同。

背书（Endorsement，Indorsement），是指持票人以转让票据权利或其他目的所为的附属票据行为。在票据法理上，为促进票据流通，强化票据信用，其赋予背书行为具有两个特性：第一，背书单纯性。如背书不得附条件。否则其所附条件，视为无记载或不具有票据效力。[3]第二，背书不可分性。如背书人不得将票据金额进行部分转让，也不得将票据金额分别转让给数人。[4]关于背书的概念，各国的票据法规定，大同小异；而前述背书的特性，通常也为各国票据法所采纳。

票据的转让背书，按票据法理通常会产生三种效力：即权利移转的效力、权利担保的效力及权利证明的效力。背书的权利移转效力，是指基于背书人的意思将票据权利移转给被背书人，由被背书人取代背书人成为票据权利人的法律效力。背书的权利担保效力，是指票据背书转让后，背书人应依法对其所有后手承担担保承兑与担保付款的责任。背书的权利证明效力，是指持票人所持票据上的背书符合背书连续性，法律推定其为善意持票人，无需其他证明即为当然的票据权

---

〔1〕　请参阅大陆地区《票据法》第22条第1款、第30条；王小能编：《票据法教程》，北京大学出版社2001年版，第177页。

〔2〕　台湾地区"票据法"第30条第1项规定："汇票依背书及交付而转让。无记名汇票得仅依交付转让之。"同法第32条第1项规定："空白背书之汇票，得依汇票之交付转让之。"日内瓦《汇票及本票法统一公约》第14条规定，背书、空白背书及交付。请参阅郭锋、常风编：《中外票据法选》，北京理工大学出版社1991年版，第221页。

〔3〕　请参阅大陆地区《票据法》第33条第1款；台湾地区"票据法"第36条。

〔4〕　请参阅大陆地区《票据法》第33条第2款；台湾地区"票据法"第36条。

利人。[1]而此三种效力，也为票据法所采纳。[2]

两岸票据法律关于背书行为制度最大的差异在于，对背书种类的规范不同。因此，将就两岸背书种类的差异性进行论述，同时为实现两岸票据背书制度一体化，就其间的差异性进行协调与融合。

关于背书的种类，各国票据法的规定略有不同，而学者对于票据背书的分类亦各有不同。但依其目的的不同，通常可将背书分为"转让背书"与"非转让背书"。[3]

（一）转让背书

转让背书，是指以转让票据权利为目的所为的背书行为。其又可以分为一般转让背书与特殊转让背书两种。

1. 一般转让背书（General Indorsement for Transfer）

关于一般转让背书，主要有两种：第一，记名背书（Special Indorsement）。记名背书，又称为正式背书、完全背书，即在票据背面或其粘单上由背书人记载被背书人，并签章于票据上的票据行为。如果记名背书再为转让时，必须由被背书人再为背书（记名背书或空白背书），不可以单纯交付票据。大陆地区与台湾地区票据法律均分别定有明文规定。[4]第二，无记名背书（Blank Indorsement）。无记名背书，又称空白背书、略式背书、不完全背书，即背书人为票据背书行为时，不记载被背书人，仅签章于票据背书，为空白背书。台湾地区"票据

---

〔1〕 请参阅刘少军：《金融法学》，中国政法大学出版社 2016 年版，第 173 页；王小能编：《票据法教程》，北京大学出版社 2001 年版，第 190~191 页。

〔2〕 请参阅大陆地区《票据法》第 27 条第 1、3 款、第 37 条、第 31 条；台湾地区"票据法"第 30 条第 1 项、第 29 条、第 37 条。

〔3〕 学者对于票据背书的分类各有不同。请参阅王小能编：《票据法教程》，北京大学出版社 2001 年版，第 182~200 页；汪世虎：《票据法律制度比较研究》，法律出版社 2003 年版，第 343~361 页；张文楚：《票据法导论》，华中科技大学出版社 2006 年版，第 83~93 页；梁宇贤：《票据法新论》，自版 1997 年版，第 179~199 页；郑洋一：《票据法之理论与实务》，自版 2001 年版，第 155~172 页；王志诚：《票据法》，元照出版有限公司 2012 年版，第 316~352 页。

〔4〕 请参阅大陆地区《票据法》第 27 条、第 28 条、第 30 条；台湾地区"票据法"第 31 条。

法"第 31 条第 3 项有明文规定；但是大陆地区《票据法》第 30 条规定，背书必须记载"被背书人名称"，换言之，将被背书人名称列为绝对必要记载事项，如果有欠缺，背书行为无效，因此，不承认无记名背书（空白背书）。[1]日内瓦票据法公约及支票法公约、英国《票据法》均承认空白背书。[2]

票据权利的转让方式，包括交付转让、空白背书转让、记名背书转让以及在原空白处变更为记名背书转让等。这些转让方式，台湾地区有明文规定；[3]而大陆地区《票据法》仅有记名式票据，转让票据必须采用记名式背书，因此，不承认单纯交付及空白背书的转让票据方式，与日内瓦票据法公约及其他国家票据法规定不同。

基于两岸有关票据一般转让背书规定的差异性，为实现对等的票据权利与义务，促进两岸票据流通，合乎实际需求，本书拟采日内瓦票据法公约、支票法公约及台湾地区"票据法"的立法例，于"两岸票据制度一体化协议（建议稿）"中予以明文规定，票据种类包括记名式票据、指示式票据及无记名式票据；票据权利转让方式包括交付与背书（记名背书与空白背书）。

2. 特殊转让背书（Special Indorsement for Transfer）

关于特殊转让背书，依其特殊情形的不同，可分为限制背书、回头背书、期后背书、隐存保证背书及无担保背书等。

（1）限制背书（Restrictive Indorsement）

限制背书，是指在票据上附加某些特别的记载，对于票据权利给予一定限制的背书。这里的限制背书，是指"禁止转让背书"，与美国票据法律制度中"限制背书"的概念包括禁止转让背书（Indorsements Prohibiting Further Indorsement）、附条件背书（Condition Indorsements）、委任取款背书（Indorsements for Deposit or Collection）

---

〔1〕　王小能编：《票据法教程》，北京大学出版社 2001 年版，第 183 页。

〔2〕　请参阅日内瓦《汇票及本票法统一公约》第 13 条第 2 款、第 14 条；日内瓦《支票法统一公约》第 16 条第 2 款、第 17 条；英国《票据法》第 34 条。

〔3〕　请参阅台湾地区"票据法"第 32 条、第 33 条。

及信托背书（Trust Indorsements）等有所不同。[1]美国票据为限制性背书，主要在于限定背书的目的或票据的用途。最常使用于：（a）限于入账用途的背书，如"For Deposit Only"；（b）限于收款用途的背书，如"For Collection Only"；（c）信托背书，即为收款人以外之人的利益而作的背书，如"Pay to Martin Attorney in trust for Marry Chen"。[2]

关于禁止转让背书的种类，可以分为以下两种：第一，约定的禁止转让背书。其又可分为出票人的约定的禁止转让背书与背书人的约定的禁止转让背书。（a）出票人的约定的禁止转让背书，如大陆地区《票据法》第27条第2款、台湾地区"票据法"第30条第2项，对出票人的禁止转让背书均有明文规定。如果持票人违反此禁止性记载，又背书转让票据权利的情形，两岸的票据法并无明确规定其效力。大陆地区学者认为，此种情形不发生票据法上的背书效力，尽管被背书人仍然取得票据权利，但其所取得的权利仅有通常债权转让的效力，不切断人的抗辩。[3]台湾地区学者认为，台湾地区"票据法"第30条第2项所谓"不得转让"，是指持票人如果违反该条规定为背书转让行为，不生票据法上的背书效力，仅生民法上通常债权让与的效力。此时受让人所取得的是民法上的金钱债权，并非票据上的权利。[4]因此，两岸学者对此问题的见解相同。（b）背书人的约定禁止转让背书。背书人于票据上记载禁止转让者，仍然可依背书而转让，但是原背书人对后手的被背书人不承担保证责任。对此，大陆地区及台湾地

---

〔1〕 See Kenneth W. Clarkson, Roger LeRoy Miller, Gaylord A. Jentz（et al.），*Business Law Text and Cases*：*Legal*，*Ethical*，*Global*，*and E - Commerce Environment*，*South - Western Cengage Learning*，11th edition，2009，pp. 506~507.

〔2〕 请参阅苏号朋主编：《美国商法：制度、判例与问题》，中国法制出版社2000年版，第543页。

〔3〕 请参阅王小能编：《票据法教程》，北京大学出版社2001年版，第184页。在该书中，学者认为，"被背书人虽然取得票据权利……"等语，实际上应该是指取得民法上的金钱债权，并非票据上的权利。

〔4〕 请参阅王志诚：《票据法》，元照出版有限公司2012年版，第358~359页。

区均有明文规定，仅是规定用语不同。[1]两岸票据法律制度对于出票人记载的"不得转让"与背书人记载的"不得转让"，均规定了不同的效力。尤其是对于背书人所记载的"不得转让"票据，持票人依然可以背书转让，只不过记载"不得转让"的背书人对于禁止后取得票据的人不负票据责任。[2]换言之，该记载的背书人仅对直接后手负票据责任；对于其他后手，不负背书人的法定担保责任，其性质上属于物的抗辩。受让人对于该记载的背书人仍有民法上债权让与规定的适用，但不能依票据法规定对记载禁止转让的背书人行使票据上的权利。[3]第二，法定的禁止转让背书，如大陆地区《票据法》第36条规定："汇票被拒绝承兑、被拒绝付款或者超过付款提示期限的，不得背书转让；背书转让的，背书人应当承担汇票责任。"这里的条文中规定不得背书转让，但又指出，如果背书人依然转让，要负汇票责任。违反该规定的真实意思以及应负什么样的"汇票责任"，并没有明确规定其效力。在解释上应该认为，法律规定不得背书转让，如果再背书转让，应该使该背书行为不具有票据法上的效力，仅具有民法上一般债权让与的效力。此外，大陆地区《支付结算办法》还规定，填明"现金"字样的银行汇票、银行本票和用于支取现金的支票不得背书转让。[4]大陆地区学者认为，此规定干预当事人的自由意志，票据本身就是市场交易的一种工具，此种限制对于票据流通是不必要的；而且，《支付结算办法》仅是部门规章，其效力不应优于《票据法》，因此，应承认现金票据上背书的效力。[5]台湾地区"票据法"规定，到

〔1〕　如大陆地区《票据法》第34条规定："背书人在汇票上记载'不得转让'字样，其后手再背书转让的，原背书人对后手的被背书人不承担保证责任。"台湾地区"票据法"第30条第3项规定："背书人于票上记载禁止转让者，仍得依背书而转让之。但禁止转让者，对于禁止后再由背书取得汇票之人，不负责任。"

〔2〕　王小能编：《票据法教程》，北京大学出版社2001年版，第184页。

〔3〕　王志诚：《票据法》，元照出版有限公司2012年版，第360页。

〔4〕　《支付结算办法》第27条第1款规定："票据可以背书转让，但填明'现金'字样的银行汇票、银行本票和用于支取现金的支票不得背书转让。"

〔5〕　请参阅王小能编：《票据法教程》，北京大学出版社2001年版，第186~187页。

期日后的背书，仅有通常债权转让之效力。[1]这也是一种法定的禁止转让背书情形；而且，法律直接规定，如果违反该条规定，其背书所转让的权利，仅有通常债权转让的效力。两岸对于法定的禁止背书转让情形不同，而且效力规定也不同。

由于两岸现行票据法对于违反禁止背书转让的效力规定不明确，因此，本书为填补现行两岸票据法规范的不完善情形，于"两岸票据制度一体化协议（建议稿）"中明确规定有关禁止转让背书及违反禁止转让背书的效力。

（2）回头背书（Re-Indorsement）

回头背书，也称为"逆背书"，是指以票据上的原债务人为被背书人的背书行为。[2]申言之，持票人将票据背书给票据上原债务人，原债务人取得票据权利，即成为债权人，此时债权人与债务人同一，在民法上属于混同，应发生消灭债权债务关系的效力。但是，在票据法上，为促进票据流通，将发生此种情形时，并不使票据债权债务关系归于消灭，被背书人仍然可以在票据到期日前，将票据再背书转让，使其流通，所以，在票据法上特别规定回头背书情形，以资适用。但是，此种特殊情形，为避免循环追索，也必然会限制被背书人票据权利的行使，因此，票据法依据被背书人先前在票据上地位的不同而限制其权利的行使。[3]例如，汇票依背书转让给出票人时，出票人成为最后持票人，属于回头背书情形，此时当事人同时兼具出票人与持票人的双重资格，为避免循环追索情形，票据法通常将此种情形规定，出票人对于前手无追索权。

大陆地区《票据法》尽管在背书制度中并无规定回头背书情形，但其在追索权行使中有明确规定，如持票人为出票人，对其前手无追

---

〔1〕 请参阅台湾地区"票据法"第41条第1项。

〔2〕 郭锋等：《票据法学》，北京师范大学出版社2014年版，第257页；王小能编：《票据法教程》，北京大学出版社2001年版，第192页。

〔3〕 请参阅王小能编：《票据法教程》，北京大学出版社2001年版，第193页；梁宇贤：《票据法新论》，自版1997年版，第185~189页。

索权。持票人为背书人，对其后手无追索权。[1]据此规定，可见大陆地区《票据法》是承认回头背书情形的，但是由于并没有明文规定，以致于在票据到期前，该票据能否再转让即成为问题。

台湾地区是明文承认回头背书的，例如，票据可以让与出票人、承兑人、付款人或其他票据债务人，而且规定可以在票据到期日前，再转让该票据。[2]但是，如果持票人是出票人时，对于其前手无追索权；持票人为背书人时，对于该背书的后手无追索权。[3]台湾地区"票据法"不仅承认回头背书情形，而且还明文规定，被背书人可以在到期日前，再背书转让。日内瓦票据法公约亦有类似规定，也承认回头背书。[4]

本书采台湾地区"票据法"及日内瓦票据法公约的立法例，承认回头背书情形，并拟于"两岸票据制度一体化协议（建议稿）"中也明确规范回头背书。

回头背书的效力，通常受到两点限制：第一，再背书时间的限制。在台湾地区，由于汇票及本票有到期日，因此，依据台湾地区"票据法"第34条第2项的规定，再背书的时间限于该票据到期日前。而支票并无到期日，因此，在时间上的限制应该在支票的法定提示付款期间经过前，完成再背书。[5]大陆地区《票据法》对此无明文规定，但在解释上似应为相同。亦即在远期票据限于该票据到期日前，完成再背书转让；于即期票据限于法定提示期间经过前，完成再背书转让。本书拟于"两岸票据制度一体化协议（建议稿）"中明确规范回头背书的时间限制有二：一是到期日前；二是拒绝证明作成前。第二，

---

〔1〕　请参阅大陆地区《票据法》第69条。

〔2〕　台湾地区"票据法"第34条规定："汇票得让与发票人、承兑人、付款人或其他票据债务人（第1项）。前项受让人，于汇票到期日前，得再为转让（第2项）。"

〔3〕　请参阅台湾地区"票据法"第99条。

〔4〕　日内瓦《汇票及本票法统一公约》第11条第3款规定："不论付款人是否已经承兑，汇票得以付款人为被背书人，或以出票人，或其他当事人为被背书人。此项被背书人对汇票得再为背书。"请参阅郭锋、常风编：《中外票据法选》，北京理工大学出版社1991年版，第221页。

〔5〕　请参阅台湾地区"票据法"第130条。

追索权的限制。两岸票据法中对于回头背书追索权的限制规定是相同的。[1]但是，本书认为，此种规定忽略了两点：一是对已经承兑的汇票，承兑人是票据的第一债务人，也是负最终的偿还责任人，因此，即使被背书人是出票人，也可以向承兑人行使追索权。二是被背书人是承兑人时，对于其他票据债务人应该无追索权。[2]两岸现行票据法中均未明确规定，易造成适用的问题。因此，本书拟于"两岸票据制度一体化协议（建议稿）"中明确规范回头背书追索权的限制。

（3）期后背书（Indorsement Subsequent to the Maturity of the Bill）

期后背书，是指在票据被拒绝承兑、被拒绝付款或者超过提示付款期限后所为的背书行为。[3]

关于期后背书的划分，在不同国家及地区的票据法规定是不同的，其中最典型有两种：第一是票据到期日后所为的背书，如台湾地区规定到期日后背书，仅有通常债权转让效力。[4]国际票据公约的规定不同，如日内瓦《汇票及本票法统一公约》第 20 条第 1 款前段规定："到期日后之背书与到期日前之背书有同一效力。"[5]其并不按票据上的到期日作为期前背书与期后背书的区别。第二是作成拒绝证书后或作成拒绝证书期限经过后所为的背书，如日内瓦《汇票及本票法统一公约》第 20 条第 1 款后段规定，其所为背书，仅有通常债权

---

〔1〕 大陆地区《票据法》第 69 条规定："持票人为出票人的，对其前手无追索权。持票人为背书人的，对其后手无追索权。"台湾地区"票据法"第 99 条规定："执票人为发票人时，对其前手无追索权（第 1 项）。执票人为背书人时，对该背书之后手无追索权（第 2 项）。"

〔2〕 请参阅郑孟状等：《中国票据法专家建议稿及说明》，法律出版社 2014 年版，第 213~214 页；王小能编：《票据法教程》，北京大学出版社 2001 年版，第 193 页。

〔3〕 王小能编：《票据法教程》，北京大学出版社 2001 年版，第 193 页。

〔4〕 台湾地区"票据法"第 41 条规定："到期日后之背书，仅有通常债权转让之效力（第 1 项）。背书未记明日期者，推定其作成于到期日前（第 2 项）。"

〔5〕 请参阅郭锋、常风编：《中外票据法选》，北京理工大学出版社 1991 年版，第 222 页。

让与之效力。[1]因此，日内瓦票据法公约对于期后背书的认定，是按作成拒绝证书或作成拒绝证书期限经过作为标准。[2]

　　大陆地区《票据法》是以汇票被拒绝承兑、被拒绝付款或者超过付款提示期限作为区别期前背书与期后背书的判断标准。[3]但是，按此规定所产生问题者在于，该条的前段规定"不得背书转让"；后段规定"背书转让的，背书人应当承担汇票责任"。其中"承担汇票责任"应该如何解释，票据法中并无明确规定，即产生规范矛盾的情形。因为该条文前段已经否定期后背书，而后段规定又要求背书人负票据责任。按票据法理，期后背书的效力仅产生民法上一般债权转让的效果，受让人所取得的是民法上金钱债权，而非票据上的权利，因此，持票人不能行使票据权利。[4]对于此种规范，本书认为有必要修改调整。

　　本书对于期后背书的认定是按作成拒绝证书后、作成拒绝证书期限经过后及超过提示付款期间等作为判断是否期后背书。换言之，协议建议稿对于期后背书的认定标准，以作成拒绝证书后、作成拒绝证书期限经过后或超过提示付款期限等，作为区别期前背书与期后背书的标准。但对于拒绝承兑、拒绝见票及拒绝付款，未作成拒绝证书，而在提示付款期限内再背书转让，为保护善意持票人，明确规定此种情形，善意持票人仍可享有票据权利。因此，本书在"两岸票据制度一体化协议（建议稿）"中对期后背书予以明确规范。其具体规范内

---

　　〔1〕　日内瓦《汇票及本票法统一公约》第20条第1款后段规定："在因不获付款作成拒绝证书后，或已过作成拒绝证书之期限后所为之背书，仅有通常债权让与之效力。"引自郭锋、常风编：《中外票据法选》，北京理工大学出版社1991年版，第222页。

　　〔2〕　期后背书的立法例有二：第一是以到期日之经过为准；第二是以作成拒绝付款证书后或作成拒绝付款证书期限经过后为准。请参阅梁宇贤：《票据法新论》，自版1997年版，第191~192页。

　　〔3〕　大陆地区《票据法》第36条规定："汇票被拒绝承兑、被拒绝付款或者超过付款提示期限的，不得背书转让；背书转让的，背书人应当承担汇票责任。"

　　〔4〕　请参阅王志诚：《票据法》，元照出版有限公司2012年版，第359~360页；王小能编：《票据法教程》，北京大学出版社2001年版，第194页。

容为："①作成拒绝证书后、作成拒绝证书期限经过后或超过提示付款期限的票据，持票人再转让者，仅具有一般债权转让的效力。②票据被拒绝承兑、拒绝见票或拒绝付款，没有作成拒绝证书，而在提示付款期限内再背书转让，善意持票人取得票据者，仍享有票据权利。"

（4）隐存保证背书

隐存保证背书，是指不在票据上直接记载其保证，而以背书的方式达到保证目的的背书方式。其形式上为票据背书，实质上是为票据债务保证。[1]关于隐存保证背书，本书于其后"票据隐存保证行为"问题中进行详细论述。

（5）无担保背书（Qualified Indorsement）

无担保背书，是指"背书人在票据上记载免除担保承兑或免除担保付款的背书"。[2]美国《统一商法典》第3-415条第（b）款有明文规定。美国票据法对于无担保背书效力的规定，与大陆法系票据法的规定不同，主要在于其可免除背书人的担保承兑及付款的责任，其方式是背书人在签名之上，加注"无追索"（Without Recourse）或其他同义字句，以表明无担保背书。[3]按日内瓦票据法公约的规定，背书人似亦可以免除担保承兑及付款。[4]

大陆地区《票据法》并无规定背书人可以特约免除担保承兑与担保付款的责任。[5]如果有此种记载，大陆地区学者认为，应依据大陆

---

〔1〕 请参阅陈文祥："论票据隐存保证之背书——以海峡两岸票据法为视角"，载《今日合库》2015年第6期，第4~27页。

〔2〕 郭锋等：《票据法学》，北京师范大学出版社2014年版，第253页。

〔3〕 See Kenneth W. Clarkson, Roger LeRoy Miller, Gaylord A. Jentz（et al.），*Business Law Text and Cases：Legal，Ethical，Global，and E-Commerce Environment，South-Western Cengage Learning*，11th edition，2009，p.506.；郑洋一：《票据法之理论与实务》，自版2001年版，第172页。

〔4〕 日内瓦《汇票及本票统一公约》第15条第1款规定："背书人担保承兑及付款。但有相反之规定，不在此限。"换言之，似乎允许当事人特约免除担保承兑及付款责任。

〔5〕 大陆地区《票据法》第37条规定，背书人应担保对于后手所持票据的承兑及付款责任。

地区《票据法》第 33 条第 1 款的规定，认为"该记载不生票据法上效力，背书按一般转让背书发生效力"。[1]

台湾地区"票据法"第 39 条规定准用同法第 29 条的规定，背书人应按照票据文义担保承兑与付款的责任。但是背书人可以特约免除担保承兑的责任。如果背书人在票据上有免除担保付款的记载，该记载无效。因此，两岸对于无担保背书的规定不同，也与美国票据法特有的无担保背书不同。对于此问题，本书拟采台湾地区立法例，并于"两岸票据制度一体化协议（建议稿）"中明确规范："①汇票的背书人以签章背书转让票据后，应负担保承兑与付款的责任。但可以特约免除担保承兑责任，并于票据背面或粘单记载清楚。②本票及支票的背书人以签章背书转让票据后，应负担保付款的责任。③票据上背书人如有免除担保付款的记载，该记载无效。"

（二）非转让背书

非转让背书（Non-negotiable Indorsement），是指非以转让票据权利为目的，而是另有其他目的，授予他人行使一定票据权利为目的所为的背书行为，如委任背书（委托收款背书）、设质背书（质押背书）。[2]

1. 委任背书（Indorsement by Mandate）

委任背书，是指持票人以行使票据上权利为目的，而授予被背书人以代理权限所为的背书行为。此种背书依据是否明确记载"委任取款"的意旨，而可以将其分为以下两种背书：[3]（1）明示委任取款背书（Indorsement for Collection）。所谓明示委任取款背书（明示委托收款背书），是指在票据上，持票人明确载明委任被背书人以取款为目的所为的背书。大陆地区对于明示委任取款背书规定，必须背书记载

〔1〕　请参阅王小能编：《票据法教程》，北京大学出版社 2001 年版，第 192 页。

〔2〕　王小能编：《票据法教程》，北京大学出版社 2001 年版，第 195 页。

〔3〕　郑洋一：《票据法之理论与实务》，自版 2001 年版，第 169 页；王小能编：《票据法教程》，北京大学出版社 2001 年版，第 195~196 页。

"委托收款"字样，但被背书人不得再以背书转让票据权利。[1]此规定有两个问题：第一，被背书人可以代为行使的权利范围，大陆地区并无明确规定；日内瓦票据法公约明文规定，持票人可以行使汇票上一切权利。[2]第二，委托取款的被背书人能不能再将票据背书，如再基于同一目的委任取款背书或设质背书等问题。由于大陆地区条文仅规定"被背书人不得再以背书转让汇票权利"，就是否一律不能再背书，并无明确规定。日内瓦票据法公约明文规定，可以再为背书，但只能以代理人的身份为之。[3]《联合国国际汇票及国际本票公约》对委任取款背书作了详细规定，被背书人可以行使全部票据权利，并且可以为委任取款而在票据上背书，但是委任取款背书人对后手不负票据上责任。[4]台湾地区规定，以委任取款目的而背书时，应在汇票上明确记载，被背书人可以行使汇票上一切权利，并且可以同一目的更为背书。[5]据此规定可以归纳为两点：第一，被背书人可以行使汇票上一切权利；第二，被背书人可以基于委任取款的同一目的再为背书。因此，台湾地区"票据法"对于明示委任取款背书的规定非常明确且完整。对于此问题，本书参照台湾地区"票据法"及国际票据公约等的规定，于"两岸票据制度一体化协议（建议稿）"中明确规范委托收款背书（委任取款背书）。（2）隐存委任取款背书。所谓隐存委任取款背书（隐存委托收款背书），又称为"信用背书"（Indorsement of

---

〔1〕 大陆地区《票据法》第35条第1款规定："背书记载'委托收款'字样的，被背书人有权代背书人行使被委托的汇票权利。但是，被背书人不得再以背书转让汇票权利。"

〔2〕 请参阅日内瓦《汇票及本票法统一公约》第18条第1款。

〔3〕 请参阅日内瓦《汇票及本票法统一公约》第18条第1款但书规定。

〔4〕《联合国国际汇票及国际本票公约》第21条也对委任取款背书作了规定，其中第1款后段规定，被背书人即成为下列行为之持票人：（a）行使全部票据权利；（b）为委任取款而在票据上背书；（c）受对背书人所得提出请求及抗辩的限制。此外，同条第2款又规定，委任取款背书人对后手不负票据上责任。请参阅《联合国国际汇票及国际本票公约》第21条规定；施文森：《票据法论——兼析联合国国际票据公约》，三民书局2005年版，第372页。

〔5〕 台湾地区"票据法"第40条第1项、第2项规定："执票人以委任取款之目的，而为背书时，应于汇票上记载之（第1项）。前项被背书人，得行使汇票上一切权利，并得以同一目的，更为背书（第2项）。"

Credits），是指票据背书人虽然是基于委任取款为目的所进行的背书行为，但是实际上并未在票据记载委任取款的意旨，故而无法从票据外观得知是否属于委任取款背书，因此，隐存委任取款背书从票据外观上而言，仍为一般转让背书。[1]由于两岸票据法对于隐存委任取款背书并无相关的规定，因此，对于"委任取款"的约定，仅能视为当事人间的抗辩事由。由于委任取款背书与一般转让背书的目的有很大的不同，为保护票据当事人的票据权益，本书认为持票人在委任取款背书时，仍应该明确记载"委托收款"或其他类似字义。因此，本书于"两岸票据制度一体化协议（建议稿）"中明文规定，必须记载"委托收款"或其他类似字样。

2. 设质背书（Indorsement of Pledge）

设质背书，又称为"质押背书"，是指持票人以设定质权为目的所为的背书行为。在商业交易中，持票人将尚未到期的票据设定质权给金融机构，以其作为办理融资的担保。此种情形非常普遍。质权背书并不具有权利移转的效力，但被背书人依该背书而取得票据权利的质权，可以行使由票据产生的一切权利。此权利是指票据权利的质权，并非票据权利。对于票据设质背书，国际票据公约及各国票据立法例有相同规定。[2]

此种背书依据是否明确记载"为担保""为设质""质押"等文句，而可将其分为明示设质背书与隐存设质背书两种。[3]目前国际票据公约及各国票据立法例仅对明示设质背书有明文规定。[4]

大陆地区规定票据质押时应当记载"质押"字样。[5]由此可知，

---

〔1〕 请参阅王小能编：《票据法教程》，北京大学出版社 2001 年版，第 196 页。

〔2〕 请参阅日内瓦《汇票及本票法统一公约》第 19 条第 1 款；《联合国国际汇票及国际本票公约》第 22 条第 1 款；日本《票据法》第 19 条第 1 款。

〔3〕 张凝、［日］末永敏和：《日本票据法原理》，中国法制出版社 2012 年版，第 126~127 页。

〔4〕 请参阅日内瓦《汇票及本票法统一公约》第 19 条第 1 款；《联合国国际汇票及国际本票公约》第 22 条第 1 款；日本《票据法》第 19 条第 1 款。

〔5〕 大陆地区《票据法》第 35 条第 2 款规定："汇票可以设定质押；质押时应当以背书记载'质押'字样。被背书人依法实现其质权时，可以行使汇票权利。"

大陆地区《票据法》仅承认"明示设质背书"。如果质押背书人在背书时并未记载"为担保""为设质""质押"等文句，是否仍发生票据质押效力，即有疑问。大陆地区学者认为，如果欠缺此项记载，应视为一般转让背书，一旦流通至善意第三人之手，背书人不得以"质押"为理由行使抗辩。[1]此外，《最高人民法院关于审理票据纠纷案件若干问题的规定》第55条规定，以汇票设定质押时，出质人在汇票上只记载"质押"字样而未在票据上签章，或者出质人未在汇票上记载"质押"字样而另行签订质押合同或质押条款，均不构成票据质押。

至于票据设质后，被背书人（质权人）可否再为背书，亦有疑义。大陆地区《票据法》并无明文禁止，但是依据《最高人民法院关于审理票据纠纷案件若干问题的规定》第47条规定，此种情形人民法院应当认定背书行为无效。[2]据此规定，基本上已经否定了质权人以背书转让票据或转质的权利。

台湾地区"票据法"并无票据设质背书的规定，因此，如果在票据上记载"为担保""为设质""质押"等文句，依据台湾地区"票据法"第12条的规定，不生票据上的效力，而应适用民法上有关权利质权的规定。因此，很显然地，两岸对于票据设质所适用的法律不同，且内容的规定也略有不同。由于实务上以票据作为担保的情形非常普遍，本书认为应该对于票据设质的情形为具体规范，故而拟于"两岸票据制度一体化协议（建议稿）"中对明示设质背书与隐存设质背书两种情形均予以明文规定。协议建议稿要求票据设质必须要办理设质登记，以维护票据当事人的相关权益。此外，协议建议稿还拟对两岸票据融资与担保制度进行一体化规定，以明确适用。

---

〔1〕 王小能编：《票据法教程》，北京大学出版社2001年版，第198页。

〔2〕《最高人民法院关于审理票据纠纷案件若干问题的规定》第47条规定："因票据质权人以质押票据再行背书质押或者背书转让引起纠纷而提起诉讼的，人民法院应当认定背书行为无效。"

三、票据保证行为

票据保证，是指票据债务人以外的第三人，以担保特定票据债务人履行票据债务为目的，而在票据上所为的附属票据行为。[1]

（一）票据保证的立法例

关于票据保证制度，各国立法例各不相同。日内瓦《汇票及本票法统一公约》明文规定，票据保证可以在汇票或其粘单上为之；日内瓦《支票法统一公约》对支票保证有专门规定。[2]因此，日内瓦票据法公约及支票法公约对于汇票、本票及支票都有保证规定；日本《票据法》、日本《支票法》，亦有相同票据保证规定。[3]

英国《票据法》对于票据保证并无专门规定，仅于第28条融通汇票有涉及担保义务；美国《统一商法典》第三编流通票据中也没有对票据保证作出专门规定的条款，仅于第3-416条规定转让担保、第3-419条规定融通票据等，涉及有关担保的原则性规定，并无专门的票据保证条款。大陆法系国家及地区的票据法律制度对票据保证的规定，与英美票据法不同，均设有专门章节规定。[4]

台湾地区规定，汇票、本票的债务可以由票据债务人以外的第三人，担保特定票据债务人履行票据债务。但支票无准用汇票保证，而是另设有保付制度。[5]大陆地区亦有类似规定，支票也不适用汇票保

---

[1] 梁宇贤：《票据法新论》，自版1997年版，第238页。

[2] 请参阅《汇票及本票法统一公约》第31条；《支票法统一公约》第25条至第27条。

[3] 请参阅日本《票据法》第30条至第32条；日本《支票法》第25条至第27条。

[4] 如日本《票据法》第四章设有票据保证规定、日本《支票法》第三章设有支票保证规定；台湾地区"票据法"第二章第五节设有汇票保证（本票准用），支票无保证制度；大陆地区《票据法》第二章第四节设有汇票保证（本票适用），但支票无保证制度。

[5] 台湾地区"票据法"第58条规定："汇票之债务，得由保证人保证之（第1项）。前项保证人，除票据债务人外，不问何人，均得为之（第2项）。"该条规定于本票准用之（"票据法"第124条）。但支票不准用汇票保证。支票保付，请参阅台湾地区"票据法"第138条。

证规定，但无支票保付制度。[1]

本书认为汇票、本票及支票均有保证制度的适用，拟于"两岸票据制度一体化协议（建议稿）"中采纳日内瓦《汇票及本票法统一公约》、日内瓦《支票法统一公约》、日本《票据法》、日本《支票法》等票据保证立法例，于该协议建议稿中规定票据保证，且汇票、本票及支票均有适用。

该协议建议稿中拟规定："①保证是指由票据债务人以外的第三人，为担保特定票据债务人履行票据债务为目的的意思表示，而在票据或其粘单上签章，并将其交付持票人的票据行为。②保证行为适用于汇票、本票及支票。"如此规定的主要理由在于，票据法向来规定保证不适用于支票，认为支票仅是支付工具，不具有信用或融资功能。但现今，各国票据立法例已逐渐承认远期支票的存在，具有信用功能，因此，发展两岸票据着重于强调票据的信用与融资功能，更大程度促进两岸票据的流通与使用，协助两岸人民与企业通过票据共同发展票据信用与融资功能，活络票据市场，充分发挥票据的使用价值。因此，本条规定，赋予支票适用票据保证制度，以增强支票的信用功能，促进支票流通。换言之，不论是汇票、本票及支票均可适用票据保证制度，以增强票据的信用功能，促进票据的流通。

（二）票据保证的要式性

"票据保证是要式性法律行为，保证人应于票据法规定的特定处所记载法定事项，否则不产生票据保证的效力。"[2]票据保证的要式性包括两项：[3]

1. 票据保证的记载处所

大陆地区规定，保证人为票据保证的记载处所限于汇票或其粘单

---

〔1〕 大陆地区《票据法》第 45 条规定："汇票的债务可以由保证人承担保证责任（第 1 款）。保证人由汇票债务人以外的他人担当（第 2 款）。"该条规定于本票适用（第 80 条），但支票不适用汇票保证规定。因此，票据保证仅适用于汇票、本票，此与台湾地区规定相同。

〔2〕 汪世虎：《票据法律制度比较研究》，法律出版社 2003 年版，第 399~400 页。

〔3〕 汪世虎：《票据法律制度比较研究》，法律出版社 2003 年版，第 400 页。

上。此规定与日内瓦《汇票及本票法统一公约》、日内瓦《支票法统一公约》的规定相同。[1]

台湾地区规定，保证人为票据保证的记载处所限于汇票或其誊本上。[2]两岸票据法对于票据保证记载之处所略有不同，即"粘单"与"誊本"。

"两岸票据制度一体化协议（建议稿）"拟采纳日内瓦《汇票及本票法统一公约》、日内瓦《支票法统一公约》、大陆地区《票据法》的规定，对于票据保证记载之处为"票据或其粘单"。主要理由在于该协议建议稿中已不采用誊本的规定，且为与国际接轨，使得两岸票据制度趋同，故而规定票据保证记载处为"票据或其粘单"。至于在票据正面或背面为之，在所不问。

2. 票据保证应记载事项

关于票据保证应记载的法定事项，日内瓦《汇票及本票法统一公约》、日内瓦《支票法统一公约》均未明确规定应记载的法定事项，主要原因在于其承认正式保证与略式保证。

两岸票据法仅明文承认正式保证，而不承认略式保证。[3]因此，本书归纳两岸对于票据保证的应记载事项，主要有以下五项：第一，保证字样。只要能表明保证的意思即可，不以"保证"二字为限。两岸现行票据法规定，仅承认正式保证，不承认略式保证，因此，保证字样属于绝对必要记载事项，如果未在票据上记载"保证"字样，不发生票据保证的效力。本书认为，此种情形可以认为属于隐存保证情形，并令隐存保证人依其在票据上的票据行为承担票据责任。不过，现行两岸票据法对于隐存保证均未明文规定，实际如何认定隐存保证人的责任，尚缺乏依据，因此，本书拟于"两岸票据制度一体化协议（建议稿）"中明文规定。第二，被保证人姓名。此项属于相对必要记载事项，如未记载被保证人，大陆地区规定，已承兑的汇票，以承

---

〔1〕　请参阅大陆地区《票据法》第46条；日内瓦《汇票及本票法统一公约》第31条；日内瓦《支票法统一公约》第26条第1款。

〔2〕　请参阅台湾地区"票据法"第59条第1项。

〔3〕　请参阅大陆地区《票据法》第46条；台湾地区"票据法"第59条。

兑人为被保证人；未承兑的汇票，以出票人为被保证人。台湾地区设有拟制被保证人的规定，即未载明被保证人者，视为为承兑人保证；其未经承兑者，视为为出票人保证。但可以推知其为何人保证者，不在此限。[1]此规定赋予票据保证人可以举证证明是为何人为保证的。但大陆地区并无此规定。第三，保证日期。两岸票据法均将其规定为相对必要记载事项。如果未记载保证日期，则以出票日期作为保证日期。[2]第四，保证人签章。票据保证必须保证人在票据上签章，才能发生票据法上的票据保证效力。因此，保证人签章属于绝对必要记载事项。第五，保证人名称和住所。此为大陆地区"票据法"第46条第2项所明文规定；台湾地区"票据法"并无此规定。至于未记载"保证人名称和住所"，其效力如何，大陆地区《票据法》并无明确规定。本书认为是否记载"保证人名称和住所"，其意义不大，因为已经有保证人签章，故而并不影响票据保证的效力，不应将其列为绝对必要记载事项。[3]

据上所述，在正式的票据保证情形下，票据保证的绝对应记载法定事项，至少应包括保证字样、保证人签章等两项。对于两岸票据法律制度中关于票据保证的差异性，本书拟于"两岸票据制度一体化协议（建议稿）"中明确规定，以资一体性适用。协议建议稿中还将规定拟制被保证人及保证日期。

（三）票据保证的种类

票据保证按不同的标准，可以将其分为以下四种：[4]

1. 依保证所担保的金额为标准，可将票据保证分为全部保证与部分保证

日内瓦票据法公约、日本《票据法》，以及中国台湾地区"票据

---

[1] 请参阅大陆地区《票据法》第47条第1款；台湾地区"票据法"第60条。

[2] 请参阅大陆地区《票据法》第47条第2款；台湾地区"票据法"第59条第2项。

[3] 汪世虎：《票据法律制度比较研究》，法律出版社2003年版，第401~402页。

[4] 请参阅王小能编：《票据法教程》，北京大学出版社2001年版，第232~233页；汪世虎：《票据法律制度比较研究》，法律出版社2003年版，第394~396页。

法"等，均承认全部保证与部分保证。[1]

大陆地区《票据法》虽然未明文规定禁止部分保证，但该法第50条后段规定，"汇票到期后得不到付款的，持票人有权向保证人请求付款，保证人应当足额付款"。据此规定的意旨观之，是不承认部分保证。

由于部分保证仍具有增强票据信用功能，且可减少追索金额，因此，本书拟采纳日内瓦票据法公约、日内瓦支票法公约及日本《票据法》《支票法》等规定，于"两岸票据制度一体化协议（建议稿）"中明文规定："票据保证可以就票据金额的一部分为保证。"

2. 依保证人的人数为标准，可将票据保证分为单独保证与共同保证

票据保证通常仅有一人为保证，属于单独保证。如果有二人以上共同为保证，即属共同保证。此种共同保证，各保证人对于被保证债务应承担连带责任。大陆地区《票据法》第51条、台湾地区"票据法"第62条均有明文规定。但是，大陆地区《票据法》第51条规定，"保证人为二人以上的，保证人之间承担连带责任。"该规定的用语有不妥之处，容易让人误解为保证人间的连带责任，而非对票据权利人的连带责任。实际上，应该是共同保证人对票据权利人负连带责任，并非保证人之间承担连带责任。因此，拟于"两岸票据制度一体化协议（建议稿）"中明文规定："保证人为二人以上者，对票据权利人均应负连带责任。"

3. 依保证人是否在票据上记载保证字样为标准，可将票据保证分为正式保证与略式保证

所谓正式保证，是指保证人在票据上记载保证字样并由保证人签章；所谓略式保证，是指不记载保证字样，仅有保证人签章的保证。

---

〔1〕 请参阅日内瓦《汇票及本票法统一公约》第30条第1款；日内瓦《支票法统一公约》第25条第1款；日本《票据法》第30条第1款；日本《支票法》第25条第1款；台湾地区"票据法"第63条。

日内瓦票据法公约、日本《票据法》等，均承认略式保证。[1]大陆地区《票据法》与台湾地区"票据法"均不承认略式保证。本书在"两岸票据制度一体化协议（建议稿）"的规定中，不采纳有关略式保证的规范。但是如果有未记载保证字样，可能被认定为隐存保证。[2]

4. 依保证是否附有条件为标准，可将票据保证分为单纯保证与不单纯保证

日内瓦《汇票及本票法统一公约》《支票法统一公约》及台湾地区"票据法"等，对此种情形并无明文规定。大陆地区《票据法》第48条规定："保证不得附有条件；附有条件的，不影响对汇票的保证责任。"因此，大陆地区仅承认单纯保证；但是，如果保证附有条件，其效力如何，存有疑义。大陆地区学者认为，并非是无效保证，而是该条件视为未记载，仍发生单纯保证的效力。[3]

本书基于保证的单纯性，仅承认单纯保证；如保证附有条件，其所附条件不发生票据法上效力，亦即，在票据法上视为未记载；但其所附条件，仍可发生其他法律上的效力，如民法上的效力，故而于"两岸票据制度一体化协议（建议稿）"中规定："票据保证附有条件者，所附条件不发生本协议的效力，但所附条件如符合票据付款地的其他法律规定，仍可发生其他法律上效力。"

（四）票据保证的效力

关于票据保证的效力，本书将从保证人的责任与保证人的权利两方面论述。

1. 保证人的责任

关于保证人的责任，由于本身具有从属性与独立性的双重属性。因此，可以从票据保证的从属性与独立性两方面，探究两岸票据法对

---

[1] 请参阅日内瓦《汇票及本票法统一公约》第31条第3款；日内瓦《支票法统一公约》第26条第3款；日本《票据法》第31条第3款；日本《支票法》第26条第3款。

[2] 所谓隐存保证，是指以出票、背书、承兑等方式而达到保证的目的。本书将于其后专节论述。

[3] 王小能编：《票据法教程》，北京大学出版社2001年版，第232页。

于票据保证人责任规定的差异性。（1）票据保证的从属性。当被保证人的债务有效时，保证人与被保证人负同一责任。日内瓦《汇票及本票法统一公约》《支票法统一公约》及中国台湾地区"票据法"等有相同规定，大陆地区规定，保证人应当与被保证人对持票人承担连带责任。因此，虽在规范用语上有所不同，但其实质含义是相同的。[1]

由于日内瓦票据法公约及台湾地区立法例的规范内容，简单明确，因此，本书拟采纳之，并于"两岸票据制度一体化协议（建议稿）"中明确规定保证人的责任："保证人与被保证人负同一责任。"（2）票据保证的独立性。"独立性是票据行为的原则"，自然亦适用于票据保证行为之中。日内瓦《汇票及本票法统一公约》第 32 条第 2 款、日内瓦《支票法统一公约》第 27 条第 2 款以及中国台湾地区"票据法"第 61 条第 2 项、大陆地区《票据法》第 49 条但书，均体现票据保证行为独立性原则，只是在用语上略有不同。大陆地区《票据法》第 49 条规定："保证人对合法取得汇票的持票人所享有的汇票权利，承担保证责任。但是，被保证人的债务因汇票记载事项欠缺而无效的除外。"台湾地区"票据法"第 61 条第 2 项规定："被保证人之债务，纵为无效，保证人仍负担其义务。但被保证人之债务，因方式之欠缺，而为无效者，不在此限。"两岸"票据法"规定的差异性在于，大陆地区规定"因汇票记载事项欠缺而无效"，台湾地区规定"因方式之欠缺，而为无效者"，两者的规定不同，究竟是否代表相同含义，恐有争议。为避免争议性存在，本书拟在"两岸票据制度一体化协议（建议稿）"中对票据保证的独立性予以一体化规范："①票据保证不因被保证债务无效而受影响。但被保证债务因欠缺绝对必要记载事项而无效者除外。②被保证债务因欠缺绝对必要记载事项而无效，但经其他票据债务人补充记载完成后，在其后所为的票据保证，为有效。"本条中的第 1 款规定，是为避免因大陆地区《票据法》第 49 条与台湾地区"票据法"

---

〔1〕　请参阅日内瓦《汇票及本票法统一公约》第 32 条第 1 款；日内瓦《支票法统一公约》第 27 条第 1 款；台湾地区"票据法"第 61 条第 1 项；大陆地区《票据法》第 50 条。

第61条第2项规范内容不同，易引发不同的解释，故而将其统一规范。第2款规定，是因两岸票据法均未加以规范，故而特别予以明确规范。

2. 保证人的权利

保证人的权利，是指保证人清偿债务后，取得票据上的权利。日内瓦《汇票及本票法统一公约》《支票法统一公约》均有明文规定。[1]

大陆地区规定，保证人清偿汇票债务后，可以行使持票人对被保证人及其前手的追索权；台湾地区规定，可以行使持票人对承兑人、被保证人及其前手的追索权。[2]台湾地区"票据法"较其他立法例多了"保证人……可以行使持票人对承兑人的追索权"的规定。本书认为台湾地区"票据法"的规定较为合理，主要理由在于，除了保证人是为承兑人为保证，此时承兑人是被保证人外，在其他情形，不论是被保证人或其前手的概念均无法涵盖承兑人在内，故而将承兑人纳入可以为追索的对象是合理的。因此，本书采纳台湾地区的立法例规定，也将承兑人纳入保证人可以行使追索的对象，拟于"两岸票据制度一体化协议（建议稿）"中规定："保证人清偿票据债务后，可以行使持票人对于承兑人、被保证人及其前手的追索权。"

于此，有疑问者，如果被保证人对于持票人存在人的抗辩时，保证人能否引为拒绝付款的事由问题。对此，两岸票据法均并无明文规定。台湾地区学者认为，"被保证人所有之抗辩权，保证人不得主张"。[3]本书认为，基于票据保证的独立性色彩较为浓厚，与民法上的保证有所不同，因此，如果被保证人对于持票人存有人的抗辩时，

---

〔1〕 日内瓦《汇票及本票法统一公约》第32条第3款规定："票据保证人清偿汇票之债务后，取得汇票上对被保证人及其前手之权利。"日内瓦《支票法统一公约》第27条第3款有类似规定。请参阅郭锋、常风编：《中外票据法选》，北京理工大学出版社1991年版，第225、242页。

〔2〕 大陆地区《票据法》第52条规定："保证人清偿汇票债务后，可以行使持票人对被保证人及其前手的追索权。"；台湾地区"票据法"第64条规定："保证人清偿债务后，得行使执票人对承兑人、被保证人及其前手之追索权。"

〔3〕 梁宇贤：《票据法实例解说》，自版1995年版，第323页。

保证人不得引为拒绝付款的事由，以保护持票人的票据权益。

保证人清偿债务后，是承继持票人的地位，与背书人向其后手为清偿后，再对前手行使追索权的情形相同，故被追索人不得以对抗原持票人的理由，对抗保证人。[1]

对于上述保证人的权利问题，将于"两岸票据制度一体化协议（建议稿）"中明确规范。该协议建议稿中还明确规范为票据保证时，排除民法上抗辩权。主要原因在于：第一，被保证人对于持票人存在人的抗辩时，保证人能否援引为拒绝付款的事由，现行两岸票据法并无明文规定，易引起争议。第二，未得保证人同意而延期清偿债务，保证人是否仍负票据保证责任，现行两岸票据法亦无明文规定，易引起争议。对于此二问题，本书拟于协议建议稿中均予以明确规定。

四、票据付款行为

票据付款，按学理上的分类，可分为广义的票据付款与狭义的票据付款。所谓广义的票据付款，是指一切票据债务人依照票据文义支付票据金额的行为；狭义的票据付款，是指第一次付款人的付款行为。换言之，是付款人或代理付款人（担当付款人）依照票据文义支付票据金额的行为；更具体地说，是指汇票承兑人、本票出票人、代理付款人或支票付款人所为的付款行为。[2]广义的票据付款既包括狭义的票据付款，也包括偿还义务人在发生追索时对追索权利人所进行的支付、参加付款人所为的付款，以及票据保证人对持票人所进行的支付。[3]通常而言，票据付款是指狭义的票据付款。最主要原因在于，其最终可消灭票据关系。故而，一般将票据付款定义为：付款人或代

---

〔1〕　梁宇贤：《票据法实例解说》，自版1995年版，第321页。

〔2〕　请参阅王小能编：《票据法教程》，北京大学出版社2001年版，第247页；王志诚：《票据法》，元照出版有限公司2012年版，第389页。这里关于担当付款人与代理付款人用语问题，二者是相同的意思。台湾地区"票据法"使用"担当付款人"，大陆地区《票据法》使用"代理付款人"。在本书中原则上使用"代理付款人"，但在引用条文时，仍按原条文规定的用语。

〔3〕　请参阅王小能编：《票据法教程》，北京大学出版社2001年版，第247页；王志诚：《票据法》，元照出版有限公司2012年版，第389页。

理付款人支付票据金额，以消灭票据关系的行为。

票据付款是最终消灭票据关系的行为，在程序上包括两个步骤：一是持票人提示付款行为；二是付款人支付票据金额的行为。其中，提示付款行为，是指持票人现实出示票据，请求付款人或代理付款人为付款的行为。其主要的效力有三：第一，履行付款请求权；第二，保全追索权；第三，使票据债务人负迟延责任。

有关票据提示付款期限，已于前所论述。以下将分别从提示付款的当事人和付款的效力，论述两岸票据法规定的差异性，并对其中的差异性进行融合，进而予以一体化，列入"两岸票据制度一体化协议（建议稿）"中。

（一）提示付款的当事人

提示付款的当事人包括提示人及受提示人（被提示人）。此处所指的提示人，是指持票人及其代理人；被提示人，是指付款人（包括汇票的承兑人）、代理付款人及票据交换所。

两岸票据法对此规定的主要差异在于：第一，提示付款效力问题。大陆地区规定，通过委托收款银行或者通过票据交换系统向付款人提示付款的，视同持票人提示付款；台湾地区规定，向票据交换所提示者，与付款之提示，有同一效力。[1]因此，按台湾地区规定通过委托银行或票据交换系统仍不发生提示付款效力，必须向票据交换所提示才能发生与提示付款同一效力。显然大陆地区通过"委托收款银行向付款人提示付款的，视同持票人提示付款"的规范较为明确，且符合银行实务操作，对持票人的权益较有保障；而台湾地区"票据法"对此种情形并无规范，造成是否遵期提示无从确定时点。第二，汇票上有记载代理付款人情形。台湾地区"票据法"第69条第2项规定，持票人提示付款，应向担当付款人（代理付款人）为之。如果持票人未向担当付款人提示请求付款，而径向出票人为之，台湾地区司法实

---

〔1〕 大陆地区《票据法》第53条第3款规定："通过委托收款银行或者通过票据交换系统向付款人提示付款的，视同持票人提示付款。"台湾地区"票据法"第69条第3项规定："为交换票据，向票据交换所提示者，与付款之提示，有同一效力。"

务认为，不发生于提示期限内合法提示的效力。[1]对此，大陆地区《票据法》并无明确规定。

为确保持票人的票据权益，避免两岸票据法规范上的差异性，造成票据实体法的冲突，使得两岸票据流通遭受阻碍，因此，本书拟于"两岸票据制度一体化协议（建议稿）"中规定，票据上有记载代理付款人者，应向代理付款人为提示付款，否则不生提示的效力。

（二）付款的效力

关于付款的效力，因付款的时间不同而有不同的付款效力，主要包括期前付款的效力、到期付款的效力及期后付款的效力。

1. 期前付款的效力

所谓期前付款，是指持票人于票据到期日前为付款之提示，而付款人对其付款。对于定日付款、出票后定期付款或者见票后定期付款的汇票，付款人在到期日前付款的，依据大陆地区规定，由付款人自行承担所产生的责任。[2]换言之，付款人为期前付款，应自行承担责任。所谓自行承担责任，是指"付款人如果对非真正权利人付款时，即使持票人具备形式上的资格，付款人对真正票据权利人于到期日的付款请求，仍应当承担付款责任"。[3]简言之，付款人为期前付款，不免除对真正票据权利人请求付款的票据权利。亦即，付款人不能以已经支付票据金额为理由进行抗辩。

日内瓦票据法公约规定，到期日前的付款，持票人可以拒绝。付款人对于到期日前的付款，应自负其风险。[4]此所谓自负其风险，与大陆地区"自行承担责任"的意义相同。台湾地区"票据法"亦有相

---

〔1〕　请参阅台湾地区"司法院"1984年5月11日1984厅民一字第0368号函；另请参阅王志诚：《票据法》，元照出版有限公司2012年版，第390页注101。

〔2〕　请参阅大陆地区《票据法》第58条。

〔3〕　董惠江主编：《票据法教程》，对外经济贸易大学出版社2009年版，第208页。

〔4〕　《汇票及本票法统一公约》第40条第1款、第2款规定："到期日前之付款，执票人得拒绝之（第1款）。付款人于到期日前付款者，应自负其风险之（第2款）。"引自郭锋、常风编：《中外票据法选》，北京理工大学出版社1991年版，第226页。

同规定。[1]尽管大陆地区《票据法》并未明确规定持票人可以拒绝付款人的期前付款,但解释上应该与日内瓦票据法公约及台湾地区"票据法"规定为同一解释,持票人可以拒绝付款人的期前付款。

本书拟于"两岸票据制度一体化协议(建议稿)"条款中对期前付款予以明文规范:"①到期日前的付款,持票人可以拒绝。②付款人在到期日前付款者,由付款人自行承担所产生的责任。"

2. 到期付款的效力

所谓到期付款,是指付款人按期付款后,消灭票据上的权利义务关系。大陆地区明文规定,付款人依法足额付款后,全体汇票债务人的责任解除。[2]台湾地区"票据法"尽管未明文规定,但应为相同解释。到期付款还涉及三个方面的问题:第一,到期日的计算;第二,付款日期;第三,可否延期付款。

汇票按到期日的不同分为见票即付汇票、定日付款汇票、出票后定期付款汇票以、见票后定期付款汇票及分期付款汇票。其中除了见票后定期付款汇票,必须见票才能确定到期日外,其余四种汇票于出票时,均已确定到期日。因此,对于见票后定期付款的汇票,大陆地区规定,应自出票日起1个月内向付款人提示承兑。[3]因此,见票后定期付款汇票,于持票人提示承兑时,计算到期日。但是,大陆地区《票据法》并未规定拒绝承兑时,如何计算到期日。

对于见票即付汇票、定日付款汇票、出票后定期付款汇票及见票后定期付款汇票等四种汇票的法定提示付款期限,大陆地区《票据法》第53条第1款有明文规定。持票人提示付款时,付款人必须在"当日"足额付款。[4]台湾地区规定,持票人应于到期日或其后2日

---

〔1〕 台湾地区"票据法"第72条规定:"到期日前之付款,执票人得拒绝之(第1项)。付款人于到期日前付款者,应自负其责(第2项)。"此规定与日内瓦《汇票及本票法统一公约》第40条第1款、第2款规定的意义相同。

〔2〕 大陆地区《票据法》第60条。

〔3〕 大陆地区《票据法》第40条第1款规定:"见票后定期付款的汇票,持票人应当自出票日起1个月内向付款人提示承兑。"

〔4〕 请参阅大陆地区《票据法》第53条第1款、第54条。

内，提示付款。原则上付款人应于持票人提示付款立即付款。但是，可以经持票人同意延期付款，但以提示日后 3 日为限。[1]因此，两岸票据法对于付款的时点规定，有很大的差异。

台湾地区关于见票即付汇票的到期日计算，以提示日作为到期日，并应自出票日起 6 个月内提示付款；如果持票人不提示票据，则以出票日起 6 个月的末日为提示日。该 6 个月期限，出票人可以特约缩短或延长。至于见票后定期付款汇票的到期日计算，依承兑日或拒绝承兑证书作成日，计算到期日；如果汇票经拒绝承兑而未作成拒绝承兑证书时，则以出票日起 6 个月的末日，计算到期日。但是，如果出票人有特约延长者，则自出票日起不超过 1 年的期限末日，计算到期日；或者以出票人指定的承兑期限之末日作为承兑日，以计算到期日。[2]

台湾地区"票据法"还规定分期付款汇票。至于如何计算到期日，亦有明文规定。分期付款汇票，其中任何一期，到期不获付款时，未到期部分，视为全部到期。如有约定到期前分期付息时，任何一期利息到期不获付款时，全部汇票金额视为均已到期。[3]大陆地区《票据法》并无分期付款票据。

关于到期日的计算及付款日期，本书拟于"两岸票据制度一体化协议（建议稿）"中对有关问题予以明文规定，以资明确适用。

3. 期后付款的效力

所谓期后付款，是指付款人在提示付款期限后或作成拒绝证书后所为的付款。

在汇票期后付款情形，可以将其分为经承兑的期后付款与未经承兑的期后付款：（1）经承兑的期后付款效力主要在于：第一，对承兑人而言，汇票经付款人为承兑后，付款人成为承兑人，是汇票上的第一债务人，负有绝对的付款责任。因此，汇票经承兑后，如果持票人不于提示付款期内为付款提示，票据债务人可以将票据金额依法提存；

---

〔1〕　请参阅台湾地区"票据法"第 69 条第 1 项、第 70 条。

〔2〕　请参阅台湾地区"票据法"第 45 条、第 46 条、第 66 条、第 67 条；王志诚：《票据法》，元照出版有限公司 2012 年版，第 386~387 页。

〔3〕　请参阅台湾地区"票据法"第 65 条第 2 项、第 4 项。

其提存费用，由持票人负担。[1]但是，大陆地区对于此种情形并未规定承兑人可以依法提存，以免除付款责任，故而将使得承兑人的付款责任久悬不定。第二，对持票人而言，持票人应当在法定期限内提示付款。如果持票人迟误期限才提示请求付款，仅丧失对前手的追索权，付款请求权仍然存在。在时效消灭前，承兑人的付款责任依然存在。

（2）未经承兑的期后付款效力主要在于：对未承兑的付款人而言，其并无付款的义务，持票人并无付款请求权，只有追索权。在此种情形，持票人在行使或保全票据上的权利后（例如，作成拒绝承兑证书或拒绝付款证书等），如果出票人的责任仍然存在，付款人对其付款仍发生票据法上的效力；反之，如果出票人的责任已不存在（如时效消灭已丧失追索权），付款人仍对其为付款，由于票据上的追索权已经丧失，该付款人所为的付款行为，解释上应该不发生票据法上的效力。[2]再者，如果持票人未行使或保全票据上的权利，纵然付款人对其为付款，对于出票人而言，由于票据上的追索权已经丧失，在解释上亦同样不发生票据法上的效力。

大陆地区《票据法》对于期后付款的效力，并无明确规定，仅于第53条第2款中规定："持票人未按照前款规定期限提示付款的，在作出说明后，承兑人或者付款人仍应当继续对持票人承担付款责任。"

两岸票据法对于期后付款的效力均无完整且明确的规定，为使两岸票据制度一体化规范更加明确，本书拟于"两岸票据制度一体化协议（建议稿）"中明确规定期后付款及其效力。

（三）空头支票问题

按大陆地区规定，支票的出票人签发支票的金额不得超过付款时，在付款人处实有的存款金额，即不得签发空头支票。[3]如果签发空头支票，属于票据欺诈行为，应负刑事责任。换言之，大陆地区禁止签

〔1〕 请参阅台湾地区"票据法"第76条。台湾地区本票准用该条规定，但是支票并无准用。此规定与日内瓦《汇票及本票法统一公约》第42条规定相同。
〔2〕 请参阅王小能编：《票据法教程》，北京大学出版社2001年版，第256页；王志诚：《票据法》，元照出版有限公司2012年版，第395~396页。
〔3〕 请参阅大陆地区《票据法》第87条，《支付结算办法》第122条。

发空头支票，举凡签发空头支票或者故意签发与其预留的本名签名式样或者印鉴不符的支票，骗取财物的，依法应负刑事责任。[1]尽管按照大陆地区签发空头支票应负刑事责任，但学理上认为，签发空头支票，仍属于有效票据。[2]而在立法例上也承认有效，如《联合国国际支票公约草案》第3条规定："对备付资金不足所开出的支票，其本身仍为有效。"[3]

台湾地区曾经对空头支票采取重刑主义，并引起广泛讨论。有认为，对持票人而言，因为支票出票人签发空头支票会受到刑事处罚，所以持票人无须担心支票不获付款，反而助长持票人乐于接受空头远期支票。有鉴于此，台湾地区在1986年修改"票据法"时，摒弃了对空头支票的重刑处罚。换言之，即不再对于空头支票采取刑事制裁。其主要理由有五点：第一，汇票及本票不获付款既未处罚，远期空头支票也不应处罚。第二，出票人未能供应资金即时兑付，主观上未必有故意或过失。第三，签发空头支票属于私法上行为，国家利益未必受侵害，如果持票人也愿意宽恕，仍科以刑罚，有失情理。第四，如果签发空头支票的出票人在行为的主观上具有故意诈骗他人钱财者，已构成刑法中的诈欺罪，票据法无必要重复规定。第五，各国票据法对空头支票一般都未规定处以刑罚，为与国际惯例接轨，也避免适用刑罚。[4]所以，在两岸票据市场一体化框架下，也应该避免使用刑罚手段逼迫票据的私法上债务，故而，在"两岸票据制度一体化协议"中，不宜规范空头支票的刑事处罚，而应回归于刑法的规范，从出票人的主观上是否具有故意，而客观上是否实行了骗取他人财物的行为，判断是否构成刑法上犯罪。如果构成犯罪，依据"刑法"的规

---

〔1〕　请参阅大陆地区《票据法》第102条第3项。

〔2〕　请参阅郑孟状、郭站红、姜煜洲：《中国票据法专家建议稿及说明》，法律出版社2014年版，第251页。

〔3〕　引自余振龙、姚念慈主编：《国外票据法》，上海社会科学院出版社1991年版，第302页。

〔4〕　刘家琛主编：《票据法原理与法律适用》，人民法院出版社1996年版，第566~569页。

定处罚即可，而不宜适用大陆地区《票据法》的处罚规定，使得两岸票据签发及流通，能在平等、公平原则中运作，而不致于有失偏颇。

依据台湾地区统计数据显示，台湾地区最近三年票据退票记录，2012 年末，票据退票张数为 207 933 张，退票金额（新台币，以下同）70 160 百万元（约人民币 14 032 百万元）；2013 年末，票据退票张数 199 620 张，退票金额 75 943 百万元（约人民币 15 189 百万元）；2014 年末，票据退票张数 182 964 张，退票金额 84 301 百万元（约人民币 16 860 百万元）。[1] 从退票记录而言，如果仍对空头支票采取重刑主义，未必能阻止退票情形，但肯定会造成更多的受刑人或者罪犯，不利于社会健康发展。因此，如何健康引导正确使用票据，建立票据信用制度，使票据市场健全发展，是票据制度设置的目的之一。

五、协议建议稿

由于两岸票据法对于票据的共同票据行为（出票、背书、保证及付款等）制度规范不同，且差异性非常大。为保障两岸票据当事人的票据权益，确保两岸票据市场一体化的环境合乎平等与公平原则，本书拟对两岸票据法律制度中共同票据行为的差异性予以一体化，旨在更加明确、合理地规范两岸票据的票据行为，使得两岸票据当事人立足于平等的地位，享有同等的票据权利与义务。因此，在"两岸票据制度一体化协议（建议稿）"中拟参考日内瓦票据法公约规定与学者及司法实务等见解，并衡酌两岸实际情况，于协议建议稿中予以具体规范。相关条款如下：

（一）关于出票行为

由于两岸票据法对于出票行为制度的规范不同，为避免适用法律的争议，在协议建议稿条款中拟明确一体化规范两岸票据的出票行为制度（包括票据签发、责任等）。其中，具体规定如下：

---

〔1〕 资料来源：载台湾地区"中央银行"全球信息网，如 http://www.cbc.gov.tw/ct.asp? xItem=26178&CtNode=532，最后访问日期：2015 年 10 月 10 日。

【票据签章的方式】

①票据上的签章，是指签名、盖章或者签名加盖章。

②签章的方式，包括亲笔签章、电子签章、数字签章或其他方法所作成的同等证明效力的签样等。

③签章所使用名称，以合法证件的名称为据。

④法人和其他使用票据的单位在票据上的签章，为该法人或者该单位的盖章加其法定代表人或者其授权的代理人之签章。

⑤法人或单位章，不限于公章、财务章或专用章，只要能表彰该法人或单位之印章均可。

⑥本协议所称合法证件，包括自然人身份证、护照、通行证、驾驶证等，法人或非法人团体之核准文件上名称，即足以辨认身份或名称之合法文件均可。

【出票的定义】

①出票，是指出票人以负担票据债务的意思表示，而在票据上签章，并将其交付给收款人或持票人的票据行为。

②出票行为适用于汇票、本票及支票。

【出票人的责任】

①汇票的出票人应照汇票文义担保承兑及付款的责任。但可以依特约在汇票正面记载免除担保承兑的责任。

②本票的出票人应照本票文义担保付款责任。

③支票的出票人应照支票文义担保付款责任。但支票如经付款人保付后，免除出票人的责任。

④票据上有免除担保付款的记载者，其记载无效。

（二）关于背书行为

由于两岸票据法对于背书行为制度的规范不同，且有部分问题是两岸票据法律制度所未明文规定的，为避免适用法律的争议，拟于协议建议稿中明确一体化规范两岸票据的背书行为制度。其重要具体规定如下：

【背书的定义及种类】

①背书，是指以转让票据或其他目的，在票据背面或者其粘单上

签章并交付的票据行为。

②票据依背书及交付而转让。无记名票据可以仅依交付而转让。

③背书行为适用于汇票、本票及支票。

【背书的方式】

①背书由背书人在票据的票面或其黏单上为之。

②背书人在票据上记载被背书人并签章者，为记名背书。

③背书人不在票据记载被背书人，仅在票据背面签章者，为空白背书。

④前两款的背书，背书人可以记载背书的日期。

⑤背书未记载日期者，推定其在作成拒绝证书或提示付款期间经过前作成。

【票据权利的转让】

①记名票据及指示票据依背书及交付而转让。无记名票据可以仅依交付而转让。

②空白背书的票据，持票人可依交付、空白背书或记名背书等方式转让票据。

【禁止背书转让】

①记名票据的出票人有记载"禁止转让"字样者，不得依背书转让。如有再背书转让者，仅有通常债权让与的效力。

②背书人在票据上记载"禁止转让"字样者，仍可以依背书转让。但对于禁止转让后再由背书取得票据的人，不负责任。

③前款情形，受让人对于该记载的背书人仍有民法上债权让与规定的适用，但不能依本协议规定对禁止转让的背书人行使票据上的权利。

④第2款情形，不影响出票人、承兑人、原背书人前手的票据责任。

【空白背书变成记名背书的转让】

票据的最后背书为空白背书者，持票人可以在该空白内，记载自己或他人为被背书人，变更为记名背书，再为转让。

【委托收款背书（委任取款背书）】

①背书记载"委托收款"或其他类似字样者，被背书人有权代背

书人行使票据权利。被背书人可以基于同一目的再为背书。

②票据债务人仅可以对抗委托人的抗辩对抗受托人。

③委托收款背书人对后手不负票据责任。

【设质背书】

①票据可以设定质权。

②票据设定质权可以使用"供担保""供设质""质押""设质"或其他表示设质的文字。

③票据设质时，应当以背书记载"设质"或其他表示设质的字样，并办理票据设质登记。

④被背书人依法实现其质权时，可以行使票据权利，但被背书人的背书仅具有委托收款的效力，对后手持票人不负票据责任。

⑤ 票据虽有设质合同，但未以背书记载"设质"字样，或者虽有背书记载"设质"字样，但未办理票据设质登记，仍可以成立票据设质，但不得对抗善意第三人。

【回头背书】

①票据可以让与出票人、承兑人、付款人或其他票据债务人。

②前款受让人，在提示付款期届满前或拒绝证明作成前，可以再为转让票据。

【期后背书的效力】

①作成拒绝证书后、作成拒绝证书期限经过后或超过提示付款期限的票据，持票人再转让者，仅具有一般债权转让的效力。

②票据被拒绝承兑、拒绝见票或拒绝付款，没有作成拒绝证书，而在提示付款期限内再背书转让，善意持票人取得票据者，仍享有票据权利。

【背书人的责任】

①汇票的背书人以签章背书转让票据后，应负担保承兑与付款的责任。但可以特约免除担保承兑责任，并于票据背面或粘单记载清楚。

②本票及支票的背书人以签章背书转让票据后，应负担保付款的责任。

③票据上背书人如有免除担保付款的记载，该记载无效。

（三）关于保证行为

由于两岸票据法对于保证行为制度的规范不同，且有部分问题是两岸票据法律制度所未明文规定，为避免适用法律的争议，拟于协议建议稿条款中明确一体化规范两岸票据的保证行为制度。其具体规定如下：

【保证的定义】

①保证是指由票据债务人以外的第三人，为担保特定票据债务人履行票据债务为目的的意思表示，而在票据或其粘单上签章，并将其交付持票人的票据行为。

②保证行为适用于汇票、本票及支票。

【保证的要式性】

①保证应记载下列事项，并由保证人签章：

（一）表明"保证"的字样；

（二）被保证人的名称；

（三）保证日期。

②未记载"保证"的字样，而实际上为保证而签章于票据者，为隐存保证。

③隐存保证依其在票据上的票据行为承担票据责任。

④隐存保证人对于票据直接当事人或者直接当事人以外的票据权利人，均不得主张其真意为保证的抗辩。

⑤隐存保证人不得主张适用其他法律有关保证的规定，认为隐存保证背书无效而负其他法律规定的保证责任。

⑥隐存保证背书如果有回头背书情形，不适用回头背书的规定。

【保证人的责任】

保证人与被保证人负同一责任。

【共同保证人的责任】

保证人为二人以上者，对票据权利人均应负连带责任。

【保证的单纯性】

票据保证附有条件者，所附条件不发生本协议的效力。但所附条件如符合票据付款地的其他法律规定，仍可发生其他法律上效力。

【一部保证】

票据保证可以就票据金额的一部分为保证。

【票据保证的从属性与独立性】

①票据保证不因被保证债务无效而受影响。但被保证债务因欠缺绝对必要记载事项而无效者除外。

②被保证债务因欠缺绝对必要记载事项而无效，但经其他票据债务人补充记载完成后，在其后所为的票据保证，为有效。

【票据保证的效力——不适民法保证的规定】

①保证人不得主张民法上的先诉抗辩权。

②被保证人对于持票人存有人的抗辩时，保证人不得引为拒绝付款。

③持票人未得票据保证人同意而允许被保证人延期清偿者，票据保证人仍不免除票据保证责任。

④保证人清偿债务后，被追索人不得以对抗原持票人的理由，对抗保证人。

（四）关于付款行为

由于两岸票据法对于付款行为制度的规范不同，为避免适用法律的争议，拟于协议建议稿条款中明确一体化规范两岸票据的付款行为制度。其重要具体规定如下：

【票据的提示付款期限】

①持票人应在票据到期日或其后 15 日内向付款人提示付款。

②见票即付的票据，应在出票日起 6 个月内向付款人提示付款，并以提示日为到期日。

③票据上记载有代理付款人者，其提示付款应向记载的代理付款人为提示付款。未向该记载的代理付款人提示付款者，不生提示付款的效力。

④见票后定期付款的汇票，依承兑日或拒绝承兑证书作成日，计算到期日；未作成拒绝承兑证书者，依法定或约定的提示承兑期限的末日，计算到期日。

⑤见票后定期付款的本票，依见票日或拒绝见票证书作成日，计算到期日；未作成拒绝见票证书者，依法定或约定的提示见票期限的末日，计算到期日。

⑥到期日为休假日者，以其下一个营业日为到期日。

【拟制提示付款】

出票人的开户银行收到票据影像交换系统或类似的系统提交的票据影像信息，视同实物票据提示付款。

【拟制的提示付款日】

通过托收金融机构、指定金融机构、票据交换系统、票据交换所或票据影像系统等向付款人提示付款者，视同持票人提示付款，并以持票人提交票据日为提示付款日。

【延期付款】

经持票人同意者，可以延期付款。但以提示付款日起最长不超过5日。

【期前付款】

①到期日前的付款，持票人可以拒绝。

②付款人在到期日前付款者，由付款人自行承担所产生的责任。

【期后付款】

①经承兑的汇票，持票人未按照规定的期限提示付款者，不解除出票人及承兑人的付款责任。但因此造成出票人或承兑人损失的，应负赔偿责任，其赔偿金额，以不超过票面金额为限。

②未经承兑的汇票，持票人在行使或保全票据上的权利后，如果出票人的责任存在，付款人对其付款，仍发生效力；如果出票人的责任不存在，付款人对其为付款，不发生效力。持票人未行使或保全票据上的权利，付款人对其为付款，不发生效力。

③本票、支票的持票人未按照规定的期限提示付款者，不解除出票人的付款责任。但因此造成出票人损失的，应负赔偿责任，其赔偿金额，以不超过票面金额为限。

【票据金额提存】

①持票人不在期限内提示付款者，票据债务人可以依付款地法将票据金额依法办理提存，解除票据债务责任。

②前款提存费用，由持票人负担，并可从提存的票据金额中扣除。

【付款的效力】

付款人依法足额付款后，全体票据债务人的责任解除。

第二节 个别票据行为协议

在"两岸票据制度一体化协议（建议稿）"中有关"两岸票据行
为制度"的第二部分为"个别票据行为制度"，主要是针对各种票据
特殊性中的个别票据行为分别予以明文规定。这里所谓的个别票据行
为，是针对汇票的承兑行为、参加行为、支票划线行为及支票保付行
为等而言。本节将按承兑行为、参加行为、支票划线行为及支票保付
行为，分别进行论述。由于这部分大陆地区的票据法律制度并无规范，
但为实现两岸票据制度的融合与一体化，建立平等、公平、互惠互利
的两岸票据市场，因此，有必要制定共同的遵循依据，以保障两岸票
据当事人的票据权益。本书拟在"两岸票据制度一体化协议（建议
稿）"中，分别对相关的个别票据行为予以一体化规范。其相关具体
规范的制定，主要是以台湾地区的票据法律制度为主，并借鉴国际票
据公约及其他国家的票据制度立法例。因此，在论述相关票据行为时，
仍以台湾地区的票据法律制度规定进行论述，必要时，援引国际票据
公约或其他国家的票据立法例作为辅助说明。

一、票据承兑行为

承兑制度是汇票特有的制度，大陆地区《票据法》第38条及其他
相关条文有规定，而台湾地区"票据法"第42条及其他相关条文亦有明
文规定。本书就两岸有关于承兑制度进行具体比较分析，并就两岸票据法
规定的差异在设计制度一体化时，予以适当融合，成为一体化的适用规范。

一般而言，汇票的承兑行为，其最重要的两个行为是：第一，持
票人的提示承兑行为；第二，付款人的承兑行为。[1]

---

[1] 大陆地区的汇票按出票人分为银行汇票与商业汇票。商业汇票的使用与银行
汇票不同，其必须承兑。至于承兑时点，既可以在出票时先向付款人提示承兑后使用，
也可以出票后先使用再向付款人提示承兑。请参阅王小能编：《票据法教程》，北京大学
出版社2001年版，第145页。但是，一般而言，汇票通常是由持票人于到期日前向付款
人提示承兑。因此，本书按通例说明承兑行为制度。

关于提示承兑的意义,台湾地区"票据法"并无明文对其下定义,而仅规定"执票人于汇票到期日前,得向付款人为承兑之提示"。[1]因此,此处所谓"提示承兑"的意义,学理上认为,是指持票人向付款人实际出示汇票并请求承兑的行为。申言之,就是指汇票的持票人于到期日前,现实地提出汇票并向付款人请求承兑,以行使或保全票据权利的行为。至于是否提示承兑,属于持票人的权利,故而有所谓的"承兑提示自由原则(或称承兑自由原则)"。[2]即使持票人不于到期日前为提示承兑,仍可于到期日时直接向付款人为付款之提示。大陆地区对于"提示承兑"则有明文规定其定义,即"提示承兑是指持票人向付款人出示汇票,并要求付款人承诺付款的行为"。[3]不过,在此必须留意,"提示承兑的性质",学者认为,并"不是票据行为……是付款人为票据行为的前提"。[4]

关于承兑的意义,大陆地区《票据法》第38条有明文定义。所谓"承兑是指汇票付款人承诺在汇票到期日支付汇票金额的票据行为。"[5]台湾地区"票据法"对于"承兑的含意"并无明文规定,而是由学说上对于承兑进行定义。学说上所谓承兑,是指汇票的付款人受出票人委托,于汇票到期日前,在汇票上表示承诺在汇票到期日无条件支付汇票金额的意思,而在汇票的正面记载有关事项并签章,然后将汇票交还予请求承兑之人所为的附属票据行为。[6]其目的在于完成汇票的付款义务。但是,汇票的付款人并不因出票人的委托而当然成为票据债务人,因此,出票人于签发汇票时,虽有委托付款人代为付款,但仍必须经过付款人承兑后,付款人成为承兑人,变成汇票的主债务人,

---

〔1〕 台湾地区"票据法"第42条规定:"执票人于汇票到期日前,得向付款人为承兑之提示。"

〔2〕 请参阅梁宇贤:《票据法新论》,自版1997年版,第226页。

〔3〕 大陆地区《票据法》第39条第2款。

〔4〕 王小能编:《票据法教程》,北京大学出版社2001年版,第215页。

〔5〕 大陆地区《票据法》第38条规定。

〔6〕 王志诚:《票据法》,元照出版有限公司2012年版,第363页;王小能编:《票据法教程》,北京大学出版社2001年版,第211页。

才会负有绝对的付款责任。

根据以上的论述，可以将承兑行为的特征归纳为以下四点：第一，承兑是一种附属的票据行为；第二，承兑是远期汇票付款人所为的票据行为；第三，承兑是付款人表示愿意在到期日无条件支付汇票金额的票据行为；第四，承兑是汇票付款人在汇票正面记载有关事项并签章所为的要式票据行为。[1]

为使两岸票据市场一体化，具有共同遵循依据，以促进两岸票据流通，本书拟于"两岸票据制度一体化协议（建议稿）"中明文规定承兑的定义、提示承兑、承兑方式。其规范的目的在于使两岸人民在使用汇票时，得以具体了解承兑、提示承兑与承兑方式，以充分运用两岸票据，使两岸票据能在交易过程中充分发挥其经济效益。

（一）承兑制度的目的

承兑固然是汇票特有的制度，但并非所有的汇票都需要承兑，如汇票按到期日可以将其分为见票即付的汇票、定日付款的汇票、出票后定期付款的汇票、见票后定期付款的汇票及分期付款汇票等五种，其中除见票即付的汇票，不须提示承兑外，[2]远期汇票，由于是属于信用证券，从出票日至到期日这段期间的汇票权利义务关系是处于不确定状态，如果久悬而不定，将会影响汇票的流通性，因此，远期汇票通常要提示承兑，以确定汇票付款人的责任。[3]如果无承兑制度的设计，将会使出票人任意以自己的名义出票，并以他人为付款人，不但使他人不知不觉地成为付款人，而且持票人也不知道付款人是否愿意付款。如果强制付款人付款，则相当不合理，同时也使得持票人对

---

〔1〕覃有土、李贵连主编：《票据法全书》，中国检察出版社 1994 年版，第 124~125 页；王小能编：《票据法教程》，北京大学出版社 2001 年版，第 211~212 页。

〔2〕请参阅大陆地区《票据法》第 40 条第 3 款。

〔3〕大陆地区《票据法》第 39 条第 1 款规定："定日付款或者出票后定期付款的汇票，持票人应当在汇票到期日前向付款人提示承兑。"同法第 40 条第 1 款规定："见票后定期付款的汇票，持票人应当自出票日起一个月内向付款人提示承兑。"台湾地区"票据法"第 44 条第 1 项规定："除见票即付之汇票外，发票人或背书人得在汇票上为应请求承兑之记载，并得指定其期限。"同法第 45 条第 1 项规定："见票后定期付款之汇票，应自发票日起 6 个月内为承兑之提示。"

汇票债权能否实现产生怀疑，不利于汇票的流通，故而赋予汇票的付款人承诺付款的权利，从而使持票人得知汇票债权能否确定实现。换言之，汇票的付款人虽然受出票人委托而付款，通常付款人与出票人间存在某种基础债权债务关系，但在承兑前，付款人仅为汇票上的关系人，仍非票据债务人，必须经承兑，使付款人成为承兑人，变成汇票的主债务人，才能成为票据债务人。亦即，"使付款人成为票据债务人的是付款人的承兑行为而非付款委托行为"。〔1〕因此，票据法律制度之所以要设计承兑制度，其目的在于赋予汇票付款人表示是否愿意承诺负担汇票金额之义务，而持票人于到期日前向付款人为承兑之提示，即在于预知付款人是否有为付款的意思，以确定付款人的责任，同时也具有巩固汇票的信用以及确保持票人行使或保全票据权利的行为。如果承兑人到期不付款时，即使持票人是出票人，依据台湾地区"票据法"第52条第2项的规定，也可以向承兑人行使付款请求权。〔2〕但是，如果承兑人与原出票人之间，存有得以抗辩的事由时，承兑人对于原出票人得否主张抗辩，则台湾地区"票据法"未明文规定，存在适用疑义。关于这点，大陆地区《票据法》也没有明确规定。因此，本书拟于"两岸票据制度一体化协议（建议稿）"中予以明文规定，以资于两岸票据使用时，得以一体性适用。

（二）承兑的分类

承兑依据不同的标准，可以为不同的分类。本书主要按以下方式对承兑进行分类：〔3〕

---

〔1〕 请参阅覃有土、李贵连主编：《票据法全书》，中国检察出版社1994年版，第125页。

〔2〕 台湾地区"票据法"第52条第2项规定："承兑人到期不付款者，执票人虽系原发票人，亦得就第97条及第98条所定之金额，直接请求支付。"学者认为："承兑人所负此种兑付票款之义务，与追索义务人之偿还义务有异，并不因保全手续之欠缺而受影响。因此票据权利，除因消灭时效完成外，绝对不消灭。"请参阅梁宇贤：《票据法新论》，自版1997年版，第231页。

〔3〕 请参阅梁宇贤：《票据法新论》，自版1997年版，第221～222页；王小能编：《票据法教程》，北京大学出版社2001年版，第212页；汪世虎：《票据法律制度比较研究》，法律出版社2003年版，第373～374页。

1. 按承兑的方式不同为标准，将承兑分为正式承兑与略式承兑

汇票按承兑的方式不同，可以将承兑分为正式承兑与略式承兑。所谓正式承兑，也称为完全承兑，是指汇票的"付款人在汇票的正面记载'承兑'字样并签章的行为"。所谓略式承兑，是指汇票的付款人仅在汇票上签章，并未在汇票上记载有关"承兑"字样的行为。在承认略式承兑的立法例认为，如果汇票上有付款人签章，不论付款人是否有承兑的意思表示，一律视为同意承兑，如日内瓦《汇票及本票法统一公约》第25条第1款后段，承认略式承兑。

大陆地区付款人承兑汇票时，应当在汇票正面记载"承兑"字样、承兑日期并签章。换言之，大陆地区《票据法》仅有正式承兑而不承认略式承兑。[1]

台湾地区付款人承兑汇票时，应在汇票正面记载承兑字样，由付款人签名。但是，如果付款人仅在票面签名者，也视为承兑。[2]换言之，台湾地区"票据法"不仅承认正式承兑，也承认略式承兑的存在。其他各国及地区的票据立法例，承兑也包括正式承兑与略式承兑，如英国《票据法》、中国香港地区《票据条例》和澳门地区《商法典》、日内瓦票据法公约、联合国票据法公约等等。[3]因此，本书拟

---

〔1〕 请参阅大陆地区《票据法》第42条第1款前段。

〔2〕 台湾地区"票据法"第43条规定："承兑应在汇票正面记载承兑字样，由付款人签名（第1项）。付款人仅在票面签名者，视为承兑（第2项）。"

〔3〕 请参阅英国《票据法》第17条第2款第1项；香港地区《票据条例》（也称《汇票条例》）第17条第2款第a项规定；澳门地区《商法典》第1158条第1款规定："承兑应写于汇票上，以'已承兑'或其他同义词语表明，并由付款人签名；仅有付款人于票面签名亦构成承兑。"日内瓦《汇票及本票法统一公约》第25条第1款；《联合国国际汇票及国际本票公约》第41条规定："承兑须记载于票上，并以下列方式为之：（a）由付款人签名并加载'已承兑'或类似含义的字样；或（b）仅由付款人签名。"同条第2款规定，"承兑得于汇票的正面或背面为之。"香港地区《票据条例》，也称《汇票条例》，其中第17条规定："（1）汇票的承兑是指受票人表示同意按出票人的命令付款。（2）承兑除非符合以下条件，否则无效——（a）必须在汇票上书明承兑，并由受票人签名。只有受票人的签名而无其他文字亦已足够；（b）不得明示受票人会以付款以外的其他方式履行其承诺。"香港地区《票据条例》，载香港地区律政司双语法例系统数据网，如 http://www.legislation.gov.hk/blis_ pdf.nsf/CurAllChinDoc/CE702F2CD90FCF

采各国通行的票据立法例，拟于"两岸票据制度一体化协议（建议稿）"中明文承认正式承兑与略式承兑。

2. 按承兑有无限制为标准，将承兑分为单纯承兑与不单纯承兑

汇票按承兑有无限制作为标准，可以将承兑分为单纯承兑与不单纯承兑。所谓单纯承兑，是指付款人完全依据票据文义而进行承兑，不附加任何条件限制。所谓不单纯承兑，是指付款人对票据文义加以限制或变更而进行承兑。不单纯承兑又可分为一部承兑与附条件承兑。所谓一部承兑，是指付款人仅承兑汇票金额的一部分，故又可称为部分承兑；所谓附条件承兑，是指付款人附加一定条件而进行承兑，如对于汇票金额的承兑附有停止条件或解除条件。

大陆地区《票据法》不承认附条件承兑，至于一部承兑虽然没有明文规范，但依据《票据法》条文的文义解释，如果对于汇票金额为一部分承兑，实际上可以被认定为属于承兑附有条件，应视为拒绝承兑。大陆地区《票据法》不承认"不单纯承兑"的理由，主要是基于完全承兑原则及单纯承兑原则。[1]而台湾地区"票据法"对于承兑附条件者，视为承兑之拒绝。但承兑人仍依所附条件负其责任；至于一部承兑，是采有条件的承认一部承兑，只要经持票人同意即可就汇票金额的一部分为承兑。[2]不过，一部承兑也代表着一部拒绝承兑，因此，持票人仍应将一部拒绝承兑的事由通知其前手，并就未获承兑的部分作成拒绝证书。在承认一部承兑，学者指出，就汇票债务人而言，是利大于弊，主要原因在于：第一，可以部分增强票据信用；第二，可

（接上页）86482575EE002F1796/＄FILE/CAP_ 19_ c_ b5. pdf，最后访问日期：2015年12月14日。澳门地区《商法典》，请参阅赵秉志总编：《澳门商法典》，中国人民大学出版社1999年版，第326页；《联合国国际汇票及国际本票公约》第41条，请参阅施文森：《票据法论——兼析联合国国际票据公约》，三民书局2005年版，第380页。

〔1〕 大陆地区《票据法》第43条规定："付款人承兑汇票，不得附有条件；承兑附有条件的，视为拒绝承兑。"

〔2〕 台湾地区"票据法"第47条规定："付款人承兑时，经执票人之同意，得就汇票金额之一部分为之。但执票人应将事由通知其前手（第1项）。承兑附条件者，视为承兑之拒绝。但承兑人仍依所附条件负其责任（第2项）。"

— 474 —

以减少追索的金额。[1]台湾地区虽然也不承认附条件承兑，但是两岸票据法对于附条件承兑的法条规范内容有所不同，主要在于台湾地区的规范一方面持票人可以行使追索权，另一方面持票人还可以依据所附条件请求承兑人付款，此乃是基于尊重当事人意思而将所附条件规定为任意记载事项，于条件成就时，持票人的权利因承兑而稳固，有助于维护票据信用，促进票据流通。[2]

日内瓦票据法公约、联合国票据法公约、澳门地区《商法典》规定内容与台湾地区"票据法"第47条的规定类似。[3]英国《票据法》第19条规定，将承兑分为一般性承兑与限制性承兑，而限制性承兑还包括附条件承兑、部分承兑、指定付款地承兑及限制时间承兑等等。[4]

大陆地区学者认为，在附条件承兑方面可以借鉴台湾地区"票据法"第47条第2项的规定；而在一部承兑方面，因其有利于票据债务人，且国际票据公约及各国（地区）票据立法例也都承认一部承兑，因此，也认为大陆地区《票据法》有增订一部承兑的必要。[5]因此，本书采纳国际票据公约、上述各国（地区）票据立法例及学者见解，于"两岸票据制度一体化协议（建议稿）"拟分别对附条件承兑、一部承兑予以明文规定。

（三）适用承兑的汇票

"承兑有利于确定汇票当事人的权利义务，但并不是所有的汇票都需要承兑。因此在承兑之前，首先应判明该汇票是否需要进行承

---

〔1〕　请参阅郑孟状等：《中国票据法专家建议稿及说明》，法律出版社2014年版，第164页。

〔2〕　请参阅郑孟状等：《中国票据法专家建议稿及说明》，法律出版社2014年版，第164页。

〔3〕　请参阅日内瓦《汇票及本票法统一公约》第26条；《联合国国际汇票及国际本票公约》第43条第1、2、3款；中国澳门地区《商法典》第1159条。

〔4〕　请参阅英国《票据法》第19条。中国香港地区《票据条例》第19条规定与英国《票据法》第19条规定相同。

〔5〕　请参阅郑孟状等：《中国票据法专家建议稿及说明》，法律出版社2014年版，第164页。

兑。"[1]在实践中，有时出票人或背书人基于需求对持票人的承兑自由权也可能加以限制，对此情形，大多数的国家、地区及国际票据公约也都加以认可。因此，就适用承兑的汇票而言，在票据立法例上可以归纳为以下四种情形：[2]

1. 不需承兑的汇票

不需承兑的汇票，是指依据汇票的性质，承兑制度不能发挥作用，法律规定不对其进行承兑，如见票即付的汇票。由于见票即付的汇票在第一次向付款人为付款提示时，付款人即必须表明是否付款，因此，在此种情形下，承兑制度的作用无从发挥，所以对于此种汇票不需要承兑。因此，通常票据法规定不需要承兑，大陆地区对此有明文规定。[3]台湾地区"票据法"第42条中虽然没有明文规定见票即付的汇票不需要承兑，但从其法条规范的意旨观之及见票即付汇票的本质而言，是属于不需承兑的汇票。在"两岸票据制度一体化协议（建议稿）"中拟明确规定，见票即付的汇票无需提示承兑。

2. 应当请求承兑的汇票

应当请求承兑的汇票包含两种情形：第一种是意定的限制。即出票人或背书人所为的限制。换言之，出票人或背书人可以在汇票上记载限制应当提示承兑的汇票。出票人所为的限制，在立法例上有包括积极的限制与消极的限制两种。在积极限制方面，如出票人可以在汇票上记载请求承兑，并指定其期限；在消极限制方面，如出票人在汇票上记载"禁止在一定日期前"为承兑之提示。背书人也可以在汇票上记载应为请求承兑的记载，并可以指定其期限。但是，背书人所定的请求承兑期限，通常不可以在出票人所定的禁止期限内，否则即有违出票人所为限制的意思。第二种是法定的限制。即对见票后定期付款汇票的提示承兑。此种汇票必须见票才能确定到期日，因此，持票

〔1〕 引自王小能编：《票据法教程》，北京大学出版社2001年版，第214页。

〔2〕 请参阅覃有土、李贵连主编：《票据法全书》，中国检察出版社1994年版，第126页；王小能编：《票据法教程》，北京大学出版社2001年版，第214～125页。

〔3〕 大陆地区《票据法》第40条第3款规定："见票即付的汇票无需提示承兑。"大陆地区《支付结算办法》中规定的银行汇票均属于见票即付，因此也不需要承兑。

人必须向付款人为承兑之提示，否则持票人无从行使票据权利或保全
票据权利。

　　大陆地区《票据法》规定，应当请求承兑的汇票包括定日付款的
汇票、出票后定期付款的汇票及见票后定期付款的汇票等三种法定限
制的汇票。[1]但是，对于意定限制的汇票情形并无规定。

　　台湾地区"票据法"对于应当请求承兑的汇票，规定了意定限制
的汇票及法定限制的汇票。意定限制的汇票包括出票人限制（积极限
制与消极限制）的应当请求承兑的汇票及背书人限制应当请求承兑的
汇票；至于法定限制的应当请求承兑的汇票，仅有见票后定期付款的
汇票，而不包括大陆地区规定的定日付款汇票与出票后定期付款汇票
等两种。[2]日内瓦《汇票及本票法统一公约》、日本《票据法》，以及
中国澳门地区《商法典》等，也规定了应当请求承兑的汇票，也有类
似的意定限制的汇票与法定限制的汇票的规定。[3]

　　据上所述，立法例上对于应当请求承兑汇票的规定不同，除了限
制情形不同外，还包括期限的不同。因此，为实现两岸票据制度一体

───────────

　　〔1〕　大陆地区《票据法》第39条第1款规定："定日付款或者出票后定期付款的
汇票，持票人应当在汇票到期日前向付款人提示承兑。"同法第40条第1款规定："见票
后定期付款的汇票，持票人应当自出票日起1个月内向付款人提示承兑。"

　　〔2〕　台湾地区"票据法"第44条规定："除见票即付之汇票外，发票人或背书人
得在汇票上为应请求承兑之记载，并得指定其期限（第1项）。发票人得为于一定日期
前，禁止请求承兑之记载（第2项）。背书人所定应请求承兑之期限，不得在发票人所
定禁止期限之内（第3项）。"同法第45条规定："见票后定期付款之汇票，应自发票日
起6个月内为承兑之提示（第1项）。前项期限，发票人得以特约缩短或延长之。但延
长之期限不得逾6个月（第2项）。"

　　〔3〕　日内瓦《汇票及本票法统一公约》第22条："发票人得在汇票上为应请求承
兑之记载，并得指定或不指定提示之期限（第1款）。除在第三者住址或付款人住所以
外之地点付款的汇票，或见票后定期付款之汇票外，发票人得禁止请求承兑（第2款）。
发票人亦得为一定日期前，禁止请求承兑之记载（第3款）。背书人得在汇票上为应请
求承兑之记载，并得指定或不指定提示之期限，但发票人禁止请求承兑者，不在此限
（第4款）。"该公约第23条规定："见票后定期付款之汇票应于出票日起1年内提示承
兑（第1款）。前款期限，出票人得缩短或延长之（第2款）。前两款期限，背书人得缩
短之（第3款）。"中国澳门地区《商法典》第1155条、第1156条；日本《票据法》第
22条、第23条，亦有相同规定。

化，本书拟于"两岸票据制度一体化协议（建议稿）"条款中对上述问题明确一体化规定。但是，协议建议稿中，仅规定出票人的意定限制与法定限制，并且排除台湾地区"票据法"允许背书人所为的意定限制，主要原因在于避免两岸票据过于复杂而阻碍两岸票据的流通。至于期限，则设置为 6 个月。

3. 禁止承兑的汇票

这里所指的禁止承兑的汇票即是上述出票人所为的消极限制的应当请求承兑的汇票，其中包括两种情况：第一是出票人在汇票上记载"任何时后"都不得为承兑之提示；第二是出票人在汇票上记载"不得在指定日期前"为承兑之提示。[1]依据日内瓦《汇票及本票法统一公约》第 22 条第 2 款、第 3 款的规定，除在第三者住址或付款人住所以外之地点付款的汇票，或见票后定期付款之汇票外，出票人可以禁止请求承兑。换言之，出票人可以在汇票上为一定日期前的禁止提示承兑记载，但是出票人为此种记载的汇票是有限制的。台湾地区"票据法"第 44 条第 2 项也规定了出票人可以在汇票上记载一定日期前，禁止请求承兑之提示；但是，大陆地区《票据法》不允许在汇票上记载禁止承兑之提示，因此，不存在禁止承兑的汇票。

本书在"两岸票据制度一体化协议（建议稿）"中拟规定："除见票即付的汇票外，出票人可以在汇票正面上记载'应请求承兑'的字样，并可以记载应承兑的期限。"尽管用语与台湾地区"票据法"不同，但从条文反面解释也是一种禁止承兑的汇票。只不过，台湾地区"票据法"第 44 条既采用积极性限制规定，也兼采消极性限制规定，而协议建议稿采用积极性限制规定，即提示承兑的期限应于出票人所指定的期间内为之，例如，出票人 A 于 2016 年 2 月 1 日签发汇票乙纸，到期日为 2016 年 10 月 15 日，并在汇票上记载"本汇票仅限于2016 年 6 月 1 日至 2016 年 7 月 1 日期间为承兑提示"，并交给持票人B。因此，该汇票于到期日前，在 2016 年 6 月 1 日至 2016 年 7 月 1 日

---

〔1〕 请参阅覃有土、李贵连主编：《票据法全书》，中国检察出版社 1994 年版，第126 页。

以外的期间，均属于禁止提示承兑期间。当然条文规定也不排除出票人可以为消极限制。至于应该为积极限制或消极限制，由出票人自主决定。

对于禁止承兑的汇票，学者指出，"持票人仍然可以请求付款人承兑，如果付款人承兑，则发生承兑的效力；如果付款人拒绝承兑，持票人不能进行期前追索。"[1]

4. 可请求承兑的汇票（承兑自由）

在票据立法例中，除上述所指的汇票之外的一般汇票，如果出票人或背书人未在汇票上记载"应当或禁止请求承兑"等字样的定日付款汇票及出票日后定期付款汇票，则提示承兑与否属于持票人的权利，并非持票人的义务。[2]换言之，对于这些汇票，基于承兑自由原则，持票人有承兑的自由权。不过，大陆地区《票据法》的规定与其他国家或地区及国际票据公约的规范有所不同，认为定日付款的汇票与出票后定期付款的汇票，属于应当请求承兑的汇票。[3]这是比较特殊的立法例，也不同于台湾地区的立法例。本书认为，基于承兑自由原则的票据法理，对于定日付款的汇票与出票后定期付款的汇票，无需特别规范应当提示承兑的期限，故而于"两岸票据制度一体化协议（建议稿）"中拟对此不予以规范。

（四）承兑的程序

在汇票承兑制度的程序中，主要是由持票人提示承兑、付款人承兑与否及交还汇票等三个过程所构成。

1. 提示承兑

所谓提示承兑，是指持票人于到期日前，向付款人现实地出示汇票并请求承兑，以行使或保全票据权利的行为。"提示承兑不是票据行为，但是它是付款人为票据行为的前提。同时提示承兑对于持票人保

---

〔1〕　请参阅王小能编：《票据法教程》，北京大学出版社2001年版，第214页。

〔2〕　覃有土、李贵连主编：《票据法全书》，中国检察出版社1994年版，第126页。

〔3〕　请参阅大陆地区《票据法》第39条第1款。

全其汇票权利具有重要意义。"〔1〕因为,汇票未遵守期限提示承兑,持票人丧失对其前手的追索权。〔2〕换言之,持票人必须遵期提示承兑,如果未按照规定期限提示承兑,将会丧失对其前手的追索权利。由于台湾地区"票据法"的提示承兑区分为意定限制与法定限制,但持票人都必须按照规定或约定期限遵期提示承兑,如果未遵期提示承兑,将会丧失对规定前手的追索权或约定前手的追索权。〔3〕

关于提示承兑的期间,按照票据立法例可以分为两种:①法定提示承兑期间(即法定限制)。尽管是否提示承兑是持票人的自由权利,但是,如果法律规定了必须在此期间提示承兑,则持票人仍必须遵期提示承兑,否则不发生提示的效力,即是法定提示承兑期间。法定提示承兑期间,依据汇票的到期日在出票时能否确定,又可分为两种:第一,一般法定提示承兑期间。如大陆地区定日付款汇票及出票后定期付款汇票的法定提示承兑期间,持票人"应当"在汇票到期日前向付款人提示承兑。〔4〕第二,特殊法定提示承兑期间。即见票后定期付款汇票的法定提示承兑期间,如大陆地区见票后定期付款汇票,持票人应当自出票日起1个月内向付款人提示承兑。〔5〕台湾地区"票据法"就见票后定期付款汇票规定了法定提示承兑期间,应自出票日起6个月内提示承兑。此项期限,出票人可以特约缩短或延长。但延长

〔1〕 请参阅覃有土、李贵连主编:《票据法全书》,中国检察出版社1994年版,第127页;王小能编:《票据法教程》,北京大学出版社2001年版,第215页。

〔2〕 请参阅大陆地区《票据法》第40条第2款。

〔3〕 台湾地区"票据法"第104条规定:"执票人不于本法所定期限内为行使或保全汇票上权利之行为者,对于前手丧失追索权(第1项)。执票人不于约定期限内为前项行为者,对该约定之前手,丧失追索权(第2项)。"

〔4〕 请参阅大陆地区《票据法》第39条第1款。该条规定"应当",故而属于法定提示承兑期限;而台湾地区"票据法"第42条规定:"执票人于汇票到期日前,得向付款人为承兑之提示。"该条规定适用于定日付款汇票及出票日后定期付款汇票,持票人于到期日前,固然可以向付款人提示承兑,但是否提示承兑属于持票人权利,纵然不提示承兑也不丧失追索权。因此,该条规定并非法定提示承兑期间,持票人仍然可以于到期日直接向付款人提示付款。请参阅曾世雄等:《票据法论》,自版2005年版,第183页。

〔5〕 请参阅大陆地区《票据法》第40条第1款。

期限不得逾 6 个月。[1]②约定提示承兑期间（即意定限制）。约定提示承兑期间，也称为"指定提示承兑期间"，是指出票人或背书人在汇票记载指定提示承兑的期限。日内瓦票据法公约及各国票据法都规定，出票人及背书人都可以在汇票记载指定提示承兑的期限。[2]学者也将指定提示承兑期间区分为一般指定提示承兑期间与特殊指定提示承兑期间。所谓一般指定提示承兑期间，是"针对定日付款或者出票后定期付款这种出票时就能够确定到期日的汇票，出票人及背书人可以在汇票上记载'必须请求承兑'，并指定提示承兑的期间。……特殊指定提示承兑期间，是对于见票后定期付款的汇票，法律对这种汇票的提示承兑的期间已作了规定，但出票人可以将其缩短或延长，背书人可以将其缩短"。[3]

台湾地区"票据法"对于一般指定提示承兑期间与特殊指定提示承兑期间均有明文规定，但是对于特殊指定提示承兑期间，仅限于出票人可以特约延长或缩短，背书人不得缩短。[4]大陆地区《票据法》并未承认指定提示承兑期间。换言之，大陆地区票据法律制度除了见票即付汇票不需提示承兑外，其余的汇票都必须要提示承兑，而且无约定提示承兑期限规定。

由于两岸票据法对于提示承兑的规定不同，本书拟于"两岸票据制度一体化协议（建议稿）"中对"提示承兑"予以一体化规范，其具体规范内容为："①持票人在汇票到期日前，可以向付款人提示承兑。②见票后定期付款的汇票，持票人应当自出票日起 6 个月内向付款人提示承兑。③前款情形，出票人可以特约缩短或延长。但延长期限不得超过 6 个月。④除见票即付的汇票外，出票人可以在汇票正面上记载'应请求承兑'的字样，并可以记载应承兑的期限。⑤见票即

---

〔1〕 请参阅台湾地区"票据法"第 45 条。
〔2〕 请参阅日内瓦《汇票及本票法统一公约》第 22 条、第 23 条；日本《票据法》第 22 条、第 23 条；台湾地区"票据法"第 44 条、第 45 条；澳门地区《商法典》第 1155 条、第 1156 条。
〔3〕 王小能编：《票据法教程》，北京大学出版社 2001 年版，第 216 页。
〔4〕 请参阅台湾地区"票据法"第 44 条第 2 项、第 3 项、第 45 条第 2 项。

付的汇票无需提示承兑。"

2. 承兑

承兑是汇票的付款人在汇票上表示同意负担票据付款义务的意思表示的票据行为。"持票人遵期向付款人提示汇票请求承兑后,付款人应在一定的时间内作出承兑或者拒绝承兑的决定。"[1]如果汇票的付款人同意承兑,则按照规定的方式完成承兑行为,付款人成为承兑人,是票据的主债务人;反之,如果汇票的付款人拒绝承兑,则持票人可以请求作成拒绝承兑证书,并行使期前追索权。

关于承兑的款式,学者一般认为,"所有票据行为均为要式行为,承兑是一种票据行为,其作出亦有一定的形式要求,即承兑的意思表示必须记载于汇票上",[2]此即为承兑的款式。各国票据立法例对于承兑的款式要求各有不同,可以将承兑的款式分为绝对必要记载事项、相对必要记载事项、得记载事项及不得记载事项等四种情形。①绝对必要记载事项。所谓绝对必要记载事项,是指付款人在承兑时必须要记载的事项,否则将使承兑行为无效。大陆地区规定,绝对必要记载事项包含记载"承兑"字样及承兑人的签章。承兑的记载事项必须在汇票的正面,且不能在粘单上记载。至于承兑人的签章仍必须遵守有关规定。[3]按台湾地区"票据法"第43条、第46条等规定的意旨观之,仅有"承兑人的签章"属于绝对必要记载事项。本书拟采纳台湾地区"票据法"的立法例,仅有"承兑人的签章"属于绝对必要记载事项。②相对必要记载事项。所谓相对必要记载事项,是指如果承兑人未记载,不影响承兑的法律效力,并且由法律规定推定的事项,如承兑日期。如果承兑人未记载承兑日期,承兑仍属有效。按大陆地区

---

〔1〕 引自王小能编:《票据法教程》,北京大学出版社2001年版,第216页。

〔2〕 引自覃有土、李贵连主编:《票据法全书》,中国检察出版社1994年版,第129页。

〔3〕 请参阅大陆地区《票据法》第42条第1款。大陆地区《支付结算办法》第23条第2款、第3款规定:"单位在票据上的签章,应为该单位的财务专用章或者公章加其法定代表人或其授权的代理人的签名或者盖章。个人在票据上的签章,应为该个人的签名或者盖章(第2款)。……商业承兑汇票的承兑人在票据上的签章,应为其预留银行的签章(第3款)。"

规定，如果承兑人未记载承兑日即"应以付款人收到提示承兑的汇票之日的第 3 日为承兑日期"。[1]台湾地区"票据法"第 43 条承认正式承兑与略式承兑，所以，"承兑"字样属于相对必要记载事项，即使未记载"承兑"字样，而仅有承兑人的签章亦视为承兑，与大陆地区《票据法》仅承认正式承兑的规定不同。此外，台湾地区"票据法"对承兑日期的记载亦属于相对必要记载事项，如果未记载承兑日期，承兑仍属有效。至于承兑日期的认定，持票人可以作成拒绝证书，证明承兑日期；如果未作成拒绝证书，以法定提示承兑期限或指定承兑期限的末日作为承兑日期。[2]日内瓦《汇票及本票法统一公约》第 25 条第 2 款后段规定，承兑日期的记载亦属于相对必要记载事项。本书于"两岸票据制度一体化协议（建议稿）"中采纳正式承兑与略式承兑的承兑方式，并将承兑日期的记载列为相对必要记载事项。③得记载事项。在票据立法例上有规定，承兑人在承兑时可以记载的事项，如付款人于承兑时，可以指定担当付款人（代理付款人）；付款人于承兑时，可以在汇票上记载付款地之付款处所。[3]这里的付款地的付款处所，是指付款地内所指定的特定付款地点。付款地的付款处所，依据台湾地区"票据法"第 27 条的规定，出票人可以记载，又依同法第 50 条的规定，付款人于承兑时，也可以记载。但是，如果出票人于出票时已经记载，付款人于承兑时，可否加以变更，即存有疑义。台

---

〔1〕 大陆地区《票据法》第 42 条第 2 款规定："汇票上未记载承兑日期的，以前条第 1 款规定期限的最后一日为承兑日期。"而同法第 41 条第 1 款规定："付款人对向其提示承兑的汇票，应当自收到提示承兑的汇票之日起 3 日内承兑或者拒绝承兑。"请参阅王小能编：《票据法教程》，北京大学出版社 2001 年版，第 217 页。

〔2〕 台湾地区"票据法"第 46 条第 2 项规定："承兑日期未经记载时，承兑仍属有效。但执票人得请求作成拒绝证书，证明承兑日期；未作成拒绝证书者，以前条所许或发票人指定之承兑期限之末日为承兑日。"

〔3〕 台湾地区"票据法"第 49 条规定："付款人于承兑时，得指定担当付款人（第 1 项）。发票人已指定担当付款人者，付款人于承兑时，得涂销或变更之（第 2 项）。"所以，担当付款人的记载是属于任意记载事项。所谓担当付款人是指代付款人担当支付汇票金额的人。大陆地区《票据法》称为"代理付款人"。台湾地区"票据法"第 50 条规定："付款人于承兑时，得于汇票上记载付款地之付款处所。"

湾地区"票据法"对此无明文规定。学者认为，解释上承兑人为便利起见，在不妨碍持票人权利的行使的情况下，于承兑时可以变更出票人所记载的付款处所。[1]大陆地区《票据法》对此并无特别规定。日内瓦票据法公约规定，出票人以付款人住所以外之地为付款地，可以在承兑时指定第三人之住址为付款处所。[2]由于两岸票据法规定不同，本书拟于"两岸票据制度一体化协议（建议稿）"中予以一体化规范。其具体规定内容为："付款人在承兑时，可以在汇票上记载原付款所在地的付款处所。但不可以变更原付款所在地。"④不得记载事项。这里所谓的不得记载事项，是指承兑人不得记载的事项，如果承兑人记载了将使承兑无效的事项。如承兑附有条件，视为拒绝承兑。[3]如大陆地区《票据法》不承认一部承兑。此外，学者也指出，如果承兑人于承兑时改变汇票上原有事项的记载，也将使承兑行为无效。[4]台湾地区"票据法"有条件承认一部承兑；此外，也规定承兑人于承兑时可以记载的事项。本书拟于"两岸票据制度一体化协议（建议稿）"中对附条件承兑、一部承兑以及对于汇票的出票人已指定代理付款人，付款人于承兑时，可以涂销或变更等，予以一体化规范，以资一体性适用。

3. 交还汇票

汇票的付款人在收到持票人所提示承兑的汇票即暂时占有该汇票，在其决定承兑或拒绝承兑后，都应将汇票交还原持票人，因为原持票人才是真正的票据权利人。如果汇票付款人决定承兑该汇票并完成规

---

〔1〕 请参阅梁宇贤：《票据法新论》，自版1997年版，第225页。

〔2〕 日内瓦《汇票及本票法统一公约》第27条规定："发票人以付款人住所以外之地为付款地，而未指定第三人之住址为付款处所时，付款人于承兑时得指定此项第三者；无此记载者，视为承兑人自己承担在付款地付款之责任（第1款）。以付款人住所为付款地之汇票，付款人于承兑时得记载付款地之付款处所（第2款）。"

〔3〕 大陆地区《票据法》第43条规定："付款人承兑汇票，不得附有条件；承兑附有条件的，视为拒绝承兑。"台湾地区"票据法"第47条第2项亦有相同规定。但是，该条但书又进一步规定，"承兑人仍依所附条件负其责任"。此但书规定，大陆地区《票据法》并无相同或类似规定。

〔4〕 请参阅王小能编：《票据法教程》，北京大学出版社2001年版，第217页。

定的要式行为，而将该汇票交还予持票人时，即发生承兑的效力，付款人成为票据的主债务人，负有到期无条件支付汇票金额的义务。至此，则完成了汇票的承兑的程序。

台湾地区"票据法"规定，付款人在汇票上签名承兑，但未交还持票人前，可以撤销承兑。此处"撤销"，一般学者认为，并非撤销而是"撤回"。因为付款人交还持票人前，承兑尚未发生效力，故应该使用"撤回"。〔1〕大陆地区《票据法》无此规定。

由于两岸票据法对于付款人在汇票上签章承兑，但尚未交还给持票人前，可否撤回承兑的规定不同，恐存在适用与解释上的疑义。本书对于票据行为的性质采单独行为说中的发行说。尽管付款人虽在汇票上签章承兑，但未将汇票交还持票人以前，仍未完成票据行为，故可以撤回承兑。台湾地区"票据法"第51条采用"撤销"，本书于"两岸票据制度一体化协议（建议稿）"条文采用"撤回"，以明确适用。具体规范内容为："付款人虽在汇票上签章承兑，但未将汇票交还持票人以前，可以撤回其承兑。"

（五）延期承兑

所谓承兑的延期，是指持票人请求汇票付款人为承兑时，付款人可以要求持票人延长一定期限作为承兑与否的考虑期。对此，各国票据立法例有不同的规定。

1. 各国立法例

在持票人请求承兑时，付款人可否请求承兑的延期，在票据立法例中有两种规范：第一，即时承兑主义，即付款人无请求承兑的延期权，必须立即决定是否承兑。第二，考虑期限主义，即赋予付款人就承兑与否相当的考虑期限。〔2〕

2. 大陆地区与台湾地区的规定

大陆地区《票据法》第41条第1款规定："付款人对向其提示承

---

〔1〕　请参阅台湾地区"票据法"第51条；王志诚：《票据法》，元照出版有限公司2012年版，第368页。

〔2〕　请参阅梁宇贤：《票据法新论》，自版1997年版，第228页。

兑的汇票，应当自收到提示承兑的汇票之日起 3 日内承兑或者拒绝承兑。"虽然大陆地区《票据法》没有明确规定付款人可以请求持票人延期承兑，但实际上仍赋予付款人可以在收到汇票日起的 3 日内自行决定是否承兑的权利。

台湾地区"票据法"第 48 条规定："付款人于执票人请求承兑时，得请其延期为之，但以 3 日为限。"换言之，付款人如要延期承兑，必须获得持票人同意延期，而无自行决定延期承兑的权利。就此立法意旨观之，大陆地区与台湾地区的立法例不同，但实际上均采取考虑期限主义。本书于"两岸票据制度一体化协议（建议稿）"中亦采"考虑期限主义"，但必须获得持票人同意，付款人才可以延期承兑。其具体规定内容为："付款人对请求承兑的汇票，应当在当日承兑或者拒绝承兑。但经持票人同意，可以延期决定，延期最长不超过 5 日。"

（六）承兑的撤回

如果付款人在汇票上签章且记载"承兑"字样及承兑日期后，在交还汇票持票人之前，由于尚未发生承兑的效力，其后，如果付款人反悔不想对该汇票进行承兑，是否可以撤回承兑行为，恐有疑义。台湾地区"票据法"规定，可以撤销其承兑。[1]日内瓦《汇票及本票法统一公约》第 29 条有类似规定。[2]因此，付款人将汇票交还持票人前，承兑尚未发生效力，故而可以涂销其承兑，使其不发生效力。台湾地区"票据法"使用"撤销其承兑"字句，台湾地区学者认为应该是属于"撤回"之误，所以学说上称为"承兑之撤回"。[3]大陆地区《票据法》对此种情形并未规定，因此，大陆地区学者认为："允许付

---

〔1〕 台湾地区"票据法"第 51 条规定："付款人虽在汇票上签名承兑，未将汇票交还执票人以前，仍得撤销其承兑。但已向执票人或汇票签名人以书面通知承兑者，不在此限。"

〔2〕 将汇票交还持票人前，涂销其承兑者，视为拒绝承兑。请参阅日内瓦《汇票及本票法统一公约》第 29 条。

〔3〕 请参阅梁宇贤：《票据法新论》，自版 1997 年版，第 230 页；王志诚：《票据法》，元照出版有限公司 2012 年版，第 363 页。

款人在承兑生效前将其撤销，不会影响汇票上其他当事人的利益，对付款人而言，是对其判断失误的补救，且符合国际惯例，因此，我国有必要承认承兑撤销制度。"[1]学者这里所指的"承兑撤销制度"应属"承兑撤回制度"之误。本书于"两岸票据制度一体化协议（建议稿）"中亦明文规定，此种情形，付款人可以"撤回"承兑。

（七）承兑的效力

汇票付款人在收到持票人提示承兑的汇票时，如果决定承兑该汇票并完成规定的要式行为，而将该汇票交还予持票人时，即发生承兑的效力，付款人成为票据的主债务人，负有到期无条件支付汇票金额的义务。因此，关于承兑的效力，本书拟从以下三方面就两岸票据法差异性进行比较分析：

1. 对付款人的效力

即如上所述，汇票的付款人一旦承兑即成为承兑人，承担到期付款的责任，为票据的主债务人。两岸票据法均有明文规定，但是详略不同，如台湾地区"票据法"规定，承兑人到期不付款者，持票人如为原出票人，也可以就"票据法"第97条及第98条规定的金额，直接请求支付。[2]大陆地区《票据法》并无此规定。由于汇票经承兑后，承兑人成为主债务人，负有绝对的付款责任，而出票人属于偿还义务人之一，如果因被追索而为清偿时，即取得与持票人相同的权利，应赋予其可以向承兑人请求偿还的权利。但是，当承兑人与出票人间有抗辩事由存在时，例如承兑人因出票人未提供票据资金，或其他法律关系存在为理由时，应赋予承兑人可以对原出票人主张抗辩，而拒绝原出票人的请求。[3]因此，本书拟于"两岸票据制度一体化协议

---

〔1〕　请参阅王小能编：《票据法教程》，北京大学出版社2001年版，第220页。

〔2〕　台湾地区"票据法"第52条规定："付款人于承兑后，应负付款之责（第1项）。承兑人到期不付款者，执票人虽系原发票人，亦得就第97条及第98条所定之金额，直接请求支付（第2项）。"大陆地区《票据法》第44条规定："付款人承兑汇票后，应当承担到期付款的责任。"日内瓦《汇票及本票法统一公约》第28条第1款规定："付款人承兑后，应负到期付款之责。"

〔3〕　请参阅梁宇贤：《票据法新论》，自版1997年版，第231页。

（建议稿）"中明确规定："承兑人到期不付款者，持票人虽系原出票人，也可以直接请求承兑人偿付追索的金额。但如果承兑人与原出票人之间，存有得以抗辩的事由时，承兑人对于原出票人得主张抗辩。"

2. 对持票人的效力

远期汇票在付款人为承兑之前，持票人所享有的仅是付款请求权的一种期待权，是一种处于不确定的权利，不一定能够实现，唯有经付款人为承兑后，持票人所享有的付款请求权才转为现实的权利。所以，承兑制度对于汇票而言，是非常重要的。[1]但是，两岸票据法对于承兑的款式要求不同，将影响持票人的效力。因此，本书拟于"两岸票据制度一体化协议（建议稿）"中予以一体化规范，以资一体性适用。

3. 对出票人及背书人的效力

汇票本身会因承兑而增强其信用，并促进其流通。如果汇票的付款人对汇票为承兑行为，则出票人及背书人均免于因汇票被拒绝承兑而产生的期前追索。因此，一般而言，如果汇票经付款人承兑后，更乐于为他人所接受，有助于该汇票的流通，同时也免除了出票人及背书人的被期前追索的问题，并提升了该汇票的信用。[2]但是，如果付款人仅为一部承兑，按台湾地区"票据法"的规定，尽管有条件承认一部承兑，但反面言之，也代表一部拒绝承兑，此时，仍不免除出票人及背书人被期前追索的责任，只是被追索的金额缩小而已；而大陆地区《票据法》不承认一部承兑，如为一部承兑，视为拒绝承兑，持票人可对出票人及背书人行使期前追索。由于两岸票据法对于承兑的规定不同，将影响两岸票据当事人的票据权益，因此，本书拟于"两岸票据制度一体化协议（建议稿）"中予以一体化规范，以资一体性适用。

二、票据参加行为

大陆地区《票据法》中并未设置票据参加行为制度；而台湾地区"票据法"则有票据参加行为制度的设计，因此，由于两岸票据法律

---

〔1〕 王小能编：《票据法教程》，北京大学出版社 2001 年版，第 219 页。

〔2〕 王小能编：《票据法教程》，北京大学出版社 2001 年版，第 219~220 页。

制度的设计理念不同，自然影响整体票据制度的规范。本书将以台湾地区"票据法"的规定为主，以国际票据公约及其他国家票据立法例为辅，对票据参加行为制度进行论述。

票据的参加行为制度包括参加承兑行为制度与参加付款行为制度。所谓参加承兑行为制度，一般称为参加承兑，是指为特定债务人的利益而由预备付款人或第三人替代付款人为承兑，以阻止持票人在汇票到期日前行使追索的一种附属票据行为。[1]就此而言，其主要有三个特征：第一，参加承兑是一种附属的票据行为。第二，是为阻止持票人行使期前追索权的票据行为。第三，参加承兑是为特定票据债务人的利益而为的票据行为。[2]所谓参加付款行为制度，一般称为参加付款，是指汇票或本票的付款人或代理付款人不付款时，为防止持票人行使到期追索权，维护特定票据债务人的利益，由付款人与代理付款人以外的第三人代为付款的票据行为。据此规定而言，其主要有三个特征：第一，参加付款是付款人与代理付款人以外的第三人所为的行为。第二，参加付款是为防止持票人行使到期追索权所为的行为。如果是防止到期前追索，则是通过参加承兑制度。第三，参加付款是为特定票据债务人的利益而为的票据行为。[3]

（一）参加行为的目的

票据立法例在设置参加行为制度时，有其特殊的设置目的存在，并按设置参加行为制度的不同而有其所欲达成的不同目的存在，主要分为参加承兑行为制度的目的（简称"参加承兑的目的"）与参加付款行为制度的目的（简称"参加付款的目的"）。

1. 参加承兑的目的

设置参加承兑制度的目的是在于增加票据信用，防止期前追索，

---

〔1〕　请参阅王小能编：《票据法教程》，北京大学出版社 2001 年版，第 224 页；郑玉波：《票据法》，三民书局 2008 年版，第 122~123 页。

〔2〕　请参阅郑玉波：《票据法》，三民书局 2008 年版，第 123 页；王小能编：《票据法教程》，北京大学出版社 2001 年版，第 224 页。

〔3〕　请参阅郑玉波：《票据法》，三民书局 2008 年版，第 146~147 页；王小能编：《票据法教程》，北京大学出版社 2001 年版，第 263 页。

弥补付款人不愿意承兑的情形，维持票据信用，以保护特定票据债务人的利益。[1]如果允许持票人径行行使期前追索权，亦即表示持票人可以从前手到出票人一直追索，请求偿还票据金额、利息及其他费用，如此不仅扩大了所有票据债务人的经济损失，而且也影响票据债务人的票据信用，因此，票据法为保护特定票据债务人的利益，而允许预备付款人或第三人参加票据关系，代替付款人参加承兑，以阻止持票人行使期前追索。

本书拟于"两岸票据制度一体化协议（建议稿）"中明文规范"参加承兑"，其具体规定内容为："参加承兑，是指汇票不获承兑或无法承兑时，为防止票据权利人行使期前追索权及维护特定票据债务人的利益，可以由票据债务人以外的第三人加入票据关系承诺到期支付汇票金额的票据行为。"其目的在于，防止票据权利人行使期前追索权及维护特定票据债务人的利益。

2. 参加付款的目的

参加付款是为了防止持票人行使到期追索权而为的行为。至于持票人所行使的追索权究竟属于哪一种权利，并无明文规定。台湾地区"票据法"仅规定参加付款的期限，即于持票人可以行使追索权时，可以参加付款，但最迟不得逾拒绝证书作成期限的末日。[2]从解释上而言，可以认为参加付款既可以阻止期前追索，也可以阻止到期追索。但是，期前追索可以通过参加承兑行为来阻止，因此，实际上，参加付款是针对到期追索而设的制度。[3]之所以设置参加付款制度的目的是在于，防止持票人行使到期追索权，以维护特定票据债务人的信誉及利益。

本书拟于"两岸票据制度一体化协议（建议稿）"中明文规范"参加付款"，其具体规定内容为："参加付款，是指票据付款人或代理付款人不为付款时，第三人为特定票据债务人的利益代为付款的票

---

[1] 请参阅王志诚：《票据法》，元照出版有限公司2012年版，第370页。

[2] 请参阅台湾地区"票据法"第77条。

[3] 请参阅王小能编：《票据法教程》，北京大学出版社2001年版，第263页。

据行为。"其目的在于，防止票据权利人行使到期追索权及维护特定票据债务人的利益。

（二）参加行为的时机

参加行为可以分为参加承兑行为与参加付款行为。由于参加承兑行为与参加付款行为的设置目的不同，相对而言，参加承兑行为与参加付款行为的参加时机点，也会有所不同。

1. 参加承兑的时机

就一般情形而言，可以参加承兑的时机，就是持票人可以行使期前追索权的原因。其主要有：第一，汇票不获承兑。第二，付款人、承兑人死亡、逃避或其他原因，无从为提示承兑。第三，付款人、承兑人受破产宣告时。[1]日内瓦《汇票及本票法统一公约》第43条规定，持票人可以行使期前追索权的时机，即得为参加承兑，且参加承兑后，持票人即不得行使期前追索。其主要时机在于：第一，付款人拒绝承兑；第二，付款人或承兑人破产；第三，付款人未经法院裁定，停止付款时；第四，法院对付款人财产经过执行而无效果时；第五，不获承兑的汇票出票人破产等。

本书拟于"两岸票据制度一体化协议（建议稿）"中规定可以行使期前追索的原因包括：第一，票据被拒绝承兑，包括一部拒绝与全部拒绝。第二，汇票的承兑人或者票据的付款人死亡、逃匿或因其他事由无从提示承兑或提示付款。第三，汇票的承兑人或者票据的付款人被依法宣告破产。

2. 参加付款的时机

参加付款制度的时机在于持票人可以行使追索权时，但最迟不得超逾拒绝证书作成期限的末日。[2]

---

〔1〕　请参阅台湾地区"票据法"第85条第2项。

〔2〕　台湾地区"票据法"第78条规定："参加付款，应于执票人得行使追索权时为之。但至迟不得逾拒绝证书作成期限之末日。"同法第87条规定："拒绝承兑证书，应于提示承兑期限内作成之（第1条）。拒绝付款证书，应以拒绝付款日或其后5日内作成之。但执票人允许延期付款时，应于延期之末日，或其后5日内作成之（第2项）。"

由于参加付款的规范目的，究竟在防止期前追索，或者到期追索，抑或两者皆有，学理上有不同观点，存在疑义。[1]为避免争议，本书拟于"两岸票据制度一体化协议（建议稿）"中规定，将参加付款的时机，限定于到期后行使追索权时为之。亦即："参加付款，应在持票人到期后行使追索权时为之。但最迟不得逾拒绝付款证书作成期限的末日。"

（三）参加行为的当事人

关于参加行为的当事人，按参加行为的不同，可以分为参加承兑的当事人与参加付款的当事人。

1. 参加承兑的当事人

持票人于到期日前可以行使追索权时，汇票上有指定预备付款人者，可以请求其为参加承兑。而且，除预备付款人与票据债务人外，不问何人，经持票人同意，可以票据债务人中之一人，为被参加人，而为参加承兑。此台湾地区"票据法"有明文规定。[2]就此规定而言，参加人限于票据债务人以外之人，对于已经负有票据债务的人，不得再为参加承兑，主要原因在于负有票据债务的人再为参加承兑并无增强票据信用之功用，故而认为无实益。参加人可以分为当然参加承兑人及任意参加承兑人。如果汇票上有记载预备付款人，即在防止期前行使追索权，当汇票被拒绝承兑时，预备付款人可以自动参加承兑，不必经过持票人同意，属于第二承兑人，故学理上称为"当然参

---

〔1〕 有认为参加付款不但在防止到期前追索，也防止到期追索，故而认为到期前、后均得参加付款。另有认为参加付款主要在于防止到期追索，因为到期前追索已有设置参加承兑制度，且依据台湾地区"票据法"第82条第1项规定，参加付款应在拒绝付款证书内记载，并未规定在拒绝承兑证书或拒绝见票证书内记载。故而认为参加付款限于到期追索时，才可以为参加付款行为。请参阅施文森：《票据法论——兼析联合国国际票据公约》，三民书局2005年版，第203页；梁宇贤：《票据法新论》，自版1997年版，第267页；王志诚：《票据法》，元照出版有限公司2012年版，第401~402页。

〔2〕 台湾地区"票据法"第53条规定："执票人于到期日前得行使追索权时，汇票上指定有预备付款人者，得请求其为参加承兑（第1项）。除预备付款人与票据债务人外，不问何人，经执票人同意，得以票据债务人中之一人，为被参加人，而为参加承兑（第2项）。"

加承兑"。[1]学者也指出,台湾地区"票据法"第53条规定,是持票人"得请求"预备付款人参加承兑,如果预备付款人不自动参加承兑,且持票人也没有义务请求其为承兑的义务,如此,将不足以阻止期前追索的设置目的,因此,认为应将"得请求"改为"应请求"较妥,以符合指定预备付款人的意旨。[2]至于任意参加承兑人是指票据债务人以外的第三人而言。依据台湾地区"票据法"第53条的规定,第三人是指预备付款人及票据债务人以外的第三人,其为参加承兑时,必须经过持票人同意,且依台湾地区"票据法"第55条的规定,该第三人为参加人,由于不是受被参加人的委托而为参加者,故应在参加后4日内,将参加事由,通知被参加人。如果参加人怠于为参加承兑通知,因而发生损害时,应负赔偿责任。[3]

就参加承兑制度的方式及被参加人而言,被参加人是指特定的票据债务人。参加承兑人的参加承兑方式,应在汇票正面记载:第一,参加承兑意旨;第二,被参加人姓名;第三,参加承兑的年月日;第四,参加承兑人签名。如果未记载被参加人者,视为为出票人参加承兑。如果预备付款人为参加承兑时,以指定预备付款人的人,为被参加人。[4]

本书拟于"两岸票据制度一体化协议(建议稿)"中规定:"①持票人在到期日前可以行使追索权时,汇票上有指定预备付款人者,应请求其为参加承兑。②除预备付款人与票据债务人外,不问何人,经持票人同意,可以以票据债务人中的一人为被参加人,而参加承兑。"

2. 参加付款的当事人

按台湾地区"票据法"的规定,可以将参加付款人分为当然参加付款人、任意参加付款人及优先参加付款人等三种。[5]所谓的当然参

---

[1] 梁宇贤:《票据法新论》,自版1997年版,第234页。

[2] 请参阅梁宇贤:《票据法新论》,自版1997年版,第234页;王志诚:《票据法》,元照出版有限公司2012年版,第373~374页。

[3] 请参阅台湾地区"票据法"第53条、第55条。

[4] 请参阅台湾地区"票据法"第54条。

[5] 请参阅台湾地区"票据法"第78条第1项、第79第1项、第80条等规定。

加付款人，是指参加承兑人及预备付款人而言；任意参加付款人，是指任何人都可以为参加付款；优先参加付款人，是指请求参加付款的人有数人时，能免除最多的债务者，有优先权。如果能免除最多数的债务又有数人时，应以受被参加人委托者或者预备付款人为参加付款。[1]

就参加付款制度的方式及被参加人而言，被参加人是指特定的票据债务人。参加付款人的参加付款方式，应在拒绝付款证书内记载参加付款意旨、被参加人的姓名、参加付款的年月日，并由参加付款人签章。如果参加承兑人为付款时，以被参加承兑人为被参加付款人；如果是预备付款人付款，以指定预备付款人的人为被参加付款人。如果无参加承兑人或预备付款人，而汇票上未记载被参加付款人者，以出票人为被参加付款人。[2]

本书拟于"两岸票据制度一体化协议（建议稿）"中分别规定，参加付款应记载事项、拟制被参加人及优先参加人等相关规定。

（四）参加行为的效力

关于参加行为的效力，可分为参加承兑的效力与参加付款的效力。

---

〔1〕 台湾地区"票据法"第78条规定："参加付款，不问何人，均得为之（第1项）。执票人拒绝参加付款者，对于被参加人及其后手丧失追索权（第2项）。"同法第79条规定："付款人或担当付款人不于第69条及第70条所定期限内付款者，有参加承兑人时，执票人应向参加承兑人为付款之提示，参加承兑人而有预备付款人时，应向预备付款人为付款之提示（第1项）。参加承兑人或预备付款人，不于付款提示时为清偿者，执票人应请作成拒绝付款证书之机关，于拒绝证书上载明之（第2项）。执票人违反前二项规定时，对于被参加人与指定预备付款人之人及其后手，丧失追索权（第3项）。"同法第80条规定："请为参加付款者，有数人时，其能免除最多数之债务者，有优先权（第1项）。故意违反前项规定为参加付款者，对于因之未能免除债务之人，丧失追索权（第2项）。能免除最多数之债务者有数人时，应由受被参加人之委托者或预备付款人参加之（第3项）。

〔2〕 台湾地区"票据法"第82条规定："参加付款应于拒绝付款证书内记载之（第1项）。参加承兑人付款，以被参加承兑人为被参加付款人，预备付款人付款，以指定预备付款人之人为被参加付款人（第2项）。无参加承兑人或预备付款人，而汇票上未记载被参加付款人者，以发票人为被参加付款人（第3项）。"

1. 参加承兑的效力

关于参加承兑的效力，可以分为：对参加承兑人的效力、对持票人的效力、对被参加人及其前手的效力、对被参加人后手的效力等四种。第一，对参加承兑人的效力。第三人为参加承兑时，由于不是受被参加人的委托而为参加者，故应在参加后4日内，将参加事由通知被参加人。如果参加人怠于为参加承兑通知，因而发生损害时，应负赔偿责任。因此，当第三人为参加承兑人时，负有通知义务。[1]付款人或担当付款人（代理付款人）未于台湾地区"票据法"第69条及第70条所定期限内付款者，有参加承兑人时，持票人应向参加承兑人为付款之提示，参加承兑人应负支付同法第97条所定金额的责任。[2]就此而言，参加承兑人除了负有通知义务外，还有参加承兑的积极效力，亦即偿还责任。第二，对持票人的效力。持票人允许参加承兑后，不得于到期日前行使追索权。[3]此乃参加承兑有阻止期前追索的作用。日内瓦《汇票及本票法统一公约》、日本《票据法》亦有相同规定。[4]第三，对被参加人及其前手的效力。被参加人及其前手可以在参加承兑后，向持票人支付台湾地区"票据法"第97条所定的金额，请其交出汇票及拒绝证书。[5]该规定主要目的在于避免将来对参加承兑人参加付款后的偿还金额扩大，而法律赋予票据债务人有期前偿还的权利，以保护票据债务人的权益。日内瓦《汇票及本票法统一公约》第58条第2款亦有类似规定。第四，对被参加人后手的效力。参加承兑人于参加承兑后，可使票据债务人免于被期前追索，而将来参加承兑人为参加付款后，还可以使被参加付款人后手的票据债务人免除其票据债务。[6]

---

〔1〕　请参阅台湾地区"票据法"第55条。

〔2〕　请参阅台湾地区"票据法"第57条、第79条第1项前段。

〔3〕　请参阅台湾地区"票据法"第56条第1项。

〔4〕　日内瓦《汇票及本票法统一公约》第56条第3款后段规定："如持票人允许其参加承兑时，对于被参加承兑人及其后手，不得于到期前行使追索权。"；另请参阅日本《票据法》第56条第3款亦有相同规定。

〔5〕　请参阅台湾地区"票据法"第56条第2项。

〔6〕　请参阅台湾地区"票据法"第84条第2项。

有关参加承兑的效力，本书采纳台湾地区"票据法"的规定，于"两岸票据制度一体化协议（建议稿）"中明确规定，参加承兑的通知、怠于通知的效果及参加承兑的效力。

2. 参加付款的效力

关于参加付款的效力，可以分为：对参加付款人的效力、对持票人的效力、对被参加付款人后手的效力等三种。第一，对参加付款人的效力。参加付款人对于承兑人、被参加付款人及其前手取得持票人之权利。但不得以背书更为转让。[1]所谓取得持票人的权利，是指参加付款人于参加付款后，即可取得付款请求权与追索权，但是不包括背书转让权。之所以不包括背书转让权的主要原因在于，因为参加人为该票据而参加付款后，即表示该票据已发生问题，不应该再使其处于流通，故而规定参加付款人不得以背书更为转让。不过，有学者认为此种票据仍得依民法一般债权转让方式为之。[2]第二，对持票人的效力。如果持票人已获得付款，则持票人的票据权利因而消灭，退出票据关系；如果持票人拒绝参加付款，对于被参加人及其后手丧失追索权。[3]持票人在取得票款后，应将票据及清单交付参加付款人，如有拒绝证书的，也应一并交付之。[4]第三，对被参加付款人后手的效力。参加人为参加付款后，被参加付款人之后手，因参加付款而免除债务。[5]

有关参加付款的效力，本书采纳台湾地区"票据法"的规定，于"两岸票据制度一体化协议（建议稿）"中，依据上述内容予以明确规定，以资一体性适用。

（五）参加承兑与承兑的异同

有关参加承兑与承兑的异同在于，如下表12所示。

---

〔1〕 请参阅台湾地区"票据法"第84条第1项。

〔2〕 请参阅梁宇贤：《票据法新论》，自版1997年版，第269页。

〔3〕 请参阅台湾地区"票据法"第78条第2项。

〔4〕 台湾地区"票据法"第83条："参加付款后，执票人应将汇票及收款清单交付参加付款人，有拒绝证书者，应一并交付之（第1项）。违反前项之规定者，对于参加付款人，应负损害赔偿之责（第2项）。"

〔5〕 请参阅台湾地区"票据法"第84条第2项。

表 12　参加承兑与承兑的比较表

		参加承兑	承兑
相同之处		两者均为汇票的特有制度。	
		两者均是以负担票据债务为目的的附属票据行为。	
		两者均须在汇票正面记载，不得在汇票背面记载。	
		两者均须在汇票到期日前为之。	
相异之处	目的不同	防止期前追索权的行使。〔1〕	确定付款人的付款责任。〔2〕
	性质（本质）不同	参加承兑人为汇票的第二债务人，仅负被追索的义务，亦即在付款人或担当付款人不付款时，负支付追索金额的责任。〔3〕	承兑人为汇票第一债务人、主债务人，对汇票负绝对的付款责任。
	责任不同	参加承兑人负与被参加人同一责任。于到期日时，仅在付款人或担当付款人拒绝付款时，才对被参加人及其后手负第二偿还责任。而且，请求人非经作成拒绝证书，不得向参加承兑人请求。〔4〕	付款人一经承兑，即承兑人，成为汇票的主债务人，自到期日起即须对全体票据债务人负第一次之付款义务，持票人无须提示拒绝证书。
	免责原因不同	参加承兑人的责任可能因持票人的权利保全手续欠缺而消灭，或者持票人不在法定期限内为付款提示，或不在法定期限内作成拒绝证书，对于参加承兑人丧失追索权。	承兑人为汇票主债务人，须负绝对的付款责任，除消灭时效外，不因持票人保全手续欠缺而免除。

〔1〕　请参阅台湾地区"票据法"第56条第1项。
〔2〕　请参阅台湾地区"票据法"第52条第1项。
〔3〕　请参阅台湾地区"票据法"第57条。
〔4〕　请参阅台湾地区"票据法"第57条、第82条第1项；日内瓦《汇票及本票法统一公约》第58条第1款规定，参加承兑人对持票人及被参加人的后手，担负与承兑人同一责任。

续表

		参加承兑	承兑
相异之处	得否一部分承兑不同	参加承兑不得为一部分参加承兑，必须就汇票全部金额为之，否则不能达到防止期前追索的目的。但已经为一部分承兑的汇票，则可以就未被承兑的汇票金额部分为参加承兑。	承兑可以为一部分承兑，但须经持票人同意。[1]
	是否须经持票人同意不同	除预备付款人外，第三人为参加承兑时，须经持票人同意。[2]	承兑除一部分承兑外，不须经持票人同意。[3]
	效力不同	参加承兑人为付款时，仅票据关系一部分消灭，票据上的权利不因此而全部消灭。已付款的参加人对于被参加人的后手丧失追索权，但对于承兑人、被参加人及其前手，仍有追索权。[4]	承兑人为最后责任的汇票主债务人，一经付款，票据上权利即全部归于消灭。纵使出票人未提供资金，该承兑人仅能依民法规定，向出票人求偿。

资料来源：依据相关文献整理。[5]

（六）参加付款与付款的异同

有关参加付款与付款的异同，如下表13所示。

---

〔1〕 请参阅台湾地区"票据法"第47条第1项。
〔2〕 请参阅台湾地区"票据法"第53条第2项。
〔3〕 请参阅台湾地区"票据法"第47条第1项。
〔4〕 请参阅台湾地区"票据法"第84条第1项。
〔5〕 郑玉波：《票据法》，三民书局2008年版，第123~124页；王小能编：《票据法教程》，北京大学出版社2001年版，第225页；王志诚：《票据法》，元照出版有限公司2012年版，第375~376页。

表13 参加付款与付款的比较表

		参加付款	付款
相同之处		以支付汇票或本票之金额为其内容。	
		广义的票据行为。[1] 但有学者认为属于准法律行为而非票据行为。[2]	
相异之处	适用对象不同	参加付款制度仅适用于汇票及本票。	付款制度适用于汇票、本票及支票。
	适用条件不同	参加付款是在付款人或担当付款人拒绝付款致使持票人行使追索权时才适用。	付款是付款人于票据到期，持票人提示付款时支付票款的制度。
	目的不同	参加付款制度的目的在于防止到期追索权的行使。[3]	付款制度的目的在于消灭票据关系。
	行为人不同	参加付款是由付款人与担当付款人以外的第三人所为。	付款是由付款人或担当付款人为之。
	得否一部分付款不同	参加付款必须就票据全部金额为付款，否则不能达到防止到期追索的目的。[4]	付款可以就票据所载金额的一部分为之。[5]
	效力不同	参加付款时，仅能消灭部分票据关系，票据上的权利不因此而全部消灭。参加付款人对于承兑人、被参加付款人及其前手，仍有追索权。被参加付款人的后手，因参加付款而免除债务。[6]	票据一经付款，即消灭全部票据关系。

资料来源：依据相关文献整理。[7]

---

[1] 郑玉波：《票据法》，三民书局2008年版，第30~31页。

[2] 请参阅王小能编：《票据法教程》，北京大学出版社2001年版，第263页；王志诚：《票据法》，元照出版有限公司2012年版，第405页。

[3] 请参阅台湾地区"票据法"第77条。

[4] 请参阅台湾地区"票据法"第81条。

[5] 请参阅台湾地区"票据法"第73条。

[6] 请参阅台湾地区"票据法"第84条。

[7] 郑玉波：《票据法》，三民书局2008年版，第147页；王小能编：《票据法教程》，北京大学出版社2001年版，第263~264页；王志诚：《票据法》，元照出版有限公

(七)参加承兑与参加付款的异同

有关参加承兑与参加付款的异同,如下表 14 所示。

表 14　参加承兑与参加付款的比较

		参加承兑	参加付款
相同之处		阻止追索权的行使。	
		为特定票据债务人的利益而为的行为。	
相异之处	适用对象不同	参加承兑适用对象限于汇票。	参加付款于汇票及本票均可适用。
	参加时机不同	付款人拒绝承兑时。	付款人拒绝付款时。
	性质不同	参加承兑属于狭义票据行为。	参加付款属于广义的票据行为。 但有学者认为,参加付款并非票据行为。[1]
	行为人不同	参加承兑人除预备付款人外,其他第三人欲参加承兑时,必须经持票人同意,可以票据债务人中之一人,为被参加人,而为参加承兑。	参加付款人除付款人与担当付款人之外,任何人均可以参加付款,且持票人不得拒绝。如果持票人拒绝参加付款,对于因此而不能免除责任的票据债务人,丧失追索权。[2]
	付款条件不同	参加承兑是一种将来一定条件下付款的意思表示,即如果在到期日持票人不获付款人或担当付款人付款时,参加承兑人再行付款的行为。	参加付款是现实的支付票款的行为。

(接上页)司 2012 年版,第 405 页;刘家琛主编:《票据法原理与法律适用》,人民法院出版社 1996 年版,第 395~396 页。

〔1〕　请参阅王志诚:《票据法》,元照出版有限公司 2012 年版,第 405 页。

〔2〕　请参阅台湾地区"票据法"第 78 条第 2 项;日内瓦《汇票及本票法统一公约》第 61 条;英国《票据法》第 68 条第 1 款、第 7 款。

		参加承兑	参加付款
	金额不同	参加承兑是就汇票的票面金额为参加承兑。	参加付款是就票据的票面金额、利息及其他费用为现实付款。
	效力不同	参加承兑系在增加票据信用，不消灭票据关系。	参加付款人为付款后，消灭部分或全部的票据关系。
	顺位不同	法无明文规定。	优先参加。[1]

资料来源：依据相关文献整理。[2]

三、支票划线行为

支票在票据立法例中，一般可以分为普通支票、保付支票、划线支票（平行线支票）、远期支票、现金支票及转账支票等等的不同分类。由于各种支票的性质不同，对于各种支票的付款情形，也会有所不同。

支票可于出票时签发一般支票，于出票后，由出票人或持票人在支票正面为划线行为，成为划线支票。划线支票，也称平行线支票，是指出票人、背书人或持票人在支票正面上划两条平行线，付款人仅得对金融业者或者特定的金融业者支付票据金额的支票。划线支票的目的在于，如果支票遗失或被窃时，可以便于挂失止付及防止被他人冒领。此种划线支票在票据立法例上通常可分为普通平行线支票及特

---

〔1〕 台湾地区"票据法"规定：参加付款人分为当然参加付款人、任意参加付款人及优先参加付款人等三种。优先参加付款人，是指请求参加付款的人有数人时，能免除最多的债务者，有优先权。如果能免除最多数的债务又有数人时，应以受被参加人的委托者或者预备付款人为参加付款。请参阅台湾地区"票据法"第 79 条第 1 项、第 78 条第 1 项、第 80 条等规定。

〔2〕 王小能编：《票据法教程》，北京大学出版社 2001 年版，第 264 页；王志诚：《票据法》，元照出版有限公司 2012 年版，第 405 页；刘家琛主编：《票据法原理与法律适用》，人民法院出版社 1996 年版，第 396 页。

别平行线支票。前者是指在支票的正面划有两道平行线的支票；后者是指在支票的正面划有两道平行线，并在平行线内记载特定的金融业者。[1]如果在普通支票左上角划两条平行线的，为划线支票，划线支票只能用于转账，不得支取现金。

大陆地区的票据法律制度并没有设置划线支票制度。而台湾地区规定，在支票正面划平行线二道者，付款人仅得对金融业者支付票据金额；如平行线内记载特定金融业者，付款人仅得对特定金融业者支付票据金额；但该特定金融业者为持票人时，可以其他金融业者为被背书人，背书后委托其取款。划平行线支票的持票人为非金融业者，应将该支票存入其在金融业者的账户，委托其代为取款。如果支票上平行线内记载特定金融业者，应存入其在该特定金融业者之账户，委托其代为取款。[2]台湾地区"票据法"的划线支票也区分为普通平行线支票与特别平行线支票。台湾地区"票据法"与大陆地区《票据法》对于支票规范不同者在于设有"划线支票"；而且，台湾地区的划线支票在未经背书转让情形下，可以由出票人在平行线内记载照付现款或同义字样，由出票人签章于其旁，视为平行线之撤销。[3]此规范的目的在于便利持票人提示票据取得现款，亦即相当于现金支票。按规定如果要符合平行线支票的撤销而取现款，必须符合下列要件：第一，出票人签章于平行线旁；第二，在平行线内记载照付现款或同义字样；第三，支票未经背书转让；第四，限于出票人撤销平行线。

日内瓦《支票法统一公约》第37条、第38条亦有普通平行线支

---

〔1〕 王志诚：《票据法》，元照出版有限公司2012年版，第510页。
〔2〕 请参阅台湾地区"票据法"第139条第1项至第4项。
〔3〕 台湾地区"票据法"第139条第5项规定："划平行线之支票，得由发票人于平行线内记载照付现款或同义字样，由发票人签名或盖章于其旁，支票上有此记载者，视为平行线之撤销。但支票经背书转让者，不在此限。"不过，日内瓦《支票法统一公约》第37条第5款规定，将此种划线或划线内之银行业者名称经涂销者，视为没有涂销。

票与特别平行线支票的规定。[1]但是，依据日内瓦《支票法统一公约》的规定，普通划线支票可以改为特别划线支票，但特别划线支票不得改为普通划线支票。而且，支票划线或划线内之银行业者名称经涂销者，"视为没有涂销"。[2]此与台湾地区"票据法"规定的效力不同。

《联合国国际支票公约草案》第68条至第71条也规定了划线支票，将划线支票分为普通划线支票与特别划线支票。普通划线支票可以改为特别划线支票，但特别划线支票不得改为普通划线支票。[3]英国《票据法》第76条至第81条也规定了划线支票，出票人可以在支票上作一般划线与特别划线。[4]

目前多数国家票据法律制度及日内瓦《支票法统一公约》都设有划线支票，而且台湾地区"票据法"也设有划线支票，仅大陆地区

---

〔1〕　日内瓦《支票法统一公约》第37条规定："出票人或持票人得于支票上划线，具有本法下一条所述之效力（第1款）。划线以在支票正面划二道平行线之方式为之。划线得为普通划线或特别划线（第2款）。只有在票面划线二道，或在二线内记明'银行业者'或同义字样者，为普通划线；在二线内记明银行业者之名称者，为特别划线（第3款）。普通划线得改为特别划线；但特别划线不得改为普通划线（第4款）。划线或划线内之银行业者名称经涂销者，视为没有涂销（第5款）。"同公约第38条规定："普通划线支票付款人仅得对银行业者或付款人之客户支付支票金额（第1款）。特别划线支票付款人仅得对指定之银行业者支付支票金额，或者，如该银行业者为支票之付款人时，则对其客户支付之。但该指定之银行业者仍得将该支票委托其他银行业者代为取款（第2款）。银行业者除从其客户或其他银行业者外，不得接受划线支票，亦不得为上述客户或银行业者以外之人代为取款（第3款）。支票有数特别划线者，付款人不得付款，但如划线有二，而其中之一系为提交票据交换所托收而划者，不在此限（第4款）。付款人或银行业者不遵守以上各规定，应对由此所生之损害负赔偿之责。但赔偿金额不得超过支票金额（第5款）。"请参阅郭锋、常风编：《中外票据法选》，北京理工大学出版社1991年版，第244~245页。

〔2〕　请参阅日内瓦《支票法统一公约》第37条第2款。

〔3〕　《联合国国际支票公约草案》第68条至第71条；请参阅郭锋、常风编：《中外票据法选》，北京理工大学出版社1991年版，第300~301页。

〔4〕　See Dudley Richardson, Guide to Negotiable Instruments and the Bills of Exchange Acts, Butterworth & Co（Publishers）Ltd., 7th edition, 1983, pp. 142~155；英国《票据法》第76条至第81条的中译文，请参阅郭锋、常风编：《中外票据法选》，北京理工大学出版社1991年版，第129~131页。

《票据法》中无划线支票的规定，因此，本书为融合两岸票据法的差异性，拟将划线支票纳入规范，以资一体性适用。但是，在本书中有所不同者在于，本书对于划线支票并非从静态的角度将其认为是属于支票的类型之一，而是从支票划线行为的动态角度观之，将其列入广义的票据行为，并于协议建议稿中予以一体化规范。

四、支票保付行为

大陆地区早在 1986 年即有保付支票的规定，但 1988 年 12 月 19 日中国人民银行《关于颁发〈银行结算办法〉和〈银行结算会计核算手续〉的通知》，明确规定自 1989 年 4 月 1 日起废止国内信用证及保付支票等结算方式，自此终结保付支票的使用。[1]其后《上海市票据暂行规定》及《票据法》均无支票保付的规定。[2]而反观台湾地区"票据法"第 138 条则有保付支票的规定。

所谓支票保付，是指付款人依出票人或收款人的请求，在支票上记载"照付"或"保付"或其他同义字样，并经付款人签章，由付款人负绝对付款责任。支票经付款人为保付后，可以从三个方面说明支票保付的效力：第一，就付款人而言，承担绝对付款责任。第二，支票上的出票人及背书人均因付款人为保付行为后而免其责任。第三，就持票人而言，支票经保付后，不受提示期间的限制，即使未遵期提示，仍可以向付款人请求付款。[3]美国《统一商法典》第 3-409 条第 (d) 款规定，"保付支票（Certified Check）是指银行承兑的支票。"[4]

---

〔1〕 1988 年 12 月 19 日中国人民银行《关于颁发〈银行结算办法〉和〈银行结算会计核算手续〉的通知》（银发〔1988〕391 号）。请参阅国务院研究室财金贸易研究司编：《中华人民共和国票据法实务全书》，企业管理出版社 1995 年版，第 138 页。

〔2〕 郑孟状等：《中国票据法专家建议稿及说明》，法律出版社 2014 年版，第 253 页。

〔3〕 王志诚：《票据法》，元照出版有限公司 2012 年版，第 509 页。

〔4〕 请参阅美国《统一商法典》第 3-409 条第 (d) 款。See Kenneth W. Clarkson, Roger LeRoy Miller, Gaylord A. Jentz（et al.），*Business Law Text and Cases：Legal, Ethical, Global, and E-Commerce Environment*, South-Western Cengage Learning, 11th edition, 2009, pp. 545~546.

可以请求保付的人，是支票的出票人或收款人（持票人）。[1]因此，持票人取得银行的保付支票后，出票人和所有背书人均免除其责任。[2]

付款人在支票上记载照付或保付并签名，其付款责任与汇票承兑人相同，出票人及背书人均免除其责任，此为台湾地区"票据法"对保付支票的规定。[3]但是，大陆地区《票据法》、日内瓦《支票法统一公约》均未规定保付支票。日本《支票法》规定，付款人可在支票上作付款保证，但是，出票人及其他支票上的债务人不因付款保证而免除责任。[4]因此，日本支票的"付款保证"不同于"保付支票"的效力。

学者指出："支票之受授，不能视同现款之受授。……为使付款人负担付款义务，以确保支票的确定性，须有类似承兑之制度，保付支票，即应此需要所产生。……有了保付制度，即可确保持票人对于付款人形成权利上的平衡。近年来，……学者多支持建构保付支票制度。"[5]

由于支票不仅是支付证券，也具有信用证券的功能，因此，为确

---

〔1〕　请参阅美国《统一商法典》第3-312条第（b）款。

〔2〕　请参阅美国《统一商法典》第3-414条第（c）款、第3-415条第（d）款。See Kenneth W. Clarkson, Roger LeRoy Miller, Gaylord A. Jentz（et al.）, *Business Law Text and Cases: Legal, Ethical, Global, and E-Commerce Environment*, *South-Western Cengage Learning*, 11th edition, 2009, p. 546.

〔3〕　台湾地区"票据法"第138条第1项、第2项规定："付款人于支票上记载照付或保付其他同义字样并签名后，其付款责任与汇票承兑人同（第1项）。付款人于支票上已为前项之记载时，发票人及背书人免除其责任（第2项）。"

〔4〕　日本《支票法》第53条规定："付款人可在支票上作付款保证（第1款）。付款保证需在支票正面记载'付款保证'或其他与此具有相同意义的文字，并须附日期的保证人署名（第2款）。"又依同法第56条规定："出票人及其他支票上的债务人不因付款保证而免除责任。"引自张凝、〔日〕末永敏和：《日本票据法原理与实务》，中国法制出版社2012年版，第386~387页。

〔5〕　请参阅郑孟状：《票据法研究》，北京大学出版社1999年版，第225~226页；郑孟状等：《中国票据法专家建议稿及说明》，法律出版社2014年版，第253~254页。

保支票金额支付的确定性，基于两岸票据的实际需求，本书认为有必要建立类似汇票承兑制度的保付支票制度，一方面可防止空头支票的产生，保护持票人的权利，另一方面也可促进两岸支票流通，因此，本书拟于"两岸票据制度一体化协议（建议稿）"中明文规定支票保付行为制度，以适应实际需要。

五、协议建议稿

为实现两岸票据市场一体化，并具有共同遵循与适用依据，则有必要对两岸票据制度的差异性予以融合与一体化，使得两岸票据市场一体化能够顺畅运行，因此，本书对各种票据的个别票据行为，如汇票承兑制度、参加制度、支票划线制度及支票保付制度等，拟于"两岸票据制度一体化协议（建议稿）"中分别予以具体规范。

（一）承兑行为方面

在"两岸票据制度一体化协议（建议稿）"条款中拟明文规范有关承兑的规定，其中包括承兑、提示承兑及承兑的方式等。

关于提示承兑期间的限制问题，尽管依据台湾地区"票据法"第44条的规定，区分出票人所为的限制及背书人所为的限制。但是，本书为避免两岸票据过于复杂，影响票据的流通及权利的行使，拟于协议建议稿中不将背书人所为的限制纳入规范，即背书人不得"在汇票上为应请求承兑之记载，并得指定其期限"。在承兑期限方面，由于两岸票据法规定不同，[1]必须予以融合成为统一规范才能共同遵循。因此，拟规定付款人对持票人请求承兑的汇票，在决定承兑或拒绝承兑的期间，原则上应立即决定承兑或拒绝承兑，以避免持票人往返所造成的时间、金钱及劳力等的损耗。但是也设置放宽的例外规定，如果付款人经持票人同意，也可以延长决定承兑或拒绝承兑的期间。此外，对附条件承兑、一部承兑等亦作出规范；而在撤回承兑方面，本书对

---

〔1〕 大陆地区《票据法》第41条第1款规定："……3日内承兑或者拒绝承兑。"；台湾地区"票据法"第48条规定："付款人于执票人请求承兑时，得请其延期为之，但以3日为限。"两岸规定不同。

于票据行为的性质采单独行为说中的发行说，尽管付款人在汇票上签章承兑，但未将汇票交还持票人以前，仍未完成票据行为，故可以撤回承兑。台湾地区"票据法"第51条采用"撤销"，协议建议稿调整为"撤回"。学理上亦认为在票据行为未完成前，应采"撤回"而非"撤销"。至于承兑的效力，付款人承兑汇票后，成为承兑人，应当承担汇票到期付款的责任；如果承兑人到期不付款者，持票人虽系原出票人，也可以直接请求承兑人偿付追索的金额。

在"两岸票据制度一体化协议（建议稿）"中拟规定有关承兑规定的主要条款内容如下：

【承兑的定义】

①承兑，是指付款人于持票人提示汇票时，承诺负担在到期日支付汇票金额的意思表示而在汇票正面签章，并将其交还予持票人的票据行为。

②承兑行为仅适用于汇票。

【提示承兑的定义】

提示承兑，是指持票人向付款人出示汇票，并要求付款人承诺付款的行为。

【承兑的方式】

①承兑应在汇票正面记载"承兑"或类似的字样，由付款人签章。

②付款人仅在票面签章者，视为承兑。

【应提示承兑与例外】

①持票人在汇票到期日前，可以向付款人提示承兑。

②见票后定期付款的汇票，持票人应当自出票日起6个月内向付款人提示承兑。

③前款情形，出票人可以特约缩短或延长。但延长期限不得超过6个月。

④除见票即付的汇票外，出票人可以在汇票正面上记载"应请求承兑"的字样，并可以记载应承兑的期限。

⑤见票即付的汇票无需提示承兑。

【付款人的承兑期间】

①付款人对请求承兑的汇票，应当在当日承兑或者拒绝承兑。但经持票人同意，可以延期决定，延期最长不超过5日。

②除立即承兑或拒绝承兑而交还汇票外，付款人应当向持票人签发收到汇票的收执单，并记明汇票提示承兑日期及签章。

【承兑日期】

①见票后定期付款的汇票，或指定请求承兑期限的汇票，应由付款人在承兑时，记载其日期。

② 承兑日期未经记载时，承兑仍属有效。但持票人可以请求作成拒绝证书，证明承兑日期；未作成拒绝证书者，以法定承兑期限或出票人指定的承兑期限的末日为承兑日。

【附条件承兑】

付款人附条件承兑者，视为拒绝承兑。但承兑人仍应依其所附条件承担付款责任。

【一部承兑】

付款人可以仅就票据金额的一部分承兑。[1]但持票人应将一部拒绝的事由通知其前手，并就未获承兑的部分作成拒绝承兑证书。

【指定代理付款人】

①汇票的付款人在承兑时，可以指定代理付款人（担当付款人）。

② 汇票的出票人已指定代理付款人者，付款人在承兑时，可以涂销或变更之。

【记载付款处所】

付款人在承兑时，可以在汇票上记载原付款所在地的付款处所。但不可以变更原付款所在地。

【撤回承兑】

付款人虽在汇票上签章承兑，但未将汇票交还持票人以前，可以撤回其承兑。

---

〔1〕 请参阅郑孟状等：《中国票据法专家建议稿及说明》，法律出版社2014年版，第164页。

【承兑的效力】

①付款人承兑汇票后，成为承兑人，应当承担汇票到期付款的责任。

②承兑人到期不付款者，持票人虽系原出票人，也可以直接请求承兑人偿付追索的金额。但如果承兑人与原出票人之间，存有得以抗辩的事由时，承兑人对于原出票人得主张抗辩。

（二）参加行为方面

参加行为制度包括参加承兑行为制度与参加付款行为制度。大陆地区《票据法》无参加行为制度；而台湾地区"票据法"第53条至第57条有规定参加承兑。在立法例上，如日内瓦《汇票及本票法统一公约》、英国《票据法》亦有参加承兑的规定。[1]为使得两岸票据市场一体化具有共同制度适用，本书拟于协议建议稿就参加承兑制度予以一体化规范，以资适用。

参加付款，是指付款人或代理付款人不为付款时，为防止追索权的行使，由付款人与代理付款人以外的第三人代为付款的票据行为。之所以设置参加付款制度，主要目的在于保全票据债务人的票据信用，以防止持票人行使追索权。但是，台湾地区"票据法"第77条规定，"参加付款，应于执票人得行使追索权时为之。但至迟不得逾拒绝证书作成期限之末日。"同法第85条第2项规定，持票人可以在到期前行使追索权。因此，对于参加付款的规范目的，究竟在防止期前追索，或者到期追索，抑或两者皆有，"票据法"并没有明确规定，而学理上有不同观点。有认为参加付款不仅在防止到期前追索，也防止到期追索，故而认为到期前、后均得参加付款。[2]另有认为参加付款主要在于防止到期追索，因为到期前追索已有设置参加承兑制度，且台湾地区"票据法"第82条第1项规定，参加付款应在拒绝付款证书内记载，并未规定在拒绝承兑证书或拒绝见票证书内记载。故而认为参加

---

〔1〕　请参阅日内瓦《汇票及本票法统一公约》第56条至第58条；英国《票据法》第65条至67条。

〔2〕　施文森：《票据法论——兼析联合国国际票据公约》，三民书局2005年版，第203页。

付款限于到期追索时,才可以为参加付款行为。[1]大陆地区《票据法》并未规定汇票、本票参加付款;而台湾地区"票据法"第77条至第84条有规定参加付款。在立法例上,如日内瓦《汇票及本票法统一公约》、英国《票据法》亦有参加付款规定。[2]本书拟采纳日内瓦《汇票及本票法统一公约》及台湾地区"票据法"立法例的规定,于协议建议稿就参加付款制度予以规范,以资适用。

"两岸票据制度一体化协议(建议稿)"条款中拟就有关参加承兑与参加付款予以一体化规范。

1. 参加承兑协议规范

"两岸票据制度一体化协议(建议稿)"中规定参加承兑的定义,并指出汇票上有记载免除担保承兑的情形,即无适用参加承兑的必要。另外,也明确规定请求参加承兑的情形,如汇票上有记载预备付款人时,按预备付款人设置的目的在阻止持票人行使追索权及维护票据信用,故而预备付款人可以直接主动参加承兑,不必经持票人同意,且持票人不得拒绝;如预备付款人未主动参加承兑时,持票人仍应向预备付款人请求参加承兑,否则无法发挥设置预备付款人的目的,故而条文规定持票人"应"请求其参加承兑,而非"得"请求其参加承兑,以明确规范持票人应直接请求预备付款人参加承兑;[3]如汇票上未记载预备付款人,则其他第三人可以经持票人同意而参加承兑,以避免期前追索。此外,协议建议稿中拟分别规定参加承兑应记载事项、参加承兑的通知及怠于通知的效果、参加承兑的效力及参加承兑人的责任等。

"两岸票据制度一体化协议(建议稿)"条款中,有关参加承兑的主要规范内容如下:

---

〔1〕 梁宇贤:《票据法新论》,自版1997年版,第267页;王志诚:《票据法》,元照出版有限公司2012年版,第401~402页。

〔2〕 请参阅日内瓦《汇票及本票法统一公约》第59条至第63条;英国《票据法》第68条。

〔3〕 王志诚:《票据法》,元照出版有限公司2012年版,第372~374页。

【参加承兑的定义】

① 参加承兑，是指汇票不获承兑或无法承兑时，为防止票据权利人行使期前追索权及维护特定票据债务人的利益，可以由票据债务人以外的第三人加入票据关系承诺到期支付汇票金额的票据行为。

②汇票上有记载免除担保承兑者，不得参加承兑。

③参加承兑行为仅适用于汇票。

【请求参加承兑】

① 持票人在到期日前可以行使追索权时，汇票上有指定预备付款人者，应请求其为参加承兑。

②除预备付款人与票据债务人外，不问何人，经持票人同意，可以以票据债务人中的一人为被参加人，而参加承兑。

【参加承兑应记载事项】

①参加承兑，应在汇票正面记载下列各款，并由参加承兑人签章：

（一）表明"参加承兑"的字样；

（二）被参加人姓名；

（三）参加承兑的日期。

②未记载被参加人者，视为为出票人参加承兑。

③预备付款人为参加承兑时，以指定预备付款人的人，为被参加人。

【参加承兑的通知及怠于通知的效果】

①参加承兑人非受被参加人的委托而为参加者，应在参加的次日起5日内，将参加的事由通知被参加人。

②参加承兑人怠于为前款的通知，因而发生损害时，应对被参加人负赔偿的责任。但赔偿金额以不超过汇票金额为限。

【参加承兑的效力】

①持票人允许参加承兑后，不得在到期日前行使追索权。

②被参加人及其前手，仍可以在参加承兑后，向持票人支付本协议所规定最初追索金额，请其交出汇票及拒绝证书。

【参加承兑人的责任】

付款人或代理付款人，不在法定或约定期限内付款时，参加承兑人应负支付本协议所规定最初追索金额的责任。

2. 参加付款协议规范

关于参加付款制度的协议建议稿条款规范，有以下几点说明：第一，有关"参加付款人应就票据金额全部参加付款，不得为一部参加付款"的规定。其主要理由在于参加付款系在防止追索权的行使，如同意为一部参加付款，则无法防止追索的立法意旨，故而仅能就票据金额全部参加付款。第二，参加付款的通知及怠于通知的效果。其主要在规范如果有非受被参加付款人的委托而参加付款时，该参加付款人应通知被参加人。至于通知期限，衡量两岸地域较广，考虑目前两岸人员流动仍属跨境通关，拟将通知的期限设置为 15 日，并明确规定，怠于通知的损害赔偿金额设定为不超过票据金额。第三，有关参加付款及违反的效果。即如果持票人违反规定（如有预备付款人时，持票人未向预备付款人提示付款，或者应请作成拒绝付款证书的机关，在拒绝证书上载明原因，而未依规定作成），对于被参加人与指定预备付款人的人及其后手丧失追索权。第四，参加付款的汇票缴回性。由于参加付款人于参加付款时，须实际支付票款，而取得持票人的权利，因此，明确规定，持票人应将票据及收款清单交付予参加付款人，以利其行使权利。如果持票人违反规定，造成参加付款人的损害，应负赔偿责任。第五，参加付款的效力。明确规定参加付款人取得持票人的权利，被参加人的后手因此而免除票据责任，且由于参加付款人系经由票据关系而取得票据权利，不继受原持票人的抗辩关系，故而明确规定，票据债务人不得以对抗持票人的事由，对抗参加付款人。

"两岸票据制度一体化协议（建议稿）"条款中，有关参加付款的主要规范内容如下：

【参加付款的定义及适用范围】

①参加付款，是指票据付款人或代理付款人不为付款时，第三人为特定票据债务人的利益代为付款的票据行为。

②前款所称第三人，是指付款人与代理付款人以外的第三人。

③参加付款行为适用于汇票、本票。

【参加付款的期限】

参加付款，应在持票人到期后行使追索权时为之。但最迟不得逾拒绝付款证书作成期限的末日。

【参加付款应记载事项】

①参加付款，应在票据正面记载下列各款，并由参加付款人签章：

（一）表明"参加付款"的字样；

（二）被参加付款人的名称；

（三）参加付款的日期。

②汇票上的预备付款人为参加付款时，以指定预备付款人的人，为被参加付款人。

③无预备付款人，而汇票上未记载被参加付款人者，汇票未经承兑的，视为以出票人为被参加付款人；汇票经承兑的，视为以承兑人为被参加付款人。

④本票上未记载被参加付款人者，以出票人为被参加付款人。

【参加付款人及拒绝参加付款的效果】

①参加付款，除票据主债务人外，不问何人，均得为之。

②持票人拒绝参加付款者，对于被参加人及其后手丧失追索权。

【优先参加人】

①请求为参加付款有数人时，其能免除最多数的债务者，有优先权。

②故意违反前款规定为参加付款者，对于因之不能免除债务的人丧失追索权。

③能免除最多数的债务者有数人时，应由受被参加人的委托者或预备付款人参加付款。

【参加付款的程序】

参加付款应在拒绝付款证书内记载。

【参加付款的金额】

参加付款，应就被参加人应支付的票据金额的全部为之。

【参加付款的通知及怠于通知的效果】

①参加付款人非受被参加付款人的委托而为参加者，应在参加的

次日起 15 日内，将参加的事由通知被参加付款人。

②参加付款人怠于为前款的通知，因而发生损害时，应对被参加付款人负赔偿的责任。但赔偿金额以不超过票据金额为限。

【参加付款及违反的效果】

①付款人或代理付款人不在期限内付款者，有参加承兑人时，持票人应向参加承兑人提示付款；无参加承兑人而有预备付款人时，持票人应向预备付款人提示付款。

② 参加承兑人或预备付款人，不于提示付款时为清偿者，持票人应请作成拒绝付款证书的机关，在拒绝证书上载明原因。

③持票人违反前二款规定时，对于被参加人与指定预备付款人的人及其后手丧失追索权。

【参加付款的汇票缴回性】

①参加付款后，持票人应将票据及收款清单交付参加付款人，有拒绝证书者，应一并交付之。

②持票人违反前款的规定者，对于参加付款人，应负损害赔偿的责任。

【参加付款的效力】

①参加付款人对于承兑人、被参加付款人及其前手取得持票人的权利。但不得以背书更为转让。

②被参加付款人的后手，因参加付款而免除票据债务。

③票据债务人不得以对抗持票人的事由，对抗参加付款人。

（三）支票划线行为方面

大陆地区支票可以分为普通支票、现金支票及转账支票；[1]台湾地区支票可分为一般支票、保付支票及平行线支票等，但并无具体规范转账支票。[2]大陆地区支票无保付支票及平行线支票。为使两岸票据法律制度上的差异性能够融合，并促进两岸票据的流通，减缓使用票据产生问题，故而在协议建议稿中亦规定转账支票，确保票据当事

---

〔1〕 请参阅大陆地区《票据法》第 83 条，《支付结算办法》第 115 条。

〔2〕 请参阅台湾地区"票据法"第 125 条、第 138 条、第 139 条。

人使用转账支票的意图；并且，也同时设置普通平行线支票及特别平行线支票，以期支票均能在金融机构间办理委托收款，便利票据当事人使用各种支票。此外，现今各国票据立法例中，仍有划线支票存在，且两岸票据涉及跨境，基于金融机构之间存在相互合作的空间，拟参考国际票据公约及各国（地区）立法例，如日内瓦《支票法统一公约》第37至39条规定划线支票及转账支票、日本《支票法》第37、38条规定划线支票，以及中国澳门地区《商法典》第1248条至1250条规定划线支票及转账支票。因此，本书拟于协议建议稿中也分别对划线支票及转账支票予以规范。但是，划线支票在本书中有所不同者在于，本书并非从静态的角度认为划线支票是属于支票的类型之一，而是从支票划线行为的动态角度观之，将其列入广义的票据行为，并予以明确规范，以资一体性适用。

有关支票划线行为，本书拟于"两岸票据制度一体化协议（建议稿）"中，具体规范如下：

【支票划线】

①支票的出票人或持票人可以在支票正面划两条平行线。划线可以分为普通划线与特别划线。

②在两条平行线内无任何指定文字，或只记载"银行"或与此具有相同意义的文字（指金融机构）时，为普通划线。在两条平行线内记载特定银行名称（指特定金融机构）时，为特别划线。

③支票经在正面划平行线二道者，付款人仅得对金融机构支付票据金额。

④支票上平行线内记载特定金融机构者，付款人仅得对特定金融机构支付票据金额。但该特定金融业者为持票人时，可以以其他金融业者为被背书人，背书后委托其取款。

⑤平行线支票的持票人，如非金融业者，应将该支票存入其在金融机构者的账户，委托其代为取款。

⑥支票上平行线内，记载特定金融机构者，应存入其在该特定金融机构的账户，委托其代为取款。

⑦普通划线可以变更为特别划线，特别划线不得变更为普通划线。

⑧涂销划线或指定银行的名称，视为未涂销。

（四）支票保付行为方面

有关支票保付行为，本书拟于"两岸票据制度一体化协议（建议稿）"中，具体规范如下：

【保付行为的定义】

①保付行为，是指付款人在支票上记载照付或"保付"的字样而签章者，向持票人担保付款的责任。

②保付行为仅适用于支票。

【支票保付的效力】

①付款人在支票上为保付行为者，出票人及背书人免除票据责任。

②付款人应在出票人存款额内或信用契约所约定数额内为保付。

③付款人违反前款规定者，由付款人所在地主管机关依法予以罚款。但罚款不得超过支票金额。

④经保付的支票，不适用止付通知及支票提示期间的规定。

第三节 票据隐存保证行为协议

票据隐存保证行为在台湾地区金融实务上是普遍存在的现象，但台湾地区"票据法"并未明文规定。英美票据也存在类似的隐存保证行为，只不过英美票据法不称为"票据隐存保证"，而称为"融通票据（Instruments Signed for Accommodation）"，并且有明文规范。

所谓票据隐存保证，是指行为人在票据上所为的一种法律行为，此种票据与一般的票据在外观上并无区别，也具有一般票据的效力，只不过是行为人将其内心真实的保证意思表示透过外在的票据行为方式表示在票据上面，使它能够更增强票据信用，并隐藏原本票据信用不足的情况。尽管票据保证具有增强票据本身的信用功能，但同时也凸显该票据本身所存在的信用问题，换言之，票据保证一方面维护了票据表面上的信用，另一方面也显现该票据具有信用不足的问题，故而才需要票据保证。如果通过隐存保证方式，将使得一般人无法从外观上察觉该票据存在信用问题，具有弥补票据保证时该票据所显现的票据信用问题，因此，不论票据债务人或者票据债权人都会比较乐意接受这样的票据。所以，票据隐存保证行为相较于一般票据保证更能够隐藏式地发挥增强票据信用的作用，而且不会暴露原票据本身所具有的信用不足问题。[1]然而，票据隐存保证行为人在票据上所为的票据行为究竟该承担什么样的责任，由于票据法律制度并无规范，存在适用争议。因此，本书拟对此问题进行具体的分析探讨。

票据保证为票据行为之一种，是为担保特定票据债务人之全部或部分票据债务之履行为目的而实施的票据行为。从票据债权人的立场而言，有票据保证相较于无票据保证更佳，更具有增强票据信用的作用，惟票据上如具有保证情形存在，也凸显该票据可能信用不足，才需要辅以票据保证以增强其信用，确保交易安全。[2]然而，票据隐存保证并不是一种票据保证行为，虽然未见之于"票据法"明文规定，但就本质而言，仍属于票据行为的一种，只不过其不以在票据表面上记载"保证"字样所为的票据保证方式，而是通过出票、背书、承兑等票据行为的方式，达到真实的保证目的所为的一种票据行为。[3]隐存保证票据在票据外观上与一般的票据无异；而隐存保证行为的保证人所承担的责任，则视其在票据上所处的地位而定，实际上反而更能凸显增强票据信用的功能。票据保证与票据隐存保证两者在实质上所欲达到的效果似乎无异，但两者在形式的呈现上却大有不同。简言之，票据隐存保证也同样具有增强票据的信用功能。然不论在大陆地区的《票据法》或台湾地区的"票据法"均未见使用该名称，亦未见任何规范，学者论述者亦不多。尽管票据隐存保证的概念在法律上未明文规定，惟在台湾地区的票据实务中，除了经常运用外，也发生不少票

---

[1] 相同观点者，如王小能编：《票据法教程》，北京大学出版社2001年版，第233页；于永芹："票据隐存保证背书研究"，载《烟台大学学报（哲学社会科学版）》2005年第3期，第300页。

[2] 王小能编：《票据法教程》，北京大学出版社2001年版，第233页；日本的案例，请参阅张凝、[日]末永敏和：《日本票据法原理与实务》，中国法制出版社2012年版，第220~232页。

[3] 王小能编：《票据法教程》，北京大学出版社2001年版，第232~233页。

据隐存保证的案例，日本实务上亦有类似案例。因此，探讨票据保证与票据隐存保证，具有实质上的意义与作用，并有利于协议建议稿的规划，以利于两岸票据流通后，能够更加与票据实务融合。

一、票据隐存保证行为的类型

所谓票据隐存保证行为是以保证为目的而在票据上为出票、背书、承兑、参加承兑等之票据行为。[1]而所谓的票据保证，按一般票据立法例的规定，须在票据上记载表明保证字样、保证人、被保证人、保证日期及保证人签章等。两岸票据法仅对汇票及本票设有保证制度，对于支票则未设置保证制度。[2]其主要理由在于：按目前通说，认为支票属于支付证券，并无信用证券之性质，仅为单纯支付工具，故无设置保证制度之必要。日内瓦《支票统一法公约》与两岸票据法规定不同，其就支票设有保证制度存在。换言之，日内瓦票据法公约及支票法公约对于汇票、本票及支票均有保证制度。[3]

票据保证属于要式的票据行为，如果票据保证不具备票据法所规定之要件者，即不发生票据法上票据保证的效力。有疑问者在于：如第三人不依据票据法所规定票据保证方式，转而以出票、背书、承兑、参加承兑等其他票据行为方式达到保证目的，此即为票据隐存保证，

---

〔1〕 于永芹："票据隐存保证背书研究"，载《烟台大学学报（哲学社会科学版）》2005 年第 3 期，第 299～302 页。该文仅论述"隐存保证背书"；至于隐存保证出票、承兑、参加承兑等并未论述。

〔2〕 大陆地区汇票保证依据《票据法》第 46 条规定，保证人必须在汇票或者粘单上记载：（一）表明"保证"的字样；（二）保证人名称和住所；（三）被保证人的名称；（四）保证日期；（五）保证人签章。本票保证依据同法第 81 条适用汇票保证规定；而支票由于《票据法》并无适用汇票保证规定，故而支票无保证制度。台湾地区的汇票保证依据《票据法》第 59 条规定，保证应在汇票或其誊本上记载：（一）保证的意旨；（二）被保证人姓名；（三）保证的年月日。如果未记载保证日期，以发票年月日作为保证日期；（四）保证人签名。本票保证依据第 124 条准用汇票保证规定，而支票依据《票据法》第 144 条并未准用汇票保证规定，同时亦无另设保证制度，故支票无保证制度。

〔3〕 请参阅日内瓦《汇票及本票法统一公约》第 30 条至第 32 条、第 77 条；日内瓦《支票法统一公约》第 25 条至第 27 条。

其效力如何，并没有明文规定。[1]台湾地区实务上存在此种票据隐存保证，其在形式上与票据保证不同，然而在实质上发生相当于票据保证的效果。英美票据法中有融通票据，[2]其与票据隐存保证有类似之处。为进一步详细说明，本书拟按票据隐存保证行为类型分析说明：

（一）隐存保证出票

所谓隐存保证出票，是指实质上为保证的意思表示而以出票形式表示于票据上的票据行为。简言之，即以出票方式达到保证之目的。例如，A公司为向甲银行融资，甲银行为确保其债权，乃要求A公司洽资信较佳的B共同签发票据作为担保。在此例中，A与B虽为共同出票人，但实际上仅A才是真正的出票人，而B则是隐藏在票据形式下的保证人。[3]台湾地区司法实务对于隐存保证出票曾有判决，其认为，"隐存的发票保证，系指债务人以外之人不于票据上记明保证字样，而以签发票据直接交与债权人之方式，以达成保证目的之保证"。[4]此即为隐存保证出票的司法判决。

美国票据法律制度中所谓的融通票据，与隐存保证出票类似，如自然人A向甲银行借款美金20万元，但甲银行要求A的母亲B必须共同签发本票给甲银行，则甲银行才同意借款给A。于是A与B共同签发本票，签发票面金额为美金20万元，并将该本票交付予甲银行。此例中，真正借款人是A，而B实际上是为保证A借款而与A共同签发本票。按美国《统一商法典》第3-419条规定，称此种共同出票人

〔1〕曾世雄等：《票据法论》，自版2005年版，第206～208页；王小能编：《票据法教程》，北京大学出版社2001年版，第232～233页；梁宇贤：《票据法新论》，自版1997年版，第240页；姜建初：《票据原理与票据法比较》，法律出版社1994年版，第170页；高子才主编：《票据法实务研究》，中国法制出版社2005年版，第156页。

〔2〕请参阅英国《票据法》第28条；美国《统一商法典》第3～419条；〔美〕ALI（美国法学会）、NCCUSL（美国统一州法委员会）：《美国〈统一商法典〉及其正式评述》（第2卷），李昊等译，中国人民大学出版社2005年版，第132～133页。

〔3〕曾世雄等：《票据法论》，自版2005年版，第206页。

〔4〕请参阅台湾地区"最高法院"2003年台上字第593号民事裁判要旨。

B 为票据担保人、融通出票人或融通当事人（the cosigner is a accommo-dation maker or accommodation party）；称真正的出票人 A（借款当事人）为被融通当事人（the maker is the accommodated party）。[1]

（二）隐存保证背书

所谓隐存保证背书，是指实质上为保证的意思表示而以背书形式表示于票据上的票据行为。简言之，以背书方式达到保证之目的。例如 A 签发一张票据予 B，B 为确保票据债权的稳固及增强票据的信用，要求 A 在票据交付之前，商请资信佳的 C 为背书再交予 B。于是 A 签发票据一张，金额人民币一千万元，由 C 背书并交付予 B。在本例中，C 形式上所为是背书行为，但实际上的真实意思是为 A 的票据作保证。从效果上而言，形式上的背书与票据保证，两者在效果上似乎相同，均在担保票据债务，实则两者在法律效果意思为相互排斥。此即为学理上探讨较多的"隐存保证背书"问题。[2]

美国票据法律制度中所谓融通票据，亦有与隐存保证背书类似情形，如自然人 A 向甲银行借款美金 20 万元，但甲银行要求 A 的母亲 B 必须在该本票背书，然后交付给甲银行，则甲银行才同意借款给 A。此例中，真正借款人是 A，而 B 实际上是为保证 A 借款的目的所为的背书。在美国称此种背书人 B 为融通背书人（the accommodation indor-ser）；称真正的出票人 A（借款当事人）为被融通当事人（the accom-

---

〔1〕 See Kenneth W. Clarkson, Roger LeRoy Miller, Gaylord A. Jentz（et al.），*Business Law Text and Cases*：*Legal*，*Ethical*，*Global*，*and E - Commerce Environment*，*South - Western Cengage Learning*，11th edition，2009，p. 526；Jane P. Mallor（et al.），Business Law：the ethical，global，and e-commerce environment，McGraw-Hill/Irwin，15th edition，2013，p. 870；Dglas J. Whaley，Problems and Materials on Payment Law，Aspen Law & Business，4th edition，1995，pp. 121~122.

〔2〕 请参阅王小能编：《票据法教程》，北京大学出版社 2001 年版，第 233 页；姜建初：《票据原理与票据法比较》，法律出版社 1994 年版，第 170 页；汪世虎：《票据法律制度比较研究》，法律出版社 2003 年版，第 395~396 页；梁宇贤："隐存保证背书与公司之保证"，载《月旦法学教室》2005 年第 29 期，第 36~37 页；于永芹："票据隐存保证背书研究"，载《烟台大学学报（哲学社会科学版）》2005 年第 3 期，第 299~302 页。

modated party）。[1]

（三）隐存保证承兑

所谓隐存保证承兑，是指付款人为实质上保证之意思表示而以承兑形式表示于票据上的票据行为。简言之，以承兑方法达到保证之目的。由于承兑制度为汇票特有的制度，本票、支票并无此制度，因此，该承兑限于汇票的付款人方得为之。在此情形下，仅付款人得以承兑方法达到保证之目的。有学者认为，在此情形，由于付款人并不适于为保证人，其既不适于为保证人，则隐藏在承兑之下的保证，同样不应存在。[2]惟本书认为仍有存在实益。主要原因在于：汇票付款人并不因出票人的付款委托而当然成为票据债务人，唯有经付款人承兑后，承兑人始负绝对付款责任，故仍有存在隐存保证承兑的实益。况且，如果汇票付款人对该汇票不承兑，即会发生期前追索的问题。例如 A 签发汇票予 C 时，商请 B 作为付款人，B 原意仅在于为 A 的票据保证并非作为付款人，故当 C 向 B 为承兑之提示时，B 基于保证的意思于汇票上为承兑的表示，在实际兑付票款前，仍期待由出票人 A 提供款项予 B 作为给付 C 之票款。

（四）隐存保证参加承兑

隐存保证参加承兑，是指实质上为保证之意思表示而以参加承兑形式表示于票据上的票据行为。简言之，以参加承兑方法达到保证之目的。参加承兑制度为汇票特有的制度，本票、支票并无此制度。台湾地区"票据法"、日内瓦《汇票及本票法统一公约》均设有参加承兑制度，但大陆地区"票据法"并无参加承兑制度。设置参加承兑制度是为特定票据债务人的利益，由预备付款人或第三人代替付款人为承兑，以防止持票人于票据到期日前进行追索的一种制度。由于其目的在于防止期前追索，所以，第三人通过隐存保证参加承兑的方式仍

---

[1]　See Kenneth W. Clarkson, Roger LeRoy Miller, Gaylord A. Jentz（et al.）, *Business Law Text and Cases：Legal, Ethical, Global, and E - Commerce Environment, South - Western Cengage Learning*, 11th edition, 2009, p. 526; Jane P. Mallor（et al.）, Business Law：the eth-ical, global, and e-commerce environment, McGraw-Hill/Irwin, 15th edition, 2013, p. 870.

[2]　曾世雄等：《票据法论》，自版 2005 年版，第 207 页。

可以达到保证的目的，进而防止发生期前追索。例如，C 原拟为 A 签发的汇票为保证，惟于该汇票不获承兑或不能承兑时，改以参加承兑方法来达到保证的目的。[1]

另外，参加付款制度，台湾地区"票据法"亦设有规定，而大陆地区《票据法》并未设参加付款制度。考察设置参加付款制度的目的主要在于：当付款人或担当付款人（代理付款人）拒绝付款时，可以由付款人与担当付款人（代理付款人）以外之第三人为特定票据债务人的利益，对持票人为现实地支付票款，以防止持票人行使追索权的行为。由于参加付款制度是直接现实支付票款，此与票据保证制度仅是为保证票据债务，两者在付款实现的时间维度上不同，因此，以参加付款达到保证的目的并无存在的空间，故无隐存保证的可能性存在。

（五）支票保证背书

所谓支票保证背书，是指背书人在支票背面记载"保证人"或"连带保证人"字句，并签章于该支票背面的票据行为。[2]例如 A 签发以甲银行为付款人的支票予 B，B 为确保债权之巩固，要求 A 在票据交付之前，商请 C 背书后，将该支票交予 B。惟 C 在支票上背书时，同时记载"保证人"或"连带保证人"字句，其余外观与一般转让背书无异，即是通过保证背书的方式来达到保证的目的。从形式上而言，该背书人 C 似乎应该负票据保证人责任。但是，依据台湾地区"票据法"的规定，支票并无准用汇票的保证规定，因此，支票并无保证制度。[3]如果在票据上记载"票据法"所不规定之事项者，不生票据上之效力。[4]据此，C 在支票上记载"保证人"或"连带保证人"字句的行为，当然不发生票据保证的效力，C 不负票据保证责任。台湾地区学理上认为，此种情形虽然不发生票据上的效力，但仍可发生民法上保证之效力。[5]不过，台湾地区司法判例认为，"于支票上加'连

---

[1] 曾世雄等：《票据法论》，自版 2005 年版，第 207 页。

[2] 王志诚：《票据法》，元照出版有限公司 2012 年版，第 346~347 页。

[3] 请参阅台湾地区"票据法"第 144 条。

[4] 请参阅台湾地区"票据法"第 12 条。

[5] 王志诚：《票据法》，元照出版有限公司 2012 年版，第 346 页。

带保证人’之背书，仅生背书效力"。[1]

支票保证背书与隐存保证背书两者看似相同，实则两者仍有差异。[2]即隐存保证的背书于票据上并无记载"保证人"或"连带保证人"字句；而支票保证背书则于支票上记载"保证人"或"连带保证人"字句，按现行"票据法"的规定，支票不准用汇票中有关保证制度规定，因此，在本例中C应负何种责任，应依其具体情形不同而有不同认定，故而仍有探讨的余地。此外，由于票据背书的意思表示是转让票据权利，而票据保证的意思表示是为保证票据债务，两者有本质上的差异。对此，同一行为人是否能够借由一个行为同时表达为"移转票据权利"及"保证票据债务"的两种不同法律效果的意思，即存有疑义。有学者认为，"移转票据权利"与"保证票据债务"两者的意思表示是相互排斥的而不可能同时存在。[3]因此，对于这些问题，有进一步探讨余地，本书将在后面分别论述。

依据上述说明，可以得知，隐存保证行为的方式不限于背书，只要不是通过票据保证的方法，而以出票、背书、承兑、参加承兑等方法以达到保证的目的者，均属于隐存保证行为之范畴。[4]而在支票中，除了隐存保证外，尚另有一种以保证背书方式为之的特殊保证形态，即在支票背面上记载"保证人"或"连带保证人"字句表示保证意思而为背书行为，其本质上与隐存保证具有相同的保证意思存在，但两者在形式上仍有差异性。

二、票据隐存保证与相关概念的分析

票据隐存保证如上所述，是指不于票据上载明保证的字样，而以

---

〔1〕 请参阅台湾地区"最高法院"1964年台上字第1930号判例。

〔2〕 请参阅王志诚：《票据法》，元照出版有限公司2012年版，第348页。

〔3〕 李钦贤："支票上记载'保证人'或'连带保证人'之效力"，载《月旦法学教室》2004年第23期，第28~29页。

〔4〕 王小能编：《票据法教程》，北京大学出版社2001年版，第232~233页；曾世雄等：《票据法论》，自版2005年版，第206页。

出票、背书、承兑、参加承兑等方式达到保证之目的所为的票据行为。[1]故而，不论票据隐存保证的出票、背书、承兑、参加承兑等哪种形式，在方法与目的方面具有类似性，均称为"票据隐存保证"。但是，票据隐存保证行为与支票保证背书、票据保证、民法保证、融通票据、票据背书等，彼此之间究竟有何区别，仍有分析说明之必要。

（一）票据隐存保证与支票保证背书的区别

票据隐存保证与支票保证背书之间的区别在于，从票据外观形式上而言，主要在于票据隐存保证在票据上并无记载"保证人或者连带保证人"字样，外观上与一般正常票据并无不同。[2]而支票保证背书是不仅在支票上记载"保证人"或"连带保证人"等字样，并且在该支票背面签名背书。因此，两者在票据形式上有所不同。

（二）票据隐存保证与票据保证的区别

票据隐存保证与票据保证两者均属于票据行为人所为的行为，而且属于票据法律行为。两者主要区别在于：前者行为人的内心意思表示（保证的意思）与外部表示不一致，行为人究竟应负何种责任，由于票据法并无明确规范，即产生疑义。而此处涉及"表示主义"与"意思主义"观点的不同。对此，学者与司法实务见解不同。如采表示主义，行为人依其表示的票据行为负责；如采意思主义，则需探求票据行为人的真实意思表示。该行为人又可能因心中保留或者通谋虚伪意思表示而认定不同责任：有可能认定该票据行为无效；亦有可能认定应负保证责任，然究竟为票据保证责任或民法上保证责任，亦可能有不同见解。后者票据行为人的内心意思表示与外部意思表示一致，且票据法有明确规范，行为人应负票据保证责任。

（三）票据隐存保证与民法保证的区别

由于票据隐存保证存在行为人的内心意思表示（保证的意思）与

---

[1] 请参阅台湾地区"最高法院"2003年台上字第593号民事裁判要旨："隐存的发票保证，系指债务人以外之人不于票据上记明保证字样，而以签发票据直接交与债权人之方式，以达成保证目的之保证。"

[2] 王志诚：《票据法》，元照出版有限公司2012年版，第348页；梁宇贤：《票据法新论》，自版1997年版，第189页。

外部的表示行为间具有不一致的情形。有学者认为，票据隐存保证乃双方意思表示合意所致，非属于意思表示瑕疵（如心中保留或通谋虚伪意思表示等），故仍应依票据文义性的记载，负票据责任。因此，如果票据行为人就票据为隐存保证出票，即应负出票人责任；如果票据行为人就票据为隐存保证背书，即应负背书人责任。对此，亦有学者持不同观点，认为前述学者观点应以相对人为不知或者第三人为善意者始有适用。如果持票人为恶意的第三人，应适度减低对票据流通性的保护，而赋予背书人得主张抗辩事由的权利，以权衡双方之权利义务。换言之，票据隐存保证的行为人如果能举证证明持票人明知其所为的票据行为构成心中保留，或者行为人与持票人间有通谋虚伪意思表示（即恶意串通）之情形，则行为人与持票人间存在人的抗辩事由。亦即，于直接当事人间仍得以意思表示无效作为抗辩事由。尽管如此，从另一角度而言，纵然行为人所持票据抗辩事由能够成立，但因行为人所为签名之目的既在于保证或隐存保证，则持票人仍可以主张其应负民法上的保证责任。[1]故隐存保证于直接当事人间所负责任，就实质上而言，与民法上保证责任相同；如就形式上而言，隐存保证对于善意第三人，应依其所为票据行为性质而负该行为之责任，则此时与民法上的保证责任不同。因此，票据隐存保证行为人究竟应该如何负责，视情况不同而有显著性差异。

（四）票据隐存保证与"融通票据"的区别

所谓融通当事人，是指当事人出借自己的名义予另一票据当事人为目的，而以票据当事人身份（如出票人、承兑人、背书人等）在票据上签名之人。[2]如 A 急需资金，商请其具有信用高且资金实力雄厚之好友 B 为其所签发票据为背书。由于该票据上有资金实力佳的 B 背书，增强该票据的信用，此时，A 可轻易通过该票据以筹集所需资金或融通交易。在此例中，B 称为融通当事人，A 称为被融通当事人，

---

〔1〕　请参阅王志诚：《票据法》，元照出版有限公司 2012 年版，第 349 页。

〔2〕　See Dudley Richardson, *Guide to Negotiable Instruments and the Bills of Exchange Acts*, Butterworth & Co (Publishers) Ltd. , 7th edition, 1983, p. 80.

此票据称为融通票据。〔1〕英美票据法中"融通票据",如融通当事人一旦在票据上签名,对于以对价取得票据的持票人,应依其在票据签名的身份负责;而票据隐存保证依据票据文义性及无因性,行为人在票据上签名并完成票据行为,按目前台湾地区司法实务见解,应依其在票据上所呈现的地位负票据责任。换言之,英美票据法中融通当事人与大陆法系中票据隐存保证行为人所承担的责任,均视其在票据上的地位而定。因此,票据隐存保证与英美票据法中"融通票据"具有类似之处,但两者本质上仍有差异。主要在于融通票据的目的在于借用他人票据信用以筹集资金,此为英美票据法所明文规定;〔2〕而票据隐存保证目的在于增强票据的信用或作为债务担保,促进票据流通,确保交易安全,目的并不限于筹集资金的票据担保,但票据法并无明文规定,而是在票据实务中发展而来的,且日本及中国台湾地区实务上均有案例,学者对此问题亦有探讨。其后,为日本及中国台湾地区司法实务所认同。〔3〕

---

〔1〕 See Dudley Richardson, *Guide to Negotiable Instruments and the Bills of Exchange Acts*, Butterworth & Co (Publishers) Ltd., 7th edition, 1983, pp. 80~81;另请参阅姜建初:《票据原理与票据法比较》,法律出版社1994年版,第176页。

〔2〕 请参阅英国《票据法》第28条;美国《统一商法典》第3-419条;See Dudley Richardson, *Guide to Negotiable Instruments and the Bills of Exchange Acts*, Butterworth & Co (Publishers) Ltd., 7th edition, 1983, pp. 80~82; and Kenneth W. Clarkson, Roger LeRoy Miller, Gaylord A. Jentz (et al.), *Business Law Text and Cases: Legal, Ethical, Global, and E-Commerce Environment, South-Western Cengage Learning*, 11th edition, 2009, p. 526;另请参阅郭锋、常风编:《中外票据法选》,北京理工大学出版社,1991年5月第1版,第106~107页;[美]ALI(美国法学会)、NCCUSL(美国统一州法委员会):《美国〈统一商法典〉及其正式评述》(第2卷),李昊等译,中国人民大学出版社2005年版,第132~135页。

〔3〕 英美票据法中"融通当事人合同"中,融通当事人与被融通当事人间并无对价,故融通当事人对被融通当事人不承担责任。如果融通当事人依签名身份支付票据金额后,对被融通当事人取得票据上的追索权。而票据隐存保证,被保证人与保证人间虽然存在基础关系,但保证人对于持票人(第三人)而言,依据票据文义性及表示主义,只能依其在票据上表现之身份(按出票、背书、承兑、参加承兑等身份而定)对持票人负责,台湾地区的司法实务上通常认为不能主张票据保证关系。又,英美票据法中"融通当事人合同"中,被融通当事人不能向融通当事人主张票据权利;而票据隐存保证,被保证人可以向票据上以其他身份表现的隐存保证人主张其在票据上的票据权利,只不

（五）支票保证背书与民法保证的区别

所谓支票保证背书，是指背书人于背书时，同时在支票上记载"保证人或者连带保证人"字样。在支票上为保证，依据票据文义性，似乎应负票据保证责任。但是按台湾地区"票据法"规定，支票不准用汇票中有关保证制度规定，故学理上对支票保证背书的效力，学者间的观点不同：有认为，依据台湾地区"票据法"第12条的规定，记载票据法所不规定的事项，不生票据法上之效力，故在支票上记载"保证人或者连带保证人"字样部分不发生票据法上的效力，仅负票据法上支票背书人责任。[1]但亦有认为，虽然在支票上记载"保证人或者连带保证人"字样部分的行为不生票据法上的效力，但认为可发生民法上保证的效力。[2]另有一折衷说观点，认为如果从票据的文义性而言，应保护善意的持票人，令其负背书人责任，以确保票据的流通；但是，如果持票人是明知或者恶意的情形，则认为为避免过于保护持票人而使得当事人的权利义务失衡，是否应使背书人可以对持票人主张背书无效的抗辩，非无疑义。换言之，学者以台湾地区"民法"第86条的心中保留规定作为认定依据，认为心中保留的背书行为，原则上应该依其表示的效果意思发生效力，即背书人具有背书的效果意思，则该背书有效，应负背书人责任；但是，如果持票人为明知该背书人无为背书的效果意思，则应该认为背书人可以对持票人主

（接上页）过隐存保证人可以基于基础关系而为抗辩。请参阅高子才主编：《票据法实务研究》，中国法制出版社2005年版，第156页。另请参阅王志诚：《票据法》，元照出版有限公司2012年版，第347~351页；张凝、〔日〕末永敏和：《日本票据法原理与实务》，中国法制出版社2012年版，第220~225页。

〔1〕台湾地区"票据法"第12条规定："票据上记载本法所不规定之事项者，不生票据上之效力。"大陆地区《票据法》第24条规定："汇票上可以记载本法规定事项以外的其他出票事项，但是该记载事项不具有汇票上的效力。"李钦贤："支票上记载'保证人'或'连带保证人'之效力"，载《月旦法学教室》2004年第23期，第28页；梁宇贤：《票据法实例解说》，自版1995年版，第283~284页。

〔2〕王志诚：《票据法》，元照出版有限公司2012年版，第346页；施文森：《票据法论——兼析联合国国际票据公约》，三民书局2005年版，第344页。

张该背书无效的抗辩。此为多数学者见解。[1]因此，如果认为支票保证背书的行为人应负背书人责任，则与民法上的保证相较，不仅在依据及承担责任等方面不同，且在效力方面也不同；如果认为支票保证背书不负背书人责任，而应负民法上保证责任，此时，该支票保证背书与民法上保证则相同。

台湾地区在早期司法实务上的见解亦有不同观点，最后由"最高法院"在1964年一则判例认定，于支票上加"连带保证人"的背书，仅生背书效力。而"最高法院"在1974年民庭庭推总会议亦作成一致决议，认为依文义证券的性质，应令其负背书人责任。[2]

（六）票据背书与民法保证的区别

背书是以转让票据权利的意思表示所为的票据行为，同时具有权利证明及担保责任的效力。[3]尽管背书同时具有票据权利移转、权利证明及担保责任，但主要的目的仍是转让票据权利，其次才是权利证明及担保票据债务。而民法上的保证是因主债务人不履行债务时，由其代付履行债务的责任。两者虽皆有担保债权的功能，但两者在效力、要式性等方面皆有所不同。两者的主要区别有以下几个方面：第一，

---

〔1〕 请参阅郑洋一：《票据法之理论与实务》，自版2001年版，第168页；施文森：《票据法论——兼析联合国国际票据公约》，三民书局2005年版，第344～345页；王志诚：《票据法》，元照出版有限公司2012年版，第347页。

〔2〕 台湾地区实务见解："最高法院"1964年台上字第1930号判例："票据上记载本法所不规定之事项，不生票据上之效力，为票据法第12条所明定，而依同法第144条关于保证之规定，既不准用于支票，则此项于支票上加'连带保证人'之背书，仅生背书效力。""最高法院"1974年12月3日1974年度第6次民庭庭推总会议决议（七）："在票据上签名者，依票上所载文义负责，'票据法'第5条第1项定有明文，凡在票据背面或其粘贴单上签名而形式上合于背书之规定者，即应负票据法上背书人之责任。纵令非以背书转让之意思而背书，其内心之意思，非一般人所能知或可得而知，为维护票据之流通性，仍不得解免背书人之责任。"请参阅黄宗乐监修、保成六法全书编辑委员会编：《六法全书（商事法）》，保成文化事业出版公司1994年版，第366～367、499～500页；梁宇贤：《票据法实例解说》，自版1995年版，第284页注1及第285业注2；另请参阅施文森：《票据法论——兼析联合国国际票据公约》，三民书局2005年版，第344～346页；王志诚：《票据法》，元照出版有限公司2012年版，第346～347页及第347页注58；梁宇贤：《票据法新论》，自版1997年版，第359页。

〔3〕 梁宇贤：《票据法新论》，自版1997年版，第214～217页。

要式性不同。票据背书必须是按票据法规定的方式所为的一种要式行为；而民法上的保证不需要履行一定的方式，只需要双方合意即可，为不要式合同行为。第二，从属性不同。票据背书虽属于"附属的票据行为"，即从属于出票行为而存在，但倘若出票行为无效，背书行为并不当然无效，因其具有独立性。[1]民法上的保证仅具从属性，保证债务从属于主债务关系而存在，当主债务不存在时，依据保证从属性原则，则从债务（保证债务）亦不存在。[2]第三，抗辩权及责任不同。民法上的保证，在一般保证情形，保证人享有先诉抗辩权，承担的是保证债务；而背书是票据法上赋予的特别规定，并无先诉抗辩权的适用，而且背书人应依据票据文义担保其后手所持票据的承兑及付款责任。台湾地区司法实务见解认为，背书责任担保的效力与民法上的保证二者性质不同：即签名于票据而背书者，依据票据法规定，应负背书人责任，持票人不得本于票据的背书，请求背书人履行民法上的保证责任。[3]两者的意义与形态不同，但就债权担保的功能而言，都是在于使债权人可以请求背书人或保证人清偿债务，则又具有相似性。台湾地区学者指出，背书与保证间并无可代替的功能，主要在于：①两者的规范要件及效力不同，故不能以保证形式达到背书的作用。②背书的主要目的在于转让票据权利，仅发生背书的效力，如要发生票据保证效力，必须在票据上记载"保证"字样，故而不能以背书代替保证。[4]

---

〔1〕　曾世雄等:《票据法论》，自版2005年版，第142~143页。

〔2〕　有学者使用"附从性"，请参阅魏振瀛主编:《民法》，北京大学出版社2010年版，第374页；亦有学者使用"随附性"，请参阅江平主编:《民法学》，中国政法大学出版社2000年版，第510页。

〔3〕　台湾地区"最高法院"1959年台上字第922号判例:"民法所称保证契约之保证人，于主债务人不履行债务时，由其代负履行之责，与票据法所称支票之背书人，应照支票文义担保付款之情形不同。故签名于支票而为背书者，应依票据法之规定负背书人之责任，执票人即不得仅凭支票上之背书，而主张背书人应负民法上之保证责任"。请参阅梁宇贤:《票据法新论》，自版1997年版，第217页及同页注16。

〔4〕　李模:"以背书代体保证之合法性"，载《法令月刊》1991年第2期，第49页；王志诚:《票据法》，元照出版有限公司2012年版，第346页。

（七）票据保证与民法保证的区别

票据保证，是指为了担保特定票据债务人履行票据债务之目的，而在票据上为票据保证行为。而民法上的保证，是指保证人因主债务人不履行债务时，由其代付履行债务之责任。两者既具有相似性，又有所区别。两者相似性在于，从债权担保的功能而言，都具有使债权人可以请求保证人清偿债务；而两者的主要区别有以下几个方面：第一，要式性不同。票据保证是依据票据法规定的一种要式票据行为。而民法上保证既可以是要式行为，也可以是非要式行为，属于一种合同行为。第二，行为性质不同。票据保证属于票据行为之一种，而关于票据行为的性质争议，学理上主要有契约说与单独行为说两种不同的观点。大陆地区及台湾地区的学者通说认为票据行为是单独行为说，[1]但英美票据法认为票据行为是属于一种合同行为。第三，独立性不同。票据保证属于票据行为的一种，依据票据行为的特性，具有票据行为独立性，故票据保证除因方式欠缺而无效外，[2]被保证人的债务即使因为基础关系而无效，[3]依据票据行为独立性原则，票据保证人仍然应负票据保证责任。两岸票据法均有明文规定。[4]民法上的保证则因具有从属性，保证债务必须以主债务存在为前提，当主债务不存在时，依据保证从属性原则，则从债务（保证债务）亦不存在。第四，抗辩权及清偿后的权利不同。票据保证人没有先诉抗辩权，而且被保证人对票据债权人的抗辩，票据保证人不得主张，仅得于清偿票款后，行使持票人对于承兑人、被保证人及其前手的追索权，票据保证人所享有的权利为追索权。民法上一般保证，保证人不仅享有先诉抗辩权，即债权人没有就主债务人（被保证人）财产强制执行且无效果前，保证人可以拒绝履行保证责任，且主债务人可以对抗债权人的一切抗辩，保证人均可以行使。又民法上保证，保证人在清偿保证债务后，所享

---

〔1〕台湾地区学者郑洋一认为，票据行为的性质采契约说较为合理。请参阅郑洋一：《票据法之理论与实务》，自版2001年版，第44~48页。

〔2〕此无效，学说称为"形式上无效"。

〔3〕此无效，学说称为"实质上无效"。

〔4〕请参阅大陆地区《票据法》第49条；台湾地区"票据法"第61条第2项。

有的权利为求偿权及代位权。

（八）票据保证与票据背书的区别

票据保证，是指为担保特定票据债务人履行票据债务之目的，而在票据上所为的票据保证行为。票据背书，是指以转让票据权利的意思表示所为的票据行为，同时还具有权利证明与担保票据债务的目的。因此，两者既具有相似性，又有所区别。两者相似性在于，就债权担保的功能而言，都具有使债权人可以请求保证人或背书人清偿债务的功能；两者的主要区别有以下几个方面：[1]第一，适用票据范围不同。在两岸票据法中，票据保证仅适用于汇票、本票，支票并无保证制度；[2]而票据背书可适用于汇票、本票及支票。第二，目的不同。票据保证的目的在于担保票据债务的履行，增强票据信用，促进票据流通，是保证行为的直接效果；而背书的主要目的在于转让票据权利，担保责任虽然随背书行为而成立，但其是基于票据法的特别规定，属于法定的行为效果。故而，两者的设置目的不同。第三，责任不同。票据保证人与被保证人负同一责任；而背书人责任应依据票据文义担保其后手所持票据的承兑及付款责任。

三、隐存保证行为的效力

行为人所为之行为，不论出票、背书、承兑、参加承兑等，均属于票据法律行为。按学者通说认为，票据行为是特种要式法律行为，而票据行为所为的意思表示仍可以适用一般法律行为的意思表示。[3]

---

〔1〕 请参阅梁宇贤：《票据法新论》，自版1997年版，第238页、第246页。

〔2〕 按日内瓦《汇票及本票法统一公约》及《支票法统一公约》规定，汇票、本票及支票均设有票据保证制度。请参阅日内瓦《汇票及本票法统一公约》第30条至第32条，本票保证依据该公约第77条规定适用汇票保证规定；日内瓦《支票法统一公约》第25条至第27条。

〔3〕 关于票据行为的定位，学者指出，应依据票据行为之定位不同，产生适用的效果不同。如将票据行为定位为法律行为，从而可适用法律行为有关规定；如将票据行为定位为准法律行为，仅可准用法律行为有关规定；如将票据行为定位为事实行为，则仅有存在与不存在问题，如意思表示有瑕疵则可能难有法律规定可资适用。请参阅曾世雄等：《票据法论》，自版2005年版，第37~40页。

在票据隐存保证或者支票保证背书中，行为人所为的行为仍属于票据法律行为，仍有法律行为意思表示的适用。只不过其所具有的共同特性在于内心的意思表示（即保证的意思）与外部表示（票据行为）之间具有不一致性，此意思表示的不一致情形，究竟该如何认定及发生何种效力，存在疑义；又同一行为人是否能够于票据上就同一行为同时表示两种不同的法律效果意思，有待探究。例如，A 签发以甲银行为付款人的票据予 B，B 为确保债权的稳固，要求 A 在票据交付之前，商请具有较佳资信之 C 为背书再交予 B。在本例中，C 内心的真实意思表示在于保证的意思，然其所表示于外部的行为是背书行为，两者意思表示间具有不一致性，即 C 通过背书方式达到保证的目的。就背书的意思表示本质而言，主要目的在于票据权利的转让，其次才是票据权利的担保与票据权利的证明；而保证的意思表示本质上仅在于担保债务的履行，故二者在本质上有很大差异，因此，有学者认为，同一行为人就同一行为在同一票据上不可能同时存在表达两种不同本质的法律效果意思。[1]同样地，隐存保证出票、隐存保证承兑、隐存保证参加承兑等与票据保证本质亦不同。此种案例，其效力应该如何认定，存在争议。此涉及意思表示解释究竟采"意思主义"（意思说、实质说）或者采"表示主义"（表示说、形式说）之不同而产生不同的责任。[2]换言之，由于票据隐存保证的行为人的内心意思表示为保证的意思，而实质上为票据行为，即有票据行为的意思表示存在，此时发生内心意思表示与外观所表达的意思表示二者不一致情形。如果采意思说，行为人的真意在于保证，应负保证责任而非背书，故不负背书责任。但是由于票据法规定票据保证为要式行为，如行为人的行为具备票据法规定之票据保证要式性，当然发生票据保证效力；反之，如行为人的行为不具备票据法规定之票据保证要式性，即不发生票据保证之效力，但依学说认为，虽不生票据法保证的效力，仍有可能发

---

〔1〕 李钦贤："支票上记载'保证人'或'连带保证人'之效力"，载《月旦法学教室》2004 年第 23 期，第 29 页。

〔2〕 李钦贤："支票上记载'保证人'或'连带保证人'之效力"，载《月旦法学教室》2004 年第 23 期，第 29 页。

生民法上保证的效力。又，假设该票据为支票，由于支票无保证制度，纵然在支票上为保证意思或保证行为，应解释为不发生票据保证之效力，[1]仅可能发生民法上保证的效力。反之，如果采表示说，行为人依票据文义性，由于客观上所表示的行为是背书行为，为相对人所信赖，故应负背书人责任，而非负票据保证或民法保证责任。

由于票据隐存保证行为及支票保证背书在台湾地区票据实务经常发生，而且两岸票据市场一体化，亦可能发生此种情形。为更好地实现两岸票据制度一体化，本书认为有进一步探讨该行为人应承担何种责任之必要。为此，拟分别论述如下：

（一）隐存保证出票

如上述所举的例子，A 公司为向甲银行融资，甲银行为确保其债权，乃要求 A 公司与资信较佳的 B 共同签发票据作为担保。在此例中，A 与 B 虽为共同出票人，惟实际上 A 才是真正的出票人，而 B 仅是隐藏在票据形式下的保证人，属于隐存保证出票人。由于行为人 B 的内心意思表示是保证的意思，而实质上为出票的意思表示，即产生行为人内心的意思表示与客观上的表示行为不一致情形。如果采意思说，因为行为人内心的真实意思表示在于保证并非签发票据，故认为行为人应负保证责任而不负出票人责任。所谓负保证责任，究竟是负票据保证责任还是民法上保证责任，应视其是否符合规定要件而定。由于票据保证为要式行为，如行为人的行为具备票据法规定的票据保证要式性，即发生票据保证效力；如行为人的行为不具备票据法规定的票据保证要式性，即不发生票据保证效力，但仍有可能发生民法上保证的效力；反之，如果采表示说，行为人依票据文义性，由于客观上所表示的行为是签发票据行为，为相对人所信赖，至于行为人的内心意思表示，非一般人所能知悉或可得而知，为维护票据的流通性及交易安全，认为该行为人应负出票人责任，即负担保承兑与担保付款的义务，而非负票据保证责任或民法上的保证责任。

---

[1]　请参阅大陆地区《票据法》第 93 条第 1 款、第 24 条；台湾地区"票据法"第 12 条。

以汇票为例，同一行为人在票据上为一票据行为，是否可能同时存在"负担保承兑与担保付款"与"保证票据债务"这两种不同法律效果意思，对此问题，存在疑义。本书认为，出票责任在于"担保承兑与担保付款"与票据保证之"保证票据债务"两者在法律效果意思上虽然有重叠，实则两者在具体的承担责任上不同，即票据保证人偿还票款后，仍可向被保证人、承兑人、出票人等追索。最初追索权与再追索权的求偿金额范围不同。出票人除汇票经承兑，得向承兑人追索外，并无追索权。因此，在同一票据行为中，不能既存在"负担保承兑与担保付款"法效意思，又存在"保证票据债务"法效意思，只能择其一而存在。[1]如果采表示说，则行为人应负出票人责任；如果采意思说，则基于行为人内心的真实意思表示，认为行为人应负保证责任。至于所谓保证责任，究竟应负票据保证责任还是民法上保证责任，则视该保证行为是否符合票据法规定而定之。按台湾地区司法实务见解的观点，认为在票据上签名者，依票上所载文义负责，为台湾地区"票据法"第5条第1项定有明文。纵令非以背书的意思而背书，其内心的意思，非一般人所能知或可得而知，为维护票据之流通性，仍不得免除背书的责任。[2]此司法实务见解虽然是针对隐存保证背书，但依其一贯认定标准，亦可类推适用于隐存保证出票。其后，台湾地区司法实务相关判决亦采表示说（形式说）立场。[3]

（二）隐存保证背书[4]

由于隐存保证背书在票据实务运作中最常见，故而本书拟以隐存

---

〔1〕 李钦贤："支票上记载'保证人'或'连带保证人'之效力"，载《月旦法学教室》2004年第23期，第29页。

〔2〕 1974年12月3日1974年度第六次民庭庭推总会决议；台湾地区"最高法院"1976年台上字第1550号民事判例。

〔3〕 请参阅台湾地区相关司法实务："最高法院"2003年台简上字第24号判例（该判例系有关隐存保证背书问题）；"最高法院"2003年台上字第593号民事判决（该判决系有关隐存保证出票问题）；"最高法院"2004年台简上字第5号民事判决（该判决系有关隐存保证背书问题）；台湾"高等法院"2005年上字第835号民事裁判（该裁判系有关隐存保证出票问题）。

〔4〕 请参阅陈文祥："论票据隐存保证之背书——以海峡两岸票据法为视角"，载《今日合库》2015年第6期，第4~27页。

保证背书为案例详细论述。

　　如上述所举的例子，A 签发以甲银行为付款人的票据予 B，B 为确保债权的稳固，要求 A 在票据交付之前，商请具有较好资信的 C 为背书再交予 B。于是 A 签发以甲银行为付款人的票据一张，票据金额为人民币 1000 万元，并由 C 背书并交付予 B。在本例中，C 形式上为背书行为，实际上是为 A 的票据作保证。由于行为人 C 的内心意思表示是保证的意思，而实质上为票据背书的行为，即产生意思表示不一致情形。如果采意思说，行为人内心真意在于保证而非背书，故应负保证责任。此种观点，认为当事人间既然知悉行为人的真意在于保证并非背书，因此，在相关知情当事人间可据以主张抗辩。但是，如果该票据再背书交付于善意第三人时，C 能否仅负保证责任，对此，法无明文规定，即存在疑义。如认为再背书转让予第三人 D 时，C 仅负保证责任，则不利于善意第三人 D 主张票据权利，恐有碍于票据流通。因此，本书认为 C 对于善意第三人 D 不得主张隐存保证，亦即不得认为其真意仅在于保证而非背书，以促进票据流通，确保善意第三人权益。于相关知情当事人间，因票据保证为要式行为，如行为人的行为具备票据法规定的票据保证要式性，即发生票据保证效力，负票据保证责任；如行为人的行为不具备票据法规定之票据保证要式性，即不发生票据保证效力，但仍可发生民法上保证效力。又，如该票据为支票，因支票不适用汇票有关保证规定，于支票保证情形，不发生票据保证的效力。但学理上通常认为，仍可发生民法上保证效力。反之，如果采表示说，行为人依票据文义性，由于客观上所表示行为为背书行为，为相对人所信赖，故应负背书人责任。

　　实际上，本书认为在票据隐存保证背书情形，应将该票据区分为记名票据或无记名票据不同而分别认定：

　　1. 在无记名票据情形

　　例如：A 依法签发一张票据给 B，然在交付予 B 之前，A 应 B 之要求，需洽商具有较佳信用之第三人 C 在支票背面签名，始接受该支票（即 A→C→B）。此时，A、B、C 三人均知悉 C 在该票据背面签名是基于保证所为，并非真正的转让背书行为。由于支票并无保证制度，因此，以背书的方式达到保证的目的，此种背书称为隐存保证背书。隐存保证背书人 C 应负何种责任，并无明文规定。

在本例中，学理上对此问题有不同观点。有认为应负票据法上背书责任；[1]有认为应负民法上保证责任；[2]亦有认为属于心中保留或通谋虚伪意思表示，而在当事人间可主张意思表示无效。[3]本书认为，在法无明文规定的前提下，为促进票据流通及维护交易安全，在适用有疑义时，应尽可能采取票据有效解释原则，并尽可能避免将票据行为解释为无效，以利于票据流通，确保第三人对于票据客观上的信赖，从而乐于接受票据，促进经济发展。故就本例而言，在无记名票据之当事人 A、B、C 之间，因均认识到该隐存保证人 C 实际并无负担票据债务的意思表示，而真实意思表示是为保证 A 的债务所为的背书行为，且持票人 B 亦明知该 C 并无转让票据的效果意思，从而无特别保护持票人 B 之必要，故当持票人 B 向 C 主张背书人责任时，应认为 C 仍得以原因关系（即保证）向 B 主张抗辩，以平衡当事人间的权利义务，并兼顾隐存保证背书人的利益。目前台湾地区学者及司法实务，认为基于票据文义性、维护交易安全及为促进票据的流通，应采背书说。[4]而且，认为：即使 A 签发票据并交付予 B，由 B 交付 C 背书后，再由 C 交还票据予持票人 B 的情形，也不发生回头背书问题。[5]

---

〔1〕 梁宇贤：《票据法实例解说》，作者自版 1995 年版，第 280～290 页；梁宇贤："隐存保证背书与公司之保证"，载《月旦法学教室》，2005 年第 29 期，第 36～37 页。

〔2〕 庄佳玮："论支票上保证"，载《全台律师》2008 年第 4 期，第 84～97 页。

〔3〕 王志诚：《票据法》，元照出版有限公司 2012 年版，第 349 页。

〔4〕 请参阅梁宇贤："隐存保证背书与公司之保证"，载《月旦法学教室》2005 年第 29 期，第 36～37 页；台湾地区"最高法院"2003 年台简上字第 24 号判例。该判例要旨："票据乃文义证券，不允许债务人以其他立证方法变更或补充其文义，故凡在票据背面或其黏单上签名而形式上合于背书之规定者，即应负票据法上背书人之责任。纵令系属隐存保证背书，且为执票人所明知，仍不能解免其背书人之责任。"另"最高法院"2012 年度台简上字第 26 号民事判决："凡在票据背面或其黏单上签名而形式上合于背书之规定者，即应负票据法上背书人之责任，纵令系属隐存保证背书，且为执票人所明知，仍不能解免其背书人之责任。"

〔5〕 梁宇贤：《票据法实例解说》，自版 1995 年版，第 281 页；王志诚：《票据法》，元照出版有限公司 2012 年版，第 349～351 页。

2. 在记名票据情形

在记名票据情形下，有可能造成背书不连续的问题。[1]

例如，A 依法签发一张记载为收款人 B 之支票，于交付予 B 之前，由第三人 C 以保证之意思在票据背面签名背书再交予 B（即 A→C→B）。此时，即造成收款人 B 与第一背书人 C 不同，导致背书不连续，则该隐存保证背书人 C 应负何种责任，在台湾地区学界与司法实务有不同观点：

第一种观点认为 C 应负保证责任。其主要理由认为，C 既是本于保证的目的而于支票背面签名，并非以真正背书的意思而于支票背面签名，其真意既在于保证，且 A 与 B 均知悉，以"背书作保"与票据法上背书之性质迥不相同，不负背书人责任。[2]换言之，C 不负背书人责任，仅须负民法上保证责任。故当持票人 B 向背书人 C 主张背书人责任时，C 得以原因关系为保证作为抗辩，主张仅负民法上保证责任，且支票并无保证制度，故不负票据保证责任。

第二种观点认为 C 应负票据法上的背书责任。[3]其理由认为：票据为文义证券，为促进票据流通，不能以票据上记载以外的事实来推定或补充当事人间的意思，故基于票据之客观解释原则，不考虑票据行为人主观上的意思，故在本例中的隐存保证背书人 C 虽系本于保证之意思所为之背书行为，但外观所显示为背书，依票据文义性，故应负背书责任。

第三种观点认为 C 不负背书责任。主要理由与第一种观点的理由不同，在于认为收款人 B 与第一背书人 C 不同，导致背书不连续，故不负背书责任。

---

〔1〕 王志诚：《票据法》，元照出版有限公司 2012 年版，第 347~351 页。

〔2〕 请参阅台湾地区"最高法院"1964 年台上字第 712 号判决；梁宇贤：《票据法实例解说》，自版 1995 年版，第 286 页注 3。

〔3〕 台湾地区"最高法院"2003 年台简上字第 24 号判例。以往台湾地区"最高法院"判决有不同观点：有认为应负背书人责任（台湾地区"最高法院"1963 年台上字第 2286 号判决）；亦有认为不负背书人责任（台湾地区"最高法院"1964 年台上字第 712 号判决）。

本书认为该隐存保证背书人 C 纵然非以转让背书的意思而为背书之行为，如果收款人 B 非属明知，是善意取得该票据，则基于维护票据流通性，C 不得以真意在于保证而非背书，对善意持票人 B 主张仅负保证责任。主要理由在于票据为无因证券，且依票据文义性，此种情形可以不认为背书不连续，C 所为背书行为仍应发生背书的效力，令 C 应负背书人责任；但是如果收款人 B 属明知，即取得票据时已知悉 C 为隐存保证背书人，是为保证意思所为的背书行为，故认为 C 对于 B 的追索可以主张原因关系为保证的抗辩，而不负背书人责任，仅负民法上保证责任。主要理由在于持票人 B 明知 C 并无背书的效果意思，故无特别保护之必要。

3. 再背书转让与其他善意第三人时

如果 B 将该票据转让给善意之 D 时（即 A→C→B→D），当 C 面对 B 与 D 的追索时，其所负责任应视该票据是否为记名票据而有不同：

（1）若该票据为无记名票据

由于是无记名票据，无背书连续的问题。因此，台湾地区学者与实务均认为不论 C 面对 B 或 D 的追索权，基于票据文义性，C 皆无从抗辩，应负背书人责任。惟本书认为，C 面对 B 的追索权与 C 面对 D 的追索权应为不同处理：在 C 面对 B 的追索权时，由于持票人 B 明知 C 并无背书之效果意思，故当持票人 B 向 C 主张背书人责任时，应认为 C 仍得以原因关系为保证向 B 主张抗辩，不负背书人责任，以平衡当事人间的权利义务，并兼顾隐存保证人的利益；而且该主张亦不妨碍票据的流通性。此时，B 仍可依据民法上保证规定向 C 主张保证责任。在 C 面对 D 的追索权时，由于 D 为善意持票人，而且并不知 C 无背书的效果意思，基于票据文义性及保护善意持票人，C 对于 D 不得主张原因关系为保证或真意为保证之抗辩，而仍应依其签名所为之背书而负背书人责任。此例中，B 背书予 D，其真意为背书，故 D 得对 B 追索，令 B 应负背书人责任，自属当然。

（2）若该票据为记名票据

本例因 B 为收款人，C 为第一背书人，形成背书不连续之情形，则 C 面对 B 或 D 的追索权时，所应负责任则有不同：学说上有认为，若非以移转票据权利为目的而为背书时，于当事人间不必考虑背书连续之问题，而应负背书人责任。[1]故当 B 向 C 行使追索权时，C 不得以背书不连续为抗辩，仍应负背书人责任，但对善意第三人 D 仍可以以背书不连续为抗辩。惟本书认为，C 面对 B 的追索权时，得主张其真意在于保证的原因关系抗辩，[2]而非主张背书不连续的抗辩。原因在于持票人 B 明知 C 真意并无为背书的效果意思，故 C 仅负保证责任，而不负背书人责任；C 面对 D 的追索权时，依据票据法规定，持票人主张票据权利者，应以背书连续证明其权利，故 C 得以背书不连续为抗辩，以避免票据关系过于复杂。

从上述隐存保证背书例中，显然也可以发现"意思表示不一致"的问题，即同一行为人在票据上为同一票据行为，是否可能发生两种不同的法律效果意思。亦即，既发生"票据权利移转"，也发生"票据债务保证"两种法效意思，即存在疑义。由于背书主要目的在"移转票据权利"与票据保证之主要目的在于"保证票据债务履行"，两者在本质上不仅不相同，而且是相互排斥的效果，因此，不可能在一个票据行为中，既存在"移转票据权利"的意思，又同时存在"保证票据债务履行"的意思。对于此种情形，有学者认为，只可能择其一而存在。[3]本书认为，此种说法可采。主要在于背书与保证的目的及

---

〔1〕　请参阅梁宇贤：《票据法实例解说》，自版 1995 年版，第 283 页。对于此种情形，有不同观点：认为凡非为转让票据上权利，即不生背书效力。若以背书代替保证（如隐存保证背书），即不可能具有票据法所定背书之特质，并不能认为合法的背书而赋予背书的效力；但是，探求当事人的真意，双方实出于保证之契约合意，可以引用背书为证明双方保证关系之证据，依保证债权求偿，不容径依背书而行使票据法上的追索权利。请参阅李模："以背书代替保证的合法性"，载《法令月刊》1991 年第 2 期，第 4~5 页。

〔2〕　亦有采类似见解者，认为应回归以当事人间之原因关系为基础，解析当事人间于票据上之权利义务关系。参阅庄佳玮："论支票上保证"，载《全台律师》2008 年第 4 期，第 84~97 页。

〔3〕　李钦贤："支票上记载'保证人'或'连带保证人'之效力"，载《月旦法学教室》2004 年第 23 期，第 29 页。

法律效果均不相同，且法律要求的要式性也不同。既然行为人以背书方式为票据权利的转让，即不可能在票据上记载"保证"字句，而仅负保证责任；反之，如果行为人为票据债务的保证，既然在票据上记载"保证"字句，即不可能再以背书方式转让票据权利。此为法律所以分别设置背书与票据保证而为不同规定，而且使两者同时存在的理由。至于民法上保证责任，本书认为依据票据文义性及客观解释原则，当事人的内心效果意思并非外人所得知或可得而知，因此，除了直接当事人之间可以主张原因关系抗辩外，应依其在票据上所为的票据行为负票据责任。

对于隐存保证背书情形，按台湾地区目前司法实务见解，认为应依文义证券的性质，令其负背书人责任。

（三）隐存保证承兑

如上述所举的例子，A 签发汇票予 C 时，商请 B 作为付款人，B 原意在于为 A 保证并非担任付款人，故当 C 向 B 提示承兑时，B 是基于保证的意思于汇票上为承兑的表示。在本例中，B 形式上所为是承兑行为，实则是为 A 的票据作保证。由于行为人内心意思表示为保证的意思，而实质上为票据承兑的意思表示，即产生意思表示不一致情形。如采意思说，行为人真意在于保证而非承兑，故应负保证责任。至于应负票据保证或民法上保证，则视其行为是否符合票据法上票据保证规定而定。由于票据保证为要式行为，如行为人的行为具备票据法规定的票据保证要式性，即发生票据保证效力；反之，如行为人的行为不具备票据法规定的票据保证要式性，则不发生票据保证效力，但一般认为仍可发生民法上保证效力。在此情形显然不利于持票人。因为付款人为承兑后，成为票据主债务人，负有绝对付款责任，持票人对于承兑人是一种付款请求权，承兑人于付款后，即消灭票据关系；而票据保证仅发生保证票据债务的履行而已，两者在效果上有很大差别。如采表示说，由于行为人表现于客观上为承兑行为，且为相对人所信赖，至于内心真意为何，第三人无从知悉，故认为依据票据文义性，行为人应负承兑人责任，而非保证责任。

在本例中与上述两种票据隐存保证情形不同。从保护持票人角度而言，承兑的法效意思优于票据保证的法效意思，因为付款人承兑后，成为承兑人，负有绝对付款责任，而承兑人一旦付款，持票人可取得票款，结束票据关系，对于持票人较有保障。而且，由于持票人对行为人所表示的外观行为具有信赖性，基于客观上信赖原则以及维护票据流通性，持票人权益应优先予以保护。因此，本书认为表示说观点较可采，不仅有利于保护持票人的票据权益，而且有助于尽早结束票据关系，更有助于实现票据流通最终功能。

（四）隐存保证参加承兑

如上述所举的例子，C原拟为A签发的汇票为保证，唯于A所签发汇票不获承兑或不能承兑时，C以参加承兑方法来达到保证的目的。由于参加承兑的目的在于保护票据债务人之利益及防止期前追索权的行使，其与票据保证的意思不同。因此，在本例中，由于行为人内心意思表示为保证的意思，而实质上为参加承兑的意思表示，即产生意思表示不一致情形。如果采意思说，行为人应负保证责任，不负参加承兑责任。此保证责任如同前述，如行为人的行为具备票据法规定的票据保证要式性，即发生票据保证效力；如行为人的行为不具备票据法规定的票据保证要式性，即不发生票据保证效力，但仍有民法上保证效力。反之，如果采表示说，行为人依票据文义性，由于客观上所表示为参加承兑行为，且为持票人所信赖，故应负参加承兑人责任。

（五）支票保证背书

如上述所举的例子，A签发以甲银行为付款人的支票予B，B为确保债权的稳固，要求A在票据交付之前，商请C背书后，将该支票交予B。惟C在支票上背书时，同时记载"保证人"或"连带保证人"字句，其余外观与一般转让背书无异，即通过保证背书的方式来达到保证的目的。行为人在支票上记载"保证人"或"连带保证人"字句是否即应负票据保证责任，以及其背书效力如何，因票据法无明文规定，发生适用上的疑义。

就本例而言，C在支票上为保证，依据票据文义性，C似乎应负票据保证责任。但是，因支票不适用汇票有关保证制度规定，按台湾地区"票据法"的规定，在支票上记载"保证人"或"连带保证人"

字句，该记载事项应不发生票据法上效力，即 C 之行为不生票据保证之效力，无法令 C 负支票保证。[1]台湾地区学理上认为，虽然该记载不生票据上之效力，但仍可发生民法上保证效力。不过，台湾地区目前司法实务见解认为，应依文义证券之性质，令其负背书人责任，如台湾地区"最高法院"1964 年台上字第 1930 号判例："票据上记载本法所不规定之事项，不生票据上之效力，为'票据法'第 12 条所明定，而依同法第 144 条关于保证之规定，既不准用于支票，则此项于支票上加'连带保证人'之背书，仅生背书效力。"[2]大陆地区学者对此种案例的观点认为，背书人于支票上记载"保证"字样并签章，虽然不能发生票据保证之效力，但持票人可以背书人在票据上签章要求其承担背书人责任，或者以背书人在票据上的"保证"要求其承担民法上一般债权的担保义务。因此，认为支票上记载以保证为目的的隐存保证背书，虽不能发生票据保证的效力，但其签章者仍应承担背书人责任。[3]其观点与台湾地区司法实务观点相同。关于此案例，台湾地区学说上仍有人认为："如从票据之文义性观之，应保护善意之执票人，而令背书人负背书之责任，以确保票据流通；但执票人如为明知或恶意之情形，为避免法律过于保护执票人而使得当事人之权利义务失衡，是否应使背书人得对执票人主张背书无效之抗辩，非无疑义。"[4]

在支票保证背书的案例中，同一行为人在票据上为同一票据行为，是否可能同时存在"票据权利移转"与"票据债务保证"两种不同的意思表示，产生疑义。主要在于背书具有"票据权利移转"效力与票据保证仅具有"保证票据债务之履行"的意思，两者在本质上不同，

---

〔1〕 李钦贤："支票上记载'保证人'或'连带保证人'之效力"，载《月旦法学教室》2004 年第 23 期，第 28 页。

〔2〕 1983 年 5 月台湾地区"司法院"司法业务研究会第三期研究意见，亦采同此见解。请参阅黄宗乐监修、保成六法全书编辑委员会编辑：《六法全书（商事法）》，保成文化事业出版公司 1994 年版，第 499~500 页。

〔3〕 于永芹：《票据法前沿问题研究》，北京大学出版社 2003 年版，第 145 页。

〔4〕 引自王志诚：《票据法》，元照出版有限公司 2012 年版，第 347 页。另请参阅郑洋一：《票据法之理论与实务》，自版 2001 年版，第 168 页；施文森：《票据法论——兼析联合国国际票据公约》，三民书局 2005 年版，第 344~345 页。

不可能同时存在于同一个票据行为中，因此，本书如同前述，认为只能择其一而存在。亦即，如果从形式上认定是保证行为，则行为人仅负民法上保证责任；反之，如果从实质上认定为背书行为，则记载"保证人"或"连带保证人"字样在于表明背书人仅负保证责任，应认为该项记载不生票据法上之效力，[1]背书行为仍具有票据法上背书之效力，应负背书人责任。

四、协议建议稿

在票据隐存保证案例中，大陆地区的相关票据文献论及较少，但是，此种案例在台湾地区票据实务中普遍存在。然而，学界与司法实务对此问题有不同观点。其中，又以隐存保证出票、隐存保证背书及支票保证背书等案例最多，故而台湾地区学理上探讨亦较多，司法实务上亦曾发生几个经典案例。[2]例如，债务人向银行融资时，银行要求债务人与担保人必须共同签发本票作为借款的担保，即是票据隐存保证出票；或者要求该债务人签发票据，于交付银行前，商洽具有较佳信用之第三人在支票背面签名，然后再交付予银行，以背书方式达到借款保证之目的，即是所谓的票据隐存保证背书。就此问题而言，台湾地区的司法实务见解认为，票据乃文义证券，不允许债务人以其他立证方法变更或补充其文义，故凡在票据背面或其黏单上签名而形式上合于背书规定者，即应负票据法上背书人责任。纵令是属隐存保证背书，且为持票人所明知，仍不能解免其背书人责任。台湾地区司法实务此观点，对于善意第三人主张票据权利时，固然可以适用，但是对于知情当事人间是否仍负背书人责任，由于法无明文规范，本书

---

[1] 李钦贤："支票上记载'保证人'或'连带保证人'之效力"，载《月旦法学教室》2004 年第 23 期，第 29 页。

[2] 请参阅台湾地区相关司法实务见解："最高法院"2003 年台简上字第 24 号判例（该判例系有关隐存保证背书问题）；"最高法院"2003 年台上字第 593 号民事判决（该判决系有关隐存保证出票问题）；"最高法院"2004 年台简上字第 5 号民事判决（该判决系有关隐存保证背书问题）；台湾地区"高等法院"2005 年上字第 835 号民事裁判（该裁判系有关隐存保证出票问题）。

认为存在争议。按一般法律常理而言，在知情相关当事人间应可主张保证责任作为人之抗辩事由。

由于两岸票据法对于"票据隐存保证行为"均无明文规定，为避免两岸票据市场一体化后，对于此类票据问题发生适用上的争议。因此，在票据隐存保证规范的方案中，有两种方案选择：

方案一（意思说）：

①以出票、背书、承兑、参加承兑等方法达到保证之目的所为之票据行为称为隐存保证。

②隐存保证人依其所为票据行为适用各该票据行为规定。但持票人如明知该隐存保证人实际上系为保证所为票据行为，隐存保证人得主张抗辩。

方案二（表示说）：

①以出票、背书、承兑、参加承兑等方法达到保证之目的所为之票据行为称为隐存保证。

②隐存保证人依其所为票据行为适用各该票据行为规定。

③记名票据，在票据约定隐存保证之当事人间，隐存保证人得主张保证之抗辩；对非约定隐存保证之第三人，仅得主张背书不连续抗辩，而不得主张保证之抗辩。

④无记名票据，持票人为善意，隐存保证人不得主张保证之抗辩。

隐存保证背书通常也可能涉及回头背书问题，通说均认为背书人仍应负背书人责任。[1]此类问题，票据法同样亦未规范，故而应一并考虑，认为"隐存保证背书如有回头背书情形，不适用回头背书规定"。

上述第一种方案所呈现者为意思说的立场，而第二种方案所呈现者为表示说的立场。基于两岸票据制度一体化的目的在于促进两岸票据流通及确保票据交易安全，本书在衡量意思说与表示说的立场后，拟依票据文义性，采表示说，并在"两岸票据制度一体化协议（建议稿）"中拟对于票据隐存保证问题明文规定，避免争议，同时填补两

---

〔1〕 于永芹：《票据法前沿问题研究》，北京大学出版社 2003 年版，第 144 页；王志诚：《票据法》，元照出版有限公司 2012 年版，第 347～351 页。

岸现行票据法的不足。

票据保证与票据隐存保证两者在效果上所欲达到的目的似乎无异，但两者在形式上所呈现的行为不同。如果从票据保证制度的设计目的而言，其主要在于增强票据的信用，确保票据有效流通，但从反面而言，也可能暴露票据信用不足之虞，因此，才会需要辅以票据保证以增强票据信用；而隐存保证在票据外观上与一般的票据无异，隐存保证的行为人所承担的责任，按目前台湾地区学者通说及司法实务观点，认为应视其在票据上的地位而定，实际上更能凸显出票据的信用不存在瑕疵，相较于票据保证而言，隐存保证行为更具有增强票据信用之功能。由于票据隐存保证情形在台湾地区票据实务普遍存在，且为持票人乐于接受，两岸票据市场一体化后，为确保票据交易安全及促进两岸票据流通，保障两岸票据当事人的票据权益，并避免争议，有必要对此问题确定共同适用的标准，使得制度更具有稳定性及可预测性。因此，为顺应票据实务发展的需要，本书拟于"两岸票据制度一体化协议"中对隐存保证行为予以明确规范。

目前台湾地区最新司法实务见解认为，背书人在支票背书后，持向债权人借款，其在该支票的背面签名，并未记载保证或设质的意旨，审酌常情，于支票上所为的背书，如非以设质的意思，有可能是新债清偿，如债务人届期不清偿，债权人可以行使票据权利。而如未能举证背书人与债权人间有设立权利质权的合意，且参酌债权人（即持票人）于借款届期未获清偿而提示该票据的行为，足见背书人的背书并非"设质背书"或"隐存保证背书"，依票据之文义性及无因性，背书人自应依票据文义负背书责任。[1]

本书对于票据隐存保证行为采取表示说的立场，因此，拟于"两岸票据制度一体化协议"规定隐存保证行为人所承担的责任，视其在票据上的地位而定。[2]同时也排除隐存保证人得主张保证的抗辩事由。其具体规定如下：

---

〔1〕 请参阅台湾地区"最高法院"2012年度台简上字第27号民事判决。

〔2〕 王小能编：《票据法教程》，北京大学出版社2001年版，第233页。

【保证的要式性】

①保证应记载下列事项，并由保证人签章：

（一）表明"保证"的字样；

（二）被保证人的名称；

（三）保证日期。

②未记载"保证"的字样，而实际上为保证而签章于票据者，为隐存保证。

③隐存保证人依其在票据上的票据行为承担票据责任。

④隐存保证人对于票据直接当事人或者直接当事人以外的票据权利人，均不得主张其真意为保证的抗辩。

⑤隐存保证人不得主张适用其他法律有关保证的规定，认为隐存保证行为无效而负其他法律规定的保证责任。

⑥隐存保证背书如果有回头背书情形，不适用回头背书的规定。

第五章
两岸票据融资协议

　　资金不仅是企业的血液，也是经济运行的血液。所有企业普遍存在资金不足与融资难的问题，这也包括银行在内，当银行资金不足时，也需要拆借资金。但这些企业中，尤其是中小微企业，更是普遍存在资金不足与融资难的窘境，使得其难以发展与茁壮。所以，发展两岸票据，开展多样化的两岸交易工具，通过发展两岸票据不仅可以提高两岸资金分配的效率，降低融资风险，改善银行的资产质量，调整银行的经营思维模式，也可以协助中小微企业取得融资，降低融资成本，提高资金的流动性。因此，两岸票据市场一体化有利于推动两岸票据融资，对于企业而言，就显得非常重要。本章将从两岸票据功能与票据融资需求进行论述，研究两岸票据融资含义与类型，形成两岸票据融资制度一体化协议内容，使得两岸票据在融资制度方面能够一体化。

第一节　两岸票据功能调整与融资需求

　　随着支付方式的多样化与电子支付的发达及票据信用程度的加深，使得票据汇兑的功能逐渐弱化。尽管票据汇兑功能减弱，但这并不意味着票据汇兑功能的式微。正如学者指出："相反，票据的汇兑功能和票据的信用功能等其他职能融合起来发挥作用使票据成为一种既能解决货币和商品的时间错配，又能解决货币和商品的空间错配，同时在相当的时间和空间范围内普遍有效的支付和结算手段。"[1]在现今经济发达的商业社会中，交易方式及内容的复杂，且交易金额的庞大，使得现金作为支付工具，不仅在技术上难以实现，且交易安全性也堪虑，这就使得企业更乐于创设和使用信用工具作为取得货币财产的方式，其中票据即是一种信用工具，[2]而且可通过票据信用实现融资，将未来取得的货币财产作为现在使用，解决企业资金需求。

台湾地区早已实施利率自由化，大陆地区也将全面实施利率自由化，银行间的竞争将更加剧烈，提升银行资产品质显得非常重要。银行可通过调整银行资产负债表中的资产负债的期限、质量、数量比例关系，改善资产品质，同时管理利率风险，这里也意味着更深层次的经营策略。申言之，银行通过两岸票据可为企业提供更优质的金融服务，其中包括采取投资组合策略、贷款组合策略、存款组合管理、借入资金策略等，[3]创造企业与银行间互动合作关系，提高企业对银行的认同度，同时也是在增强银行自身竞争力。

一、票据功能调整

现代的票据不仅使商品的转让与货币的支付从形式上分离，还将商业信用融入商品交换之中，使票据成为一种流通的债权证券，加速了资金的周转与循环使用，因此，可以说票据是一种集支付、结算、流通、汇兑、信用、投融资及节约货币等功能于一体的有价证券。在节约货币情形下，票据为企业从事贸易活动提供了交易工具的便利性，也带来了诸多的方便性，使企业具有扩大了再生产的条件，更为金融业务的拓展带来了金融产品的多样化，而多元化金融工具，有利于活络金融交易市场，提升金融市场的效率，增进金融市场的广度、深度

---

〔1〕 刘少军、王一轲：《货币财产（权）论》，中国政法大学出版社 2009 年版，第 255 页。

〔2〕 刘少军、王一轲：《货币财产（权）论》，中国政法大学出版社 2009 年版，第 255 页。

〔3〕 阎俊生：《利率市场化条件下中小银行经营策略研究》，中国金融出版社 2012 年版，第 125~126 页。

及弹性。由于在经济活动中充分发挥了诸多重要功能与作用，这使票据成为商品经济活动中的重要工具，也成为经济商品的重要支柱之一。[1]就票据功能而言，票据"不仅具有补充货币的作用，而且有时还具有替代货币的功能，甚至还可以使将来的货币作为现在的货币使用"。[2]因此，票据的信用功能与融资功能往往结合在一起运用。有学者认为，"票据信用是指以票据为载体的约期付款以及贴现、转让、抵押等形式体现的一种经济关系"。[3]

在企业间交易使用票据作为支付工具，其前提是授予其信用，使得票据成为促进商业信用的媒介。如果企业间授受的票据是远期票据，更使得票据扩大商业信用。[4]在台湾地区，汇票及本票是典型的具有票据信用功能，而实务上使用的"远期支票"（预开支票），也具有票据信用功能。只要企业具有良好的信用记录，即可能通过票据所具有的信用功能，将未来取得的货币财产转移至现在使用。换言之，将交易所取得的远期票据以票据的信用和支付一定数额的利息向金融机构换取对未来现金流的提前融资方式。[5]此种融资方式，解决了企业营运资金的周转需求性。但是，在大陆地区，票据设计价值取向在于取代现金管理与资金结算用途，而非着重于票据信用与融资功能，故而目前票据种类中仅汇票具有信用功能。换言之，企业仅能通过汇票方式取得融资，在信用工具使用上显得非常薄弱，不仅阻碍了票据发展，也限缩企业通过票据融资的效用，不利于中小微企业通过票据取得融资。由于资金缺乏，也会阻碍企业发展。

因此，本书认为在两岸票据市场一体化，两岸票据相互流通的背

---

〔1〕 请参阅刘少军、王一轲：《货币财产（权）论》，中国政法大学出版社2009年版，第253页；刘家琛主编：《票据法原理与法律适用》，人民法院出版社1996年版，第12~16页。

〔2〕 邢海宝编：《票据法》，中国人民大学出版社2004年版，第21页。

〔3〕 学者此处所指抵押，应是指"票据设质"的概念。请参阅刘为霖、边维刚：《票据融资与票据市场》，中国金融出版社2000年版，第42页。

〔4〕 王志诚：《票据法》，元照出版有限公司2012年版，第61页。

〔5〕 刘少军、王一轲：《货币财产（权）论》，中国政法大学出版社2009年版，第255页。

景下，应平等使两岸票据当事人获得相同的票据融资方式，以一体适
用于两岸票据，为企业开拓更多元化的融资工具，解决企业的资金需
求，活络两岸票据市场，提高资金的分配效益。故而，有必要调整两
岸票据的功能，使两岸票据具有信用、融资与担保功能，使交易双方
乐于接受票据作为交易的支付条件，为企业创造有利的交易条件，充
分发挥票据的经济职能，通过有效利用票据，协助中小微企业发展，
推动两岸经济共同成长。

二、票据融资需求

调整票据的经济功能，促使实现两岸票据市场一体化。票据业务
的发展将有利于企业在产销环节提供较低的融资成本及加快资金的周
转，协助企业发展及降低交易费用。因此，发展两岸票据将拓宽两岸
企业的融资渠道，有助于缓解中小微企业融资难的问题；而且，企业
通过票据所取得的融资成本低于一般无担保融资成本，也有助于降低
企业交易费用，故而发展两岸票据，在企业融资方面将起到实质作用。
所以，两岸票据融资可成为企业发展的支柱。其主要体现在以下几个
方面：[1]第一，票据融资与企业产销结合。如大陆地区银行承做的商
业承兑汇票及银行承兑汇票的贴现；台湾地区银行承做的客票融资
（指远期支票融资）。票据业务的发展可以创造出多元化的融资方式。
此种票据与企业产销结合，为企业产品销售创造良好的交易条件，也
为银行提供新的业务项目，创造新的拓展客户渠道（如银行借此拓展
企业交易对手的其他企业）。此种业务既保证银行的最大收益，也为企
业提供有竞争力的条件，并使企业的资金活化。第二，降低企业融资
成本。两岸在利率市场实施自由化后，企业向银行取得融资价格时除
了需要企业信誉、企业评等、产品及未来展望外，还有就是企业提供
担保与否及资金的供求关系等；但其中最明显的差异就是有无提供担
保融资。银行在决定融资利率定价时，有无担保是决定的关键性问题。

---

〔1〕 请参阅刘为霖、边维刚：《票据融资与票据市场》，中国金融出版社 2000 年版，
第 43~44 页；徐星发编：《商业银行票据经营》，中国人民大学出版社 2013 年版，第 47 页。

因此，企业通过票据向银行申请融资，不仅因为交易性的票据具有自偿性而容易取得融资，且取得的融资价格通常较无担保融资价格低。尤其当即期付款的价格折扣率低于一般流动资金贷款的利率时，企业就应该使用远期票据作为付款条件，从而可以为企业节约交易费用；当即期付款价格的折扣率高于贴现利率时，企业也可通过收受远期票据向银行办理票据贴现；当票据贴现的利率低于一般流动资金贷款的利率时，企业可将收受的远期票据向银行办理贴现，然后偿还其他较高成本的负债。[1]第三，扩大市场规模。当卖方企业同意收受远期票据作为支付条件，即是给予买方信用，相较于采取即期付款的结算方式，可获得较大销售量，通过规模占领市场及增加效益，以增加利润。第四，票据信用等级强化。企业可以将票据的商业信用通过银行所提供的担保，将商业信用转化为银行信用，有效地提升票据的信用等级，可协助中小微企业将交易活动中所取得的两岸票据进行融资。第五，通过票据与银行建立信用关系。企业将收受的票据，通过托收存入银行的账户，就银行的角度而言，可以为银行带来资金的沉淀，降低银行的资金成本；就企业的信用角度而言，有利于与银行建立往来关系，使得银行更加了解企业经营模式，有利于将来与银行建立信用关系。此外，票据融资的风险通常较一般流动资金贷款的风险性较小，具有自偿性，有利于企业取得融资，也有助于改善银行的资产品质。

两岸票据的相互流通，建构在"两岸票据制度一体化协议"的基础上，有助于企业运用票据作为支付工具及资金融通，不仅节约企业现金支付，降低财务费用，还有助于提供企业生产经营所需的周转资金，并改善银行的资产品质。因此，两岸票据是一种有效降低融资成本、降低融资风险及提高资金流动性的两岸金融工具。

---

[1] 请参阅刘为霖、边维刚：《票据融资与票据市场》，中国金融出版社 2000 年版，第 45 页。

第二节　两岸票据融资含义与类型

活用资金是企业最主要的需求之一，其中有融资需求者，也有投资需求者，如能将资金的供求与投资理财相结合，对银行而言，是一种有效的营销策略。换言之，银行可按企业资金需求用途而规划不同产品项目。例如，对于有资金剩余者，偏好投资理财方向，提供两岸票据有关的理财产品服务；对于资金需求者，可通过两岸票据申请融资，降低财务费用；而银行通过两岸票据掌握客户交易模式，并可拓展新客户，借此发展各种票据业务。银行还可进一步规划，为企业订制客制化套餐服务，其中包括法人账户透支、票据融资、开立信用证、担保信用证、流动资金贷款及委托贷款等项目，按客户实际资金需求调整比例，既保证银行的最大收益，掌握偿还来源，也活化企业资金运用、降低财务费用。发展两岸票据融资，不仅为金融机构创造双方合作模式，也为双方在业务经营策略上创造双赢，有利于提升两岸整体经济利益。

由于两岸票据法律制度对于票据融资并无明文规定，对于票据融资规定又散于各法令规定之中，不利于推行两岸票据融资，而具体票据融资含义也无明确定义，况且票据融资因两岸金融实务发展不同所形成的票据融资类型也有所不同。因此，本节将从票据融资含义与票据融资类型分别论述两岸票据实务的异同处，目的在于更好地融合两岸票据融资类型，实现两岸票据融资制度一体化。

一、票据融资含义

通常所称的融资，是指一种货币资金的融通。就企业而言，可以取得融资的渠道包括举债（如向金融机构借款、发行企业债券等）、发行股份、变卖财产等。而所谓票据融资，是指"运用票据工具，取得货币资金融通的活动。票据是当代社会重要的融资方式之一，而融资功能也是票据的重要功能"。[1]两岸票据融资，是指通过两岸票据作为金融工具，向金融机构取得资金融通行为。

14、15 世纪时期的欧洲商人阶层即开始利用票据进行融资活动，当时的商人以签发外币货币支付的贸易远期汇票，并通过所谓的"贸易市集"（意大利商人建立的清算体系）换取该外币见票即付的汇票进而取得贷款，但对外以"远期兑换率"隐藏利息的计算。其主要目的是：一实现票据融资，二回避当时的高利贷法。[2]由此可见，古代商人早已知晓利用票据进行融资活动；票据融资业务并非始于现代。

票据之所以具有融资功能，是因为有出票人与其他票据债务人间的信用作为基础。如果票据的信用基础良好，才可保证票据未来获得偿付的可能性极大；反之，如果票据的信用基础较差，则可推论该票据未来获得偿付的可能性极小。因此，票据信用越强，越能保障票据的偿付性，使得票据与货币间的兑换就越容易实现。因此，票据一旦获得银行信用，其评价较商业信用高。[3]而且，一般企业通过票据所取得的融资成本往往较一般无担保融资成本低，且较容易获得融资。所以，善用票据有助于企业融资，降低财务费用，扩大市场规模，提高竞争力。依据统计数据显示，大陆地区截至 2014 年底，票据融资余额人民币 2.9 万亿元，比年初增加 9616 亿元，同比增长 49.0%。[4]由此可见，大陆地区企业通过票据融资的需求依然很旺盛。

---

〔1〕　刘少军、王一轲：《货币财产（权）论》，中国政法大学出版社 2009 年版，第 261 页。

〔2〕　[英] 约翰·F. 乔布恩：《货币史》，李广乾译，商务印书馆 2002 年版，第 207~208 页；刘少军、王一轲：《货币财产（权）论》，中国政法大学出版社 2009 年版，第 260~261 页。

〔3〕　刘少军、王一轲：《货币财产（权）论》，中国政法大学出版社 2009 年版，第 262 页。

〔4〕　请参阅《中国银行业监督管理委员会 2014 年报》，载大陆地区中国银行业监督管理委员会网，如 http://zhuanti.cbrc.gov.cn/subject/subject/nianbao2014/1.pdf，第 24 页，最后访问日期：2015 年 11 月 25 日。

二、票据融资类型

票据业务是借由票据所具有的汇兑、支付、流通、信用、投资、融资及节约货币等功能所构成的业务活动，而票据市场主要是指由各类票据的发行、流通、信用、投资及融资等所形成的市场，以及决定票据交易与价格的场所与机制，主要包括票据流通市场、票据信用市场、票据承兑市场（如商业承兑汇票及银行承兑汇票）、票据融资市场（包括票据贴现市场及其他融资性票据市场）及票据担保市场等。[1] 票据市场属于货币市场中的子市场之一，而货币市场又是金融市场的组成部分。就广义而言，金融市场是指金融商品的买卖场所与机制；从狭义而言，金融市场是指办理各种票据、有价证券、外汇及金融衍生性商品买卖以及同业间的资金拆借的场所及机制。金融市场如果按期限划分，可分为两种：第一，短期金融市场，又称货币市场。主要是指专门融通 1 年以下的短期资金的市场，使用的主要金融工具包括货币头寸、存单、票据、国库券、短期公债等，其目的在于解决市场主体短期性、临时性的资金需求，其具有期限短、风险小、流动性强等特性。第二，长期金融市场，又称资本市场。主要是指专门为融通期限超过 1 年以上的中长期资金市场，使用的主要金融工具包括债券和股票，其目的在于解决市场主体中长性、项目性的资金需求，其具有期限较长、投资回报较长、风险偏高等特性，但流动性未必较弱，须视情况而定。长期的金融市场主要包括债券市场及股票市场等在内。[2] 由于"票据市场在资金配置、流动性管理、风险分散、货币政策传导以及缓解中小企业融资瓶颈等方面发挥着举足轻重的作用，是央行制定

---

〔1〕 有学者认为票据市场，按票据的种类，可划分为商业票据市场和银行承兑、贴现市场。请参阅刘定华等：《中国票据市场的发展及其法律保障研究》，中国金融出版社 2005 年版，第 20 页；有学者认为票据市场包括商业票据的承兑市场、贴现市场及其他融资性票据市场。请参阅白钦先、刘刚、杨秀萍等编：《各国金融体制比较》，中国金融出版社 2013 年版，第 266~267 页。

〔2〕 请参阅刘定华等：《中国票据市场的发展及其法律保障研究》，中国金融出版社 2005 年版，第 19~20 页。

货币政策时的考虑因素。总体上看，票据在经济金融中的重要性日益凸显"。[1]

票据融资按照企业主体对资金需求的不同，可将其分为票据贴现（包括票据转贴现、票据再贴现等）、客票融资（包括垫付国内票款、保持票等）、透支、银行承兑汇票及商业票据等，都是通过票据取得融资的各种类型。当然，在金融实务朝多元化发展的时代，也强调金融创新，融资方式多样化、多元化，故而，前述的票据融资类型亦不过是一种例示性范例，并非绝对的类型化。因此，本书拟于"两岸票据制度一体化协议（建议稿）"中，将票据融资类型明文规定包括票据贴现、票据转贴现、票据再贴现、客票融资（包括垫付票款、保持票）、透支、银行承兑汇票、商业票据。但是，也保留弹性条款，还包括"其他合法的票据融资类型及两岸金融主管机关共同核准的票据融资类型"。

本书以下就常见的票据融资类型予以论述。

（一）票据贴现、转贴现与再贴现

1. 票据贴现

票据贴现，是指持票人（通常指企业）将所持有远期票据的未来取得货币财产权作为现在货币使用，向金融机构（通常指银行）出售未到期票据，并以支付自贴现日起至票据到期日止的利息作为条件，而转让该票据给银行的资金融通行为，从而取得资金使用。[2]换言之，是银行以折扣方式预收利息而购入该远期票据。[3]票据贴现是金

---

〔1〕　苏宁："我国票据业务发展概况及展望"，载《中国金融》2006 年第 2 期，第 6 页。

〔2〕　刘定华等：《中国票据市场的发展及其法律保障研究》，中国金融出版社 2005 年版，第 24 页；大陆地区《支付结算办法》第 92 条规定了商业汇票的持票人向银行办理贴现必须具备的条件：（一）在银行开立存款账户的企业法人以及其他组织；（二）与出票人或者直接前手之间具有真实的商品交易关系；（三）提供与其直接前手之间的增值税发票和商品发运单据复印件。大陆地区《支付结算办法》第 93 条规定："符合条件的商业汇票的持票人可持未到期的商业汇票连同贴现凭证向银行申请贴现。"

〔3〕　王志诚：《票据法》，元照出版有限公司 2012 年版，第 62 页。另外，请参阅台湾地区银行公会会员授信准则附表定义中，所谓贴现，是指"借款人以其因交易而持

融机构给持票人融通资金的一种方式。这里办理贴现的票据，在台湾地区是针对远期商业汇票及本票而言。[1]远期商业汇票包括银行承兑汇票及商业承兑汇票在内。至于远期支票，由于被认为是一种支付工具而非融通信用工具，故台湾地区"财政部"曾释示，认为远期支票不在应收票据之列。而台湾地区在1975年7月修订"银行法"时，在第15条规定"商业票据"时，将远期支票排除在外，换言之，票据贴现，是指银行对于远期汇票或本票以折扣方式预收利息而购入，但不能以贴现方式购入远期支票。[2]此外，办理贴现的票据通常是建立在合法的交易基础上，因而，一般贴现银行会审查申请贴现人的合法交易证明文件。大陆地区可办理贴现的票据限于商业汇票，不包括本票及支票；而申请贴现的商业汇票同样须以真实、合法的商品交易为基础，故而持票人申请贴现须提供增值税发票及商品交易合同复印件。[3]

银行办理票据贴现与放款虽同为银行的信贷（授信）业务，且属于银行运用资金的途径，但两者性质仍有不同：第一，关系不同。放

（接上页）有之未到期承兑汇票或本票让与会员，由会员以预收利息方式先予垫付，俟本票或汇票到期时收取票款并偿还垫款之融通方式。办理贴现，会员必须明了借款人之产销近况、赊销金额、赊欠天数、赊欠之买方暨其信用情况等，俾对票据是否依交易产生者，以及票据到期能否顺利兑付，作适当之判断"。这里所称的会员，是指银行。资料来源：载台湾地区"银行商业同业公会"网，如http://www.ba.org.tw/PublicInformation/ImportantSpec? StartDate=&EndDate=&keyword=%E6%8E%88%E4%BF%A1%E6%BA%96%E5%89%87&type=8fe1f245-6faa-4121-9b9a-5b5e5d5394c4，最后访问日期：2015年10月7日。大陆地区《支付结算办法》第93条规定："贴现、转贴现、再贴现时，应作成转让背书，并提供贴现申请人与其直接前手之间的增值税发票和商品发运单据复印件。"

〔1〕 请参阅台湾地区"银行法"第15条、第39条。

〔2〕 台湾地区"财政部"1975年10月9日台财钱字第20329号函："查支票系支付工具而非信用凭证，故远期支票应非属合于'银行法'第12条第3款所规定之担保。"请参阅台湾地区"银行法"第12条第3款、第15第1项、第4项、第39条；金桐林：《银行法》，三民书局2010年版，第53页及同页注16、第88页。

〔3〕 请参阅大陆地区《商业汇票承兑、贴现与再贴现管理暂行办法》第2条、第3条、第19条规定。

款为银行与借款人间的借贷合同关系；而票据贴现是银行对于票据的购买行为，但银行与贴现人间仍存在票据融资关系。第二，利息收取方式不同。放款利息是在到期日或每届缴息日时收取；而票据贴现利息在贴现时预先扣除。第三，流动性不同。放款对银行而言，除非出售贷款，否则无流动性可言，须放款到期后，才能收回本金；而票据贴现对贴现银行而言，可以自由转让票据（如向同业办理转贴现或向中央银行办理再贴现），并因转让票据而提前收回资金。第四，有无担保品不同。放款一般都需要抵押品，而票据贴现通常不需要再提供抵押品。第五，债务人不同。放款的债务人为借款人及保证人；而票据贴现的债务人，凡是签名于票据上的人，如出票人、背书人、保证人、承兑人（指汇票）、付款人（指本票）及申请贴现人等都是票据贴现的债务人，须对贴现票据负责。由此可知，票据贴现比直接放款较为有利。[1]在银行实务上，票据贴现的方式多样化，举例如下：

（1）卖方付息票据贴现。例如，A 公司销售 X 商品取得远期商业票据，并将未到期商业票据向甲银行申请贴现并转让给甲银行，甲银行按票面金额扣除贴现利息后，将余额付给 A 公司。

（2）买方付息票据贴现。例如 B 公司（卖方）为 A 公司（买方）的供货商，但由于 B 公司比较强势，且一般是从乙银行贷款进行采购原物料，融资成本较高。因此，A 公司可签发银行承兑汇票或商业承兑汇票，并向甲银行出具承担票据贴现利息的承诺函。然后由 B 公司持该汇票向甲银行办理贴现，甲银行将票据金额的全部款项付予贴现人 B 公司。此种票据融资方式，不仅有利于甲银行拓展新客户，且也有利于降低 B 公司的财务费用，提升竞争力，同时 A 公司也获得稳定供货源，增强 A 公司与 B 公司之间的关系。

（3）协议付息票据贴现。例如，A 公司与 B 公司双方协议同意共同在甲银行办理票据结算，并按双方协议各自承担一定比例（如各自承担 50%）的贴现息。因此，A 公司销售商品予 B 公司后，持有 B 公司交付的未到期商业票据，并向甲银行申请贴现。此种票据融资方式，

---

〔1〕　金桐林：《银行法》，三民书局 2010 年版，第 88~89 页。

不仅有利于银行维系与 A、B 公司的往来，而且将 A 公司与 B 公司的财务费用进行利益分配调整，甲银行也因此获得贴现息收益。

2. 票据转贴现

票据转贴现，是指金融机构基于资金需求，将已贴现而未到期票据以背书方式转让，向其他金融机构进行贴现的资金融通行为。转贴现是金融机构间的转让票据行为，也是金融机构间融通资金的一种方式，同样地须扣除到期日前的利息及手续费后，取得剩余金额，以利资金调度。[1]

票据转贴现与贴现的区别在于：第一，票据转贴现是金融机构间的票据融通资金行为，属于同业间的拆借范畴；票据贴现是金融机构与企业间的票据融资行为，属于金融机构对企业的贷款范畴。第二，转贴现是金融机构以其自身的信用作为担保，对于企业交易的真实性不在审查范围；而贴现票据是基于企业的商品交易、租赁或所提供服务等实际交易行为所取得的票据向金融机构办理贴现，故金融机构必须对商品交易真实性进行审查。[2]大陆地区规定，申请承兑、贴现、转贴现、再贴现的商业汇票必须以真实、合法的商品交易为基础，持票人申请贴现须提供增值税发票及商品交易合同复印件，但其并未具体规范申请转贴现的金融机构应提供相关交易凭证的文件。[3]因此，受理转贴现的金融机构是否还需要审查票据交易的真实性，则有疑义。本书认为，贴现银行在办理持票人申请贴现时，既已经审查交易关系，于办理转贴现时，受理转贴现银行无须再次审查，且转贴现是以金融机构自身的信用作为担保，对于原企业间的交易真实性应不在审查范围，否则将有碍于金融机构通过票据办理转贴现的融通资金行为。台

---

〔1〕 刘为霖、边维刚：《票据融资与票据市场》，中国金融出版社 2000 年版，第 101 页；王志诚：《票据法》，元照出版有限公司 2012 年版，第 62 页；大陆地区《支付结算办法》第 93 条规定："贴现银行可持未到期的商业汇票向其他银行转贴现。"

〔2〕 刘为霖、边维刚：《票据融资与票据市场》，中国金融出版社 2000 年版，第 101 页。

〔3〕 请参阅大陆地区《商业汇票承兑、贴现与再贴现管理暂行办法》第 3 条、第 18 条、第 19 条。

湾地区对此种情形亦无明文规定。

3. 票据再贴现

所谓票据再贴现，又称"票据重贴现"，是指票据贴现金融机构将持有未到期的已贴现票据向"中央银行"融通资金的票据转让行为。[1]大陆地区称为"再贴现"；台湾地区称为"重贴现"。[2]票据再贴现既是"中央银行"对金融机构的一种融通资金手段，同时也是"中央银行"对金融的一种宏观调控手段，也是一种货币政策工具。

（二）客票融资

台湾地区金融实务上对于远期票据（包括远期汇票、远期本票及远期支票等）认为，只要是基于商品交易的销售、租赁或所提供服务等实际交易行为所取得之远期票据，且票据信用良好的企业，可向金融机构（通常是指银行）申请客票融资。一般对于远期汇票、远期本票，如果客户所提供的汇票、本票票据的面额较大，金融机构通常会以贴现方式办理；如果客户所提供面额较小、张数较多且到期日不同，金融机构亦可以客票融资的方式办理。

所谓客票融资，是指银行对借款人融资，并以借款人实际交易取得的远期票据作为融资的备偿工具。换言之，金融机构通常会要求借款人提供交易凭证（如统一发票等）供审核，并在该交易凭证的适当位置加注"〇〇银行已办融资，不得作废"等字样，以避免重复融资或统一发票被注销。

在台湾地区的金融实务上，金融机构办理客票融资时，首先会要求借款人开立活期存款账户作为"备偿专户"，如A公司向甲银行台北分行办理垫付国内票款融资时，开立"甲银行台北分行垫付A公司

〔1〕　请参阅刘为霖、边维刚：《票据融资与票据市场》，中国金融出版社2000年版，第106页；刘定华等：《中国票据市场的发展及其法律保障研究》，中国金融出版社2005年版，第22页；大陆地区《支付结算办法》第93条规定，"贴现银行可持未到期的商业汇票向其他银行转贴现，也可向中国人民银行申请再贴现。"

〔2〕　请参阅大陆地区《中国人民银行法》第23条第1款第3项、《商业汇票承兑、贴现与再贴现管理暂行办法》第2条第4款；台湾地区"中央银行法"第19条第1项第1款。

'国内'票款融资备偿专户"的活期存款账户；其次，要求借款人将交易取得的远期票据背书转让给金融机构，于到期时，由金融机构提示付款，将票款存入该"备偿专户"，再以该"备偿专户"的存款偿还借款人的借款。客票融资一般又可分为"垫付'国内'票款"（简称垫付票款）与"保持票"（又称"保管客票"）两种。[1]金融机构办理客票融资，通常限于商业交易取得的远期票据，而且通常会要求客户提供交易凭证供银行审核，并于在其适当位置加注"○○银行已办融资，不得作废"等字样，目的在于避免重复融资或发票被注销，而融资的金额通常不超过远期票据票载金额的 70% 或 80% 为原则。至于融资垫付期间，一般不超过 6 个月，也可以视实际交易情形酌予延长垫付期间，但最长不得超过 3 年。金融机构通常会按借款人提供远期支票的票载出票日或本票、汇票的到期日作为融资期限判断的依据，通常不会超逾金融机构的融资期间，因为票款即为偿还借款的来源。

1. 垫付票款

所谓垫付票款，是指金融机构对于客户提供票载出票日前的支票，以及远期汇票、本票，而金额较小，不便办理贴现时，以垫付部分票款的票据融通方式。金融机构通常会将提示获得的票款直接存入"备偿专户"，借款人不得随意动用该"备偿专户"内的存款，必须俟该借款人的借款全部清偿后，金融机构才会将"备偿专户"内的存款余额转至该借款人的一般存款账户内。[2]台湾地区金融实务称为"垫付'国内'票款"。支票之所以可以办理垫付票款，主要在于台湾地区实务交易上常有签发远期支票的行为，使得支票具有与汇票、本票相同的信用功能，[3]因此，金融机构允许以此种客票作为融资。此种做法主要是基于两方面理由：第一，适应工商企业信用交易需求；第二，便利企业经营业务过程所需的短期性、经常性资金周转，以协助买卖企业双方顺利完成正常的交易。所以，企业通过实际交易取得的远期

---

〔1〕 王志诚：《票据法》，元照出版有限公司 2012 年版，第 62~63 页。

〔2〕 王志诚：《票据法》，元照出版有限公司 2012 年版，第 63 页。

〔3〕 王宇文、林育廷：《票据法与支付工具规范》，元照出版有限公司 2008 年版，第 46 页。

票据向金融机构申请垫付票款，是协助企业取得所需资金的方式之一。但是，企业所提供远期支票作为客票融资，由于台湾地区"财政部"认为支票性质上为支付工具而非信用工具，故以远期支票作为融资担保，非属于台湾地区"银行法"第 12 条第 3 款所规定的担保，故在信贷上以无担保放款处理。[1]垫付票款所提供的票据限于"正常交易行为"产生的票据，不包括无商业交易基础的"还款票据"或其他资金融通票据。由于大陆地区《票据法》并无明文规定可以签发此种远期支票，故而金融实务操作中亦无法与台湾地区为相同处理。

如两岸票据市场一体化，基于平等、互惠互利原则，持票人也可以两岸远期支票办理垫付票款，此种垫款可称为"垫付区域票款"。

2. 保持票

保持票，是指借款人可以随时动用"备偿专户"内的存款，但借款人于动用前，必须先备妥票面金额在其所动用存款金额以上的票据，并背书转让给金融机构或者将票据交存金融机构保管，以该票据金额作为偿还来源。[2]此外，还有一种情形，银行在办理信贷时，有时会要求借款人提供相当的应收票据供银行保管作为信贷动用条件之一，例如，A 公司向甲银行融资新台币 100 万元整（约人民币 20 万元），由于 A 公司具有较多的应收票据，因此，甲银行要求 A 公司提供超过融资金额 1.2 倍的应收票据款（新台币 120 万元整）交甲银行保管，作为融资授信条件之一。此种保持票未必设定票据质权，有可能仅是一种保管票据（如禁止背书票据）。因此，保持票的融资，也可以说是一种应收票据融资，票据同时也作为融资担保或副担保。银行之所以如此要求，主要是基于以下几点理由：第一，增加银行活期资金沉淀，降低资金成本。票款到期入账 A 公司在甲银行开立的活期性存款账户中，为银行带来可观的存款，降低银行资金成本。因此，即使禁止背书转让票据，如果出票人资信良好，票据兑付正常，且属正常交

---

〔1〕 台湾地区"财政部"1975 年 10 月 9 日台财钱字第 20329 号函："查支票系支付工具而非信用凭证，故远期支票应非属合于'银行法'第 12 条第 3 款所规定之担保。"请参阅金桐林：《银行法》，三民书局 2010 年版，第 53 页及同页注 16。
〔2〕 王志诚：《票据法》，元照出版有限公司 2012 年版，第 63 页。

易之票据，经银行评估后，也可提供此种票据供银行保管，以备将来偿付借款的来源。当然，此种禁止背书转让票据，于退票后银行无法对出票人行使追索权，不利债权追偿。但是，因为出票人票据信用良好，且票据可提供银行保管，操作具有灵活性，有利于银行拓展客源。尤其中小微企业取得大型企业交易的禁止背书转让票据，对于中小微企业融资需求，更具有实质意义。第二，票据具有附带性担保性质，银行掌握偿还来源。票据具有自偿性，当取得票款，通常会进入 A 公司在甲银行的备偿专户内，如果 A 公司的借款到期未能清偿时，甲银行可对账户中的存款主张抵销或按约定扣款偿还借款。第三，开拓新客源。甲银行通过 A 公司提供的应收票据，掌握 A 公司交易模式及交易对象，可开拓 A 公司交易对手（如 B 公司）为新客源。因此，保持票的模式既具有融资性质，也具有副担保的性质，对于企业而言，具有获得融资的优势；对于银行而言，具有资金沉淀及业务拓展的利基；总体而言，保持票对企业与银行而言，具有较佳的操作灵活性。

大陆地区由于票据多属于即期票据，着重于支付、汇兑功能，无法如台湾地区一样办理票据垫款或保持票融资，不利于中小微企业通过票据融资。

不论是垫付票款或者保持票的融资类型，于此有疑问者在于，借款人在银行开立"备偿专户"后，在客票背面背书转让或交由银行保管向银行申请融资，并由银行于票据背面注明"备偿专户"的账号，进而于票据到期时提示客票作为偿还来源。对此，借款人于客票背面所为背书，究竟是转让票据的背书，还是委任取款背书，台湾地区司法实务上存有争议。[1] 例如，A 公司与甲银行间签定借款合同，并约定 A 公司可以提供销售商品而取得的远期支票（称为客票）作为副担保，向甲银行申请客票融资。A 公司在支票上背书，并交付甲银行持有，于支票届期时（即支票票载的出票日），再由甲银行提示付款。甲银行提示付款取得票款须先存入 A 公司在甲银行所开立"备偿专

---

〔1〕 王志诚：《票据法》，元照出版有限公司 2012 年版，第 63 页；王宇文、林育廷：《票据法与支付工具规范》，元照出版有限公司 2008 年版，第 46 页。

户"内，而 A 公司授权甲银行可以随时转账抵偿其借款的本息。A 公司在提供支票上背书，该背书性质是转让背书还是委任取款背书，台湾地区司法实务上有许多不同观点：

第一种观点：认为"按客票融资之票据执票人原则上应为银行，惟其是否即为票据权利人，须视银行收受票据时与借款人所成立之法律关系而定"。[1]如果甲银行与 A 公司间的借款合同中约定：开立备偿专户的账户名称为 A 公司，且该账户内之利息均属 A 公司所有，背面盖有"○○银行代收"等字样的注记，并有约定甲银行对应收远期票据之保管、托收及提示手续，或者"存行代收"，应认为 A 公司的背书是委托甲银行取款背书，并非转让背书。[2]

第二种观点：认为银行设置"备偿专户"的目的系为清偿借款人 A 公司对甲银行的融资债务，但本质上仍属于借款人 A 公司名下的账户，因此，虽然甲银行与借款人 A 公司间约定借款人所提供的客票应"背书转让"予甲银行，但实质上并非将票据权利让与甲银行。否则，甲银行既为票据权利人，其所兑现的票款何以存入 A 公司账户内，又抵充债务后所剩余款项为 A 公司所有。因此，认为 A 公司所提供支票的背书是属于委任取款背书。[3]台湾地区"财政部"金融局［1996］认为，借款人 A 公司所为客票背书是委任取款背书，并非票据权利让与背书。[4]

---

〔1〕　台湾地区"财政部"金融局 1995 年 10 月 18 日台融局（一）字第 84419410 号函释。

〔2〕　请参阅台湾地区"高等法院"2008 年度上更（一）字第 116 号第二审更审判决；台湾地区"最高法院"2012 年度台上字第 820 号民事判决维持台湾高等法院更审判决。

〔3〕　台湾地区台湾新竹地方法院 2006 年度简上字第 104 号民事判决。

〔4〕　台湾地区"财政部"金融局 1996 年 12 月 4 日台融局（一）字 85553852 号函释："按垫付国内票款，系指银行对国内支票在票载发票日前，或对汇票、本票金额较小，未便办理贴现者，垫付其部分票款。有关金融机构办理垫付国内票款，通常要求申请人开立备偿专户，将来票款收兑后直接存入申请人名义开立之备偿专户，此时就票据关系言，银行系代为提示，支票并未转让予银行，若票据到期提示遭退票，银行原则上无法以票据权利人之地位对发票人索赔。"依据该函释内容，亦认为借款人 A 公司所为客票背书是委任取款背书，并非票据权利让与背书。

第三种观点：认为甲银行于票据背面注明"备偿专户"的账号提示该客票时，是以本身为持票人的地位提示付款，并非以借款人（A公司）名义请求付款，即甲银行为票据持票人，此与借款人（A公司）将票据存入自己一般支票存款账户，委托银行以自己（A公司）名义向付款人为付款的提示不同，也与划平行线支票须由持票人存入其在银行中账户以委托银行代为取款的情形不同。因此，此种情形应认为属于票据转让背书。[1]

第四种观点：认为银行实务上，备偿专户并非以借款人名义设立者为限，也有以银行名义设立者。至于如何设立，视银行与借款人间的约定而定。如果由银行自行设立的备偿专户，其账户为银行所有，而存入的票款，即属于银行；如果以借款人名义设立的备偿专户，其背书交付予银行存入票据，也可以为权利让与背书或委任取款背书的方式，并依其背书的形式，而有不同的效力。因此，备偿专户为何人所有，与存入的票据为委任取款背书或权利让与背书，并非截然不可分。但是，如果该备偿专户为银行自行设立，因存入的票款，为银行所有，由此可以推论借款人所为的背书，应为票据权利让与背书，而非委任取款背书。此外，垫付"国内"票款，因借款人持应收客票向银行贷款，银行如每有收取客票票款即逐笔归还所贷款项及手续费时，故实务运作上通常均以借款人名义开立一放款备偿专户，将收妥的票款存入该账户，并俟款项达到一定金额或于过一定期间后转账偿还放款。其目的在于节省记账及计算之手续，亦即该放款备偿专户系专为抵偿借款人的债务，该备偿专户名虽为借款人，但是借款人并无使用及处分权，亦即非属借款人的存款账户，以借款人名义开立，仅系银行为区分不同客户，便于处理不同客户账务的便宜措施而已，而一般作业上，银行于提示各该支票时，于支票背面注明该备偿专户的账号，是为了方便后续处理。[2]

---

〔1〕 台湾地区台湾台北地方法院 2007 年度简上字第 328 号民事判决。

〔2〕 台湾地区"最高法院"2008 年度台简上字第 4 号民事判决；台湾台北地方法院 2014 年度简上字第 595 号民事判决。

　　上述第一种观点与第二种观点均认为 A 公司就所提供支票上背书，系属于委任取款背书，只是认定的理由略有不同；而第三种观点与第四种观点均认为 A 公司就所提供支票上背书，系属于票据权利让与背书，认定的理由亦有所不同。本书认为，为办理客票融资所为的票据背书，并非以设定质权为目的，且未记载"委任取款"字样，纵使有票据以外其他证据（如票据代收明细或证人等）足以证明交付当时系以委任取款之目的而交付，但基于票据文义性，既然在票据上未记载委任取款，即应认定该背书的性质属于票据权利让与背书。况且，备偿专户有时虽以借款人名义设立，但仅系为便于处理不同客户账务的便宜措施而已，银行所提示之票据仍系以本身为持票人的地位所为的付款提示。所以，银行可以依据持票人地位向票据债务人行使票据权利。当然，为避免争议，银行在办理客票融资时，尽可能将提示票据所得票款存入以银行名义设立的备偿专户内，至少在司法实务认定上，可以推定是借款人所为背书，且属于票据权利让与背书。[1]

──────────

　　〔1〕　台湾地区"台湾高等法院"暨所属法院 1999 年 12 月法律座谈会民事类提案第 11 号："法律问题：A 与 B 银行订立周转金契约，约定借款人 A 办理借款时，如提供票据，均愿'由借款人背书转让予 B 银行'，并为方便银行账务处理，同意以借款人名义设立'放款备偿专户'（即活期存款第○○号账户）于票据到期兑收时先行存入，再凭银行转账手续分次或一次抵偿借款人 A 在 B 银行之一切债务，令 A 背书转让 B 银行之'支票'届期提示不获兑现，B 银行基于执票人之地位对 A 及前手使票款请求权，有无理由？讨论意见：甲说：依'银行对企业授信规范'第 5 条规定：'所谓贴现，谓银行以折扣方式预收利息而购入未届到期日之承兑汇票或本票，并取得对借款人追索权之票据融通方式。'因本件 A 交付 B 之票据系支票，并非银行可办理票贴之票据，故应属银行'垫付"国内"票款'之业务。而所谓'垫付"国内"票款'，依前揭授信规范第 6 条规定，应系'银行对国内支票在票载发票日前，以及汇票、本票金额较小未便办理贴现者，垫付其部分票款之票据融通方式'。而此一垫付票款方式之法律关系，依财政部金融局之解释：'有关金融机构办理垫付"国内"票款，通常要求申请人开立备偿专户，将来票款收兑后直接存入申请人名义开立之备偿专户，此时就票据关系言，银行系代为提示，支票并未转让予银行，若票据到期提示遭退票，银行原则上无法以票据权利人之地位对发票人索赔。'〔'财政部'金融局 1996.12.4. 台融局（一）字第 85553852 号函〕，是以本件 B 不得对 A 行使票款请求权。乙说：该支票业经 A 背书转让予 B 银行，性质上系属周转金贷款之还款来源，基于支票乃系一支付工具，依'票据法'第 5 条及第 13 条之规定，当然具有票据之文义性及无因性，票据债务人应依票据上所载文义负责，

（三）透支

透支，是指客户与银行签定透支合同，银行允许客户在其支票存款账户内无存款余额时或余额不足时，在核准的透支额度内，由银行先予垫付的融通方式。透支的目的系为财务优良且具商业自律精神的借款人得以顺利调度资金。[1]台湾地区企业使用透支方式非常普遍，有利于企业资金调度。

（四）银行承兑汇票

银行承兑汇票，是指银行依据买卖双方购销合法的商品交易，经由承兑申请人的申请，由银行在商业汇票上签章并承兑，表示于汇票到期时，无条件付款的一种金钱债权证券。商业汇票一经银行承兑，即成为银行承兑汇票，承兑银行成为主债务人，是一种以银行信用担保的形式。银行承兑汇票主要的意义在于：第一，以商业汇票为媒介的赊销，借由银行的承兑，由商业信用转为银行信用，有助于提升商业信用，促进企业间商品交易的实现。第二，提高银行服务的深度与广度，调整银行资产结构，实现业务收入多元化。第三，银行与企业间密切合作，扩大承兑银行稳定的存款来源。[2]

台湾地区的银行承兑汇票，可以分为两种：[3]第一，买方委托的

（接上页）故 B 可对 A 行使票款请求权。丙说：依'票据法'第 5 条、第 13 条及双方周转金契约规定，B 取得票款请求权。但系属恶意取得，依'票据法'第 14 条第 1 项规定，不得享有票据权利。初步研讨结果：多数采乙说。审查意见：采乙说。研讨结果：（一）乙说第三行末修正为：'故 B 可对 A 及其前手行使票据请求权'。（二）照审查意见通过。"同此见解者，请参阅王志诚：《票据法》，元照出版有限公司 2012 年版，第 64~68 页。须补充说明者，关于"银行账户"中"账"字用语：台湾地区使用"帐"字，大陆地区使用"账"字。本书于论述或引用时，统一使用"账"字。

　〔1〕　请参阅台湾地区银行公会会员授信准则附表定义中"透支"。资料来源：载台湾地区"银行商业同业公会"网，如 http://www. ba. org. tw/PublicInformation/ImportantSpec? StartDate=&EndDate=&keyword=%E6%8E%88%E4%BF%A1%E6%BA%96%E5%89%87&type=8e1f245-6faa-4121-9b9a-5b5e5d5394c4，最后访问日期：2015 年 10 月 7 日；另请参阅王宇文、林育廷：《票据法与支付工具规范》，元照出版有限公司 2008 年版，第 47 页。

　〔2〕　刘为霖、边维刚：《票据融资与票据市场》，中国金融出版社 2000 年版，第 73~74 页。

　〔3〕　请参阅台湾地区"银行法"第 15 条第 3 项。

银行承兑汇票。所谓买方委托的银行承兑汇票，是指由商品或劳务的买方委托银行为付款人，而经银行承兑的汇票。亦即银行接受买方的委托，为买方所签发的汇票担任付款人而予承兑。办理买方委托承兑的目的在于：对买方（委托人）而言，是为协助其获得卖方的信用；对卖方而言，是协助其获得可以在货币市场流通的银行承兑汇票。[1]第二，卖方委托的银行承兑汇票。所谓卖方委托的银行承兑汇票，是指由出售商品或提供劳务的人，依交易凭证于交易价款内签发汇票，委托银行为付款人，而经银行承兑的汇票。亦即卖方凭交易凭证供银行核验，在交易凭证的金额内签发定期付款汇票，由银行为付款人而予承兑。办理卖方委托承兑的目的在于：为协助卖方（委托人）取得银行承兑汇票，以便从货币市场获得融资。[2]

银行办理商业汇票承兑业务，是以银行信用作为融通社会资金的一种方法，属于银行授信业务，银行承兑商业汇票后，对于汇票的付款人而言，是一种或有负债，对于持票人而言，是或有债权；至于从承兑业务中所得到的收入，属于手续费收入，而非利息收入。由于汇票经银行承兑后，信用增强，使该汇票易于流通，持票人可凭票购货，或者向银行申请贴现，对企业发展非常有帮助。[3]

（五）融资性商业本票

本票依据出票人的不同，可以分为一般本票、银行本票及商业本

---

〔1〕　请参阅台湾地区银行公会会员授信准则附表定义中"买方委托承兑"。资料来源：载台湾地区"银行商业同业公会"网，如 http://www. ba. org. tw/PublicInformation/ImportantSpec? StartDate = &EndDate = &keyword = % E6% 8E% 88% E4% BF% A1% E6% BA% 96%E5%89%87&type = 8fe1f245 − 6faa − 4121 − 9b9a − 5b5e5d5394c4，最后访问日期：2015年10月7日。

〔2〕　请参阅台湾地区银行公会会员授信准则附表定义中"卖方委托承兑"。资料来源：载台湾地区"银行商业同业公会"网，如 http://www. ba. org. tw/PublicInformation/ImportantSpec? StartDate = &EndDate = &keyword = % E6% 8E% 88% E4% BF% A1% E6% BA% 96%E5%89%87&type = 8fe1f245 − 6faa − 4121 − 9b9a − 5b5e5d5394c4，最后访问日期：2015年10月7日。

〔3〕　金桐林：《银行法》，三民书局 2010 年版，第 90 页。

票。大陆地区本票仅限银行本票，并无一般本票及商业本票；[1]台湾地区"票据法"对于本票种类并无特别限制。但是，台湾地区"财政部"对于银行本票的签发认为，金融机构除了办理同业间拆款及向中央银行融通资金外，不得自为出票人而签发本票。主要理由在于："本票之性质为信用工具或债权凭证，以银行角色言，银行具有创造及供给信用之功能，银行自为发票人签发之本票，有创造货币之效果，参照'最高法院'22年上字第348号判例，亦与'刑法'第12章各条所称之'银行券'相当，非经政府许可，并依有关规定办理，不得为之。为免有碍通货之统一发行及信用之管理，银行不得签发本票供客户使用，或以之为业务或供自身日常事务款项。"[2]换言之，尽管台湾地区"票据法"没有限制本票种类，但实际上是限制金融机构本身作为出票人签发本票，亦即限制银行本票的签发，故而实务上流通的本票仅有一般本票、商业本票。由于银行签发本票的作用相当于现钞，如果滥行签发容易导致通货膨胀，因此，世界各国都严格限制银行本票的签发。[3]此与大陆地区《票据法》允许签发银行本票的规定正好相反。

台湾地区所发行的商业本票可分为交易性商业本票及融资性商业本票。所谓交易性商业本票，是指基于合法交易行为的买方向卖方所开出的远期商业票据，亦即有实际交易行为所签发的本票，卖方在取得买方因交易所签发用以付款的本票，如有资金需求，可以在本票到期日前背书并检附交易凭证后向市场融资（如向金融机构办理贴现）。由于交易性商业本票以实际交易行为作为基础，因此有自偿性，通常不须要经金融机构保证。[4]而所谓融资性商业本票，是指无实际交易行为，企业为筹集短期（期限在1年以内）资金所发行的本票。由于无实际交易行为，如果没有金融机构保证，风险性较高，所以台湾地区规定，融资性商业本票必须经金融机构保证，且该金融机构须经信

---

〔1〕 请参阅大陆地区《票据法》第73条第2款。

〔2〕 台湾地区"财政部"1997年9月1日台财融字第86642047号函。请参阅曾世雄等：《票据法论》，自版2005年版，第271页注1。

〔3〕 王小能编：《票据法教程》，北京大学出版社2001年版，第306页。

〔4〕 王文宇主编：《金融法》，元照出版有限公司2012年版，第435页。

用评等机构评等，才可以在货币市场交易。[1]因此，如果企业为调度短期资金，亦可发行商业本票（Commercial Paper），通过"票券商"的承销，向票券市场的投资人取得资金，此即彰显票据的信用功能。[2]

尽管大陆地区《票据法》规定中仅有银行本票，但中国人民银行在 2005 年 5 月提出"短期融资券"并制定《短期融资券管理办法》（〔2005〕第 2 号）。所谓短期融资券，是指具有法人资格的非金融企业，按照该办法规定的条件和程序在银行间债券市场发行和交易并约定在一定期限内还本付息的有价证券。学者认为此种短期融资券的本质上是一种融资性的无担保商业本票。之所以未使用票据名称，主要考虑到现行大陆地区《票据法》采用真实票据理论，要求票据签发、取得及转让必须具有真实交易关系及债权债务关系，而且本票仅限于银行本票，因此，法律上无融资性商业本票的存在空间，故而以短期融资券称之。如此，"既满足市场对融资性票据的需求，又规避法律风险，采用了'短期融资券'的概念，与国外的商业票据（Commercial Paper）性质相同"。[3]2005 年 5 月 25 日首次推出短期融资券，至2005 年 11 月 17 日止，约半年期间，即有 41 家企业在银行间债券市场向合格的机构投资人成功发行 54 期，总面额达人民币 1009 亿元，这充分体现票据的金融创新对现代商业发展的推动力。[4]此后，由于新

---

〔1〕　请参阅台湾地区"票券金融管理法"第 5 条第 3 款规定；王文宇主编：《金融法》，元照出版有限公司 2012 年版，第 435 页。

〔2〕　王志诚：《票据法》，元照出版有限公司 2012 年版，第 69 页。"票券商"是台湾地区的专业票据机构之一，有学者认为："专业票据机构是票据市场不可或缺的组成部分，这些机构在票据市场中起到促进票据流通、加快资金流动和活跃票据市场交易的作用，是票据流通市场的主力。在各个国家和地区，专业票据机构的名称有所不同，如在英国称为票据贴现行，在日本称为短资公司，在我国的台湾省则称为票券公司，但是这些机构的经营范围和职能基本一致。"请参阅朱长法、杨宝春："海外票据市场概况及对我国商业银行拓展票据业务的启示"，载《中国城市金融》2000 年第 11 期，第 17 页。

〔3〕　苏宁："我国票据业务发展概况及展望"，载《中国金融》2006 年第 2 期，第6 页。

〔4〕　苏宁："我国票据业务发展概况及展望"，载《中国金融》2006 年第 2 期，第6 页；郑孟状等：《中国票据法专家建议稿及说明》，法律出版社 2014 年版，"修订说明"第 2 页及同页注 3。

规定《银行间债券市场非金融企业债务融资工具管理办法》将"短期融资券"名称变更为"非金融企业债务融资工具",原发行最长期限为1年也修改为未明确规范期限。换言之,企业已不限于发行短期融资券,甚至可发行中期融资券、长期融资券。[1]

在美国,商业票据发行天期范围从1天至270天之间均可,但多数的商业票据期限是20天至60天,较长期限的商业票据不常见。[2]

台湾地区对于企业发行商业票据要求较高,除应经由票券商签证及承销外,还应具备下列条件之一:①发行人经信用评等机构评等。②基于商品交易或劳务提供而产生,且经收款人背书的本票或汇票。③经金融机构保证,且该金融机构经信用评等机构评等。[3]据此,商业本票又可以分为有保证商业本票及无保证的商业本票。有保证商业本票是指发行公司签章出票,并经金融机构保证,保证费一般是按本票金额的1%年费率计算;无保证的商业本票是指发行公司签章出票,不经金融机构保证,但其条件通常是必须有财务健全、业务良好的公司。

融资性商业本票经金融机构保证,由票券公司签证后,信用风险低,可在次级市场流通。对于发行人而言,发行手续简便,成本较低,且附有保证的商业本票相对于无保证的商业本票而言,其签证费低,

---

〔1〕 2005年的《短期融资券管理办法》已被《银行间债券市场非金融企业债务融资工具管理办法》(〔2008〕第1号)废止,而短期融资券适用新的办法。按照《银行间债券市场非金融企业债务融资工具管理办法》第2条规定,所谓非金融企业债务融资工具,是指具有法人资格的非金融企业在银行间债券市场发行的,约定在一定期限内还本付息的有价证券。又同办法第20条规定,短期融资券适用本办法。换言之,新办法将"短期融资券"名称变更为"非金融企业债务融资工具",发行的最长期限1年改为未明确规范期限,亦即象征依据新的办法规定,企业似已不限于发行短期融资券,甚至可以发行中期融资券、长期融资券。

〔2〕 [美]大卫·S.基德韦尔等:《货币、金融市场与金融机构》(原书第10版),李建军、章爱民译,机械工业出版社2009年版,第119页;[美]弗兰克·J.法博齐等:《金融市场与金融机构基础》(英文版·原书第4版),孔爱国等译注,机械工业出版社2011年版,第401页。

〔3〕 请参阅台湾地区"票券金融管理法"第4条第4款及第6款、第5条第2款及第3款、第6条;另请参阅王志诚:《票据法》,元照出版有限公司2012年版,第69页。

是较佳的筹措短期资金工具。台湾地区融资性商业本票非常活络（如下表15所示），是货币市场的重要信用工具。

表15　台湾地区最近五年商业本票的交易情形

年份 \ 交易金额	买入金额新台币百万元（人民币百万元）[1]	卖出金额新台币百万元（人民币百万元）
2010	18 638 464（3 727 692）	16 147 259（3 229 451）
2011	19 184 483（3 836 896）	16 553 570（3 310 714）
2012	19 551 549（3 910 309）	15 897 934（3 179 586）
2013	18 786 658（3 757 331）	14 949 147（2 989 829）
2014	17 323 857（3 464 771）	15 785 858（3 157 171）

资料来源：引自台湾地区"中央银行"金融统计月报数据[2]

第三节　两岸票据融资协议建议稿

票据融资对于企业而言，是非常重要的融资方式之一，有助于企业取得融资，节约融资成本。然而，两岸票据法对于票据融资均无明文规定，而是分散于其他法令规定中，且规定不够完善，例如大陆地区《电子商业汇票业务管理办法》及台湾地区台湾票据交换所"金融业者参加电子票据交换规约"略有提及电子票据融资规定，并无详细规范。因此，为实现两岸票据融资制度一体化，使得企业通过两岸票

---

〔1〕　依据2015年10月10日银行以新台币买入人民币现钞的牌告汇率约5换算，即新台币5元兑换人民币1元计算。

〔2〕　《金融统计月报》，载台湾地区"中央银行"全球信息网，如http://www.cbc.gov.tw/ct.asp? xItem=26178&CtNode=532&mp=1，最后访问日期：2015年10月10日。

据可以获得相应的融资，则显得非常重要。票据融资的目的是为解决企业融资难的问题，这也是两岸票据制度一体化的主要目的之一，因此，如何具体规范以实现两岸票据融资制度一体化，对于企业、金融机构而言，都是相当重要的。

由于两岸票据融资规范不同，且大陆地区票据强调现金管理的功能，而弱化票据的信用及融资功能；台湾地区票据在信用与融资功能则呈现多元化、丰富化发展，符合企业通过票据取得资金。因此，在两岸票据市场一体化，为企业资金周转需求，推动两岸票据市场的发展，对于票据融资的类型予以一体化规范，以鼓励与刺激两岸票据市场的活络，提升两岸资金的流动性与资金的有效分配。故而，在"两岸票据制度一体化协议（建议稿）"条款中拟对两岸票据融资的定义与票据融资类型明文规范。

一、规范票据融资定义

两岸票据法律制度中，均未对于票据融资的定义作明文规定，基于两岸票据制度一体适用性，建构公平、互惠互利的两岸票据市场环境，因此，本书拟于"两岸票据制度一体化协议（建议稿）"中，明文对两岸票据融资作出具体的定义：即"票据融资，是指持票人使用两岸票据取得资金的融通行为"。之所以明文规定，其目的在于将两岸票据融资制度融合，使得企业得以两岸票据作为交易的支付工具，并得通过两岸票据进行融资，为企业创造有利的经营环境，提升竞争力。

二、规范票据融资类型

两岸票据法律制度中，对于票据融资方法并无明确规定，而两岸对票据融资作法规定不同，为避免两岸票据市场一体化，出现两岸票据融资有不同作法，基于一体性适用原则，本书拟于"两岸票据制度一体化协议（建议稿）"中明文规定票据融资类型，但此类型属原则性规定，还保留了弹性条款。其目的在于保留金融创新的空间，金融机构基于商业自主原则，可以采用适当的两岸票据融资方式，使得两岸票据融资方式多元化、多样化。

（一）关于纸质票据融资

【票据融资的类型】

①票据融资的类型，包括票据贴现、票据转贴现、票据再贴现、客票融资（包括垫付票款、保持票等等）、透支、银行承兑汇票、商业票据、其他合法的票据融资类型及两岸金融主管机关共同核准的票据融资类型。

②贴现，是指持票人在票据到期日前，将票据权利背书转让给金融机构，由其扣除一定利息后，将约定金额支付给持票人的票据融通行为。

③转贴现，是指持有票据的金融机构在票据到期日前，将票据权利背书转让给其他金融机构，由其扣除一定利息后，将约定金额支付给持票人的票据融通行为。

④再贴现，是指持有票据的金融机构在票据到期日前，将票据权利背书转让给中国人民银行或中央银行，由其扣除一定利息后，将约定金额支付给持票人的票据融通行为。

⑤垫付票款，是指基于商品销售、出租或提供服务等实际交易行为所取得票据，在票据未到期前，向金融机构申请垫付部分票款的票据融通方式。每笔垫付金额应少于票面金额，不得全额垫付。

⑥支票透支，是指金融机构准许其支票存款户无存款余额，或余额不足支付票款时，可以在约定期限及额度内，由金融机构先予垫付的融资方式。

（二）关于电子票据融资

本书于协议建议稿拟明文规电子票据的融资方式。

【电子票据的融资】

①电子票据的融资，可以由持票人在票据上签章后，再向金融机构申请办理。

②经核准融资并经指定的票据交换所或金融机构为融资登录的票据，非经取消融资登录，持票人不可再申请办理背书转让登录。

③融资的金融机构在持票人清偿融资款项或其他原因，可以向指定的票据交换所或金融机构申请办理取消融资登录。

第六章
两岸票据担保协议

　　关于担保的方式，按不同标准而有不同的担保分类。学说上按担保标的，将担保区分为人的担保、物的担保及金钱担保三种。[1] 本书按融资担保所提供的标的而区分，认为融资担保可以分为人的担保、物的担保及隐存保证等三种。其中与票据有关的票据担保类型可分为票据保证、票据设质、应收票据保管（保持票）、票据存款账户担保及票据隐存保证等。其中，票据保证虽为人的担保类型之一，但因票

──────────

　　〔1〕　人的担保，可以说是信用担保，即担保人以其信用提供担保。担保的标的是第三人的信用，如保证、并存的债务承担、连带债务等，其中以保证最为典型。保证是一种债的关系，如果成立保证担保后，保证人与债权人间就债的实现成立一种债的关系，如果主债务人届期不履行债务时，保证人即须依约定以自己的财产代为清偿主债务人的债务。所谓物的担保，可以说是担保物权，是指担保人以其特定的财产作为担保。换言之，即担保人为担保债务的履行而将特定财产上设定权利供债权人作为其债权的担保。此种担保，有可能是担保人为自己的债务提供担保，亦有可能是为第三人债务而提供担保。此种担保的标的是担保人的特定财产，如动产担保、不动产担保、权利担保等。至于担保的特定财产，有可能是债务人自己的特定财产，也有可能是第三人的特定财产。又，物的担保依据所提供的担保物是否移转所有权，又可以区分为不移转所有权的担保，如抵押权、质权、留置权等，与移转所有权的担保，如让与担保、所有权保留、代物清偿等等。前者是指在所提供的特定财产设定权利以担保债权的履行，如果债务人不履行债务时，债权人可以依法行使担保权，并就该担保财产的价值中优先受清偿；后者是指如果债务人不履行债务时，债权人可以直接取得该担保财产的所有权或其他权利以清偿其债权。请参阅郭明瑞、房绍坤、张平华等编：《担保法》，中国人民大学出版社 2006 年版，第 13~14 页。台湾地区"民法"以往禁止流押、流质约定，但修法之后，现已允许流押、流质约定，请参阅台湾地区"民法"第 873 条之 1、第 893 条第 2 项；大陆地区《物权法》仍禁止流押、流质约定，请参阅大陆地区《物权法》第 186 条、第 211 条。

据法有特别规定，本质上属于票据行为之一，故而不于两岸票据担保
另为规定，将其列入协议建议稿的共同票据行为规定中；隐存保证，
是基于票据隐存保证的特殊性质，因现行票据法中无明文规定，特别
于协议建议稿中明文规定。主要原因在于，因其既类似于人的担保，
却不同于人的担保；类似物的担保，却无物权担保设定要件。台湾地
区司法实务认为，基于票据文义性及无因性，隐存保证行为人所承担
的责任视其在票据上的地位而定。[1]由于票据隐存保证实质上仍属于
票据行为之一种，故而不规范于两岸票据担保类型中，而将其规定于
票据保证之中。本章将票据担保类型分为票据设质、应收票据保管
（保持票）、票据存款账户担保、票据隐存保证等四种，重点在于票据
设质、票据存款账户担保两种类型。为实现两岸票据担保制度一体化，
本书就有关两岸票据担保，拟于协议建议稿中明文规定，以作为共同
适用的依据。

第一节　两岸票据担保含义与类型

票据担保反映票据的流通、信用及融资等功能，同时也代表票据
存在的经济价值，使得票据持有人可以通过票据的使用，获得资金融
通，促进商品流通，扩大企业经营规模，提升竞争力，同时又可保障
债权的实现，充分体现票据所具有的担保目的与作用，也有助于建立
票据市场及票据信用制度，促进经济发展。因此，两岸票据相互流通
后，充分运用两岸票据，可为企业交易双方及金融机构共同创造有利
的经营条件。申言之，企业一方（买方）得以签发远期两岸票据作为
交易支付工具，扩大采购量，而延后付款优势，可充分运用资金，拓
展营运规模；企业另一方（卖方）给予买方企业优惠，获取稳定采购
量，建立交易双方稳定购销关系，并通过两岸票据向金融机构申请融

---

〔1〕　例如，A与B共同签发一张票据，将该票据作为A向甲银行融资的担保，该票据
上真正的出票人A，而B是隐存于出票形式下的保证人，称为"隐存保证人"，但因B与A共
同签发票据，依据票据文义性及无因性，故而认为B仍应负出票人责任，而非保证责任。

资，获取营运资金，逐渐壮大规模；金融机构作为债权人可以两岸票据作为债权的担保，除了确保债权的实现外，还可以获取丰厚的利息收入，同时也可以建立起银企合作的良好互动模式。两岸票据通过企业与金融机构间的充分运用，可将其经济效益发挥至极，提升两岸经济增长。由此可见，两岸票据在担保制度中所扮演的重要角色，不容忽视。

一、票据担保含义

票据担保，是指以两岸票据作为担保而获得资金融通或商品流通。这里所指的两岸票据担保除了以实体票据作为担保外，也包括电子票据担保及以票据存款账户作为担保的情形。

本书拟于协议建议稿中对两岸票据担保予以明确定义，即：票据担保是指持票人以两岸票据作为自己或他人债务的担保。其票据担保分为足额担保与不足额担保。足额担保，是指票据金额足以涵盖债务的金额；不足额担保，是指票据金额虽不足以涵盖债务的金额，但票据可以作为债权人的加强债权担保。

企业以票据作为支付条件，是建立在信用的基础上，并从一般商业信用提升为票据信用，从单纯的即期付款变为可以选择即期付款或远期付款，使得企业在采购原物料时可使用的支付方式转变为多元化，并通过比较即期付款与远期付款的优劣，进一步决定采即期或远期的支付条件。如果企业决定以远期支付，可选择远期票据，卖方在取得远期票据可以通过票据担保获得资金融通。例如，台湾地区 A 公司向大陆地区 B 公司购买 X 商品，交易金额为人民币 1000 万元整，双方约定以两岸远期票据作为支付条件。于是，A 公司以台湾地区甲银行北京分行作为付款人，签发远期支票人民币 1000 万元整，并将支票交付大陆地区 B 公司。这里使用远期支票作为支付条件，可促进商品流通，使 B 公司更具有竞争优势，扩大市场规模；[1] 而 B 公司有资金需求时，通过两岸远期支票向乙银行办理票据融资，获得所需营运资金。

---

〔1〕 使 B 公司具有竞争优势的原因在于：因为 B 公司给予 A 公司（买方）信用，延期付款。

就此而言，以两岸票据作为担保具有以下几点优势：第一，自动清偿性，有助于维护票据担保制度。企业以远期票据作为支付条件，一方面能够增强企业的信誉（如企业作为远期支票的出票人），减少企业实体资金的支出，提高企业自身资金的使用效益；另一方面在以票据作为担保时，由于票据具有到期自动清偿的功能，有助于推动票据担保制度的建立。第二，资金融通及促进商品流通。中小微企业普遍存在融资难的问题，在交易过程中，中小微企业取得的票据除了可向金融机构办理贴现外，还可以票据作为担保向金融机构申请融资。由于基于合法交易取得的票据具有票据到期清偿性，因此，提供票据担保较易获得金融机构给予企业融资的意愿，解决企业资金需求问题，进一步扩大企业经营规模效益。第三，保障债权。以票据作为担保，有利于降低债权人的债权风险，确保债权的实现。尤其，金融机构为债权人，通过票据担保融资时，可优化资产结构，提高资产流动性，改善经营绩效，提升竞争力。第四，促进经济发展。市场经济秩序的建立与维护，是建立在良好的信用基础上，一方面要保障债权的实现，确保交易安全；另一方面也要发挥物的效用。而以票据作为担保，不仅有助于保障债权的实现，确保交易安全，也有助于发挥物的使用价值。因此，票据担保是促进经济发展的有效工具。

二、票据担保类型

关于票据担保的类型，在台湾地区实务上除了票据保证、票据隐存保证、票据设质、票据存款账户担保外，还有票据还款担保及应收票据保管（监管票据、保持票）。所谓票据还款担保，是指签发无交易性的票据作为偿还债务的担保。此种票据还款担保，有可能是票据隐存保证，也有可能是借款人与债权人签定借款合同约定，由借款人依债权人要求签发与借款本金同额或高于借款金额的票据作为借款人将来还款的担保用途。[1]其目的在于将借款合同关系转化为单纯票据

---

[1] 台湾地区"最高法院"2013年度台上字第466号民事判决；台湾地区"最高法院"2006年台上字第1763号民事判决。

关系，简化追索债权程序。至于应收票据保管（监管票据、保持票），此种票据担保，有可能就票据设定质权，也可能未设定质权（如禁止背书转让票据）而采用保持票（监管控制）的方式，作为银行加强债权担保的方式。台湾地区对于票据担保的方式是采取开放、多元化态度；大陆地区对于票据担保，除了明文规定票据保证、票据设质外，其余均无明文规定，对于如何认定票据担保性质存在争议。而其中票据存款账户担保的法律性质认定，不仅学理上存在极大的争议性，且司法实务观点也不一。因此，本书认为有必要对于票据担保的主要类型予以论述并厘清相关概念。

（一）票据设质

票据设质，又称为设质背书、质权背书、质押背书，是指持票人为担保债务而于票据权利上设定质权为目的所为的背书。[1]简言之，票据设质是以票据作为质权标的的设质法律行为，而债权人享有优先受偿的权利。[2]

1. 票据设质的标的

一般所称票据包括汇票、本票及支票。至于哪些票据可作为设质的标的，各国家或地区的规定略有不同。日内瓦票据法公约规定，汇票及本票可以作为担保的标的。[3]但对于支票能否作为设质的标的，

---

〔1〕 郑玉波：《票据法》，三民书局 2008 年版，第 112 页。

〔2〕 费安玲主编：《比较担保法——以德国、法国、瑞士、意大利、英国和中国担保法为研究对象》，中国政法大学出版社 2004 年版，第 335 页。

〔3〕 日内瓦《汇票及本票法统一公约》第 19 条："背书记有'担保''质押'或其他表明质押之记载者，持票人得行使汇票上之一切权利，但其所为之背书，只具有代理人背书之效力（第 1 款）。汇票债务人不得以自己与背书人个人之间所存在抗辩之事由对抗持票人，但持票人明知对债务人有损害而取得票据者，不在此限（第 2 款）。"日内瓦《汇票及本票法统一公约》第 77 条是本票对于汇票的适用条款。《联合国国际汇票及国际本票公约》第 22 条、法国《商法典》第 122 条第 4 款、第 185 条、德国《票据法》第 19 条、第 77 条、日本《票据法》第 19 条、第 77 条，以及中国澳门地区《商法典》第 1152 条、第 1210 条亦有相同规定。有关各国票据法规定，请参阅郭锋、常风编：《中外票据法选》，北京理工大学出版社 1991 年版，第 179 页、第 195 页（日本票据法）、第 222 页、第 237 页（日内瓦汇票及本票法统一公约）；余振龙、姚念慈主编：《国外票据法》，上海社会科学院出版社 1991 年版，第 4 页、第 20 页《日内瓦汇票及本

则没有明确规定。大陆地区对于票据质押的标的，《担保法》《物权法》
与《票据法》规定不一致，发生法律冲突：因为按照《担保法》《物
权法》的规定，可质押的标的包括汇票、本票及支票；但是按《票据
法》规定，可质押的标的限于汇票、本票，而不包括支票。[1]

对于大陆地区《担保法》《物权法》与《票据法》的规范冲突，
有学者认为应适用《担保法》的规定。主要理由在于《担保法》明确
规定支票可以作为质押，尽管《票据法》没有规定支票可以质押，但
也没有禁止支票质押的规定，因此将支票作为质押的标的并非无法律
依据。[2]

台湾地区"票据法"并未规范票据设质，而是依据"民法"规
定。所谓权利质权是指以可让与的债权或其他权利为标的物的质权。
其设定方式，依权利让与规定。如果质权是以没有记载权利人的有价
证券作为标的，于其交付证券给质权人时发生设定质权的效力；如果
是以其他有价证券为标的，则应背书并记载设定质权意旨。[3]因此，
台湾地区票据设质的要件有二：第一，当事人间设定质权的合意，并
签定设质的书面合同；第二，如果是无记名票据，须交付票据；如果
是记名票据，须背书并记载设质的意思，交付票据。一般而言，以汇票

（接上页）票法统一公约》、第123页、第143页《德国票据法》、第175页、第192页
《日本票据法》）、第218、237页《法国票据法》；施文森：《票据法论——兼析联合国
国际票据公约》，三民书局2005年版，第372页（联合国国际汇票及国际本票公约）；
金邦贵译：《法国商法典》，中国法制出版社2000年版，第50、68页；张凝、［日］末
永敏和：《日本票据法原理与实务》，中国法制出版社2012年版，第322、354页；赵秉
志总编：《澳门商法典》，中国人民大学出版社1999年版，第325、341页。

〔1〕　请参阅大陆地区《担保法》第75条、第76条、第77条及《最高人民法院关
于适用〈中华人民共和国担保法〉若干问题的解释》第98条、第101条、第102条、
《物权法》第223条等规定，票据质押的标的包括汇票、本票及支票；但《票据法》第
35条、第80条规定，票据质押的标的限于汇票、本票，而不包括支票。

〔2〕　学者论述本问题时，尚未有《物权法》，由于目前已经有《物权法》，此问题
已转化为《物权法》规定与《票据法》规定发生冲突。请参阅费安玲主编：《比较担保
法——以德国、法国、瑞士、意大利、英国和中国担保法为研究对象》，中国政法大学
出版社2004年版，第338页。

〔3〕　请参阅台湾地区"民法"第900条、第902条、第908条规定。

及本票设定质权并无问题。由于台湾地区承认远期支票，商业习惯上以支票作为设质借款者亦不少。对于支票是否可以作为设质标的，学者有不同观点：有认为支票是支付工具，与汇票及本票在经济职能上有显著不同，不能成为信用工具，且就支票作为设质标的而言，尚无此立法例，故支票不宜成为设质标的。有认为现今支票除支付功能外，部分国家或地区已允许远期支票的存在，故其亦具有信用功能，不应将其排除在设定质权的标的之外。[1]有学者更进一步指出，远期支票符合经济需要，应当承认其可以作为设质标的的合法性。[2]本书认为既然承认远期支票存在，代表支票也具有信用功能，而且民法并无明文将支票排除在设质之外，故不宜禁止支票设质，应可适用"民法"规定，以支票作为设质标的。

2. 票据设质背书的方式

按票据设质背书是否在票据上记载"质押""设质"等字样，可分为明示的票据设质与隐存的票据设质。隐存的票据设质是指，在形式上是一般票据转让背书，而实质上在背书人与被背书人间存在票据设质的关系。[3]大陆地区《票据法》明文规定，票据质押时应背书记载"质押"字样。换言之，不承认隐存的票据设质背书。[4]

台湾地区对于票据设质背书如何记载并无明文规定，且"票据法"亦未明文规定有关票据设质背书。因此，如果在票据上记载设质背书，依台湾地区"票据法"第12条规定，该票据设质记载不生票据法上效力。其效力认定应依台湾地区"民法"规定，可发生民法上有价证券的设质效力。对此问题，学说上有观点认为，法律既然未限定设质背书的方式，自无须记载设质或其他同义的文字。但亦有观点认

---

〔1〕 费安玲主编：《比较担保法——以德国、法国、瑞士、意大利、英国和中国担保法为研究对象》，中国政法大学出版社2004年版，第338~339页；谢在全：《民法物权论》（下册），中国政法大学出版社2011年版，第1026~1027页。

〔2〕 费安玲主编：《比较担保法——以德国、法国、瑞士、意大利、英国和中国担保法为研究对象》，中国政法大学出版社2004年版，第339页；谢在全：《民法物权论》（下册），中国政法大学出版社2011年版，第1027页。

〔3〕 王小能编：《票据法教程》，北京大学出版社2001年版，第198页。

〔4〕 请参阅大陆地区《票据法》第35条第2款规定。

为设质背书不同于一般票据转让，故应记明设质之意旨。台湾地区司法实务上认为，出质人本于设质合意将背书的有价证券（股票）交付于质权人为已足，不须要在背书处记载表示设质或其他同义的文字。[1]为解决适用上的争议，台湾地区于"民法"第 908 条增订第 2 项规定，可以记载票据设定质权的意旨，以排除台湾地区"票据法"第 12 条规定的适用。[2]但是，台湾地区"民法"的规定并非强制性规定，是否应在票据上记载"设定质权"等字样或意旨，由当事人决定。[3]换言之，台湾地区承认明示的票据设质与隐存的票据设质。大陆地区《票据法》规定"应"当以背书记载"质押"字样，而且禁止质权人再以背书质押或背书转让票据。[4]两岸法律制度对于票据设质规范有所不同。

国际票据公约对于票据设质背书的规定，认为应背书记载有"供担保"（value in security）、"供设质"（value in pledge）或其他表明设质的文句；如果欠缺"担保""设质"或其他类似字句的记载，将视

---

〔1〕 台湾地区"最高法院"1994 年度第 2 次民事庭会议决议："提案：民二庭提按：质权以记名股票为标的物者，依民法第 908 条后段规定，依背书方法及交付其证券于质权人而生设定质权之效力。条文所谓'背书方法'是否祇须由出质人背书即可，无须于背书处注记表示设质之文句；抑或应并附记表示设质或其他同义之文字，始生设定质权之效力？有甲、乙二说：甲说：质权以记名股票为标的物者，依'民法'第 908 条后段规定，除有设质之合意，并将股票交付于质权人外，尚应将设质之情形在股票上记明而为设定质权之背书，始生设定质权之效力。乙说：质权以记名股票为标的物者，依'民法'第 908 条后段规定，祇须出质人本于设质之合意将背书之股票交付于质权人为已足，无须于背书处记载表示设质或其他同义之文字。以上二说，究以何说为当？提请公决。决议：采乙说。"
〔2〕 请参阅台湾地区"票据法"第 12 条；谢在全：《民法物权论》（下册），中国政法大学出版社 2011 年版，第 1024~1025 页。
〔3〕 台湾地区"民法"第 908 条规定："质权以未记载权利人之有价证券为标的物者，因交付其证券于质权人，而生设定质权之效力。以其他之有价证券为标的物者，并应依背书方法为之（第 1 项）。前项背书，得记载设定质权之意旨（第 2 项）。"据此第 2 项规定为"得"记载设定质权之意旨，故而并未强制规定必须明确记载，是否应在票据上记载"设定质权"等字样或意旨，由当事人决定。
〔4〕《最高人民法院关于审理票据纠纷案件若干问题的规定》第 47 条规定："因票据质权人以质押票据再行背书质押或者背书转让引起纠纷而提起诉讼的，人民法院应当认定背书行为无效。"

为一般转让背书，一旦票据流通至善意第三人之手，背书人不得以"质押"为由行使抗辩。[1]

至于票据设质担保的模式，在台湾地区银行实务中可为一般权利设质，也可为最高额权利设质。至于采取何种票据设质方法，取决于金融机构与担保人间的设质合同约定。

3. 票据设质的效力

学理上认为，票据设质具有以下几种效力：[2]①质权设定效力：被背书人经由设质背书而取得票据质权，具有优先受偿权利。票据设质的被背书人行使票据权利，是为自己的利益而行使，并非为背书人的利益而行使票据权利，与委托收款背书不同。②切断抗辩效力：票据债务人不能以自己与背书人间所存的抗辩事由对抗票据设质的被背书人。③权利证明效力：票据设质记载可证明被背书人取得票据质权，无须再为其他举证。但是，台湾地区并未强制规定在票据上记载设质的字样或意旨，因此，如果未在票据上记载"设定质权"等字样或意旨，必须要另外举证证明之，如提供票据设质合同等。④权利担保效力：对于设质背书人是否承担担保责任，学者存在不同观点：有认为

<hr/>

[1]《联合国国际汇票及国际本票公约》第22条设有特别规定，凡背书记载有"供担保"（value in security）、"供设质"（value in pledge）或其他表明设质的文句，为设质背书，被背书人即为持票人，可以为下列行为：(a) 行使票据上全部权利；(b) 为委任取款而在票据上背书；(c) 受同公约第28条或第30条规定的请求及抗辩事由的限制。日内瓦《汇票及本票法统一公约》第19条亦明文规定设质背书，即凡记明"供担保"（value in security）、"供设质"（value in pledge）或其他相同字句，才生设质背书的效力。同公约第28条系指票据债务人对恶意持票人所得行使的抗辩；同公约第30条是指票据债务人对善意持票人所不得行使的抗辩。日内瓦《汇票及本票法统一公约》第19条："背书记有'担保''质押'或其他表明质押之记载者，持票人得行使汇票上之一切权利，但其所为之背书，只具有代理人背书之效力（第1款）。汇票债务人不得以自己与背书人个人之间所存在抗辩之事由对抗持票人，但持票人明知对债务人有损害而取得票据者，不在此限（第2款）。"请参阅施文森：《票据法论——兼析联合国国际票据公约》，三民书局2005年版，第138页；郭锋、常风编：《中外票据法选》，北京理工大学出版社1991年版，第222页；王小能编：《票据法教程》，北京大学出版社2001年版，第198页。

[2] 王小能编：《票据法教程》，北京大学出版社2001年版，第198~200页；费安玲主编：《比较担保法——以德国、法国、瑞士、意大利、英国和中国担保法为研究对象》，中国政法大学出版社2004年版，第343~344页。

"设质背书不过是为谋求既存的票据上权利，得以简便确实收取而为的"，应采取否定说。[1]有认为，"考虑到被背书人所期待的，乃是取得该支付而实现优先受偿，那么，就应该承认设质背书的背书人亦应担保到期支付"，从而采取肯定说。[2]如采肯定说，即认为背书人应负担保承兑及担保付款责任，如果被背书人行使票据权利被拒绝，被背书人可以向背书人行使追索权，实现自己在票据上的质权。

（二）应收票据保管（保持票）

企业的应收票据既可以通过票据向银行办理融资，也可以通过票据作为担保或副担保。一般情形，对于未禁止背书转让的票据，可办理设质背书给银行作为融资担保；对于禁止背书转让的票据，可交存银行持有、保管，是一种保持票据的融资模式，也可以说是对票据的监管。于票据到期日（汇票、本票）或届出票日（远期支票），由银行提示票据，并以票款作为偿还来源。尤其银行在办理信贷业务时，有时会要求借款人提供相当的应收票据供银行保管作为信贷条件之一，例如，A公司向甲银行申请融资新台币100万元整，甲银行要求A公司须提供融资金额的1.2倍的应收票据金额交甲银行保管，作为其融资的授信条件之一。此种保持票未必会设定质权，有可能仅仅是一种保管票据行为，尤其借款人所提供的票据的出票人属于大企业，具有优势地位，往往签发禁止背书转让票据。因此，可以将应收票据作为银行债权的一种加强债权或副担保，而以保持票据的方式或以转让票据兑现后存于专户的票款办理。[3]

（三）票据存款账户担保

所谓票据存款账户担保，是指票据持有人将票据存入开立在银行

---

[1]　采否定说学者，日本学者伊泽效平，请参阅〔日〕铃木竹雄著，〔日〕前田庸修订：《票据法·支票法》，赵新华译，法律出版社2014年版，第237页注18。

[2]　采肯定说学者，日本学者铃木竹雄、台湾地区学者郑玉波、大陆地区学者王小能，请参阅〔日〕铃木竹雄著，〔日〕前田庸修订：《票据法·支票法》，赵新华译，法律出版社2014年版，第236页及第237页注18；郑玉波：《票据法》，三民书局2008年版，第114页；王小能编：《票据法教程》，北京大学出版社2001年版，第200页。

[3]　请参阅台湾地区"最高法院"2007年度台上字第227号民事判决；"最高法院"1999年度台上字第846号民事判决。

的账户，就账户中票据存款作为担保。例如，A 公司向甲银行申请开发国外（内）信用证额度，并以 A 公司在甲银行的票据存款账户中的存款作为担保而设定最高额权利质权。对于此种以存款作为担保的性质，大陆地区学者有不同观点，司法判决也认定不一，因此，本书将于第二节中详为论述。本书认为，以票据存款作为担保，属于一种权利担保，可设定一般权利质权或设定最高额权利质权作为融资担保。

（四）票据隐存保证

票据隐存保证，是指以保证为目的而在票据上为出票、背书、承兑、参加承兑等票据行为。票据隐存保证是行为人在票据上所为的一种法律行为，此种票据与一般的票据在外观上并无区别。在台湾地区实务上常见，已于前述；而日本实务上亦有之。[1]但是此种票据担保，就所取得的票款并无优先受偿权，故与一般所论及的担保物权有所不同。

票据担保的主要类型论述如上。随着经济发展，在现代商品交易中，普遍使用信用交易，但单纯使用信用交易与使用票据作为支付的信用交易，两者是有不同的。因为使用票据支付的信用交易，例如一方出票人向另一方收款人开出远期支付的票据，是将一般债权转化为票据债权，适用的是"票据法"，而不是"民法"。由于票据具有要式性、文义性、无因性及独立性等特性，使票据债权人的权利不仅简单化、追偿便利、清偿期确定，而且因为票据具有自动清偿性，持票人还可以向金融机构办理贴现、融资，将票据上的未来货币权利转化为现在货币使用，也可将商业信用转化为银行信用，确保交易安全。因此，不论是票据的明示担保还是隐存担保，其目的都是在担保债权的实现，使票据的经济价值获得认同。

第二节　两岸票据存款账户担保问题

借款人向银行申请贷款，按大陆地区规定，除非经银行审查，确

────────────────

〔1〕　票据隐存保证，有翻译为"隐形票据保证"，请参阅张凝、〔日〕末永敏和：《日本票据法原理与实务》，中国法制出版社 2012 年版，第 220~225 页。

认借款人资信良好，确能偿还贷款的，可不提供担保外，原则上借款人应提供足额担保。[1]台湾地区"银行法"尽管未明确规定，银行办理贷款必须要提供担保。但是，"中央"主管机关于必要时，对银行无担保放款或保证，可以适当限制。[2]因此，银行于拓展业务过程中，为保障债权的实现，通常会要求客户提供担保。其中包括银行存款账户担保，即银行要求债务人（即借款人）或担保人在银行开立一个账户，缴存一定比例的资金作为业务往来之前提，且限制该债务人或担保人自由动用该账户内的资金。

以存款作为担保相较于其他标的物担保方式，至少具有以下几点优势：第一，担保价值稳定。以账户中的票据存款作为担保是以资金作为担保，存入银行账户之资金不会发生毁损、灭失或价值变动的问题，而以不动产、动产、应收账款或股票等作为抵押、设质、留置等担保，则因为这些担保的标的物可能存在因毁损、灭失、无法收回或价值大幅变化等，而导致价值减损的问题，无法实现债权担保的稳定性。第二，优先受偿性。在担保债权的实现方面，存款担保在实现债权方面相较于其他担保物更为便利。如银行可主张抵销权或优先受偿权，而其他担保形式在实现债权过程中，尚需要进行鉴价、拍卖等程序，过程烦琐。第三，增加银行的存款量及降低资金成本。以票据存款担保，一般都是开立活期性质账户，主要目的在于，增加银行的存款业务量，而且活期存款利率低，降低银行资金成本。第四，增加客户与银行往来的存款实际绩效。银行在判断客户的往来密切度时，存款绩效通常是衡量的重要因素之一，而通过票据的托收将票款存入银行账户，有利于资金在银行的沉淀，除了增加银行的活期性存款业务量外，同时也为客户加强与银行的往来密切度。因此，两者相较之下，

---

〔1〕　大陆地区《商业银行法》第36条规定："商业银行贷款，借款人应当提供担保。商业银行应当对保证人的偿还能力，抵押物、质物的权属和价值以及实现抵押权、质权的可行性进行严格审查。经商业银行审查、评估，确认借款人资信良好，确能偿还贷款的，可以不提供担保。"

〔2〕　台湾地区"银行法"第36条第1项规定，"'中央'主管机关于必要时，经洽商中央银行后，得对银行无担保之放款或保证，予以适当之限制。"

更突显银行账户存款担保在实现债权方面的优越性与便利性，票据存款账户也是属于银行存款账户之一，如果客户收受大量的票据可以委托银行办理托收或者直接存入银行账户内，在必要时，可以发挥上述优势。

鉴于活期性存款账户作为担保的方式具有上述优点，往往成为银行普遍使用的担保方式之一，其主要用意不外乎在于作为银行债权确保方法之一，以期降低经营业务的风险，同时也借由资金沉淀，以付较低的利息取得较低的经营成本，是银行改善营运的重要方法之一。例如，借款人 A 公司向甲银行申请开发国外（内）信用证额度，在业务过程中，甲银行要求由借款人 A 公司在甲银行以 A 公司名义或者其他第三人作为保证人[1]开设保证金账户，并按甲银行核准 A 公司开发国外（内）信用证额度（美金 1000 万元，或人民币 3000 万元）之50%的资金（即美金 500 万元，或人民币 1500 万元）作为开立信用证的保证金，此为 A 公司向甲银行申请开发国外（内）信用证的前提条件。此例中就是以保证金方式存入开立在银行的活期性账户中作为担保，即是所谓的银行保证金账户担保。当然，如果 A 公司在甲银行设有票据存款账户也可以直接使用该账户内的存款资金作为担保。此种以票据存款作为担保的方式，也可以称为银行账户担保，在台湾地区的银行实务操作是非常普遍的现象。通常债务人向银行申请融资时，根据银行的要求，以债务人或担保人自己名义在银行开设保证金专用账户，由债务人或担保人按约定存入一定数额的资金于该专用账户中，

---

[1] 实务中，亦可能要求第三人（B）作为保证人而以保证人（B）名义开立保证金账户。如果担保人为公司，须受公司法规定限制。请参阅大陆地区《公司法》第16条规定："公司向其他企业投资或者为他人提供担保，依照公司章程的规定，由董事会或者股东会、股东大会决议；公司章程对投资或者担保的总额及单项投资或者担保的数额有限额规定的，不得超过规定的限额（第1款）。公司为公司股东或者实际控制人提供担保的，必须经股东会或者股东大会决议（第2款）。前款规定的股东或者前款规定的实际控制人支配的股东，不得参加前款规定事项的表决。该项表决由出席会议的其他股东所持表决权的过半数通过（第3款）。"台湾地区"公司法"第16条规定："公司除依其他法律或公司章程规定得为保证者外，不得为任何保证人（第1项）。公司负责人违反前项规定时，应自负保证责任，如公司受有损害时，亦应负赔偿责任（第2项）。"

并由银行控制该保证金账户，其目的在于便利银行控制业务风险。但如果这种保证金账户由银行单纯控制，如监管账户，似乎不足以达到确保债权的目的。例如，法院依据申请人的执行名义，而扣押债务人或担保人在银行的存款账户时，就会发生主张权利的问题。如果该账户未设定担保物权，银行仅能主张普通债权，可能无法分配到债权；反之，如果银行就该账户已设定担保物权，则可主张优先受偿权，有可能获得物权保障。因此，通常银行会对于客户存款账户设定担保，必要时可主张对账户内的资金享有优先受偿权。但实务上亦有采取监管账户的做法，并未设定担保物权。

　　如上例中，假设法院派员前来甲银行要求冻结债务人（即 A 公司）的银行账户存款，甲银行亦配合法院办理存款冻结。随后又要求甲银行扣划该存款账户内的资金，甲银行的人员又再配合办理扣划。其后，甲银行发现该存款账户属于 A 公司信用证开证的担保账户。惟该资金已经扣划出去了，此时，甲银行能否主张优先受偿权，则至关重要。在本例中，如果将时点再往前推一步，甲银行在法院前来办理银行账户存款冻结时，即发现该票据存款即为 A 公司信用证开证的保证金，甲银行应如何主张权利，亦同样非常重要。因为涉及债权能否收回的权益。目前大陆地区法律对于以银行账户内资金作为保证金担保并无非常明确的规定，造成解释空间很大，可能影响存款账户担保性质。申言之，如果认为甲银行对于法院的冻结或扣划资金，无法主张优先受偿权利，则该存款账户内保证金性质，不成立担保物权；反之，如果认为甲银行可主张优先受偿权利，则该保证金性质，具有确保银行债权的担保物权性质。

　　此处需要探讨者在于，以票据存款账户作为担保是否足以作为银行债权确保的方式。此涉及银行账户担保的法律性质问题。在实务中，大陆地区法院冻结债务人银行账户内存款时，往往无预警派员至银行营业厅直接出示法院公函要求按规定办理冻结债务人于银行账户内资金，银行往往未能及时反应，无法立即采取相关措施。此外，人民法院与金融机构已建立网络执行查控机制，法院可通过网络实施查询、冻结被执行人存款。[1]所以，未来法院有可能直接透过网络系统直接冻结债务人在银行的存款，而不需要另派人员前往银行办理实施冻结，即可达到冻结债务人存款的效果。由此可见，以票据存款账户作为担保，其法律性质的定性，以及如何确保账户担保符合规定，越来越具重要性。不仅攸关企业融资，也涉及银行债权保障。

一、两岸主要担保规定差异

本书在分析票据存款账户担保问题前，首先将大陆地区与台湾地区的有关担保规定略予概述。

在大陆地区银行运用银行账户（如保证金账户）作为信贷融资的一种担保方式，甚为普遍，而设定担保的依据是大陆地区《物权法》《担保法》。当《担保法》与《物权法》规定不一致者，适用《物权法》。[2]所以，本书论述时，以大陆地区《物权法》规定为主。大陆地区《物权法》于2007年10月1日开始施行，而《担保法》是在1995年10月1日施行，至于《最高人民法院关于适用〈中华人民共和国担保法〉若干问题的解释》，则是在2000年12月13日施行。由

---

〔1〕 请参阅大陆地区最高人民法院颁布《关于网络查询、冻结被执行人存款的规定》第1条规定。2013年8月29日大陆地区最高人民法院颁布《关于网络查询、冻结被执行人存款的规定》，并自2013年9月2日起施行（最高人民法院法释〔2013〕20号）。

〔2〕 大陆地区《物权法》第208条规定："为担保债务的履行，债务人或者第三人将其动产出质给债权人占有的，债务人不履行到期债务或者发生当事人约定的实现质权的情形，债权人有权就该动产优先受偿。"同法第223条规定："债务人或者第三人有权处分的下列权利可以出质：（一）汇票、支票、本票；（二）债券、存款单；（三）仓单、提单；（四）可以转让的基金份额、股权；（五）可以转让的注册商标专用权、专利权、著作权等知识产权中的财产权；（六）应收账款；（七）法律、行政法规规定可以出质的其他财产权利。"同法第224条规定："以汇票、支票、本票、债券、存款单、仓单、提单出质的，当事人应当订立书面合同。质权自权利凭证交付质权人时设立；没有权利凭证的，质权自有关部门办理出质登记时设立。"《最高人民法院关于适用〈中华人民共和国担保法〉若干问题的解释》第85条规定："债务人或者第三人将其金钱以特户、封金、保证金等形式特定化后，移交债权人占有作为债权的担保，债务人不履行债务时，债权人可以该金钱优先受偿。"此外，《担保法》也有相关规定。但是依据《物权法》第178条规定，担保法与物权法规定不一致者，适用物权法。

于长久以来大陆地区对于金融监管较为严格，而司法审判观点也有相对滞后的现象，造成银行实务操作无法随新颁法令相结合，影响银行担保业务创新，也影响银行债权的确保。

在台湾地区银行使用存款账户作为担保方式，非常普遍。通常银行采取的作法，是将存款账户设定一般权利质权或者设定最高限额权利质权。主要依据为台湾地区"民法"规定。[1]由于台湾地区的法律规范仅提供原则性的规定，因此，为银行提供灵活运用的空间，银行实务操作上较无问题；而且银行依据"民法"规定，也会制定内部相关操作规定，以台湾地区的合作金库商业银行为例，其在2007年6月6日订定《活期性存款设质作为授信担保品注意事项》的规定，其中对"本行活期性存款设质"规范定义，是指"以存放本行之活期存款、活期储蓄存款科目设质为限，并应以专供设质之活期性存款账户办理，且每一活期性存款账户以担保一授信案为限"。[2]其实，台湾地区在2007年3月28日以前，"民法"中并无最高限额抵押权及最高限额质权的规定。[3]尽管最高限额抵押权在银行实务运用已存在多年，但始终无法律依据，有违反物权法定原则之虞。直到"最高法院"1997年台上字第1096号判例予以确认，并阐述所谓最高限额抵押契约定义。自此以后，成为银行实务办理最高限额抵押权依据，而最高限额质权也在银行实务被广泛运用。[4]但是，最高限额抵押权正

----

〔1〕　请参阅台湾地区"民法"第900条、第901条、第899条之1等规定。

〔2〕　合作金库商业银行员工训练中心编：《授信实务作业手册（下册）》，合作金库商业银行员工训练中心印2008年版，第65~69页。

〔3〕　最高限额质权是源自于最高限额抵押权而来的。

〔4〕　"最高限额质权、最高限额抵押权因已就担保权之原因加以限定（具特定性），其所担保者乃此等法律关系所不断发生之债权（通常多以将来债权为常），其非从属于特定债权，而系从属于特定之法律关系，是最高限额质权于设立之初，纵尚无债权发生，于该质权之效力亦不生影响。"请参阅台湾地区台北地方法院2002年度诉字第6662号民事判决；另有台湾"高等法院"2002年度抗更（一）字第14号民事裁定；台湾地区"高等法院"民事判决2007年度上字第485号民事判决；台北地方法院2001年度重诉字第1290号民事判决；台北地方法院2006年度诉字第11672号民事判决；台北地方法院2011年度重诉字第203号民事判决。

式进入法典，是在 2007 年 3 月 28 日才增订，同时也将最高限额动产质权及最高限额权利质权也一并纳入规范。至此，最高限额抵押权、最高限额动产质权及最高限额权利质权才名正言顺。

由于两岸在担保法令规范有所差异，故而将两岸主要担保物权规定列表对照，如表 16 所示，并以存款设质为例：

表 16　两岸主要的担保物权规定对照表

	大陆地区[1]	台湾地区
一般抵押权	《物权法》第 179 条至第 202 条	"民法"第 860 条至第 881 条
最高额抵押权[2]	《物权法》第 203 条至第 206 条	"民法"第 881 条之 1 至第 881 条之 17
	《担保法》第 59 条至第 62 条	
动产抵押（不移转占有）	《担保法》第 33 条、第 34 条第 1 款第 2、4、6 项	"动产担保交易法"第 15 条至第 24 条
动产质权[3]（必须移转占有）	《物权法》第 208 条至第 221 条	"民法"第 884 条至第 899 条
	《担保法》第 63 条至第 74 条	
	《最高人民法院关于适用〈中华人民共和国担保法〉若干问题的解释》第 85 条	
最高额动产质权	《物权法》第 222 条	"民法"第 899 条之 1
权利质权（必须让与或交付权利）	《物权法》第 223 条至第 229 条	"民法"第 900 条至第 910 条
	《担保法》第 75 条至第 81 条	

〔1〕 大陆地区《担保法》与《物权法》规定不一致者，依据《物权法》第 178 条规定，适用《物权法》规定。

〔2〕 两岸法律用语差异："最高额抵押权"是大陆地区使用的法律用语；台湾地区使用"最高限额抵押权"。本书为论述一致性，以下文中将拟以大陆地区法律用语为据。

〔3〕 大陆地区《担保法》使用"动产质押""权利质押"的用语，与《物权法》规定使用"动产质权""权利质权"的用语不同。

续表

	大陆地区[1]	台湾地区
最高额权利质权	《物权法》第 229 条适用第 222 条	"民法"第 901 条准用第 899 条之 1
动产质权的标的物	动产	动产
权利质权的标的物	(1) 汇票、支票、本票。(2) 债券、存款单。(3) 仓单、提单。(4) 可以转让的基金份额、股权。(5) 可以转让的注册商标专用权、专利权、著作权等知识产权中的财产权。(6) 应收账款。(7) 法律、行政法规规定可以出质的其他财产权利。	可让与的债权或其他权利
以定期存款设质为例	可以设定一般权利质权,也可以设定最高额权利质权。	可以设定一般权利质权,也可以设定最高额权利质权。
以活期性存款设质为例	以存款账户作为担保,必须特定化且交付质权人占有控制,才可成立动产质押。[2]	可以设定一般权利质权或最高额权利质权。[3]

资料来源:本书整理制表。

---

[1]　大陆地区《担保法》与《物权法》规定不一致者,依据《物权法》第 178 条规定,适用《物权法》规定。

[2]　大陆地区司法实务上依据《最高人民法院关于适用〈中华人民共和国担保法〉若干问题的解释》第 85 条规定:"债务人或者第三人将其金钱以特户、封金、保证金等形式特定化后,移交债权人占有作为债权的担保,债务人不履行债务时,债权人可以该金钱优先受偿。"

[3]　以活期性存款设质,在台湾地区一般不认为可设定动产质权,因为存款是一种存款人对银行的债权,所以,是设定权利质权。如果设定一般权利质权,必须先有债务,才设定质权,而且该存款必须特定化且交付质权人占有控制,是担保特定债权。此外,当然,也可以存款账户设定最高额权利质权。

二、票据存款账户担保的含义与作用

银行实务上将银行账户作为担保，即是以银行账户中的存款作为担保，而票据存款账户属于银行存款账户之一种，当然也可以作为担保。银行存款账户按所担保的债务不同，通常可以分为综合信贷项目担保与保证金担保。不论是哪一种担保模式，由于是以银行存款账户作为担保方式，涉及银行债权是否确保的问题。票据存款账户既属于银行存款账户的一种，故而对票据存款账户担保探讨，实际上也是对银行存款账户担保的探讨；反之，亦然。

（一）票据存款账户担保的含义

票据存款账户担保，是指以票据存款账户中的资金作为担保。通常是指债务人与银行往来时，债务人依据银行要求，以债务人或担保人自己名义在银行开设一般存款账户或专用账户（备偿户），由债务人或担保人按约定存入一定数额的资金于该账户中或者以该账户中现有的资金作为担保，并由银行控制该账户中的资金使用。[1]

银行账户中的资金来源多元化，可以是一般存款、托收入账的票款、按约定存入的专项款及其他入账款。如果将托收票据所取得的票款存入指定账户或将票据存入特定账户作为担保，即是票据存款账户担保。其目的在于便利银行控制业务风险。关于存款账户担保的概念，学说上有不同观点：第一种观点认为，债务人将一定数额的金钱交付债权人作为担保。当债务人不履行债务时，债权人有权以该账户中存款作为抵偿；当债务人履行债务时，债权人应将账户中资金如数退还。[2]此种观点，并未明确表明账户是否具有担保性质，只强调资金的返还问题，犹如账户监管，不利于银行主张担保权利，但必要时可以主张抵销权。第二种观点从保证金的性质而论，认为保证金账户与保证金账户担保含义不同。其指出：所谓保证金账户是指保证金存款

---

[1] 台湾地区银行实务上为控制存款账户中的资金，通常是设置"备偿户"方式；大陆地区则是以设置"保证金专户"方式。尽管两岸使用名称不同，但目的相同，都是为确保银行债权，而对该账户中的资金予以控管。

[2] 赵可星："论保证金担保"，载《法律适用》1999 年第 5 期，第 14~16 页。

人为担保银行特定业务中产生的债权，而在银行开设的专用账户，以区别于存款人开设的其他账户（如基本账户、一般结算账户、退税专用账户）。而保证金账户担保是指经提供担保人与银行协商一致，银行在实现对担保人自己或其担保的其他债务人的特定债权时，有权直接扣划账户中的资金，以实现自己的特定债权。[1]第二种观点，较第一种观点更进一步，已经提到担保特定债权，除了可以主张抵销的扣划外，也可以主张优先受偿权。如果债务人履行债务，应将该账户的担保解除担保设定。第三种观点认为，账户是银行为办理资金收付的各项业务，进行记录和反映而设置的簿籍。账户质押是指为担保债务的履行，债务人或者第三人将其在银行开立的账户出质给债权人托管，债务人不履行到期债务或者发生当事人约定实现质权的情形，债权人得就账户内的资金优先受偿。[2]在第三种观点中，认为账户质押可产生优先受偿的法律效果，但尚未进一步指出，是否能够设定最高额动产质权或最高额权利质权。第四种观点认为，"保证金账户资金质押"，是动产质押的一种形式。而且，认为"保证金账户资金质押的本质是以保证金账户内的款项作为质押物，而非以保证金账户进行质押。所谓账户质押，即担保人用账户向担保权人提供质押担保"。[3]此种观点指出："大陆法系国家因采一物一权主义并严格要求物权的特定性，以数额变化不定的总体或部分财产为标的的担保物权难以纳入担保法律制度中，所以一般不承认账户质押的担保方式。"[4]第四种观点，虽然指出"以保证金账户内的款项作为质押物"，但仅认为属于一般动产质押，而忽略了大陆地区《物权法》中有关最高额权利质权

---

〔1〕　方建国、蒋海英："商业银行保证金账户担保的性质辨析"，载《金陵法律评论》2013年第2期，第88~89页。

〔2〕　罗小红："账户质押法律问题研究"，载《法学杂志》2008年第4期，第130~132页。

〔3〕　陈宜芳、吴凯敏："保证金账户资金质押的成立要件探析"，载《人民司法》2013年第24期，第55页。

〔4〕　陈宜芳、吴凯敏："保证金账户资金质押的成立要件探析"，载《人民司法》2013年第24期，第55~56页。

的规定。[1]

本书认为，以银行账户作为担保不论是存款账户担保还是保证金账户担保，实际上与账户质押的概念相同，而保证金账户的概念与存款账户担保、保证金账户担保或账户质押的概念不同。主要在于保证金账户通常只具有监管的作用，除非双方签定质押合同或设定质权合同，否则并无担保的作用。但是，存款账户担保、保证金账户担保或账户质押，是指双方签定质押合同或设定质权合同，具有担保作用，于第三人扣押账户内资金时，得主张优先受偿权。故而，两者概念不同。再进一步而言，存款账户不仅可以设定一般权利质权，也可以设定最高额权利质权，而不必再局限于大陆地区"特定化"的狭义概念，而可以较宽泛地认定以特定的银行账户作为担保，亦是特定化的范畴。[2]主要理由在于：第一，特定化的概念不等于必须将账户内的资金"固定化"。第二，司法解释规定是在大陆地区《物权法》制定以前所作的解释，已不符合现代金融实务变化，因此，解释该规定时，应随时代变化与需求，作出更灵活解释，以适应时代实际需求。

尽管大陆地区学者曾对于保证金账户担保究竟是指以账户担保还是指以账户内资金作担保，有不同争论。[3]但银行为确保债权的担保，要求债务人提供存款账户或保证金账户作为担保，的确是银行实务运作中较为常见的情形。如上例中，银行操作模式：甲银行与 A 公司间除双方签定授信业务合同外，还会签定质押协议书或合同等。就账户与资金的性质而言，账户通常为银行的一种记账簿记形式，资金为金钱，属于货币财产的一种，账户内资金是存款人对银行的金钱债权，两者在性质上固然有所不同。但就实际上而言，仅仅对银行账户

---

〔1〕 大陆地区《物权法》第 223 条第 7 项规定："法律、行政法规规定可以出质的其他财产权利。"《担保法》第 75 条第 4 项规定："依法可以质押的其他权利。"

〔2〕 请参阅大陆地区《最高人民法院关于适用〈中华人民共和国担保法〉若干问题的解释》第 85 条。

〔3〕 陈宜芳、吴凯敏："保证金账户资金质押的成立要件探析"，载《人民司法》2013 年第 24 期，第 55 页。

设质担保并无实益，因为担保的目的在于确保债权的实现，如果账户内无资金存在，该担保即无实益，因此，所谓的账户担保应该是指将账户内的资金设定担保，而且就银行实务而言，既然以银行存款账户或保证金账户作为担保，在银行业务操作手册中通常会要求设定相应的担保手续，即要求银行人员办理相关业务时，须与客户约定设定质权合同或协议书，所以，银行账户担保通常是指已设定担保的账户。换言之，是以银行账户中的资金作为实质上的担保。银行账户担保可以说是一种简称，或许称为"银行存款账户担保""银行保证金账户担保"较妥适。同样地，如果以票据托收账户中的票款作为担保，可以称为"票据存款账户担保"。此外，设定一般权利质权与设定最高额权利质权的概念不同，主要体现在担保法令上的区别。设定一般权利质权时，通常要求以特定资金担保对应特定的债务，具有不可变动性；而设定最高额质权，在设定当时可以无担保资金，或者账户内的资金数额是浮动，而对应的债务也可能是浮动的，因此，资金所担保的对应原债务即有需要确定债务数额的问题。例如，甲银行与债务人 A 间就 X 活期性账户设定最高额权利质权人民币 500 万元，以担保 A 向甲银行申请的开立国外信用证的担保。一旦债务人 A 的债务发生确定事由，所欠的债务经确定为人民币 200 万元，而 X 账户内的资金余额仅为人民币 100 万元时，甲银行仅得就 100 万元主张优先受偿权。如果 X 账户内的资金余额为人民币 500 万元时，甲银行得就人民币 200 万元的债权主张优先受偿权。两者在法律效果上有所不同。

（二）票据存款账户担保的作用

银行实务中，以保证金账户担保为最常使用的方式。所谓银行保证金担保是指债务人或第三人应债权银行的要求存入该银行账户的一定比例的金钱，作为债务人履约的担保。[1]保证金的种类依据银行业务的不同而有不同的保证金账户担保，其中开立保证金账户的种类包

---

〔1〕　张剑光、邓峥波：《银行法律疑难问题解析》，中国金融出版社 2008 年版，第 119~122 页。

括承诺类业务项下的履约保证金，如开立保函保证金、银行承兑汇票保证金、国内（外）开证保证金等；贷款类业务项下的保证金，如流动贷款保证金、机械设备贷款保证金、住房按揭贷款保证金、汽车贷款保证金等；代客交易业务项下的保证金，如黄金现货延期交收产品的保证金、外汇保证金交易项下的保证金、远期结售汇项下的保证金、衍生品交易项下的保证金等。[1]不论哪一种类型的保证金账户，其共同的主要作用，即在于担保债务人债务的履行。如果债务人无法履行债务，则银行可以就该担保账户内的资金主张优先受偿的权利，以确保实现债权或降低债权的损失。此种担保亦可以入账的票据款作为担保。

这里必须要厘清一个观点。此种银行账户作为担保，虽然名称上使用"担保"，但不应以辞害意。换言之，实际上银行账户是否具有担保性质，仍需要具体认定。因为金融机构在实务操作上可分为两种：一是书面约定设定担保，另一是书面未约定设定担保，仅要求提供账户监管。至于是否已设定担保，需要视双方当事人签定的合同而定。如果担保合同中明确约定设定担保且具有优先受偿权，即为设定担保，故当债务人不履行债务时，银行可以对账户内资金主张优先受偿的权利，当然也可以主张抵销权。反之，如果未明确约定设定担保，也无约定优先受偿，而仅是以账户进行监管，并无担保协议或合同存在，虽然债权人仍可主张抵销权，但无法就该账户内的资金主张优先受偿权。此差别在于，此种账户由银行单纯控制，不足以达到确保债权的目的，例如，法院依据申请人的名义执行，而扣押债务人或担保人在银行的存款账户时，即发生主张权利的问题。如果银行仅主张普通债权，即有可能因无法分配到债权，而造成债权损失；反之，如果有担保存在，银行可主张优先受偿权，获得债权保障。因此，银行应采取设定担保的方式，对账户内的资金取得质权，而主张优

---

[1] 方建国、蒋海英："商业银行保证金账户担保的性质辨析"，载《金陵法律评论》2013年第2期，第88页；王娇莺："商业银行保证金账户的法律性质与风险防范措施"，载《金融论坛》2009年第12期，第59~64页。

先受偿权，较为有利。不论银行账户有无担保，只要债务人将来没有违约，银行有义务将账户内资金解除担保设定并将资金返还予担保人。

三、票据存款账户担保的法律性质

以票据存款账户作为担保与银行存款账户担保类型，在法律性质上具有共同性。目前大陆地区司法实务上仅承认"信用证保证金""银行承兑汇票保证金""出口退税账户质押"等具有担保作用，债权人享有优先受偿权。[1]对于银行其他业务中的保证金（如保函保证金、消费信贷业务中的按揭保证金等），法律并未明确规定是否具有担保作用。至于银行存款账户担保法律性质，在司法解释中并不明确，造成法院观点与银行实务认知不同，进而在具体操作过程中以账户质押，有可能被法院认定为不具有担保效力。[2]

目前的法律对于银行账户担保的法律性质，并没有明确的规范，而学理上的探讨亦众说纷纭，尚未达成共识。而大陆地区司法实务的认定标准过于严苛，与银行实务操作不同，影响银行债权的确保。因此，为发展两岸票据，并以两岸票据存款账户作为担保，实现两岸票据担保制度一体化，有必要确认银行账户担保的法律性质。

不论是以银行账户作为担保或者以票据存款作为保证金而提供担保，目前学理上探讨银行保证金账户担保的法律性质，主要观点有：动产质押说、权利质押说、区别说、信托的所有权让与说、抵销说等

---

[1]　请参阅《最高人民法院关于人民法院能否对信用证开证保证金采取冻结和扣划措施问题的规定》（法释〔1997〕4号）；《中国人民银行关于银行承兑汇票保证金冻结、扣划问题的复函》（银条法〔2000〕9号）；最高人民法院、中国人民银行《关于依法规范人民法院执行和金融机构协助执行的通知》（法发〔2000〕21号）；《最高人民法院关于审理出口退税托管账户质押贷款案件有关问题的规定》（法释〔2004〕18号）。

[2]　大陆地区《最高人民法院关于适用〈中华人民共和国担保法〉若干问题的解释》第85条规定，仅承认债务人或者第三人将其金钱以特户、封金、保证金等形式特定化后，并符合一定条件下，债权人可以就该金钱优先受偿。

等不同学说观点。[1]本书采权利质押说。[2]主要理由在于：第一，本

---

　　[1]　目前学理上探讨银行保证金账户担保的法律性质，主要观点有：1. 动产质押说。(1) 特殊动产质押说。此说认为，在界定账户质押是属于动产还是权利质押应当从账户质押自身的特征去寻找答案。权利质权，是指以所有权以外的可让与的财产权利为标的而设定的质权。权利质权因是以权利为标的，而动产质权是以动产为标的，因而权利质权不同于动产质权。而在账户质押中，尽管账户内款项的来源是基于借款人的一定债权，如对退税款的应收权利，租赁物的租金权益，但此种债权并非依附于账户，而是借款人基于其他债权债务关系而享有的一定债权，按照《物权法》的规定，这种债权本身可以设立应收账款质押。而在质押账户中质押的并不是应收账款权利，而是"由一定的债权原因而使得某些特定的款项被划入质押账户并成为质押标的物。因此，质押账户应属于动产质押"。请参阅罗小红："账户质押法律问题研究"，载《法学杂志》2008 年第 4 期，第 131 页。此说另一观点，从对账户质押作出规范性的法律归纳、分类。认为权利质押包括应收账款账户、股票、基金、债券等质押，而动产质押包括资金账户质押，并以银行按揭贷款保证金户质押为例，认为以账户内的资金对银行的贷款进行质押担保，法律性质上应属动产质押，属于将账户内的资金作为动产质押的一种方式。请参阅赵青云："账户质押、保证金账户质押相关法律问题"，载《东方企业文化·天下智慧》2011 年第 22 期，第 212 页。也有人认为，金钱属于特别动产，与一般动产不同。如果以动产作为质权标的，必须交付占有，但所有权不移转，仍由出质人享有。而金钱作为一般等价物，其所有权随占有移转，因此，在金钱上设定质权，必须对金钱特定化，以与质权人的财产相区别。而以特户中的金钱或封金作为债权的担保，属于质押担保形式，成立金钱质权。并进一步指出，"承认特户、封金特定化后作为质押标的，突破了一般等价物这种不特定物的质押限制，因此属于特殊动产质押"。请参阅曹士兵：《中国担保制度与担保方法：根据物权法修订》，中国法制出版社 2008 年版，第 301~302 页。(2) 金钱质押说。此说将质押分为两种类型：第一种类型，是在存有现实金钱的账户上设立的质押；第二种类型，是在有预期收入（如应收账款）的账户上设立的质押。认为前者在本质属性上为动产质押中的金钱质押，而后者在本质属性上为权利质押中的应收账款质押。银行保证金户通常是以现实存在的金钱为质押物的基本特征，从而认为保证金账户的法律性质属于动产质押中的金钱质押。学者认为，由于账户本身没有交换价值，不能变现，故账户质押的本质是以账户中的资金作为担保财产，构成金钱质押。有认为按揭贷款保证金属于动产质押中的货币质押。此二者意义相同，只不过用语不同。请参阅王娇莺："商业银行保证金账户的法律性质与风险防范措施"，载《金融论坛》2009 年第 12 期，第 60~61 页；曹士兵：《中国担保制度与担保方法：根据物权法修订》，中国法制出版社 2008 年版，第 303 页；毋爱斌、陈渭强、刘晓宇："保证金账户可以特定化并构成货币质押"，载《人民司法》2012 年第 10 期，第 57~58 页。2. 权利质押说。此说认为，债务人和银行一旦签订保证金合同或在合同中计入保证金条款，债务人将保证金存入银行专用账户，银行即对该笔保证金享有占有权。当保证金存入银行专户后，不再是有体物，而成为一种权利，成为债务人对银行的债权。权利质押根据其质押

（接上页）的标的不同，分为债权质押、股权质押和知识产权质押。因此，保证金担保权属于一种债权质押。但此说又指出，保证金担保在性质上属于一种权利质押，但由于我国法律体系中没有法律规定其这一性质，根据物权法定原则，保证金担保不能成为真正的权利质押。不过，其也特别指出："保证金担保虽因法律未规定为权利质押的范围，但其对合同双方还是有约束力的，与法定的权利质押的区别在于法定的权利质押可以对抗任何第三人，而保证金担保只对合同双方有约束力，不能对抗善意第三人，不具有排他性。"请参阅岑雅衍："保证金担保性质浅析"，载《上海金融高等专科学校学报》2000年第4期，第44~45页。3. 区别说。此说认为，如将金钱包封作为供担保之特定物，可以设定动产质权，认为属于动产质权。如交付保证金，对于受领保证金者，有请求返还保证金的债权，则应认为交付保证金系以该债权设定质权，从而认定其性质为债权质权（即权利质权）。请参阅姚瑞光：《民法物权论》，自版1999年版，第279页及第281页注1。4. 信托的所有权让与说。此说认为，保证金之交付系信托的所有权让与。主要理由在于，受领保证金者，负有附停止条件的返还保证金之义务。即以交付保证金者，将来清偿其他债务，为受领者返还保证金之停止条件。在其他债务消灭前，受领者不负返还保证金之义务。因此，其他债权人不得就交付保证金者未成立之返还请求权实施强制执行。请参阅姚瑞光：《民法物权论》，自版1999年版，第281页注1。5. 抵销说。此说认为，依据《合同法》第99条、第100条的规定，所谓抵销，是指当事人互负到期债务，若该债务的标的物种类、质量相同的，或即便债务未到期，种类、质量不相同，但双方协商一致的情况下，任何一方可以将自己的债务与对方的债务抵销，但依照法律规定或者按照合同性质不得抵销的除外。保证金账户担保虽有特殊性，但与履约类保证金担保的基本特点相同，认定为抵销符合其内涵。保证金账户的担保协议条款中，协议约定的条件成就时债权人可优先扣划（即抵销预约条款），与约定抵销的法定内涵相符，且其账户性质不属于不能抵销的范畴。在抵销权的行使上，由于存在事先的约定，银行行使抵销权无须另行通知保证金缴存人，符合约定抵销的生效要求，而不必如法定抵销权的行使那样，"当事人主张抵销的，应当通知对方。通知自到达对方时生效"。从而此说认为保证金账户担保的性质属于抵销。请参阅方建国、蒋海英："商业银行保证金账户担保的性质辨析"，载《金陵法律评论》2013年第2期，第94~97页。以上诸种学说中，特殊动产质押说或金钱质押说，是目前大陆地区的多数说。

〔2〕 关于存款账户作为担保的法律性质，学理上众说纷纭，本书就目前各种学说观点提出评价：1. 动产质押说的问题：主要在于误将银行保证金账户内的金钱作为特定物，而将金钱作为动产，对银行保证金设定动产质权。如果债务人不履行债务时，债权银行有权以该保证金优先受偿。换言之，银行作为债权人要求债务人在融资款动用前，必须在银行先开立一个专门账户，缴存一定的保证金存款，同时限制债务人使用该保证金账户内的资金。但是该资金一旦存入银行后，即成为银行资金，已非原先特定物的资金，银行得自由运用该资金，故债务人或第三人只能向银行请求返还相当数额的资金。例如，债务人A存入保证金账户人民币100元钞票（钞票号为001）予甲银行作为保证金

书认为借款人或担保人缴存于银行开立的专门账户内的资金，一旦存入该笔资金即已转让于银行，银行对该资金拥有所有权，且得自由处分，而债务人或担保人对于银行仅有等值债权请求权，此与一般存款账户中资金相同，即一般存款人对银行有存款债权，故债务人或担保人对银行得主张金钱债权请求权，故其属于金钱债权。换言之，借款人或担保人对于缴存于银行开立的账户内的资金享有金钱债权，属一种权利请求权，即将来债务人在没有违约情形下，可向银行请求返还等额的资金，而非原来缴存原封不动的该笔资金。因此，本书认为以银行账户内的资金设定担保，应该属于权利设质，而非动产质押。如以票据存款账户作为担保，同样属于存款担保，应设定权利质权。第二，银行保证金账户性质上与一般存款账户并无区别，也与票据存款账户相同，只不过银行基于业务需要，往往以专户性质方式开立或者

（接上页）担保，将来甲银行只要能返还债务人 A 人民币 100 元即可，不论是纸钞或硬币，不一定非钞票号为 001 之钞票不可，即使是钞票号为 002 钞票人民币 100 元亦可；反之，如果是将该金钱作为特定物封包作为动产质押，当初质押的是钞票号为 001 之钞票，届时甲银行仍必须返还原钞票号为 001 之钞票予债务人 A。因此，此说不合理之处自明。2. 区别说问题：此说将金钱区分情形而定，认为作为特定物时，则可设定动产质权，从而属于动产质押；反之，将金钱作为债权，则可设定权利质权，从而属于权利质押。此论点较符合目前法学观点及物权法理论。然从银行实务而言，通常存入专户内的资金并非特定物，而是一定等值数额作为保证金担保，甚少以一定资金封包作为保证金担保。此种情形，反而较容易出现于民间资金往来，而较不符合目前银行实务。3. 信托的所有权让与说问题：此说问题在于"他债权人不得就交付保证金者未成立之返还请求权实施强制执行"，此不利于其他债权人行使冻结、扣划债务人存款，且银行实务上，并非与债务人签订信托合同，亦无公示制度存在，外界无从知悉债务人与银行间的信托合同。故其与银行实务操作不符，不合理之处甚明。4. 抵销说问题：此说固然为银行在遭遇法院扣押债务人存款时，经常使用确保债权之手段。唯其缺点在于，抵销权属于合同法中的债权，并非物权法中的担保物权。倘银行于法院前来扣划债务人存款时，未发现该账户属于某笔债务的保证金，并配合法院将账户内资金扣划后，发觉该资金为开立信用证的保证金时，此时，如采取抵销说，则可能因错过主张权利的时点而未主张抵销权，嗣后又因非属担保物权性质，从而更无法向法院主张优先受偿权。又，如果将来法院建置系统直接可与银行账户联机，即可透过系统所设管理权限直接对债务人于银行开设之账户采取电子冻结方式，再事后通知银行，如此，则银行更无可能及时采取抵销债务人账户内资金以确保债权，这将增加银行的法律风险，故此说甚为不妥。

约定特定账户作为担保，目的在于便利区别与控管，其账户内资金可能仍处于浮动状态，亦可能为已确定状态，情形不一，故于设定权利质权时，账户内可能有资金，亦可能尚无资金存在，因此，本书认为应将银行账户担保的法律性质，定性为权利质权，并依实际情况可设定"最高额权利质权"或"一般权利质权"，以符合银行实务运作。如果认为票据存款账户可设立"最高额权利质权"，不仅有利于银行实务运作，且有便于企业资金运用，解决实务上质押账户内资金浮动的定性问题。第三，以票据存款账户担保，依据大陆地区规定，将账户内资金认定为属于其他财产权利而可以出质，也可以将账户设定担保认定为"特户"担保，[1]并将其定性为属于设定权利质权的担保性质。其目的在于更大程度上，让银行操作更灵活，也更符合银行经营业务现况，使企业向银行申请融资担保更具便利性。

四、大陆地区司法实务审判观点

金融实务中，有可能以票据存款账户作为融资担保，如作为开立信用证保证金担保。目前大陆地区对银行保证金账户担保性质，各法院的认定标准不同。本书列举几个大陆地区司法实务的审判观点，进行分析说明。

（一）不具有担保性质

在甲银行河北分行与北京 A 公司合同纠纷一案中，涉及北京 A 公司申请执行河北省 B 公司在甲银行河北分行的存款。[2]甲银行河北分行以质权人身份提出异议，并主张对河北省 B 公司保证金账户内所有保证金（质押财产）享有质权和优先受偿权。经法院审理后，认为河北省 B 公司在甲银行的 100147686435 保证金账号除了 3 笔履约保证金业务，还曾有河北省 B 公司的其他保证金业务，而甲银行并从该保证金账户中扣划了相关手续费，从而导致交纳的保证金因存入同一账户，

---

〔1〕　请参阅大陆地区《物权法》第 223 条第 7 项、《最高人民法院关于适用〈中华人民共和国担保法〉若干问题的解释》第 85 条。

〔2〕　本书基于隐私性，将原判决中银行名称以甲银行、乙银行等等表示；公司名称以 A 公司、B 公司等表示。以下其他判决亦同。

无法区分，故该 3 笔保证金并未实现金钱的特定化，质押法律关系不成立，不享有优先受偿权。[1]

另外，在一件执行异议案件中，申请执行人 C 公司，被执行人长沙 D 公司分期付款买卖合同纠纷的执行案中，异议人乙银行长沙分行对申请冻结和划拨被执行人长沙 D 公司的存款账户，提出异议。经法院审理，认为作为质押物的金钱，在债权与债务关系存续期间，金额必须明确固定，且为质押权人实际控制。又认为，存入保证金账户的资金并不当然成为质押财产，该账户交易频繁，资金常处于变动状态，未采取足以控制支付的措施，仍处于可用状态，从而认为账户内的保证金不是质押财产，银行不享有优先受偿权。[2]

（二）具有担保性质

在丙银行深圳罗湖支行与 E 之间担保合同纠纷上诉案中，法院认为，根据《最高人民法院关于适用〈中华人民共和国担保法〉若干问题的解释》第 85 条的规定，债务人或者第三人将其金钱以保证金形式特定化后，移交债权人占有作为债权的担保，债务人不履行债务时，债权人可就该金钱优先受偿。保证金账户内的资金成立质押的必要条件有二：一是账户内资金的特定化；二是转移占有。必须满足要件的保证金质押才具合法性，而质权人的优先受偿权应予保护。[3]

在本案中，一审的广东省惠州市中级人民法院在判决中指出，"金钱作为一般等价物，其占有的转移即是所有权的转移。基于金钱的这一特性，实践中出现将确定的金钱封存于某个特定的账户，再用其进行质押的情形。将确定的金钱封存于某个特定的账户，就完成了金钱的特定化，从而使金钱能够成为动产质押的标的"。法院判决更进一步指出："保证金账户资金质押作为动产质押的一种形式，其特征除了债务人或第三人将其金钱以特户、封金、保证金等形式特定化后，

---

[1] 请参阅大陆地区北京市第二中级人民法院［2011］二中民终字第 15465 号民事判决书。

[2] 请参阅大陆地区山东省费县人民法院［2015］费执异字第 4 号执行裁定书。

[3] 请参阅大陆地区广东省惠州市中级人民法院［2010］惠中法民二初字第 14 号民事判决。

还应体现在债权人对账户的控制和账户资金的专款专用。"〔1〕所以，一审法院的观点是将存款特定化后作为动产，设定的是动产质权的概念。

二审的广东省高级人民法院认同一审法院的观点。〔2〕

（三）同一案件上下级法院观点不同

丁银行安徽分行诉A与安徽B担保公司保证金质权确认之诉案。〔3〕缘由在于丁银行安徽分行与第三人安徽B担保公司签订《信贷担保业务合作协议》，约定安徽B担保公司在丁银行安徽分行开立担保保证金专户，安徽B担保公司将具体担保业务约定的保证金存入该担保保证金专户，缴存的保证金不低于所担保贷款额度的10%，未经丁银行安徽分行同意，安徽B担保公司不得动用担保保证金专户内的资金。其后，原告丁银行安徽分行因与被告A、第三人安徽B担保公司发生执行异议纠纷，向安徽省合肥市中级人民法院提起诉讼。

一审合肥市中级人民法院审理后认为：质押合同成立并生效须符合两个条件，一是签订书面的质押合同，二是完成质押物的交付。金钱作为特殊的动产质押须具备以下要件：一是双方当事人要签订质押合同，且有将金钱作为质押的意思表示；二是要对作为质押物的金钱进行特定化，并移交债权人占有。首先，第三人安徽B担保公司与原告丁银行安徽分行签订的是合作协议，并非质押合同，且约定的保证方式为连带责任保证，整个合同内容中没有质押条款，由此表明双方并无将金钱作为质押的意思表示。其次，合作协议中虽然约定安徽B担保公司向约定账户存入一定数额的保证金，但没有约定丁银行安徽分行就保证金在债务人不清偿到期债务时享有优先受偿权的相关内容。再次，保证金账户是安徽B担保公司开立，在形式上不符合法定的

---

〔1〕　请参阅大陆地区广东省惠州市中级人民法院［2010］惠中法民二初字第14号民事判决。

〔2〕　请参阅大陆地区广东省高级人民法院［2012］粤高法民二终字第12号民事判决。

〔3〕　请参阅大陆地区安徽省高级人民法院［2013］皖民二终字第00261号民事判决。

"移交债权人占有"。最后，涉案保证金账户存在多次进出账户的情形，账户内的资金的数额不断浮动，不符合法律规定的特定化的要件。因此，一审法院判决丁银行安徽分行就保证金账户内的资金不享有优先受偿权。[1]

丁银行安徽分行不服一审判决，向安徽省高级人民法院提起上诉。

二审安徽省高级人民法院（本案终审）审理后认为：本案中，上诉人丁银行安徽分行主张其对涉案账户内的资金享有质权，应当从丁银行安徽分行与原审第三人安徽 B 担保公司之间是否存在质押合意以及质权是否设立两个方面进行审查。首先，就是否存在质押关系问题。省高院通过相关约定文件审查，认为：丁银行安徽分行与安徽 B 担保公司之间协商一致，对安徽 B 担保公司为担保业务所缴存的保证金设立担保保证金专户，安徽 B 担保公司按照贷款额度的一定比例缴存保证金；丁银行安徽分行作为开户行对安徽 B 担保公司存入该账户的保证金取得控制权，安徽 B 担保公司不能自由使用该账户内的资金；安徽 B 担保公司未履行保证责任，丁银行安徽分行有权从该账户中扣划相应的款项优先受偿的合意，该合意具备质押合同的一般要件。其次，是否设立质权问题。主要争点在于"账户资金浮动的问题"。省高院认为："保证金以专户形式特定化并不等于固定化。涉案账户在使用过程中，账户内的资金根据业务发生情况虽处于浮动状态，但均与保证金业务相对应，除缴存的保证金外，支出的款项均用于保证金的退还和扣划，未用于非保证金业务的日常结算，即上诉人丁银行安徽分行可以控制该账户，原审第三人安徽 B 担保公司对该账户内的资金使用受到限制，故该账户资金的浮动仍符合金钱作为质权的特定化和移交占有的要求。"因此，省高院判决撤销安徽省合肥市中级人民法院原民事判决，认定丁银行安徽分行对安徽 B 担保公司存入该账户的保证金享有质权。[2]

---

〔1〕 请参阅大陆地区安徽省合肥市中级人民法院〔2012〕合民一初字第 00505 号民事判决。

〔2〕 请参阅大陆地区安徽省高级人民法院〔2013〕皖民二终字第 00261 号民事判决。

从上述法院的判决说明，安徽省高级人民法院认为，质押账户内资金虽然因业务开展发生浮动，但并不影响金钱特定化的构成，且所谓特定化并不是指固定化，如果债权人对账户进行实际管控，即应视为已移交占有，符合质权要件之一。本书认为，在本案中安徽省高级人民法院的观点相较其他法院的观点较为宽松，承认"质押账户内资金虽然因业务开展发生浮动，但并不影响金钱特定化的构成"。

其后，一审被告、二审被上诉人 A（即再审申请人）虽然向最高人民法院申请再审，但最高人民法院维持安徽省高级人民法院的见解，裁定驳回再审申请人的再审申请，故本案终结。[1]

在上述大陆地区司法实务案例中，很显然地，除了安徽省高级人民法院的观点比较进步一些外，其余法院的观点仍将账户质押概念停留在动产质权的概念中，要求特定化及移转占有，并认为特定化即是固定化的僵硬思维。其主要原因在于：大陆地区《物权法》是在 2007年 10 月 1 日施行，而《最高人民法院关于适用〈中华人民共和国担保法〉若干问题的解释》是在 2000 年 12 月 13 日施行，不仅由于法令的滞后，不足以应对金融实务的需求，而且更由于法令对于银行账户担保并没有明确其定义，使其法律性质发生争议，不仅学理上众说纷纭，而且法院的观点也未因《物权法》颁布而调整思维，仍根深蒂固地停留在旧法时代的法学思维，而采取较严格的认定标准，将银行账户内资金质押认定为动产质押，而未意识到权利质押的概念，更遑论最高额权利质权，进而使银行实务运作难度大增，甚而影响银行的债权确保。因此，有认为，"成文规定层面的滞后性造成了司法实践中对保证金账户质押性质的不同认识，法院在执法中具有极大的随意性，各地法院执法不一、任意扣划质押资金的情况时有发生，某些情况下造成银行合法权益受损。"[2]

大陆地区与台湾地区的物权法均采取大陆法系的一物一权主义，

---

〔1〕 请参阅大陆地区最高人民法院［2014］民申字第 1239 号民事裁定。

〔2〕 王娇莺："商业银行保证金账户的法律性质与风险防范措施"，载《金融论坛》2009 年第 12 期，第 63 页。

但是在担保物权规定运用上，台湾地区显然较大陆地区更具弹性与灵活性。同样的动产质权标的，固然要求质物必须要特定化且交付占有；但是，如果以数额变化不定的总体（如银行活期性存款账户内资金担保）为标的物的担保物权，依据双方合同约定，台湾地区仍可成立最高额权利质权，但大陆地区目前《物权法》虽有明文规定，但司法实务上却尚未完全承认其为担保。[1]因此，在实务运用中，如以活期性账户设质，有可能被认定不符合担保要件。澳门地区在其《商法典》第859条规定中，提到"存款出质"的概念，也承认银行存款账户可以设定质权。

上述所列举司法实务案例中，不难发现，各地法院对于保证金账户内资金的浮动是否具有担保性质的认定，各有不同见解，因此，造成银行在实务具体操作上面临了很大的风险。本书认为，当资金存入专户后，即是货币进入了账户，从而银行账户内的资金是存款人对于银行的一种金钱债权的请求权，以账户内的票款作为担保，即是在债权上设定质押，应属于权利质押性质。至于具体认定权利质押究为一般权利质权或者最高额权利质权，应依双方合同约定认定。因此，本书拟于协议建议稿中明文规定："持票人可以票据账户设定普通权利质权或最高额权利质权作为融资担保。"

第三节　两岸票据担保协议建议稿

在金融融资担保实务中，除了人的保证、物的担保外，金融机构为确保债权，往往将人的保证与物的担保相结合，亦即要求债务人除了提供第三人保证外，还可能要求其提供相当的担保物作为债权担保。物的担保种类繁多，与票据相关者在于其所提供的标的为票据及票据存款账户等作为担保的情形。由于交易性票据具有自偿性，企业以票据向金融机构申请融资时，通常较容易获得贷款，且融资成本较一般贷款为低，因此，为促使票据能够被充分运用，提供两岸企业多元化

---

〔1〕　请参阅大陆地区《物权法》第222条、第223条、第229条。

金融工具，建立合理的融资担保平台，实现两岸票据担保制度一体化，本书对于票据担保的含义与票据担保类型进行论述，主要目的在于更好地实现两岸票据担保制度一体化，并一体性地适用于两岸人民，建立公平、合理、互惠互利的两岸票据担保规范。

对于融资担保争议性较大者，应属于银行账户担保性质。目前在台湾地区的银行，实务运用银行账户担保情形非常普遍，如开立一个备偿专用账户，依动用情形缴存一笔保证金或分别存入多笔保证金，甚至"活期存款账户"亦可设定最高额质权。只要双方签定最高额质权合同，符合"民法"规定，即具有担保性质，且为台湾地区司法实务所承认。此种做法有利于金融业务发展及企业融资运用。大陆地区司法解释在实际上已承认银行保证金账户内资金可以作为担保，但是司法判决见解仍不一致。本书认为，担保人所提供的特定账户或专用账户作为担保情形，可认定属于《最高人民法院关于适用〈中华人民共和国担保法〉若干问题的解释》第85条所规范的"特户"，从而可对银行账户设定一般权利质权，也可设定最高额权利质权，以解决目前大陆地区学说分歧及各法院认定标准不同的问题。

一、票据担保规范重点

为避免两岸法院对担保制度有不同观点造成无法预测性，基于法安定性要求，以及合乎金融实务运用需要，本书认为有必要解决两岸票据担保制度纷争。为此，本书认为两岸票据市场一体化后，基于平等互惠原则，为协助两岸企业可提供票据及票据存款账户作为担保，同时为实现两岸票据担保制度一体化，拟于协议建议稿中，明确规范两岸票据担保制度，以解决上述问题。

本书拟于协议建议稿中，对于两岸票据担保问题予以明确规定，主要规范重点有以下几点：

（一）确立银行账户担保的法律性质

不论是存款或者入账的票款，当资金进入专户后，即是货币进入了账户，从而银行账户内的资金成为一种存款人对于银行所享有的债权，是一种权利，并非特定物，因此，在债权（权利）上设定质押，应属于权利设质性质，并非动产质押性质。基于契约自由原则及私法自治原则，应赋予当事人可以在平等、自愿的基础上，共同协商并约定在法令范围内许可其设定担保的种类，以解决银行实务所面临的浮动资金账户设质的问题。因此，当银行与借款人于相关的设质合同中共同约定以特定账户作为担保，并交由银行控管时，即属于"特户"设定质权。[1]而于"债务人到期不能履行债务或发生约定的实现质权的情形时，质权人有权就质押账户内的金钱优先受偿"。[2]

（二）规范票据设质背书

票据设质背书依其是否在票据背面记载"设质""质押"或其他类似的字样，可分为明示的设质背书与隐存的设质背书。大陆地区《票据法》仅承认明示的票据设质背书，即必须要在票据背书记载"设质"字样，才发生票据设质的效力。但台湾地区"票据法"并未规定票据设质的问题，而是依据台湾地区"民法"规定。而"民法"承认明示的票据设质背书与隐存的票据设质背书，即未强制要求票据设质必须在票据背面记载"设质""质押"或其他类似的字样。因此，两岸法律制度对于票据设质背书的规范不同，为避免两岸票据流通后，造成规范冲突，对于两岸票据设质背书法律规定不同的问题，应予制度一体化，使得票据当事人的权利义务得以更明确化。因此，本书拟于"两岸票据制度一体化协议（建议稿）"中，就有关票据设质背书作统一性规定，并且还规定应办理票据设质登记。

（三）建立票据担保公示制度

由于债权的性质仅具有相对性，只在特定当事人间发生权利义务关系，如果不涉及第三人时，可不要求债权必须公示。但是，如果以票据设质背书或者以票据存款账户作为担保，则是一种担保物权性质，具有物权效力，应要求质权的标的进行适当的公示，以使不特定第三

---

〔1〕 所谓"特户"，是指金融机构为出质金钱开设的专用账户，该账户被特定化以区别于普通账户。请参阅王娇莺："商业银行保证金账户的法律性质与风险防范措施"，载《金融论坛》2009年第12期，第61页。

〔2〕 王娇莺："商业银行保证金账户的法律性质与风险防范措施"，载《金融论坛》2009年第12期，第61页。

人知悉标的设质的存在，而产生公信力。[1]换言之，基于票据担保的特殊效力性质，如果不以一定的方法使第三人可从外部察知的方式来呈现票据担保所发生及变更的效力，难以保证票据的交易安全，维护第三人权益，以及民法上对于物权变动要求的公示原则与公信原则。[2]所以，本书认为应对票据担保建立相应的公示制度，如同大陆地区的应收账款质押登记制度。

　　大陆地区为办理应收账款质押登记，中国人民银行制定了《应收账款质押登记办法》。其中规定，建立应收账款质押登记公示系统、提供社会公众查询服务、应收账款质押登记通过登记公示系统办理等。[3]因此，两岸票据担保制度，亦可借鉴应收账款质押登记的规定予以规范，例如，两岸共同建立票据信用管理系统，并设置票据担保的登记公示系统，透过登记公示系统将相关讯息进行登记公告；而其他第三人也可查询相关票据担保情形。此不仅具有建立票据信用制度，维护银行债权的优点，同时也具有使其他第三债权人得知票据担保情况，有利于各方控制债权风险。法院在办理此类执行程序时，亦可免去审理与认定票据担保的性质，节约司法资源。亦即，凡未在系统登记公示者，以该票据为担保不得对抗善意第三人。此举将更合乎票据

---

　　〔1〕　费安玲主编：《比较担保法——以德国、法国、瑞士、意大利、英国和中国担保法为研究对象》，中国政法大学出版社 2004 年版，第 315 页。

　　〔2〕　所谓公示原则是指物权变动（如发生、变更或消灭等），必须通过一定的公示方法向社会公开，从而使第三人可以从外部察知物权变动的情况，以避免第三人遭受损害并维护交易安全。因为物权具有排他的性质，所以，如果没有通过公示方式将物权的变动表现出来，可能会使第三人遭受无法预测的损害，进而影响交易的安全。公信是指物权变动经过公示以后所产生的公信力。凡善意信赖公示的表征而为一定的行为，在法律上应当受到保护。请参阅王泽鉴：《民法物权》，北京大学出版社 2010 年版，第 71～77、95～97 页；魏振瀛：《民法》，北京大学出版社 2010 年版，第 220～223 页。

　　〔3〕　请参阅大陆地区《应收账款质押登记办法》第 2 条规定："中国人民银行征信中心是应收账款质押的登记机构。征信中心建立应收账款质押登记公示系统（简称登记公示系统），办理应收账款质押登记，并为社会公众提供查询服务。"同办法第 6 条规定，应收账款质押登记通过登记公示系统办理。第 7 条、第 10 条规定，应收账款质押登记由质权人办理。登记内容包括质权人和出质人的基本信息、应收账款的描述、登记期限。质权人应将本办法第 8 条规定的协议作为登记附件提交登记公示系统。

担保的公示与公信原则。本书拟于"两岸票据制度一体化协议（建议稿）"条款中，就有关设质背书，规定应办理票据设质登记；如未办理设质登记，不得对抗善意第三人；对于电子票据担保，于协议建议稿中拟规定，应在相关系统办理公示，如未办理公示，亦不得对抗善意第三人。

二、协议建议稿

由于交易性票据具有自偿的特性，通过票据作为担保可以在极大的程度上降低债权人的债权风险，同时也提高以票据作为担保取得融资的容易性。台湾地区运用票据担保融资情形普遍，且类型多样化。为实现两岸票据市场一体化，基于平等、公平、互惠原则，使两岸票据当事人对所持有的票据都能享受同等的担保融资制度，本书认为对于两岸票据担保制度应有一体化之必要，且一体性适用于两岸票据，可以改善中小微企业融资提供担保困难的问题。

本书拟于"两岸票据制度一体化协议（建议稿）"条款中，明文规定有关两岸票据担保定义及担保的方式等。其具体规定内容如下：

（一）关于票据担保定义

协议建议稿对于票据担保定义及担保分类明文规定的目的，在于更明确地表达票据权利人可以票据为自己或他人债务作为担保。

【票据担保的定义】

①票据担保，是指持票人以两岸票据作为自己或他人债务的担保。

②票据担保可以分为足额担保与不足额担保。

③足额担保，是指票据金额足以涵盖债务的金额；不足额担保，是指票据金额虽不足以涵盖债务的金额，但票据可以作为债权人的加强债权的担保。

（二）关于票据担保的方式

由于大陆地区对于银行账户担保性质存在争议性，且实务上未承认银行账户可以设定最高额权利质权。为此，拟于协议建议稿中具体规定票据融资担保的方式及明确规定票据账户亦可作为融资的担保，并且可以采设定最高额权利质权的方式办理，以利于银行实务运作。

【票据担保的方式】

①持票人可以两岸票据设定质权作为融资的担保。

②持票人可以票据账户设定普通权利质权或最高额权利质权作为融资担保。

③普通权利质权及最高额权利质权，依质权人所在地的法律规定处理。

如果涉及设质背书，还须依据协议建议稿规定办理设质登记。

（三）关于主债务与票据到期日不同的处理

由于实务上可能存在以票据为担保时，但票据到期日与主债务的到期日不同，究竟该如何处理，法无明文规定时，容易发生适用上的疑义。因此，本书认为应该要有明确的规范，以利于共同遵循。为此，协议建议稿参考大陆地区《电子商业汇票业务管理办法》第52条规定进行修改予以规范。[1]

【主债务与票据到期日不同的处理】

①主债务到期日先于票据到期日，且主债务已经履行完毕的，质权人应按照约定解除质权的设定。

②主债务到期日先于票据到期日，且主债务到期未履行的，质权人可行使票据权利，但不得继续背书。

③票据到期日先于主债务到期日的，质权人可在票据到期后行使票据权利，并与出质人协议将兑现的票款用于提前清偿所担保的债权或继续作为债权的担保。

（四）关于电子票据担保

由于电子科技的技术进步，原本的实体票据已逐渐朝电子票据方向发展，逐渐实现无纸化，因此，为便利两岸电子票据得以被充分运用，本书参酌大陆地区《电子商业汇票业务管理办法》第51条规定修改调整，于协议建议稿条款中明文规定电子票据担保。[2]

---

〔1〕 请参阅大陆地区《电子商业汇票业务管理办法》第52条。

〔2〕 请参阅大陆地区《电子商业汇票业务管理办法》第51条。

【电子票据设质】

①电子票据设定质权（质押），是指持票人将电子票据作为债权的担保，于到期日前在电子票据系统中进行登记，以该票据为债权人设立质权的票据行为。

②持票人可以取得的电子票据为自己或他人提供担保，也可以存入电子票据账户为自己或他人提供担保。

③持票人以票据账户为担保者，质权人可以设定普通权利质权或最高额权利质权。

【法人及其他组织的票据担保】

①法人及其他组织以两岸票据作为担保时，仍应依照相关法律履行内部程序。

②法人及其他组织就两岸票据所为的隐存保证，不视为担保。

【票据担保的公示】

质权人为债权取得票据担保者，应在相关系统办理公示；未办理公示者，不得对抗善意第三人。

CONCLUSION

结 论

　　"一项法律制度的诞生、存续与变迁，总有其特殊的原因。其原因就是社会生活对法律制度的需求。换言之，法律制度的产生、发展乃至消亡，总是由国家在不同历史时期的社会需要所决定的。……其总是随着不同社会时期不同国家的不同需求而变化。"[1]票据的发展源自于欧洲商人间的使用，逐渐形成票据制度作为适用依据，各国也因此陆续制定票据法律制度以统一适用。其后，由于国际贸易的发展，在国与国间使用票据亦可能因法律制度的不同造成票据适用的问题，从而开始了国际票据法的统一运动。尽管迄今尚未达到国际票据制度统一，仍有待持续努力。但是，票据法律制度的形成与变迁反映出票据制度从粗糙到精致的过程，也折射出不同国家在不同时代的社会经济发展水平与需求，以及对法律制度理念的促进。[2]现今，随着经济全球化及区域经济一体化，法律也随之发生变化，各国的法律制度也逐渐趋同化，以有助于企业发展，为跨国企业创造有利条件，降低法律风险。而票据自贸易快速发展以来，对国际贸易发展与影响具有非常大的效益。但是，因各国的票据制度不同，不仅造成票据流通与支付的问题，且影响商贸交易使用票据作为支付条件，从而不利于企业以票据作为交易条件，甚至可能影响票据当事人的票据权益，有违诚

---

　　〔1〕 田土城、宁金成主编：《担保制度比较研究》，河南大学出版社 2001 年版，第 261 页。

　　〔2〕 田土城、宁金成主编：《担保制度比较研究》，河南大学出版社 2001 年版，第 261 页。

信原则与公平正义原则，因此，国际上无不致力于票据法统一运动，其目的在于解决阻碍票据流通问题，节约交易费用，以及减少因票据纠纷而引发适用不同法律所产生的不公平现象。更何况两岸经贸往来频繁，发展两岸票据，不仅可解决两岸企业融资与担保问题，为金融机构创造更多的金融产品，而且其所带来的整体金融效益是不言而喻的。

票据行为是票据制度的核心，其赋予票据生命从发生至消灭，在票据流转期间，通过票据特性赋予票据以灵魂，从而使票据得以发挥其效用。再综观各国的票据法律制度，莫不以促进票据流通为最高指导原则，而赋予票据行为有别于一般法律行为之特性，以促进票据迅速流通，使票据发挥其应有的经济功能，促进整体金融利益的提高，推动一国经济永续发展。由此可见，票据行为在票据制度中的重要性。在过去，两岸票据法律制度设计的立法宗旨与价值取向虽有不同，但不代表未来不能加以转变，甚至融合彼此间的差异性，以实现两岸票据法律制度一体化，为两岸金融制度一体化奠定良好范例。随着时光推移，两岸各项政策不断深入推进，其中金融合作更是有目共睹，未来金融业务的合作发展亦成为必然趋势，进而加快实现两岸票据市场一体化的进程。两岸通过共同签署"两岸票据制度一体化协议"作为两岸票据市场一体化的运行机制，未尝不是两岸金融制度一体化的试行起点。因此，本书通过比较分析两岸票据法律制度的差异性，进而更充分了解两岸票据在各自的票据法律架构下所呈现的不同票据价值，以终结因两岸票据法律制度上的差异性所产生的票据实体法冲突问题，解决两岸票据相互流通的问题，建立平等、公平、互惠互利的两岸票据一体化市场环境。发展两岸票据，既可解决两岸企业融资难的问题，也可为两岸企业创造有利的交易条件与环境，协助两岸企业发展与转型，同时也开启两岸金融制度一体化的范例，可谓具有不平凡的时代意义。

两岸票据法律制度内容的设计存在差别，与两岸各自的历史发展、政经历程不同有重大关系。其主要缘由在于大陆地区着重于票据的支付与汇兑功能，这与现代票据制度着重于票据信用、融资与担保等功能有所不同，从而限制了票据的使用；台湾地区着重于促进票据流通，并鼓励票据的使用，因此，票据具有支付、汇兑、信用、融资、担保与节约货币等经济功能，与国际票据惯例及票据法理论相符。对此两岸票据实体法律制度的差异，如未能实现制度一体化，即使两岸票据市场一体化，两岸票据开始相互流通之后，因无共同遵循与适用的依据，不仅可能造成两岸票据混乱现象，而且发生票据纠纷时，还会产生法律适用问题，造成适用不同法域而产生不同的审判结果，有违公平、平等原则。这些问题都亟待一并解决。因此，本书以实现两岸票据市场一体化为背景，对"两岸票据制度一体化协议"进行研究。通过具体比较分析两岸票据法律制度的差异性，以发现优劣，并相互借鉴票据的实务发展经验，结合理论与实务的需要以及发展现况，提出相应的具体解决方法，以祈作为两岸票据市场一体化的共同适用与遵循依据，使两岸票据市场一体化能够有序的顺畅运作，并避免票据纠纷造成法律适用问题，俾为两岸今后的金融深度合作及发展多元金融票据产品，奠定良好的运作机制。为此，本书借法律一体化的发展趋势，在不修改两岸现行票据法律制度的前提下，同时兼顾解决之道，从保障两岸票据当事人的票据权益及节约交易费用的视角出发，提出一套"两岸票据制度一体化协议（建议稿）"作为两岸票据市场一体化的共同遵循与适用依据，协议的内容融合两岸票据法律制度的差异，而成为可资适用的共同票据制度；在两岸票据流通后，能够一体性的适用，使得票据制度具有透明性、稳定性、明确性、可预测性及一体适用性等优点，为两岸企业创造有利的金融工具。关于"两岸票据制度一体化协议（建议稿）"的全文及条文理由说明，详如附录1，可作为两岸协商的范本；对于协议建议稿的简要说明，详如附录2。

由于"两岸票据制度一体化协议"可以作为票据当事人请求的依据、金融机构处理的依据及法院审判的依据，具有相当于实体法的规范效力，同时也与域内法并存，为避免两者冲突，确保"两岸票据制度一体化协议"实施的持续性、有效性、一体性，在两岸共同签署"两岸票据制度一体化协议"，经由各自内部程序接受协议后，赋予协议具有直接适用的效力与优先地位；在具体适用过程中，不论是适用协议产生疑义或者个案问题，通过司法制度做出统一解释、编纂判例，以保障适用一体性。实施"两岸票据制度一体化协议"主要是祈望达到六个目的：第一，使票据当事人可直接以顺汇形式的票据作为支付条件，解决两岸直接使用票据融资与担保问题；第二，试图建立平等、公平、公正与互惠互利的两岸票据一体化的市场环境；第三，保障两岸票据当事人的票据权益；第四，节约交易费用；第五，作为两岸票据市场一体化的共同适用与遵循依据，使得两岸票据市场能有序运作；第六，两岸票据制度一体化的成功，可作为两岸金融制度一体化的试点范例，也可推动香港地区、澳门地区共同加入票据市场一体化，实现四个不同经济体的票据市场与制度的一体化。

"两岸票据制度一体化协议"具有以下特点：第一，具有直接效力与优先地位。所谓直接效力，是指两岸共同签署"两岸票据制度一体化协议"，即同时存在域内票据法与该协议的二元票据制度，直接赋予该协议具有直接适用的效力；而优先地位，则在于当域内票据法与该协议规定发生冲突时，该协议规定优先于域内票据法的规定，使得该协议具有优先适用的地位。第二，司法制度保护一体性。为确保制度一体化的持续性、有效性及适用的一体性，对于制度所产生的问题，通过两岸司法交流，达成共识，由法院为统一解释；对于疑难案件也由法院通过会议决议作出统一适用标准，实现司法制度保护一体性。第三，一体性适用。《两岸票据制度一体化协议》既解决两岸票据实体法冲突问题，也解决两岸票据冲突法中准据法适用的问题，使票据纠纷能够一体性适用，维护两岸票据当事人的合法票据权益，并在公平正义原则的前提下，获得平等的保障机制。

在经济全球化与区域经济一体化的趋势潮流下所推动的法律一体化，其效应正不断地扩大，而两岸经贸的紧密发展程度更是有目共睹，因此，不论从两岸经济互补性，还是从经济的依存度等各方面而言，都有实现票据制度一体化的必要性；而且，就近年来两岸所签署的《海峡两岸金融合作协议》《海峡两岸经济合作框架协议》《海峡两岸投资保障和促进协议》及《海峡两岸货币清算合作备忘录》等各项协议、备忘录等而言，可作为实现两岸票据制度一体化的基础依据，故而使得两岸票据制度一体化更具有实现的可能性。两岸共同签署"两岸票据制度一体化协议",不仅有利于两岸票据的发展,保障两岸票据当事人的票据权益,节约交易费用,且能够使两岸票据市场一体化有序运行,促进两岸票据流通,使得企业得以两岸票据作为交易的支付条件,创造有利的销售条件,并解决两岸企业融资问题,同时也促进两岸整体金融利益的提高,为两岸将来的金融制度一体化奠定良好的运作机制,提升两岸整体经济利益,推动两岸经贸与金融在稳定中和谐发展。

　　本书从引证世界主要国家票据法律制度一体化的范例,到分析两岸票据制度的差异性,并追溯其所体现的社会不同需求,使得研究两岸票据制度一体化协议成为可能,并通过两岸共同签署"两岸票据制度一体化协议"作为两岸票据市场一体化共同遵循机制,为两岸企业创造有利的交易条件与环境,协助企业发展与转型,以符合社会期待与生活实际需求,从而更好地推动两岸金融法律制度一体化,促进两岸经济共同稳定发展。"两岸票据制度一体化协议"是两岸在对等、平等、公平与互惠原则基础上的一种制度创新的选择与制度性的安排。此种制度性安排的目的,既解决两岸票据实体法冲突问题,也解决两岸票据冲突法中准据法适用的问题,是一种折衷的第三条道路。而此项制度也为两岸票据当事人的票据权益建立保障机制,解决两岸中小微企业融资与担保困难的问题,并节约交易费用。因此,从法学理论与现实意义上,此项制度都有着极其重要性与贡献,可谓极具创新性。

　　本书对于"两岸票据制度一体化协议"研究,也深层次地反映着知名法学家江平教授所指出的:"中国面对'法律全球化和共同法'的问题,是否已经做好了准备?欧洲一体化进程中,随着欧洲联盟的建立,德国和法国这一对历史上的宿敌实现了大和解,但是,亚洲又如何呢?东亚又如何呢?"[1]此反映到两岸的议题上,我们是否也应该有所作为。此亦如学者范·卡内冈指出:"欧盟就是在连他们自己都

────────────

〔1〕　张彤:《欧洲私法的统一化研究》,中国政法大学出版社2012年版,序Ⅲ。

难以置信的目光中产生了。"[1]我们也期待着，两岸票据制度能够实现一体化。本书也认识到，任何良好的制度的一体化并不足使得两岸很容易就接受法律制度上的变革，尤其，"两岸票据制度一体化协议"是一种制度创新的选择与安排，两岸领导者的政治意志是非常重要的，这就需要两岸领导者在这方面体现更高的远见及更宽广的胸襟，才能促使两岸票据制度实现一体化。

发展两岸票据成为两岸共同的金融工具，不是一种理想化，而是可以通过配合政策实现，并解决投融资问题。例如，大陆地区目前所提出的"一带一路"政策框架，本书认为通过实现"一票一法"（一种票据适用共同制度）构想，将使得金融机构在"一带一路"的政策理念，借由两岸票据及其相关的衍生性金融商品，提供更多元化的金融服务，解决企业的需求，同时也在"一带一路"政策所开创的商机中，为资金富裕者及资金需求者创造更多样化的投融资机会。因此，实现两岸票据一体化并通过配合政策的发展，足以使两岸票据发挥重大的经济效益，推动整体区域经济发展。

---

[1] [比] R.C. 范·卡内冈：《欧洲法：过去与未来——两千年来的统一性与多样性》，史大晓译，清华大学出版社 2005 年版，第 166 页。

REFERENCE

参考文献

一、中、外文（译著）文献

（一）大陆地区著作

1. 张彤主编：《欧盟法概论》，中国人民大学出版社 2011 年版。

2. 程卫东：《欧洲市场一体化：市场自由与法律》，社会科学文献出版社 2009 年版。

3. 米也天：《澳门法制与大陆法系》，中国政法大学出版社 1996 年版。

4. 冯玉军：《全球化中的东亚法治：理论与实践》，中国人民大学出版社 2013 年版。

5. 唐永红：《两岸经济制度性合作与一体化发展研究》，九州出版社 2010 年版。

6. 吴京辉：《票据行为论》，中国财政经济出版社 2006 年版。

7. 刘少军、王一轲：《货币财产（权）论》，中国政法大学出版社 2009 年版。

8. 邢海宝编：《票据法》，中国人民大学出版社 2004 年版。

9. 张彤：《欧洲私法的统一化研究》，中国政法大学出版社 2012 年版。

10. 曾令良：《欧洲联盟法总论——以〈欧盟宪法条约〉为新视角》，武汉大学出版社 2007 年版。

11. 张彬等：《国际区域经济一体化比较研究》，人民出版社 2010 年版。

12. 张永安主编：《区域经济一体化理论与实践》，格致出版社 2010 年版。

13. 陈秀珍：《香港与内地经济一体化研究》，中国经济出版社 2011 年版。

14. 齐绍洲：《欧盟证券市场一体化》，武汉大学出版社 2002 年版。

15. 齐绍洲主编：《欧盟金融市场一体化及其相关法律的演进》，人民出版社

2012 年版。

16. 刘轶：《金融服务市场一体化的法律方法：欧盟的理论和实践》，法律出版社 2015 年版。

17. 肖永平主编：《欧盟统一国际私法研究》，武汉大学出版社 2002 年版。

18. 范志明：《欧盟合同法一体化研究》，法律出版社 2008 年版。

19. 方小敏：《竞争法视野中的欧洲法律统一》，中国大百科全书出版社 2010 年版。

20. 米健主编：《欧洲法在欧洲一体化进程中的作用》，法律出版社 2009 年版。

21. 李双元主编：《中国与国际私法统一化进程》，武汉大学出版社 1993 年版。

22. 李双元主编：《中国与国际私法统一化进程》，武汉大学出版社 1998 年版。

23. 李双元：《走向 21 世纪的国际私法：国际私法与法律趋同化》，法律出版社 1999 年版。

24. 徐国建：《国际统一私法总论》，法律出版社 2011 年版。

25. 张玉卿主编：《国际统一私法协会国际商事合同通则 2010》，中国商务出版社 2012 年版。

26. 刘少军：《金融法学》，中国政法大学出版社 2008 年版。

27. 刘家琛主编：《票据法原理与法律适用》，人民法院出版社 1996 年版。

28. 王小能编：《票据法教程》，北京大学出版社 2001 年版。

29. 于飞：《海峡两岸民商事法律冲突问题研究》，商务印书馆 2007 年版。

30. 吴智：《全球化背景下两岸直接投资法律制度研究》，中国检察出版社 2012 年版。

31. 郑孟状、郭站红、姜煜洌等：《中国票据法专家建议稿及说明》，法律出版社 2014 年版。

32. 赵秉志总编：《澳门商法典》，中国人民大学出版社 1999 年版。

33. 刘国涛等编：《法学论文写作指南》，中国法制出版社 2009 年版。

34. 刘少军：《法边际均衡论——经济法哲学》，中国政法大学出版社 2007 年版。

35. 刘少军、王一鹤：《经济法学总论》，中国政法大学出版社 2015 年版。

36. 朱大旗：《金融法》，中国人民大学出版社 2015 年版。

37. 苏宗祥、徐捷：《国际结算》，中国金融出版社 2010 年版。

38. 宋毅英编：《国际贸易支付方式：信用证》，中国金融出版社 2007 年版。

39. 左海聪主编：《国际商法》，法律出版社 2013 年版。

40. 姜建初：《票据原理与票据法比较》，法律出版社 1994 年版。

41. 姜建初主编：《票据法》，北京大学出版社 1998 年版。

42. 谢怀栻：《票据法概论》（增订版），法律出版社 2006 年版。

43. 吕来明：《票据法学》，北京大学出版社 2011 年版。

44. 汪世虎：《票据法律制度比较研究》，法律出版社 2003 年版。

45. 于莹：《票据法》，高等教育出版社 2008 年版。

46. 强力：《金融法》，法律出版社 2004 年版。

47. 谢石松：《票据法学》，中国人民大学出版社 2009 年版。

48. 刘心稳：《票据法》，中国政法大学出版社 2010 年版。

49. 李明德等：《欧盟知识产权法》，法律出版社 2010 年版。

50. 程卫东、李靖堃译：《欧洲联盟基础条约：经〈里斯本条约〉修订》，社会科学文献出版社 2010 年版。

51. 黄达编：《金融学》（第 3 版），中国人民大学出版社 2012 版。

52. 张西峰：《主权货币国际流通法论》，中国政法大学出版社 2015 年版。

53. 刘为霖、边维刚：《票据融资与票据市场》，中国金融出版社 2000 年版。

54. 李双元、欧福永主编：《国际私法》，北京大学出版社 2015 年版。

55. 彭勃：《英美法概论》，北京大学出版社 2011 年版。

56. 林艳琴、丁清光：《票据法比较研究》，中国人民公安大学出版社 2004 年版。

57. 董安生主编：《票据法》，中国人民大学出版社 2009 年版。

58. 赵新华：《票据法论》，吉林大学出版社 2007 年版。

59. 王崎焯：《德国票据行为无因性理论流变研究》，吉林大学出版社 2014 年版。

60. 曾月英：《票据法律规制》，中国检察出版社 2004 年版。

61. 陈志恒：《东北亚区域经济一体化研究——以交易费用理论为视角》，吉林人民出版社 2006 年版

62. 杨丽艳：《区域经济一体化法律制度研究：兼评中国的区域经济》，法律出版社 2004 年版。

63. 郑祝君主编：《比较法总论》，清华大学出版社 2010 年版。

64. 吴思颖：《国际商事合同法统一化：原理、目标和路径》，法律出版社 2011 年版。

65. 董惠江主编：《票据法教程》，对外经济贸易大学出版社 2009 年版。

66. 汪鑫主编：《金融法学》，中国政法大学出版社 2011 年版。

67. 赫国胜、杨哲英、关宇主编：《新编国际经济学》，清华大学出版社 2008 年版。

68. 刘永艳：《全球化视角下的两大法系》，中国商务出版社 2003 年版。

69. 朱景文：《比较法社会学的框架和方法：法制化、本土化和全球化》，中国人民大学出版社 2001 年版。

70. 韩德培主编：《国际私法》，高等教育出版社 2014 年版。

71. 周林彬、董淳锷：《法律经济学》，湖南人民出版社 2008 年版。

72. 卢现祥：《西方新制度经济学》，中国发展出版社 2003 年版。

73. 卢现祥、朱巧玲：《新制度经济学》，北京大学出版社 2012 年版。

74. 何源编：《跟单信用证一本通》，中国海关出版社 2012 年版。

75. 王铁崖：《国际法引论》，北京大学出版社 1998 年版。

76. 王铁崖主编：《国际法》，法律出版社 1995 年版。

77. 张凝、〔日〕末永敏和：《日本票据法原理》，中国法制出版社 2012 年版。

78. 金邦贵译：《法国商法典》，中国法制出版社 2000 年版。

79. 郭锋、常风编：《中外票据法选》，北京理工大学出版社 1991 年版。

80. 孙应征主编：《票据法理论与实证解析》，人民法院出版社 2004 年版。

81. 张文楚：《票据法导论》，华中科技大学出版社 2006 年版。

82. 覃有土、李贵连主编：《票据法全书》，中国检察出版社 1994 年版。

83. 郭锋等：《票据法学》，北京师范大学出版社 2014 年版。

84. 于永芹主编：《票据法案例教程》，北京大学出版社 2010 年版。

85. 吴宝庆编：《票据诉讼原理与判例》，人民法院出版社 2005 年版。

86. 郑孟状等：《支票法论》，中国人民公安大学出版社 2000 年版。

87. 李绍章：《中国票据法原理》，中国法制出版社 2012 年版。

88. 强力、王志诚：《中国金融法》，中国政法大学出版社 2010 年版。

89. 徐孟洲主编：《票据法教学案例》，法律出版社 2006 年版。

90. 国务院研究室财金贸易研究司编：《中华人民共和国票据法实务全书》，企业管理出版社 1995 年版。

91. 吕来明：《票据法基本制度评判》，中国法制出版社 2003 年版。

92. 王秉乾编：《比较票据法案例选评》，对外经济贸易大学出版社 2013 年版。

93. 王小能主编：《中国票据法律制度研究》，北京大学出版社 1999 年版。

94. 张卫平：《民事诉讼法》，法律出版社 2009 年版。

95. 郑孟状：《票据法研究》，北京大学出版社 1999 年版。

96. 魏振瀛主编：《民法》，北京大学出版社 2010 年版。

97. 王泽鉴：《民法总则》，北京大学出版社 2009 年版。

98. 江平主编：《民法学》，中国政法大学出版社 2000 年版。

99. 赵威：《票据权利研究》，法律出版社 1997 年版。

100. 余振龙、姚念慈主编：《国外票据法》，上海社会科学院出版社 1991 年版。

101. 周喜梅译：《泰王国民商法典》，中国法制出版社 2013 年版。

102. 陈芳：《票据法》，厦门大学出版社 2012 年版。

103. 冯大同主编：《国际商法》，对外贸易教育出版社 1991 年版。

104. 金锦花、宋国：《票据上意思表示研究》，吉林大学出版社 2011 年版。

105. 贾海洋：《票据行为无因性研究：以票据行为二阶段说为理论基点》，中国社会科学出版社 2013 年版。

106. 苏号朋主编：《美国商法：制度、判例与问题》，中国法制出版社 2000 年版。

107. 高子才主编：《票据法实务研究》，中国法制出版社 2005 年版。

108. 于永芹：《票据法前沿问题研究》，北京大学出版社 2003 年版。

109. 阎俊生：《利率市场化条件下中小银行经营策略研究》，中国金融出版社 2012 年版。

110. 徐星发编：《商业银行票据经营》，中国人民大学出版社 2013 年版。

111. 白钦先、刘刚、杨秀萍等编：《各国金融体制比较》，中国金融出版社 2013 年版。

112. 刘定华等：《中国票据市场的发展及其法律保障研究》，中国金融出版社 2005 年版。

113. 郭明瑞等编：《担保法》，中国人民大学出版社 2006 年版。

114. 费安玲主编：《比较担保法——以德国、法国、瑞士、意大利、英国和中国担保法为研究对象》，中国政法大学出版社 2004 年版。

115. 谢在全：《民法物权论》（下册），中国政法大学出版社 2011 年版。

116. 张剑光、邓峥波：《银行法律疑难问题解析》，中国金融出版社 2008 年版。

117. 曹士兵：《中国担保制度与担保方法：根据物权法修订》，中国法制出版社 2008 年版。

118. 王泽鉴：《民法物权》，北京大学出版社 2010 年版。

119. 田土城、宁金成主编：《担保制度比较研究》，河南大学出版社 2001 年版。

120. 王铁崖主编：《国际法》，法律出版社 1981 年版。

（二）台湾地区著作

1. 梁宇贤：《票据法新论》，自版 1997 年版。

2. 郑玉波：《票据法》，三民书局 2008 年版。

3. 施文森：《票据法论——兼析联合国国际票据公约》，三民书局 2005 年版。

4. 梁宇贤等：《两岸票据法比较导读》，瑞兴图书股份有限公司 2004 年版。

5. 台湾金融研训院编辑委员会：《国外汇兑及法规》，财团法人台湾金融研训院 2014 年版。

6. 郑洋一：《票据法之理论与实务》，自版 2001 年版。

7. 曾世雄等：《票据法论》，自版 2005 年版。

8. 王文字、林育廷：《票据法与支付工具规范》，元照出版有限公司 2008 年版。

9. 王志诚：《票据法》，元照出版有限公司 2012 年版。

10. 黄裕凯：《国际私法》，五南图书出版股份有限公司 2013 年版。

11. 王泽鉴主编：《英美法导论》，元照出版有限公司 2010 年版。

12. 王绍堉：《美国票据法释义》，自版 1979 年版。

13. 黄宗乐监修、保成六法全书编辑委员会编辑：《六法全书（商事法）》，保成文化事业有限公司 1994 年版。

14. 票据法规汇编编辑委员会：《票据法规汇编》，财团法人台湾金融研训院 2002 年版。

15. 票据指南编撰委员会：《票据指南》，财团法人台湾金融研训院 2010 年版。

16. 王文字主编：《金融法》，元照出版有限公司 2012 年版。

17. 林纪东等编纂：《新编参照法令判解六法全书》，五南图书出版股份有限公司 2014 年版。

18. 梁宇贤：《票据法实例解说》，自版 1995 年版。

19. 林群弼：《票据法论》，三民书局 2010 年版。

20. 施启扬：《民法总则》，自版 1987 年版。

21. 金桐林：《银行法》，三民书局 2010 年版。

22. 合作金库商业银行员工训练中心编：《授信实务作业手册》（下册），合作金库商业银行员工训练中心印 2008 年版。

23. 姚瑞光:《民法物权论》,自版 1999 年版。

24. 合作金库商业银行员工训练中心编:《授信实务作业手册》(上册),合作金库商业银行员工训练中心印 2008 年版。

25. "经济部"中小企业处编:《中小企业融资指南》,"经济部"中小企业处印 2003 年版。

(三) 外文译著

1. [美] 克莱尔·莫尔·迪克森编,[喀麦隆] 马莎·西姆·图蒙德、[尼日利亚] 穆罕默德·巴巴·伊德里斯等著:《非洲统一商法:普通法视角中的 OHADA》,朱伟东译,中国政法大学出版社 2014 年版。

2. [英] 施米托夫:《国际贸易法文选》,赵秀文选译,中国大百科全书出版社 1993 年版。

3. [德] 贝娅特·科勒-科赫等:《欧洲一体化与欧盟治理》,顾俊礼等译,中国社会科学出版社 2004 年版。

4. [德] 马迪亚斯·赫蒂根:《欧洲法》,张恩民译,法律出版社 2003 年版。

5. [意] 翁贝尔托·特留尔齐:《从共同市场到单一货币》,张宓等译,对外经济贸易大学出版社 2008 年版。

6. [美] 入江昭:《全球共同体:国际组织在当代世界形成中的角色》,刘青等译,社会科学文献出版社 2009 年版。

7. [法] 德尼·西蒙:《欧盟法律体系》,王玉芳等译,北京大学出版社 2007 年版。

8. [德] K. 茨威格特、H. 克茨:《比较法总论》,潘汉典等译,法律出版社 2003 年版。

9. [美] 戴维·格伯尔:《全球竞争:法律、市场和全球化》,陈若鸿译,中国法制出版社 2012 年版。

10. [日] 龙田节编:《商法略说》,谢次昌译,甘肃人民出版社 1985 年版。

11. [日] 铃木竹雄著,[日] 前田庸修订:《票据法·支票法》,赵新华译,法律出版社 2014 年版。

12. [法] 雅克·阿达:《经济全球化》,何竟、周晓幸等译,中央编译出版社 2003 年版。

13. [英] 梅特兰等:《欧陆法律史概览:事件,渊源,人物及运动》,屈文生等译,上海人民出版社 2008 年版。

14. ［美］本杰明·内森·卡多佐：《法律的生长》，刘培峰、刘骁军等译，贵州人民出版社 2003 年版。

15. ［美］约翰·罗尔斯：《正义论》，何怀宏、何包钢、廖申白等译，中国社会科学出版社 1988 年版。

16. ［德］马克思：《资本论》（第 3 卷），郭大力、王亚南译，上海三联书店 2011 年版。

17. ［日］望月礼二郎：《英美法》，郭建译，牛豫燕校订，五南图书出版股份有限公司 1999 年版。

18. ［美］ALI（美国法学会）、NCCUSL（美国统一州法委员会）：《美国统一商法典及其正式评述》（第 1 卷），孙新强译，中国人民大学出版社 2004 年版。

19. ［美］多米尼克·萨尔瓦多：《国际经济学》（第 10 版），杨冰等译，清华大学出版社 2011 年版。

20. ［意］罗道尔夫·萨科：《比较法导论》，费安玲等译，商务印书馆 2014 年版。

21. ［美］保罗·萨缪尔森、威廉·诺德豪斯：《经济学》（第 19 版），萧琛主译，商务印书馆 2013 年版。

22. ［美］罗讷德·H. 科斯：《企业、市场与法律》，盛洪、陈郁译校，格致出版社 2014 年版。

23. ［美］埃里克·弗鲁博顿、［德］鲁道夫·芮切特：《新制度经济学——一个交易费用分析范式》，姜建强、罗长远译，格致出版社 2006 年版。

24. ［美］罗伯特·基欧汉：《霸权之后——世界政治经济中的合作与纷争》，苏长和等译，上海人民出版社 2006 年版。

25. ［比］R. C. 范卡内冈：《欧洲法：过去与未来——两千年来的统一性与多样性》，史大晓译，清华大学出版社 2005 年版。

26. ［美］罗讷德·德沃金：《法律帝国》，李长青译，中国大百科全书出版社 1996 年版。

27. ［美］ALI（美国法学会）、NCCUSL（美国统一州法委员会）：《美国〈统一商法典〉及其正式评述》（第 2 卷），李昊等译，中国人民大学出版社 2005 年版。

28. ［美］E. 艾伦·范斯沃思：《美国合同法》（原书第 3 版），葛云松、丁春艳译，中国政法大学出版社 2004 年版。

29. ［英］约翰·F. 乔布恩:《货币史》，李广乾译，商务印书馆出版 2002 年版。

30. ［美］大卫 S. 基德韦尔、大卫 W. 布莱克威尔、大卫 A. 威德比等:《货币、金融市场与金融机构》（原书第 10 版），李建军、章爱民译，机械工业出版社 2009 年版。

（四）外文文献

1. Anne Carver, *Hong Kong Business Law*, Longman Hong Kong Education, 6th edition, 2004.

2. ［美］Richard E. Speidel, Steve H. Nickles:《票据法（第 4 版）》（*Negotiable Instruments and Check Collection*），查松、金蕾注，中国人民大学出版社 2003 年版。

3. Kenneth W. Clarkson, Roger LeRoy Miller, Gaylord A. Jentz（et al.），*Business Law Text and Cases: Legal, Ethical, Global, and E‐Commerce Environment*, South‐Western Cengage Learning, 11th edition, 2009.

4. Henry R. Cheeseman, *Contemporary Business and Online Commerce Law*, Prentice Hall, 7th Edition, 2012.

5. Oliver Wendell Holmes, Jr., *The Common Law*, Dover Publications, Inc., New edition, 1991.

6. American Institute of Banking, *Negotiable Instruments*, Hardpress Publishing, 1922（reprint, 2015）.

7. David P. Twomey, Marianne Moody Jennings, *Anderson's Business Law and The Legal Environment Comprehensive Volume*, South‐Western Cengage Learning, 21st international edition, 2011.

8. Robert Schütze, *An Introduction to European Law*, Cambridge University Press, First published, 2012.

9. Bela Balassa, *The Theory of Economic Integration*, Routledge, First edition, 2011（First published in 1961）.

10. Richard Frimpong Oppong, *Legal Aspects of Economic Integration in Africa*, Cambridge University Press, First published, 2011.

11. Dudley Richardson, *Guide to Negotiable Instruments and the Bills of Exchange Acts*, Butterworth & Co（Publishers）Ltd., 7th edition, 1983.

12. ［美］布拉德福德·斯通（Bradford Stone）:《统一商法典》（第 5 版）（影

印本），法律出版社 2004 年版。

13. Jane P. Mallor（et al.）, *Business Law*: *the ethical*, *global*, *and e-commerce environment*, McGraw-Hill/Irwin, 15th edition, 2013.

14. Douglas J. Whaley, *Problems and Materials on Payment Law*, Aspen Law & Business, 4th edition, 1995.

15. ［美］弗兰克·J. 法博齐等：《金融市场与金融机构基础（英文版·原书第 4 版）》（*Foundation of Financial Markets and Institutions*），孔爱国、胡畏等译注，机械工业出版社 2011 年版。

16. R. H. Coase, The Problem of Social Cost, *Journal of Law and Economics*, Vol. 3, Oct. , 1960.

二、中文类论文、译文等文献

（一）大陆地区论文（译文）期刊类

1. 赵怀普："欧洲一体化经验及时代精神"，载《外交学院学报》2004 年第 77 期。

2. 张彤："欧洲一体化进程中的欧洲民法趋同和法典化研究"，载《比较法研究》2008 年第 1 期。

3. 王珏、陈雯："全球化视角的区域主义与区域一体化理论阐释"，载《地理科学进展》2013 年第 7 期。

4. 杨培雷："国际金融一体化的含义、结构及其内容探析"，载《韶关学院学报（社会科学版）》2003 年第 4 期。

5. 周永坤："全球化与法学思维方式的革命"，载《法学》1999 年第 11 期。

6. 周琳："WTO 时代全球化浪潮中的法律全球化"，载《时代经贸》2007 年 3 月第 60 期。

7. 郭玉军："经济全球化与法律协调化、统一化"，载《武汉大学学报（社会科学版）》2001 年第 2 期。

8. 徐孟洲、葛敏："法律全球化理论评析及对策研究"，载《贵州警官职业学院学报》2003 年第 2 期。

9. 冯玉军："法律与全球化一般理论述评"，载《中国法学》2002 年第 4 期。

10. 邹国勇："论欧洲联盟国际私法的统一化"，载《法学评论》2007 年第 1 期。

11. 朱伟东："非洲国际商法统一化与协调化"，载《西亚非洲》2003 年第

3 期。

12. 朱伟东："非洲商法统一组织述评"，载《外国法制史研究》2008 年第 0 期。

13. 朱伟东："非洲商法协调组织述评"，载《西亚非洲》2009 年第 1 期。

14. 朱伟东："非洲地区一体化进程中的法律一体化"，载《西亚非洲》2013 年第 1 期。

15. 夏新华、彭妍艳："论非洲法律的区域化"，载《西亚非洲》2010 年第 1 期。

16. 顾倚龙："'一国两制'下的区际法律冲突问题"，载《东岳论丛》1989 年第 2 期。

17. 韩德培、黄进："中国区际法律冲突问题研究"，载《中国社会科学》1989 年第 1 期。

18. 柳经纬："'一国两制'原则下'两岸四地'的私法统一问题"，载《比较法研究》2010 年第 1 期。

19. 卢峻、方之寅："国际私法统一化运动的发展和趋向"，载《政治与法律》1986 年第 1 期。

20. 徐国建："论国际统一私法的方法"，载《比较法研究》1995 年第 3 期。

21. 徐国建："国际统一私法法源研究"，载《比较法研究》1993 年第 4 期。

22. 熊大胜："美洲国际私法统一化的历史发展与欧洲的有关法律对它的影响"，载《武汉大学学报（社会科学版）》1993 年第 3 期。

23. 黄进："法律的统一化和民族性并行不悖"，载《政治与法律》1995 年第 4 期。

24. 段东辉、左军："论英联邦国际私法司法实践统一化"，载《武汉大学学报（哲学社会科学版）》1998 年第 5 期。

25. 车丕照："经济全球化趋势下的国际经济法"，载《清华大学学报（哲学社会科学版）》2001 年第 1 期。

26. 邓利娟："评萧万长的'两岸共同市场'构想"，载《台湾研究集刊》2001 年第 3 期。

27. 张植荣、王俊峰："两岸共同市场：理论与实践分析"，载《国际政治研究》2012 年第 2 期。

28. 李非："建立'两岸共同市场'问题研究"，载《台湾研究》2005 年第 3 期。

29. 孙少岩："两岸共同市场研究"，载《经济与管理研究》2005年第12期。

30. 席钰："深化两岸货币合作"，载《中国金融》2013年第18期。

31. 王志文："海峡两岸法律冲突规范之发展与比较"，载《法学家》1993年第Z1期。

32. 许俊强、吴海燕："海峡两岸民事法律适用问题研究"，载《大连海事大学学报（社会科学版）》2003年第3期。

33. 赵许明："海峡两岸票据立法体例及票据种类比较"，载《法学论坛》1995年第4期。

34. 赵许明："海峡两岸票据制度比较研究"，载《法学评论》1997年第2期。

35. 赵许明、程聪："浅析海峡两岸票据立法的不同价值取向"，载《金融理论与实践》1999年第4期。

36. 李志学："海峡两岸票据法异同之比较"，载《管理与效益》1996年第2期。

37. 王小能、肖爱华："中国内地与台湾地区、香港特区票据丧失补救制度比较研究"，载《法制与社会发展》2000年第6期。

38. 邹海龙："海峡两岸票据背书制度比较"，载《金融会计》2001年第7期。

39. 邱国侠、张红生："海峡两岸票据抗辩限制原则除外制度研究"，载《华东经济管理》2003年第3期。

40. 张群、张松："民国时期票据立法活动初探——兼与1995年票据立法比较"，载《私法》2004年第3期。

41. 李伟群："票据信用交易制度比较研究——以中国大陆、台湾地区及日本的票据法为考察对象"，载《比较法研究》2005年第3期。

42. 刘智慧："两岸票据保证立法比较启示录"，载《清华法律评论》2012年第1期。

43. 方士华："《英国票据法》与《日内瓦统一法》之比较研究"，载《国际商务研究》1999年第2期。

44. 宋蔚、张文苑："论跟单托收结算方式中出口商风险防范"，载《现代经济信息》2012年第19期。

45. 于永芹："票据隐存保证背书研究"，载《烟台大学学报（哲学社会科学版）》2005年第3期。

46. 李健男："论国际票据法律制度的统一及其对我国的启示"，载《南方金融》2004年第10期。

47. 李明发："票据立法形式比较研究"，载《现代法学》1989 年第 6 期。

48. 唐永春："卡多佐司法哲学解读"，载《北方法学》2007 年第 1 期。

49. 李建华、牛磊："罗尔斯正义理论拒斥功利主义的伦理反思"，载《中南大学学报（社会科学版）》2011 年第 4 期。

50. "加强粤港金融合作促进两地经济繁荣——人行广州分行负责人就粤港港币票据增加本票、汇票业务答记者问"，载《南方金融》2001 年第 9 期。

51. "加快粤港票据联合结算步伐实现粤港金融合作'双赢'"，载《南方金融》2002 年第 5 期。

52. "加强区域金融合作 实现粤港经济'双赢'——人行广州分行王自力副行长就开通粤港港币票据双向结算业务答记者问"，载《南方金融》2002 年第 5 期。

53. 刘华："欧洲一体化理论研究"，载《国际关系学院学报》2004 年第 1 期。

54. 曹小衡："海峡两岸经济一体化的选择与定位"，载《台湾研究》2001 年第 3 期。

55. 黄绍臻："海峡两岸经济一体化的发展趋势和目标定位"，载《福建论坛·人文社会科学版》2005 年第 10 期。

56. 刘锦："二十一世纪法律研究的一个新课题：法律全球化"，载《中国法学》1999 年第 6 期。

57. 米健："从比较法到共同法——现今比较法学者的社会职责和历史使命"，载《比较法研究》2000 年第 3 期。

58. 林雅："国际私法的统一化刍议"，载《法制与社会发展》2003 年第 5 期。

59. 姚天冲、毛牧然："'法律全球化'理论刍议"，载《东北大学学报（社会科学版）》2001 年第 1 期。

60. 赵健、孙晓虹、张茂等："国际民事诉讼法统一化运动评述"，载《法学评论》1998 年第 3 期。

61. ［澳］克里斯托弗·阿尔普："全球化与法——一个形成中的交接点"，孙潮、沈伟译，载《南京大学法律评论》1997 年第 1 期。

62. 田野："交易费用理论视野下的国际制度需求分析"，载《欧洲研究》2002 年第 1 期。

63. 田野："交易费用：解读国家间关系的一个重要维度"，载《世界经济与政治》2002 年第 1 期。

64. 王子昌："交易成本与区域经济合作"，载《西南政法大学学报》2002 年 7

月第 4 期。

65. 余玉平："对东亚货币合作模式的再考察"，载《国际商务：对外经济贸易大学学报》2005 年第 1 期。

66. 王玉玮："论欧盟法的直接效力原则和优先效力原则"，载《安徽大学法律评论》2007 年第 2 期。

67. 徐振海："交易费用理论与经济一体化"，载《南京政治学院学报》1999 年第 5 期。

68. 周叶中、段磊："论两岸协议的接受"，载《法学评论》2014 年第 4 期。

69. 戴立宁："论个人在票据上的签名"，载《北大法律评论》2008 年第 1 期。

70. 邹德刚、王艳梅："票据效力认定研究"，载《法学杂志》2012 年第 4 期。

71. 朱长法、杨宝春："海外票据市场概况及对我国商业银行拓展票据业务的启示"，载《中国城市金融》2000 年第 11 期。

72. 苏宁："我国票据业务发展概况及展望"，载《中国金融》2006 年第 2 期。

73. 赵可星："论保证金担保"，载《法律适用》1999 年第 5 期。

74. 方建国、蒋海英："商业银行保证金账户担保的性质辨析"，载《金陵法律评论》2013 年第 2 期。

75. 罗小红："账户质押法律问题研究"，载《法学杂志》2008 年第 4 期。

76. 陈宜芳、吴凯敏："保证金账户资金质押的成立要件探析"，载《人民司法》2013 年第 24 期。

77. 王娇莺："商业银行保证金账户的法律性质与风险防范措施"，载《金融论坛》2009 年第 12 期。

78. 赵青云："账户质押、保证金账户质押相关法律问题"，载《东方企业文化·天下智慧》2011 年第 22 期。

79. 毋爱斌、陈渭强、刘晓宇："保证金账户可以特定化并构成货币质押"，载《人民司法》2012 年第 10 期。

80. 岑雅衍："保证金担保性质浅析"，载《上海金融高等专科学校学报》2000 年第 4 期。

81. 周叶中、段磊："论两岸协议的法理定位"，载《江汉论坛》2014 年第 8 期。

82. 周叶中、段磊："论两岸协议在大陆地区的适用——以立法适用为主要研究对象"，载《学习与实践》2014 年第 5 期。

83. 曾令良："WTO 框架下两岸经济合作框架协定的法律定位"，载《时代法学》2009 年第 6 期。

84. 张亮："ECFA 的法律性质研究"，载《法律科学（西北政法大学学报）》2012 年第 5 期

85. 杜力夫："论两岸和平发展的法治化形式"，载《福建师范大学学报（哲学社会科学版）》2011 年第 5 期

86. 索光举："ECFA 条件下的法律适用问题研究"，载《嘉应学院学报（哲学社会科学）》2013 年第 6 期。

（二）台湾地区论文期刊类

1. "经贸统计"，载财团法人海峡交流基金会《两岸经贸》2015 年第 283 期。

2. 吴美红："海峡两岸票据法之比较"，载《月旦法学杂志》1996 年第 18 期。

3. 王中一："论两岸票据法——票据之抗辩"，载《东吴大学法律学报》2003 年第 2 期。

4. 林祖嘉："从全球经济整合看两岸经济协议的急迫性"，载财团法人海峡交流基金会《两岸经贸》2014 年第 274 期。

5. 陈文祥："论票据隐存保证之背书——以海峡两岸票据法为视角"，载《今日合库》2015 年第 6 期。

6. 梁宇贤："隐存保证背书与公司之保证"，载《月旦法学教室》2005 年第 29 期。

7. 李钦贤："支票上记载'保证人'或'连带保证人'之效力"，载《月旦法学教室》2004 年第 23 期。

8. 李模："以背书代替保证之合法性"，载《法令月刊》1991 年第 2 期。

9. 庄佳玮："论支票上保证"，载《全台律师》2008 年第 4 期。

三、论文集

1. 张彤："欧洲一体化背景下的欧洲私法趋同"，载米健主编：《欧洲法在欧洲一体化进程中的作用》，法律出版社 2009 年版。

2. 王凤瀛："起草票据法之管见"，载何勤华主编：《国民法学论文精萃·第三卷·民商法律篇》，法律出版社 2004 年版。

3. 李炘："三大票据法系之构成及特质"，载何勤华主编：《国民法学论文精萃·第三卷·民商法律篇》，法律出版社 2004 年版。

4. 江平："全球化、现代化与本土化"，载江平主编：《比较法在中国（2003 年卷）》，法律出版社 2003 年版。

5. 董翠香："票据法修正之基本思路"，载王保树编《中国商法年刊：金融法制的现代化 2008》，北京大学出版社 2009 年版。

四、学位论文

1. 朱航："海峡两岸金融一体化研究"，南开大学 2013 年博士学位论文。
2. 范志明："欧盟合同法一体化研究"，山东大学 2006 年博士学位论文。
3. 张彤："欧洲私法趋同背景下的欧洲民法法典化研究"，中国政法大学 2007 年博士学位论文。
4. 刘玉人："海峡两岸货币合作研究"，南开大学 2013 年博士学位论文。
5. 王芸："票据法律冲突研究"，西南政法大学 2003 年硕士学位论文。
6. 盖威："论票据法律冲突及其解决"，吉林大学 2004 年硕士学位论文。
7. 张欣："中国大陆与港澳台票据法律冲突问题研究"，吉林大学 2005 年硕士学位论文。
8. 贾和平："涉外票据法律适用"，西南政法大学 2005 年博士学位论文。

五、网络文献

1. 欧盟法、案例及相关资料，载欧盟官方网（Official website of the European Union）欧盟法检索系统，如 http://eur-lex. europa. eu.
2. 欧盟人口统计数据，载欧盟统计局，如 http://ec. europa. eu/eurostat/statistics-explained/index. php/Enlargement_ countries_ -_ population_ statistics.
3. 《欧洲联盟运行条约》，载欧盟官方欧盟法检索系统网，如 http://eur-lex. europa. eu/legal-content/EN/TXT/? uri=OJ：C：2010：083：TOC.
4. 欧盟经济发展数据来源，载欧盟统计局，如 http://ec. europa. eu/eurostat/statistics-explained/index. php/Enlargement_ countries_ -_ economic_ developments.
5. 非洲统一商法组织网，如 http://www. ohada. com/traite. html.
6. 非洲统一商法组织会员国，载非洲统一商法组织网，如 http://www. ohada. com/etats-membres. html.
7. 《汇票及本票法统一公约》签约国资料，载联合国条约汇集网，如 https://treaties. un. org/pages/LONViewDetails. aspx? src = LON&id = 549&chapter = 30&lang=en.
8. 《解决汇票及本票法律冲突公约》签约国，载联合国条约汇集网，如

https：//treaties. un. org/pages/LONViewDetails. aspx？src＝LON&id＝547&chapter＝30&lang＝en.

9.《汇票及本票印花税法公约》签约国资料，载联合国条约汇集网，如 https：//treaties. un. org/pages/LONViewDetails. aspx？src＝LON&id＝551&chapter＝30&lang＝en.

10.《支票法统一公约》签约国资料，载联合国条约汇集网，如 https：//treaties. un. org/pages/LONViewDetails. aspx？src＝LON&id＝550&chapter＝30&lang＝en.

11.《解决支票法律冲突公约》签约国资料，载联合国条约汇集网，如：https：//treaties. un. org/pages/LONViewDetails. aspx？src＝LON&id＝548&chapter＝30&lang＝en.

12.《支票印花税法公约》签约国资料，载联合国条约汇集网，如 https：//treaties. un. org/pages/LONViewDetails. aspx？src＝LON&id＝552&chapter＝30&lang＝en.

13. 联合国国际贸易法委员会网，如 http：//www. uncitral. org/uncitral/zh/index. html.

14.《联合国国际汇票及国际本票公约》，载联合国国际贸易法委员会网，如 http：//daccess－dds－ny. un. org/doc/RESOLUTION/GEN/NR0/529/13/IMG/NR052913. pdf？OpenElement.

15.《联合国国际汇票及国际本票公约》签约状况，载联合国国际贸易法委员会网，如 http：//www. uncitral. org/uncitral/zh/uncitral_texts/payments/1988Convention_ bills_ status. html.

16. 美洲国家组织（Organization of American States）成员国，载美洲国家组织网，如：http：//www. oas. org/en/member_ states/default. asp.

17. 1975 年《美洲国家间关于汇票、本票和发票法律冲突的公约》，载美洲国家组织国际法部（Department of International Law of the Organization of American States）网，如 http：//www. oas. org/juridico/english/treaties/b-33. html.

18. 1979 年《美洲国家间关于支票法律冲突的公约》，载美洲国家组织国际法部（Department of International Law of the Organization of American States）网，如 http：//www. oas. org/juridico/english/treaties/b-39. html.

19. 大陆地区中国人民银行网，如 http：//www. pbc. gov. cn/.

20. 大陆地区中国银行业监督管理委员会网，如 http：//zhuanti. cbrc. gov. cn/.

21. 大陆地区中国裁判文书网，如 http://www.court.gov.cn/zgcpwsw/.

22. 台湾地区台湾票据交换所网，如 http://www.twnch.tw.

23. 台湾地区"中央银行"全球信息网，如 http://www.cbc.gov.tw/.

24. 台湾地区"银行商业同业公会"网，如 http://www.ba.org.tw/PublicInformation/.

25. 台湾地区"司法院"法学检索系统网，如 http://jirs.judicial.gov.tw/FJUD/.

26. 台湾地区"法规数据库"网，如 http://law.moj.gov.tw/Index.aspx/.

27. 澳门地区法律网，如 http://www.macaulaw.gov.mo/cn/index2.asp/.

28. 澳门地区《商法典》全文，载澳门地区印务局网，如 http://bo.io.gov.mo/bo/i/99/31/codcomcn/default.asp.

29. 香港地区律政司法例数据系统网，如 http://www.doj.gov.hk/chi/laws/.

30. 香港地区《汇票条例》，载香港地区律政司双语法例数据系统网，如 http://www.legislation.gov.hk/09/chi/pdf.htm/.

31. 大陆地区全国人民代表大会网，如 http://www.npc.gov.cn/.

"两岸票据制度一体化协议（建议稿）"[1]

第一章　总则制度[2]

第一节　目的、原则、适用范围及效力

第一条【本协议的目的】

为促进两岸金融业务深化合作，推动两岸金融服务一体化，发展两岸票据，扩大票据流通领域，逐步实现两岸经济一体化及法律一体化，解决两岸企业融资与担保问题，节约交易费用，在两岸签署相关协议、备忘录等基础上，由大陆地区及台湾地区授权机构（以下简称"双方"）在对等、平等、

---

〔1〕　本协议建议稿所拟的具体规范条文，是以大陆地区《票据法》与台湾地区"票据法"规定条文作为主要参考依据，同时也参考两岸票据实务见解与国际票据公约、各国与地区的票据法律制度，以及本书的相关参考文献，是集大成于一体的建议文稿。

〔2〕　关于法规条文依次表述的方式：大陆地区依据《立法法》第61条第1款规定，分条、款、项、目；台湾地区依据"中央法规标准法"第8条规定，分条、项、款、目。由于两岸对于法规条文依次表述方式不同，本书在引用法规条文时，仍按两岸各自的原规定方式引用。但在引用其他国家或地区的法规条文时，依次表述的方式采用大陆地区规定的表述方式，即条、款、项、目的次序。本协议建议稿条文的依次表述方式，基于行文便利性，尽可能避免混淆次序，因此，采用大陆地区规定的表述方式。换言之，除引用台湾地区法规条文依次表述为，条、项、款、目外，其余引用的条文依次表述为：条、款、项、目。关于本协议建议稿中条、款、项等序号的表示说明：如为"条"，则以阿拉伯数字（1、2……）表示，例如"第1条"；如为"款"，则以①②……表示；如为"项"，则以（一）（二）……表示。在文中引用协议建议稿条文序号时，则以"第3条第1款第 i 项"的形式表示，以利行文论述；但如为全部内容引用时，仍保持原款、项的序号表示方式。

公平与互惠原则基础上，经友好平等协商，并达成共识，共同签署《两岸票据制度一体化协议》作为两岸票据市场一体化共同适用与遵循依据，促进两岸整体经济利益增长，维护两岸经济稳定发展。

【理由说明】：本条旨在表达本协议的宗旨，促进两岸金融业务深化合作，实现两岸票据市场一体化有序运行，并以此协议作为两岸票据处理的依据。

第二条【本协议的基本原则】

为调和两岸票据制度差异，建构两岸良好的票据共同市场，双方在处理两岸票据问题时，应本于诚实信用原则、公平对待原则、票据有效性解释原则、有利于善意持票人原则、促进两岸票据流通原则以及维护两岸票据交易安全原则，有序发展两岸票据共同市场。

【理由说明】：本条旨在表达本协议为建构两岸良好的票据共同市场及促进两岸票据发展，在处理两岸票据业务时应遵守的基本原则。

第三条【适用范围】

两岸票据，是指具有下列情形之一，而使用本协议确定的票据格式者：

（一）票据的当事人中既有大陆地区人民又有台湾地区人民，且出票、背书、承兑、参加承兑、保证、付款、参加付款及保付等票据行为中，既有发生在大陆地区又有发生在台湾地区。

（二）票据当事人中虽不符合第（一）项规定，但出票、背书、承兑、参加承兑、保证、付款、参加付款及保付等票据行为中，既有发生在大陆地区又有发生在台湾地区。

（三）出票、背书、承兑、参加承兑、保证、付款、参加付款及保付等票据行为中仅发生在大陆地区或台湾地区，而票据的当事人中，既有大陆地区人民又有台湾地区人民。[1]

（四）除前三项外，经两岸主管机关共同核准的范围，亦得适用本协议。

前款所规范的两岸票据，应直接适用本协议。

本协议所称票据行为地，是指票据行为发生当时的地点；无法确定票据行为发生当时的地点，推定与出票地为同一地。

两岸，是指大陆地区与台湾地区，大陆地区不包括台湾、香港及澳门地区。

---

〔1〕 关于大陆地区人民与台湾地区人民，其中"人民"一词，亦有使用"居民"的概念。本书于协议建议稿中使用"人民"。

人民是指自然人，但法人及其他组织等亦适用。法人及其他组织依其所适用的设立地法认定身份。

本协议不处理因票据所生任一方依据法律处罚的问题，且任何处罚皆不影响两岸票据的有效性及本协议的适用。

【理由说明】：本协议主要的目的在于解决非贸易的票据流通领域，而不在于处理国际或区际贸易项下的票据问题，故而本条旨在明确两岸票据的适用范围。国际贸易或区际贸易中使用的票据，也可以约定适用本协议。条文规范内容参考《联合国国际汇票及国际本票公约》第2条第3款及大陆地区《票据法》第94条等。

第四条 【协议的效力】

本协议具有直接适用的效力，且在域内法律制度与本协议规范适用或解释上产生冲突时，本协议具有优先适用的效力。

【理由说明】：本条参考借鉴欧盟法的条例效力理论，赋予本协议具有直接适用的效力，且在与域内票据法律制度解释或适用发生冲突时，具有优先适用的地位。

第二节 票据管理

第五条 【两岸票据的格式】

两岸票据的格式、联次、颜色、规格及防伪技术要求和印制，由双方协商确定。但双方也可以协商停止使用两岸票据的固定格式，采用各自有效的票据。

两岸票据的正面须统一印制适用《两岸票据制度一体化协议》等字样，以明确适用规范的准据。

【理由说明】：双方对于现行票据使用的格式规范不同，又为避免初期使用过于混乱，造成认定上的不易，或者让"有心人"伪造两岸票据影响票据交易的安全性，故而，初期以双方确定的格式作为认定两岸票据的标准，不失为一种可行的方法。因此，本条规范的两岸票据的格式、联次、颜色、规格及防伪技术要求和印制，由双方协商确定。当然，也可以双方不约定固定的两岸票据格式，而直接使用现行流通票据的格式亦可。本条的关键在于如何保证票据交易的安全性及增进票据当事人使用两岸票据的意愿，以更大程度促进两岸票据流通。

第六条 【票据系统与信用管理】

本协议涉及的两岸票据交换及清算等事项，分别由双方各自指定的票据交换所或金融机构统筹办理，包括金融同业票据交换的收受及银行间资金的划拨结算及清算业务具体事项等等。

双方应建立共同分享的票据系统，包括但不限于查询票据当事人基本数据、票据信用记录、票据设质登记、"拒绝往来户及退票数据库"以及票据公示催告的公告信息系统等等。

为便利两岸票据的提示，双方可以建立票据影像交换系统或其他的类似系统，将所提交的两岸票据影像信息视同实物票据的提示。

票据债务人有三次以上退票记录、拒绝付款或被追索者，金融机构应将其列为拒绝往来，并录入票据信用系统。出票人自拒绝往来通报日起五年，不得再签发票据，且不得作为金融机构融资的对象。

前款拒绝往来期间届满或届满前，已将构成拒绝及其后所发生的退票全部办妥清偿注记，可申请解除，并得申请恢复往来。但拒绝往来注记仍保留自恢复往来日起五年。

双方基于实际电子票据业务发展，可以建立电子票据平台系统。

双方建立电子票据平台系统，应就电子票据签章技术、数位签章技术、电子认证技术等电子支付结算及融资等安全性技术予以明确规范，保障交易安全。

在本协议项下的各票据业务的具体实行细节，包括票据交换及银行间划拨结算、资金清算业务的具体事项等，可以由双方另行协商确定。

【理由说明】：本条旨在明确规范几个要点：第一，双方基于维护票据交易安全及票据信用，应建立共享的票据信用系统，包括两岸票据信用记录的管理。第二，基于电子业务发展及建立多元化的金融产品的需要，双方可以建立电子票据平台系统。第三，双方建立电子票据平台系统，应就有关的安全性技术加以规范。

第七条【签发两岸票据的申请】

签发两岸实体票据者，由出票人向核准办理两岸票据业务的往来金融机构申请使用。

签发两岸电子票据者，由出票人向核准办理两岸电子票据业务的往来金融机构申请使用。

【理由说明】：由于两岸票据不同于域内的票据使用，且台湾地区的票据并无法定格式，只要符合票据法规定的法定应记载事项，即为有效票据。此规定与大陆地区规定不同。而两岸票据基于初期便利识别及防止伪造等考虑，规定由双方确定两岸票据的法定格式。为控管两岸票据使用，拟交由核准办理两岸票据业务的金融机构处理，为此，本条明确规定签发两岸票据的申请对象，以利出票人向往来金融机构申请使用两岸票据。

第八条【粘单】

票据凭证不能满足当事人记载事项的需要，可以加附粘单，粘附于票据凭证上。

粘单上的第一记载人，应当在票据及其粘单的粘接处签章。

【理由说明】：本条旨在明确统一规范两岸票据有关粘单的方式，并列入总则中，所有票据均适用。

第九条【不生效本协议效力的记载】

在票据上记载本协议未规定的事项，不发生本协议的效力。但该记载如符合票据付款地的其他法律规定者，仍可发生其他法律上效力。

【理由说明】：本条旨在明确规范在两岸票据上记载本协议所未规定的事项，该记载的效力。

第三节 票据种类、票据关系人、客体、权责、利息

第十条【票据的种类】

票据，是指出票人签发一定金额，记载本协议所规定的法定应记载事项，并在票据上签章，于指定到期日，无条件约定由自己或委托他人为付款承诺的有价证券。

票据的种类，包括汇票、本票、支票的实体票据及电子票据。

实体票据，是指以纸质制成之票据，包括支票、本票及汇票。[1]

电子票据，是指以电子方式制成之票据，包括电子汇票、电子本票及电子支票。[2]

【理由说明】：本条旨在明确大陆地区与台湾地区的票据种类规范不同，为扩大票据的流通与使用，提升票据信用与融资功能，本书参考其他国家的票据立法法，并尽可能与其他国家的票据种类一致，故而采取较宽泛的票据种类，即票据包括汇票、本票及支票等三大票据分类；此外，基于电子票据的发展趋势，为弥补现行票据法中未规范电子票据，故将电子票据一并纳入规范，以利电子票据的发展与使用，故而票据种类亦包含电子汇票、电子本

---

〔1〕 参考台湾地区"金融业者参加电子票据交换规约"第2条第2款规定。

〔2〕 参考台湾地区"金融业者参加电子票据交换规约"第2条第1款规定。

票及电子支票。

第十一条【票据的主体——票据当事人】

票据当事人可以是自然人，也可以是法人企业或非法人企业。有关票据当事人及其关系人的定义如下：

（一）出票人是指签发票据，并按照票据文义担保承兑及付款责任的当事人。

（二）付款人是指按照票据记载金额付款的当事人。支票的付款人，限于经核准办理票据业务的银行及其他金融机构。

（三）收款人是指票据上记载收受票据款项的当事人或无记名票据的持票人。

（四）持票人是指实际占有及控制票据的人。其可分为一般持票人、善意持票人、恶意持票人。

1. 一般持票人，是指持有票据的人。

2. 善意持票人，是指受让票据时，该票据已完成应记载事项，并支付对价而善意取得票据，且不知票据过期、被拒绝承兑、被拒绝付款，也不知票据存在抗辩、变造、伪造等情形的持票人。所谓善意，是指持票人无恶意或重大过失，且遵守合理的公平交易标准；所谓恶意是指明知，如明知让与人或交付人无让与票据之权利而仍予以受让；所谓重大过失是指欠缺通常人的注意，即若稍加注意即可得知。

3. 恶意持票人，是指恶意或重大过失取得票据之人，即指明知或通常情形下应该知道存在抗辩事由而仍取得票据的人。

4. 除有相反的证明外，持票人推定为善意持票人。

5. 本协议条款中，未具体指明者，以持票人作为票据权利人。

（五）背书人是指以转让票据权利的意思或其他目的的票据行为人。

（六）承兑人是指汇票的付款人在汇票上注明愿意支付票据记载之金额而承担付款责任的票据行为人。

（七）保证人是指票据债务人以外的第三人，以担保特定票据债务人履行票据债务为目的的票据行为人。

（八）隐存保证人，也包括融通人，是指不于票据上记明保证字样，而以出票、背书、承兑、参加承兑等方法，达成保证目的，以增强票据信用的票据行为人。

（九）参加付款人是指付款人与代理付款人（担当付款人）以外第三人，为防止到期追索及保护特定票据债务人之利益，而代为付款的票据行为人。

（十）预备付款人是指由出票人于付款人以外，于票据上记载付款地之一人，预备于付款人因故不能承兑、一部付款或拒绝付款时，而参加承兑或参加付款的人。

（十一）代理付款人（担当付款人）是指由付款人指定代付款人为付款行为的人，即付款人的代理人。

前手是指在票据签章人或者持票人之前签章的其他票据债务人；后手是指在票据签章人或者持票人之后签章的其他票据债权人。

除电子票据外，出票人可以为一人以上，收款人也可以为一人以上。

票据上记载有二人以上收款人，如未有特别约定，可以由占有票据的任何一人行使票据权利，也可以对占有票据的任何一人付款。但有特别约定者，应对全体收款人付款，其票据上的权利也应由全体收款人共同行使。[1]

【理由说明】：本条旨在明确各票据当事人的定义及资格，同时参考英美票据法有关正当持票人的概念，对善意持票人予以定义。此外，将票据实务中的隐存保证引入本协议中，隐存保证包括英美票据法中有关融通票据的概念，故而明确定义隐存保证人的概念。

第十二条【票据金额的确定标准】

票据上记载金额的文字与数字表达不符时，以文字记载的金额为票据应付的金额。

票据上的金额，如以数字代替文字记载，经使用机械办法防止涂销者，视同文字记载。

票据上记载金额的文字与数字均经多次记载，且各记载不一致者，以最低金额为准。

票据上记载金额经多次文字或多次数字记载，且各记载不一致者，以最低金额为准。[2]

出票地与付款地对于票据金额文字规范不一致者，如票据上记载金额的文字与数字相符时，且能够确定票据金额者，该票据即为有效，可以予以付款。

【理由说明】：本条旨在明确大陆地区《票据法》第 8 条规定："票据金额以中文大写和数码同时记载，二者必须一致，二者不一致的，票据无效。"

---

〔1〕 参考《联合国国际汇票及国际本票公约》第 10 条第 3 款规定修改。

〔2〕 施文森：《票据法论——兼析联合国国际票据公约》，三民书局 2005 年版，第356 页。

《支付结算办法》第 13 条第 1 款规定:"票据和结算凭证金额以中文大写和阿拉伯数码同时记载,二者必须一致,二者不一致的票据无效;二者不一致的结算凭证,银行不予受理。"与台湾地区的"票据法"第 7 条规定:"票据上记载金额之文字与号码不符时,以文字为准。"两岸票据法就票据关系的客体即票据金额的确定标准规范不一。基于票据有效性解释原则,提高票据当事人接受两岸票据的意愿,避免因法令规范不一致,阻碍票据流通,为此,予以明确规范票据金额确定的标准。

第十三条 【票据金额的确定标准——视为一定金额】[1]

票据上记载金额外,如有下列附加记载者,仍视为一定的金额:

(一)附加约定的利率。

(二)附加利息。

(三)持续相等间隔日期的分期付款。

(四)持续相等间隔日期的分期付款,并约定任何一分期付款到期不为付款时,未到期部分视为全部到期。

(五)依票据所记载的货币兑换率支付,或依票据指定的方式所决定的货币兑换率支付。

(六)以票据金额货币以外的货币支付。

票据上除本条第 1 款所列外,不得另附加记载违约金;如有违约金的记载,不发生本协议的效力。

【理由说明】:本条旨在明确统一规范两岸票据的出票人可在票据上约定利息及利率,并且视为符合票据制度中一定金额规定的要求。

第十四条 【利息及利率】

出票人可以在票据上记载利息及其利率,也可以授权持票人或代理付款人(担当付款人)记载。

票据上计算利息的利率可以约定为固定利率,也可以约定为变动利率。如约定为变动利率,须在票据上约定参考利率变动,且该参考利率须经公布或公告。[2]但如该票据依附于基础合同而有指定的参考利率,依基础合同约

---

〔1〕 参考《联合国国际汇票及国际本票公约》第 7 条规定修改;请参阅施文森:《票据法论——兼析联合国国际票据公约》,三民书局 2005 年版,第 366 页。

〔2〕 参考《联合国国际汇票及国际本票公约》第 8 条第 6 款规定修改;请参阅施文森:《票据法论——兼析联合国国际票据公约》,三民书局 2005 年版,第 367 页。

定的参考利率。

票据上记载票据金额与利息一并支付，而未记载利息起算日者，无到期日者，从出票日起算；有到期日者，从到期日起算。但另有约定者，从其约定。[1]

票据上未记载利率或利率约定不明者，按年利率百分之六计算利息。[2]

如有到期日前付款者，从付款日至到期日前的利息，应予以扣除。

利息的计算：即期票据自出票日起算；远期票据自到期日起算。但本协议另有规定，或者当事人有特约者，依照规定或特约计算。

【理由说明】：本条旨在明确统一规范两岸票据的出票人可在票据上约定利息及利率；如果未记载利率，参考台湾地区"票据法"的规定，按年利率6%计算利息，并列入总则中，于所有票据均适用。本协议需要特别说明者，票据当事人如有约定利息者，鼓励票据当事人对于利息的计算方式及利率，应明确约定，以维护双方权益，避免不必要的争议。

第十五条【票据权利与责任的定义】

票据权利，是指持票人依据本协议规定向票据债务人或票据关系人请求支付一定金额的权利，包括付款请求权和追索权。

票据责任，是指票据债务人依据本协议规定向持票人支付一定金额的义务。

【理由说明】：本条系参照大陆地区《票据法》第 4 条第 4 款、第 5 款规定，明确定义票据权利与责任。

第四节 票据代理与代行

第十六条【票据代理与代行】

票据当事人可以委托其代理人为票据行为。但应在票据上表明其代理关系。

票据当事人可以授权其代行人代行票据行为，并仅在票据上签本人名称，而不表明代理关系。但如无权代行者，代行人构成伪造票据。[3]

---

〔1〕 参考《联合国国际汇票及国际本票公约》第 8 条第 4 款规定修改；请参阅施文森：《票据法论——兼析联合国国际票据公约》，三民书局 2005 年版，第 367 页。

〔2〕 参考台湾地区"票据法"第 1 项第 2 款规定修改并确定利息计算按年利率6%。如果票据当事人未约定时，利息计算按年利率6%。

〔3〕 票据行为可否为代行，台湾地区司法实务与学者均有不同观点，为避免争议，特予以规范。请参阅梁宇贤：《票据法新论》，自版 1997 年版，第 87~90 页。

票据无权代行,可以经票据当事人的承认,自承认时起发生效力,但无溯及效力。

【理由说明】:本条旨在明确规范票据行为的代理与代行,以避免实务与学理上的争议。两岸票据法律制度对于票据无权代行是否可以追认或承认,并无明文规定,为此,协议建议稿在本条第 3 款明文规定,以资明确适用。

第十七条【隐名代理】

代理人未载明为本人代理的意思而签章于票据者,由代理人自负票据上的责任。

【理由说明】:本条旨在明确统一规范隐名代理人的责任。

第十八条【无权代理】

无代理权而以代理人名义在票据上签章的,应当由签章人承担票据责任。

票据无权代理,可以经票据当事人的承认,自承认时起发生效力,但无溯及效力。

【理由说明】:本条旨在明确统一规范无权代理人的责任。两岸票据法律制度对于票据无权代理是否可以追认或承认,并无明文规定,为此,协议建议稿在本条第 2 款明文规定,以资明确适用。

第十九条【越权代理】

代理人超越代理权限者,由代理人与被代理人对持票人负连带票据责任。

被代理人负担票据责任后,可以向代理人请求偿还票据金额、利息及必要费用。

票据越权代理,可以经票据当事人的承认,自承认时起发生效力,但无溯及效力。

【理由说明】:如果越权代理,那么代理人与被代理人的责任究竟如何,未明确规定,在两岸票据法的学理上与实务观点,亦有不同见解。为避免争议及维护票据权利人的票据权利,本条明确统一规范越权代理时,由代理人与被代理人对持票人负连带票据责任。此外,两岸票据法律制度对于票据越权代理是否可以追认或承认,并无明文规定,为此,协议建议稿在本条第 3 款明文规定,以资明确适用。

第二十条【表见代理】

代理人实际上无代理权,但因本人自己的行为,曾对第三人表示授与其代理权,足以使该第三人相信其有代理权者,由代理人与被代理人对持票人负连带票据责任。

被代理人负担票据责任后，可以向表见代理人请求偿还票据金额、利息及必要费用。

票据表见代理，可以经票据当事人的承认，自承认时起发生效力，但无溯及效力。

【理由说明】：两岸票据法律制度均未规定票据行为表见代理的情形，本条明确统一规范表见代理时，由代理人与被代理人对持票人负连带票据责任。此外，两岸票据法律制度对于票据表见代理是否可以追认或承认，并无明文规定，为此，协议建议稿在本条第3款明文规定，以资明确适用。

第五节 票据抗辩与例外

第二十一条【票据抗辩的限制与例外——票据行为的无因性】

票据债务人不得以自己与出票人或者与持票人的前手间的抗辩事由对抗善意持票人。

票据债务人可以对不履行约定义务而与自己有直接债权债务关系的持票人主张抗辩。

本协议所称票据抗辩，是指票据债务人提出合法的事由，以拒绝票据权利人行使权利的行为。

【理由说明】：本条旨在整合两岸票据法的规定，基于票据行为无因性原则要求，明确规范票据抗辩的限制与例外。

第二十二条【票据对价与抗辩】

票据的取得，应支付相当的对价。

无对价或以不相当的对价取得票据者，不得享有优于其前手之权利。

本协议所称不得享有优于其前手之权利，是指前手的权利如有瑕疵，取得人应继受其瑕疵，即人的抗辩不中断。

【理由说明】：本条旨在明确保护支付票据对价的票据权利人。

第二十三条【票据的恶意抗辩】

以恶意或有重大过失取得票据，或者以欺诈、胁迫或盗窃等不法手段取得票据者，为恶意持票人，不得享有票据上的权利。

明知前手有前款情形，出于恶意而仍受让票据者，亦为恶意持票人，不得享有票据权利。

票据债务人可以无票据权利对抗恶意持票人。

恶意取得票据，是指明知转让票据的人就该票据无处分权而仍取得者，也包括以不法手段而直接取得票据者。

重大过失取得票据，是指受让人对于让与人就该票据无权处分应注意能注意且稍加注意即可知情，而未加以注意的不知情形。

【理由说明】：本条旨在明确规范恶意取得票据人不受本协议保护，以维护票据交易的安全，确保票据信用体系的良好运行。

第六节　票据的瑕疵与空白授权票据

第二十四条【票据的伪造】

票据的伪造，是指以行使票据为目的，假冒他人的名义而伪造票据的行为，包括出票行为签章的伪造及其他票据行为签章的伪造。

票据的伪造，不影响其他于票据上真正签章的效力。

票据的伪造，可以经被伪造人承认，并自承认时起发生效力，但无溯及效力。

【理由说明】：本条旨在明确统一票据伪造的定义及其他在伪造的票据上签章的效力。两岸票据法律制度对于伪造票据是否可以追认或承认，并无明文规定，为此，协议建议稿在本条第3款明文规定，以资明确适用。本书认为，在票据伪造情形，被伪造人经过利益衡量后，可以利用票据外观上存在的形式，作为自己的票据行为，成为新的票据行为，此时被伪造人的承认，是有效的，并自承认时起发生效力，但无溯及效力。[1]

第二十五条【票据的变造】

票据的变造，是指无变更权人，以行使票据为目的，变更签章以外票据上有效记载事项的行为。

票据经变造时，签章在变造前者，依原有文义负责；签章在变造后者，依变造文义负责；不能辨别前后时，推定签章在变造前。但如变造前的票据责任轻于变造后的票据责任，则依变造后文义负责。

参与或同意票据变造者，不论签名在变造前后，依变造后文义负责。但如变造后的票据责任轻于变造前的票据责任，依变造前文义负责。

票据在交付后更改金额以外事项者，如未取得全部后手的同意，视同票据的变造。

【理由说明】：本条旨在明确统一票据变造的定义及票据变造的责任。第2

---

〔1〕　请参阅梁宇贤：《票据法新论》，自版1997年版，第91页。

款后段的规定，由于变造前与变造后的票据责任可能产生轻重不同，因此，对于票据经变造时，如果不能辨别前后时，原则上按变造前的票据文义负责，但如变造前的票据责任轻于变造后的票据责任，则依变造后文义负责，主要目的在确保持票人的票据权益，促进票据流通。此外，第3款规定，参与或同意票据变造者，原则上按变造后的文义负责，但如果参与或同意变造后的票据责任轻于变造前的票据责任，则依变造前文义负责。

第二十六条 【票据的更改】

票据上的记载，除票据金额外，可以由原记载人于交付前更改，但应在更改处签章。

票据上的记载，除金额外，也可以由原记载人于交付后更改，但应经持票人同意，并由原记载人在更改处签章。

前两款情形，有权更改人未在更改处签章者，仍依更改后文义负责。但如更改后的票据责任轻于更改前的票据责任，依更改前文义负责。

票据经更改时，签章在更改前者，依原有文义负责；签章在更改后者，依更改后文义负责；不能辨别前后时，推定签章在更改前。但如更改前的票据责任轻于更改后的票据责任，依更改后文义负责。

票据上金额更改的，该票据视为无效。

【理由说明】：本条旨在明确统一票据更改的范围及对票据更改的处理方式。至于票据更改的效力，由于两岸票据法律制度均未明文规定，于本条第3款及第4款中予以明确规范。关于票据上金额更改问题，有学者认为应区分票据交付前更改金额与票据交付后更改金额而作不同的认定。如在票据交付前，更改票据金额情形，应认为该票据无效；如是在票据交付后，持票人未经出票人同意将票据上金额更改，应认为构成票据变造。[1]本书认为，为避免票

---

[1] 请参阅郭锋等：《票据法学》，北京师范大学出版社2014年版，第154～155页、第161页；刘家琛主编：《票据法原理与法律适用》，人民法院出版社1996年版，第150页。台湾地区学者王志诚教授认为，关于改写票据金额问题，应区分票据是在交付前改写票据金额或者交付后改写票据金额而有不同：如果是交付前改写票据金额，该票据无效。如果是票据交付后改写票据金额，因该票据已为有效，应再区分是否经原记载人同意：如果改写人经出票人同意改写票据金额，应类推适用台湾地区"票据法"第16条规定处理；如果改写人未经出票人同意改写票据金额，则属于票据变造问题，应直接依台湾地区"票据法"第16条规定处理。请参阅王志诚：《票据法》，元照出版有限公司2012年版，第234～235页。

据金额随意更改，影响两岸票据流通，因此认为票据上金额属于不可更改的事项，如有更改票据金额者，该据即视为无效。

第二十七条【票据的涂销与毁损】

票据的涂销，是指将票据上的签章或其他记载事项加以涂抹或消除的行为。

票据上的签章或其他记载事项被涂销时，不是由票据权利人故意涂销者，该涂销不生效力，不影响该票据的效力。但涂销过于严重造成难以辨认票据者，属票据的毁损，按票据丧失的规定处理。

【理由说明】：大陆地区《票据法》未规定有关票据涂销问题，故本条旨在明确统一票据涂销的定义及对票据涂销的效力。

第二十八条【空白授权票据及效力】

票据上的记载事项，可以授权他人为之。

善意持票人取得已具备本协议规定应记载事项的票据者，可以依票据文义行使权利；票据债务人不得以票据原欠缺应记载事项为理由，对于善意持票人主张票据无效。

空白授权票据如未经授权或与授权不符而补充完成者，按下列情形区分责任：

（一）在空白授权票据补充完成前签章的人，可以持票人在其取得票据时明知欠缺授权为抗辩。

（二）在空白授权票据补充完成后签章的人，应按补充完成的票据负其责任。

（三）补充权人超越范围为补充时，对于非恶意或重大过失而取得票据者，空白授权行为人仍应负其责任。但补充权人为持票人时，空白授权行为人可以行使抗辩权。

在票据补充完成前所为的出票、背书及保证等票据行为，应自补充完成时起，各自发生票据行为的效力，并依票据文义性负其票据责任。票据债务人不得以票据原未记载完全为理由对抗持票人。

【理由说明】：本条参考《联合国国际汇票及国际本票公约》第 12 条规定，旨在明确承认两岸票据的空白授权票据的存在，并可以授权他人记载票据上的事项。票据债务人不得以票据原系欠缺应记载事项为理由，对于善意持票人主张票据无效，以确保权利人的票据权利及维护票据交易安全，促进两岸票据的流通。

第七节　票据丧失补救程序

第二十九条【票据丧失——挂失止付】

票据丧失，持票人可以及时通知票据的付款人或代理付款人挂失止付。收到挂失止付通知的付款人或代理付款人，应当暂时停止支付。

持票人包括：

（一）票据丧失前最后持有票据的票据权利人；

（二）票据丧失前票据权利人将票据交付保管、代收款项、质押保管人、委托收款的被背书人、质权人；

（三）票据丧失以前合法取得票据，但因欠缺其他要件而不享有票据权利的最后持票人；

（四）交付票据前丧失票据的出票人或背书人；

（五）付款后尚未注销而丧失票据的付款人、承兑人。

持票人可以在通知挂失止付日起，15 个工作日内，依付款地法向票据付款地法院申请公示催告，或者提起诉讼，并应向付款人或代理付款人提出已为申请公示催告或提起诉讼之证明。持票人也可以在票据丧失后，直接依付款地法向票据付款地法院申请公示催告，或者提起诉讼。

未依前款规定办理者，自第 16 日起，止付通知失其效力。

申请公示催告被驳回或撤回者，或其除权判决之申请被驳回或撤回，自驳回之日或撤回之日起，止付通知失其效力。

付款人或者代理付款人在收到挂失止付通知书之前，已经向持票人付款者，不再接受挂失止付，也不再承担责任。但是，付款人或者代理付款人恶意或者重大过失付款的除外。

保付支票、已付款的票据（已注销）及未签章的空白票据，均不适用止付通知。

已签章的空白授权票据可以为止付通知的预示，并于提示承兑或提示付款时，发生通知止付的效力。

【理由说明】：两岸票据法对于票据丧失的挂失止付规范不同，本条旨在统一两岸票据丧失的挂失止付程序。其中，第 2 款规定持票人的范围系参考大陆地区多数学者对于失票人的范围所为界定。本协议建议稿中对于挂失止付效力的期间，自通知挂失止付日起，15 个工作日内必须依付款地法向票据付款地法院申请公示催告或提起诉讼，并应向付款人提出已为申请公示催告或提起诉讼之证明，才能维持挂失止付的效力；如果超过此期间，自第 16 日起，止付通知失其效力。协议中之所以规定较长的期间，主要原因是鉴于两岸距离较远，且属于跨境的特殊情形，故而予以适当调整，以便给予持票人能有适当时间处理。

第三十条【票据丧失——申请假处分与定暂时状态之处分】

票据为不得享有票据上权利或票据权利应受限制之人获得时，原票据权利人得向法院申请假处分，禁止占有票据的人向付款人请求付款之处分。

票据关系之当事人间对于有争执之法律关系，为防止发生重大之损害或避免急迫之危险或有其他相类之情形而有必要时，得向法院申请定暂时状态之处分。

【理由说明】：台湾地区"票据法施行细则"第 4 条规定了可以申请假处分，而台湾地区司法实务也承认可以申请定暂状态假处分；而大陆地区尽管《民事诉讼法》第九章有规定保全程序，但票据法律制度对此并无明确规定，因此，本条明确规定，以资一体性适用。

第三十一条【票据丧失——公示催告】

票据丧失时，持票人可以依付款地法向票据付款地法院申请公示催告，或者提起诉讼。已签章的空白授权票据丧失时，持票人也可以向付款地法院申请公示催告。有代理权的持票人也可以持票人身份申请公示催告。

公示催告程序开始后，其经到期的票据，申请人得提供担保，请求票据金额的支付；不能提供担保时，可以请求将票据金额依法提存。其尚未到期的票据，申请人可以提供担保，请求出票人给予新票据。

公示催告期间转让票据者，不影响善意取得票据人的票据权利。

法院决定受理公示催告申请，可以同时通知付款人及代理付款人停止支付，并自受理日起 5 个工作日内发出止付通知并公告。

付款人或者代理付款人收到法院发出的止付通知或者持票人提供的证明，应当立即暂时停止支付，直至公示催告程序终结。非经受理止付通知的法院许可擅自解付者，不得免除票据责任。但有申请失效、被驳回或撤回等原因者，不在此限。

公示催告具体的程序事项除本协议有特别规定外，原则上依票据付款地的法院地的程序法规定处理。

票据虽经公示催告，在尚未经除权判决前，持票人可以本于尚未宣告失权的票据提起诉讼请求，主张票据上的权利。

【理由说明】：两岸票据法对于票据丧失的公示催告程序规范不同，本条旨在统一两岸票据公示催告的处理程序。至于公示催告具体的程序事项除本协议有特别规定外，原则上依票据付款地的法院地的程序法规定处理。如该法院地的程序法仍有不明确时，两岸可以通过司法交流方式，取得共识，共同制定一体化的程序规范，以解决具体问题。

第三十二条 【除权判决前善意取得】

除权判决前已善意取得票据的人，所取得的票据有效。但除权判决后，第三人纵善意取得票据，亦无善意取得的适用，付款人不得对之付款。

【理由说明】：本条涉及应优先保护谁的利益的问题，亦即须衡酌善意取得票据人与取得除权判决人间的利益，应优先保护谁的利益。大陆地区《民事诉讼法》第220条第2款规定，在公告催告期间，转让票据的行为无效；台湾地区并未规定。如果第三人在除权判决前善意取得票据，于公示催告期间未申报权利，其权利是否因除权判决而丧失。换言之，第三人在除权判决前善意取得票据究竟应该优先保护善意取得票据人的利益还是应该优先保护除权判决人的利益。对此问题，台湾地区学说上有两种观点：有认为应该优先保护善意取得；[1]有认为除权判决优先，但如果除权判决经撤销者，不在此限。[2]本书认为应优先保护善意取得票据人的权益，促进票据流通，避免票据当事人对于接受票据产生裹足不前的心理障碍，进而影响票据流通及交易安全。基于以下几点理由，应优先保护善意取得票据人，并认为其所善意取得的票据有效：第一，除权判决并无溯及效力，善意取得人既在除权判决前已善意取得票据，应予保护；第二，公示催告通常系张贴于法院公告牌或登载于新闻报纸上，较少人注意；第三，法院所为的除权判决通常为形式审查，并无确定实体权利存否的效力。[3]

第八节 票据权利行使与保全

第三十三条 【行使或保全票据权利】

票据权利人对票据债务人行使或保全票据权利，应当在票据上指定的处

〔1〕 王志诚：《票据法》，元照出版有限公司2012年版，第255~256页。

〔2〕 施文森：《票据法论——兼析联合国国际票据公约》，三民书局2005年版，第89页。

〔3〕 持相同观点者，如台湾地区学者王志诚。请参阅王志诚：《票据法》，元照出版有限公司2012年版，第255~256页。

所为之；无指定的处所者，在其营业场所为之；无营业场所者，在其住所或居所为之。如营业场所、住所或居所不明时，或者指定处所已经无法行使或保全票据权利，因作成拒绝证书，得请求指定处所地或者票据当事人的原注册地、原登记营业地或原户籍住所地或原居住地的公证机关作成之。

对于票据债务人应为的行为，应于其营业日的营业时间内为之，如其无特定营业日或未订有营业时间者，应于通常营业日的营业时间内为之。

【理由说明】：本条旨在明确规范票据权利人行使或保全票据的处所。由于两岸票据法对于行使或保全票据权利规范内容详简不一，本条采纳学者观点，认为债权人应就债务人处所请求履行。[1]为整合两岸票据法规范，本条统一明确规范票据权利人对票据债务人行使或保全票据权利的处所及时间。

第三十四条 【票据利益偿还请求权】

票据上的债权，虽依本协议因时效或手续的欠缺而消灭，持票人对于出票人或承兑人，于其所受利益的限度，可以请求偿还。

前款利益偿还请求权时效，自票据权利罹于时效或权利保全手续期间届满之日起算，五年间不行使，因时效而消灭。

【理由说明】：本条旨在明确统一规范两岸票据利益偿还请求权行使的对象及时效期间。由于票据利益偿还请求权的时效期间学说上有不同观点，本书认为不宜过长，亦不宜过短，故而采取折衷，设置五年的时效期间。

第九节　票据期限与票据时效

第三十五条 【票据期限与时效的计算】

本协议规定的各种期限与时效的计算，均从开始日的次日计算；最后一日为休假日，以休假日的次日为最后一日。最后一日的截止时间为 24 点；有营业时间者，截止时间为停止营业活动的时间。

按月计算者，按到期月的对日计算；无对日者，以该月的末日为到期日。

【理由说明】：由于两岸各自票据法对期限与时效规定不同，为避免适用发生争议，本条旨在明确统一规范两岸票据期限与时效的计算。

第三十六条 【票据时效】

依据本协议，票据权利在下列时效期间内不行使而消灭：

---

〔1〕 郑孟状等：《中国票据法专家建议稿及说明》，法律出版社 2014 年版，第 68 页。

（一）持票人对于汇票承兑人、汇票出票人、本票出票人、保付支票付款人的权利，远期票据自到期日起算 3 年；即期票据自出票日起算 3 年；对于支票出票人、支票付款人，远期支票自到期日起算 1 年；即期支票自出票日起算 1 年。持票人的权利，包括付款请求权、追索权及再追索权。

（二）持票人对出票人及承兑人以外前手的追索权，自作成拒绝证书日起算 1 年。如果有免除作成拒绝证书者，远期票据自到期日起算，即期票据自出票日起算。

（三）持票人对出票人及承兑人以外前手的再追索权，自清偿日或者被提起诉讼日起算 6 个月。

持票人对保证人及参加人的权利时效，与对被保证人及被参加人的时效相同。

保证人对被保证人及其前手追索权的时效，与追索权人的时效相同。

票据权利时效发生中断者，只对发生时效中断事由的当事人有效。

时效中断者，自中断事由终止时，重行起算的时效期间 5 年。

行使中断时效的方式，依任何一方的民法规定均有效。

【理由说明】：两岸票据法对于票据时效规范不同，且时效的起算日亦不同，为此，统一规范并适当延长票据的时效期间；另外，时效中断后，统一规范重新起算的时效期间，以避免适用两岸民法的时效规定，造成不公平的问题。

第十节　追索权

第三十七条【到期追索与期前追索】

票据到期被拒绝付款，持票人可以对背书人、出票人以及票据的其他债务人行使追索权。

持票人在提示期限内，提示付款而被拒绝时，对于前手可以行使追索权。但应于拒绝付款日或其后 5 日内，请求作成拒绝付款证书。

票据到期日前，有下列情形之一者，持票人也可以行使追索权：

（一）票据被拒绝承兑或拒绝见票，包括一部拒绝与全部拒绝。

（二）汇票的承兑人、本票的出票人或者票据的付款人死亡、逃匿或因其他事由无从提示承兑、提示见票或提示付款。

（三）汇票的承兑人、本票的出票人或者票据的付款人被依法宣告破产。

【理由说明】：本条旨在明确统一规范两岸票据有关到期追索与期前追索，

并列入总则中。

第三十八条【追索权的行使】

持票人在行使追索权时，应当提供拒绝证书证明之。

票据的付款人、汇票的承兑人或本票的出票人在票据上记载提示日期，及拒绝一部或全部付款、承兑或见票的意旨，经其签章后，视同作成拒绝证明。

持票人提示承兑、提示见票或者提示付款被拒绝，汇票的承兑人、本票的出票人或者票据的付款人不出具或者无法出具拒绝证书或者退票理由书，持票人可以请求汇票的承兑人、本票的出票人或票据的付款人所在地的公证机关作成拒绝证明。

【理由说明】：本条旨在明确统一规范两岸票据有关行使追索权的方式及拒绝证明的作成，并列入总则中，适用于所有票据。

第三十九条【拒绝事由的通知对象及期限】

持票人应当自收到被拒绝承兑或者被拒绝付款的有关证明的次日起5日内，将被拒绝事由书面通知其前手；其前手应当自收到通知的次日起5日内书面通知其再前手。持票人也可以同时向各票据债务人发出书面通知。

票据上没有记载前手地址或记载不明，以该前手之前手为通知对象。

在规定期限内将通知按照票据上记载的地址邮寄或快递寄送者，视为已经发出通知，并以投递日为发出通知日。

通知不限于书面方式，但主张已于期限内通知的人，应负举证责任。

因不可抗力事由，不能在所定期限内将通知发出者，应在障碍排除后的次日起5日内发出通知。

【理由说明】：拒绝事由的通知对象及期限，大陆地区《票据法》第66条及台湾地区"票据法"第89条、第91条、第93条均有分别规定，但其规范不同。本条旨在明确统一规范两岸票据有关拒绝事由的通知期限，并列入总则中，适用于所有票据。

第四十条【怠于通知的效果】

不在期限内为通知者，持票人仍得行使追索权。但因其怠于通知或延期通知对其前手或者出票人造成损失，由未按照规定期限通知的票据当事人承担对该损失的赔偿责任，但其所赔偿的最高金额以票据金额为限。

【理由说明】：拒绝事由的通知，大陆地区《票据法》第66条及台湾地区"票据法"第93条分别有规定，惟规范的内容用语不同。本条旨在明确统一规范两岸票据有关怠于拒绝事由的通知应负损失赔偿责任，但其所负的赔偿责任总额以票据金额为限，并将此规定列入总则中，适用于所有票据。

第四十一条【提示的义务】

票据上虽有免除作成拒绝证书的记载，持票人仍应在所定期限内提示承兑、提示见票或提示付款，并对已经为提示，应负举证的责任。

提示的方式，包括但不限于当场提示票据、一般邮件、电子邮件、快递、存证信函等等，足以表示提示的意思均可。但有特别约定，依其约定。

【理由说明】：本条旨在明确统一规范两岸票据有关提示的义务，并将此规定列入总则中，适用于所有票据。

第四十二条【追索权的效力】

出票人、承兑人、背书人及其他票据债务人，对于持票人的追索权承担连带责任。

持票人可以不按照票据债务人的先后顺序，对其中任何一人、数人或全体行使追索权。

持票人对票据债务人中的一人或数人已经进行追索者，对于其他票据债务人，仍可以行使追索权。

被追索人在清偿债务后，与持票人享有同一权利。

【理由说明】：本条旨在明确统一规范两岸票据有关票据持票人追索权的效力，并将此规定列入总则中，适用于所有票据。

第四十三条【回头背书追索权的限制】

持票人为出票人时，除承兑人外，对其前手无追索权。

持票人为背书人时，对其后手无追索权。

承兑人为持票人时，对一切票据债务人均无追索权。

【理由说明】：大陆地区《票据法》第69条规定："持票人为出票人的，对其前手无追索权。持票人为背书人的，对其后手无追索权。"台湾地区"票据法"第99条规定："执票人为发票人时，对其前手无追索权（第1项）。执票人为背书人时，对该背书之后手无追索权（第2项）。"两岸票据法对于回头背书追索权的限制规定是相同。但是，本书认为，此种规定忽略了两点：一是对已经承兑的汇票，承兑人是票据的第一债务人，也是负最终的偿还责任人，因此，即使被背书人是出票人，也可以向承兑人行使追索权。二是被背书人是承兑人时，对于其他票据债务人应该无追索权。但两岸现行票据法均未明确规定，易造成适用的问题。本条旨在明确统一规范追索权行使对象的限制，并将此规定列入总则中，适用于所有票据。

第四十四条【最初追索的金额】

持票人行使追索权，可以请求被追索人支付下列金额和费用：

（一）被拒绝付款的票据金额；

（二）如有约定利率者，按票据金额依据约定利率计算利息；如无约定利率者，按据金额自提示付款日或者到期日之次日起至清偿日止，依年利率百分之六计算利息；

（三）取得有关拒绝证明、发出通知书的费用、公证费用及其他必要的费用。

持票人在票据到期日前行使追索权，利息按票据金额自行使追索权日的次日起计算至清偿日止。

【理由说明】：本条旨在统一规范最初追索的金额、利息的计算及费用，并将此规定列入总则中，适用于所有票据。

第四十五条【再追索的金额】

已为清偿的票据债务人于清偿票据债务后，可以向承兑人或前手行使再追索权，请求支付下列金额与费用：

（一）已清偿的全部金额；

（二）前款金额自清偿日的次日起至再追索清偿日止，按照年利率百分之六计算的利息；

（三）发出通知书的费用、公证费用及其他必要费用。

出票人进行清偿者，有权依本条规定请求承兑人偿还。

【理由说明】：本条旨在统一规范再追索的金额、利息的计算及费用，并将此规定列入总则中，适用于所有票据。

第四十六条【被追索人的权利】

被追索人清偿票据债务后，有权要求持票人交出票据和有关拒绝证明，并出具所收到票据金额、利息和费用的收据。

被追索人清偿票据债务后，可以涂销自己及其后手的签章。

【理由说明】：本条旨在统一规范被追索人的权利，并将此规定列入总则中，适用于所有票据。

第四十七条【被追索人清偿后的责任】

汇票承兑人、本票出票人及支票的出票人清偿票据债务者，全体票据债务人的责任均解除。

其他被追索人依照本协议规定清偿债务者，其本人及其后手的责任解除。

【理由说明】：本条旨在统一规范被追索人清偿后的责任，并将此规定列入总则中，适用于所有票据。

第四十八条 【一部承兑的追索】

汇票金额一部分获得承兑时，清偿未获得承兑部分的人，可以要求持票人在汇票上记载其事由，另行出具收据，并交出票据的有关拒绝证明。

【理由说明】：大陆地区《票据法》未规范一部承兑时，清偿未获得承兑部分人的权利，为此，本条旨在统一规范两岸票据有关一部承兑的追索，将清偿未获得承兑部分的人的权利予以明确规范，并将此规定列入总则中。本条仅适用于汇票。

第四十九条 【丧失追索权】

持票人不于本协议所规定期限内，行使或保全票据上权利的行为者，对于出票人及汇票承兑人以外前手丧失追索权。[1]

持票人不于约定期限内，为前款行为者，对该约定前手丧失追索权。

持票人不能出示拒绝证明、退票理由书或者未按照期限提供其他合法证明，对出票人及汇票承兑人以外前手丧失追索权。

因接受倒填出票日的票据，造成丧失追索权者，持票人仍得向出票人或汇票承兑人行使追索权。

【理由说明】：本条结合司法实务见解，规定持票人不于法定期间或约定期限行使或保全票据权利的行为，丧失追索权的对象排除出票人及汇票承

---

〔1〕 本款包括：汇票未按照规定期限提示承兑或提示付款者，持票人对出票人及汇票承兑人以外的前手丧失追索权；本票未按照规定期限提示见票或提示付款者，持票人对出票人以外的前手丧失追索权；支票的持票人不在所定期限内提示付款，对于出票人以外的前手丧失追索权。当然，也包括不于拒绝付款日或其后15日内，请求作成拒绝证明者，而丧失追索权的情形。请参阅郑孟状、郭站红、姜煜洲等：《中国票据法专家建议稿及说明》，法律出版社2014年版，第160、231页；王志诚：《票据法》，元照出版有限公司2012年版，第420、442~444、496~497页；大陆地区《票据法》第40条第2款、第65条、第79条；台湾地区"票据法"第104条、第122条第5项、第132条。这里有争议者在于，汇票承兑人为汇票的主债务人是否可以为偿还义务人，学者间有不同观点：有采否定说，亦有采肯定说。请参阅林群弼：《票据法论》，三民书局2010年版，第297~300页。

兑人。

第五十条【遇不可抗力事由的处理】

持票人因不可抗力的事由，不能在期限内为提示承兑或提示付款，应将其事由在发生后15日内通知出票人、背书人及其他票据债务人。

不可抗力的事由终止后15日内，持票人应即向付款人为提示。

如事由延至到期日后30日以外时，持票人可以直接行使追索权，无须提示或作成拒绝证书。

票据为见票即付或见票后定期付款者，前款30日期限，从持票人通知其前手的次日起算。

【理由说明】：大陆地区《票据法》未规定遭遇不可抗力事由时，持票人因无法遵期提示而可能丧失追索权的处理方式，故为确保持票人的票据权利，本条参考台湾地区"票据法"第105条规定，予以统一规范，并将期限予以适当放宽。

第十一节　拒绝证书

第五十一条【作成拒绝证书】

汇票的拒绝承兑证书，应在提示承兑期限内作成之。

本票的拒绝见票证书，应在提示见票期限内作成之。

票据的拒绝付款证书，应于拒绝付款日或其后15日内作成。但持票人允许延期付款时，应在延期的末日或其后15日内作成。

拒绝承兑证书或拒绝见票证书作成后，不须再提示付款，也不须再请求作成拒绝付款证书。

承兑人或付款人在票据或黏单上记载拒绝文义及日期，并签章者，视同拒绝证明。

拒绝承兑证书适用于汇票，拒绝见票证书适用于本票。

拒绝付款证书适用于汇票、本票及支票。

未经公证机关公证的拒绝证明文件，如跨区向法院提起诉讼或申请执行时，应办理公证。

【理由说明】：本条旨在统一规范作成拒绝证书，并将此规定列入总则中，适用于所有票据。另外，规定"未经公证机关公证的拒绝证明文件，如跨区向法院提起诉讼或申请执行时，应办理公证"。

第五十二条【免除作成拒绝证书】

出票人或背书人，可以为免除作成拒绝证书的记载。

出票人为前项记载时，持票人可以不请求作成拒绝证书而行使追索权。但持票人仍请求作成拒绝证书时，应自行负担其费用。

背书人为第一款记载时，仅对于该背书人发生效力。持票人作成拒绝证书者，可以向票据上其他签章人，要求偿还其费用。

【理由说明】：本条旨在统一规范免除作成拒绝证书的规定，并将此规定列入总则中，适用于所有票据。

第五十三条【拒绝证书的作成机关】

拒绝证书，除本协议另有规定外，由持票人请求拒绝承兑地、拒绝见票地或拒绝付款地的公证机关作成。

持票人因汇票承兑人或者票据付款人死亡、逃匿或者其他原因，不能取得拒绝证明，持票人可以依据相关文件请求汇票承兑人或票据付款人所在地的公证机关作成拒绝证明。

【理由说明】：本条旨在明确规范作成拒绝证书的机关，并将此规定列入总则中，适用于所有票据。

第五十四条【拒绝证书应记载事项】

由公证机关作成的拒绝证书，应记载下列各项，并由公证人签章及加盖作成机关印章：

（一）拒绝者及被拒绝者的名称；

（二）对于拒绝者，虽为请求，未得允许的意旨，或者不能会晤拒绝者的事由，或其营业所、住所或居所不明之情形；

（三）为前款请求或不能为前款请求的地点及日期；

（四）在法定处所外作成拒绝证书时，当事人的合意；

（五）有参加承兑或参加付款时，参加的种类及参加人与被参加人的名称；

（六）拒绝证书作成的处所及日期。

【理由说明】：本条旨在明确统一规范两岸票据有关公证机关作成的拒绝证书的应记载的事项，并列入总则中，适用于所有票据。

第五十五条【拒绝证书的记载位置】

拒绝证书，应在票据或其黏单上作成。

拒绝证书应接续票据上原有的最后记载作成。

在黏单上作成者，并应在骑缝处签章。

【理由说明】：本条旨在明确统一规范拒绝证书的记载位置，并列入总则中，适用于所有票据。

第五十六条【拒绝交还原本的拒绝证书】

持票人以票据的原本请求承兑或付款被拒绝，而未返还票据原本时，其拒绝证书，可以检附相关文件，请求公证机关另行作成拒绝证书。

【理由说明】：本条旨在明确统一规范因请求承兑或付款被拒绝而未返还票据原本时，可以另行请求公证机关作成拒绝证书，并列入总则中，适用于所有票据。

第五十七条【拒绝证书的份数】

对数人行使追索权时，只须作成拒绝证书一份。

【理由说明】：本条旨在明确统一规范拒绝证书的份数。

第五十八条【制作抄本及其效力】

拒绝证书作成后，公证人应将证书原本交付持票人，并就证书全文另作抄本，存于公证机关，以备原本灭失时使用。

抄本与原本有同一效力。

【理由说明】：本条旨在明确统一规范制作抄本的效力。

第五十九条【副本的制作及其效力】[1]

持票人有作成票据副本的权利。

持票人就票据作成副本时，应将已作成副本的旨意，记载于原本。

副本应标明副本字样，并于副本中正确载明原本的一切事项，并注明于何处制作。

背书及保证，也可以在副本上为之，与原本上所为的背书及保证，有同一效力。

支票的副本、银行票据的副本，应由持票人向核发该原本票据的金融机构申请制作。

电子票据的副本应向往来金融机构申请制作。

票据副本适用于汇票、本票及支票。[2]

---

〔1〕 参考中国台湾地区"票据法"第 118 条、日本《票据法》第 67 条、德国《票据法》（Wechselgesetz）第 67 条等规定调整修改。

〔2〕 各国票据的立法例中，副本仅适用于实体票据的汇票及本票，不适用于支票。惟本协议将票据中的支票作为信用及融资功能的票据，故而支票亦有适用之余地，为此将支票纳入副本规定的适用范围。

【理由说明】：在票据立法例上，有规定票据复本、誊本、副本、成套票据等等，各有其设置的立法理由，惟实际中比较少见。为避免票据关系过于复杂，影响两岸票据流通及维护票据交易安全，本协议拟予简化，仅订定两岸票据副本规定，以资适用。副本是持票人为防止票据遗失、背书或保证等目的，而基于票据原本所制作，副本本身并无票据效力，仅为原本票据的补充。此制度为日内瓦《统一汇票和本票法公约》第 67 条、第 68 条所规定，亦为大陆法系的各国票据法所采用。本协议在参考各国票据立法例后，予以简化并明确规定票据副本的制作及适用范围，虽与各国立法例略有不同，但不影响其实际效用，反而因为扩大使用范围，而有促进票据流通之功效。故而，本条明确规范票据副本的制作及方式。对于支票副本及银行票据（如银行汇票及银行本票）副本的制作，基于支票及银行票据的特殊性，同时为利于核发支票的金融机构管理，予以限定制作。此外，将票据立法例中复本及誊本的规定，在本协议中改为统一使用"副本"，并限缩使用方式，但扩大适用范围，即除汇票、本票外，也适用于支票及电子支票。

第六十条【副本持票人的权利】[1]

副本上应记载原本的持有人，原本持有人有义务将票据原本交付予票据副本的合法持票人。

汇票的持票人为提示承兑送出原本者，应在副本上载明原本接收人的名称及其地址。

汇票上有前款记载者，持票人可以请求接收人交还原本。接收人拒绝交还原本时，持票人非依拒绝证书证明原本虽经请求但未获交付的事由，不得对副本上的背书人或保证人行使追索权。

在作成副本之前，票据原本上所作的最后一次背书中载明"此后仅在副本上所作之背书有效"或类似字句，则此后在原本上所为的背书无效。

【理由说明】：本条将副本持票人的权利统一明确规范，以资适用。

---

[1] 参考中国台湾地区"票据法"第 119 条、日本《票据法》第 68 条、德国《票据法》第 68 条等规定调整修改。

第二章 两岸票据行为制度[1]

第一节 共同票据行为制度

第一款 票据行为的定义、独立性

第六十一条 【票据行为的定义】

票据行为，是指广义的票据行为，即以发生、变更或消灭票据权利义务关系为目的的法律行为。

【理由说明】：本条旨在对本协议中的票据行为作一广义的界定，并将票据行为独列为一章，依其性质适用于所有票据。

第六十二条 【票据行为无效及撤销—票据行为的独立性】

票据行为无效或被撤销者，不影响其他票据行为的效力。

【理由说明】：本条旨在揭示票据行为独立性原则。

第六十三条 【行为能力欠缺人的票据签章—票据行为的独立性】

年满 20 岁具有票据行为能力。

票据上虽有无民事行为能力人或者限制民事行为能力人的签章，其签章无效，但是不影响其他人在票据上签章的效力。

限制民事行为能力人事前经法定代理人书面允许，可以为有效的票据行为。但法定代理人的书面允许，应经公证机构作成公证书。

无民事行为能力人或者限制民事行为能力人，使用欺诈或其他不合法手段使人误认为其具有票据行为能力者，视为有票据行为能力，其在票据上签章者，应负票据责任。但如该无民事行为能力人或限制行为能力人系受他人欺诈、胁迫或其他不合法手段在票据上签章者，纵然有使人误认为其具有票据行为能力者，亦不负票据责任。

【理由说明】：

由于两岸对于无民事行为能力人及限制民事行为能力人的年龄规范不同，

---

〔1〕 理由说明：票据行为是票据法的核心与灵魂所在，贯穿于整个票据法律制度中，从而发生、变更或消灭票据关系。基于票据流通与维护票据交易安全原则的设计理念以及促进经济发展原则的宗旨，赋予票据行为有别于一般法律行为的特性，使其成为得以贯彻票据迅速流通与维护交易安全的灵魂，塑造成为整个票据法理的精神支柱及核心价值，故而将所有票据行为独列为一章，本质上为两岸票据总则的延伸性质。

基于一体化考虑，于本条第 1 款规定，以台湾地区年满 20 岁为成年人作为基准，判断是否具有票据行为能力。

本条第 2 款规范，系依据票据行为独立性原则，票据上虽有无民事行为能力人或者限制民事行为能力人的签章，但是不影响其他人在票据上签章的效力。

本条第 3 款就限制民事行为能力人可否为票据行为的问题，为明确此问题，特予以规范。主要系基于限制民事行为能力人可能实际工作需要，又为兼顾保护限制民事行为能力人的权益，限于事前经法定代理人的书面允许，同时为慎重其事，避免伪造同意书，故将该书面允许要求必须经公证机构作成公证书。

本条第 4 款，鉴于票据行为具有专业性，如果未具有相当的识别能力，令其承担不利的票据责任，恐有不妥之处，且两岸对于无民事行为能力人及限制民事行为能力人在年龄的划分上有所不同，因此，基于保护无民事行为能力人及限制民事行为能力人，在设计两岸票据制度一体化的规范内容，将以台湾地区年满 20 岁为成年人作为基准，以识别票据行为人是否具有票据行为能力。但如以欺诈或其他不合法手段使人误认为其具有票据行为能力者，则认为无特别保护之必要，将其视为有票据行为能力，其在票据上签章者，应负票据责任。与此相反者，如果该无民事行为能力人或限制民事行为能力人系受他人欺诈、胁迫或其他不合法手段在票据上签章者，纵然有使人误认为其具有票据行为能力者，亦不负票据责任。此乃因第三人外力介入而造成，为保护无民事行为能力人及限制民事行为能力人，无令其负票据责任之必要。

第二款　票据的签发

第六十四条【票据签章的方式】

票据上的签章，是指签名、盖章或者签名加盖章。

签章的方式，包括亲笔签章、电子签章、数字签章或其他方法所作成的同等证明效力的签样等。

签章所使用名称，以合法证件的名称为据。

法人和其他使用票据的单位在票据上的签章，为该法人或者该单位的盖章加其法定代表人或者其授权的代理人之签章。

法人或单位章，不限于公章、财务章或专用章，只要能表彰该法人或单位之印章均有效。

所称合法证件，包括自然人身份证、护照、通行证、驾驶证等，法人或非法人团体之核准文件上名称，即足以辨认身份或名称之合法文件均可。

【理由说明】：基于两岸对于票据上签章的规范不同，特予以统一规范，以资明确。

第六十五条【签章责任—票据行为的文义性】

在票据上签章的人，依票据上所载文义负责。

二人以上共同签章时，对票据权利人应承担连带责任。

【理由说明】：本条第 1 款为票据行为的文义性，第 2 款旨在明确规范票据上有二人以上共同签章对票据权利人负连带责任，而非共同签章人内部的连带责任。

第六十六条【出票的定义】

出票，是指出票人以负担票据债务的意思表示，而在票据上签章，并将其交付给收款人或持票人的票据行为。

出票行为适用于汇票、本票及支票。

【理由说明】：由于本协议对于票据行为的性质采单独行为说中的发行说。因此，本条旨在明确出票行为的定义，并适用于所有票据。

第六十七条【出票人的责任】

汇票的出票人应照汇票文义担保承兑及付款的责任。但可以依特约在汇票正面记载免除担保承兑的责任。

本票的出票人应照本票文义担保付款责任。

支票的出票人应照支票文义担保付款责任。但支票如经付款人保付后，免除出票人的责任。

票据上有免除担保付款的记载者，其记载无效。

【理由说明】：本条详细规范各种票据的出票人应承担的票据责任。

第六十八条【票据的要式性】

票据欠缺本协议所规定的绝对应记载事项之一者，其票据无效。但本协议另有规定者，不在此限。

【理由说明】：本条旨在明确统一两岸票据要式性的效力。

第六十九条【票据行为的交付】

票据债务人签章于票据，不得以未完成交付票据对抗善意持票人。

【理由说明】：本协议对于票据行为的性质采单独行为说中的发行说，并辅以权利外观理论，认为在欠缺票据行为交付的情形下，为保护善意持票人的票据权利，例外不得对抗善意持票人，依其性质适用于所有票据行为。

第三款　背　书

第七十条【背书的定义及种类】

背书，是指以转让票据或其他目的，在票据背面或者其粘单上签章并交付的票据行为。

票据依背书及交付而转让。无记名票据可以仅依交付而转让。

背书行为适用于汇票、本票及支票。

【理由说明】：本条旨在明确背书的定义，并适用于所有票据。

第七十一条【背书的方式】

背书由背书人在票据的背面或其黏单上为之。

背书人在票据记载被背书人并签章者，为记名背书。

背书人不在票据记载被背书人，仅在票据背面签章者，为空白背书。

前两款的背书，背书人可以记载背书的日期。

背书未记载日期者，推定其在作成拒绝证书或提示付款期间经过前作成。

【理由说明】：本条明确统一规范背书行为的方式。

第七十二条【票据权利的转让】

记名票据及指示票据依背书及交付而转让。无记名票据可以仅依交付而转让。

空白背书的票据，持票人可依交付、空白背书或记名背书等方式转让票据。

【理由说明】：本条明确统一规范票据权利的转让方式，并区分记名票据、无记名票据及空白背书的票据，依其性质不同，可采取转让票据权利的方式亦不同。

第七十三条【禁止背书转让】

记名票据的出票人有记载"禁止转让"字样者，不得依背书转让。如有再背书转让者，仅有通常债权让与的效力。

背书人在票据上记载"禁止转让"字样者，仍可以依背书转让。但对于禁止转让后再由背书取得票据的人，不负责任。

前款情形，受让人对于该记载的背书人仍有民法上债权让与规定的适用，但不能依本协议规定对禁止转让的背书人行使票据上的权利。

第二款情形，不影响出票人、承兑人、原背书人前手的票据责任。

【理由说明】：本条明确规范票据上有禁止背书转让记载的效力，并区分该记载为出票人记载或背书人记载，具有不同的效力。

第七十四条【空白背书变成记名背书的转让】

票据的最后背书为空白背书者，持票人可以在该空白内，记载自己或他人为被背书人，变更为记名背书，再为转让。

【理由说明】：本条明确规范空白背书的票据可以变成记名背书的票据，然后再以背书的方式转让票据。

第七十五条【背书连续】

背书连续，是指在票据转让中，转让票据的背书人与受让票据的被背书人在票据上的签章依次前后衔接，且第一背书人应当是在票据上记载的收款人，最后的票据持有人应当是最后一次背书的被背书人。

持票人应当以背书的连续，证明其权利，但背书中有空白背书时，其次之背书人，视为前空白背书的被背书人。

背书中有伪造或代理人未经授权而为之者，不影响其连续。〔1〕

【理由说明】：本条明确表达背书连续的意思。

第七十六条【涂销背书】

持票人故意涂销背书者，其被涂销的背书人及其被背书人之后而在未涂销之前在票据上为背书的人，均免其责任。

涂销的背书不影响背书的连续者，对于背书的连续视为无记载。

涂销的背书影响背书的连续者，对于背书的连续视为未涂销。

【理由说明】：本条明确规范涂销背书的情形及效力。

第七十七条【附条件背书】

背书附有条件者，所附条件不发生本协议的效力。但其所附条件如符合票据付款地的其他法律规定，于直接当事人间仍可发生其他法律上效力。

【理由说明】：附条件背书，因有违"背书的单纯性"，阻碍票据流通及影响票据信用，故本条明确规定背书不得附有条件。如果附有条件，该条件不发生本协议的效力，背书仍有效力。其所附条件，于直接当事人间仍可能发生票据付款地的民法上效力。〔2〕

---

〔1〕 参考《联合国国际汇票及国际本票公约》第 15 条第 1 款第（b）项规定修改。

〔2〕 梁宇贤：《票据法新论》，自版 1997 年版，第 179 页。

第七十八条【一部背书的效力】

将票据金额的一部分转让的背书，或者将票据金额分别转让给数人的背书，该背书不生效力。

【理由说明】：就一部背书而言，会造成票据金额一部背书转让予被背书人后，即须交付该票据，而对于该票据其余金额的归属，因无票据可资证明，从而无法行使票据权利，有违"背书的不可分性"；同样地，将票据金额分别转让给数人的背书，由于一纸票据无从分割，从而一人占有票据固然可以行使票据权利，但未占有票据者，即无从行使票据权利，亦有违"背书的不可分性"。[1]为此，本条明确表达不得一部背书或将票据金额分别转让数人的背书，否则该背书无效。

第七十九条【委托收款背书（委任取款背书）】

背书记载"委托收款"或其他类似字样者，被背书人有权代背书人行使票据权利。被背书人可以基于同一目的再为背书。

票据债务人仅可以对抗委托人的抗辩对抗受托人。

委托收款背书人对后手不负票据责任。[2]

【理由说明】：本条明确统一规范委托收款背书。

第八十条【设质背书】

票据可以设定质权。

票据设定质权可以使用"供担保""供设质""质押""设质"或其他表示设质的文字。

票据设质时，应当以背书记载"设质"或其他表示设质的字样，并办理票据设质登记。

被背书人依法实现其质权时，可以行使票据权利，但被背书人的背书仅具有委托收款的效力，对后手持票人不负票据责任。

票据虽有设质合同，但未以背书记载"设质"字样，或者虽有背书记载"设质"字样，但未办理票据设质登记，仍可以成立票据设质，但不得对抗善意第三人。

【理由说明】：本条明确规范设质背书的方式及其效力。

---

〔1〕 梁宇贤：《票据法新论》，自版 1997 年版，第 178~179 页。

〔2〕 参考《联合国国际汇票及国际本票公约》第 21 条第 2 款规定。

第八十一条【回头背书】

票据可以让与出票人、承兑人、付款人或其他票据债务人。

前款受让人，在提示付款期届满前或拒绝证明作成前，可以再为转让票据。

【理由说明】：本条明确统一规范回头背书，并规范在提示付款期届满前或拒绝证明作成前，可以再为转让票据。

第八十二条【期后背书的效力】

作成拒绝证书后、作成拒绝证书期限经过后或超过提示付款期限的票据，持票人再转让者，仅具有一般债权转让的效力。

票据被拒绝承兑、拒绝见票或拒绝付款，没有作成拒绝证书，而在提示付款期限内再背书转让，善意持票人取得票据者，仍享有票据权利。

【理由说明】：本条采取期限后背书，以作成拒绝证书后、作成拒绝证书期限经过后或超过提示付款期限作为区分期限前背书与期限后背书，进而统一规范期后背书的效力。

第八十三条【非依背书取得票据】

持票人非经背书转让而以其他合法方法（如赠与、继承、公司合并等）取得票据者，如有背书不连续者，应依法举证，证明其票据权利。

【理由说明】：本条明确统一规范非依背书取得票据者，如何主张票据权利。

第八十四条【背书人的责任】

汇票的背书人以签章背书转让票据后，应负担保承兑与付款的责任。但可以特约免除担保承兑责任，并于票据背面或粘单记载清楚。

本票及支票的背书人以签章背书转让票据后，应负担保付款的责任。

票据上背书人如有免除担保付款的记载，该记载无效。

【理由说明】：本条明确统一规范各种票据的背书人的责任。

第四款 保 证

第八十五条【保证的定义】

保证是指由票据债务人以外的第三人，为担保特定票据债务人履行票据债务为目的的意思表示，而在票据或其粘单上签章，并将其交付持票人的票据行为。

保证行为适用于汇票、本票及支票。

【理由说明】：票据法向来规定保证不适用于支票，主要原因在于认为支票是支付工具，不具有信用及融资功能。但现今，票据支付及汇兑功能已经因电子支付技术的快速发展而减弱。而本协议的宗旨在提升票据的信用与融资功能，更大程度促进票据的流通与使用，协助两岸人民与企业透过票据发展票据信用与融资功能，活络票据市场，充分发挥票据的使用价值。因此，本条规定，汇票、本票及支票均可适用票据保证制度，目的在于增强票据的信用功能，以促进两岸票据的流通。

第八十六条【保证人的资格】

票据的债务可以由票据债务人以外的第三人承担保证责任。

【理由说明】：本条明确统一规范票据保证人的资格。

第八十七条【保证的要式性】

保证应记载下列事项，并由保证人签章：

（一）表明"保证"的字样；

（二）被保证人的名称；

（三）保证日期。

未记载"保证"的字样，而实际上为保证而签章于票据者，为隐存保证。

隐存保证人依其在票据上的票据行为承担票据责任。

隐存保证人对于票据直接当事人或者直接当事人以外的票据权利人，均不得主张其真意为保证的抗辩。

隐存保证人不得主张适用其他法律有关保证的规定，认为隐存保证行为无效而负其他法律规定的保证责任。

隐存保证背书如果有回头背书情形，不适用回头背书的规定。

【理由说明】：票据法规范票据保证的要式性，均指明示保证，对于隐存保证仅为学理上探讨，但台湾地区司法实务亦曾发生相关案例，台湾地区金融实务更为常见，但由于未明确规范，至于其效力如何，学理上见解不同。为此，本条除统一规范票据保证的要式性外，同时规范隐存保证的情形，以资适用。

第八十八条【拟制被保证人】

保证人在票据或者粘单上未记载被保证人者，如票据已经承兑者，以承兑人为被保证人；如票据未承兑者，以出票人为被保证人。但由票据文义可以推知其为何人保证者，不在此限。

未记载保证日期者，以被保证人所为票据行为的日期作为保证日期。

【理由说明】：本条统一规范未记载被保证人及保证日期的认定方式。

第八十九条【保证人的责任】

保证人与被保证人负同一责任。

【理由说明】：本条明确表达保证人与被保证人的责任。

第九十条【共同保证人的责任】

保证人为二人以上者，对票据权利人均应负连带责任。

【理由说明】：大陆地区《票据法》第51条规定："保证人为二人以上的，保证人之间承担连带责任。"该规定，容易被误解为保证人间的连带责任，而非对票据权利人的连带责任。因此，本条明确规定，有二人以上为保证时，对票据权利人负连带责任。

第九十一条【保证的单纯性】

票据保证附有条件者，所附条件不发生本协议的效力。但所附条件如符合票据付款地的其他法律规定，仍可发生其他法律上效力。

【理由说明】：本条统一明确规范票据保证不得附条件，如附有条件者，不发生本协议的效力。保证人所附条件，虽不发生本协议的效力，但如符合票据付款地的其他法律（如民法等）规定，仍应按其条件承担责任。

第九十二条【一部保证】

票据保证可以就票据金额的一部分为保证。

【理由说明】：为促进票据流通及确保票据权利人的票据利益，承认可以为票据金额的一部保证。因此，本条统一明确规范票据保证可以一部保证。

第九十三条【票据保证的从属性与独立性】

票据保证不因被保证债务无效而受影响。但被保证债务因欠缺绝对必要记载事项而无效者除外。

被保证债务因欠缺绝对必要记载事项而无效，但经其他票据债务人补充记载完成后，在其后所为的票据保证，为有效。

【理由说明】：基于票据保证的从属性与独立性，本条统一规范票据保证的从属性与独立性。第1款规定，大陆地区《票据法》第49条与台湾地区"票据法"第61条第2项均有规定，但规范内容不同，故而将其统一规范。第2款规定，为两岸票据法均未加以规范，特别予以明确规范。

第九十四条【保证人的权利】

保证人清偿票据债务后，可以行使持票人对于承兑人、被保证人及其前手的追索权。

【**理由说明**】：本条采纳台湾地区"票据法"第 64 条规定的内容，将国际票据公约及其他国家立法例中未规定"保证人清偿票据债务后，可对承兑人行使追索权"的情形纳入规定，使得规范内容更加完善，以保障票据保证人的权利。[1]

第九十五条【票据保证的效力——不适民法保证的规定】

保证人不得主张民法上的先诉抗辩权。

被保证人对于持票人存有人的抗辩时，保证人不得引为拒绝付款。

持票人未得票据保证人同意而允许被保证人延期清偿者，票据保证人仍不免除票据保证责任。

保证人清偿债务后，被追索人不得以对抗原持票人的理由，对抗保证人。

【**理由说明**】：本条明确规范为票据保证时，排除民法上的先诉抗辩权；被保证人对于持票人存有人的抗辩，保证人得否引为拒绝付款的事由，并无明确规范。因此，于本条第 2 款明确规范。此外，未得保证人同意而延期清偿债务者，保证人是否仍负票据保证责任，两岸现行票据法并无明文规定，因此，于本条第 3 款明确规范。

第五款 付 款

第九十六条【付款的定义】

付款，是指付款人或代理付款人支付票据金额，以消灭票据关系的法律行为。

付款行为适用于汇票、本票及支票。

【**理由说明**】：本条明确规范了票据付款的定义。

第九十七条【票据的提示付款期限】

持票人应在票据到期日或其后 15 日内向付款人提示付款。

见票即付的票据，应在出票日起 6 个月内向付款人提示付款，并以提示日为到期日。

票据上记载有代理付款人者，其提示付款应向记载的代理付款人为提示付款。未向该记载的代理付款人提示付款者，不生提示付款的效力。

见票后定期付款的汇票，依承兑日或拒绝承兑证书作成日，计算到期日；

---

〔1〕 郑孟状等：《中国票据法专家建议稿及说明》，法律出版社 2014 年版，第 174 页。

未作成拒绝承兑证书者，依法定或约定的提示承兑期限的末日，计算到期日。

见票后定期付款的本票，依见票日或拒绝见票证书作成日，计算到期日；未作成拒绝见票证书者，依法定或约定的提示见票期限的末日，计算到期日。

到期日为休假日者，以其下一个的营业日为到期日。

【理由说明】：本条考虑两岸距离的现况，适当调整票据的提示付款期限，并参酌两岸票据法规定，明确统一规范票据提示付款期限。

第九十八条【拟制提示付款】

出票人的开户银行收到票据影像交换系统或类似的系统提交的票据影像信息，视同实物票据提示付款。

【理由说明】：本条为因应两岸可能透过票据影像交换系统或类似的系统提交的票据影像信息而提示付款，故而加以规范。

第九十九条【拟制的提示付款日】

通过托收金融机构、指定金融机构、票据交换系统、票据交换所或票据影像系统等向付款人提示付款者，视同持票人提示付款，并以持票人提交票据日为提示付款日。

【理由说明】：本条明确规范如果持票人通过托收金融机构、指定金融机构、票据交换系统、票据交换所或票据影像系统等向付款人提示付款者，视同持票人提示付款，并以持票人提交票据日为提示付款日。此乃为避免造成是否逾期提示的争议，故而加以规范。

第一百条【付款人的审查责任】

付款人对于背书不连续的票据而付款者，应自行承担责任。

付款人不负认定背书签章的真伪，以及持票人是否为票据权利人的责任，但其有恶意或有重大过失付款的除外。

代理付款人代为付款者，负与付款人同一的责任。

【理由说明】：本条明确规范付款人及代理付款人的审查责任。

第一百零一条【延期付款】

经持票人同意者，可以延期付款。但以提示付款日起最长不超过五日。

【理由说明】：本条明确规范了可以延期付款，但须经持票人同意，并且最长不超过五日。

第一百零二条【期前付款】

到期日前的付款，持票人可以拒绝。

付款人在到期日前付款者，由付款人自行承担所产生的责任。

【理由说明】：本条明确规范到期前付款及付款人的责任。

第一百零三条【期后付款】

经承兑的汇票，持票人未按照规定的期限提示付款者，不解除出票人及承兑人的付款责任。但因此造成出票人或承兑人损失的，应负赔偿责任，其赔偿金额，以不超过票面金额为限。

未经承兑的汇票，持票人在行使或保全票据上的权利后，如果出票人的责任存在，付款人对其付款，仍发生效力；如果出票人的责任不存在，付款人对其为付款，不发生效力。持票人未行使或保全票据上的权利，付款人对其为付款，不发生效力。

本票、支票的持票人未按照规定的期限提示付款者，不解除出票人的付款责任。但因此造成出票人损失的，应负赔偿责任，其赔偿金额，以不超过票面金额为限。

【理由说明】：本条明确规范各种票据在期后付款及责任。

第一百零四条【付款手续】

持票人获得付款，应当在票据上签收，并将票据交给付款人。

持票人委托银行收款，受委托的银行将代收的票据金额转账收入持票人账户，视同签收。

【理由说明】：本条明确规范付款手续。

第一百零五条【委托付款的责任】

付款人委托付款银行的责任，限于按照票据上记载事项，从付款人账户支付票据金额。

【理由说明】：付款人委托的付款银行即托付银行，是真正的代理付款人，依据双方委托关系，负有按照票据上记载事项付款的义务。[1]故而，本条明确规范委托付款的责任。

第一百零六条【一部付款】

付款人为一部分金额支付者，持票人可以拒绝。

持票人接受一部分付款者，在所受领票据金额范围内，解除票据债务人的责任。持票人对付款人尚未付款的金额部分，享有追索权。

付款人仅为一部分付款者，可以要求持票人在票据上记载所收金额，并

---

〔1〕 郑孟状等：《中国票据法专家建议稿及说明》，法律出版社 2014 年版，第 189 页。

另给收据。

【理由说明】：本协议承认一部付款，故本条统一规范一部付款及处理。

第一百零七条【付款币别】

票据金额为外币者，付款人应按照相应币种及金额付款。

持票人提示付款时，可以请求以付款地流通货币付款者，付款人可以按照付款日的市场汇价，以付款地流通货币支付。

【理由说明】：本条统一规范付款币别。

第一百零八条【票据金额提存】

持票人不在期限内提示付款者，票据债务人可以依付款地法将票据金额依法办理提存，解除票据债务责任。

前款提存费用，由持票人负担，并可从提存的票据金额中扣除。

【理由说明】：大陆地区《票据法》未规定持票人不提示付款时的处理方式，为避免票据权利义务久悬，故参考台湾地区"票据法"第76条规定，票据债务人可以依付款地法将票据金额依法办理提存，解除票据债务责任。由于持票人未提示付款所造成票据权利义务久悬，故而该提存费用应由持票人负担。

第一百零九条【付款的效力】

付款人依法足额付款后，全体票据债务人的责任解除。

【理由说明】：本条旨在具体规范付款的效力。

第二节　个别票据行为制度

第一款　汇票承兑

第一百一十条【承兑的定义】

承兑，是指付款人于持票人提示汇票时，承诺负担在到期日支付汇票金额的意思表示而在汇票正面签章，并将其交还予持票人的票据行为。

承兑行为仅适用于汇票。

【理由说明】：本条旨在统一规范承兑的定义。

第一百一十一条【提示承兑的定义】

提示承兑，是指持票人向付款人出示汇票，并要求付款人承诺付款的行为。

【理由说明】：本条旨在统一规范提示承兑的定义。

第一百一十二条【承兑的方式】

承兑应在汇票正面记载"承兑"或类似的字样，由付款人签章。

付款人仅在汇票上签章者，视为承兑。

【理由说明】：本条将承兑的方式区分为正式承兑与略式承兑，均属承兑，统一规范承兑的方式。

第一百一十三条【应提示承兑与例外】

持票人在汇票到期日前，可以向付款人提示承兑。

见票后定期付款的汇票，持票人应当自出票日起6个月内向付款人提示承兑。

前款情形，出票人可以特约缩短或延长。但延长期限不得超过6个月。

除见票即付的汇票外，出票人可以在汇票正面上记载"应请求承兑"的字样，并可以记载应承兑的期限。

见票即付的汇票无需提示承兑。

【理由说明】：本条旨在统一规范应提示承兑与例外，并对见票后定期付款的汇票规范应提示承兑的期间，但出票人可以特约延长或缩短。

台湾地区"票据法"第44条规定，区分出票人所为的限制及背书人所为的限制，即"除见票即付之汇票外，发票人或背书人得在汇票上为应请求承兑之记载，并得指定其期限"。又，同条第3项规定："背书人所定应请求承兑之期限，不得在发票人所定禁止期限之内。"为避免两岸票据过于复杂，影响票据的流通及权利的行使，本协议建议稿不将背书人所为的限制纳入规范，即背书人不得"在汇票上为应请求承兑之记载，并指定其期限"。

第一百一十四条【付款人的承兑期间】

付款人对请求承兑的汇票，应当在当日承兑或者拒绝承兑。但经持票人同意，可以延期决定，延期最长不超过5日。

除立即承兑或拒绝承兑而交还汇票外，付款人应当向持票人签发收到汇票的收执单，并记明汇票提示承兑日期及签章。

【理由说明】：大陆地区《票据法》第41条第1款规定："3日内承兑或拒绝承兑"；台湾地区"票据法"第48条规定："付款人于执票人请求承兑时，得请其延期为之，但以3日为限。"两岸规定不同。本条旨在统一规范付款人对持票人请求承兑的汇票，在决定承兑或拒绝承兑时，原则上应立即决定承兑或拒绝承兑，以避免持票人往返所造成的时间、金钱及劳力等的损耗。但是也设置放宽的例外规定，如果付款人经持票人同意，也可以延长决定承兑或拒绝承兑的期间。

第一百一十五条 【承兑日期】

见票后定期付款的汇票，或指定请求承兑期限的汇票，应由付款人在承兑时，记载其日期。

承兑日期未经记载时，承兑仍属有效。但持票人可以请求作成拒绝证书，证明承兑日期；未作成拒绝证书者，以法定承兑期限或出票人指定的承兑期限的末日为承兑日。

【理由说明】：承兑日期代表持票人是否遵期提示承兑，影响持票人的票据权利，故而本条统一规范设置记载承兑日期。

第一百一十六条 【附条件承兑】

付款人附条件承兑者，视为拒绝承兑。但承兑人仍应依其所附条件承担付款责任。

【理由说明】：本条明确规范附条件承兑的效力。如果付款人为附条件承兑时，仍应依其所附条件承担付款责任，以确保持票人的票据权利。由于承兑附条件者，属于票据文义的变更，视为拒绝承兑，持票人可以向其前手行使追索权，但是如果持票人同意付款人所附条件而向付款人行使付款请求权时，似无不可，故而承兑人仍应依其所附条件承担付款的责任。[1]

第一百一十七条 【一部承兑】

付款人可以仅就票据金额的一部分承兑。但持票人应将一部拒绝的事由通知其前手，并就未获承兑的部分作成拒绝承兑证书。

【理由说明】：大陆地区《票据法》未承认一部承兑，对于票据债务人而言，一部承兑利多于弊，主要在于可以避免追索金额的扩大。因此，立法例上均承认一部承兑。为此，本条明确规范一部承兑，并对于未获承兑部分的处理予以规范。

第一百一十八条 【指定代理付款人】

汇票的付款人在承兑时，可以指定代理付款人（担当付款人）。

汇票的出票人已指定代理付款人者，付款人在承兑时，可以涂销或变更之。

【理由说明】：大陆地区《票据法》未规定汇票指定代理付款人，而台湾

---

〔1〕 王志诚：《票据法》，元照出版有限公司 2012 年版，第 366 页；郑孟状等：《中国票据法专家建议稿及说明》，法律出版社 2014 年版，第 164 页。

地区"票据法"第49条有明文规定，为此，本条参照台湾地区"票据法"规定，将其纳入统一规范。

第一百一十九条【记载付款处所】

付款人在承兑时，可以在汇票上记载原付款所在地的付款处所。但不可以变更原付款所在地。

【理由说明】：本条赋予付款人可以在原付款所在地记载具体的付款处所的权利，在无不利于持票人行使权利的前提下，且有利于持票人明确提示付款的处所，以利其获得票款，故而参考台湾地区"票据法"第50条将其纳入规范。但记载付款地是出票人的权利，且涉及诉讼的法院管辖等问题，付款人无权利变更，故而于本条但书明确规范，付款人不得变更原付款所在地。

第一百二十条【撤回承兑】

付款人虽在汇票上签章承兑，但未将汇票交还持票人以前，可以撤回其承兑。

【理由说明】：协议建议稿对于票据行为的性质采单独行为说中的发行说。尽管付款人虽在汇票上签章承兑，但未将汇票交还持票人以前，仍未完成票据行为，故可以撤回承兑。台湾地区"票据法"第51条采用"撤销"，本协议建议稿调整为"撤回"。票据学理上亦认为在票据行为未完成前，应采"撤回"而非"撤销"。[1]

第一百二十一条【承兑的效力】

付款人承兑汇票后，成为承兑人，应当承担汇票到期付款的责任。

承兑人到期不付款者，持票人虽系原出票人，也可以直接请求承兑人偿付追索的金额。但如果承兑人与原出票人之间，存有得以抗辩的事由时，承兑人对于原出票人得主张抗辩。

【理由说明】：大陆地区《票据法》第44条与台湾地区"票据法"第52条第1项规定相同，但大陆地区《票据法》未规定台湾地区"票据法"第52条第2项的情形。本书认为，由于汇票经承兑后，承兑人成为主债务人，负有绝对的付款责任，而出票人属于偿还义务人之一，如果因被追索而为清偿时，即取得与持票人相同的权利，应赋予其可以向承兑人请求偿还的权利。但是，当承兑人与出票人间有抗辩事由存在时，例如，承兑人因出票人未提供票据资金，或其他法律关系存在为理由时，应赋予承兑人可以对原出票人主张抗

---

〔1〕 王志诚：《票据法》，元照出版有限公司2012年版，第368页。

辩，而拒绝原出票人的请求。为此，本条统一规范承兑的效力。

第二款　汇票参加承兑[1]

第一百二十二条【参加承兑的定义】

参加承兑，是指汇票不获承兑或无法承兑时，为防止票据权利人行使期前追索权及维护特定票据债务人的利益，可以由票据债务人以外的第三人加入票据关系承诺到期支付汇票金额的票据行为。

汇票上有记载免除担保承兑者，不得参加承兑。

参加承兑行为仅适用于汇票。

【理由说明】：本条统一规范参加承兑的定义，并指出汇票上有记载免除担保承兑的情形，即无适用参加承兑的必要。另外，明确规定参加承兑仅适用于汇票。

第一百二十三条【请求参加承兑】

持票人在到期日前可以行使追索权时，汇票上有指定预备付款人者，应请求其为参加承兑。

除预备付款人与票据债务人外，不问何人，经持票人同意，可以以票据债务人中的一人为被参加人，而参加承兑。

【理由说明】：本条旨在统一规范请求参加承兑的情形。如汇票上有记载预备付款人时，按预备付款人设置的目的在于阻止持票人行使追索权及维护票据信用，故而预备付款人可以直接主动参加承兑，不必经持票人同意，且持票人不得拒绝；如预备付款人未主动参加承兑时，持票人仍应向预备付款人请求参加承兑，否则无法发挥设置预备付款人的目的，故而本条规定持票人"应"请求其为参加承兑，而非"得"请求其为参加承兑，以明确规范持票人应直接请求预备付款人参加承兑；[2]如汇票上未记载预备付款人，则其他第三人可以经持票人同意而参加承兑，以避免期前追索。故而，设置参加承兑制度有助于防止期前追索及维护票据信用。

---

〔1〕　理由说明：大陆地区《票据法》未规定汇票参加承兑，而台湾地区"票据法"第53条至第57条有规定参加承兑。就立法例上而言，如《日内瓦统一汇票本票公约》第56条至第58条规定参加承兑，英国《票据法》第65条至67条亦有规定参加承兑。为此，本条统一规范参加承兑，以资适用。

〔2〕　王志诚：《票据法》，元照出版有限公司2012年版，第372~374页。

第一百二十四条【参加承兑应记载事项】

参加承兑，应在汇票正面记载下列各款，并由参加承兑人签章：

（一）表明"参加承兑"的字样；

（二）被参加人姓名；

（三）参加承兑的日期。

未记载被参加人者，视为为出票人参加承兑。

预备付款人为参加承兑时，以指定预备付款人的人，为被参加人。

【理由说明】：本条旨在统一规范参加承兑时的应记载事项及确定被参加承兑人。

第一百二十五条【参加承兑的通知及怠于通知的效果】

参加承兑人非受被参加人的委托而为参加者，应在参加的次日起 5 日内，将参加的事由通知被参加人。

参加承兑人怠于为前款的通知，因而发生损害时，应对被参加人负赔偿的责任。但赔偿金额以不超过汇票金额为限。

【理由说明】：如果发生非受被参加人的委托而参加承兑的情形，可能影响被参加人的权益，故而明确规定，该非受委托的参加承兑人应在参加之次日起 5 日内通知被参加人。如果参加承兑人未通知而发生损害被参加人的情形，应负赔偿责任。至于赔偿范围并无明文规定。因此，本条明确规定赔偿以不超过汇票金额为限。

第一百二十六条【参加承兑的效力】

持票人允许参加承兑后，不得在到期日前行使追索权。

被参加人及其前手，仍可以在参加承兑后，向持票人支付本协议所规定最初追索金额，请其交出汇票及拒绝证书。

【理由说明】：本条旨在统一规范参加承兑的效力。

第一百二十七条【参加承兑人的责任】

付款人或代理付款人，不在法定或约定期限内付款时，参加承兑人应负支付本协议所规定最初追索金额的责任。

【理由说明】：本条旨在统一规范参加承兑人的责任。

第三款　汇票及本票的参加付款[1]

第一百二十八条【参加付款的定义及适用范围】

参加付款，是指票据付款人或代理付款人不为付款时，第三人为特定票据债务人的利益代为付款的票据行为。

前款所称第三人，是指付款人与代理付款人以外的第三人。

参加付款行为适用于汇票、本票。

【理由说明】：本条明确参加付款的定义及规范适用的票据种类。

第一百二十九条【参加付款的期限】

参加付款，应在持票人到期后行使追索权时为之。但最迟不得逾拒绝付款证书作成期限的末日。

【理由说明】：参加付款的规范目的，究竟在防止期前追索，或者到期追索，抑或者两者皆有，存在疑义。学理上有不同观点。为避免争议，本条将参加付款的时机限定于到期后行使追索权时为之。

第一百三十条【参加付款应记载事项】

参加付款，应在票据正面记载下列各款，并由参加付款人签章：

（一）表明"参加付款"的字样；

---

[1] 理由说明：大陆地区《票据法》未规定汇票参加付款，而台湾地区"票据法"第77条至第84条有规定参加付款。就立法例上而言，如《日内瓦统一汇票本票公约》第59条至第63条规定参加付款，英国《票据法》第68条亦有规定参加付款。为此，本条统一规范参加付款，以资适用。所谓参加付款是指付款人或代理付款人不为付款时，防止追索权的行使，由付款人与代理付款人以外的第三人代为付款的票据行为。之所以设置参加付款制度，主要目的在于保全票据债务人的票据信用，防止持票人行使追索权。而台湾地区"票据法"第77条规定，"参加付款，应于执票人得行使追索权时为之。但至迟不得逾拒绝证书作成期限之末日。另外，依据台湾地区"票据法"第85条第2项规定，持票人可以在到期前行使追索权。因此，参加付款的规范目的，究竟在防止期前追索，或者到期追索，抑或者两者皆有，存在疑义。学理上有不同观点。有认为参加付款不但在防止期前追索，也防止到期追索，故而认为到期前、后均得参加付款。另有认为参加付款主要在于防止到期追索，因为到期前追索已有设置参加承兑制度，且依据台湾地区"票据法"第82条第1项规定，参加付款应在拒绝付款证书内记载，并未规定在拒绝承兑证书或拒绝见票证书内记载。故而认为参加付款限于到期追索时，才可以为参加付款行为。请参阅施文森：《票据法论——兼析联合国国际票据公约》，三民书局2005年版，第203页；梁宇贤：《票据法新论》，自版1997年版，第267页；王志诚：《票据法》，元照出版有限公司2012年版，第401~402页。

（二）被参加付款人的名称；

（三）参加付款的日期。

汇票上的预备付款人为参加付款时，以指定预备付款人的人，为被参加付款人。

无预备付款人，而汇票上未记载被参加付款人者，汇票未经承兑的，视为以出票人为被参加付款人；汇票经承兑的，视为以承兑人为被参加付款人。

本票上未记载被参加付款人者，以出票人为被参加付款人。

【理由说明】：台湾地区"票据法"未就参加付款时应记载事项明确规定，本条将统一规范参加付款应记载事项，并确定被参加付款人。

第一百三十一条【参加付款人及拒绝参加付款的效果】

参加付款，除票据主债务人外，不问何人，均得为之。

持票人拒绝参加付款者，对于被参加人及其后手丧失追索权。

【理由说明】：本条明确规范参加付款人的资格，以及如果持票人拒绝参加付款时，丧失追索权的情形。

第一百三十二条【优先参加人】

请求为参加付款有数人时，其能免除最多数的债务者，有优先权。

故意违反前款规定为参加付款者，对于因之不能免除债务的人丧失追索权。

能免除最多数的债务者有数人时，应由受被参加人的委托者或预备付款人参加付款。

【理由说明】：本条明确规范有数人请求参加付款时的优先顺序。

第一百三十三条【参加付款的程序】

参加付款应在拒绝付款证书内记载。

【理由说明】：本条明确规定参加付款人在参加付款时，应在拒绝付款证书上记载清楚。

第一百三十四条【参加付款的金额】

参加付款，应就被参加人应支付的票据金额的全部为之。

【理由说明】：本条明确规定参加付款人应就票据金额全部参加付款，不得为一部参加付款。主要理由在于参加付款系在防止追索权的行使，如同意为一部参加付款，则无法防止追索的立法意旨，故而仅能就票据金额全部参加付款。

第一百三十五条【参加付款的通知及怠于通知的效果】

参加付款人非受被参加付款人的委托而为参加者，应在参加的次日起 15 日内，将参加的事由通知被参加付款人。

参加付款人怠于为前款的通知，因而发生损害时，应对被参加付款人负赔偿的责任。但赔偿金额以不超过票据金额为限。

【理由说明】：本条主要在规范如果有非受被参加付款的委托而参加付款时，该参加付款人应通知被参加人。台湾地区"票据法"第 82 条准用第 55 条规有关参加承兑通知的规定，依据该规定，应该在参加后 4 日内通知。本条基于两岸属于跨境，将通知的期限设置为 15 日，并明确规定，怠于通知的损害赔偿金额设定为不超过票据金额。

第一百三十六条【参加付款及违反的效果】

付款人或代理付款人不在期限内付款者，有参加承兑人时，持票人应向参加承兑人提示付款；无参加承兑人而有预备付款人时，持票人应向预备付款人提示付款。

参加承兑人或预备付款人，不于提示付款时为清偿者，持票人应请作成拒绝付款证书的机关，在拒绝证书上载明原因。

持票人违反前二款规定时，对于被参加人与指定预备付款人的人及其后手丧失追索权。

【理由说明】：本条规范参加付款及违反的效果。如果持票人违反规定，对于被参加人与指定预备付款人的人及其后手丧失追索权。

第一百三十七条【参加付款的汇票缴回性】

参加付款后，持票人应将票据及收款清单交付参加付款人，有拒绝证书者，应一并交付之。

持票人违反前款的规定者，对于参加付款人，应负损害赔偿的责任。

【理由说明】：由于参加付款人于参加付款时，须现实支付票款，故而取得持票人的权利，因此，本条统一明确规定，持票人应将票据及收款清单交付予参加付款人，以利其行使权利。如果持票人违反规定，造成参加付款人的损害，应负赔偿责任。

第一百三十八条【参加付款的效力】

参加付款人对于承兑人、被参加付款人及其前手取得持票人的权利，但不得以背书更为转让。

被参加付款人的后手，因参加付款而免除票据债务。

票据债务人不得以对抗持票人的事由，对抗参加付款人。

【理由说明】：本条明确规定参加付款人取得持票人的权利，被参加人的后手因此而免除票据责任，且由于参加付款人系经由票据关系而取得票据权利，不继受原持票人的抗辩关系，故而明确规定，票据债务人不得以对抗持票人的事由，对抗参加付款人。

第四款 支票划线

第一百三十九条【支票划线】

支票的出票人或持票人可以在支票正面划两条平行线。划线可以分为普通划线与特别划线。

在两条平行线内无任何指定文字，或只记载"银行"或与此具有相同意义的文字（指金融机构）时，为普通划线。在两条平行线内记载特定银行名称（指特定金融机构）时，为特别划线。

支票经在正面划平行线二道者，付款人仅得对金融机构支付票据金额。

支票上平行线内记载特定金融机构者，付款人仅得对特定金融机构支付票据金额。但该特定金融业者为持票人时，可以以其他金融业者为被背书人，背书后委托其取款。

平行线支票的持票人，如非金融业者，应将该支票存入其在金融机构者的账户，委托其代为取款。

支票上平行线内，记载特定金融机构者，应存入其在该特定金融机构的账户，委托其代为取款。

普通划线可以变更为特别划线，特别划线不得变更为普通划线。

涂销划线或指定银行的名称，视为未涂销。

【理由说明】：目前各国仍有划线支票存在，且本协议建议稿的票据涉及跨境，基于金融机构之间存在相互合作的空间，参考中国台湾地区"票据法"第139条、日本《支票法》第37条、第38条及其他各国立法例，在本协议建议稿中对支票划线行为予以规范，以资适用。

第五款 支票保付〔1〕

第一百四十条 【保付行为的定义】

保付行为，是指付款人在支票上记载照付或"保付"的字样而签章者，向持票人担保付款的责任。

保付行为仅适用于支票。

【理由说明】：本条明确定义保付行为及其适用范围。

第一百四十一条 【支票保付的效力】

付款人在支票上为保付行为者，出票人及背书人免除票据责任。

付款人应在出票人存款额内或信用契约所约定数额内为保付。

付款人违反前款规定者，由付款人所在地主管机关依法予以罚款。但罚款不得超过支票金额。

经保付的支票，不适用止付通知及支票提示期间的规定。

【理由说明】：本条规范支票保付的效力以及经保付的支票不适用止付通知及提示期间的规定，以明确适用。

第三章 两岸票据分则制度〔2〕

第一节 汇票规定

第一百四十二条 【汇票的定义】

汇票，是由出票人签发一定的金额，委托付款人在指定到期日无条件支

---

〔1〕 理由说明：大陆地区早在 1986 年即有保付支票的规定，但 1988 年 12 月 19 日中国人民银行颁发《关于颁发〈银行结算办法〉和〈银行结算会计核算手续〉的通知》，明确规定自 1989 年 4 月 1 日起废止国内信用证及保付支票等结算方式，自此终结保付支票的使用。其后《上海市票据暂行规定》及《票据法》均无支票保付的规定。而台湾地区"票据法"第 138 条有保付支票的规定。基于两岸票据的实际需求，特规定保付支票制度，以资适应实际需要。由于在本协议所设计的制度下，支票不仅是支付证券，而且也是信用证券，因此，为确保支票金额支付的确定性，有必要建立类似汇票承兑制度的保付支票制度，以因应实际的需要。请参阅国务院研究室财金贸易研究司编：《中华人民共和国票据法实务全书》，企业管理出版社 1995 年版，第 138 页；郑孟状等：《中国票据法专家建议稿及说明》，法律出版社 2014 年版，第 253 页。

〔2〕 本节理由说明：本章主要针对汇票、本票、支票及电子票据的个别特殊性作规范。

付给收款人或者持票人的票据。

【理由说明】：本条旨在统一汇票的定义。

第一百四十三条【汇票的种类】

汇票包括一般汇票、商业汇票、银行汇票，可以是即期汇票，也可以是远期汇票。

出票人出票时，可以为记名式汇票、指示式汇票或无记名式汇票。

汇票的出票人可以自己或付款人为收款人，并且可以自己为付款人。

【理由说明】：依据大陆地区《票据法》的规定，汇票仅限于商业汇票与银行汇票，而台湾地区"票据法"并未限定汇票的种类，只要符合票据法规定的汇票要式性，即为有效汇票，适用票据法的规定。本条旨在扩大汇票的种类，并以例示性说明汇票的种类。票据当事人基于商业自主原则，可以选择适当的汇票类型作为信用、融资及支付的工具。

第一百四十四条【汇票出票人的资格】

任何人可以为汇票出票人，不限定金融机构、企业法人、非法人团体，自然人也可以签发汇票。但依汇票性质，出票人必须具备一定资格者，仍应受其资格的限制。

【理由说明】：由于两岸票据法律制度对于汇票的出票人资格规范不同，本协议建议稿就汇票出票人资格不作特别限制，按汇票的性质，确定出票人的资格，故而本条特予以明确规范。

第一百四十五条【汇票的要式性】

汇票应记载下列事项，并由出票人签章。

（一）表明"汇票"的字样；

（二）一定的金额；

（三）无条件支付的委托；

（四）付款人名称；

（五）收款人名称或其指定人；

（六）出票日期；

（七）出票地；

（八）付款地；

（九）到期日。

未记载付款人者，以出票人为付款人。

未记载收款人者，以持票人为收款人。

未记载出票地者，以出票人的营业所、户籍住所或居所所在地为出票地。

未记载付款地者，以付款人之营业所、户籍住所或居所所在地为付款地。

【理由说明】：本条明确统一规范汇票的绝对必要记载事项与相对必要记载事项。

第一百四十六条【指定代理付款人及预备付款人】

出票人可以在付款人之外，记载一人为代理付款人。

出票人也可以在付款人之外，记载在付款地的一人为预备付款人。

【理由说明】：本条明确统一规定，出票人可以记载代理付款人及预备付款人，以增强汇票的信用。

第一百四十七条【汇票到期日的种类】

本协议项下汇票的到期日，应按照下列形式之一记载：

（一）见票即付、凭票即付或其他类似字样；[1]

（二）定日付款；

（三）出票后定期付款；

（四）见票后定期付款；

汇票上未记载到期日者，视为见票即付。

【理由说明】：本条依据汇票到期日，明确划分汇票的类型，以资适用。

第一百四十八条【分期付款汇票】

分期付款的汇票，其中任何一期金额到期而不获付款时，未到期部分，视为全部到期。

前款视为到期的汇票金额中所含未到期的利息，于清偿时应予扣减。

利息经约定于汇票到期日前分期付款者，任何一期利息到期而不获付款时，全部汇票金额视为均已到期。

【理由说明】：大陆地区《票据法》未设置分期付款汇票，台湾地区"票据法"第65条规定分期付款汇票。在立法例上，《日内瓦汇票和本票法统一公约》第33条规定，分期付款的汇票无效，即不承认分期付款汇票；德国《票据法》第33条规定，亦不承认分期付款汇票。英国《票据法》第9条承认分期付款汇票。美国旧《统一商法典》第3-106条亦有规定。本协议建议稿基于便利汇票当事人使用的原则，予以承认分期付款汇票，同时对于分期付款汇票的任何一期金额或利息，如有未付者，视为全部到期的规范，以明

---

〔1〕 参考《联合国国际汇票及国际本票公约》第9条第1款规定修改。

确分期付款汇票当事人的权利义务关系。

第二节　本票规定

第一百四十九条【本票的定义】

本票，是指出票人签发一定的金额，承诺自己在见票时或指定到期日，无条件支付予收款人或者持票人的票据。

甲存本票，是指出票人委托与其往来的金融机构为代理付款人而签发的本票。

【理由说明】：本条在于对本票及甲存本票具体规范，以资一体性适用。

第一百五十条【本票的种类】

本票包括一般本票、商业本票、银行本票、甲存本票等，可以签发即期本票，也可以签发远期本票。

本票的出票人可以签发记名式本票、指示式本票或无记名式本票。

出票人可以签发以自己为收款人的本票。

银行本票的出票人，限于经核准办理银行本票业务的金融机构。

甲存本票的代理付款人，限于经核准办理票据业务的金融机构。

签发银行本票限于两岸主管机关核准的业务范围内。

【理由说明】：依据大陆地区《票据法》的规定，本票仅限于银行本票，而台湾地区"票据法"并未限定本票的种类，只要符合票据法规定的本票要式性，即为有效本票，适用票据法的规定。本条为整合两岸票据的使用价值，及扩大本票的种类，并以例式性说明本票的种类。票据当事人基于商业自主原则，可以选择适当的本票类型作为信用、融资及支付的工具。但如为银行本票时，则出票人资格限于经核准办理银行本票业务的金融机构，且签发的范围限于主管机关核准的范围内。

第一百五十一条【出票人的资格】

除银行本票及甲存本票外，任何人均可以为本票出票人，不限定金融机构、企业法人、非法人团体，自然人也可以签发本票。

甲存本票的出票人，限于已经在特定金融机构开立支票存款账户，且账户中留有偿付票款的金额。

【理由说明】：两岸票据法律制度不仅对于本票种类规范不同，且出票人亦有所不同。为扩大本票的使用，本协议不就出票人资格作特别限制，但甲存本票出票人的资格，则设有一定条件的限制，故而本条特予以统一规范。

第一百五十二条【本票的要式性】

本票应记载下列事项，由出票人签章：

（一）表明"本票"的字样；

（二）无条件支付的承诺；

（三）一定的金额；

（四）收款人名称或其指定人；

（五）出票日期；

（六）出票地；

（七）到期日；

（八）付款地。

未记载收款人者，以持票人为收款人。

未记载出票地者，以出票人之登记营业场所、户籍住所或居所所在地为出票地。

未记载付款地者，以出票人之登记营业场所、户籍住所或居所所在地为付款地。

【理由说明】：本条明确统一规范本票的绝对必要记载事项与相对必要记载事项。

第一百五十三条【指定代理付款人】

出票人可以在本票上记载付款人以外的一人为代理付款人。

本票上有代理付款人者，持票人应先向代理付款人为付款提示。

【理由说明】：本条明确统一规定，出票人可以记载代理付款人，并要求持票人应向该代理付款人提示本票，如未向该代理付款人提示而径向出票人提示，为维护本票的信用及避免当事人欺诈，应认为不符合提示的效力。[1]

第一百五十四条【本票出票人的责任】

本票出票人应照本票文义担保付款责任，不得以特约免除担保付款责任。

本票有免除担保付款的记载者，该记载无效。

【理由说明】：依据大陆地区《票据法》第77条规定："本票的出票人在持票人提示见票时，必须承担付款的责任。"而台湾地区"票据法"第121条规定："本票发票人所负责任，与汇票承兑人同。"鉴于两岸票据法的规范用

---

〔1〕 台湾地区"司法院"1984年5月11日（1984）厅民一字第0368号函；请参阅王志诚：《票据法》，元照出版有限公司2012年版，第390页及同页注101。

语不同，本条统一明确规范本票出票人的责任。

第一百五十五条【本票到期日的种类】

本协议项下本票的到期日，应按照下列形式之一记载：

（一）见票即付、凭票即付或其他类似的字句。

（二）定日付款。

（三）出票后定期付款。

（四）见票后定期付款。

本票上未记载到期日者，视为见票即付。

【理由说明】：本条依据本票到期日，明确划分本票的类型，以资适用。

第一百五十六条【分期付款本票】

分期付款的本票，其中任何一期金额到期而不获付款时，未到期部分，视为全部到期。

前款视为到期的本票金额中所含未到期的利息，于清偿时应予扣减。

利息经约定于本票到期日前分期付款者，任何一期利息到期而不获付款时，全部本票金额视为均已到期。

【理由说明】：本条规定承认分期付款本票，以便利本票当事人使用，同时对于分期付款本票的任何一期金额或利息，如有未付者，视为全部到期的规范，以明确分期付款本票当事人的权利义务关系。

第一百五十七条【见票的定义及效力】

见票，是指本票的出票人因持票人提示见票，承诺在到期日支付票据金额的意思表示而在本票上签章，并将其交付持票人的行为。

出票人在见票时，应在本票记载"见票"的字样、日期及签章。

出票人在持票人提示见票时，必须承担付款的责任。

见票适用于本票。

【理由说明】：大陆地区《票据法》与台湾地区"票据法"均未明确规定本票见票的定义及效力，本条统一予以规范，以资适用。

第一百五十八条【提示见票期限】

见票后定期付款本票的提示见票期限，应自出票日起 6 个月内为提示见票。

前款期限，出票人可以特约缩短或延长，但延长的期限不得超过 6 个月。

未记载见票日者，应以规定提示见票期限的最后日为见票日。如为延长期限，以 6 个月期限的最后日为见票日。

出票人在提示见票时，拒绝签章者，持票人应在提示见票期限内，请求作成拒绝见票证书。

【理由说明】：大陆地区《票据法》并无规范本票提示见票期限，本条参考台湾地区"票据法"第 45 条规定，对于本票提示见票期限予以明确规范，以资一体性适用。

第一百五十九条【出票人的见票期间】

出票人对请求见票的本票，应当在当日见票或者拒绝见票。但经持票人同意，可以延期决定，延期最长不超过 5 日。

除立即见票或拒绝见票而交还本票外，出票人应当向持票人签发收到本票的收执单，并记明本票提示见票日期及签章。

【理由说明】：本条参考"两岸票据制度一体化协议（建议稿）"第 114 条有关汇票付款人的承兑期间的规定。

第一百六十条【申请本票裁定强制执行】

持票人向本票出票人行使追索权时，可以申请法院裁定后强制执行。但出票人为自然人时，不得为之。

前款规定，持票人非经拒绝见票或拒绝付款，或者本票上有免除作成拒绝证书的记载者，不得直接向法院申请裁定后强制执行。

持票人向本票出票人以外之人行使追索权时，不得适用第 1 款规定。

【理由说明】：台湾地区"票据法"第 123 条规定："执票人向本票发票人行使追索权时，得声请法院裁定后强制执行。"其立法理由，在于 1960 年时，台湾地区空头支票泛滥，借此立法加强本票的索偿性，使本票持票人得以利用便捷之非讼程序达到求偿之目的，以助长本票之流通。本协议针对该规定予以调整修改并沿用，主要系针对票据功能及效用考虑，予以区别票据的追偿程序。但并不否定遵循一般诉讼程序的追索，只是赋予金融机构与企业或企业与企业间，可以透过使用本票的方式，以利于日后发生拒绝见票或拒绝付款时，可以有更加便捷的追索程序。但为保护弱势的自然人，当自然人为本票出票人时，排除使用直接向法院申请裁定的方式追索。另外，申请强制执行的对象限于出票人，至于出票人以外之人（如保证人等）行使追索权，不得类推适用本条规定。[1]故而，本条明确规定申请本票裁定强制执行的对

---

〔1〕 台湾地区"最高法院"1961 年台抗字第 188 号判例："本票保证人依票据法第 124 条准用同法第 61 条之结果，固应与被保证人负同一责任，唯同法第 123 条既限定执票人向发票人行使追索权时，得声请法院裁定后强制执行，则对于本票发票人以外之

象、时机、方式及排除的对象。

第三节　支票规定

第一百六十一条【支票的定义及种类】

支票是出票人签发一定的金额，委托办理支票存款业务的金融业者在见票时或指定到期日，无条件支付予收款人或者持票人的票据。

支票的出票人可以签发即期支票或远期支票，可以是记名式支票、指示式支票或无记名式支票。

支票出票人不限定银行、企业法人、非法人团体，自然人也可以签发支票。

支票付款人，限于经核准办理支票业务的金融机构。

【理由说明】：本条明确支票的定义，对于出票人资格不限定，但将支票付款人的资格限定于经核准办理支票业务的金融机构。

第一百六十二条【支票的要式性】

支票应记载下列事项，并由出票人签章：

（一）表明"支票"的字样；

（二）无条件支付的委托；

（三）一定的金额；

（四）付款人的名称；

（五）收款人的名称或其指定人；

（六）出票日期；

（七）出票地；

（八）到期日；

（九）付款地。

未记载收款人者，以持票人为收款人。

未记载出票地者，以出票人之营业所、户籍住所或居所所在地为出票地。

未记载到期日、出票日与到期日相同或者到期日在出票日之前者，视为见票即付。如有记载到期日在出票日之后者，为远期支票，期限最长为1年。

出票人可以在支票上记载自己或付款人为收款人，并可以自己为付款人。

出票人以自己为付款人时，限于经核准办理支票业务的金融机构。

未记载付款地者，以付款人之营业所、户籍住所或居所所在地为付款地。

（接上页）保证人行使追索权时，即不得类推适用该条之规定，径请裁定执行。"

【**理由说明**】：支票的应记载事项，分别为大陆地区《票据法》第84条、台湾地区"票据法"第125条所规定。本条规定除将两岸票据法关于支票应记载事项加以整合外，另外规定支票的到期日，将支票按到期日的不同区分为即期支票及远期支票，使得支票除了支付功能外，还具有信用功能。此外，还明确规定，出票人可以在支票上记载自己或付款人为收款人，如果出票人以自己为付款人时，此时出票人限于金融机构。

第一百六十三条【支票出票人的效力】

出票人应按照签发的支票金额向持票人担保支票付款的责任。

出票人在支票得不到付款时，应向持票人清偿本协议规定的金额、利息及费用。

【**理由说明**】：本条明确规范支票的出票人责任。

第一百六十四条【支票到期日的种类】

支票不限于见票即付，可以另记载付款日。在到期日前，不得提示付款。

支票到期日，应按照下列形式之一记载：

（一）见票即付；

（二）定日付款。

未记载到期日者，视为见票即付的支票。

定日付款的支票，自出票日起至到期日，最长不得超过1年。

支票如有预填出票日而未记载到期日者，仍为见票即付，在票载出票日前，持票人不得提示付款，但可以委托金融机构预为收款。

【**理由说明**】：本条明确规范支票到期日的种类，将支票分为即期支票及远期支票，即承认远期支票，并限定远期支票的最长期限为1年。另外，也规范远期支票的处理方式。

第一百六十五条【提示付款期限经过后的出票人责任】

支票的持票人超过提示付款期限而提示付款者，付款人可以付款。如付款人不付款者，出票人仍应当对持票人承担票据责任。但持票人怠于提示而致出票人受有损害时，应负赔偿责任。其赔偿的金额，不得超过票面金额。

【**理由说明**】：本条明确规范如果支票的持票人超过提示付款期限才提示付款时，付款人可以选择付款，使支票的持票人仍可以取得支票款项。如果付款人不愿意付款时，持票人有向支票的出票人请求支票款项的权利。因为即便持票人未遵期提示，仍不丧失对出票人的追索权。此外，对于持票人怠于提示而致出票人受有损害时，规定持票人应负赔偿责任。

第一百六十六条【转账支票及付款人的赔偿责任】

出票人或持票人在支票上记载"转账"的字样，不得用以支取现金。

付款人未依前款规定而付款者，应对此所生的损害负赔偿责任。但赔偿金额不得超过支票金额。

支票上的"转账"字样被涂销者，视为未涂销。

【理由说明】：依据大陆地区《票据法》第 83 条、《支付结算办法》第 115 条规定，支票可以分为普通支票、现金支票及转账支票；而依据台湾"票据法"第 125 条、第 138 条、第 139 条规定，支票可以分为一般支票、保付支票及平行线支票等，故台湾地区并未规定转账支票。为融合两岸票据法律制度上的差异性及促进两岸票据的流通，减缓支票适用的问题，故而规定转账支票，确保票据当事人使用转账支票的意图，且转账支票也具有证明资金流向的功用。

第一百六十七条【付款人的付款责任】

出票人在付款人处的存款或信用契约所约定的额度，足以支付支票金额时，付款人应在当日足额付款，也可以经持票人同意，在其后 5 日内付款。

【理由说明】：本条明确规范付款人的付款责任及应当付款的时点。

第一百六十八条【支票一部付款】

付款人对依法提示的支票，可以全部或部分付款。

支票的出票人所签发的支票金额超过其付款时，在付款人处实有的存款金额或者信用契约所约定的额度者，付款人可以支付支票金额的一部分。

前款情形，付款人可以要求持票人在支票上记载实收的金额。

【理由说明】：本条明确规范可以为一部付款，且如果出票人在付款人处有信用契约所约定的额度，可以支付支票金额者，付款人可以为一部付款或全部付款。

第一百六十九条【支票付款的效力】

付款人依法支付支票金额者，对出票人不再承担受委托付款的责任，对持票人不再承担付款的责任。但是，付款人恶意或者有重大过失付款的除外。

付款人以转账方式或抵销方式结算，视同完成支票的付款。

【理由说明】：本条第 1 款规定在于规范付款人的责任。第 2 款规定，在现行两岸票据法中均未明确视为付款，而实务中常有以转账或抵销方式作为支票的付款，因此，明确规范将付款人以转账方式或抵销方式结算，视同完成支票的付款，以解除付款人的受委托付款责任。

第一百七十条【撤销付款委托的限制】

出票人对于所签发支票，尚未付款者，不得撤销付款之委托。但支票时效已因时效消灭或已将未付款的支票金额提交付款人者，不在此限。

支票出票人虽已将未付款的支票金额提交付款人，在付款人付款前，不解除出票人的票据责任。

【理由说明】：本条旨在表达支票有即期支票与远期支票，为避免出票人随意撤销付款委托造成支票无法兑现，从而影响支票的信用，因此，明确规范出票人对所签发支票在尚未付款前，不得随意撤销付款委托。

第四节　电子票据规定[1]

第一百七十一条【电子票据的定义】

电子票据，是指以电子方式作成的票据，而以数位签章、电子签章或电子签名等方式所签发的票据。

【理由说明】：本条就电子票据予以统一定义。

第一百七十二条【电子票据的种类】

电子票据的种类，包括电子汇票、电子本票及电子支票。

电子票据按照到期日区分，限于以下两种：

（一）即期电子票据。

（二）定日付款电子票据。

签发电子商业汇票限于电子银行承兑汇票及电子商业承兑汇票，均以定日付款者为限。

电子银行承兑汇票应由核准办理电子票据业务的金融机构承兑；电子商业承兑汇票由金融机构以外的第三人承兑。

---

〔1〕　本节理由说明：电子票据在大陆地区及台湾地区，甚至香港地区、澳门地区、日本等各经济体的票据立法例中均未予以规范，基于电子支付的广泛应用，电子票据不仅可为金融机构带来更多元化的服务产品，同时也为企业带来便利的使用。如双方能共同建立电子票据系统平台，不仅有助于促进两岸票据共同市场转向内部市场化，建立更紧密的金融合作，同时也为其他经济体加入此一票据市场形成良好的环境基础。为此，本协议建议稿中对于电子票据予以原则性规范，具体适用涉及电子票据系统问题，将由双方另外协商确定具体的操作细目。本节有关电子票据的规定，主要系参考大陆地区《电子签名法》《电子商业汇票业务管理办法》及台湾地区台湾票据交换所《金融业者参加电子票据交换规约》《电子签章法》等所制定。

电子汇票的付款人为承兑人。

签发电子本票，应以委托金融机构为代理付款人的本票，并以定日付款为限。

签发电子支票，应以划平行线支票为限。

【理由说明】：考虑电子票据系统平台的建置，以及将来初期可能出现的电子票据种类，故本条将电子票据的种类予以限定，并加以规范。

第一百七十三条【电子票据系统】

电子票据系统，是指经双方共同建立，依托网络和计算机技术，接收、存储、发送电子票据数据电文，提供与电子票据货币给付、资金清算行为等相关服务的业务处理平台。[1]

所称数据电文，是指以电子、光学、磁或者类似方法生成、发送、接收或者储存的信息。[2]

【理由说明】：本条旨在表达电子票据所使用的系统，以及数据电文的含义。

第一百七十四条【电子票据业务主体】

电子票据业务主体的类别分为：[3]

（一）直接接入电子票据系统的金融机构（简称接入机构）；

（二）通过接入机构办理电子票据业务的金融机构（简称被代理机构）；

（三）金融机构以外的法人及其他组织；

（四）自然人。

电子票据系统对不同业务主体分配不同的类别代码。

业务主体的类别代码，授权由两岸金融主管机关共同协商确定。

【理由说明】：本条就参与电子票据的业务主体予以统一规范设置，并按主体不同分配不同的代码。

第一百七十五条【参加电子票据交换的资格】

参加电子票据交换的资格限于经核准开办电子票据业务的金融机构。

【理由说明】：本条就参加电子票据交换的资格予以限定，并明确规范。

---

〔1〕 依据大陆地区《电子商业汇票业务管理办法》第 3 条修改。

〔2〕 依据大陆地区《电子签名法》第 2 条第 2 款修改。

〔3〕 依据大陆地区《电子商业汇票业务管理办法》第 6 条修改。

第一百七十六条【申请使用电子票据】

使用电子票据所需电子凭证，由申请人向核准开办电子票据业务的金融机构办理注册，并以该金融机构为凭证注册银行，与其约定使用于电子票据。

所称电子凭证，是指载有签章验证的数据，用以确认签署人身份、资格的电子形式证明。

【理由说明】：本条就欲使用电子票据者，明确规范其申请的方式。

第一百七十七条【电子票据的当事人】

票据当事人为被代理机构、金融机构以外的人办理电子票据业务，应在核准开办电子票据的往来金融机构开立账户。[1]

【理由说明】：本条对被代理机构、金融机构以外的人拟办理电子票据业务的当事人加以规范。

第一百七十八条【电子票据的票信管理】

电子票据的退票记录，与实体票据退票记录合并计算。其退票注记方式、票信数据管理，与实体票据相同。[2]

【理由说明】：为提升票据的信用，本条对电子票据的信用管理予以明确规范。

第一百七十九条【电子票据的票据行为方式】

电子票据的出票、背书、保证、承兑、见票、提示付款、付款及追索等行为，必须通过电子票据系统办理。[3]

【理由说明】：由于电子票据与实体票据在票据行为方式上有所不同，故本条对电子票据的票据行为行使方式予以明确规范。

第一百八十条【应记载事项及收款人记载方式】[4]

电子票据的应记载事项与实体票据相同，但收款人不可以空白，且以单一收款人为限，其记载方式可以为下列两种之一：

（一）记载收款人身份识别码；

（二）记载收款人指定账号电子票据。

电子票据除前款应记载事项外，可以另加注电子邮箱号码。

---

〔1〕 参考大陆地区《电子商业汇票业务管理办法》第 7 条修改。
〔2〕 参考台湾地区"金融业者参加电子票据交换规约"第 4 条修改。
〔3〕 参考大陆地区《电子商业汇票业务管理办法》第 5 条修改。
〔4〕 参考台湾地区"金融业者参加电子票据交换规约"第 12 条修改。

【理由说明】：由于电子票据与实体票据在使用方式上不同，故而本条对记载事项规定原则性的记载方式。

第一百八十一条【电子票据的签章】

电子票据签章，是指以数位签章、电子签章或电子签名等方式在电子票据上为之。

数位签章、电子签章或电子签名的方式，应符合往来金融机构所在地的电子签名法或电子签章法等有关规定。

数位签章，是指将电子文件以数学算法或其他方式运算为一定长度之数字数据，以签署人之私密金钥对其加密，形成电子签章，并得以公开金钥加以验证者。[1]

电子签章，指依附于电子文件并与其相关联，用以辨识及确认电子文件签署人身份、资格及电子文件真伪者。[2]

电子签名，是指数据电文中以电子形式所含、所附用于识别签名人身份并表明签名人认可其中内容的数据。[3]

【理由说明】：本条对电子票据签章以及签章的方式予以规范。

第一百八十二条【电子票据的签发与签收】

出票人签发电子票据后，应将其交付收款人，并将电子票据传送付款行。[4]

电子票据的交付，是指票据当事人将电子票据发送给收款人，且收款人签收的行为。[5]

电子票据的签收，是指票据当事人同意接受其他票据当事人的行为申请，签章并发送电子指令予以确认的行为。[6]

【理由说明】：本条对电子票据的签发与签收的方式予以规范。

---

〔1〕 台湾地区"金融业者参加电子票据交换规约"第 2 条第 2 款。

〔2〕 台湾地区"电子签章法"第 2 条第 2 款。

〔3〕 大陆地区《电子签名法》第 2 条第 1 款。

〔4〕 依据台湾地区"金融业者参加电子票据交换规约"第 18 条第 1 项、大陆地区《电子商业汇票业务管理办法》第 20 条规定等进行调整与修改。

〔5〕 依据大陆地区《电子商业汇票业务管理办法》第 20 条规定修改。

〔6〕 依据大陆地区《电子商业汇票业务管理办法》第 21 条规定修改。

第一百八十三条【电子票据的背书转让】[1]

电子票据的背书转让，是指持票人将电子票据权利依法转让给他人的票据行为。

电子票据的背书转让，限转让单一被背书人，并应交付被背书人。

背书人应在票据上签章及记载被背书人的身份识别码，加注被背书人电子邮箱号码，并通知被背书人，再经往来金融机构者向指定的票据交换所或金融机构申办背书转让登录。

电子票据在提示付款期后，不得进行转让背书。

【理由说明】：本条对电子票据的背书转让方式予以规范，并对于提示付款期后的票据，明确规范不得背书转让。

第一百八十四条【电子票据的盗用】

电子票据被第三人盗用，出票人不得以被盗用为由对抗善意持票人。

被盗用的出票人可以依侵权行为地法、付款地法或盗用所在地法向盗用人请求损害赔偿。

【理由说明】：在电子票据被盗用的情形下，由于出票人的签章及相关认证程序均属正确，为保护善意持票人的权益，在权衡利益及确保电子票据交易安全的前提下，又考虑被盗用通常是可归责于出票人自身原因，故而牺牲出票人的利益，而保护善意持票人的利益，并予以特别规范，以资明确适用。另外，由于出票人系被盗用，依法自可以向盗用人请求赔偿损失，故亦一并明确规定。

第一百八十五条【电子商业汇票的承兑】

电子商业汇票是指出票人依托电子票据系统，以数据电文形式制作，委托付款人在指定日期无条件支付确定金额给收款人或者持票人的票据。[2]

电子商业汇票的承兑，是指付款人承诺在票据到期日支付电子商业汇票金额的票据行为。[3]

承兑人应在票据到期日前，承兑电子商业汇票。

【理由说明】：本条明确规范电子商业汇票及承兑规则。

---

〔1〕 依据大陆地区《电子商业汇票业务管理办法》第39条、台湾地区"金融业者参加电子票据交换规约"第20条规定等，进行修改调整。

〔2〕 参考大陆地区《电子商业汇票业务管理办法》第2条修改。

〔3〕 参考大陆地区《电子商业汇票业务管理办法》第31条规定。

第一百八十六条【电子本票的见票】

电子本票是指出票人依托电子票据系统，以数据电文形式制作，委托金融机构为代理付款人（担当付款人），在指定日期无条件支付确定金额给收款人或者持票人的票据。

定日付款的本票，应在票据到期日前，提示见票。

【理由说明】：由于电子本票限于委托金融机构作为代理付款人，与实体本票规定不同，本条特予明确规范电子本票及见票时点。

第一百八十七条【电子票据更改的限制】

出票人于电子票据经付款的金融机构验符各项要件后，不得变更票据内容。

电子票据登录保管的各项登录，一经传送往来金融机构验符各项要件后，不得变更内容。

【理由说明】：本条为确保电子票据交易的安全性，明确规范电子票据更改内容的限制时点。

第一百八十八条【电子票据的托收】〔1〕

电子票据存入托收，是指持票人将电子票据存入往来的金融机构，以请求付款。

电子票据的请求付款，应先由持票人在票据上签章后，经往来金融机构向指定的票据交换所或金融机构申请办理存入托收登录。

【理由说明】：本条明确规范电子票据的托收的方式。

第一百八十九条【电子票据的提示交换】〔2〕

金融机构在存入托收的电子票据到期时，应在规定时间内将电子票据数据传送至指定的票据交换所或金融机构办理提示交换。

因可归责于金融机构的事由，而未办理前款交换，造成持票人权益受损时，应由该金融机构负赔偿责任。

【理由说明】：本条明确规范电子票据的提示交换及未按规定提示的责任。

---

〔1〕 参考台湾地区"金融业者参加电子票据交换规约"第2条、第21条规定修改。

〔2〕 参考台湾地区"金融业者参加电子票据交换规约"第33条修改。

第一百九十条【电子票据退票的处理】[1]

担任付款的金融机构提回电子票据，如有应予退票者，应即制作电子票据退票理由单并签章后，连同电子票据在规定时间内传送至指定的票据交换所或金融机构办理退票交换。

电子票据退票理由单，是指以电子方式做成的退票理由单。

担任付款的金融机构办理退票交换时，应另制作书面电子票据及书面电子票据退票理由单。

前款书面电子票据的正面应包含本协议规定的票据应记载事项，背面应依登录（包括：背书转让、存入托收、撤票、退回、融资及取消融资等）资料的先后次序，依序逐笔表示。

书面电子票据退票理由单，应加盖金融机构单位及有权人员签章后，连同书面电子票据退还原提示金融机构，再转交持票人。

【理由说明】：本条明确规范电子票据退票的处理方式，首先在电子票据系统中使用电子票据退票理由单，然后还需作成书面的电子票据及退票理由单，以便利持票人行使追索权。

第一百九十一条【电子票据撤销付款委托、取消撤销付款委托登录】[2]

电子票据出票人申请撤销付款委托、取消撤销付款委托时，应向付款的金融机构或代理付款的金融机构申请办理。

金融机构受理前款申请时，应传送该讯息至指定的票据交换所或金融机构办理登录作业。

【理由说明】：本条明确规范电子票据撤销付款委托、取消撤销付款委托登录的处理方式。

第一百九十二条【电子票据撤票】[3]

电子票据撤票，是指电子票据持票人申请撤销存入托收。

持票人申请撤票时，应在票据上签章。同一张票据的撤票次数，以五次

---

〔1〕 参考台湾地区"金融业者参加电子票据交换规约"第2条、第34条、第35条规定修改。

〔2〕 参考台湾地区"金融业者参加电子票据交换规约"第25条修改。

〔3〕 参考台湾地区"金融业者参加电子票据交换规约"第2条、第26条规定修改。

为限。但金融机构已将电子票据传送至指定的票据交换所或金融机构提示交换后，即不得受理持票人申请办理撤票登录。

【理由说明】：本条明确规范电子票据撤票的方式及次数的限制。

第一百九十三条【电子票据退回】[1]

电子票据退回，是指电子票据持票人申请将该电子票据退回前手。

电子票据的退回，应由持票人在票据上签章后，经往来金融机构向指定的票据交换所或金融机构申请办理退回登录。

前款退回前手的票据，该前手仍可以申请办理各项登录。但前手为出票人者，则不可以再申办各项登录。

【理由说明】：如持票人拟将电子票据申请退回时，本条予以明确规范处理的原则。

第一百九十四条【电子票据作废】[2]

电子票据作废，是指电子票据持票人因债权已清偿或其他理由，申请放弃该电子票据权利。

电子票据的作废，应由持票人于票据上签章后，经往来金融业者向指定的票据交换所或金融机构申请办理作废登录。但已办妥融资或存入托收登录者，应先完成取消融资或撤票登录，才可以办理作废。

前款经作废的票据，不得再申请办理各项登录。

【理由说明】：本条明确规范电子票据作废的处理原则。

第一百九十五条【电子票据的赎回】

电子票据退票后，出票人因清偿票款或其他理由经收款人退回，或经持票人背书转让使其成为被背书人时，即视该票据已赎回，出票人不得就该票据再申请办理各项登录。[3]

【理由说明】：本条明确规范电子票据退票后或其他理由，出票人取得票据即视为赎回，不得再使用该票据。

第一百九十六条【盗用电子票据责任】

电子票据因可归责于出票人的事由而被他人盗用者，仍应由出票人负票

---

〔1〕 参考台湾地区"金融业者参加电子票据交换规约"第 2 条、第 24 条规定修改。

〔2〕 参考台湾地区"金融业者参加电子票据交换规约"第 2 条、第 23 条规定修改。

〔3〕 参考台湾地区"金融业者参加电子票据交换规约"第 2 条规定修改。

据责任；如不可归责于出票人的事由而被他人盗用者，可以免除票据责任，但不得对抗善意持票人。

电子票据因可归责于持票人的事由而被他人盗用，造成丧失票据权利者，应由持票人自行承担。但持票人可以向盗用者请求赔偿。

电子票据因不可归责于持票人的事由而被他人盗用者，可以请求回复票据权利。但应由持票人负举证责任。

【理由说明】：本条明确规范电子票据被盗用后，有关票据责任及权利的认定。

第一百九十七条【未规定事项的处理】

本协议有关电子票据未规范的事项，在不与电子票据性质相抵触的范围内，准用实体票据的规定。

本协议中未规范电子票据的具体事项，可以按照往来金融机构所在地法的相关规定办理。

依据实际情况，授权两岸金融主管机关可以另外协商确定电子票据的具体操作细节。

【理由说明】：鉴于电子票据的特殊性，在具体运作过程中，仍可能存在本协议中未明确规范之处，为此，本条作为补充条款，以利于电子票据的运用。

第四章　两岸票据的融资与担保[1]

第一百九十八条【票据融资的定义】

票据融资，是指持票人使用两岸票据取得资金的融通行为。

---

[1]　理由说明：目前在票据法的立法例中，除大陆地区《电子商业汇票业务管理办法》及台湾地区台湾票据交换所"金融业者参加电子票据交换规约"略有提及电子票据融资规定外，其余均未具体规定有关票据融资与票据担保的规定。然而，票据融资与担保在于协助企业取得融资及降低融资成本，为本协议建议稿的主要目的之一。为此，本协议建议稿特别规定两岸票据的融资与担保，以利企业可通过使用两岸票据进而取得融资。票据担保的规定，大陆地区主要依据《担保法》第75条至第77条，《最高人民法院关于适用〈中华人民共和国担保法〉若干问题的解释》第98条、第101条，《物权法》第223条至第225条、第229条；至于账户担保主要依据《最高人民法院关于适用〈中华人民共和国担保法〉若干问题的解释》第85条。台湾地区主要依据"民法"第908条、第909条规定；至于账户担保主要依据"民法"第900条至第905条规定以及准用第899条之1的规定。

【理由说明】：本条具体规定票据融资的定义。

第一百九十九条【票据融资的类型】〔1〕

票据融资的类型，包括票据贴现、票据转贴现、票据再贴现、客票融资（包括垫付票款、保持票等）、透支、银行承兑汇票及商业票据、其他合法的票据融资类型及两岸金融主管机关共同核准的票据融资类型。

贴现，是指持票人在票据到期日前，将票据权利背书转让给金融机构，由其扣除一定利息后，将约定金额支付给持票人的票据融通行为。〔2〕

转贴现，是指持有票据的金融机构在票据到期日前，将票据权利背书转让给其他金融机构，由其扣除一定利息后，将约定金额支付给持票人的票据融通行为。〔3〕

再贴现，是指持有票据的金融机构在票据到期日前，将票据权利背书转让给中央银行，由其扣除一定利息后，将约定金额支付给持票人的票据融通行为。〔4〕

垫付票款，是指基于商品销售、出租或提供服务等实际交易行为所取得票据，在票据未到期前，向金融机构申请垫付部分票款的票据融通方式。每笔垫付金额应少于票面金额，不得全额垫付。〔5〕

支票透支，是指金融机构准许其支票存款户无存款余额，或余额不足支付票款时，可以在约定期限及额度内，由金融机构先予垫付的融资方式。〔6〕

【理由说明】：本条仅就票据融资的常见种类订定原则性的规定，具体的融资方式可以多元化，金融机构或者其他人可以基于商业自主原则，采用适当的融资方式。

第二百条【票据担保的定义】

票据担保，是指持票人以两岸票据作为自己或他人债务的担保。

---

〔1〕 参考大陆地区《电子商业汇票业务管理办法》第 40 条规定。

〔2〕 参考大陆地区《电子商业汇票业务管理办法》第 40 条规定。

〔3〕 参考大陆地区《电子商业汇票业务管理办法》第 40 条规定。

〔4〕 参考大陆地区《电子商业汇票业务管理办法》第 40 条规定修改。

〔5〕 合作金库商业银行员工训练中心编：《授信实务作业手册（上册）》，合作金库商业银行员工训练中心印 2008 年版，第 206~207 页。

〔6〕 参照台湾地区"银行公会授信准则"附表对透支的定义；另可参阅台湾地区经济部中小企业处编：《中小企业融资指南》，（台湾地区）"经济部"中小企业处印 2003 年版，第 48 页。

票据担保可以分为足额担保与不足额担保。

足额担保，是指票据金额足以涵盖债务的金额；不足额担保，是指票据金额虽不足以涵盖债务的金额，但票据可以作为债权人的加强债权担保。

【理由说明】：本条具体规定票据担保的定义。

第二百零一条【票据担保的方式】

持票人可以两岸票据设定质权作为融资的担保。

持票人可以票据账户设定普通权利质权或最高额权利质权作为融资担保。

普通权利质权及最高额权利质权，依质权人所在地的法律规定处理。

【理由说明】：由于大陆地区对于银行账户担保性质存在争议性，且实务上未承认银行账户可以设定最高额权利质权，为此，本条具体规定票据融资担保的方式及明确规定票据账户亦可作为融资的担保，并且可以采设定最高额权利质权的方式办理，以利于银行实务运作。

第二百零二条【主债务与票据到期日不同的处理】[1]

主债务到期日先于票据到期日，且主债务已经履行完毕的，质权人应按照约定解除质权的设定。

主债务到期日先于票据到期日，且主债务到期未履行的，质权人可行使票据权利，但不得继续背书。

票据到期日先于主债务到期日的，质权人可在票据到期后行使票据权利，并与出质人协议将兑现的票款用于提前清偿所担保的债权或继续作为债权的担保。

【理由说明】：由于实务上可能存在主债务的到期日与票据担保到期日不同，究竟该如何处理，应有明确的规范。为此，本条参考大陆地区《电子商业汇票业务管理办法》第52条规定修改调整予以订定。

第二百零三条【电子票据的融资】[2]

电子票据的融资，可以由持票人在票据上签章后，再向金融机构申请办理。

经核准融资并经指定的票据交换所或金融机构为融资登录的票据，非经取消融资登录，持票人不可再申请办理背书转让登录。

融资的金融机构在持票人清偿融资款项或其他原因，可以向指定的票据

---

〔1〕 参考大陆地区《电子商业汇票业务管理办法》第52条规定修改。

〔2〕 参考台湾地区"金融业者参加电子票据交换规约"第22条修改。

交换所或金融机构申请办理取消融资登录。

【理由说明】：本条就电子票据的融资方式予以规定。

第二百零四条【电子票据设质】

电子票据的设定质权（质押），是指持票人将电子票据作为债权的担保，于到期日前在电子票据系统中进行登记，以该票据为债权人设立质权的票据行为。

持票人可以取得的电子票据为自己或他人提供担保，也可以存入电子票据账户为自己或他人提供担保。

持票人以票据账户为担保者，质权人可以设定普通权利质权或最高额权利质权。

【理由说明】：本条明确规范电子票据设质的定义，并参考大陆地区《电子商业汇票业务管理办法》第51条规定修改调整，就电子票据设质予以一体化规定。

第二百零五条【法人及其他组织的票据担保】

法人及其他组织以两岸票据作为担保时，仍应依照相关法律履行内部程序。

法人及其他组织就两岸票据所为的隐存保证，不视为担保。

【理由说明】：本条为注意规定，针对法人及其他组织提供票据作为担保时，可能涉及公司法及其他法律有关保证或担保规定，应履行一定程序，如股东大会决议或董事会决议通过等等。故而，本条特予指明，以利担保权人留意。此外，第2款明确规定，隐存保证不视为担保。

第二百零六条【票据担保的公示】

质权人为债权取得票据担保者，应在相关系统办理公示；未办理公示者，不得对抗善意第三人。

【理由说明】：本条明确规定票据担保时，应办理公示，以维护第三人的权益。

第五章　两岸票据问题处理的原则

第二百零七条【票据的处理原则】

本协议未规定的事项，法院或金融机构在处理两岸票据时，可以根据本协议的基本原则，按法院地法或金融机构所在地法，适用有利于票据权利人的规定。

法院在处理两岸票据纠纷时，本协议规定与双方的法令规定发生冲突者，应优先适用本协议规定；本协议未规定者，在不违反本协议的目的及原则下，可以适用付款地法；如付款地法也没有规定，可以适用出票地法。

金融机构在办理两岸票据业务时，本协议有规定者，应直接适用本协议规定；本协议未规定者，在不违反本协议的目的及原则下，可以适用金融机构所在地法。如金融机构所在地法也没有规定，可以依据付款地法或出票地法处理。

票据当事人合意选择诉讼以外的纷争解决（如仲裁等）者，也可以参照本条第1款原则处理。

两岸票据不适用大陆地区《票据法》第五章"涉外票据的法律适用"及《涉外民事关系法律适用法》的规定，也不适用台湾地区"涉外民事法律适用法"及"台湾地区与大陆地区人民关系条例"的规定。

【理由说明】本条旨在表达在不通过修改两岸各自的票据法前提下，通过非立法模式，排除两岸有关票据规定差异，尽可能避免适用不同法域而可能产生的不公平现象，以确保两岸票据的流通与交易安全，为此，制定两岸票据可能涉及的问题及纠纷的处理原则。本条也反映出运用欧盟法中条例的效力理论。

第二百零八条 【票据诉讼的管辖】

因两岸票据纠纷提起的诉讼，由票据付款地或者被告住所地法院管辖。

【理由说明】本条旨在直接规范两岸票据涉讼时，提起诉讼的管辖问题。

（1）按民事诉讼的基本原则是采以"原就被"的诉讼模式。但是针对特定的诉讼案，通常也会规定特别的诉讼管辖。就票据诉讼而言，大陆地区《民事诉讼法》第25条："因票据纠纷提起的诉讼，由票据支付地或者被告住所地人民法院管辖。"台湾地区"民事诉讼法"第13条规定："本于票据有所请求而涉讼者，得由票据付款地之法院管辖。"

（2）由于台湾地区的票据纠纷涉及采取诉讼程序与非讼程序的两种模式，而大陆地区的票据纠纷仅有诉讼程序，为此统一涉及两岸票据纠纷的法院管辖，以资更为明确票据当事人提起诉讼的管辖法院。

第二百零九条 【票据诉讼适用的程序法】

因两岸票据纠纷引起的诉讼程序或非讼程序，适用法院地的程序法。

因两岸票据纠纷提起的诉讼，票据金额在人民币10万元以下者，法院可以适用简易程序审理。票据金额虽超过人民币10万元，但经双方当事人同意，也可以适用简易程序审理。

诉讼文书的送达，依法院地的有关规定办理。

【理由说明】：本条旨在直接规范两岸票据涉讼时，审理的法院应适用的程序法问题。有几点需要说明：第一，台湾地区涉及票据诉讼时，除"民事诉讼法"第13条规定的诉讼管辖外，还有"民事诉讼法"第427条第1项、第2项第6款的简易诉讼程序、第436条之8至第436条之32的小额诉讼程序及第508条至第521条的督促程序等；大陆地区涉及票据诉讼时，除《民事诉讼法》第25条规定的诉讼管辖外，仅有简易程序及督促程序，并无小额诉讼程序。第二，台湾地区"非讼事件法"第194条规定，"'票据法'第123条所定执票人就本票声请法院裁定强制执行事件，由票据付款地之法院管辖。二人以上为发票人之本票，未载付款地，其以发票地为付款地，而发票地不在一法院管辖区域内者，各该发票地之法院具有管辖权。"同法第195条规定："发票人主张本票系伪造、变造者，于前条裁定送达后20日内，得对执票人向为裁定之法院提起确认之诉。发票人证明已依前项规定提起诉讼时，执行法院应停止强制执行。但得依执票人声请，许其提供相当担保，继续强制执行，亦得依发票人声请，许其提供相当担保，停止强制执行。发票人主张本票债权不存在而提起确认之诉不合于第1项之规定者，法院依发票人声请，得许其提供相当并确实之担保，停止强制执行。"大陆地区并无就票据纠纷制定相关的非讼事件规定，因此，本条也要求大陆地区应设置类似的非讼事件处理规定。第三，本条规定法院审理两岸票据纠纷时，可以适用法院所在地的法律程序处理。第四，依据台湾地区"民事诉讼法"第427条第2项第6款"本于票据有所请求而涉讼者"不问其标的金额或价额，一律适用简易诉讼程序。但本书基于保障两岸票据当事人的权益，认为初期仍宜衡量标的金额妥适保障两岸票据当事人的诉讼权利，因此，本条将票据金额划分为在人民币10万元以下者，适用简易程序审理；如果超逾人民币10万元者，经双方当事人同意，也可以适用简易程序审理。票据金额人民币10万元的划分标准是参考台湾地区"民事诉讼法"第427条第1项规定。

第二百一十条【票据诉讼适用的实体法】

法院审理涉及两岸票据纠纷，对于票据权利与义务的认定，应直接适用本协议规定；本协议未规定者，可以适用法院地的实体法。

【理由说明】：本条旨在规范两岸票据涉讼时，审理的法院应直接适用本协议的规定；如果本协议未规定，可以适用法院地的实体法，而不再适用有关涉外民事法律适用法的程序规定，以减少确认非法院地法的成本，以及可能造成的法律适用不公平现象。

第二百一十一条【权利能力及行为能力的认定】

自然人的权利能力及行为能力的认定标准，依行为人所属地区的法令规定认定。但票据行为能力的年龄依本协议认定之。

法人、非法人及其他机构等的权利能力及行为能力，依其设立地区的法令规定认定。

依前二款规定，自然人、法人、非法人及其他机构等依其所属地区或设立地区法令规定虽不认为具有权利能力及行为能力，但依法院地法认为具有权利能力及行为能力者，视为具有权利能力及完全行为能力。

【理由说明】：本条旨在规范人的权利能力及行为能力，并尽可能依据法令认定为有效，以保障票据权利人的利益，促进票据流通及维护交易安全。

第二百一十二条【票据行为诉讼的认定】

两岸票据涉及票据行为纠纷，直接适用本协议规定；本协议未规定者，可以适用法院地的实体法。

【理由说明】：本条明确规范两岸票据涉及票据行为纠纷时，直接适用本协议规定，以避免因两岸票据法律制度差异，可能产生不确定性，进而影响持票人接受票据的意愿，因此，本条在更大的程度上体现了法律适用的安定性及可预测性。

第二百一十三条【票据丧失的保全程序】

票据丧失时，持票人请求保全票据权利的程序，除本协议另有规定外，适用付款地法律。

【理由说明】：本条明确规范两岸票据丧失时，采取的保全程序应适用的法律。

第二百一十四条【判例与统一司法解释效力】

法院判决经法院编选为判例者，具有与本协议有相同效力。

法院审理涉及两岸票据纠纷，遇到疑难问题时，双方可以通过司法交流作成会议决议或者达成统一司法解释，作为相同案例或类似案例纠纷的处理依据。

两岸所作成的决议或统一司法解释，与本协议有相同效力。

【理由说明】：两岸票据的假设前提在于两岸票据共同市场的开放，透过扩大票据流通，以促进两岸金融业务发展及为企业提及更多元化的融资工具，从而，在两岸票据使用过程中，可能会有票据纠纷的诉讼及疑难问题，但基于公平审判原则，要确保票据当事人合法权益获得保护。因此，本条规定假设法院审理两岸票据纠纷，遇到疑难问题时，双方可以通过司法交流召开会议研讨，并作成会议决议，或者统一司法解释，以此作为相同案例或类似案例纠纷的处理依据。以增进人民对司法判决的信赖与尊重。

第六章　法律责任

第二百一十五条【损失赔偿责任】

依照本协议规定承担赔偿责任以外的其他违反本协议规定的行为，给他人造成损失的，应当依法承担相关的责任。

【理由说明】：本条仅为注意规范，按法律规定造成他人损失者，本应依法承担赔偿责任。

第二百一十六条【违反本协议的处罚】

违反本协议规定，虽不构成犯罪，但依行为地法应予处罚者，由行为地主管单位依法予以处罚。但双方另有具体协议规范者，依其规范处理。

【理由说明】：本条仅为注意规定。按法律规定，虽不构成犯罪，但依行为地法应予处罚者，由行为地主管单位依法予以处罚。不过，本条但书设置了另有协议的例外条款，以避免本协议与行为所在地法间因适用法律所造成冲突而阻碍票据当事人对票据流通的意愿。

第二百一十七条【刑事责任】

违反本协议规定，构成犯罪者，依法追究刑事责任。但依照本协议规定，不构成犯罪者，优先适用本协议规定，也不认定构成犯罪。

两岸票据除构成刑法规定犯罪行为外，不处罚空头票据行为。

【理由说明】：本条旨在明确排除一方票据法规定为犯罪而依据本协议不构成犯罪的情形。

第七章　附　则

第二百十一八条【两岸票据不适用外债规定】

两岸票据因票据签发期限、融资或应付票款等，可能涉及外债规定者，不适用有关外债的规定。

【理由说明】：在强化票据的信用及融资功能时，更大程度得使票据当事人使用远期票据，就可能涉及一方外债的规定，如果不加以排除适用，将影响两岸票据的流通与使用的意愿。因此，本条明确排除有关外债的规定。

第二百一十九条【两岸票据不适用海关申报规定】

两岸票据经由自然人携带通过海关者，不论金额，皆不适用海关超过限额申报规定。

【理由说明】：两岸票据的流通，势必会发生自然人携带个人票据或法人票据通过海关入境的情形，如果要申报势必影响票据流通，且票据不等同于现金货币，为促进票据流通，扩大票据流通领域，对于携带票据通过海关的，不适用海关规定的限额申报制度。

第二百二十条【票据金额支付适用反洗钱规定】

两岸票据金额的支付，仍适用双方有关反洗钱或洗钱防制等有关规定。

【理由说明】：为避免犯罪洗钱活动，对于两岸票据金额支付仍应适用洗钱防制有关规定的办理。

第二百二十一条【外汇申报原则与例外】

两岸票据如跨境支付，涉及外汇申报时，仍适用双方有关外汇申报规定。但如有不用申报规定者，依其规定。

【理由说明】：两岸票据金额如为外币，涉及跨境支付须申报时，原则上仍按现行双方有关外汇申报的规定办理。但如有不用申报规定者，则依其规定。

第二百二十二条【本协议的生效与终止】

本协议自双方签署之日起并各自完成相关程序后生效。

任一方如欲终止本协议，应于终止前30日书面通知对方。本协议终止日期前，所签发两岸票据仍可以适用本协议规定。

【理由说明】：本条旨在明确本协议的生效与终止。

"两岸票据制度一体化协议（建议稿）"说明

　　"两岸票据制度一体化协议（建议稿）"（简称"协议建议稿"）是以"两岸票据市场一体化"为背景，并从保障两岸票据当事人的票据权益及节约交易费用视角为出发点，试图建立具有效率与平等、公平、正义的两岸票据一体化市场环境，并在平等、公平、自愿原则的基础上，实现两岸票据制度一体化，既解决票据实体法冲突的问题，也解决冲突法在选择准据法时所产生的问题，使得两岸票据在流通市场、信用市场、融资市场、担保市场、投资市场等实现一体化，并且能够永续顺畅运行，既满足企业需求，也节约交易费用，以协助企业发展与转型，促进两岸经济稳定发展。因此，本书将对本协议建议稿中的特点，进行简要说明。

一、协议建议稿的框架

　　协议建议稿中所规范的具体条款内容，主要是以大陆地区《票据法》与台湾地区"票据法"作为融合的基础，辅以参酌国际票据立法例及其他国家与地区的票据法律制度，同时根据当前票据实务发展过程中所发生的重要问题，而两岸现行票据法律制度又未规范的部分，在本协议建议稿中予以适当填补。因此，本协议建议稿的内容，既兼具票据法理及票据实务发展的需求，也参酌各国票据立法例，主要目的在于更适度地融合两岸票据法律制度的差异，实现两岸票据制度一体化，以发展两岸票据成为两岸共同的金融工具。此不仅可减少两岸法律信息不对称的成本及降低交易的不确定性，满足企业实际需求，而且也提供两岸金融市场所需的金融广度、深度与弹性，既可推动两岸商品快速流转与资金流通，也可以促进两岸经济及金融稳定发展。

　　"两岸票据制度一体化协议（建议稿）"共分为七章。其中，第一章"总则制度";第二章"两岸票据行为制度";第三章"两岸票据分则制度";第四章"两岸票据的融资与担保";第五章"两岸票据问题处理的原则";第六章"法律责任";第七章"附则"。此七章规范内容,铺垫起本协议建议稿的基础框架。

关于本协议建议稿章节的具体安排,分别简要说明如下:

第一章总则制度。本章的主要规范内容在于说明签署协议的目的,并以建构两岸票据市场一体化为背景,从而规范两岸票据的适用范围,再由两岸共同建立分享的票据系统,包括查询票据当事人基本数据、票据信用记录、票据质押登记、拒绝往来户及退票数据库以及票据公示催告的公告信息系统等,以维护两岸票据交易的安全性。本章的具体规范分为:第一节目的、原则、适用范围及效力;第二节票据管理;第三节票据种类、票据关系人、客体、权责、利息等;第四节票据代理与代行;第五节票据抗辩与例外;第六节票据的瑕疵与空白授权票据;第七节票据丧失补救程序;第八节票据权利行使与保全;第九节票据期限与票据时效;第十节追索权;第十一节拒绝证书。

第二章两岸票据行为制度。本章是对两岸各种票据行为制度予以规范,分为:第一节共同票据行为制度;第二节个别票据行为制度。

第三章两岸票据分则制度。本章是对两岸票据中汇票、本票、支票及电子票据的特殊性予以一体化规范。

第四章两岸票据的融资与担保。本章主要是针对两岸票据的融资与担保问题,订定原则性的规范,使企业及金融机构有所遵循的依据,以利企业可以通过票据取得融资,并借由票据担保降低融资成本;同时,也为金融机构开拓更多元的金融产品并借此发展新客户(提供机会)。

第五章两岸票据问题处理的原则。本章主要是在涉及两岸票据问题时,金融机构及法院的处理原则。

第六章法律责任。本章主要是针对可能产生的法律责任予以规范。

第七章附则。本章主要是针对使用两岸票据可能引起的海关申报、外债问题及协议签署生效与终止予以规范。

二、协议建议稿名称

"两岸票据制度一体化协议(建议稿)"中的"两岸票据制度",是指两岸现行的票据法律制度,也包含两岸有效的票据司法实务见解;而所谓的

"一体化协议"，是"法律一体化理论"的重要成果体现，是指两岸在共同政策的决定中，就两岸票据法律制度在比较和分析差异的过程中予以协调、趋同到融合，并达成共识。通过共同签署协议文本，实现两岸票据制度一体化，作为"两岸票据市场一体化"的共同遵循与适用依据，是一种创新性的制度选择与安排。

本书以"两岸票据市场一体化"作为背景，对"两岸票据制度一体化协议"进行研究，研究的对象是一体化的"协议"，是一种创新性的制度安排。此种创新性制度安排的目的在于使两岸票据市场一体化运行有共同遵循与适用的依据，既解决两岸票据实体法冲突问题，也解决两岸票据冲突法中准据法适用的问题，是一种折衷的第三条道路，打开两岸票据相互流通之路，促使两岸票据一体化市场得以顺畅运作。而相关票据关系人的权利与义务也能获得制度性的一体化保障，达到创新性制度安排的最佳边际效益，提高两岸整体金融利益，解决企业融资难的问题，并节约交易费用。故而，本书将协议的正式称谓取之为"两岸票据制度一体化协议"。

三、协议建议稿的宗旨

基于两岸经贸往来频繁，投资紧密度高，为推进两岸经贸更深层次的合作，促进两岸金融业务合作发展，依托于两岸签署的《海峡两岸金融合作协议》《海峡两岸经济合作框架协议》《海峡两岸货币清算合作备忘录》等各种协议及备忘录，以建构两岸票据共同市场，实现两岸票据市场一体化，推动两岸票据流通，建立两岸共同的票据适用制度、票据信用制度、票据融资制度及票据担保制度，作为两岸票据市场一体化的适用依据，使得企业可以通过两岸票据作为交易支付工具，协助企业发展与转型，并为其创造有利的经营条件与环境。发展两岸票据，使得金融服务与业务朝更多元化的方向发展，有助于提升两岸金融服务，实现两岸金融服务一体化；而企业通过多样化金融工具的选择，为其创造有利的经营条件，提升企业竞争力。

"两岸票据制度一体化协议"是一种创新性的制度选择与安排，是两岸在自愿、平等、公平的原则下，经友好协商，通过共同签署协议文本，并经过各自内部程序确认，而得以实现。其主要宗旨在于：第一，建构共同的保障机制。两岸所签署的"两岸票据制度一体化协议"，经过各自内部程序确认后，赋予该协议具有直接适用效力与优先地位，实现两岸票据制度一体化，使得票据制度具有确定性、透明性、稳定性及可预测性，确保两岸票据一体化市场环境合乎公平与正义，保障两岸票据当事人的票据权益。第二，推动两岸商品快速流转与资金流通，提升两岸货币效益。发展两岸票据成为两岸共同的金融工具，并以协议作为两岸票据市场一体化运作的共同遵循与适用依据，使得两岸票据市场一体化得以顺畅运作，具有促进两岸票据流通及维护交易安全之作用，可推动两岸商品快速流转与资金流通，提升两岸货币效益。第三，提升两岸整体金融利益。发展两岸票据，对金融机构而言，是一种金融服务的提供，也是一种金融业务的经营，可增进两岸金融合作的广度、深度与弹性，提升两岸整体金融利益，推动两岸区域经济的共同繁荣发展。第四，促进两岸经济稳定发展。该协议规范内容遵循票据通行的基本法理，有助于发展两岸票据，建立两岸票据信用制度，协助企业通过两岸票据取得融资，解决企业资金需求，为其创造有利的经营条件，提升企业竞争力，共同推动两岸的整体经济利益的增长，促进两岸经济稳定发展。

四、协议建议稿的意义

随着时代的演进，世界已逐渐朝向经济全球化、法律全球化以及区域经济一体化、法律一体化的路径整合中，增进商业交易的透明度、确定性及可预测性，以减少交易的不确定性及节约交易成本，吸引外国的直接投资，同时也为跨国企业创造有利的经营条件，加速商品流转，促进整体经济增长。最明显的例子：在票据法国际统一化方面，起于 1930 年日内瓦《汇票及本票法统一公约》、1931 年日内瓦《支票法统一公约》、1988 年《联合国国际汇票及国际本票公约草案》等国际公约；在其他私法方面，如 1964 年《国际货物买卖统一公约》《国际货物买卖合同成立统一法公约》、1988 年《联合国国际货物买卖合同公约》、2010 年《国际商事合同通则》等等。[1] 近来，私法的趋同及统一化已然成为一种发展趋势。在欧洲地区，从欧洲共同体到形成欧盟，并逐渐实现法律一体化，值得大陆地区与台湾地区借鉴参考。

---

〔1〕 1994 年 5 月，在国际统一私法协会理事会在罗马召开的第 73 届会议上正式通过。该通则基本上囊括了世界各个法系主要国家的民法制度，可接受性非常大。2004 年扩增版《国际商事合同通则》，共有 10 章，185 条，涵盖范围更加广泛，是一部国际统一的商事合同统一法；2010 年版《国际商事合同通则》，共有 11 章，211 条，"是当今世界上一部极具有现代性、广泛代表性与权威性的国际商事合同统一法"。请参阅张玉卿主编：《国际统一私法协会国际商事合同通则 2010》，中国商务出版社 2012 年版，2010 年中文版前言第 1~8 页、2004 年中文版前言第 1~7 页。

本协议建议稿内容是以两岸票据市场一体化为背景，作为两岸票据市场一体化的共同遵循与适用依据，主要目的在于建构合于公平、正义与互惠互利的两岸票据一体化的市场环境。而发展两岸票据的主要目的在于：第一，解决企业融资问题。发展两岸票据，使得企业具有更多元化、多样化的信用与融资工具。换言之，使企业可通过两岸票据进行融资与担保。第二，提升企业的竞争力。为企业提供有利的交易条件。票据的信用功能，为企业提供有利于商品销售的条件，可提升企业的竞争力。第三，建立两岸票据信用制度。发展两岸票据，扩大票据流通领域，使得票据的经济价值在更大的范围内获得认可，有助于建立两岸票据信用制度。第四，改善金融机构的资产品质与实现两岸金融服务一体化。发展两岸票据，对金融机构而言，是一种金融服务的提供，也是一种金融业务的经营。票据业务不仅可以改善金融机构的资产品质，提升获利能力，而且还可以实现两岸金融服务一体化。第五，提高对票据信用制度的认知，并通过两岸票据推动货币流通，提升货币的使用效益。对一般人民而言，通过发展两岸票据，可以提高其对于票据信用制度的认知程度，并通过两岸票据的流转带动两岸货币的相互流通，加速资金的运用，提升货币的使用效益。

本协议建议稿所象征的主要意义在于两方面：第一，理论意义方面。以两岸票据市场一体化作为"两岸票据制度一体化协议"的研究背景，通过具体比较和分析两岸票据法律制度的差异性，将两岸票据制度的差异性予以协调融合成为一套新的、完整的"两岸票据制度一体化协议"规范体系，并以其为企业融资与担保提供依据及法理上的支撑。"两岸票据制度一体化协议"是法律一体化的成果体现，已超逾了现行域内法的范畴，将形成新型的、既不同于国内法，也不同于传统国际法的另一类的法律体系，为学术研究和法律实践提供另一个视角，对学术研究具有重要的贡献与价值。此范例的试点成功，将可作为四个法域（大陆地区、台湾地区、香港地区及澳门地区）在金融法律制度一体化的理论借鉴。第二，现实意义方面。以建立"一个共同票据市场，一个共同票据制度"为理念，主要目的在于强化两岸经济关系，为两岸企业创造有利的经营条件，解决企业融资与担保问题。两岸票据制度一体化，并不是两岸票据实体法上的统一，而是通过两岸共同签署"两岸票据制度一体化协议"的方式作为两岸票据市场一体化共同适用与遵循的依据，保障两岸票据当事人的票据权益。就操作方法而言，发展两岸票据是立足于共同稳定发展两岸经济为主轴，是有利于提升两岸的竞争力，因此具有实现的可能性。两岸实现票据制度一体化，将为两岸金融制度一体化开启新的纪元，并使两岸朝向更宏观的经济角度，共同致力于发展"一个共同体，一个共同法"的中心思想，为两岸人民谋取更大的福祉。它更深层次所表达的现实意义在于：第一，协助解决企业融资与担保问题；第二，节约交易费用；第三，发展两岸票据成为两岸共同的金融工具，实现两岸金融服务一体化；第四，增进两岸贸易福利效应；第五，提升两岸货币效益，第六，推动两岸经济稳定发展。尤其，现今两岸经济朝一体化趋势发展，两岸通过共同签署"两岸票据制度一体化协议"，可使两岸票据充分发挥效益，解决企业融资难的问题，节约交易费用，不仅可提高两岸整体金融利益，也可推动两岸经济稳定增长。

五、协议建议稿的目的

协议建议稿是以两岸票据市场一体化为主轴，作为其运行的基础依据，强化票据信用与融资功能，推动票据横跨大陆地区与台湾地区两个领域，形成两岸票据一体化市场环境，并在票据制度一体化的安排下，作为保障两岸票据当事人的票据权益，并解决两岸企业资金需求，提升两岸企业竞争力，以促进两岸整体经济利益、整体金融利益的提高，增进两岸经济的发展为目的。

两岸通过共同签署《两岸票据制度一体化协议》，祈望达到以下六个目的：第一，使票据当事人得直接以顺汇形式的票据作为支付条件，解决两岸企业直接使用票据融资与担保的问题；第二，试图建构平等、公平、公正与互惠互利的两岸票据一体化的市场环境；第三，保障两岸票据当事人的票据权益；第四，节约交易费用；第五，作为两岸票据市场一体化的基础依据，使得两岸票据市场能有序顺畅运作；第六，两岸票据制度一体化的成功，既可作为两岸金融制度一体化的试点范例，也可推动香港地区、澳门地区共同加入票据市场一体化，实现四个不同经济体的票据市场与制度的一体化。

六、协议建议稿的特点

由于票据具有要式性、文义性、无因性及独立性等票据行为特性，因此，票据基于其本身独特的特性，使得无记名票据只需经交付即可转让票据权利，而在记名票据经背书即可转让票据权利且使得背书人对其后手就票据债务与出票人担保票据付款责任。故而票据具有现金支付与其他非现金支付所无法取代的功能,而其又兼具独特的优势存在,如:第一,票据转让次数越多,该票据的信用越高。第二,降低支付成本及交易成本。只需在付款人与最后持票人间于票据到期日进行结算,在此之前,可以节约出票人的现金支出及资金的灵活运用,故以票据作为支付工具,可降低支付成本及交易成本。除此之外,票据还具有信用功能与融资担保功能:如商品交易的卖方(债权人)允许买方(债务人)以票据作为支付条件,实际即是允许债务人延期付款,换言之,债权人提供债务人商业信用。第三,票据融资功能体现,解决资金需求。票据的持票人可以将未到期的票据向金融机构办理贴现,将未来的货币财产权作为现在使用,而金融机构还可以将取得的贴现票据再向其他金融机构转贴现或向中央银行办理再贴现作为融通资金。第四,票据担保功能体现,解决融资担保问题。票据不仅可以增进企业与金融机构的密切往来,通过票款的资金沉淀降低金融机构成本,而且因为交易性票据具有自偿性可协助企业通过票据担保取得其他信贷项目,解决企业提供担保难的问题。第五,银行或企业还可以通过发行票据在货币市场筹集短期资金。[1]

基于票据具有上述优势,为此,本书在研拟"两岸票据制度一体化协议(建议稿)"时,为增强票据功能的彰显,在衡酌了两岸票据法律制度现况后,特别在本协议建议稿中凸显票据的优势,使得票据更能被充分使用,以发挥票据应有的经济功能。故而在本协议建议稿中的票据制度,具有以下几项特点:

(一)两岸票据法律制度的融合

比较和分析两岸票据法律制度的差异,并参考国际票据公约及其他国家的票据立法例进行融合,同时也配合法律一体化的时代潮流趋势,制定出本协议建议稿作为解决两岸票据一体化的方法,并以提升两岸整体经济利益为目标,寻求顺应时代需求的共同票据制度,以解决两岸实体票据法律制度的冲突问题,使得两岸票据得以顺利永续发展。另外,也针对两岸票据流通之后,可能引起的票据纠纷,制定出处理的原则与机制,在最大程度上促进两岸票据流通及维护交易安全,并确保两岸票据当事人的票据权益是建构在合乎公平与正义的两岸票据一体化市场环境中。

(二)解决两岸票据实体法统一的难点

早期学者认为,解决区际法律冲突的最好方法应是制定全国统一的实体

---

[1] 汪鑫主编:《金融法学》,中国政法大学出版社 2011 年版,第 318 页。

法。但是，由于大陆地区、台湾地区、香港地区和澳门地区的法律彼此间的差异很大，特别是大陆地区的法律具有社会主义性质，与其他地区所具有的资本主义性质，在法律的本质上不同，要实现实体法的统一并不是轻而易举的事情。况且，目前大陆地区与香港地区和澳门地区实行"一国两制"，就意味着要在较长时期内肯定各地区法律制度存在的差异，所以统一实体法只能是一个渐进的过程。在充分尊重各自法律制度独立的情况下和在协商与协调的基础上，某些问题上逐渐实现实体法法制统一是可能的。该学者并引用赓瑶珠（1986 年）在香港《大公报》所发表"法律逐渐统一的方案"一文，指出"在国际经济方面，如在国际贸易、汇票、国际运输、注册商标和专利等等领域，由于有国际多边协议的存在，或彼此做法日趋相同，其可统一或协调的程度较高"。最后，更指出，"今后中国的统一区际冲突法的内容应是相当丰富和详尽的，范围应是相当广泛的，体系也应是相当完备的"。[1]简言之，一般学者均认为中国区际法律冲突的解决不外乎是制定区际冲突法和统一实体法两种模式，但考虑到两岸尚未实现统一的现状，又认为此两种模式在当前都不具有现实的可操作性。本书所提出的观点与其他学者观点不同，即在于创设一套兼具统一两岸票据实体私法及冲突法的替代路径，且认为在现阶段即具有可操作性，为此，特别提出一套完整的"两岸票据制度一体化协议（建议稿）"作为实现两岸票据市场一体化的运作依据，以解决两岸票据实体法冲突问题，实现两岸法律一体化。

（三）直接效力与优先地位

两岸在签署"两岸票据制度一体化协议"，经过各法域的确认程序后，即赋予该协议具有直接适用的效力及对两岸票据域内法具有优先地位。此举不仅充分体现"两岸票据制度一体化协议"与两岸经济体的域内法关系，且也体现了该协议不同于所签署的一般原则性协议，即"两岸票据制度一体化协议"所体现在适用上的特点除了直接适用效力与优先地位外，更具有全面适用的拘束力。两岸票据行为的发生、变更或消灭受到"两岸票据制度一体化协议"的规范，而在适用或者解释本协议与两岸经济主体域内票据法律规定发生冲突时，不论是票据当事人主张权利、金融机构处理或法院审判，都应依据"两岸票据制度一体化协议"规定，具有优先适用的地位，故而"两岸

---

〔1〕 转引自韩德培、黄进："中国区际法律冲突问题研究"，载《中国社会科学》1989 年第 1 期，第 124 页。

票据制度一体化协议"在效力强度上高于一般所签署的原则性协议内容，而实质上具有票据实体法的效力强度。

（四）建立两岸票据信用、融资与担保制度一体化

尽管电子支付快速的发展，使纸质票据原本具有的支付及汇兑功能已相对淡化，但是电子支付或电子票据仍须依托于电子系统作为媒介，而纸质票据却不需要依托任何介质即可流通，拥有许多的便利性。此外，在今日的信用时代，纸质票据仍可以发挥电子支付所无法发挥的信用功能、融资功能及担保功能等。两岸通过共同签署"两岸票据制度一体化协议"，可以在平等、公平与互惠互利原则的票据一体化市场环境中，实现票据流通、信用、融资及担保等一体化，并确保票据关系人的权益能够得到一体性适用，从而使得交易双方乐意以两岸票据作为交易的支付条件，充分发挥票据信用与融资功能，解决企业融资难的问题，使得企业更具有竞争力。

实现两岸票据市场一体化的前提条件在于，必须确保两岸票据当事人及关系人在票据制度的权益是立于平等、公平及一致性等原则的前提下运作的，因此，建立两岸票据信用、融资及担保制度一体化的基本形态是必要的。便利于票据融资与担保的运作，而不致于因域内法的规范不同，进而产生不同的票据融资与担保模式，从而不符合公平与正义。为避免发生此种现象，本书特别于"两岸票据制度一体化协议（建议稿）"中明文规定有关两岸票据融资及担保制度一体化的一些态样作为基本参考依据。当然，在金融创新的要求下，亦不排除有其他的票据融资与担保模式出现，故而在协议建议稿中，也保留了弹性规范，认为只要不违反域内强行法的规范，都是容许运作的。况且，由于交易性的票据具有自偿的特性，通过票据作为担保在极大的程度上降低债权人的债权风险，改善资产质量，同时也提高债务人通过票据作为担保取得融资的容易度。由于台湾地区票据融资及担保的类型具有多样化的特点，因此，在实现两岸票据市场一体化，基于平等、互惠互利原则，使得两岸票据当事人所持有的票据都能享受同等的票据融资与担保功能，本书认为有必要实现两岸票据信用、融资与担保制度一体化。换言之，发展两岸票据成为两岸共同的金融工具，应同时赋予票据新的生命力，而不再只是支付、汇兑工具，发挥票据应有的经济功能，使其能够成为中小微企业的信用及融资工具，并借由取得的票据进行融资与担保，解决企业融资与担保困难的问题，并降低融资成本；同时为维护两岸票据交易安全，健全两岸票据信用市场，提升两岸票据信用及票据的接受度，应建立两岸共用的票据信用系统。

（五）填补现行票据制度的缺漏

协议建议稿的具体规范内容，采通行的票据法理，并兼顾票据实务发展现况需求，同时也参酌国际票据公约及各国票据立法例，对两岸票据制度为一体化规范；此外，对于票据实务中重要问题而为两岸现行票据法律制度所未规范者，也纳入协议建议稿中予以一体化规范，以填补现行票据制度的缺漏。因此，协议建议稿的内容除了具有制度性创新外，还兼具有融合两岸现行票据制度的差异性以及填补两岸现行票据制度的缺漏等特点。举例如下：

1. 建立两岸票据信用系统制度

基于促进两岸票据流通与维护交易安全及票据信用管理，实现两岸票据一体化市场的可持续发展，两岸主管机关应共同研议建立共享的两岸票据信用系统，作为未来两岸票据信用记录的管理依据，以健全两岸票据信用制度，确保两岸票据的持续发展性；同时，基于电子业务发展需要与金融产品多元化的需求，以及减少纸质票据的成本与被伪造的可能性，两岸主管机关也应共同研议建立共享的电子票据平台系统。其中，在共享的票据系统方面，应包括但不限于查询票据当事人基本数据、票据信用记录、票据设质登记、拒绝往来户及退票数据库以及票据公示催告的公告信息系统等。在票据债务人的信用管理方面，对于票据债务人有三次以上退票记录、拒绝付款或被追索者，金融机构应将其列为拒绝往来，并录入票据信用系统。票据债务人自拒绝往来通报日起五年，不得再签发票据，也不得作为金融机构融资的对象，以建立两岸健全的共同票据信用系统制度。

2. 放宽票据种类

由于大陆地区长期以来采取计划经济的政策，限制票据种类，例如，本票仅有银行本票，且限于即期银行本票，从而限制票据功能的发挥，阻碍票据业务的发展。本书在"两岸票据制度一体化协议（建议稿）"中，采取开放票据种类，扩大到企业及自然人可以自由使用票据，以利于工商经济发展及两岸票据业务往来。所以，在两岸票据种类差异的融合方面，同时兼顾电子票据的发展，将票据种类一体化规范如下：（1）票据，是指出票人签发一定金额，记载本协议所规定的法定应记载事项，并在票据上签章，于指定到期日，无条件约定由自己或委托他人为付款承诺的有价证券。（2）票据的种类，包括汇票、本票、支票的实体票据及电子票据。（3）实体票据，是指以纸质制成的票据，包括支票、本票及汇票。（4）电子票据，是指以电子方式制成之票据，包括电子汇票、电子本票及电子支票。

3. 建立电子票据制度

随着电子科技的发展，电子票据制度的建立，不仅可弥补现行纸质票据的不足，扩大票据的使用，也会对金融产品的创新及差异化服务产生变化。金融机构借由电子票据的发展提升企业对银行的认同度与向心力，而优质的服务可以凝聚企业的资金，降低金融机构的成本。故而金融机构提升资讯功能，依托于共同的电子票据制度而建立电子票据业务，提供差异化服务，提升竞争力，有利于金融机构掌握优势，吸揽客源，创造丰厚收益。

4. 建立远期支票

传统票据法理论认为，支票仅为支付工具而不具有信用功能，即便台湾地区"票据法"承认预开支票，但仍非属于真正的远期支票。在本书研究的规划中，赋予支票新的生命力，而不再仅仅是支付工具，更具有信用功能。换言之，出票人可以签发远期支票作为支付工具，为中小微企业提供更多元化的信用与融资工具。但对签发远期支票仍有期限的限制，即自出票日起至到期日最长为一年。持票人在支票未到期的期间内可以持该支票向金融机构申请垫付票款；而金融机构准予申请人就支票申请垫付的，每笔垫付金额应少于票面金额，使融资企业与金融机构各自承担部分风险，以健全两岸票据融资制度。

POSTSCRIPT

后 记

　　自离开校园进入职场后，从未忘怀对于学问的追求，或许是"书到用时，方恨少"的心理作用使然，纵然职场忙碌，我依然会利用时间持续研读有兴趣的专业书，而推动之力，即在于兴趣。对于我而言，兴趣就是一种动力。而本书是在我的博士学位论文的基础上增修而成的。这份约45万字（不含注释）的学位论文便是在兴趣的推动之下所体现的研究成果，这份研究成果可说是用尽了"洪荒之力"，才得以升华成为我的处女作品。在学术的追求过程中，并非总是一帆风顺，有瓶颈、有门坎，如何跨越这一道鸿沟，考验着每一位博士研究生，除了毅力与专业素养之外，需要的是强烈的兴趣作为推动之力，以完成人生一个阶段的心愿。

　　回首三年读博的心路历程，最经典的形容，莫过于王国维所说的三境界："古今之成大事业、大学问者，必经过三种之境界：'昨夜西风凋碧树，独上高楼，望尽天涯路'，此第一境也；'衣带渐宽终不悔，为伊消得人憔悴'，此第二境也；'众里寻他千百度，蓦然回首，那人正在灯火阑珊处'，此第三境也。"相信很多博士研究生在通过学位论文答辩后，回首论文写作过程（从迷茫寻找议题，并在疑惑与孤独写作中反复挣扎，终至豁然贯通），都应该会略有同感吧！

　　从事工作之后，再度回到校园读书，踏上读博之路，对于能够再享静心读书的时光，即是一种奢侈的生活，因此我更懂得珍惜，同时也弥补了对学术求知与探索的渴望、激情与热情，我的内心更富有了。当然，在撰写博士学位论文的过程中，也经历了探索的热忱、苦思、彷徨、无助的心灵煎熬过程，直到论文形成，心境才得以豁然开朗，桎梏的心灵才得以解脱、奔放，满足的成就感才浮现眼前。此番的煎熬，孤寂岁月，都在答辩通过后，化为愉悦的欢乐，而"刻骨铭心"可以说是读博的最佳注解。

读博之路的点滴在心头，更充满感恩之心，学会更加谦卑求教的心理，毕竟学海无涯，人所知有限，且闻道有先后，术业有专攻，此种体验，唯有经历过的人，才能感同身受。于此，首先，要感谢学生的导师刘少军教授不嫌弃学生资质平庸而于 2013 年招入于门下，随其研习经济法学及金融法学等课程，恩师学识之渊博，治学之严谨，用功之勤，授课之精彩，往往有画龙点睛之效益，令学生受益匪浅；恩师的睿智，给予学生在学术思想方面，开启研究之门，引入法哲学的讲授，使得学生在论文写作过程中，可引经据典，达画龙点睛之效，增进论文的论证观点，赋予论文更深动的说服之力。博士论文写作过程中的忐忑不安、疑虑、彷徨、无助的心灵煎熬过程，恩师不断给予指导及悉心指点，注入大量心血，终得以完成，获得答辩委员会的一致通过，并推荐参与校级优秀论文评选。其后，经过学院审核、校外专家匿名评审、校内同行专家评议，最终在 2016 年 12 月 20 日的第五届中国政法大学学位评定委员会的会议审议，被评选为校级优秀论文（当年度 6 月共有 145 名博士毕业）。能够获此殊荣，格外惊喜，非常感谢专家及委员们对于论文的肯定，当然，这份荣耀，如果没有恩师悉心指点与帮助，难以成就佳绩，意外收获，学生感恩之心，兴奋之情，溢于言表，难以笔墨表达感谢之意。在人生的旅途中，这段漫妙经历，为生命增添色彩，弥足珍贵。本书的出版，一圆人生梦，人生至此，亦不枉此生，略有佳绩，尚得以自我慰藉，而此更有助于我得持之以恒继续深耕与推展两岸金融法律制度，为两岸金融法律事务的发展贡献绵薄之力。所谓"人生有梦，筑梦踏实"，"心若在，梦就在"，每个人都有追求人生的理想与梦，只要愿意，任何时间都不会太晚；只要有明确的方向与目标，勇敢追求，永不放弃，终能成就自己的心愿，这样的人生才不会有所遗憾。其次，要感谢时建中教授、施正文教授在论文开题时，提供的指导意见，犹如醍醐灌顶般，令学生对论文中的问题意识，有新的思想启迪之作用。再者，也要感谢中国人民大学徐孟洲教授、中国政法大学薛克鹏教授及中正大学王志诚教授，对学生在论文写作过程的疑惑，给予精辟的指点，使得论文的论证更加合理可行，倍感温馨；此外，也要感谢符启林教授、徐晓松教授、赵红梅教授、刘丹教授等，在预答辩过程中给予学生的指导。最后，还要感谢北京大学刘剑文教授、中国人民大学朱大旗教授以及中国政法大学李曙光教授、符启林教授、薛克鹏教授等五位专家，出席论文答辩会，除了给予学生高屋建瓴般的指导意见外，也对论文内容给予高度肯定的评价。此份意外收获，不仅是对学生心灵压力的一种释放，也是对于学生倾注于学术研究成果的一种积极肯定，是一份得来不易的殊荣。

博士论文从选题、写作过程到完成，这是一种学术成果的体现，在这过程中，不是闭门造车，而是需要是一种思想的交流与碰撞。因此，必须要感谢同门张西峰师兄（中国政法大学副教授）、马莉师姐（甘肃政法学院副教授）、王一鹤师兄（北京化工大学讲师）、刘书星师兄（北京高等法院法官、副主任）等，给予论文写作过程中思想碰撞与指点，思想的火花为论文写作架构铺垫更好的基础；而马涛博士（银川市人民检察院检察官）、陈星宇博士，以及李军南、塞梦婷等同学，在关键时刻，为论文校稿提供非常大的帮助，更是特别感谢。如果没有他们的帮助，论文难以取得佳绩。也要感谢一同上恩师经济法学理论的许戈雷特、高聪伟、赵玉杰、岳敏、刘睿、李飒爽等2013级硕士的师弟师妹们，在课程中思想的碰撞与交流，不同的思维对学术研究的思考是有帮助的，也是一种自我学术能力的升华。来自大理的同门杜永波博士（大理学院副教授）的个性热情与豪爽，能在一起欢聚，此缘分，同样地倍加珍惜。本书的全文书稿近60万字（含注释）得到鲁南希、彭广明、林皓乐、徐翎涵、莫厚辙、田鑫雨、王之岳、王宏晔、李冬玥、郭泽鹏等10位同门师弟师妹所组成的校稿小组，协助文字的校阅，降低了本书的错误，提升质量，在此，特别感谢他们辛勤地帮忙校稿。

在此，也要感谢合作金库商业银行的领导与同事，给予的帮助与支持；本书的书稿，得到合作金库商业银行国外部管理科陈淑惠科长（原汇兑科科长，是光票业务专家）的指导并提供意见，非常感谢。此外，也要感谢以前的同事杨辉生先生（远东商业银行），给予的一些协助。

感谢我的家人，在读博期间，给予的全力支持，使我得以无后顾之忧，能专心享受读书的乐趣，以及满足对学术研究的热忱与激情。尤其，要特别感谢爱妻余墨（笔名）女士，从报考读博至读博期间，始终全力支持，在此期间的辛苦更是难以言语表达，因为2012年8月大女儿佳佳出生、2014年7月小女儿文文出生，哺育两个女儿、工作并操持家务，倍极辛劳，付出了非常大的心力。如果没有她的支持与理解，一切难以圆梦。两个女儿的到来，为我读博期间增添光彩，带来欢乐与幸福，也带来祥瑞之气，得以顺利完成论文的研究成果，使得本书得以顺利出版，圆了人生梦。

在人生的道路上，感悟于"得之于人者，太多；出之于己者，太少"，因此，常怀感恩之心，要感谢的人太多了，无法一一备载，于此，一并感谢，并以此书出版，献给曾经帮助与关爱我的所有人，致上万分的感恩之意。在论文的写作过程中，我也参考了国内外专家、学者的相关文献及著作，他们的研究成果给予我很大的启迪，也一并表达衷心的感谢。

在此，感谢中国政法大学对本书的出版给予资金赞助，也感谢中国政法大学出版社的丁春晖老师，正是他提供的便利条件以及不辞辛劳的审校，才使得本书能够顺利问世。

本书选择推动两岸"法律一体化"的研究内容，提出了比较完整且系统的"两岸票据制度一体化"的设想。对"两岸票据制度一体化协议"的研究，是"法律一体化理论"的重要成果体现。它已超逾了现行域内法的范畴，形成了新型的、既不同于国内法，也不同于传统国际法的另一类的法律体系，为学术研究提供了另一个视角，对于未来统一四个不同法域（大陆地区、台湾地区、香港地区及澳门地区）的制度提出了理论上的参考与借鉴，具有重要的理论贡献和价值。

博士论文顺利通过答辩，付出的心血及代价，是值得的。本书是我从事法学研究以来第一次出版专著，不仅是凝结着自己诸多心血，也承载着酸甜苦辣的历程，更代表着自己研究成果的体现，至少人生无虚度，也不留白。姑且不论内容的良窳，但内心澎湃汹涌，激动之情，此种成就感与满足感，更是难以用笔墨来形容，或许只有亲自体验才能深刻理解。当然，本书的出版，也代表着内容良窳还需要经过检验，而我的学术能力依然有限，也将满怀一颗敬畏的心，虚心领教，并将继续耕耘。学海无涯，与其苦作舟，倒不如"乐作舟"。

本书虽然经过多次反复思考、修改与校阅，但由于学术水平有限，难免会有错误与疏漏之处，尚请各位先进与读者批评指正。

铭记一生中珍贵的情谊，感恩生命中难忘的支持。

读者交流邮箱：financial88@ aliyun.com

陈彦安　谨识
2016 年 3 月 27 日于北京富力城写记
2017 年 7 月 16 日于台北市寓所补记